Vermögensverwaltung und Kapitalmarktprognose

BANK- UND FINANZWIRTSCHAFT

Herausgegeben von Frieder Meyer-Bullerdiek
und Markus Spiwoks

Band 1

PETER LANG
Frankfurt am Main · Berlin · Bern · Bruxelles · New York · Oxford · Wien

Markus Spiwoks

Vermögensverwaltung und Kapitalmarktprognose

Überprüfung der Prognosekompetenz ausgewählter deutscher Vermögensverwalter

PETER LANG
Europäischer Verlag der Wissenschaften

Die Deutsche Bibliothek - CIP-Einheitsaufnahme

Spiwoks, Markus:

Vermögensverwaltung und Kapitalmarktprognose : Überprüfung der Prognosekompetenz ausgewählter deutscher Vermögensverwalter / Markus Spiwoks. - Frankfurt am Main ; Berlin ; Bern ; Bruxelles ; New York ; Oxford ; Wien : Lang, 2002
(Bank- und Finanzwirtschaft ; Bd. 1)
Zugl.: Bayreuth, Univ., Diss., 2002
ISBN 3-631-39532-9

Gedruckt auf alterungsbeständigem,
säurefreiem Papier.

D 703
ISSN 1619-442X
ISBN 3-631-39532-9

Printed in Germany 1 2 3 4 5 7

www.peterlang.de

Vorwort

Die Idee zu der vorliegenden Untersuchung entstand während meiner Tätigkeit als Bond-Analyst bei der Bethmann Vermögensbetreuung GmbH in Frankfurt am Main und meiner Mitarbeit in der Kommission für festverzinsliche Wertpapiere der Deutschen Vereinigung für Finanzanalyse und Anlageberatung (DVFA). Während dieser Zeit mußte ich lernen, daß die Erarbeitung von Zinsprognosen, die als Grundlage für die Erzielung systematischer Überrenditen dienen sollen, keine einfache Aufgabe ist.

Die Studie entstand zu wesentlichen Teilen während meiner Zeit als wissenschaftlicher Mitarbeiter am Lehrstuhl für Betriebswirtschaftslehre I, insbesondere Finanzwirtschaft, der Universität Bayreuth und wurde am 05.02.2001 von der Rechts- und Wirtschaftswissenschaftlichen Fakultät der Universität Bayreuth als Dissertation angenommen.

Mein besonderer Dank gilt meinem akademischen Lehrer Professor Dr. Dr. h.c. Peter Rütger Wossidlo. Er hat es verstanden, das Forschungsprojekt zu jedem Zeitpunkt mit Rat und Tat voranzubringen. Von ihm habe ich nicht nur fachlich sehr profitiert, er war mir auch menschlich stets ein Vorbild. Herrn Prof. Dr. Heymo Böhler danke ich für die Übernahme des Zweitgutachtens.

Für die Unterstützung bei der Vervollständigung der Prognosezeitreihen sowie für die bereitwillige Überlassung umfangreichen Informationsmaterials bedanke ich mich bei allen Instituten, deren im Consensus Forecast veröffentlichte Zinsprognosen Gegenstand der empirischen Untersuchung (3. Kapitel) sind. Ulrich Beckmann, Deutsche Bank Research, bin ich für die Überlassung der Rohdaten des Consensus Forecast sehr verbunden. Birgit Sasse vom Zentrum für Europäische Wirtschaftsforschung (ZEW) danke ich für die Bereitstellung von Daten aus dem ZEW-Finanzmarkttest. Ebenso gilt mein Dank allen Vermögensverwaltern, die mir im Rahmen der explorativen Befragung (2. Kapitel) geduldig Auskunft gegeben haben (siehe im einzelnen Anhang II). Dr. Sabine Häder und Margrit Rexroth vom Zentrum für Umfragen, Methoden und Analysen (ZUMA) in Mannheim haben mich hinsichtlich methodischer Probleme dieser Befragung umfassend beraten. Dafür bin ich ihnen zu Dank verpflichtet.

Sehr profitiert habe ich von vielen fachlichen Diskussionen mit meinen Assistentenkollegen am Lehrstuhl und mit meinen Doktorandenkollegen des Doktorandenseminars. Insbesondere bei Dr. Thomas Albrecht und Michael Hülsmann möchte ich mich für die fruchtbare Zusammenarbeit bedanken.

Dank gilt auch meinen Eltern. Sie waren mir stets Ansporn und Rückhalt zugleich. Ich danke meiner Freundin Sabine Fehl, daß sie klaglos auf viele gemeinsame Wochenenden verzichtet hat und schließlich die Durchsicht des Manuskriptes übernahm.

Last not least bedanke ich mich bei meinen Freunden Oliver Hein, Dr. Kilian Bizer und Dr. Peter Andres für viele erhellende Diskussionen und ihre stete Bereitschaft, mich bei meinem Promotionsvorhaben zu unterstützen. In besonderer Weise bin ich Oliver Hein verbunden, der mir in vielerlei Hinsicht entscheidend den Rücken gestärkt hat.

Gifhorn, 22.02.2002 Markus Spiwoks

Inhaltsübersicht

Inhaltsverzeichnis

Abbildungsverzeichnis

Tabellenverzeichnis

Symbolverzeichnis

A_t	Relative realisierte Variablenänderung der Variablen x zum Zeitpunkt t
B	Bezugsgröße
DAX	Deutscher Aktienindex
DGQ	Durchschnittlicher Genauigkeitsquotient
$DKBD$	Durchschnittliche Kundenbindungsdauer in Jahren
$GOVA$	Gegenwartsorientierte Verlaufsanpassung
GQ	Genauigkeitsquotient
h	Prognosehorizont
I	Ist-Leistung
i	Zinssatz
i_A	Auslandszinssatz
K	Kauf
Ka	Kapital
Ku	Kunde
KAR	Kundenabwanderungsrate in %
KBD	Kundenbindungsdauer in Jahren
KBR	Kundenbindungsrate in %
$KBst$	Kundenbestand
KG	Kursgewinne
LE	Laufende Erträge
MAP	Mittlerer absoluter Prognosefehler
MP	Mittlerer Prognosefehler
MPQ	Mittlerer quadratischer Prognosefehler
$MRAGP$	Mittlerer relativer absoluter gewichteter Prognosefehler
$MRAP$	Mittlerer relativer absoluter Prognosefehler
$MRAPnP$	Mittlerer relativer absoluter gewichteter Prognosefehler bezogen auf die naive Prognose

MRASP	Mittlerer relativer absoluter symmetrischer Prognosefehler
MRGP	Mittlerer relativer gewichteter Prognosefehler
MRP	Mittlerer relativer Prognosefehler
MRPnP	Mittlerer relativer gewichteter Prognosefehler bezogen auf die naive Prognose
MRPQ	Mittlerer relativer quadratischer Prognosefehler
MRQGP	Mittlerer relativer quadratischer gewichteter Prognosefehler
MRSP	Mittlerer relativer symmetrischer Prognosefehler
n	Gesamtanzahl der vorliegenden Beobachtungen
NKA	Neukundenakquisition
P	Performance
PG	Prozentuale Genauigkeit
P_t	Relative prognostizierte Variablenänderung der Variablen x zum Zeitpunkt t
R^2	Bestimmtheitsmaß
REXP	Deutscher Rentenmarkt-Performanceindex
REXP/10J	Deutscher Rentenmarkt-Performanceindex für Anleihen mit 10 Jahren Restlaufzeit
S	Soll-Leistung
t	Laufender Index der Zeitachse
T	Gesamtanzahl der vorliegenden Beobachtungen
U_1	Theilscher Ungleichheitskoeffizient „alter Art“
U_2	Theilscher Ungleichheitskoeffizient „neuer Art“
V	Verkauf
VK	Variationskoeffizient
W	Wert einer Aktie
w_T	Terminkurs
$\hat{x}_t$	Vorliegende Prognose zum Zeitpunkt t
x_{t-h}	Tatsächlicher Wert der Variablen x in Periode $t - h$ (zum Zeitpunkt der Prognoseerstellung)
φ	Theilscher Projektionskoeffizient

-12M	Um 12 Monate in die Vergangenheit verschoben
-6M	Um 6 Monate in die Vergangenheit verschoben
-3M	Um 3 Monate in die Vergangenheit verschoben

Abkürzungsverzeichnis

Abb.	Abbildung
akt.	aktualisierte
Aufl.	Auflage
Ausg.	Ausgabe
Bd.	Band
bearb.	bearbeitete
BFuP	Betriebswirtschaftliche Forschung und Praxis
BiL	Bank in Liechtenstein
DBW	Die Betriebswirtschaft
DGZ	Deutsche Girozentrale
durchges.	durchgesehene
erg.	ergänzte
erw.	erweiterte
FAZ	Frankfurter Allgemeine Zeitung
H.	Heft
Hrsg.	Herausgeber
IfW	Institut für Weltwirtschaft, Kiel
JoF	Journal of Finance
korrig.	korrigierte
KuK	Kredit und Kapital
neubearb.	neubearbeitete
RB	Randbedingung
SMH	Schröder Münchmeyer Hengst
SOFIA	Sonderforschungsgruppe Institutionenanalyse, Darmstadt
Sp.	Spalte
SZ	Süddeutsche Zeitung
Tab.	Tabelle
tats.	tatsächlich

überarb.	überarbeitete
unveränd.	unveränderte
unwesentl.	unwesentlich
veränd.	veränderte
verb.	verbesserte
vollst.	vollständig
WGZ	Westdeutsche Genossenschaftszentralbank
WiSt	Wirtschaftswissenschaftliches Studium
WISU	Das Wirtschaftsstudium
Wk	Wechselkurs
ZEW	Zentrum für Europäische Wirtschaftsforschung, Mannheim
ZfB	Zeitschrift für Betriebswirtschaft
ZfbF	Zeitschrift für betriebswirtschaftliche Forschung
ZUMA	Zentrum für Umfragen, Methoden und Analysen, Mannheim
ZWS	Zeitschrift für Wirtschafts- und Sozialwissenschaften

1. Einführung

Das Vermögensverwaltungsgeschäft ist einer der ertragstärksten und am schnellsten wachsenden Geschäftszweige der Finanzdienstleistungsbranche.[1] Seit Beginn der 1990er Jahre werden dementsprechend zunehmende Anstrengungen aus allen Bereichen der Kreditwirtschaft erkennbar, insbesondere im Bereich der Betreuung vermögender Privatkunden überproportional zu wachsen.[2] Die Konkurrenz hat sich bereits erheblich verschärft.[3] Die vorliegende Untersuchung geht der Frage nach, ob die vorherrschende Ausrichtung auf aktive Portfoliomanagement-Strate-

---

1 Vgl. GALASSO, G., *Retention Marketing im Private Banking* (1999), S. 4 u. 37-43; GLOYSTEIN, P., *Wertpapiergeschäft* (1998), S. 337; AICHINGER, C., *Stellenwert der Portfoliomanager-Klienten-Beziehung* (1995), S. 100; PRIEWASSER, E., Die *Priewasser-Prognose* (1994), S. 210; TIPPL, T., *Strategische Geschäftsfeldanalyse* (1991), S. 1; JENDRALSKI, M. / OEHLENSCHLÄGER, D., *Vermögensverwaltung* (1992), S. 21; MERL, G., *Back-Office* (1995), S. 433; BOEHM-BEZING, C. L., *Wettbewerb um den vermögenden Privatkunden* (1995), S. 45-46; MALTZAN, B.-A. VON, *Strategisches Vermögensmanagement* (1999), S. 3, 8 u. 18; CZEPLIEWICZ, M. / ZANCHI, M., *Strategie überdenken* (Finanz und Wirtschaft 10.12.1997), S. 27; FEISLACHEN, H.-E., *Neue Impulse* (Handelsblatt 10.12.1997), S. 19; FEISLACHEN, H.-E., *Private Banking das Zukunftsgeschäft* (Handelsblatt 11./12.06.1999), S. 30; SCHAPER-JAHN, F. / WEBER, M., *Vermögensverwaltung* (1995), S. 734-735; LEBERT, R., *Deutsche Private Banking* (Financial Times Deutschland 14.04.2000), S. 23; NEUE ZÜRCHER ZEITUNG, *Ein Honigtopf namens Private Banking* (Neue Zürcher Zeitung 21.11.1997), S. 13; NEUE ZÜRCHER ZEITUNG, *Vollständige Verschmelzung* (Neue Zürcher Zeitung 09.12.1997), S. 9; FAZ, *Helaba erwartet Kursgewinne* (FAZ 05.12.1997), S. 32; HANDELSBLATT, *Deutsche Bank baut Private Banking global aus* (Handelsblatt 12.12.2000), S. 21.

2 Eine Vielzahl von Belegen für diese Stoßrichtung der deutschen Kreditwirtschaft findet sich in Kapitel 3.3.

3 Vgl. BRANDENBERGER, S., *Investment Engineering* (1995), S. 2; PECHLANER, H., *Private Banking* (1993), S. 3; PLATZEK, H.-J., *Private Banking als strategisches Geschäftsfeld* (Die Bank 11/1998), S. 650; HEITMÜLLER, H.-M., *Methoden der Finanzmarktforschung* (1998), S. 264; HOCKMANN, H. J., *Leistungsgestaltung im Asset Management* (1998), S. 134-135; MÜNCH, J., *Privatbanken erwarten einschneidende Konsolidierung* (Finanz und Wirtschaft 17.02.1999), S. 17; SELLERBERG, G., *Vermögensverwaltung in Zürich* (1995), S. 781; EISELIN, S. / ZULAUF-POLI, D., *In der Vermögensverwaltungsbranche wird's eng* (Finanz und Wirtschaft 13.09.1997), S. 17; SCHADE, G. F., *Finanzdienstleister* (Handelsblatt 21.09.2000), S. B16. Eine Umfrage unter deutschen Vermögensverwaltern zeigt, daß die zunehmende Verschärfung der Konkurrenzsituation von den Instituten deutlich wahrgenommen wird. Vgl. WICKE, J. M., *Perspektiven der individuellen Vermögensverwaltung* (Die Bank 9/1996), S. 538. Die Neue Zürcher Zeitung erwartet insbesondere ab dem Jahr 2010 eine wesentliche weitere Verschärfung der Wettbewerbssituation. Ab dann werden aus demographischen Gründen mehr Ersparnisse aufgezehrt als gebildet. Vgl. NEUE ZÜRCHER ZEITUNG, *Vermögensverwaltung nicht ohne Gefahren* (Neue Zürcher Zeitung 02.04.1998), S. 9. BRUHN und MEFFERT sehen Tendenzen zu einem „Hyperwettbewerb" im gesamten Dienstleistungsbereich. Vgl. BRUHN, M. / MEFFERT, H., *Dienstleistungsmanagement* (1998), S. 3-4.

gien[4] vor dem Hintergrund der Prognosekompetenz der Vermögensverwalter als sinnvoll anzusehen ist und der Konkurrenzsituation in angemessener Weise Rechnung trägt.[5]

Um das Anliegen und die Struktur der vorliegenden Untersuchung zu vermitteln, ist es erforderlich, das Erkenntnisinteresse näher zu beschreiben (1.1.), das Forschungsdesign detailliert offenzulegen (1.2.) sowie grundlegende Begriffsabgrenzungen vorzunehmen (1.3.).

1.1. Erkenntnisinteresse

Die Neukundenakquisition im Vermögensverwaltungsgeschäft ist aufwendig und teuer.[6] Der Unternehmenserfolg kann dementsprechend durch eine hohe Kundenfluktuation erheblich geschmälert werden.[7] Daher bemühen sich Vermögensverwalter in aller Regel darum, eine starke Kundenbindung zu erreichen. Die wichtigste Maßnahme, um auf ein hohes Maß an Kundenbindung hinzuarbeiten, besteht darin, die Kunden zufriedenzustellen.[8] Die Wechselbereitschaft unzufriedener Kunden liegt nämlich deutlich höher als die zufriedener Kunden.[9] Die Unzufriedenheit der Kunden wird insbesondere dann provoziert, wenn das Leistungsversprechen nicht eingehalten wird.[10]

Es zeigt sich, daß bei einem Großteil der deutschen Vermögensverwalter die erfolgreiche Umsetzung aktiver Portfoliomanagement-Strategien ins Zentrum des Leistungsversprechens gerückt wird.[11] Ziel aktiver Portfoliomanagement-Strategien ist es, systematische Überrenditen[12] zu generieren. Dies kann allerdings nur

4 Aktive Portfoliomanagement-Strategien zielen im Gegensatz zu ihrem passiven Pendant darauf ab, durch Market-Timing- und/oder Titelselektionsentscheidungen eine überdurchschnittliche Performance zu erzielen. Vgl. im einzelnen Kapitel 2.4.

5 Ist die Prognosekompetenz eines Vermögensverwalters nicht ausreichend, um aktive Portfoliomanagement-Strategien erfolgreich umsetzen zu können, führt die Konzentration auf eben diesen Portfoliomanagement-Ansatz in aller Regel zu einer Destabilisierung der Kundenbeziehungen und damit zu einer Schwächung der Wettbewerbsposition. Vgl. dazu die Kapitel 1.1. und 2.1. bis 2.4.

6 Vgl. dazu Kapitel 2.1.

7 Vgl. dazu Kapitel 2.1.

8 Diese Aussage gilt zumindest im Vermögensverwaltungsgeschäft mit vermögenden Privatkunden. Detailliert wird dies in Kapitel 2.2. ausgeführt.

9 Vgl. dazu Kapitel 2.2.

10 Vgl. dazu Kapitel 2.2.

11 Vgl. dazu Kapitel 2.3.

12 Eine systematische Überrendite ist „eine über der Marktrendite liegende Verzinsung (Extragewinn) der Kapitalanlage“, die „auch nachhaltig erzielbar ist und nicht auf reinen Zufälligkeiten beruht“. Vgl. REHKUGLER, H., *Kurs- und Renditeprognosesysteme* (1995), S. 384.

gelingen, wenn der betreffende Vermögensverwalter über eine hinreichende Prognosekompetenz[13] verfügt.[14]

Daher ist zu erwarten, daß der größte Teil deutscher Vermögensverwalter über eine Prognosekompetenz verfügt, die eine erfolgreiche Umsetzung aktiver Portfoliomanagement-Strategien, also die Erzielung systematischer Überrenditen, ermöglicht. Denn ein Vermögensverwalter, der aktive Portfoliomanagement-Strategien in den Mittelpunkt des Leistungsversprechens rückt, ohne über die dafür notwendige Prognosekompetenz zu verfügen, fordert die Unzufriedenheit der Kunden und ihren frühzeitigen Wechsel zu einem Konkurrenzunternehmen geradezu heraus.[15] Als Konsequenz droht die Schmälerung des Unternehmenserfolges.[16]

Die Frage, ob es überhaupt möglich ist, Kapitalmarktprognosen zu erstellen, die es erlauben, systematische Überrenditen zu erzielen, wird seit etwa 100 Jahren sehr kontrovers diskutiert.[17] Die wichtigsten Impulse in dieser Debatte gingen von der Hypothese informationseffizienter Kapitalmärkte aus.[18] Trotz ungewöhnlich intensiver Forschungsbemühungen in den zurückliegenden drei Jahrzehnten ist es bis heute nicht gelungen, zu einem eindeutigen und weithin akzeptierten Ergebnis vorzudringen.[19] Allerdings herrschen zumindest erhebliche Zweifel vor, ob Kapitalmarktprognosen von erforderlicher Güte gewonnen werden können.[20]

---

13 Welches Maß an Prognosekompetenz zur erfolgreichen Umsetzung aktiver Portfoliomanagement-Strategien erforderlich ist, wird in den Kapiteln 2.4. und 3.2. im einzelnen erörtert.

14 Vgl. dazu Kapitel 2.4.

15 Vgl. dazu Kapitel 2.2.

16 Vgl. dazu Kapitel 2.1.

17 Vgl. ZIMMERMANN, H., *Die moderne ,Finance'* (1999), S. 5-8. Vgl. auch Kapitel 3.1.

18 Vgl. dazu die umfassende Literaturübersicht in Kapitel 3.1. Aber auch jenseits der Hypothese informationseffizienter Kapitalmärkte wurde der Sinn ökonomischer Prognosen stets lebhaft diskutiert. Beispielhaft sei hier auf die Auseinandersetzung zwischen HAHN und SCHNEIDER in den 1950er Jahren verwiesen. Vgl. HAHN, L. A., *Die Propheten des Unprophezeibaren* (Kreditwesen 13/1952), S. 341-342; SCHNEIDER, E. *Propheten des Unprophezeibaren?* (Kreditwesen 17/1952), S. 442-443. Für eine zusammenfassende Gegenüberstellung und zu weiteren Stimmen in dieser Auseinandersetzung vgl. SCHÖPF, A., *Das Prognoseproblem* (1966), S. 160-169.

19 Vgl. PODDIG, T., *Kursprognose* (1999), S. 80; OERTMANN, P., *Lassen sich Aktienkurse prognostizieren?* (1999), S. 31; BLÜMEL, R., *Passives Portfolio-Management* (1999), S. 36. REHKUGLER hat darauf hingewiesen, daß die Preisbildung an den Kapitalmärkten zu den klassischen unverstandenen Problemen in der Ökonomie zählt. Vgl. REHKUGLER, H., *Kurs- und Renditeprognosesysteme* (1995), S. 386. Ähnlich äußern sich HIRSCH und STÖTTNER: „... so müssen wir doch einsehen, daß wir im Grunde nur sehr wenig über den Wertbildungsprozeß wissen." HIRSCH, J. / STÖTTNER, R., *Über Wert in der Ökonomie* (Jahrbücher für Nationalökonomie und Statistik 1993), S. 552. Vgl. dazu auch Kapitel 3.1.

20 Vgl. bspw. SCHMIDT, REINHART, *Fundamentalanalyse* (1995), Sp. 830.

Vor dem Hintergrund dieser Debatte ist es von besonderem Interesse, ob die vorherrschende Ausrichtung deutscher Vermögensverwalter auf die Realisierung aktiver Portfoliomanagement-Strategien durch die erforderliche Prognosekompetenz gerechtfertigt wird.

Dabei wird die Perspektive der Vermögensverwaltungsgesellschaften eingenommen. Es wird der Frage nachgegangen, ob es angesichts der vorhandenen Prognosekompetenz sinnvoll ist, die Umsetzung aktiver Portfoliomanagement-Strategien in der Mittelpunkt der eigenen Aktivitäten zu rücken. Das Ergebnis der Untersuchung soll schließlich in eine Empfehlung für Vermögensverwalter bezüglich einer sinnvollen Schwerpunktsetzung einmünden.

1.2. Forschungsdesign

Die Hypothesenbildung (1.2.1.), der Gang der Untersuchung (1.2.2.) sowie die verwendete Methodik (1.2.3.) orientieren sich eng am aufgezeigten Erkenntnisinteresse.

1.2.1. Hypothesenbildung

Die vorliegende Untersuchung sieht sich in der Tradition der analytisch-nomologischen Erkenntnistheorie.[21] Innerhalb dieser Richtung orientiert sie sich am kritischen Rationalismus.[22] Für die standardisiert-quantitative Vorgehensweise der

---

21 KROMREY unterscheidet vier Hauptströmungen der sozialwissenschaftlichen Erkenntnistheorie: die analytisch-nomologische Richtung, die hermeneutisch-dialektische Richtung, die dialektische-materialistische Richtung sowie die qualitative Sozialforschung. Vgl. KROMREY, H., *Empirische Sozialforschung* (1998), S. 61.

22 KROMREY schreibt der analytisch-nomologischen Richtung folgende Ausprägungen zu: Empirismus, logischer Empirismus, Positivismus, Neo-Positivismus, Kritischer Rationalismus, Falsifikationismus und Fallibilismus. Vgl. KROMREY, H., *Empirische Sozialforschung* (1998), S. 61. Innerhalb des Kritischen Rationalismus sieht sich die vorliegende Untersuchung der von WITTE und Mitarbeitern begründeten empirischen Theorie der Unternehmung verbunden. Diese Wissenschaftsstrategie zielt darauf ab, „konzeptionelle Entwicklungen nur auf der Grundlage von und im engen Zusammenhang zu ganz konkreten Forschungsvorhaben voranzutreiben". Vgl. WOSSIDLO, P. R., *Zur empirischen Theorie der Unternehmung* (1977), S. 118. Ferner weist WOSSIDLO in diesem Zusammenhang darauf hin: „Empirisches Arbeiten bedeutet immer zugleich präzisierendes Arbeiten am Detail, ist folglich in die Vertikale der Theoriestruktur gerichtet." WOSSIDLO, P. R., *Zur empirischen Theorie der Unternehmung* (1977), S. 119. Diese Vorgehensweise nimmt bewußt in Kauf, nicht rasch, sondern nur in kleinen Schritten zu einem geschlossenen theoretischen Überbau beitragen zu können. Vgl. WOSSIDLO, P. R., *Zur empirischen Theorie der Unternehmung* (1977), S. 118-119. Damit wird in der hier vorliegenden Untersuchung den Wissenschaftsphantasien von SCHANZ eine klare Absage erteilt. Es geht nicht an, daß zugunsten der Bildung übergeordneter, die gesamten Sozialwissenschaften umspannenden Theoriestrukturen die ständige Rückkopplung zur beobachtbaren Realität ausgehebelt wird. SCHANZ fordert nämlich, daß „umfassende, in die tieferen Schichten der Realität hineinleuchtende theoretische Systeme" entworfen

empirischen Sozialforschung kann diese, von Popper[23] entworfene und vor allem von Albert[24] fortentwickelte, Variante der Forschungslogik als vorherrschende Leitmethodologie gelten.[25] Die Kernforderung des kritischen Rationalismus besteht darin, daß alle Aussagen – sofern sie unzutreffend sind – prinzipiell an der Erfahrung scheitern können müssen.[26] Aus dieser Forderung resultiert die Notwendigkeit, die vermuteten und zu überprüfenden Sachverhalte (Hypothesen) zu Beginn des Forschungsvorhabens zu formulieren.[27] Erst danach kann über den Einsatz von Methoden und Instrumenten zur Gewinnung von Informationen entschieden werden.[28]

Die logische Struktur einer wissenschaftlichen Erklärung individueller Phänomene fordert das Vorhandensein von mindestens einer nomologischen Hypothese.[29] Dabei handelt es sich um eine Behauptung, „daß unter bestimmten (allgemein charakterisierten) Bedingungen bestimmte (allgemein charakterisierte) Konsequenzen zu erwarten sind".[30] Die Grundstruktur einer Hypothese entspricht somit

---

werden, die aber selbst bei erkennbarer empirischer Widerlegung im Hinblick auf den Nutzen des gesamten Theoriegebäudes stur aufrecht erhalten werden sollen. Vgl. SCHANZ, G., *Zwei Arten des Empirismus* (ZfbF 1975), S. 323-329; SCHANZ, G., *Wissenschaftstheorie und Betriebswirtschaftslehre* (ZfbF 1977), S. 292-293. WITTE bezeichnet diese Haltung als „utopischen Theorismus". Vgl. WITTE, E., *Lehrgeld für empirische Forschung* (1977), S. 272. WITTE, GRÜN und BRONNER fordern unmißverständlich: „Eine Theorie, die etwas über die Realität aussagen will, muß es sich gefallen lassen, an dieser Realität geprüft zu werden." Vgl. WITTE, E. / GRÜN, O. / BRONNER, R., *Pluralismus in der betriebswirtschaftlichen Forschung* (ZfbF 12/1975), S. 798. Die von SCHANZ geschmähte „Bodennähe" der Forschung soll hier positiv als „Bodenhaftung" betrachtet werden. WOSSIDLO ist zuzustimmen, wenn er darauf hinweist, „daß Forschungen dann erfolgreich waren, wenn sie aus drängenden Fragestellungen der Praxis erwuchsen". Vgl. WOSSIDLO, P. R., *Pluralitätskonzeption und axiomatisierte Theorie* (1975), S. 29.

23 Als bedeutendste wissenschaftstheoretische Schriften POPPERs sind zu nennen: POPPER, K. R., *Logik der Forschung* (1971); POPPER, K. R., *Logik der Sozialwissenschaften* (Kölner Zeitschrift für Soziologie und Sozialpsychologie 1962), S. 233-248; POPPER, K. R., *Objektive Erkenntnis* (1995); POPPER, K. R., *Vermutungen und Widerlegungen* (2000); POPPER, K. R., *Prognose und Prophetie* (1965), S. 113-125; POPPER, K. R., *Grundprobleme der Erkenntnistheorie* (1994).

24 Als bedeutendste wissenschaftstheoretische Schriften ALBERTs sind zu nennen: ALBERT, H., *Probleme der Theorienbildung* (1964), S. 3-70; ALBERT, H., *Theorie und Prognose* (1965), S. 126-143; ALBERT, H., *Wertfreiheit als methodisches Prinzip* (1965), S. 181-210; ALBERT, H., *Probleme der Wissenschaftslehre* (1967), S. 38-63; ALBERT, H., *Plädoyer für kritischen Rationalismus* (1971).

25 Vgl. KROMREY, H., *Empirische Sozialforschung* (1998), S. 33.

26 Vgl. POPPER, K. R., *Logik der Forschung* (1971), S. 15; CHALMERS, A. F., *Wege der Wissenschaft* (1986), S. 44-45.

27 Vgl. KROMREY, H., *Empirische Sozialforschung* (1998), S. 50.

28 Vgl. KROMREY, H., *Empirische Sozialforschung* (1998), S. 50.

29 Vgl. WOSSIDLO, P. R., *Unternehmenswirtschaftliche Reservierung* (1970), S. 59.

30 Vgl. ALBERT, H., *Probleme der Theorienbildung* (1964), S. 24.

im Idealfall dem Schema „wenn X, dann Y"[31], wobei der X-Tatbestand als Explanans und der Y-Tatbestand als Explanandum bezeichnet wird.[32] Das Explanans besteht grundsätzlich aus mindestens einer Gesetzesaussage und mindestens einer Randbedingung.[33] Im hier vorliegenden Fall werden vier Randbedingungen mit einer Gesetzesaussage verbunden. Die im Verlauf der vorliegenden Untersuchung zu testende Hypothese lautet:

Sofern die vier Randbedingungen

- der Unternehmenserfolg steigt mit einer steigenden Kundenbindungsrate
- unabdingbare Voraussetzung für eine hohe Kundenbindungsrate im Vermögensverwaltungsgeschäft ist die Erfüllung des Leistungsversprechens
- Kern des Leistungsversprechens der meisten Vermögensverwalter ist die erfolgreiche Realisierung aktiver Portfoliomanagement-Strategien
- Voraussetzung für die erfolgreiche Umsetzung aktiver Portfoliomanagement-Strategien ist eine ausreichende Prognosekompetenz

vorliegen und der Satz gilt

- die Entscheidungsträger in Vermögensverwaltungsunternehmen wissen um die in den Randbedingungen 1 bis 4 formulierten Zusammenhänge und fällen rationale Entscheidungen im Sinne der Erreichung des Unternehmensoberzieles

so muß die vorhandene Prognosekompetenz der meisten Vermögensverwalter ausreichen, um aktive Portfoliomanagement-Strategien erfolgreich umsetzen zu können.

1.2.2. Gang der Untersuchung

Der Gang der Untersuchung orientiert sich eng an der Struktur der Hypothese. Im 2. Kapitel werden die Randbedingungen im einzelnen erläutert und soweit wie möglich untermauert. Im 3. Kapitel wird die Hypothese empirisch überprüft. Im 4. und abschließenden Kapitel werden Schlußfolgerungen aus den erzielten Forschungsergebnissen gezogen.

---

31 Vgl. KROMREY, H., *Empirische Sozialforschung* (1998), S. 41. WOSSIDLO weist darauf hin, daß man, sofern die Hypothesen in dieser Wenn-Dann-Form aufgestellt werden, „zu unmißverständlichen, eindeutigen Aussagen" gelangt. Vgl. WOSSIDLO, P. R., *Unternehmenswirtschaftliche Reservierung* (1970), S. 30.

32 Vgl. CHMIELEWICZ, K., *Forschungskonzeptionen* (1994), S. 151.

33 Vgl. CHMIELEWICZ, K., *Forschungskonzeptionen* (1994), S. 151.

Abbildung 1: Grundstrukturen der vorliegenden Untersuchung

Das 2. Kapitel gliedert sich in fünf Teile. Die ersten vier Teile setzen sich jeweils mit einer der vier Randbedingungen, die der Hypothese zugrunde liegen, ausein-

ander: Zuerst wird gezeigt, daß insbesondere im Vermögensverwaltungsgeschäft ein höheres Maß an Kundenbindung in aller Regel zu einem größeren Unternehmenserfolg führt (2.1.). Dann wird erläutert, daß die Erfüllung des Leistungsversprechens eine wesentliche Voraussetzung für die dauerhafte Erhaltung von Kundenbeziehungen darstellt (2.2.). Es zeigt sich schließlich, daß Vermögensverwalter – von seltenen Ausnahmen abgesehen – stets aktive Portfoliomanagement-Strategien in den Mittelpunkt ihres Leistungsversprechens rücken (2.3.). Daran anknüpfend wird dargelegt, daß aktive Portfoliomanagement-Strategien nur dann erfolgreich realisiert werden können, wenn sie auf tauglichen Kapitalmarktprognosen basieren (2.4.). Das 2. Kapitel wird mit einer kurzen Ergebniszusammenfassung abgeschlossen (2.5.).

Das 3. Kapitel gliedert sich ebenfalls in fünf Teile und wendet sich der empirischen Überprüfung der Hypothese zu: Weisen wirklich die meisten der betrachteten Vermögensverwalter eine Prognosekompetenz auf, die es ihnen ermöglicht, erfolgreich aktive Portfoliomanagement-Strategien zu verwirklichen? Im Vorfeld der Datenanalyse ist es zunächst erforderlich, den aktuellen Forschungsstand der Theorie informationseffizienter Kapitalmärkte nachzuvollziehen. Existieren nämlich bereits robuste Forschungsergebnisse, die das Vorliegen von Informationseffizienz bestätigen, muß die Hypothese der vorliegenden Untersuchung unter Umständen bereits verworfen werden (3.1.).

Um zu einer zutreffenden Beurteilung historischer Prognosedaten gelangen zu können, ist es erforderlich, die verwendeten Beurteilungskriterien (Prognosefehlermaße) sorgfältig zu diskutieren und zu einer begründeten Auswahlentscheidung zu kommen (3.2.). Anschließend wird die Datenanalyse auf der Basis von historischen Zinsprognosen der 1990er Jahre vorgenommen (3.3.) und durch die exemplarische Betrachtung jeweils einer Aktienmarkt- und einer Währungsprognosezeitreihe ergänzt (3.4.). Abschließend werden die wichtigsten Ergebnisse der Datenanalyse zusammengefaßt (3.5.).

Im 4. Kapitel wird das Ergebnis der Hypothesenprüfung diskutiert (4.1.) und in einige Empfehlungen für Unternehmen der Vermögensverwaltungsbranche umgemünzt (4.2.).

Mit der Darstellung des Untersuchungsablaufs werden bereits wesentliche Konturen des Problemzuschnitts deutlich. Dennoch ist es erforderlich, die wichtigsten Eingrenzungen des Untersuchungsgegenstandes explizit offenzulegen:

- Bei der Erörterung theoretischer Erklärungsansätze der Kundenzufriedenheit wird dem Confirmation/Disconfirmation-Paradigma gefolgt. Alternative theoretische Ansätze werden nur am Rande aufgegriffen.[34]

34 Diese Entscheidung wird in Kapitel 2.2. detailliert begründet. Ausschlaggebend für diese Auswahlentscheidung war, daß das Confirmation/Disconfirmation-Paradigma am ehesten als

- Bei der Erstellung einer Dienstleistung spielen viele Aspekte in das Zufriedenheitsurteil des Kunden hinein. Als eine wesentliche und weitgehend unentbehrliche Voraussetzung für die Erzielung von Zufriedenheit wird der Aspekt der Erfüllung des Leistungsversprechens hervorgehoben. Andere Komponenten des Vergleichsprozesses werden zwar angesprochen, jedoch nicht vertiefend betrachtet.[35]
- Die Untersuchung beschränkt sich auf die Betrachtung des Vermögensverwaltungsgeschäftes mit vermögenden Privatkunden.[36]
- Es werden ausgewählte deutsche Unternehmen, die im Vermögensverwaltungsgeschäft tätig sind, zur Grundlage der empirischen Untersuchungsabschnitte gemacht.[37]
- Die empirische Überprüfung der vorherrschenden Prognosekompetenz erfolgt hauptsächlich auf der Basis von mittelfristigen Zinsprognosen, die in den 1990er Jahren entstanden und veröffentlicht worden sind.[38]
- Die Untersuchungsperspektive ist die der Vermögensverwalter, nicht die der Vermögensverwaltungskunden.[39]

---

herrschende Meinung angesehen werden kann. Insbesondere aus forschungsökonomischen Gesichtspunkten war es unmöglich, weiteren theoretischen Ansätzen im Detail nachzugehen.

35 Die Erfüllung des Leistungsversprechens spielt für die Fragestellung der vorliegenden Untersuchung mit Abstand die bedeutendste Rolle. Deshalb erscheint diese Eingrenzung sinnvoll. Alle weiteren möglichen Einflußfaktoren konnten nur am Rande betrachtet werden, weil sonst der Rahmen der vorliegenden Untersuchung gesprengt worden wäre. Im einzelnen wird diese Auswahlentscheidung in Kapitel 2.2. erläutert.

36 Die Anforderungen, die an den Vermögensverwalter gestellt werden, können sich, je nachdem ob es sich um einen institutionellen oder privaten Kunden handelt, stark unterscheiden. Um die Stringenz der Argumentation und die Schärfe des Untersuchungsansatzes zu gewährleisten, ist es daher erforderlich, sich auf einen der beiden Zweige des Vermögensverwaltungsgeschäftes (Private Banking oder Asset Management) zu konzentrieren. Gleichwohl sind viele der hier angestellten Überlegungen und der ermittelten Forschungsergebnisse auch für Unternehmen, die im Bereich Asset Management tätig sind, interessant und wertvoll.

37 Der Schwerpunkt der Untersuchung liegt auf Unternehmen der deutschen Kreditwirtschaft, die unter anderem im Vermögensverwaltungsgeschäft aktiv sind. Im Abschnitt 2.3. werden darüber hinaus auch bankunabhängige Vermögensverwaltungsgesellschaften betrachtet. Die Beschränkung der Datenanalyse des Kapitels 3.3. auf 19 deutsche Kreditinstitute wird auch durch die zur Verfügung stehenden Prognosedaten vorgegeben. Im einzelnen wird dies im Kapitel 3.3. erläutert.

38 Dies ist insbesondere auf die zentrale Stellung der Zinsprognose unter allen Kapitalmarktprognosen zurückzuführen. Zuverlässige Aktien- oder Währungsprognosen sind kaum zu erstellen, wenn zuvor keine zutreffenden Erwartungen über die künftige Zinsentwicklung gewonnen werden konnten. Detailliert wird diese Auswahlentscheidung in den Kapiteln 3.3. und 3.4. dargelegt.

39 Viele der hier angestellten Überlegungen und der ermittelten Forschungsergebnisse sind sicherlich auch für Vermögensverwaltungskunden von Interesse. Um die Stringenz der Ar-

1.2.3. Methodik

Die vorliegende Untersuchung ist im wesentlichen dem Bereich der positiven Ökonomik zuzuordnen. Es geht also vornehmlich darum, Erkenntnisse über die tatsächlichen Gegebenheiten zu gewinnen. Im vierten Kapitel allerdings werden auf der Grundlage der bis dahin erzielten Untersuchungsergebnisse einige Empfehlungen für Unternehmen der Vermögensverwaltungsbranche ausgesprochen. Damit wird also am Ende der Studie auch der Bereich der sogenannten Technologie berührt.[40]

Im 2. Kapitel, in dem die Randbedingungen der Hypothese im einzelnen erörtert werden, dominiert die Sekundärforschung, das heißt die Auswertung von theoretischen und empirischen Studien, die zu diesen Fragen bereits vorliegen. Eine Ausnahme stellt die Betrachtung der Kernbestandteile des Leistungsversprechens deutscher Vermögensverwalter dar (2.3.). Hierzu liegen bisher keine Erkenntnisse in der betriebswirtschaftlichen Literatur vor. Um diese wichtige Randbedingung dennoch in die Hypothese einführen zu können, wurde diesbezüglich eine telefonische Befragung unter deutschen Vermögensverwaltern anhand eines standardisierten Fragebogens durchgeführt. Die zum Teil bewußte Stichprobenauswahl sowie der verhältnismäßig kleine Stichprobenumfang (n = 40) läßt keine gesicherten Rückschlüsse auf die Grundgesamtheit zu, weshalb es angemessen erscheint, lediglich von einer explorativen Befragung zu sprechen. Die Ergebnisse weisen jedoch eine so deutliche Tendenz auf, daß sie zumindest unter Vorbehalt in die Hypothesenbildung einbezogen werden können. Die vielen methodologischen Einzelfragen, die im Zusammenhang mit der Planung, der Durchführung und der Auswertung dieser Befragung zu beantworten waren, werden detailliert in Kapitel 2.3. erörtert.

Kernstück der vorliegenden Untersuchung ist das Kapitel 3.3., in dem die Zeitreihen der Zinsprognosen mit 3-monatigem und 12-monatigem Prognosehorizont von insgesamt 19 im Vermögensverwaltungsgeschäft tätigen Kreditinstituten auf ihre Tauglichkeit hin überprüft werden. Die statistische Beurteilung der Prognosegüte von Prognosezeitreihen ist ein komplexes methodologisches Problem. Um es in angemessener Art und Weise zu bewältigen, wird ihm das Kapitel 3.2. gewidmet. Darin werden die bedeutendsten statistischen Prognosefehlermaße dargestellt und anhand eines Zug um Zug entwickelten Anforderungskatalogs bewertet. Das verwendete Prognosefehlermaß sollte 1. die gegenseitige Aufhebung von positiven und negativen Abweichungen ausschließen, 2. durch eine Normierung den Vergleich zwischen unterschiedlichen Variablen beziehungsweise Betrach-

---

gumentation und die Schärfe des Untersuchungsansatzes zu gewährleisten, ist es jedoch erforderlich, sich auf eine klare Perspektive festzulegen.

40 Ob die Technologie uneingeschränkt der positiven Ökonomie zugehörig ist oder auch Elemente der normativen Ökonomik enthält, ist umstritten. Vgl. CHMIELEWICZ, K., *Forschungskonzeptionen* (1994), S. 276-277.

tungszeiträumen ermöglichen, 3. starke Abweichungen überproportional berücksichtigen, 4. einen impliziten Vergleich mit der naiven Prognose vollziehen, 5. die bei Kapitalmarktprognosen häufig zu beobachtende Charakteristik einer gegenwartsorientierten Verlaufsanpassung erfassen und 6. einfach und eindeutig zu interpretieren sein. Es zeigt sich schließlich, daß nur die Prognosequalitätsmatrix, die ihrerseits auf dem Theilschen Ungleichheitskoeffizienten „neuer Art" und dem GOVA-Koeffizienten beruht, diesem Anforderungskatalog standhält. Eine detaillierte Darlegung aller Überlegungen, die zu dieser Auswahlentscheidung geführt haben, sind dem Kapitel 3.2. zu entnehmen.

1.3. Begriffsbestimmungen

In diesem Kapitel werden die für die vorliegende Untersuchung grundlegenden Begriffe eingegrenzt, um ein einheitliches Begriffsverständnis sicherzustellen. Im einzelnen sind dies die Begriffe Vermögensverwaltung, Private Banking, Asset Management, Prognose, Kapitalmarktprognose und naive Prognose. Weitere wichtige Begriffe, die erst im Laufe der Untersuchung Bedeutung erlangen, werden in den jeweils betroffenen Kapiteln definiert.[41]

Vermögensverwaltung: In der Literatur wird bis heute die Vermögensverwaltung[42] häufig definitorisch auf die Steuerung von Wertpapierbeständen im Kundendepot begrenzt. Das moderne Vermögensverwaltungsgeschäft geht jedoch weit über die bloße Verwaltung eines Wertpapierportfolios hinaus.[43] Die Vermö-

---

41 Bspw. die Begriffe Kundenbindung, Kundenloyalität, Kundenzufriedenheit, aktive und passive Portfoliomanagement-Strategie u.a.m.

42 In der vorliegenden Untersuchung werden die Begriffe Vermögensverwaltung und Vermögensbetreuung als übereinstimmend angesehen.

43 Die herkömmliche, enge Definition der Vermögensverwaltung, die hauptsächlich darauf abzielt, den Unterschied zur Anlageberatung herauszustellen, ist noch immer weit verbreitet. So definiert bspw. SCHWAIGER Vermögensverwaltung als die Verwaltung von in Wertpapieren, derivativen Instrumenten und liquiden Mitteln angelegten Vermögens. Vgl. SCHWAIGER, A., *Vermögensverwaltung* (1995), Sp. 1891. Ein ähnlich enges Begriffsverständnis findet sich bspw. bei LAULE, G., *Vermögensverwaltung* (1995), S. 606. BLATTNER dagegen nennt als Inhalt der Vermögensverwaltung die Depotverwaltung, die Beratung, das Portfoliomanagement, den Kauf und Verkauf von Wertrechten, Devisen und Edelmetallen sowie Kreditleistungen. Vgl. BLATTNER, N. / GRATZL, B. / KAUFMANN, T., *Das Vermögensverwaltungsgeschäft* (1996), S. 29. WOERNLE bezieht darüber hinaus die Rechts- und Steuerberatung mit ein. Vgl. WOERNLE, G., *Bastion der Vermögensverwaltung* (1978), S. 61. RUPF, WICKE und VON TWICKEL betonen außerdem die Bedeutung der Vermögensstrukturanalyse als Teil der Vermögensverwaltung. Vgl. RUPF, W., *Gesamthafter Vermögensberatungsansatz* (1995), S. 293-294; WICKE, J. M., *Individuelle Vermögensverwaltung* (1997), S. 26; TWICKEL, J., FREIHERR VON, *Vermögensstrukturanalyse* (1995), S. 297-305. Ein verhältnismäßig umfassender, progressiver Vermögensverwaltungsbegriff, der auch die Immobilienverwaltung, die Testamentsvollstreckung und das Stiftungswesen umfaßt, findet sich beispielsweise bei PECHLANER, SCHIERENBECK und HÖLSCHER, SCHADE, AICHINGER sowie PLATZEK. Vgl. PECHLANER, H., *Private Banking* (1993), S. 38; SCHIERENBECK, H. / HÖLSCHER, R., *Bank*

gensstruktursteuerung (unter Einbeziehung beispielsweise auch des Immobilienvermögens oder von Lebensversicherungen), die Steueroptimierung des Gesamtvermögens oder die Planung und Durchführung von Vermögensübertragungen gehören heute ebenso zum Aufgabenbereich des Vermögensverwalters.[44] Dementsprechend erscheint es sinnvoll, den Vermögensverwaltungsbegriff möglichst weit zu fassen. So kann Vermögensverwaltung als die Summe aller Bemühungen um die Optimierung der Vermögensverhältnisse des Kunden verstanden werden.[45]

Nach Kundengruppen läßt sich der Bereich Vermögensverwaltung in die beiden Teilbereiche Private Banking und Asset Management untergliedern.[46]

Private Banking: Als Private Banking wird das Vermögensverwaltungsgeschäft mit vermögenden Privatkunden bezeichnet.[47]

Assurance (1993), S. 372-373; SCHADE, G. F., *Finanzdienstleister* (Handelsblatt 21.09.2000), S. B16; AICHINGER, C., *Stellenwert der Portfoliomanager-Klienten-Beziehung* (1995), S. 110; PLATZEK, H.-J., *Private Banking als strategisches Geschäftsfeld* (Die Bank 11/1998), S. 652. Einige Autoren halten die aktive Ausrichtung des Portfoliomanagements für ein konstitutives Element der Vermögensverwaltung. Vgl. bspw. SCHWAIGER, A., *Vermögensverwaltung* (1995), Sp. 1897; BRUNNER, G. F., *Vermögensverwaltung deutscher Kreditinstitute* (1987), S. 6; TIPPL, T., *Strategische Geschäftsfeldanalyse* (1991), S. 7. Zwar zeigt sich im Kapitel 2.3., daß in der Praxis der Vermögensverwaltung aktive Portfoliomanagement-Strategien klar dominieren, doch sollte eine mögliche Ausrichtung der Vermögensverwaltung auf passive Portfoliomanagement-Strategien keinesfalls von vornherein definitorisch ausgeschlossen werden. Die Entwicklung in der Praxis läßt es sinnvoll erscheinen, den Vermögensverwaltungsbegriff möglichst weit zu fassen.

44 Vgl. SPIWOKS, M., *Intermediationstheorie der Vermögensverwaltung* (1998), S. 12.

45 Vgl. SPIWOKS, M., *Intermediationstheorie der Vermögensverwaltung* (1998), S. 12. Bspw. BALZER weist auf eine breite Palette unterschiedlicher Begriffsauffassungen der Vermögensverwaltung und auf die daraus erwachsenden Notwendigkeit einer Begriffsdefinition hin. Vgl. BALZER, P., *Vermögensverwaltung durch Kreditinstitute* (1999), S. 11-12.

46 Im allgemeinen werden drei Gruppen von Kapitalanbietern unterschieden: Institutionelle Investoren, private Investoren und der Staat. Vgl. WOSSIDLO, P. R., *Finanzierungssituation mittelständischer Unternehmungen* (1985), S. 37. Im Vermögensverwaltungsgeschäft tritt der Staat bisher nicht als Kunde auf, so daß sich eine Einteilung nach den verbleibenden beiden Kundengruppen anbietet.

47 Private Banking ist ein etwas schillernder Begriff. Häufig wird er dem Retail Banking gegenübergestellt und umfaßt dann das Individualkundengeschäft, ohne einen ausschließlichen Bezug zur Vermögensverwaltung zu haben. Vgl. MALTZAN, B.-A. VON, *Strategisches Vermögensmanagement* (1999), S. 3. In der Schweiz wird hingegen schon seit geraumer Zeit das Private Banking dem Asset Management gegenübergestellt. Diese Lesart des Begriffes hat sich in den letzten 10 Jahren weitgehend durchgesetzt. So definiert EISELIN Private Banking beeindruckend knapp als „Vermögensverwaltung für eine wohlhabende Privatkundschaft". Vgl. EISELIN, S., *Banktitel und Fondsanteil* (Finanz und Wirtschaft 18.07.1998), S. 19. Die Neue Zürcher Zeitung bezeichnet Private Banking noch einfacher als „Vermögensverwaltung für Privatkunden". Vgl. NEUE ZÜRCHER ZEITUNG, *Vermögensverwaltung nicht ohne Gefahren* (Neue Zürcher Zeitung 02.04.1998), S. 9. Ähnlich vgl. auch GALASSO, G., *Retention Marketing im Private Banking* (1999), S. 12-13 u. 27. PECHLANER definiert wesentlich umfangreicher: „Private Banking bedeutet das schwerpunktmäßige Angebot von vollum-

Asset Management: Das Asset Management umfaßt die Vermögensverwaltung für institutionelle Kunden (Pensionskassen, Versicherungen etc.) sowie die Betreuung von Publikumsfonds[48] und Spezialfonds.[49]

Prognose: Eine Prognose[50] ist eine Aussage über ein in der Zukunft liegendes Ereignis,[51] die so konkret formuliert sein muß, daß das Eintreffen beziehungswei-

---

fänglichen Vermögensverwaltungs- und Anlageberatungsprodukten im Rahmen der sonstigen Banktätigkeit, wobei die Finanzanalyse und der Handel zur Unterstützung der Anlageentscheidung eine wesentliche Rolle spielen, jedoch nicht von demselben Anbieter erbracht werden müssen und somit reine Unterstützungsfunktionen sind. Vollumfängliches Private Banking bedeutet aber das zusätzliche Angebot von speziellen Dienstleistungen insbesondere im Beratungsbereich, gekoppelt mit einem hohen Servicegrad." Vgl. PECHLANER, H., *Private Banking* (1993), S. 34. Ein ähnliches Begriffsverständnis findet sich bspw. bei MALTZAN, B.-A. VON, *Strategisches Vermögensmanagement* (1999), S. 3; MALTZAN, B.-A. VON, *Private Banking* (1998), S. 905-917; MALTZAN, B.-A. VON / VÄTH, H., *Private Banking* (1999), S. 165-183. Eine weitere Deutung des Begriffes Private Banking ist davon deutlich abzugrenzen: Im amerikanischen Raum wird unter Private Banking in erster Linie die Umsetzung von Vermögensaufbauplänen für Privatkunden mit hohem Einkommen verstanden. Vgl. PECHLANER, H., *Private Banking* (1993), S. 34.

48 Publikumsfonds sind Anlageinstrumente, die sich zwar auch an institutionelle Investoren, aber in erster Linie an Privatinvestoren richten. Dennoch werden sie traditionell ausschließlich dem Asset Management zugeordnet. Das ist sicher in erster Linie darauf zurückzuführen, daß das Fondsmanagement nie in unmittelbaren Kontakt mit den Privatinvestoren kommt. Die Fondsmanager müssen sich für ihre Anlagepolitik gegenüber der Kapitalanlagegesellschaft sowie gegenüber dem Fondsinitiator (häufig handelt es sich dabei um ein Bankhaus) rechtfertigen. Daher stellen sich die Rahmenbedingungen für die Entscheidungsträger bei Publikumsfonds eher dar wie im Asset Management und nicht wie im Private Banking.

49 Diese Begriffsabgrenzung lehnt sich wiederum sehr eng an die Definition von EISELIN an. Für EISELIN besteht Asset Management aus dem „Geschäft mit den institutionellen Vermögensverwaltungskunden und Anlagefonds". Vgl. EISELIN, S., *Zurück zu seinen Wurzeln* (Finanz und Wirtschaft 19.11.1997), S. 17. Ebenso stellt sich das Begriffsverständnis der Neuen Zürcher Zeitung dar, die das Asset Management als „Vermögensverwaltung ... für institutionelle Kunden" bezeichnet. Vgl. NEUE ZÜRCHER ZEITUNG, *Vermögensverwaltung nicht ohne Gefahren* (Neue Zürcher Zeitung 02.04.1998), S. 9. Damit ist das eindeutig vorherrschende Begriffsverständnis wiedergegeben. Um die Deutung des Begriffes Asset Management gibt es – ganz im Gegensatz zum Begriff Private Banking – kaum Meinungsverschiedenheiten.

50 Der Begriff Prognose ist von dem griechischen Wort Prognosis abgeleitet. Prognosis bedeutet Vorwissen. Der Begriff Prognose fand zuerst in der Medizin Verwendung, wo er die Abschätzung der Genesungschancen eines Patienten umschrieb. Inzwischen hat sich der Begriff jedoch in allen Wissenschaften durchgesetzt und spielt insbesondere in den Wirtschaftswissenschaften eine bedeutende Rolle. Vgl. ROGGE, H. J., *Methoden und Modelle der Prognose* (1972), S. 14-15. RÜCKLE schlägt vor, die Begriffe Vorhersage, Voraussage oder Forecasting als inhaltlich übereinstimmend zum Begriff Prognose zu verstehen. Vgl. RÜCKLE, D., *Prognosen und Prognoseprüfung* (Der Betrieb 1984), S. 57-58. Diesem Vorschlag wird in der vorliegenden Untersuchung gefolgt. TIETZEL hingegen betrachtet den Begriff Vorhersage als Oberbegriff, der sich aus den beiden Kategorien Prognose und Prophezeiung zusammensetzt. Vgl. TIETZEL, M., *Prognoselogik* (1989), S. 3-6.

51 Vgl. BRETZKE, W.-R., *Das Prognoseproblem bei der Unternehmensbewertung* (1975), S. 116. WEIZSÄCKER bezeichnet eine Prognose als den „Versuch, uns von zukünftigen Ereig-

se Nicht-Eintreffen zum prognostizierten Zeitpunkt überprüft werden kann.[52] Das bedeutet, die in einer Prognose enthaltenen Aussagen müssen mit an sich möglichen Ereignissen vereinbar sein, auf ein endliches, geschlossenes Zeitintervall bezogen sein und klar definierte Sachverhalte beschreiben.[53] Die Prognose muß auf Erfahrungswissen basieren, wobei dieses Wissen nicht in Form genereller Hypothesen oder formalisierter Gesetze vorliegen muß, sondern auch auf intuitiver Einsicht beruhen kann.[54] Das wird insbesondere in Bereichen vorkommen, in denen Erfahrungswissen vorhanden ist, wegen seiner Komplexität aber (noch) nicht auf einfache Regeln reduziert werden kann.[55]

Kapitalmarktprognose: Unter einer Kapitalmarktprognose[56] sei hier die Vorhersage des künftigen Wertes oder der Veränderungsrichtung des Wertes eines an organisierten Kapitalmärkten gehandelten Titels beziehungsweise einer Titelgruppe (Index) oder sonstiger Vermögenswerte verstanden.[57] Darunter fallen insbesondere Zinsprognosen, Aktienkurs- und Aktienindexprognosen sowie Wechselkursprognosen.[58]

---

nissen ein Bild zu machen". Vgl. WEIZSÄCKER, C.-F. FREIHERR VON, *Über die Kunst der Prognose* (1968), S. 5.

52 Vgl. THEIL, H. / BOOT, J. C. G. / KLOEK, T., *Prognosen und Entscheidungen* (1971), S. 107; GRUNDMANN, T., *Prognose einer Kapitalgesellschaft* (1989), S. 8.

53 Vgl. BRETZKE, W.-R., *Das Prognoseproblem bei der Unternehmensbewertung* (1975), S. 117.

54 Vgl. GRUNDMANN, T., *Prognose einer Kapitalgesellschaft* (1989), S. 8; TICHY, G., *Prognose* (1981), S. 335. BRETZKE hingegen fordert, daß das verwendete Prognoseverfahren intersubjektiv nachvollziehbar sein muß. Vgl. BRETZKE, W.-R., *Das Prognoseproblem bei der Unternehmensbewertung* (1975), S. 117. SCHMIDT und TIETZEL halten es für erforderlich, daß eine Prognose auf einer logischen Ableitung aus generellen Hypothesen oder formalisierten Gesetzen beruht. Vgl. SCHMIDT, ULRICH, *Zum Prognoseproblem in der Wirtschaftswissenschaft* (1971), S. 64-65; TIETZEL, M., *Prognoselogik* (1989), S. 4-6. WITTE unterscheidet zwischen pragmatischen, extrapolierenden und kausalen Prognosen. „Pragmatische Prognosen basieren im wesentlichen auf den subjektiven Erfahrungen, Erwartungen und Meinungen von Experten (Ressortchefs, Stabsmitglieder)." WITTE, E., *Finanzplanung der Unternehmung* (1983), S. 71. Damit vertritt WITTE ebenso wie GRUNDMANN und TICHY die Auffassung, daß eine Prognose nicht zwangsläufig in Form genereller Hypothesen oder formalisierter Gesetze vorliegen muß. Auch FRERICHS und KÜBLER halten Prognosen für möglich, die mit Hilfe analytischer oder auch intuitiver Verfahren gewonnen werden. Vgl. FRERICHS, W. / KÜBLER, K., *Gesamtwirtschaftliche Prognoseverfahren* (1980), S. 3. MORGENSTERN, TIETZEL, KNESCHAUREK und GRAF weisen darauf hin, daß zutreffende Prognoseergebnisse sogar auf einer falschen Theorie basieren können. Vgl. MORGENSTERN, O., *Descriptive, Predictive and Normative Theory* (Kyklos 1972), S. 704; TIETZEL, M., *Prognoselogik* (1989), S. 3; KNESCHAUREK, F. / GRAF, H. G., *Wirtschafts- und Marktprognosen* (1986), S. 32.

55 Vgl. GRUNDMANN, T., *Prognose einer Kapitalgesellschaft* (1989), S. 8.

56 Auch häufig als Kursprognose bezeichnet.

57 Vgl. REHKUGLER, H. / PODDIG, T., *Kursprognose* (1995), Sp. 1336.

58 Vgl. REHKUGLER, H. / PODDIG, T., *Kursprognose* (1995), Sp. 1336.

Naive Prognose: Eine naive Prognose besteht in einer unkritischen, mechanistischen Übertragung der gegenwärtigen Variablenausprägung auf den Prognosehorizont.[59] Eine naive Prognose spiegelt also die Annahme wider, daß alles bleibt, wie es ist.[60] Die naive Prognose spielt eine wichtige Rolle als Bestandteil verschiedener Prognosefehlermaße.[61]

---

59 Vgl. PODDIG, T., *Kursprognose* (1999), S. 455-456.

60 HÜTTNER nimmt eine Unterscheidung zwischen der sog. No-Change-Naiven-Prognose und der Same-Change-Naiven-Prognose vor. Vgl. HÜTTNER, M., *Markt- und Absatzprognosen* (1982), S. 75-78. Im üblichen wissenschaftlichen Sprachgebrauch wird unter einer naiven Prognose stets die No-Change-Variante verstanden. Bezieht man sich auf die Same-Change-Variante, ist dies gesondert kenntlich zu machen. In der hier vorliegenden Untersuchung wird der Begriff der naiven Prognose ausschließlich im Sinne der No-Change-Variante verwendet. Eine nicht-naive Prognose ist also eine Prognose, die - aufgrund welcher Vorüberlegungen auch immer - eine Veränderung der zu prognostizierenden Variable oder Variablenentwicklung avisiert.

61 Hat man im Rahmen einer erforderlichen Kursprognose überhaupt keine Vorstellung davon, was in Zukunft passieren wird, spricht ebensoviel für steigende wie für fallende Kurse. In diesem Fall bietet es sich an, von unveränderten Kursen auszugehen (naive Prognose). Somit stellt die naive Prognose einen wesentlichen Maßstab der Prognosequalität dar: Weist eine Prognosezeitreihe auf Dauer keine höhere Güte auf als die entsprechende naive Prognose, spiegelt sich darin eine völlige Unkenntnis der prognostizierten Zusammenhänge wider. Vgl. ANDRES, P. / SPIWOKS, M., *Prognosequalitätsmatrix* (Jahrbücher für Nationalökonomie und Statistik 5-6/1999), S. 524.

2. Kundenbindung im Vermögensverwaltungsgeschäft

Aufgabe dieses Kapitels ist es, die der Hypothese zugrunde liegenden Randbedingungen im einzelnen zu betrachten und auf ihre Plausibilität hin zu überprüfen. Dies geschieht in erster Linie durch Auswertung der in der Literatur bereits vorliegenden theoretischen und empirischen Arbeiten. Ergänzend wird eine explorative Befragung durchgeführt. Im einzelnen ist das Kapitel 2. wie folgt strukturiert:

Randbedingung 1 (eine verstärkte Kundenbindung kann wesentlich zur Erreichung des Unternehmensoberzieles beitragen) wird in Kapitel 2.1. erörtert. Randbedingung 2 (Grundvoraussetzung für die Bindung von Kunden im Vermögensverwaltungsgeschäft ist die Erfüllung des Leistungsversprechens bezüglich der Kernbestandteile der Dienstleistung) ist Gegenstand des Kapitels 2.2. Randbedingung 3 (der Kern des Leistungsversprechens der befragten Vermögensverwalter ist die erfolgreiche Umsetzung aktiver Portfoliomanagement-Strategien) wurde mit Hilfe einer explorativen Befragung im Kapitel 2.3. untermauert. Randbedingung 4 (eine erfolgreiche Umsetzung aktiver Portfoliomanagement-Strategien ist nur auf der Grundlage einer ausreichenden Prognosekompetenz möglich) wird in Kapitel 2.4. begründet. Abschließend erfolgt eine kurze Zusammenfassung der wichtigsten Überlegungen und Ergebnisse in Kapitel 2.5.

2.1. Die Bedeutung der Kundenbindung für Unternehmen der Vermögensverwaltungsbranche

In diesem Kapitel wird detailliert dargelegt, warum insbesondere für Vermögensverwalter die Erhöhung der Kundenbindungsrate ein bedeutender Beitrag zum Unternehmenserfolg sein kann. Dabei wird insbesondere auf die einzelnen Mechanismen eingegangen, die von einer verstärkten Kundenbindung zu einer verbesserten Erreichung der Unternehmensoberziele führen können.

Die Geschäftspolitik[62] von Vermögensverwaltungsgesellschaften beziehungsweise von Kreditinstituten, die in diesem Bereich tätig sind, wird von einem Zielbündel bestimmt, das sich hierarchisch in Ober- und Unterziele gliedern läßt.[63] Eingebettet sind diese Ziele in die zwischen den einzelnen Instituten differierenden Grundaufträge, die das Zielsystem[64] des jeweiligen Instituts determinieren und eine unterschiedliche Gewichtung der Zielelemente implizieren.[65] Unabhängig

62 Nach BÜSCHGEN umfaßt die Geschäftspolitik alle Maßnahmen, die unter Berücksichtigung relevanter interner und externer Restriktionen zur Erreichung der vorgegebenen Ziele beitragen. Vgl. BÜSCHGEN, H. E., *Banklexikon* (1992), S. 693.

63 Vgl. KRÜGER, S. M., *Kundenbindung durch Zufriedenheitsmanagement* (1997), S. 149.

64 Zum Begriff des Zielsystems vgl. HAUSCHILDT, J., *Zielsysteme* (1980), Sp. 2419-2420.

65 Zu Grundaufträgen und Zielkonzeptionen von Kreditinstituten vgl. MÜLHAUPT, L., *Betriebswirtschaftslehre der Banken* (1980), S. 159-166.

davon nimmt grundsätzlich das Gewinnziel beziehungsweise das Rentabilitätsziel eine dominierende Stellung ein.[66]

Die Erhöhung der Kundenbindungsrate beziehungsweise die Verlängerung der durchschnittlichen Kundenbindungsdauer sind gut operationalisierbare Unterziele, die wesentlich und unmittelbar zur Erreichung des Gewinnzieles beitragen können.[67] Dies ist vor allem auf vier Wirkungen einer stärkeren Kundenbindung[68] zurückzuführen:[69]

- Stärkeres Kundenwachstum bei unveränderten Akquisitionsbemühungen
- Längere Phase der Generierung von Deckungsbeiträgen
- Allmählich steigende Ertragspotentiale im Verlauf der Kundenbeziehung
- Nachlassender Wechselwille der Kunden im Verlauf der Kundenbeziehung

Diese vier Wirkungsmechanismen werden in den Abschnitten 2.1.2. bis 2.1.5. unter Berücksichtigung der Gegebenheiten im Vermögensverwaltungsgeschäft diskutiert. Zuvor ist es jedoch erforderlich, den Begriff Kundenbindung zu erläu-

---

66 Vgl. bspw. SÜCHTING, J., *Bankmanagement* (1992), S. 313-314; BETGE, P., *Bankbetriebslehre* (1996), S. 462; STEIN, J. H. VON / KERSTIEN, H. / GÄRTNER, U., *Bankunternehmenspolitik* (1993), S. 771; EPPLE, M., *Marketing der Kreditinstitute* (1987), S. 27; BÜSCHGEN, H. E., *Bankbetriebslehre* (1998), S. 509; SWOBODA, U., *Privatkundengeschäft* (1996), S. 70; KRÜGER, S. M., *Kundenbindung durch Zufriedenheitsmanagement* (1997), S. 149. Das Oberziel Gewinnstreben liegt jedoch bei einigen Institutsgruppen in modifizierter Form vor. Vgl. dazu SÜCHTING, J., *Bankmanagement* (1992), S. 315-317; BETGE, P., *Bankbetriebslehre* (1996), S. 462-463; HEIN, M., *Bankbetriebslehre* (1993), S. 111-115. Die traditionell als gleichrangig angesehenen Zielgrößen Liquidität und Sicherheit (Magisches Zieldreieck) haben keineswegs an Bedeutung verloren. Ihnen wird allerdings zunehmend der Charakter einer zum Gewinnstreben notwendigen Nebenbedingung zugesprochen. Vgl. dazu bspw. PRIEWASSER, E., *Bankbetriebslehre* (1998), S. 165-166; SWOBODA, U., *Privatkundengeschäft* (1996), S. 70; FRIEDRICHS, S., *Markenstrategien im Privatkundengeschäft* (2000), S. 24-25; STEIN, J. H. VON / KERSTIEN, H. / GÄRTNER, U., *Bankunternehmenspolitik* (1993), S. 773. WOSSIDLO bestätigt die zentrale Bedeutung des Gewinnzieles, merkt allerdings auch an, „daß ein Großteil mikroökonomischer Entschlüsse nicht oder zumindest nicht allein auf das Gewinnmotiv reduziert werden kann." Vgl. WOSSIDLO, P. R., *Ausgangslage für das Projekt Columbus* (1988), S. 14-15.

67 Vgl. MEFFERT, H. / BRUHN, M., *Dienstleistungsmarketing* (1997), S. 145; HOMBURG, C. / BRUHN, M., *Kundenbindungsmanagement* (1999), S. 16-17; MEYER, A. / BLÜMELHUBER, C., *Wettbewerbsorientierte Strategien im Dienstleistungsbereich* (1998), S. 382. OEVERMANN bezeichnet die Kundenbindung als „Marketing-Oberziel", das in einer Mittel-Zweck-Beziehung zur Erreichung des Unternehmens-Oberzieles „langfristige Unternehmenssicherung" beiträgt. Vgl. OEVERMANN, D., *Kundenbindungsmanagement von Kreditinstituten* (1996), S. 112. Zur Einordnung von Marketing-Zielen in ein übergeordnetes Zielsystem vgl. auch BÜSCHGEN, H. E., *Bankmarketing* (1995), Sp. 170.

68 Stärkere Kundenbindung wird hier immer als längere durchschnittliche Kundenbindungsdauer bzw. höhere Kundenbindungsrate verstanden.

69 Vgl. REICHHELD, F. F., *Der Loyalitäts-Effekt* (1997), S. 9-78.

tern und zu operationalisieren (2.1.1.). Zum Abschluß des Kapitels 2.1. werden die wichtigsten Ergebnisse zusammengefaßt und Schlußfolgerungen für die Vermögensverwaltungsbranche gezogen (2.1.6.).

2.1.1. Klärung des Begriffsinhaltes der Kundenbindung

Der Begriff Kundenbindung[70] bezeichnet die Bereitschaft eines Kunden oder einer Kundengruppe, dauerhaft (oder zumindest für eine gewisse Dauer) die Geschäftsbeziehung aufrechtzuerhalten.[71] Eine starke Kundenbindung kann sich sowohl in einer schon lange bestehenden Geschäftsbeziehung manifestieren (retrospektive Dimension) als auch in dem Willen des Kunden zeigen, die Geschäftsbeziehung in Zukunft lange fortzuschreiben (prospektive Dimension).[72] Die Kundenbindung kann auf Freiwilligkeit beruhen (vor allem im Fall der Kundenzufriedenheit) oder auch teilweise oder ganz erzwungen sein (bspw. durch langjährige Vertragsbindung, gesetzliche Bestimmungen oder Monopolstellung des Anbieters).[73] Das Ausmaß der Kundenbindung eines gesamten Kundenbestandes läßt

---

70 Das Augenmerk der Wissenschaft ist erst seit einigen Jahren auf den Gegenstand der Kundenbindung gerichtet. Vgl. HOMBURG, C. / BRUHN, M., *Kundenbindungsmanagement* (1999), S. 5. Dementsprechend liegt noch keine allgemein anerkannte Definition vor. In den meisten Veröffentlichungen zu diesem Themenkomplex wird der Begriff im umgangssprachlichen Verständnis verwendet und daher zumeist nicht explizit definiert. Vgl. dazu PETER, S. I., *Kundenbindung* (1997), S. 7. In vielen Wirtschafts- und Marketing-Lexika wird das Schlagwort Kundenbindung noch gar nicht geführt. Vgl. bspw. DILLER, H., *Vahlens großes Marketing-Lexikon* (1994); GOEDE, G. W., *Marketing-Lexikon* (1998); GABLER VERLAG, *Gabler Wirtschaftslexikon* (1997); GABLER VERLAG, *Gabler Lexikon Wirtschaft* (1995); SCHNECK, O., *Lexikon der Betriebswirtschaft* (1998); WOLL, A., *Wirtschaftslexikon* (1996); WITTMANN, W., *Handwörterbuch der Betriebswirtschaft* (1993). MEFFERT betont ebenfalls, daß erst in den letzten Jahren ein Fokus auf Fragen des Beziehungsmarketings bzw. des Relationship Marketings gerichtet wurde, weist allerdings zugleich darauf hin, daß das Management von Kundenbeziehungen bereits seit mehreren Jahrzehnten einen zentralen Bestandteil der Marketingforschung darstellt. Vgl. MEFFERT, H., *Kundenbindung als Element moderner Wettbewerbsstrategien* (1999), S. 117-118.

71 Vgl. GEML, R. / GEISBÜSCH, H.-G. / LAUER, H., *Marketing-Lexikon* (1999), S. 230; ZENTES, J., *Taschenlexikon Marketing* (1997), S. 230; BREYER, M., *Zufriedenheit mit Finanzdienstleistungen* (1998), S. 268-270.

72 Vgl. bspw. HOMBURG, C. / FAßNACHT, M. / WERNER, H., *Kundenzufriedenheit und Kundenbindung* (1999), S. 392-393; HOMBURG, C. / FAßNACHT, M., *Kundenbindung bei Dienstleistungsunternehmen* (1998), S. 415; HOMBURG, C. / BRUHN, M., *Kundenbindungsmanagement* (1999), S. 8; PETER, S. I., *Kundenbindung* (1997), S. 9; MEYER, A. / OEVERMANN, D., *Kundenbindung* (1995), Sp. 1341; OEVERMANN, D., *Kundenbindungsmanagement von Kreditinstituten* (1996), S. 62; HOMBURG, C. / GIERING, A. / HENTSCHEL, F., *Der Zusammenhang von Kundenzufriedenheit und Kundenbindung* (DBW 2/1999), S. 178-179. Ähnlich vgl. SAUERWEIN, E., *Kano-Modell der Kundenzufriedenheit* (2000), S. 21; SEITZ, J., *Bankwahl und Bankloyalität* (1976), S. 7-12.

sich mit Hilfe der Kundenbindungsrate oder der durchschnittlichen Kundenbindungsdauer beschreiben.[74]

---

73 Vgl. OEVERMANN, D., *Kundenbindungsmanagement von Kreditinstituten* (1996), S. 61-62. DILLER definiert Kundenbindung als ein „System von Aktivitäten des Anbieters zur Verbesserung des Transaktionsgeschehens (Interaktion und Atmosphäre) auf der Grundlage positiver Einstellungen der Kunden und daraus resultierender Bereitschaft zu Folgekäufen". Vgl. DILLER, H., *Kundenbindung als Marketingziel* (Marketing 2/1996), S. 84. Diese Definition erweist sich als zu eng. Ein Anbieter kann bspw. zu einer verstärkten Kundenbindung beitragen, indem er eine Monopolstellung durchsetzt. In diesem Fall würde die Kundenbindung nicht unbedingt auf einer „positiven Einstellung des Kunden" beruhen. Diesen Mangel der DILLERschen Definition haben BLIEMEL und EGGERT sowie STREICHERT herausgearbeitet. Vgl. BLIEMEL, W. / EGGERT, A., *Kundenbindung* (1997), S. 4-5; STREICHERT, O., *Herstellung und Verbesserung der Kundenbindung* (1995), S. 3. In ähnlicher Weise erweisen sich die Definitionsversuche von JACOBY und KEYNER sowie von BERGMANN als zu eng. Vgl. JACOBY, J. / KEYNER, D., *Repeat Purchasing Behavior* (Journal of Marketing 10/1973), S. 2-3; BERGMANN, K., *Angewandtes Kundenbindungs-Management* (1998), S. 22. NISCHLAG / DICHTL / HÖRSCHGEN betrachten Kundenbindung als ein Bemühen der Anbieter, „Abnehmer mit ökonomischen, sozialen, technischen oder juristischen Mitteln an einen Lieferanten zu ketten". Vgl. NIESCHLAG, R. / DICHTL, E. / HÖRSCHGEN, H., *Marketing* (1994), S. 125. Zu einer ähnlichen Definition vgl. KUNZE, K., Kundenbindungsmanagement (2000), S. 9. Hierbei wird der Aspekt der möglicherweise auch unfreiwilligen Bindung des Kunden berücksichtigt, doch beschränkt sich die Kundenbindung nach dieser Definition auf das Bemühen des Anbieters. Als Zustandsbeschreibung für einen bestehenden Kundenbestand ist dieser Ansatz jedoch nicht ohne weiteres geeignet. Die Definition führt bei folgender Konstellation zu Mißverständnissen: Wenn der Anbieter erhebliche Anstrengungen zur Verstetigung der Geschäftsbeziehungen zu seinen Kunden unternimmt, ohne daß diese Anstrengungen Erfolg haben, liegt nach dieser Definition dennoch ein hohes Maß an Kundenbindung vor. Dieselbe Problematik tritt auch bei dem Definitionsversuch von HOMBURG und BRUHN auf. Vgl. HOMBURG, C. / BRUHN, M., *Kundenbindungsmanagement* (1999), S. 8. PLINKE und SÖLLNER nehmen dagegen eine stärker an einer Zustandsbeschreibung orientierte Definition der Kundenbindung vor. Vgl. PLINKE, W. / SÖLLNER, A., *Kundenbindung* (1999), S. 57-58. MEFFERT stellt eine zustands- und eine aktivitätsorientierte Definition des Begriffes der Kundenbindung gegenüber. Vgl. MEFFERT, H., *Kundenbindung als Element moderner Wettbewerbsstrategien* (1999), S. 119.

74 Bei der Messung der Stärke der Kundenbindung kann nur die retrospektive Dimension exakt erfaßt werden. Es erscheint sinnvoll anzunehmen, daß sich die prospektive Dimension der Kundenbindung im Normalfall kongruent zur retrospektiven Dimension entwickelt. Insofern ist eine Beschränkung auf die Erfassung der retrospektiven Dimension als gerechtfertigt anzusehen. Eine Ausnahme stellt die Messung der Kundenbindung bei sehr jungen Unternehmen dar, die nicht über die erforderliche Historie verfügen, um eine aussagekräftige Messung der retrospektiven Dimension der Kundenbindung zu ermöglichen. In diesen Fällen erscheint es angemessen, auf Kundenbefragungen bezüglich ihrer Loyalitätsabsicht auszuweichen. POHL und DAHLHOFF nennen insgesamt fünf Indikatoren zur Messung der Kundenbindung: Abwanderungsquote (Komplementär zur Kundenbindungsrate), durchschnittliche Kundenbindungsdauer, beabsichtigte zukünftige Aufrechterhaltung der Geschäftsbeziehung, positive Wahrnehmung des Images des Unternehmens und Bereitschaft zur Weiterempfehlung. Vgl. POHL, A. / DAHLHOFF, D., *Auch zufriedene Kunden werden untreu* (FAZ 14.09.1998), S. 37. Weitere Ansätze werden genannt bei HOMBURG, C. / FAßNACHT, M. / WERNER, H., *Kundenzufriedenheit und Kundenbindung* (1999), S. 394-398; DICHTL, E. /

Die Kundenbindungsrate (*KBR*) ist der Prozentanteil der Kundschaft, der nach Ablauf eines Jahres die Geschäftsbeziehung aufrechterhalten hat.[75] Die Aufrechterhaltung der Geschäftsbeziehung läßt sich im Vermögensverwaltungsgeschäft exakt bestimmen: Die Geschäftsbeziehung beginnt mit Unterzeichnung des Vermögensverwaltungsvertrages und endet mit Auslaufen dieses Vertrages nach einer entsprechenden Vertragskündigung.[76]

$$KBR = \frac{KBst_{Jahresende} - NKA_{Jahresverlauf}}{KBst_{Jahresanfang}} \cdot 100$$

KBR bezeichnet dabei die Kundenbindungsrate in %, *KBst* steht für den Kundenbestand und *NKA* bezeichnet die Neukundenakquisitionen. Bestehen beispielsweise Anfang und Ende des Jahres Verwaltungsverträge mit jeweils 100 Kunden, während zehn Kunden im Jahresverlauf neu akquiriert wurden,[77] liegt die Kundenbindungsrate bei 90%.

Die durchschnittliche Kundenbindungsdauer (*DKBD*) erfaßt, wie lange die bestehenden Vermögensverwaltungsverträge im Durchschnitt bereits existieren.[78] Dabei bezeichnet *DKBD* die durchschnittliche Kundenbindungsdauer in Jahren, KBD_{Ku} die Zeit in Jahren, seitdem der Verwaltungsvertrag des Kunden *Ku* besteht, und *n* bezeichnet die Anzahl der Kunden.

SCHNEIDER, W., *Kundenzufriedenheit* (Thexis 2/1994), S. 8-9. EYETT gibt Hinweise für eine Kundenzufriedenheitsmessung per Kundenbefragung. Dabei wird die wesentliche Schwäche eines solchen Verfahrens deutlich: Teilweise breite Interpretationsspielräume erschweren die Gewinnung eindeutiger Ergebnisse. Vgl. EYETT, D., *Kundenbefragungen* (Bank Magazin 3/1999), S. 58-60.

75 Vgl. VENOHR, B. / ZINKE, C., *Kundenbindung als strategisches Unternehmensziel* (1999), S. 155; MEYER, G. / ROOS, U., *Kundenorientierung und Kundenbindung* (1998), S. 132. KUNZ spricht von der Treuequote und stellt diese etwas vereinfacht dar. Vgl. KUNZ, H., *Beziehungsmanagement* (1996), S. 20. Die Kundenbindungsrate wird im allgemeinen auf die Anzahl der Kunden bezogen. Im Vermögensverwaltungsgeschäft wäre aber auch das Depotvolumen eine geeignete Bezugsgröße. Die sogenannte Kundenabwanderungsrate in % (*KAR*) ist das Komplementär zur Kundenbindungsrate in % (*KBR*). Es gilt also: $KAR = 100 - KBR$. Vgl. KRÜGER, S. M., *Kundenbindung durch Zufriedenheitsmanagement* (1997), S. 24.

76 Die Erfassung der Kundenbindung ist bspw. im Konsumgüterbereich wesentlich schwieriger. Zu unterschiedlichen Konstrukten der Markentreue vgl. BÖHLER, H., *Marktsegmentierung* (1977), S. 119-123.

77 Dies ist gleichbedeutend mit zehn Kundenabgängen im Verlauf des Jahres.

78 KRÜGER schlägt vor, die durchschnittliche Kundenbindungsdauer als Kehrwert der Kundenabwanderungsrate zu berechnen. Vgl. KRÜGER, S. M., *Kundenbindung durch Zufriedenheitsmanagement* (1997), S. 139.

$$DKBD = \frac{1}{n} \sum_{Ku=1}^{n} KBD_{Ku}$$

Die durchschnittliche Kundenbindungsdauer vermittelt unter Umständen ein verzerrtes Bild der tatsächlichen Kundenbindung, wenn beispielsweise eine hohe Zahl neuer Kunden akquiriert werden konnte. Dies führt zu einer Senkung der durchschnittlichen Kundenbindungsdauer, obwohl eine hohe Zahl neuer Kunden Ausdruck einer sehr positiven Entwicklung sein kann. Die Veränderung der durchschnittlichen Kundenbindungsdauer vermittelt ein realistisches Bild, solange sich die Neukundenakquisition im Rahmen des Üblichen bewegt.

Die Begriffe Kundenbindung und Kundenloyalität werden im umgangssprachlichen Gebrauch wie auch in einem Großteil der wissenschaftlichen Literatur als Synonyme verwendet.[79] Dieser Handhabung wird auch in der vorliegenden Studie gefolgt. Dementsprechend werden auch verwandte Begriffe wie beispielsweise die Kundenbindungsrate und die Loyalitätsrate als übereinstimmend angesehen.

79 Vgl. PETER, S. I., *Kundenbindung* (1997), S. 9. Als Beispiel für die synonyme Verwendung der Begriffe Kundenbindung und Kundenloyalität vgl. HÖFNER, K. / SCHUSTER, H.-W., *Steigerung der Kundenloyalität* (Marktforschung & Management 3/1992), S. 123. Auch in der vorliegenden Untersuchung werden diese Begriffe als übereinstimmend betrachtet. Das gilt auch für abgeleitete Begriffe wie bspw. die Kundenbindungsrate (=Loyalitätsrate). Den Versuch einer inhaltlichen Differenzierung dieser Begriffe unternehmen dagegen bspw. LOHMANN, SAUERWEIN, KRÜGER und RICHTER-MUNDANI. Vgl. LOHMANN, F., *Loyalität von Bankkunden* (1997), S. 7-10; SAUERWEIN, E., *Kano-Modell der Kundenzufriedenheit* (2000), S. 20-21; KRÜGER, S. M., *Kundenbindung durch Zufriedenheitsmanagement* (1997), S. 13-22; RICHTER-MUNDANI, S., *Kundenbindungssysteme für Kreditinstitute* (1999), S. 5-11. LOHMANN entschließt sich letztlich doch für eine synonyme Verwendung der Begriffe und SAUERWEIN räumt ein, daß eine inhaltliche Differenzierung der Begriffe durchaus schwerfällt. Zu einer ähnlichen Einschätzung kommen auch BLIEMEL und EGGERT. Vgl. BLIEMEL, W. / EGGERT, A., *Kundenbindung* (1997), S. 3. STREICHERT hält eine inhaltliche Differenzierung der Begriffe für überflüssig bzw. beim derzeitigen Stand der Diskussion für inadäquat. Vgl. STREICHERT, O., *Herstellung und Verbesserung der Kundenbindung* (1995), S. 3-5. Eine Differenzierung zwischen Kundenbindung und Kundenloyalität nehmen auch HOMBURG und BRUHN vor. Das ist jedoch auf deren Definition der Kundenbindung als Bemühen des Anbieters (und nicht als Zustandsbeschreibung) zurückzuführen. Vgl. HOMBURG, C. / BRUHN, M., *Kundenbindungsmanagement* (1999), S. 8. STAHL nimmt eine Differenzierung der Begriffe belastbare Loyalität, bedingte Kundenloyalität (=Kundenbindung) und trügerische Kundenloyalität vor. Vgl. STAHL, H. K., *Kundenloyalität kritisch betrachtet* (1999), S. 44-56. Gleichzeitig sieht STAHL ein, daß er fürchten muß, sich dem „Vorwurf der Haarspalterei“ auszusetzen. Vgl. STAHL, H. K., *Kundenloyalität kritisch betrachtet* (1999), S. 43.

2.1.2. Stärkeres Kundenwachstum bei unveränderten Akquisitionsbemühungen

Die erste der angesprochenen Wirkungen einer höheren Kundenbindungsrate ist trivial: Der Kundenbestand wächst – eine konstante Akquisitionsrate unterstellt – um so schneller an, je geringer die jährliche Kundenverlustrate ist.[80] REICHHELD hat dafür folgendes einprägsame Bild verwendet: Wenn man einen Eimer mit Wasser füllen will, geht das um so schneller, je kleiner das Loch im Boden des Eimers ist.[81] Die Bedeutung dieser ‚Binsenweisheit' wird jedoch häufig unterschätzt. Ein Unternehmen, das eine Loyalitätsrate von 90% aufweist und jährlich etwa 10% Neukunden akquirieren kann, ist gerade einmal in der Lage, seinen Kundenbestand zu halten. Gelingt es diesem Unternehmen, bei unveränderter Akquisitionstätigkeit die Loyalitätsrate auf 95% zu steigern, wird sich der Kundenbestand binnen 14 Jahren nahezu verdoppeln (Abb. 2).[82]

Abbildung 2: Entwicklung des Kundenbestandes in % der Ausgangslage bei 10% Neukundenakquisition p.a. und 90%iger Loyalitätsrate (schwarze Balken) bzw. 95%iger Loyalitätsrate (weiße Balken)

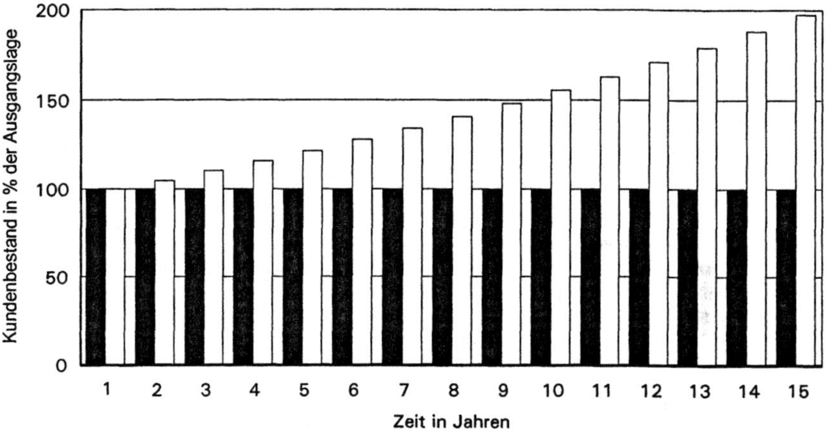

Quelle: Eigene Darstellung in Anlehnung an REICHHELD, F. F., *Der Loyalitäts-Effekt* (1997), S. 74.

---

80 Vgl. BERGMANN, K., *Angewandtes Kundenbindungs-Management* (1998), S. 44-45.

81 Vgl. REICHHELD, F. F., *Der Loyalitäts-Effekt* (1997), S. 51.

82 Vgl. REICHHELD, F. F., *Der Loyalitäts-Effekt* (1997), S. 51. Ähnlich auch REICHHELD, F. F. / SASSER, W. E., *Dienstleister im Sog der Qualitätsrevolution* (1999), S. 144. Die Rechnung wird andersherum von HELD aufgemacht. Je höher die Kundenbindungsrate, desto langsamer erodiert ein gegebener Kundenbestand. Vgl. HELD, P. P., *Relationship Banking* (1998), S. 59.

Schon eine verhältnismäßig geringe Erhöhung der Loyalitätsrate kann also erhebliche Beiträge zur Verbreiterung der Kundenbasis leisten.[83] Von dem Wachstum des Kundenbestandes können wesentliche Impulse zur Erreichung der Unternehmensoberziele ausgehen.[84]

2.1.3. Längere Phase der Generierung von Deckungsbeiträgen

Die zweite angesprochene Wirkung einer verstärkten Kundenbindung bezieht sich auf den Umstand, daß die Neukundenakquisition zunächst mit Kosten verbunden ist,[85] die erst im Laufe der Zeit durch die aus der Geschäftsbeziehung resultierenden Deckungsbeiträge kompensiert und - nach Erreichen des Break-even-Punktes - auch überkompensiert werden.[86]

---

83 Vgl. JOHO, C., *Kundenbindungs-Management* (1996), S. 60; REICHHELD, F. F. / SASSER, W. E., *Zero-Migration* (Harvard-Manager 4/1991), S. 109 u. 111. Ähnlich auch DILLER, H., *Customer Loyalty* (2000), S. 32. Dieser Umstand veranlaßt WIEDERIN zu der Feststellung, daß „ausreichendes Wachstum" nur dann erzielbar sei, wenn es gelänge, den „größten Teil" der Bestandskunden zu halten. Vgl. WIEDERIN, E., *Bestandskundenpflege* (1993), S. 67.

84 Häufig wird darauf hingewiesen, daß ein Wachstum des Kundenbestandes nur dann zu einem Gewinnwachstum beitragen kann, wenn es sich um rentable Kunden handelt. Vgl. dazu bspw. LOHMANN, F., *Loyalität von Bankkunden* (1997), S. 13-15; STORBACKA, K. / STRANDVIK, T. / GRÖNROOS, C., *Gewinn durch Relationship Management* (1999), S. 81-85. Die für das Retail Banking wichtige Unterscheidung zwischen rentablen und unrentablen Kunden kann für das Vermögensverwaltungsgeschäft mit vermögenden Privatkunden (Private Banking) vernachlässigt werden. In diesem Geschäftsbereich liefern bis auf verschwindend wenige Ausnahmen alle Kunden positive Deckungsbeiträge. ISKE und NOTZ, ECKERT, BREYER sowie KELLER weisen auf denselben Zusammenhang aus anderem Blickwinkel hin: Wenn ein konstanter Kundenbestand angestrebt wird, vermindert eine höhere Kundenbindungsrate die durch die teure Neukundengewinnung verursachten Kosten. Vgl. ISKE, J. / NOTZ, T., *Der UBS KeyClub* (1998), S. 207; ECKERT, S., *Rentabilitätssteigerung durch Kundenbindung* (1994), S. 45; BREYER, M., *Zufriedenheit mit Finanzdienstleistungen* (1998), S. 185; KELLER, H. U., *Retention-Marketing* (1994), S. 334. Ähnlich auch REICHHELD, F. F., *Die Renaissance des Marketing* (1999), S. 54; BLIEMEL, W. / EGGERT, A., *Kundenbindung* (1997), S. 1; BERGMANN, K., *Angewandtes Kundenbindungs-Management* (1998), S. 38; HELD, P. P., *Relationship Banking* (1998), S. 63.

85 Vgl. OGGENFUSS, C. W., *Customer Retention* (1993), S. 44; BERGMANN, K., *Angewandtes Kundenbindungs-Management* (1998), S. 37-38; AICHINGER, C., *Stellenwert der Portfoliomanager-Klienten-Beziehung* (1995), S. 101. WOSSIDLO weist darauf hin, daß die Neukundenakquisition mit einem erheblichen Mittelbedarf verbunden sein kann. Vgl. WOSSIDLO, P. R., *Finanzierungssituation der wachsenden Kleinunternehmung* (1990), S. 32. BÖHLER und RIEDL heben hervor, daß insbesondere vor dem Hintergrund hoher Kosten der Neukundenakquisition das Bemühen um Kundenzufriedenheit und Kundenbindung an Bedeutung gewinnt. Vgl. BÖHLER, H. / RIEDL, J., *Handlungsspielräume* (Absatzwirtschaft 10/1997), S. 45.

86 Vgl. BREYER, M., *Zufriedenheit mit Finanzdienstleistungen* (1998), S. 256. Dieser Zusammenhang wird auch von KRÜGER festgestellt. KRÜGER bezieht diesen Zusammenhang in eine auf der Barwertberechnung basierende Kundenlebenszeitwertberechnung ein, während hier eine auf der Amortisationsrechnung basierende Modellbetrachtung verfolgt wird. Vgl. KRÜGER, S. M., *Kundenbindung durch Zufriedenheitsmanagement* (1997), S. 132-133. Ähnlich

Die grafische Veranschaulichung der Zusammenhänge (Abb. 3) macht deutlich, daß die kumulierten Deckungsbeiträge um so stärker anwachsen, je länger die Geschäftsverbindung währt.[87] Bricht der Kunde die Geschäftsbeziehung ab, noch bevor die Amortisation der Akquisitionskosten erfolgt ist, resultiert ein Abschreibungsbedarf.[88] Die kostenträchtige Herstellung der Kundenverbindung muß in diesem Fall als Fehlinvestition angesehen werden.[89] Daher kann es im Einzelfall besser sein, einen Kunden gar nicht erst zu akquirieren, als ihn schon nach kurzer Zeit wieder zu verlieren.[90]

Im Vermögensverwaltungsgeschäft liegen zwei Besonderheiten vor, die diese Überlegung besonders wichtig erscheinen lassen: Zum einen liegen die Akquisitionskosten pro gewonnenem Neukunden verglichen mit anderen Sparten der Finanzdienstleistungsbranche ernorm hoch.[91] Zum anderen ist die Wechselbereitschaft der vermögenden Privatkundschaft besonders stark ausgeprägt.

Vermögende Privatkunden sind rar und anspruchsvoll.[92] Das wirkt sich auf die Akquisitionskosten aus. Das meistverbreitete Mittel, um einen Erstkontakt zu einem potentiellen Vermögensverwaltungskunden herzustellen, ist nach wie vor das Schalten von Werbeanzeigen in Zeitungen und Zeitschriften. Eine ganzseitige Werbeanzeige in der Wochenendausgabe der Frankfurter Allgemeinen Zeitung kostet bis zu 100.000,- DM.[93] Geht man davon aus, daß eine entsprechende An-

---

STAHL, H. K., *Kundenloyalität kritisch betrachtet* (1999), S. 47. Eine Geschäftsbeziehung als Investition zu betrachten, ist inzwischen durchaus verbreitet. Vgl. bspw. PLINKE, W., *Die Geschäftsbeziehung als Investition* (1989), S. 305-325; DILLER, H., *Beziehungsmanagement* (1994), S. 7; DILLER, H., *Beziehungsmanagement* (1995), Sp. 286; SACHENBACHER, H.-U., *Lebensdauerkalkulation von Kundenverbindungen* (1991), S. 13-17; KNÖBEL, U., *Kundenwertmanagement* (1997), S. 230. BLATTBERG und DEIGHTON gehen noch einen Schritt weiter und zeigen, daß das optimale Kundenpflegebudget durch Maximierung des Nettokundenertragswertes berechnet werden kann. Vgl. BLATTBERG, R. C. / DEIGHTON, J., *Rentable Kunden* (Harvard Business Manager 1/ 1997), S. 24-32.

87 Vgl. DILLER, H. / KUSTERER, M., *Beziehungsmanagement* (Marketing 3/1988), S. 217; BRUHN, M. / GEORGI, D., *Wirtschaftlichkeit des Kundenbindungsmanagement* (1999), S. 421-425; BREYER, M., *Zufriedenheit mit Finanzdienstleistungen* (1998), S. 185. Ein positiver Zusammenhang von Dauer der Kundenbeziehung und Umsatzerzielung wird von KRÜGER festgestellt. Vgl. KRÜGER, S. M., *Kundenbindung durch Zufriedenheitsmanagement* (1997), S. 119.

88 Vgl. BERNET, B., *Konzeptionelle Grundlagen des Relationship Banking* (1998), S. 4 u. 34.

89 Vgl. SÜCHTING, J., *Relationship Banking* (Kreditwesen 6/1996), S. 264.

90 Vgl. BERNET, B., *Konzeptionelle Grundlagen des Relationship Banking* (1998), S. 5.

91 Vgl. AICHINGER, C., *Stellenwert der Portfoliomanager-Klienten-Beziehung* (1995), S. 101.

92 Vgl. BELZ, C., *Strategisches Kundenmarketing* (1993), S. 3; CRAMER, J., *Leistungsangebot für vermögende Private* (bank und markt 1/1992), S. 15; GALASSO, G., *Retention Marketing im Private Banking* (1999), S. 299.

93 Lt. telefonischer Auskunft der Abteilung „Anzeigenannahme“ der FAZ vom 10.11.2000. Eine halbseitige Anzeige in der FAZ ist wochentags lt. telefonischer Auskunft der Abteilung „Anzeigenannahme“ der FAZ vom 10.11.2000 nicht unter rd. 35.000,- DM zu bekommen.

zeige in mehreren Zeitungen wiederholt abgedruckt werden soll, können schnell Kosten in Millionenhöhe entstehen. Schon im Vorfeld einer Anzeigenaktion fallen Kosten für die Gestaltung der Anzeige an. Im Nachgang einer solchen Werbemaßnahme werden weitere Kosten durch die Inanspruchnahme des Akquisitionspersonals, durch Einsatz weiterer Informationsmaterialien, durch Anreise und Bewirtung, durch Einrichtung eines Kontos und eines Wertpapierdepots etc. generiert.[94] Beispielsweise hat die letzte Werbekampagne der Bethmann Vermögensbetreuung GmbH[95] im Jahr 1999 rund eine Million DM gekostet[96] und zur Akquisition von etwa 25 Kunden mit einem Gesamtdepotvolumen von etwa 60 Millionen DM geführt.[97] Geht man von einer Verwaltungsgebühr (inklusive Spesen für Wertpapiertransaktionen) von etwa 1,5% p.a. aus, dauert es also länger als ein Jahr, bis die Rückflüsse die Akquisitionskosten übersteigen.[98] Bezieht man die variablen Kosten der Vermögensverwaltung in die Überlegung ein, betrachtet man also nicht die Rückflüsse, sondern die Deckungsbeiträge, kann sich der Zeitraum bis zur Erreichung des Break-even-Punktes erheblich verlängern.[99]

In diesem Zusammenhang erweist es sich als schwerwiegende Tatsache, daß die Bereitschaft der Vermögensverwaltungskunden, den Verwalter zu wechseln, allgemein verhältnismäßig hoch ausgeprägt ist.[100] Mitte der 1990er Jahre lag die durchschnittliche Kundenbindungsrate im gesamten Bankgeschäft bei 86%,[101] während sie im Vermögensverwaltungsgeschäft schätzungsweise nur etwa 80% betrug.[102]

---

94 Vgl. BERGMANN, K., *Angewandtes Kundenbindungs-Management* (1998), S. 37-38; BREYER, M., *Zufriedenheit mit Finanzdienstleistungen* (1998), S. 256; SACHENBACHER, H.-U., *Lebensdauerkalkulation von Kundenverbindungen* (1991), S. 16; HOFMANN, M. / KAACK, J. / KAISER, N. / LANDMANN, C. E., *Kundenorientierung* (1996), S. 73.

95 Ein Unternehmen des HypoVereinsbank-Konzerns, dessen Aufgabe es bis Anfang 2000 war, die vermögende Privatkundschaft des Konzerns als Vermögensverwalter zu betreuen.

96 Davon allein rd. 700.000,- DM für Werbeanzeigen in Zeitungen und Zeitschriften.

97 Lt. telefonischer Auskunft von Frau Weber, damalige Marketing-Chefin der Bethmann Vermögensbetreuung GmbH, vom 13.11.2000.

98 Dabei bleiben alle laufenden Kosten der Vermögensverwaltung außer acht.

99 BERNET sieht bei einem Großteil neuer Kundenbeziehungen im Bankgeschäft erst nach mehreren Jahren den Übergang zu positiven Deckungsbeiträgen. Vgl. BERNET, B., *Konzeptionelle Grundlagen des Relationship Banking* (1998), S. 5. Ähnlich vgl. OGGENFUSS, C. W., *Customer Retention* (1993), S. 44; KUNZ, H., *Beziehungsmanagement* (1996), S. 17; ECKERT, S., *Kundenbindung* (1994), S. 369; GALASSO, G., *Retention Marketing im Private Banking* (1999), S. 6-7. VENOHR und ZINKE haben ermittelt, daß Neukunden im Versicherungsgeschäft durchschnittlich erst nach vier Jahren den Break-even-Punkt erreichen. Vgl. VENOHR, B. / ZINKE, C., *Kundenbindung als strategisches Unternehmensziel* (1999), S. 156.

100 Vgl. SPIWOKS, M., *Intermediationstheorie der Vermögensverwaltung* (1998), S. 3.

101 Vgl. REIMANN, E., *Kunden binden* (Bank Magazin 3/1996), S. 9.

102 Entsprechende Untersuchungen von Vermögensverwaltern werden in der Regel geheimgehalten. In einer unveröffentlichten Studie einer Stuttgarter Privatbank mit dem Kernge-

Abbildung 3: Betrachtung der kumulierten Deckungsbeiträge aus einer neuen Geschäftsverbindung

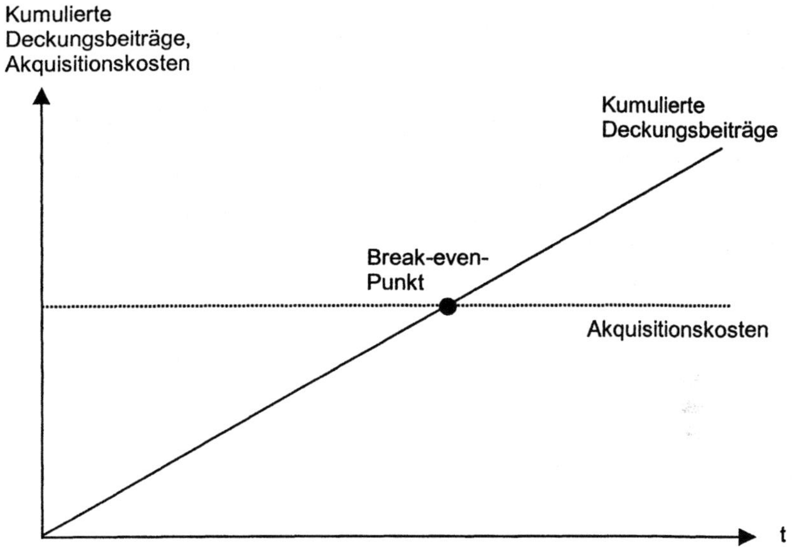

Quelle: Eigene Darstellung in Anlehnung an PERRIDON, L. / STEINER, M., *Finanzwirtschaft der Unternehmung* (1997), S. 55.

Ein etwaiges Nicht-Erreichen des Break-even-Punktes bei Neukunden, die schnell zu einem anderen Anbieter wechseln, dürfte im Vermögensverwaltungsgeschäft dementsprechend im Vergleich zu anderen Branchen verhältnismäßig oft auftreten und dann überdurchschnittliche Ausmaße erreichen. Darüber hinaus verlassen viele Kunden das Unternehmen, noch bevor sie Deckungsbeiträge generiert haben, die nachhaltig über die Akquisitionskosten hinausgehen. Eine Verstärkung der Kundenbindung führt zu einer längeren durchschnittlichen Dauer der Erzielung von Deckungsbeiträgen.[103] Das kann ein wesentlicher Beitrag zur Erreichung des Unternehmensoberzieles sein.[104]

schäftsbereich Vermögensverwaltung stellte sich Anfang der 1990er Jahre heraus, daß die durchschnittliche Kundenbindungsdauer bei nur knapp fünf Jahren lag. Das entspricht einer Kundenbindungsrate von etwa 80%. Repräsentative Ergebnisse für die gesamte Branche liegen bisher nicht vor.

103 Vgl. ECKERT, S., *Rentabilitätssteigerung durch Kundenbindung* (1994), S. 45.

104 Vgl. ECKERT, S., *Rentabilitätssteigerung durch Kundenbindung* (1994), S. 44-45.

2.1.4. Allmählich steigende Ertragspotentiale im Verlauf der Kundenbeziehung

Eine durchschnittliche Kundenverbindung weist im Laufe der Zeit ein ansteigendes Ertragspotential auf. Die in Abbildung 3 linear anwachsenden kumulativen Deckungsbeiträge können dadurch einen exponentiellen Verlauf annehmen. Das im Zeitverlauf ansteigenden Ertragspotential läßt sich in vier Komponenten aufgliedern:[105]

- Umsatzwachstum
- Kosteneinsparungen
- Weiterempfehlungen
- Preisprämien

Der Umsatz pro Kunde pro Zeiteinheit nimmt mit zunehmender Kundenbindungsdauer zu, weil der Kunde im Laufe der Zeit immer vertrauter mit dem Leistungsangebot wird und zusätzliche Nachfrage entfaltet.[106] Im Vermögensverwaltungsgeschäft könnte dies bedeuten, daß der Kunde neben der Betreuung seines Wertpapiervermögens beispielsweise auch die Betreuung seines Immobilienvermögens auf den Verwalter überträgt. Hinzu tritt der Umstand, daß bei einer erfolgreichen Anlagepolitik das Vermögen des Kunden zumindest auf mittlere Sicht

---

105 Vgl. MEFFERT, H. / BRUHN, M., *Dienstleistungsmarketing* (1997), S. 145; REICHHELD, F. F. / SASSER, W. E., *Zero-Migration* (Harvard-Manager 4/1991), S. 109-111. REICHHELD verweist mehrfach auf die empirische Evidenz dieser Komponenten des steigenden Ertragspotentials mit steigender Kundenbindungsdauer. Vgl. dazu REICHHELD, F. F., *Der Loyalitäts-Effekt* (1997), S. 9-78. MEYER und ERTL bestätigen diese Einschätzung. Vgl. MEYER, A. / ERTL, R., *Kundenorientierung als Wettbewerbsvorteil* (1998), S. 173-174. Im wesentlichen dieselben Effekte werden von HELD als Zielsetzung des auf stärkere Kundenbindung ausgelegten Ansatzes des Relationship Bankings herausgestellt. Vgl. HELD, P. P., *Relationship Banking* (1998), S. 42. An anderer Stelle werden sie von HELD als unmittelbare Folge stärkerer Kundenbindung genannt. Vgl. HELD, P. P., *Relationship Banking* (1998), S. 61-62.

106 Vgl. MEFFERT, H. / BRUHN, M., *Dienstleistungsmarketing* (1997), S. 145; REICHHELD, F. F., *Der Loyalitäts-Effekt* (1997), S. 58-59; PETER, S. I., *Kundenbindung* (1997), S. 43-44. Ähnlich bei REICHHELD, F. F. / SASSER, W. E., *Zero-Migration* (Harvard-Manager 4/1991), S. 109; REICHHELD, F. F. / SASSER, W. E. *Zero Defections* (Harvard Business Review 5/1990), S. 106; REICHHELD, F. F. / SASSER, W. E., *Dienstleister im Sog der Qualitätsrevolution* (1999), S. 140; HÜTTINGER, S., *Total Quality Management bei Kreditinstituten* (1995), S. 11; HOMBURG, C. / WERNER, H., *Kundenorientierung mit System* (1998), S. 33-34; HOMBURG, C. / BRUHN, M., *Kundenbindungsmanagement* (1999), S. 16; BRUHN, M. / GEORGI, D., *Wirtschaftlichkeit des Kundenbindungsmanagement* (1999), S. 421-425; JOHO, C., *Kundenbindungs-Management* (1996), S. 57; BERGMANN, K., *Angewandtes Kundenbindungs-Management* (1998), S. 43 u. 46; TOMCZAK, T., *Management von Kundenbeziehungen* (1994), S. 195. Siehe auch KELLER, H. U., *Retention-Marketing* (1994), S. 334; FELENBOK, J.-P., *Kundenbindungsmanagement* (1993), S. 57 u. 60; ECKERT, S., *Kundenbindung* (1994), S. 369; ECKERT, S., *Rentabilitätssteigerung durch Kundenbindung* (1994), S. 44. Dies kommt auch in der Kundenloyalitätspyramide von PETERSEN zum Ausdruck. Vgl. PETERSEN, R., *Beziehungsmarketing* (1996), S. 29-30.

anwachsen sollte. Da der Umsatz des Vermögensverwalters – insbesondere die Verwaltungsgebühr - in der Regel als Prozentanteil des betreuten Vermögens berechnet wird, wachsen die Umsätze mit dem Kundenvermögen im Zeitverlauf an.

Die Kosten sinken im Verlauf der Geschäftsverbindung,[107] weil insbesondere in der Anfangsphase hoher grundsätzlicher Klärungsbedarf besteht, der im Laufe der Zeit immer stärker zurückgeht.[108] Im Vermögensverwaltungsgeschäft verbringen die Verwalter etwa fünfmal soviel Zeit mit einem neuen Kunden als mit einem langjährig betreuten Kunden.[109] Es wird viel Zeit benötigt, um Steuerstatus, Einkommensprofil und Risikopräferenz des Neukunden zu ermitteln.[110] Nach und nach lernen sowohl der Kunde als auch der Verwalter, effizient miteinander umzugehen. Dieser kooperative Lernvorgang kann mit der Zeit enorme Produktivitätsvorteile und damit erhebliche Kosteneinsparungen mit sich bringen.[111]

Weiterempfehlungen durch zufriedene Kunden können zu einer spürbaren Senkung der Akquisitionskosten eines Unternehmens beitragen.[112] Außerdem zeigt

---

107 Vgl. PETER, S. I., *Kundenbindung* (1997), S. 46; TOMCZAK, T., *Management von Kundenbeziehungen* (1994), S. 195; KELLER, H. U., *Retention-Marketing* (1994), S. 334; HOMBURG, C. / WERNER, H., *Kundenorientierung mit System* (1998), S. 34-36; HOMBURG, C. / BRUHN, M., *Kundenbindungsmanagement* (1999), S. 17; VENOHR, B. / ZINKE, C., *Kundenbindung als strategisches Unternehmensziel* (1999), S. 155; LANGE, H. J., *Beziehungsmarketing* (1998), S. 972; STAHL, H. K., *Kundenloyalität kritisch betrachtet* (1999), S. 47; DILLER, H., *Customer Loyalty* (2000), S. 32-33.

108 Vgl. REICHHELD, F. F. / SASSER, W. E., *Zero-Migration* (Harvard-Manager 4/1991), S. 109; REICHHELD, F. F. / SASSER, W. E., *Zero Defections* (Harvard Business Review 5/1990), S. 106-107; REICHHELD, F. F. / SASSER, W. E., *Dienstleister im Sog der Qualitätsrevolution* (1999), S. 140; SAUERWEIN, E., *Kano-Modell der Kundenzufriedenheit* (2000), S. 23; E-CKERT, S., *Rentabilitätssteigerung durch Kundenbindung* (1994), S. 45; BERGMANN, K., *Angewandtes Kundenbindungs-Management* (1998), S. 41-42.

109 Vgl. JOHO, C., *Kundenbindungs-Management* (1996), S. 56-57; REICHHELD, F. F., *Der Loyalitäts-Effekt* (1997), S. 61. REIMANN stellt dies für das gesamte Bankgeschäft fest. Vgl. REIMANN, E., *Kunden binden* (Bank Magazin 3/1996), S. 8.

110 Vgl. REICHHELD, F. F., *Der Loyalitäts-Effekt* (1997), S. 61; BERGMANN, K., *Angewandtes Kundenbindungs-Management* (1998), S. 42.

111 Vgl. HOMBURG, C. / WERNER, H., *Kundenorientierung mit System* (1998), S. 34; MEFFERT, H. / BRUHN, M., *Dienstleistungsmarketing* (1997), S. 145; REICHHELD, F. F., *Der Loyalitäts-Effekt* (1997), S. 61; BREYER, M., *Zufriedenheit mit Finanzdienstleistungen* (1998), S. 255; BERGMANN, K., *Angewandtes Kundenbindungs-Management* (1998), S.42-43. Ähnlich auch LOHMANN, F., *Loyalität von Bankkunden* (1997), S. 13; ECKERT, S., *Kundenbindung* (1994), S. 369; PLINKE, W., *Die Geschäftsbeziehung als Investition* (1989), S. 312; SÜCHTING, J., *Theorie der Bankloyalität* (1998), S. 7.

112 Vgl. REICHHELD, F. F. / SASSER, W. E., *Zero Defections* (Harvard Business Review 5/1990), S. 107; REICHHELD, F. F. / SASSER, W. E., *Dienstleister im Sog der Qualitätsrevolution* (1999), S. 140; JOHO, C., *Kundenbindungs-Management* (1996), S. 57-58; MEFFERT, H. / BRUHN, M., *Dienstleistungsmarketing* (1997), S. 145; PETER, S. I., *Kundenbindung* (1997), S. 47; TOMCZAK, T., *Management von Kundenbeziehungen* (1994), S. 195; ECKERT, S., *Rentabilitätssteigerung durch Kundenbindung* (1994), S. 45; KELLER, H. U., *Retention-Marketing* (1994), S. 335; HÜTTINGER, S., *Total Quality Management bei Kreditinstituten* (1995),

sich, daß Kunden, die über eine persönliche Empfehlung den Weg zum Unternehmen gefunden haben, ihrerseits stärker zu einer dauerhaften Aufrechterhaltung des Geschäftskontaktes neigen, als Kunden, die über Werbung gewonnen wurden.[113] Die Bedeutung der persönlichen Weiterempfehlung ist in den Bereichen von besonderer Bedeutung, in denen sich potentielle Kunden nicht schnell und ohne weiteres über die Qualität des Angebotes selbst orientieren können.[114] Die Dienstleistung Vermögensverwaltung zählt ohne Zweifel dazu.[115] Die Leistungsfähigkeit eines Vermögensverwalters erschließt sich einem Kunden häufig erst nach Jahren.[116]

Für einen Kunden, der sich über Jahre hinweg an das Angebot und die Gegebenheiten einer Firma gewöhnt hat, wäre ein Wechsel zu einem anderen Anbieter mit einem unter Umständen erheblichen Aufkommen an Transaktionskosten im Sinne von Umstellungserfordernissen verbunden.[117] Daher kann es nicht verwundern,

---

S. 11; SIMON, H. / HOMBURG, C., *Kundenzufriedenheit* (1998), S. 20; HOMBURG, C. / WERNER, H., *Kundenzufriedenheit und Kundenbindung* (1998), S. 164; HOMBURG, C. / GIERING, A. / HENTSCHEL, F., *Der Zusammenhang von Kundenzufriedenheit und Kundenbindung* (DBW 2/1999), S. 177; BRUHN, M. / GEORGI, D., *Wirtschaftlichkeit des Kundenbindungsmanagement* (1999), S. 421-425; FELENBOK, J.-P., *Kundenbindungsmanagement* (1993), S. 57; MEYER, A. / DORNACH, F., *Kundenbarometer 1995* (1995), S. 40; OGGENFUSS, C. W., *Customer Retention* (1993), S. 44; JESCHKE, K., *Nachkaufmarketing* (GfK – Jahrbuch der Absatz- und Verbrauchsforschung 2/1996), S. 121; DILLER, H., *Customer Loyalty* (2000), S. 32; REICHHELD, F. F. / SASSER, W. E., *Zero-Migration* (Harvard-Manager 4/1991), S. 110.

113 Vgl. REICHHELD, F. F., *Treue Kunden* (Harvard Business Manager 3/1993), S. 107; REICHHELD, F. F., *Der Loyalitäts-Effekt* (1997), S. 65; BERGMANN, K., *Angewandtes Kundenbindungs-Management* (1998), S. 40-41; PETER, S. I., *Kundenbindung* (1997), S. 46. Einige Autoren gehen davon aus, daß Mundpropaganda als glaubwürdiger angesehen wird als Werbung. Vgl. dazu SAUERWEIN, E., *Kano-Modell der Kundenzufriedenheit* (2000), S. 14-15; HERRMANN, A. / HUBER, F. / WRICKE, M., *Herausbildung von Zufriedenheitsurteilen* (ZfbF 7-8/1999), S. 677; BREYER, M., *Zufriedenheit mit Finanzdienstleistungen* (1998), S. 252.

114 Vgl. REICHHELD, F. F., *Der Loyalitäts-Effekt* (1997), S. 64.

115 Vgl. BERNET, B., *Konzeptionelle Grundlagen des Relationship Banking* (1998), S. 6; ZIMMERMANN, H. / EBERLE, A. / RAMPINI, A., *Europa und die Schweizer Banken* (1991), S. 61-62.

116 Beispielsweise wenn der Vermögensverwalter auf eine schwierige Börsensituation entweder schnell und richtig oder falsch, zu spät oder gar nicht reagiert hat. BÜHLER weist darauf hin, daß es sich bei vielen Bankprodukten um Vertrauensgüter handele, was gleichbedeutend damit ist, daß sich selbst im nachhinein für den Kunden nicht klar entscheiden läßt, ob das in Anspruch genommene Bankprodukt gut oder schlecht war. Vgl. BÜHLER, W., *Value-added-Services* (Die Bank 1/1999), S. 26.

117 Vgl. PLINKE, W., *Die Geschäftsbeziehung als Investition* (1989), S. 312; REICHHELD, F. F., *Der Loyalitäts-Effekt* (1997), S. 66; RICHTER-MUNDANI, S., *Kundenbindungssysteme für Kreditinstitute* (1999), S. 31-32; LOHMANN, F., *Loyalität von Bankkunden* (1997), S. 60 u. 84-90; OEVERMANN, D., *Kundenbindungsmanagement von Kreditinstituten* (1996), S. 72-73. Ähnlich vgl. SÜCHTING, J., *Relationship Banking* (Kreditwesen 6/1996), S. 264; BACKHAUS, K. / BAUMEISTER, C., *Kundenbindung im Industriegütermarketing* (1999), S. 304; ECKERT, S., *Rentabilitätssteigerung durch Kundenbindung* (1994), S. 86.

daß bei Kunden, die dem Unternehmen schon seit vielen Jahren verbunden sind, zum Teil eine deutlich niedrigere Preiselastizität der Nachfrage festgestellt werden kann als bei Neukunden.[118] Gerade im Vermögensverwaltungsgeschäft mit Privatkunden ist das Abweichen von der üblichen Gebührenstaffel und das freie Aushandeln der Konditionen gang und gäbe. Bei langjährigen Kunden dürfte dementsprechend die Neigung, die Konditionen angesichts des wachsenden Verwaltungsvolumens von Zeit zu Zeit neu auszuhandeln, allmählich immer weiter zurückgehen.

Die angesprochenen vier Faktoren (Umsatzwachstum, Kosteneinsparungen, Weiterempfehlungen und Preisprämien) führen also dazu, daß die jährlichen Deckungsbeiträge pro Kunden mit der Dauer der Geschäftsverbindung zunehmen (Abb. 4). Die kumulierten Deckungsbeiträge steigen dementsprechend nicht nur linear (wie in Abb. 3 dargestellt), sondern exponentiell an. Eine längere Kundenbindung führt also nicht nur zu einer längeren Zeit der Generierung von Deckungsbeiträgen, sondern gleichzeitig zu einer allmählichen Steigerung der jährlichen Deckungsbeiträge jedes einzelnen Kunden im Zeitverlauf. Eine Erhöhung der Kundenbindungsrate kann auch aus diesem Grund zu einem wesentlichen Beitrag zur Erreichung des Unternehmensoberzieles führen.[119]

118 Vgl. MEFFERT, H. / BRUHN, M., *Dienstleistungsmarketing* (1997), S. 145; REICHHELD, F. F., *Der Loyalitäts-Effekt* (1997), S. 66; PETER, S. I., *Kundenbindung* (1997), S. 47; BERGMANN, K., *Angewandtes Kundenbindungs-Management* (1998), S. 43-44. Ähnlich bei SÜCHTING, J., *Relationship Banking* (Kreditwesen 6/1996), S. 264; REICHHELD, F. F. / SASSER, W. E., *Dienstleister im Sog der Qualitätsrevolution* (1999), S. 140; STAHL, H. K., *Kundenloyalität kritisch betrachtet* (1999), S. 47; MEYER, A. / DORNACH, F., *Kundenbarometer 1995* (1995), S. 41; JOHO, C., *Kundenbindungs-Management* (1996), S. 58; CHRISTIANUS, D., *Kundenzufriedenheit und Kundenbindung* (1999), S. 4; TOMCZAK, T., *Management von Kundenbeziehungen* (1994), S. 195; HOMBURG, C. / RUDOLPH, B., *Theoretische Perspektiven zur Kundenzufriedenheit* (1997), S. 51; HOMBURG, C. / BRUHN, M., *Kundenbindungsmanagement* (1999), S. 16; HOMBURG, C. / WERNER, H., *Kundenzufriedenheit und Kundenbindung* (1998), S. 164; OGGENFUSS, C. W., *Customer Retention* (1993), S. 44; KELLER, H. U., *Retention-Marketing* (1994), S. 335; REICHHELD, F. F. / SASSER, W. E., *Zero-Migration* (Harvard-Manager 4/1991), S. 109-110; REICHHELD, F. F. / SASSER, W. E., *Zero Defections* (Harvard Business Review 5/1990), S. 107.

119 Vgl. WEINKAUF, W., *Akquisitionskosten einer Kundenbeziehung* (1998), S. 436.

Abbildung 4: Entwicklung der jährlichen Deckungsbeiträge pro Kunde bei zunehmender Dauer der Geschäftsverbindung

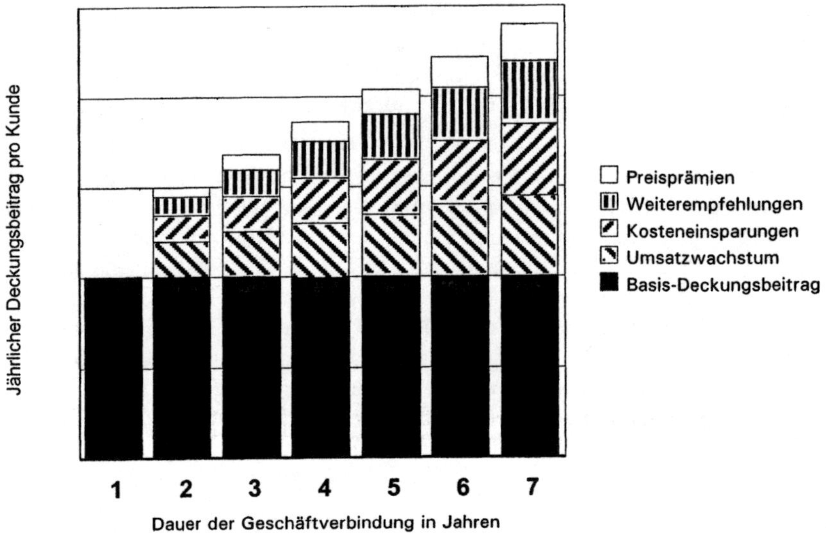

Quelle: Eigene Darstellung in Anlehnung an REICHHELD, F. F. / SASSER, W. E., *Zero Defections* (Harvard Business Review 5/1990), S. 108.

2.1.5. Nachlassende Wechselbereitschaft der Kunden im Verlauf der Kundenbeziehung

Der letzte der vier Mechanismen, der von einer höheren Kundenbindungsrate zu einer stärkeren Zielerreichung der anfangs genannten potentiellen Oberziele führt, ist der im Verlauf der Kundenbeziehung allmählich nachlassende Wechselwille der Kunden. Die Verlustraten liegen in den ersten Jahren der Geschäftsverbindung sehr viel höher als im weiteren Verlauf.[120] Mit zunehmender Dauer der Kundenbeziehung geht die Wahrscheinlichkeit, den Kunden in der nächsten Periode zu verlieren, immer weiter zurück.[121]

120 Vgl. REICHHELD, F. F., *Der Loyalitäts-Effekt* (1997), S. 70; WITT, F.-J., *Bankloyalität* (bank und markt 1/1986), S. 21.

121 Vgl. REICHHELD, F. F., *Der Loyalitäts-Effekt* (1997), S. 70-71; BERGMANN, K., *Angewandtes Kundenbindungs-Management* (1998), S. 45-46.

Abbildung 5: Verlaufsmuster jährlicher Kundenverluste bei einer durchschnittlichen Loyalitätsrate von 90% und gleichmäßiger Verteilung der Kunden auf die Jahresklassen der Kundenbindungsdauer

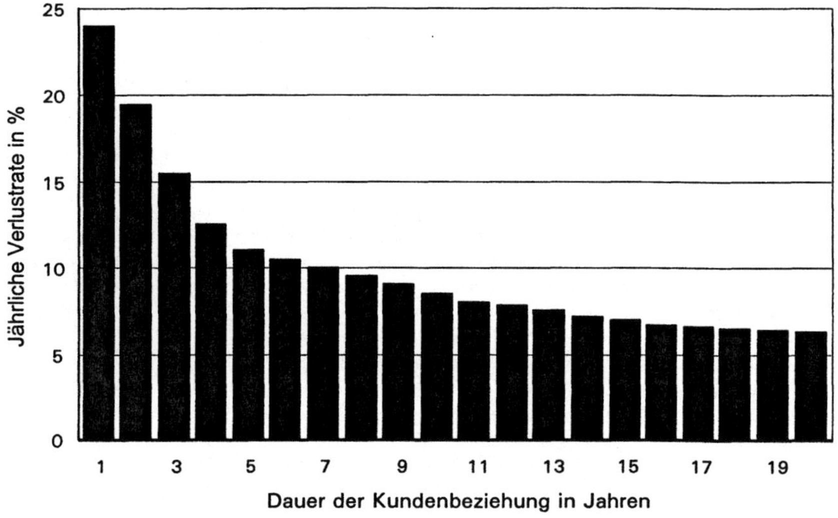

Quelle: Eigene Darstellung in Anlehnung an REICHHELD, F. F., *Der Loyalitäts-Effekt* (1997), S. 71.

Die Wechselbereitschaft des Kundenbestandes liegt dementsprechend um so niedriger, je länger der durchschnittliche Kundenbestand bereits an das Unternehmen gebunden ist. Dies ist von besonderer Bedeutung für das Vermögensverwaltungsgeschäft, in dem die Abwanderung von Kunden selten gleichmäßig verläuft. Zumeist gibt es zu bestimmten Anlässen Wellen von Abwanderungen.[122] Die Volatilität des Kundenbestandes beziehungsweise die Amplituden dieser Abwanderungswellen können verringert und damit die Planungssicherheit des Unternehmens erhöht werden, wenn es gelingt, die durchschnittliche Verbleibdauer der Kunden zu erhöhen.

122 In der Regel lösen schwache Börsenjahre oder Schieflagen bei der Portfoliomanagement-Strategie, die zu einer unterdurchschnittlichen Performance führen, Abwanderungswellen aus. Vgl. SCHADE, G. F., *Bank-Marketing* (Börsen-Zeitung 27.09.2000), S. 23. Die Bedeutung des Anlageerfolges als Kundenzufriedenheitsstandard im Vermögensverwaltungsgeschäft wird auch von PRIEWASSER hervorgehoben. Vgl. PRIEWASSER, E.. *Die Priewasser-Prognose* (1994), S. 191.

2.1.6. Zusammenfassung

Eine stärkere Kundenbindung, im Sinne einer höheren Loyalitätsrate, führt also zu einer Verbreiterung der Kundenbasis, zu einem längeren zeitlichen Abschnitt, in dem Deckungsbeiträge erzielt werden können, zu im Zeitverlauf steigenden Deckungsbeiträgen pro Kunde pro Jahr und zu einer Verkürzung der Amplitude etwaiger Abwanderungswellen. Diese positiven Auswirkungen einer erhöhten Kundenbindungsrate führen ceteris paribus zu steigenden Umsätzen, steigenden Gewinnen, einer verbesserten Rentabilität, einer größeren Sicherheit und damit auch zu einem steigenden Unternehmenswert.[123] Die Erhöhung der Loyalitätsrate kann

123 Es liegen inzwischen vielfältige empirische Ergebnisse vor, die insbesondere die positive Korrelation von Kundenbindungsdauer und Gewinnerzielung bestätigen. Vgl. bspw. NADER, G. / JOHNSON, M. D. / BÜHLER, W., *Kundenzufriedenheit und Unternehmenserfolg* (Österreichisches Bankarchiv 9/1996), S. 702-710; REICHHELD, F. F., *Der Loyalitäts-Effekt* (1997), S. 9, 20-27, 47-48 u. 50-75; REICHHELD, F. F. / SASSER, W. E., *Zero-Migration* (Harvard-Manager 4/1991), S. 108-113; REICHHELD, F. F. / SASSER, W. E., *Zero Defections* (Harvard Business Review 5/1990), S. 105-111; VENOHR, B. / ZINKE, C., *Kundenbindung als strategisches Unternehmensziel* (1999), S. 155-157 u. 167. Ähnliche Ergebnisse erwähnen auch MEFFERT, H. / BRUHN, M., *Dienstleistungsmarketing* (1997), S. 145-147; MÜLLER, W. / RIESENBECK, H.-J., *Anhängliche Kunden* (Harvard-Manager 3/1991), S. 69-70 u. 79; SAUERWEIN, E., *Kano-Modell der Kundenzufriedenheit* (2000), S. 24; FELENBOK, J.-P., *Kundenbindungsmanagement* (1993), S. 56-60; RICHTER-MUNDANI, S., *Kundenbindungssysteme für Kreditinstitute* (1999), S. 22-37; BERGMANN, K., *Angewandtes Kundenbindungs-Management* (1998), S. 45 u. 47-48; LEHMANN, A. / RUF, S., *Editorial* (1993), S. 1; LEHMANN, A. / RUF, S., *Von der Neukundenakquisition zur Bestandskundenpflege* (1993), S. 31-32; BREYER, M., *Zufriedenheit mit Finanzdienstleistungen* (1998), S. 255-257; JOHO, C., *Kundenbindungs-Management* (1996), S. 21 u. 56-58; KRÜGER, S. M., *Kundenbindung durch Zufriedenheitsmanagement* (1997), S. 119; GALASSO, G., *Retention Marketing im Private Banking* (1999), S. 110-113; HANZAL, A., *Relationship Banking* (1998), S. 193-194; KELLER, H. U., *Retention-Marketing* (1994), S. 331, 335 u. 341; OEVERMANN, D., *Kundenbindungsmanagement von Kreditinstituten* (1996), S. 103-104; KUCKELHORN, D., *Kundenbindung erhöhen* (bank und markt 11/1994), S. 34-35; HOFMANN, M. / KAACK, J. / KAISER, N. / LANDMANN, C. E., *Kundenorientierung* (1996), S. 11-16 u. 72-77; BUNK, B., *Fluktuation minimieren* (Absatzwirtschaft 4/1992), S. 47; REIMANN, E., *Kunden binden* (Bank Magazin 3/1996), S. 8; TOMCZAK, T., *Management von Kundenbeziehungen* (1994), S. 195; HOLLAND, H. / HEEG, S., *Strategien für die Kundenbindung* (1998), S. 21-22; HOMBURG, C. / WERNER, H., *Kundenorientierung mit System* (1998), S. 34-36; SIMON, H. / HOMBURG, C., *Kundenzufriedenheit* (1998), S. 19-20. Einen kurzen Überblick über eine Reihe empirischer Untersuchungen zum Zusammenhang von Kundenbindung und wirtschaftlichem Erfolg geben NADER, G. / JOHNSON, M. D. / BÜHLER, W., *Kundenzufriedenheit und Unternehmenserfolg* (Österreichisches Bankarchiv 9/1996), S. 703. ECKERT belegt die positive Korrelation von Kundenbindungsdauer und Rentabilität durch eine Modellrechnung. Vgl. ECKERT, S., *Rentabilitätssteigerung durch Kundenbindung* (1994), S. 45-50. REINARTZ und KRAFFT weisen relativierend darauf hin, daß auch kurzzeitige Kundenbeziehungen äußerst profitabel sein können, und plädieren für eine differenzierte Betrachtung unterschiedlicher Kundengruppen. Vgl. REINARTZ, W. J. / KRAFFT, M., *Kundenbindung und Kundenertragswert* (2000), S. 1-20. PETER stimmt mit den empirischen Ergebnissen von REICHHELD und SASSER durchaus überein, beleuchtet sie jedoch auch kritisch. Vgl. PETER, S. I., *Kundenbindung* (1997), S. 48-50. Auch HERRMANN/HUBER/BRAUNSTEIN verweisen auf den grundsätzlich positiven Zusammenhang

dementsprechend wichtige Beiträge zur Erfüllung des Unternehmensoberzieles leisten.[124]

Die herausragende Bedeutung, die die Kundenbindung gerade für Vermögensverwalter aufweist, ist auf zwei Besonderheiten dieser Branche zurückzuführen: Zum einen sind die Akquisitionskosten im Bereich der vermögenden Privatkundschaft überdurchschnittlich hoch. Zum anderen ist die Kundenbindung im Private Banking allgemein verhältnismäßig gering ausgeprägt. Für Unternehmen, die im Bereich der Vermögensverwaltung für vermögende Privatkunden tätig sind, ist die Bewerkstelligung einer hohen beziehungsweise steigenden Loyalitätsrate dementsprechend von besonders großer Bedeutung.

Im folgenden Kapitel wird der Frage nachgegangen, mit welchen Mitteln zu einer Verstärkung der Kundenbindung beigetragen werden kann.

2.2. Einhaltung des Leistungsversprechens als wesentliche Voraussetzung einer starken Kundenbindung

Im vorhergehenden Kapitel wurde gezeigt, daß die Verstärkung der Kundenbindung insbesondere im Vermögensverwaltungsgeschäft wesentliche Beiträge zur Verwirklichung des Unternehmensoberzieles leisten kann. Nun wird herausgearbeitet, daß eine wesentliche Voraussetzung einer starken Kundenbindung darin zu sehen ist, daß das Leistungsversprechen eingehalten wird.

Dabei wird einführend auf DOMIZLAFFs Unterscheidung zwischen Jahrmarktsverkäufer und ortsansässigem Kaufherrn eingegangen (2.2.1). Diese grundlegende

---

von Kundenbindung und geschäftlichem Erfolg. Sie warnen allerdings davor, eine zwangsläufige und uneingeschränkte Wirkungsabfolge zu konstruieren. Vgl. HERRMANN, A. / HUBER, F. / BRAUNSTEIN, C., *Kundenzufriedenheit garantiert nicht immer mehr Gewinn* (Harvard Business Manager 1/2000), S. 51-53. CHRISTIANUS verweist auf empirische Ergebnisse, die eine positive Korrelation zwischen Kundenzufriedenheit und Marktanteil bzw. Betriebsergebnis zu erkennen geben. Dies ist zumindest eingeschränkt mit den oben genannten Ergebnissen vergleichbar, weil CHRISTIANUS gleichzeitig postuliert, daß eine höhere Kundenzufriedenheit eine stärkere Kundenbindung nach sich zieht. Vgl. CHRISTIANUS, D., *Kundenzufriedenheit und Kundenbindung* (1999), S. 1 u. 8-9. Ähnlich auch MEYER, A. / DORNACH, F., *Kundenbarometer 1997* (1997), S. 66-68; ANDERSON, E. W. / FORNELL, C. / LEHMANN, D. R., *Customer Satisfaction* (Journal of Marketing 7/1994), S. 53-66. Interessant ist in diesem Zusammenhang auch ein Ergebnis einer breit angelegten Studie der Deutschen Bank. Dabei wurde u.a. ermittelt, daß ein signifikanter positiver Zusammenhang zwischen der Zufriedenheit von vermögenden Privatkunden und ihrem Depotvolumen besteht. Vgl. MARLIÈRE, A., *Kundenzufriedenheit im Finanzdienstleistungsbereich* (1997), S. 24.

124 Es gibt Hinweise darauf, daß in Deutschland der Kundenbindung in der betrieblichen Praxis noch eine geringere Aufmerksamkeit gewidmet wird als in den USA: Eine Umfrage ergab, daß das Kundenbindungsmanagement in der Rangliste der Managementinstrumente in den USA Platz 4 einnimmt, in Deutschland dagegen nur den 8. Rang belegt. Vgl. VENOHR, B. / ZINKE, C., *Kundenbindung als strategisches Unternehmensziel* (1999), S. 156.

Unterscheidung wird anschließend vor dem Hintergrund der Kundenbindungs- und Kundenzufriedenheitsforschung betrachtet: Der Zusammenhang von Kundenbindung und Kundenzufriedenheit wird im Abschnitt 2.2.2. erörtert. Das facettenreiche Phänomen der Kundenzufriedenheit wird anschließend in seinen Grundzügen dargestellt und auf die Fragestellung der vorliegenden Untersuchung zugeschnitten (2.2.3.). Abschließend werden die wichtigsten Ergebnisse zusammengefaßt (2.2.4.).

2.2.1. Pole des Bemühens um Kundenbindung

HANS DOMIZLAFF hat in seinem bahnbrechenden Buch zur Markentechnik mit dem Titel „Die Gewinnung des öffentlichen Vertrauens" aus dem Jahr 1939[125] zwei grundsätzlich unterschiedliche Anbietertypen unterschieden: den Jahrmarktsverkäufer und den ortsansässigen Kaufherrn. Sie bilden die idealtypischen Pole des Bemühens um Kundenbindung.

Der Jahrmarktsverkäufer handelt stets nur einmalig. Für seinen Erfolg ist allein ausschlaggebend, daß er die Kundschaft einmalig von seinem Angebot überzeugt.[126] Für seine Geschäftsentwicklung ist es ohne Bedeutung, ob sich die Käufer später enttäuscht oder sogar getäuscht fühlen.[127] Daher sind für den Jahrmarktsverkäufer Waren charakteristisch, die eine geringe Qualität aufweisen, aber mit einem enormen äußeren Anschein oder Wirkungsversprechen verbunden sind.[128] Ein anschauliches Beispiel ist der fahrende Quacksalber, der Haarwuchsmittel vertreibt. Da das Mittel vollkommen wirkungslos ist, verkauft er letztlich nur Illusionen, die zwangsläufig zur späteren Ernüchterung seiner Kundschaft führen müssen.[129] Der Quacksalber ist darauf angewiesen, seine Wirkungsstätte ständig zu verlegen, weil Wiederholungskäufe von vornherein ausgeschlossen sind.[130]

---

125 DOMIZLAFF, H., *Die Gewinnung des öffentlichen Vertrauens* (1939). Dieses Buch wurde mit einigen Ergänzungen 1982 neu aufgelegt: DOMIZLAFF, H., *Die Gewinnung des öffentlichen Vertrauens* (1982).

126 Vgl. DOMIZLAFF, H., *Die Gewinnung des öffentlichen Vertrauens* (1982), S. 59 u. 63.

127 Vgl. DOMIZLAFF, H., *Die Gewinnung des öffentlichen Vertrauens* (1982), S. 59 u. 63

128 Vgl. DOMIZLAFF, H., *Die Gewinnung des öffentlichen Vertrauens* (1982), S. 63.

129 Vgl. SPIWOKS, M., *Intermediationstheorie der Vermögensverwaltung* (1998), S. 15-16. Ein anderes, im wirklichen Leben beobachtetes Beispiel ist eine Kleinanzeige in der Frankfurter Allgemeinen Zeitung vom 09.08.1996 mit folgendem Text: „Verkaufe Roulette-System (stark limitiert), steuerfreies Bargeld durch optimal angewandtes Roulette-Wissen. Jahrelang überprüfte und gespielte Permanenzen. Zuschriften erbeten an Fax 089/..." Wer auf dieses Angebot hereinfällt, muß über kurz oder lang von dem angepriesenen Roulette-System enttäuscht werden. Über Zufallstreffer hinaus kann dieses System keinen Erfolg zeitigen. Daß dieser Roulette-System-Anbieter Stammkunden gewinnt, ist daher sehr unwahrscheinlich.

130 Vgl. DOMIZLAFF, H., *Die Gewinnung des öffentlichen Vertrauens* (1982), S. 64.

Der Gegenpol zum Jahrmarktsverkäufer ist der ortsansässige Kaufherr. Er versucht die Kunden durch Gewinnung ihres Vertrauens zu binden und muß auf unwürdige Augenblicksgeschäfte – selbst sehr lohnender Art – um der Beständigkeit seines Unternehmens willen verzichten.[131] Der erfolgreiche ortsansässige Kaufherr setzt auf die Zuverlässigkeit seiner Empfehlungen und auf die unbedingte Qualität bzw. Preiswürdigkeit seiner Ware.[132] Das Fundament seines dauerhaften Erfolgs sind die langjährigen guten Erfahrungen seiner Kunden und das daraus resultierende Vertrauen, das ihm entgegengebracht wird.[133]

Bei der Gegenüberstellung dieser beiden Pole des Bemühens um Kundenbindung wird ein Aspekt besonders betont: Es zeigt sich in aller Schärfe, daß von einer etwaigen negativen Diskrepanz zwischen Leistungsversprechen und tatsächlich erbrachter Leistung eine destabilisierende Wirkung auf die Geschäftsbeziehung ausgeht.[134] Grundvoraussetzung für dauerhafte Geschäftsbeziehungen ist also die Einhaltung des Leistungsversprechens.[135]

---

131 Vgl. DOMIZLAFF, H., *Die Gewinnung des öffentlichen Vertrauens* (1982), S. 59 u. 63.

132 Vgl. DOMIZLAFF, H., *Die Gewinnung des öffentlichen Vertrauens* (1982), S. 64.

133 Vgl. DOMIZLAFF, H., *Die Gewinnung des öffentlichen Vertrauens* (1982), S. 64. DILLER und KUSTERER knüpfen gedanklich an diese Grundüberlegung DOMIZLAFFs an, wenn sie feststellen: „Je länger der Zeithorizont von Geschäftsbeziehungen ausgedehnt wird, desto aussichtsreicher ist also ein kooperatives und desto gefährlicher ein egoistisches ... Verhalten." Vgl. DILLER, H. / KUSTERER, M., *Beziehungsmanagement* (Marketing 3/1988), S. 217.

134 Wer viel Geld für ein Haarwuchsmittel ausgegeben hat, das sich im nachhinein als wirkungslos erweist, wird nicht zu Wiederholungskäufen neigen.

135 Vgl. ECKERT, S., *Kundenbindung* (1994), S. 373-374; ECKERT, S., *Rentabilitätssteigerung durch Kundenbindung* (1994), S. 58, 88 u. 283-284. In Teilen der Marketing-Forschung wird bereits seit geraumer Zeit betont, daß die Befriedigung der Verbraucherbedürfnisse die Grundlage für den langfristigen Unternehmenserfolg darstellt. Vgl. dazu LINGENFELDER, M. / SCHNEIDER, W., *Kundenzufriedenheit* (Marketing 2/1991), S. 109; BIDLINGMAIER, J., *Marketing* (1973), S. 13; KOTLER, P., *Marketing-Management* (1977), S. 18; MEFFERT, H., *Marketing* (1986), S. 29. Vgl. dazu auch SIMON, H. / HOMBURG, C., *Kundenzufriedenheit* (1998), S. 19 u. 23-25. Bezugnehmend auf die Methode der kritischen Ereignisse stellt STAUSS heraus, daß die Nichterfüllung der Minimumqualität einer Dienstleistung zu einer Enttäuschung der Kunden und damit zu einer erheblichen Destabilisierung der Geschäftsbeziehung beitragen kann. „Minimumqualitäten stellen die Merkmale und Leistungsniveaus dar, die den Kern des Dienstleistungsangebotes ausmachen und daher nach Ansicht des Kunden nichts anderes als die Erfüllung ihrer Mindestanforderungen darstellen." Die „Nichteinhaltung von Versprechen" wird als herausragendes, negatives kritisches Ereignis hervorgehoben. Vgl. STAUSS, B., *Critical Incident Technique* (1994), S. 243-244. ZOLLNER hat empirisch ermittelt, daß die Nichteinhaltung von Zusagen von allen negativen kritischen Ereignissen im Bankgeschäft zu der stärksten Verärgerung bei Kunden, die die Bankverbindung in der Folge abgebrochen haben, geführt hat. Vgl. ZOLLNER, G., *Kundennähe in Dienstleistungsunternehmen* (1995), S. 192-196. ACKERSCHOTT stellt eine ähnliche Überlegung wie STAUSS an, wenn er von einer „Grundqualität" spricht, die vom Kunden „als Selbstverständlichkeit vorausgesetzt" wird. ACKERSCHOTT, H., *Strategische Vertriebssteuerung* (2000), S. 67. OEVERMANN stellt eine ähnliche Überlegung an. Er sieht den Fortbestand der Geschäftsbeziehung akut gefährdet, sofern nicht wenigstens eine „Minimumqualität" als erfüllt angesehen

Das Vermögensverwaltungsgeschäft vollzieht sich grundsätzlich im Verlauf eines Zeitraums. Augenblicksgeschäfte sind also weitgehend ausgeschlossen. Für den Vermögensverwalter steht daher in aller Regel nur die Strategie des ortsansässigen Kaufherrn zur Verfügung. Die dauerhafte Bindung seiner Kundschaft ist für ihn von existentieller Bedeutung.[136] Daraus läßt sich die Notwendigkeit ableiten, das Leistungsversprechen stets einzuhalten. Diese grundlegende Einsicht hat auch im Lichte der modernen Kundenbindungs- und Kundenzufriedenheitsforschung Bestand.[137]

2.2.2. Zusammenhang von Kundenzufriedenheit und Kundenbindung

Kundenbindung ist ein multidimensionales Phänomen.[138] Zufriedene Kunden neigen am ehesten dazu, dauerhafte Geschäftsbeziehungen aufrechtzuerhalten.[139]

---

werden kann. Vgl. OEVERMANN, D., *Kundenbindungsmanagement von Kreditinstituten* (1996), S. 99-100. NIESCHLAG / DICHTL / HÖRSCHGEN stellen fest, daß die Erwartung des Verbrauchers zunächst darauf gerichtet ist, daß das Produkt „die ihm zugedachte Aufgabe angemessen erfüllt." Vgl. NIESCHLAG, R. / DICHTL, E. / HÖRSCHGEN, H., *Marketing* (1997), S. 234.

136 Es ist grundsätzlich auch vorstellbar, daß ein Vermögensverwalter die Strategie des Jahrmarktsverkäufers einschlägt. In diesem Fall würde er ohne Rücksicht darauf, daß er seine Kunden bereits nach kurzer Zeit wieder verlieren wird, minderwertige Leistungen für stark überhöhte Preise veräußern, um in möglichst kurzer Zeit möglichst hohe Erträge zu generieren. Allerdings fällt einem Vermögensverwalter die Neukundengewinnung durch Ortswechsel zunehmend schwer, da seine Tätigkeit überregional zur Kenntnis genommen wird. Als Beispiel sei hier die Göttinger Gruppe genannt, deren zweifelhafte Praktiken inzwischen regelmäßig Gegenstand der Berichterstattung in Presse, Funk und Fernsehen sind.

137 Vgl. dazu die Abschnitte 2.2.2. und 2.2.3.

138 Vgl. HOMBURG, C. / FAßNACHT, M. / WERNER, H., *Kundenzufriedenheit und Kundenbindung* (1999), S. 392. Auf die breit rezipierte Theorie der Bankloyalität von SÜCHTING wird hier bewußt nicht Bezug genommen. Der Ansatz von SÜCHTING baut im wesentlichen auf Erkenntnissen der Lerntheorie auf. Vgl. SÜCHTING, J., *Bankloyalität* (KuK 5/1972), S. 276-282; SÜCHTING, J., *Theorie der Bankloyalität* (1998), S. 4; WEBER, M., *Markenpolitik des Bankbetriebs* (1992), S. 51-52. Damit basiert SÜCHTINGs Ansatz auf der Annahme einer schnellen Habitualisierung des Bankbesuchs bzw. der Abwicklung der Bankgeschäfte. Habitualisierungen oder gar Ritualisierungen bestimmter Geschäftsbeziehungen erfolgen um so schneller, je geringer die Bedeutung der beanspruchten Leistung für den jeweiligen Kunden ist und je tiefer das Bildungsniveau bzw. der soziale Status des jeweiligen Bankkunden ist. Vgl. BERNET, B., *Konzeptionelle Grundlagen des Relationship Banking* (1998), S. 21; PREIßNER, A. / ENGEL, S., *Marketing* (1999), S. 64. Damit sind Grundgegebenheiten beschrieben, die im Retail-Banking vorherrschend sein können. Die vermögenden Privatkunden, die als Vermögensverwaltungskunden in Frage kommen, dürften diesen Gegebenheiten jedoch nur in krassen Ausnahmefällen entsprechen. Üblicherweise verfügen diese Kunden über ein überdurchschnittliches Bildungsniveau und einen hohen sozialen Status. Außerdem nimmt die Dienstleistung Vermögensverwaltung für sie einen herausragenden Stellenwert ein. Eine Habitualisierung der Leistungsinspruchnahme ist somit im Vermögensverwaltungsgeschäft nur in Ausnahmefällen zu erwarten. Die Theorie der Bankloyalität von SÜCHTING ist dementsprechend nicht als adäquate theoretische Grundlage für die vorliegende Un-

Allerdings wäre es falsch, Kundenzufriedenheit und Kundenbindung gleichzusetzen.[140] Es gibt zufriedene Kunden, die dennoch zu einem anderen Anbieter wech-

---

tersuchung zu betrachten. Eine ähnlich kritische Haltung zu SÜCHTINGs Theorie der Bankloyalität nimmt OEVERMANN ein. Vgl. OEVERMANN, D., *Kundenbindungsmanagement von Kreditinstituten* (1996), S. 2-3. Zu weiteren Kritikpunkten an SÜCHTINGs Theorie der Bankloyalität vgl. BREYER, M., *Zufriedenheit mit Finanzdienstleistungen* (1998), S. 264-266. Allerdings hebt SÜCHTING zutreffend die hohe Bedeutung des menschlichen Elementes hervor. Darauf wird am Ende des Kapitels 2.2. Bezug genommen.

139 Vgl. bspw. SIMON, H. / HOMBURG, C., *Kundenzufriedenheit als strategischer Erfolgsfaktor* (1997), S. 20; ECKERT, S., *Rentabilitätssteigerung durch Kundenbindung* (1994), S. 88; HOMBURG, C. / RUDOLPH, B., *Theoretische Perspektiven zur Kundenzufriedenheit* (1997), S. 48-49; HOMBURG, C. / FAßNACHT, M. / WERNER, H., *Kundenzufriedenheit und Kundenbindung* (1999), S. 391; HOMBURG, C. / FAßNACHT, M., *Kundenbindung bei Dienstleistungsunternehmen* (1998), S. 416; MEYER, A. / DORNACH, F., *Kundenbarometer 1997* (1997), S. 68; BERGMANN, K., *Angewandtes Kundenbindungs-Management* (1998), S. 23, 35-37 u. 173-174; OEVERMANN, D., *Kundenbindungsmanagement von Kreditinstituten* (1996), S. 3 u. 101-103; SCHARNBACHER, K. / KIEFER, G., *Kundenzufriedenheit* (1998), S. 15; HOMBURG, C. / GIERING, A. / HENTSCHEL, F., *Der Zusammenhang von Kundenzufriedenheit und Kundenbindung* (DBW 2/1999), S. 175-176; BRUHN, M. / GEORGI, D., *Wirtschaftlichkeit des Kundenbindungsmanagement* (1999), S. 413; HINTERHUBER, H. H. / MATZLER, K., *Kundenorientierung – Kundenzufriedenheit – Kundenbindung* (1999), S. VII; TOMCZAK, T. / DITTRICH, S., *Kundenpotentiale langfristig nutzen* (1999), S. 75; REINHARDT, W. A., *Kundenbindung* (1994), S. 66; LANGE, H. J., *Beziehungsmarketing* (1998), S. 972; SCHROTH, M., *Informationsinstrumente im Privatkundengeschäft* (Die Bank 10/1997), S. 586; JESCHKE, K., *Nachkaufmarketing* (GfK – Jahrbuch der Absatz- und Verbrauchsforschung 2/1996), S. 121; SCHÄFER, H., *Beziehungsmanagement durch Dialogmarketing* (1995), S. 122; KRÜGER, S. M., *Kundenbindung durch Zufriedenheitsmanagement* (1997), S. 42; LOHMANN, F., *Ursachen von Kundenloyalität* (1998), S. 181.

140 Vgl. POHL, A. / DAHLHOFF, D., *Auch zufriedene Kunden werden untreu* (FAZ 14.09.1998), S. 37; SAUERWEIN, E., *Kano-Modell der Kundenzufriedenheit* (2000), S. 19-20; HOMBURG, C. / GIERING, A. / HENTSCHEL, F., *Der Zusammenhang von Kundenzufriedenheit und Kundenbindung* (DBW 2/1999), S. 174-175; HERRMANN, A. / JOHNSON, M. D., *Kundenzufriedenheit als Bestimmungsfaktor der Kundenbindung* (ZfbF 6/1999), S. 580; HERRMANN, A. / HUBER, F. / BRAUNSTEIN, C., *Kundenzufriedenheit garantiert nicht immer mehr Gewinn* (Harvard Business Manager 1/2000), S. 50-51; SCHADE, G. F., *Bank-Marketing* (Börsen-Zeitung 27.09.2000), S. 23; VENOHR, B. / ZINKE, C., *Kundenbindung als strategisches Unternehmensziel* (1999), S. 154-155; STAUSS, B. / NEUHAUS, P., *Das Qualitative Zufriedenheitsmodell* (1999), S. 27-29; REICHHELD, F. F., *Treue Kunden* (Harvard Business Manager 3/1993), S. 112; TOMCZAK, T. / DITTRICH, S., *Kundenpotentiale langfristig nutzen* (1999), S. 75; KELLER, B. / LERCH, S. / MATZKE, S., *Kundenbindung und Wechselbereitschaft* (Die Bank 6/2000), S. 376. LOHMANN bspw. identifiziert neben der Kundenzufriedenheit fünf weitere wesentliche Einflußfaktoren auf die Kundenbindung: Vertrauen, Commitment, Investitionen, Gewohnheit und Bequemlichkeit. Vgl. LOHMANN, F., *Loyalität von Bankkunden* (1997), S. 97. Viele andere Einteilungen der Einflußfaktoren auf die Kundenbindung sind denkbar. Vertrauen und Bequemlichkeit können bspw. ohne weiteres als Teilbereiche der Kundenzufriedenheit interpretiert werden. BERNET nennt neben der Kundenzufriedenheit die Habitualisierung und Wechselbarrieren als wesentliche Einflußfaktoren auf die Kundenbindung. Vgl. BERNET, B., *Konzeptionelle Grundlagen des Relationship Banking* (1998), S. 23.

seln.[141] Gleichzeitig gibt es unzufriedene Kunden, die trotzdem über viele Jahre einem Geschäftspartner verbunden bleiben, weil ihnen keine Alternative zur Verfügung steht, oder weil ihnen der Zugang zu einer etwaigen Alternative versperrt ist.[142]

---

141 Vgl. POHL, A. / DAHLHOFF, D., *Auch zufriedene Kunden werden untreu* (FAZ 14.09.1998), S. 37. Dies kann teilweise auf das als Variety Seeking bekannte Phänomen zurückgeführt werden. Vgl. dazu PETER, S. I., *Kundenbindung* (1997), S. 99-103.

142 Vgl. POHL, A. / DAHLHOFF, D., *Auch zufriedene Kunden werden untreu* (FAZ 14.09.1998), S. 37; HOMBURG, C. / FAßNACHT, M. / WERNER, H., *Kundenzufriedenheit und Kundenbindung* (1999), S. 391. So vielfältig die Beurteilung der Kundenbindungsfaktoren sind, so vielfältig sind auch die Ansätze zur Festigung der Kundenbindung. Vielfach wird ein Bonussystem vorgeschlagen. Vgl. DUBS, P., *Strategisches Kundenmanagement* (1998), S. 86-88; LACHMANN, G., *Membership Rewards* (1998), S. 221-226; SIEGRIST, M., *Auch Bankkunden punkten* (Finanz und Wirtschaft 13.03.1999), S. 17; SCHLECHTHAUPT, W.-D. / GYGAX, M., *Kundenbindung mit Bonus-Banking* (1998), S. 493-501. Diesen Ansatz hält OPPENHEIM dagegen für unsinnig. Vgl. OPPENHEIM, C., *Relationship Banking* (1998), S. 93. Häufig wird eine Verstärkung der Kundenbindung durch Einbeziehung der Kunden in einen Club favorisiert. Vgl. bspw. ISKE, J. / NOTZ, T., *Der UBS KeyClub* (1998), S. 207-219; TOMCZAK, T. / DITTRICH, S., *Kundenclubs* (1999), S. 171-187; BUTSCHER, S. A. / MÜLLER, L. R., *Kundenbindung durch Kundenclubs* (1999), S. 321-335; HOLLAND, H. / HEEG, S., *Strategien für die Kundenbindung* (1998), S. 24-25 u. 143-144. Kundenclubs werden als Mittel zur Verstärkung der Kundenbindung gleichzeitig sehr kritisch betrachtet. Vgl. bspw. BLIEMEL, W. / EGGERT, A., *Kundenbindung* (1997), S. 3. Auch durch die Umsetzung eines strikten Qualitätsmanagements wird eine stärkere Kundenbindung angestrebt. Vgl. bspw. ROMMEL, G., *Qualität gewinnt* (1995). In einer vollständigen Erschließung aller Möglichkeiten der Informationsverarbeitung und –aufbereitung durch Einsatz intelligenter EDV-Lösungen sehen andere Autoren den vielversprechendsten Weg zu verstärkter Kundenbindung. Vgl. SCHULTZE-KIMMLE, H.-D., *Marktplatz des Wissens* (1998), S. 227-256; FISCHER, U., *Informatikplattformen als Voraussetzung des Relationship Banking* (1998), S. 161-184; HANZAL, A., *Relationship Banking* (1998), S. 185-203; WEILER, S., *Kundenbindung* (Bank Magazin 2/2000), S. 20-21. Ein weiterer Ansatz zur Erzielung stärkerer Kundenbindung ist in der Gewährung spezieller Service-Angebote oder sonstiger Zusatzleistungen zu sehen. Vgl. bspw. MEYER, A. / BLÜMELHUBER, C., *Kundenbindung durch Services* (1999), S. 189-212; SPILKER, M., *Kundenbindung* (FAZ 06.10.1999), S. B8; BÜHLER, W., *Quality Banking* (Die Bank 2/1995), S. 68-73; BÜHLER, W., *Value-added-Services* (Die Bank 1/1999), S. 25-31; FRANKE, J., *Kundenbindung* (Bank Magazin 6/1999), S. 50-52; BURCHARD, U., *Erhöhung der Servicequalität* (1998), S. 219-238; BRINKMANN, T. / PEILL, E., *Kundenbindung durch Servicegarantien* (Die Bank 5/1996), S. 284-287; BERRY, L. L., *Top-Service* (1996). Eine Kombination von Serviceorientierung und Club-Lösung schlägt CONNOR vor. Vgl. CONNOR, O., *Kundenbindung* (Deutsche Sparkassenzeitung 21.05.1999), S. XIX. Durch ein gut geführtes Beschwerdemanagement erhoffen sich andere Autoren einen Weg zu stärkerer Kundenbindung. Vgl. bspw. STAUSS, B., *Kundenbindung durch Beschwerdemanagement* (1999), S. 213-235; STAUSS, B., *Beschwerdemanagement* (1999), S. 219-238. SPIWOKS empfiehlt die Berücksichtigung der individuellen Transaktionskosten-Situation der Kunden, um eine stärkere Bindung der Kunden zu erreichen. Vgl. SPIWOKS, M., *Intermediationstheorie der Vermögensverwaltung* (1998), S. 9-11 u. 21-22. GROßE-OETRINGHAUS sieht in der Generierung von positiven Kundennettonutzen einen Ansatz zur Kundenbindung. Vgl. GROßE-OETRINGHAUS, W. F., *Value Marketing* (1994), S. 55-79. Ähnlich auch JACOB, H.-R. / DACHTLER, C. / DELNEF, A., *Kundennutzen* (Die Bank 5/1998), S. 264-269. Angesichts der Tatsache, daß eine

Es sind drei Gruppen von Veranlassungen zu unterscheiden, an einer Geschäftsbeziehung trotz dauernder Unzufriedenheit festzuhalten:[143]

---

erhöhte Kundenbindung u.a. auch deshalb angestrebt wird, weil dadurch tendenziell die Preiselastizität der Nachfrage nachläßt und Preisprämien generiert werden können, erscheint es auf den ersten Blick paradox, daß auch die Gestaltung der Preispolitik zu verstärkter Kundenbindung beitragen soll. Dennoch wird auch diese Linie in der Literatur vertreten. Vgl. bspw. SIMON, H. / TACKE, G. / WOSCIDLO, B. / LAKER, M., *Kundenbindung durch Preispolitik* (1999), S. 237-253. Die Kundenbindung im Business-to-Business-Bereich kann durch verstärkte Kooperation oder gar eine vertikale Integration verstärkt werden. Vgl. KLEINALTENKAMP, M., *Kundenbindung durch Kundenintegration* (1999), S. 255-272; ZENTES, J. / SWOBODA, B., *Kundenbindung im vertikalen Marketing* (1999), S. 273-299. HINTERHUBER sieht in der Gestaltung der strategischen Unternehmensführung den Schlüssel zu stärkerer Kundenbindung. Vgl. HINTERHUBER, H. H., *Strategische Unternehmensführung* (1999), S. 3-23. Kundenbindung im Bankgeschäft wird u.a. durch den Einsatz von Kartensystemen angestrebt. Vgl. RODEWALD, B., *Die Karte als Medium zur Kundenbindung* (1998), S. 147-169. Der gezielte Ausbau und die planmäßige Gestaltung persönlicher Beziehungen zumindest zu den wichtigsten Kunden wird von BELZ als Weg zu stärkerer Kundenbindung beschrieben. Vgl. BELZ, C., *Geschäftsbeziehungen gestalten* (1994), S. 31-55. Einen Überblick über verschiedene Ansätze zur Verstärkung der Kundenbindung geben HOMBURG, C. / BRUHN, M., *Kundenbindungsmanagement* (1999), S. 20-24; MEYER, A. / OEVERMANN, D., *Kundenbindung* (1995), Sp. 1348-1350; ECKERT, S., *Kundenbindung* (1994), S. 378-383; ECKERT, S., *Rentabilitätssteigerung durch Kundenbindung* (1994), S. 89-92; BUNK, B., *Fluktuation minimieren* (Absatzwirtschaft 4/1992), S. 36-47; TOMCZAK, T. / DITTRICH, S., *Kundenpotentiale langfristig nutzen* (1999), S. 75-78; LANGE, H. J., *Kundenbindung im Bankbereich* (1999), S. 446-448. Ein Beispiel für eine Kombination verschiedener Ansätze der Kundenbindung findet sich bei HECK, K., *Service und Nutzwert* (Bank Magazin 7/1999), S. 46-48.

143 Vgl. MEFFERT, H., *Kundenbindung als Element moderner Wettbewerbsstrategien* (1999), S. 119 u. 127-128. Ähnlich auch MEYER, A. / OEVERMANN, D., *Kundenbindung* (1995), Sp. 1341; OEVERMANN, D., *Kundenbindungsmanagement von Kreditinstituten* (1996), S. 61-62. HERRMANN und JOHNSON nehmen dagegen keine Trennung zwischen ökonomischen und technischen Bindungsgründen vor. Vgl. HERRMANN, A. / JOHNSON, M. D., *Kundenzufriedenheit als Bestimmungsfaktor der Kundenbindung* (ZfbF 6/1999), S. 585-586. NIESCHLAG/DICHTL/HÖRSCHGEN sowie PETER gehen auf technische und rechtliche Bindungsgründe ein. Vgl. NIESCHLAG, R. / DICHTL, E. / HÖRSCHGEN, H., *Marketing* (1997), S. 125-126; PETER, S. I., *Kundenbindung* (1997), S. 25. HOMBURG und BRUHN nennen neben ökonomischen, rechtlichen und technischen Bindungsgründen auch noch situative Bindungsursachen. Vgl. HOMBURG, C. / BRUHN, M., *Kundenbindungsmanagement* (1999), S. 10-11. In der vorliegenden Untersuchung wird jedoch davon ausgegangen, daß sich situative Bindungsgründe den anderen Kategorien zuordnen lassen. Neben diesen Bindungsgründen sehen HOMBURG und BRUHN nicht allein die Kundenzufriedenheit als weitere Bindungsursache, sondern auch persönliche Beziehungen und Gewohnheiten des Kunden. Vgl. HOMBURG, C. / BRUHN, M., *Kundenbindungsmanagement* (1999), S. 10-11. In der vorliegenden Untersuchung werden persönliche Beziehungen als Teil der Kundenzufriedenheit interpretiert (s.u.). Auf mögliche Habitualisierungen der Geschäftsbeziehung wird mit Rücksicht auf die besondere Situation im Vermögensverwaltungsgeschäft nicht eingegangen (s.o. die Ausführungen zu SÜCHTINGs Theorie der Bankloyalität). Dementsprechend drängt sich die hier vorgenommene Anlehnung an MEFFERT auf. Vgl. MEFFERT, H., *Kundenbindung als Element moderner Wettbewerbsstrategien* (1999), S. 119 u. 127-128.

- Ökonomische Bindungsgründe
- Technologische Bindungsgründe
- Rechtliche Bindungsgründe

Ökonomische Bindungsgründe können dergestalt sein, daß nur ein Anbieter die notwendigen Lieferantenkredite gewährt,[144] oder daß ein lokales oder regionales Monopol besteht, das nur mit unakzeptablem Aufwand umgangen werden kann,[145] oder daß der Wechsel zu einem anderen Anbieter mit sehr hohen Transaktionskosten verbunden ist.[146] Technologische Bindungsgründe können darin bestehen, daß Zubehörteile zu einer bereits getätigten Anschaffung nur von demselben Hersteller erworben werden können.[147] Rechtliche Bindungsgründe sind zumeist Verpflichtungen aus langfristigen Verträgen.[148] In all diesen Fällen kann ein hohes Maß an Kundenbindung bestehen, ohne daß dies nur im mindesten mit der Zufriedenheit der Kundschaft zu tun hätte.[149]

Im Vermögensverwaltungsgeschäft werden sich diese Formen der Kundenbindung kaum gezielt einsetzen lassen, um die Kundschaft an das Unternehmen zu binden. Die vermögende Privatkundschaft ist sehr unabhängig und stark umworben. Es gibt eine hohe Zahl von Konkurrenzanbietern, die in der Regel überregional tätig sind. Langfristige Verwaltungsverträge sind unüblich und im Zweifel

---

144 Beispiel: Ein von chronischer Geldknappheit geplagter Alkoholiker ist unter Umständen gezwungen, stets die Kneipe XY aufzusuchen, weil diese als einzige bereit ist „anzuschreiben". Die Bindung an die Kneipe XY erfolgt dann unabhängig davon, ob der Gast sie womöglich als besonders ungemütlich empfindet.

145 Vgl. HOMBURG, C. / FAßNACHT, M. / WERNER, H., *Kundenzufriedenheit und Kundenbindung* (1999), S. 391; MEYER, A. / BLÜMELHUBER, C., *Wettbewerbsorientierte Strategien im Dienstleistungsbereich* (1998), S. 399-400. Beispiel: Ältere Damen, die in ihrem Aktionsradius auf ihre unmittelbare Umgebung beschränkt sind, suchen immer wieder den einzigen Friseur der Kleinstadt auf, unabhängig davon, ob sie von seiner Dauerwelle begeistert sind oder nicht.

146 Beispiel: Im Zuge eines komplizierten Rechtsstreits war es erforderlich, daß sich ein Rechtsanwalt mehrere Monate lang in die speziellen Gegebenheiten des Falles einarbeitet. Ist der Auftraggeber mit diesem Rechtsanwalt unzufrieden, hält er unter Umständen trotzdem an ihm fest, um zu vermeiden, daß bei Einschaltung eines anderen Rechtsanwalts erneut diese Anfangsinvestitionen entstehen.

147 Beispiel: Nach dem Erwerb eines Farblaserdruckers der Firma YZ stellt der Kunde fest, daß die regelmäßig zu erneuernden Toner nur über denselben Hersteller zu beziehen sind. Ein ähnliches Beispiel findet sich bei WEINHOLD-STÜNZI, H., *Kundennähe* (1994), S. 43.

148 Vgl. MEYER, A. / BLÜMELHUBER, C., *Wettbewerbsorientierte Strategien im Dienstleistungsbereich* (1998), S. 399. Beispiel: Die Brauerei XZ finanziert einem Wirt die Einrichtung seines Lokals. Im Gegenzug verpflichtet sich der Wirt, in den nächsten Jahren ausschließlich das Bier der Brauerei XZ auszuschenken, unabhängig davon, wie es schmeckt.

149 BLIEMEL und EGGERT nehmen eine ähnliche Einteilung vor. Sie unterscheiden zwischen auf Kundenzufriedenheit basierender Verbundenheit und einer mehr oder weniger erzwungenen Gebundenheit der Kunden. Vgl. BLIEMEL, W. / EGGERT, A., *Kundenbindung* (1997), S. 5-17.

auch rechtlich unzulässig. Ein Vermögensverwalter, der sich um dauerhafte Geschäftsbeziehungen zu seiner Kundschaft bemüht, ist daher darauf angewiesen, seine Kunden zufriedenzustellen. Damit stellt sich die Frage, wie Kundenzufriedenheit entsteht beziehungsweise erreicht werden kann.

Abbildung 6: Kundenbindung als multidimensionales Phänomen

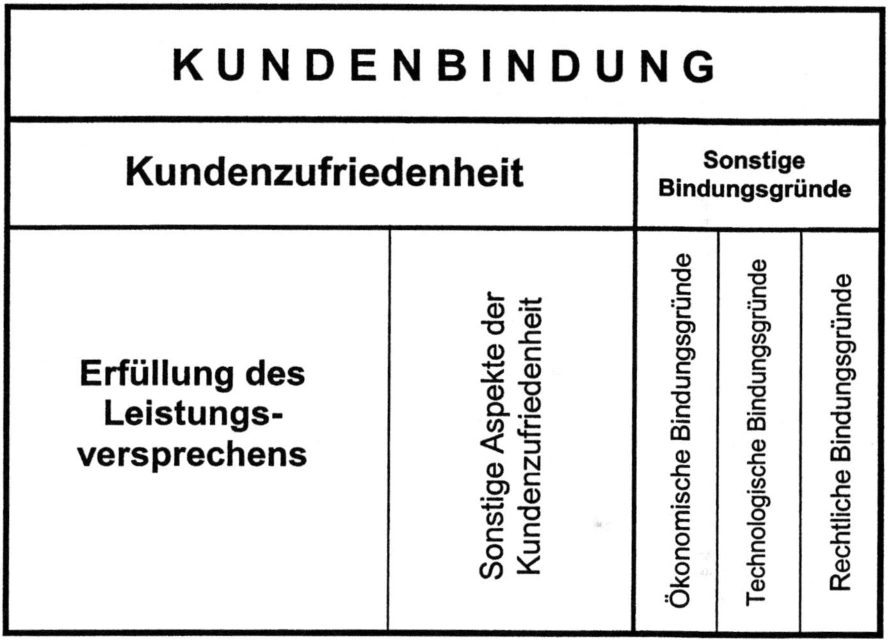

Quelle: Eigene Darstellung in Anlehnung an ECKERT, S., *Rentabilitätssteigerung durch Kundenbindung* (1994), S. 286 unter Einbeziehung einer Aufzählung von MEFFERT, H., *Kundenbindung als Element moderner Wettbewerbsstrategien* (1999), S. 127.

2.2.3. Voraussetzungen für Kundenzufriedenheit

Die Perspektive verengt sich damit auf die Kundenzufriedenheit. In der Marketing-Forschung gilt es als weitgehend unstrittig, daß Kundenzufriedenheit die herausragende Determinante zur Erklärung einer dauerhaften Kundenbindung darstellt.[150] Die Frage, wie Kundenzufriedenheit zustande kommt, ist allerdings Gegenstand zahlreicher unterschiedlicher theoretischer Ansätze.[151] Zumeist wird Kundenzufriedenheit als das Ergebnis eines komplexen psychischen Vergleichs-

---

150 Vgl. bspw. SIMON, H. / HOMBURG, C., *Kundenzufriedenheit als strategischer Erfolgsfaktor* (1997), S. 20; ECKERT, S., *Rentabilitätssteigerung durch Kundenbindung* (1994), S. 88; HOMBURG, C. / RUDOLPH, B., *Theoretische Perspektiven zur Kundenzufriedenheit* (1997), S. 48-49; HOMBURG, C. / FAßNACHT, M. / WERNER, H., *Kundenzufriedenheit und Kundenbindung* (1999), S. 391; HOMBURG, C. / FAßNACHT, M., *Kundenbindung bei Dienstleistungsunternehmen* (1998), S. 416; MEYER, A. / DORNACH, F., *Kundenbarometer 1997* (1997), S. 68; BERGMANN, K., *Angewandtes Kundenbindungs-Management* (1998), S. 23, 35-37 u. 173-174; OEVERMANN, D., *Kundenbindungsmanagement von Kreditinstituten* (1996), S. 3 u. 101-103; SCHARNBACHER, K. / KIEFER, G., *Kundenzufriedenheit* (1998), S. 15; HOMBURG, C. / GIERING, A. / HENTSCHEL, F., *Der Zusammenhang von Kundenzufriedenheit und Kundenbindung* (DBW 2/1999), S. 175-176; BRUHN, M. / GEORGI, D., *Wirtschaftlichkeit des Kundenbindungsmanagement* (1999), S. 413; HINTERHUBER, H. H. / MATZLER, K., *Kundenorientierung – Kundenzufriedenheit – Kundenbindung* (1999), S. VII; TOMCZAK, T. / DITTRICH, S., *Kundenpotentiale langfristig nutzen* (1999), S. 75; REINHARDT, W. A., *Kundenbindung* (1994), S. 66; LANGE, H. J., *Beziehungsmarketing* (1998), S. 972; SCHROTH, M., *Informationsinstrumente im Privatkundengeschäft* (Die Bank 10/1997), S. 586; JESCHKE, K., *Nachkaufmarketing* (GfK – Jahrbuch der Absatz- und Verbrauchsforschung 2/1996), S. 121; SCHÄFER, H., *Beziehungsmanagement durch Dialogmarketing* (1995), S. 122; KRÜGER, S. M., *Kundenbindung durch Zufriedenheitsmanagement* (1997), S. 42. Der positive Zusammenhang von Kundenzufriedenheit und Kundenbindung konnte in einer Reihe von empirischen Untersuchungen bestätigt werden. Vgl. dazu ANDERSON, E. / SULLIVAN, M., *Customer Satisfaction* (Marketing Science 2/1993), S. 125-143; LOHMANN, F., *Ursachen von Kundenloyalität* (1998), S. 180-182; HERRMANN, A. / JOHNSON, M. D., *Kundenzufriedenheit als Bestimmungsfaktor der Kundenbindung* (ZfbF 6/1999), S. 579-598; PETER, S. I., *Kundenbindung* (1997), S. 151-277; BIONG, H., *Satisfaction and Loyalty* (European Journal of Marketing 7/1993), S. 21-38; BURMANN, C., *Konsumentenzufriedenheit* (Marketing 1991), S. 249-258; BITNER, M., *Evaluating Service Encounters* (Journal of Marketing 4/1990), S. 69-82; FORNELL, C. / JOHNSON, M. / ANDERSON, E. / CHA, J. / BRYANT, B., *American Customer Satisfaction Index* (Journal of Marketing 10/1996), S. 7-18; PATTERSON, P. / JOHNSON, L. / SPRENG, R., *Determinants of Customer Satisfaction* (Journal of the Academy of Marketing Science 1/1997), S. 4-17; HALSTEAD, D. / PAGE, J., *Effects of Satisfaction* (Journal of Consumer Satisfaction, Dissatisfaction and Complaining Behavior 1992), S. 1-11; KASPER, H., *Dissatisfaction and Loyalty* (Journal of Economic Psychology 9/1988), S. 387-397; LABARBERA, P. / MAZURSKY, D., *Consumer Satisfaction* (Journal of Marketing Research 11/1983), S. 393-404; OLIVER, R., *Consequences of Satisfaction* (Journal of Marketing Research 9/1980), S. 460-469. Einen Literaturüberblick geben HOMBURG, C. / GIERING, A. / HENTSCHEL, F., *Der Zusammenhang von Kundenzufriedenheit und Kundenbindung* (DBW 2/1999), S. 181-185; HOMBURG, C. / GIERING, A. / HENTSCHEL, F., *Kundenzufriedenheit und Kundenbindung* (1999), S. 93-94; HERRMANN, A. / JOHNSON, M. D., *Kundenzufriedenheit als Bestimmungsfaktor der Kundenbindung* (ZfbF 6/1999), S. 579-580.

151 Vgl. HOMBURG, C. / RUDOLPH, B., *Theoretische Perspektiven zur Kundenzufriedenheit* (1997), S. 33. Ein umfassender Überblick über verschiedene theoretische Ansätze der Kundenzufriedenheitsforschung findet sich bei BREYER, M., *Zufriedenheit mit Finanzdienstleistungen* (1998), S. 185-230.

prozesses interpretiert.[152] Der Kunde vergleicht seine Eindrücke bei Ge- oder Verbrauch eines Produktes beziehungsweise bei Inanspruchnahme einer Dienstleistung (Ist-Leistung) mit seinen Erwartungen, Wünschen, individuellen Normen und/oder einem anderen Vergleichsstandard (Soll-Leistung).[153] Im Kern handelt es sich bei dem Phänomen Zufriedenheit also um eine emotionale Reaktion auf einen kognitiven Vergleichsprozeß.[154]

Die bedeutendsten theoretischen Erklärungsansätze der (Kunden-) Zufriedenheit sind aus den Verhaltenswissenschaften und insbesondere aus der Sozialpsychologie hervorgegangen.[155] Eine herausragende Rolle spielt dabei das sogenannte

---

152 Vgl. BERNET, B., *Konzeptionelle Grundlagen des Relationship Banking* (1998), S. 17; HOMBURG, C. / RUDOLPH, B., *Theoretische Perspektiven zur Kundenzufriedenheit* (1997), S. 33; HOMBURG, C. / FAßNACHT, M. / WERNER, H., *Kundenzufriedenheit und Kundenbindung* (1999), S. 392; HERRMANN, A. / NITZSCH, R. VON / HUBER, F., *Kundenzufriedenheitsurteile* (ZfB 11/1998), S. 1228; BREYER, M., *Zufriedenheit mit Finanzdienstleistungen* (1998), S. 200; BERGMANN, K., *Angewandtes Kundenbindungs-Management* (1998), S. 23.

153 Vgl. HOMBURG, C. / RUDOLPH, B., *Theoretische Perspektiven zur Kundenzufriedenheit* (1997), S. 33; HOMBURG, C. / FAßNACHT, M. / WERNER, H., *Kundenzufriedenheit und Kundenbindung* (1999), S. 392; BERGMANN, K., *Angewandtes Kundenbindungs-Management* (1998), S. 23; HERRMANN, A. / JOHNSON, M. D., *Kundenzufriedenheit als Bestimmungsfaktor der Kundenbindung* (ZfbF 6/1999), S. 582.

154 Vgl. HOMBURG, C. / RUDOLPH, B., *Theoretische Perspektiven zur Kundenzufriedenheit* (1997), S. 33. Einen Ansatz zur Messung von Kundenzufriedenheit stellen LINGENFELDER und SCHNEIDER vor. Vgl. LINGENFELDER, M. / SCHNEIDER, W., *Kundenzufriedenheit* (Marketing 2/1991), S. 111-117.

155 Vgl. HOMBURG, C. / RUDOLPH, B., *Theoretische Perspektiven zur Kundenzufriedenheit* (1997), S. 33-35. Als bekannteste theoretische Ansätze sind die Theorie der kognitiven Dissonanz (Assimilationstheorie), die Kontrast-Theorie, die Assimilations-Kontrast-Theorie, die Zwei-Faktoren-Theorie, die Equity Theory, die Attributionstheorie und das Confirmation/Disconfirmation-Paradigma zu nennen. Die Theorie der kognitiven Dissonanz beruht auf der These, daß eine Nicht-Bestätigung der Erwartungen zu einem Zustand der Dissonanz beziehungsweise des psychischen Unwohlseins führt. Der Kunde erlebt Inkonsistenzen im Wahrnehmungssystem als psychische Spannungen, die dazu führen, daß er die Wahrnehmung des Produktes oder der Dienstleistung in Richtung seiner Erwartungshaltung korrigiert. Vgl. HOMBURG, C. / RUDOLPH, B., *Theoretische Perspektiven zur Kundenzufriedenheit* (1997), S. 34; SCHARNBACHER, K. / KIEFER, G., *Kundenzufriedenheit* (1998), S. 10; HOMBURG, C. / GIERING, A. / HENTSCHEL, F., *Der Zusammenhang von Kundenzufriedenheit und Kundenbindung* (DBW 2/1999), S. 179-180. Als wichtige Arbeiten zu diesem Ansatz sind zu nennen: FESTINGER, L., *Cognitive Dissonance* (1957); OSHIKAWA, S., *Cognitive Dissonance* (Journal of Marketing Research 11/1968), S. 429-430; ANDERSON, R., *Consumer Dissatisfaction* (Journal of Marketing Research 2/1973), S. 52-59; CARDOZO, R., *Customer Effort* (Journal of Marketing Research 8/1965), S. 244-249. Auch die Kontrast-Theorie basiert auf der Annahme, daß der Kunde bei einer Abweichung von Soll- und Ist-Leistung die Wahrnehmung des Produktes oder der Dienstleistung im nachhinein korrigiert. Allerdings geht die Kontrast-Theorie davon aus, daß die wahrgenommene Differenz nicht etwa nivelliert, sondern übertrieben wird. Schon ein minimales Übertreffen der Erwartungshaltung kann somit hohe Zufriedenheit oder gar Begeisterung auslösen. Vgl. HOMBURG, C. / RUDOLPH, B., *Theoretische Perspektiven zur Kundenzufriedenheit* (1997), S. 34-35; SCHARNBACHER, K. / KIE-

FER, G., *Kundenzufriedenheit* (1998), S. 10. Als wichtige Arbeiten zu diesem Ansatz sind zu nennen: HELSON, H., *Adaptation-Level Theory* (1964); CHURCHILL, G. / SURPRENANT, C., *Determinants of Customer Satisfaction* (Journal of Marketing Research 11/1982), S. 491-504; OLIVER, R., *Satisfaction Process* (Journal of Retailing 3/1981), S. 25-48. Die Assimilations-Kontrast-Theorie stellt eine Kombination der Theorie der kognitiven Dissonanz und der Kontrast-Theorie dar. Dabei wird angenommen, daß das Ausmaß der Abweichung zwischen Soll- und Ist-Leistung bestimmt, welche der beiden dargestellten Wahrnehmungsmechanismen zum Tragen kommen. Bei geringfügiger Abweichung neigt der Kunde zu einer Angleichung der Wahrnehmung an die Erwartungen. Überschreitet die Abweichung hingegen einen Toleranzbereich, wird die Wahrnehmung dahingehend verschoben, daß die Abweichung im nachhinein sogar noch größer erscheint. Vgl. HOMBURG, C. / RUDOLPH, B., *Theoretische Perspektiven zur Kundenzufriedenheit* (1997), S. 35; SCHARNBACHER, K. / KIEFER, G., *Kundenzufriedenheit* (1998), S. 10. Als wichtige Arbeit zu diesem Ansatz ist zu nennen: SHERIF, M. / HOVLAND, C., *Social Judgements* (1961). Die Zwei-Faktoren-Theorie geht davon aus, daß zwei unterschiedliche Gruppen von Zufriedenheitsfaktoren zu unterscheiden sind. Die erste Gruppe, die sogenannten Hygiene-Faktoren, zeichnen sich dadurch aus, daß sie bei einer negativen Bestätigung zu Unzufriedenheit führen, bei einer positiven Bestätigung aber nicht Zufriedenheit, sondern lediglich das Ausbleiben von Unzufriedenheit nach sich ziehen. Die zweite Gruppe, die sogenannten Motivator-Faktoren, sind dadurch gekennzeichnet, daß eine positive Bestätigung zu Zufriedenheit führt, eine negative Bestätigung hingegen nicht Unzufriedenheit, sondern nur das Ausbleiben von Zufriedenheit verursacht. Vgl. HOMBURG, C. / RUDOLPH, B., *Theoretische Perspektiven zur Kundenzufriedenheit* (1997), S. 43. Als grundlegende Arbeiten zu diesem Ansatz sind zu nennen: HERZBERG, F., *Work and the Nature of Man* (1966); HERZBERG, F. / MAUSNER, B. / SNYDERMAN, B., *The Motivation to Work* (1959). MATZLER gibt einen detaillierten Literaturüberblick über Studien, die an die Zwei-Faktoren-Theorie anknüpfen. Vgl. MATZLER, K., *Faktorstruktur der Kundenzufriedenheit* (1999), S. 99-128. Die Equity Theory basiert auf der Annahme, daß Kunden eine Vorstellung von Fairneß und distributiver Gerechtigkeit bezogen auf eine Austauschsituation haben. Der Kunde vergleicht seinen Einsatz in eine Austauschbeziehung und das Ergebnis daraus mit dem Einsatz und dem Ergebnis seines Transaktionspartners und/oder dem Einsatz und dem Ergebnis anderer Kunden. Zufriedenheit stellt sich ein, wenn das Einsatz-Ergebnis-Verhältnis als fair empfunden wird beziehungsweise zugunsten des Kunden ausfällt. Vgl. HOMBURG, C. / RUDOLPH, B., *Theoretische Perspektiven zur Kundenzufriedenheit* (1997), S. 35-37; LOHMANN, F., *Loyalität von Bankkunden* (1997), S.69-70; EREVELLES, S. / LEAVITT, C., *Current Models of Consumer Satisfaction* (Journal of Consumer Satisfaction, Dissatisfaction and Complaining Behavior 5/1992), S. 110-112. Als wichtige Arbeiten zu diesem Ansatz sind zu nennen: MOWEN, J. / GROVE, *Equity Theory Analysis* (1983), S. 17-19; FISK, R. / YOUNG, C., *Disconfirmation of Equity Expectations* (1985), S. 340-345; OLIVER, R. / DESARBO, W., *Response Determinants in Satisfaction Judgements* (Journal of Consumer Research 3/1988), S. 495-507; OLIVER, R. / SWAN, J., *Consumer Perceptions* (Journal of Marketing 4/1989), S. 21-35; OLIVER, R. / SWAN, J., *Equity and Disconfirmation Perceptions* (Journal of Consumer Research 12/1989), S. 372-383. Die Attributionstheorie beruht auf der These, daß für das Zufriedenheits- beziehungsweise Unzufriedenheitsempfinden des Kunden die von ihm identifizierten Gründe eines Erfolgs oder Mißerfolgs maßgebend sind. Vgl. HOMBURG, C. / RUDOLPH, B., *Theoretische Perspektiven zur Kundenzufriedenheit* (1997), S. 37. Als wichtige Arbeiten zu diesem Ansatz sind zu nennen: KRISHNAN, S. / VALLE, V., *Dissatisfaction Attributions* (1979), S. 445-449; SINGH, J., *Consumer Complaint Intentions* (Journal of Marketing 1/1988), S. 93-107; FOLKES, V., *Recent Attribution Research* (Journal of Consumer Research 3/1988), S. 548-565.

Confirmation/Disconfirmation-Paradigma.[156] Anfang der 1980er Jahre kristallisierte es sich als weithin akzeptiertes Konzept zur Erklärung von Kundenzufriedenheit heraus.[157]

Wie die meisten anderen theoretischen Ansätze zur Erklärung des Phänomens (Kunden-) Zufriedenheit geht auch das Confirmation/Disconfirmation-Paradigma davon aus, daß die Ist-Leistung mit der Soll-Leistung verglichen wird.[158] Zufriedenheit stellt sich ein, wenn die Ist-Leistung die Soll-Leistung erfüllt oder übertrifft.[159] Bleibt das Produkt beziehungsweise die Dienstleistung hinter dem Vergleichsstandard zurück, resultiert daraus Unzufriedenheit.[160]

Diese Grundstruktur des Confirmation/Disconfirmation-Paradigmas wird in verschiedenen Modellvarianten abgewandelt. Dabei ist insbesondere umstritten, welche Gestalt der angewendete Vergleichsstandard aufweist.[161] Als mögliche Vergleichsstandards (Soll-Leistung) werden insbesondere fünf Möglichkeiten diskutiert:[162]

- Erwartungen
- Erfahrungsnormen
- Ideale

---

156 Vgl. HOMBURG, C. / RUDOLPH, B., *Theoretische Perspektiven zur Kundenzufriedenheit* (1997), S. 38; HOMBURG, C. / GIERING, A. / HENTSCHEL, F., *Der Zusammenhang von Kundenzufriedenheit und Kundenbindung* (DBW 2/1999), S. 175; HERRMANN, A. / JOHNSON, M. D., *Kundenzufriedenheit als Bestimmungsfaktor der Kundenbindung* (ZfbF 6/1999), S. 582; HERRMANN, A. / HUBER, F. / WRICKE, M., *Herausbildung von Zufriedenheitsurteilen* (ZfbF 7-8/1999), S. 681.

157 Vgl. ECKERT, S., *Rentabilitätssteigerung durch Kundenbindung* (1994), S. 54; BREYER, M., *Zufriedenheit mit Finanzdienstleistungen* (1998), S. 200-201.

158 Vgl. HOMBURG, C. / FAßNACHT, M. / WERNER, H., *Kundenzufriedenheit und Kundenbindung* (1999), S. 392.

159 Vgl. HOMBURG, C. / FAßNACHT, M. / WERNER, H., *Kundenzufriedenheit und Kundenbindung* (1999), S. 392.

160 Vgl. HOMBURG, C. / RUDOLPH, B., *Theoretische Perspektiven zur Kundenzufriedenheit* (1997), S. 38; ECKERT, S., *Rentabilitätssteigerung durch Kundenbindung* (1994), S. 60-61.

161 Vgl. GIERING, A., *Kundenzufriedenheit und Kundenloyalität* (2000), S. 9; KRÜGER, S. M., *Kundenbindung durch Zufriedenheitsmanagement* (1997), S. 60. Als Vergleichsstandards werden vor allem Erwartungen, Erfahrungsnormen, Ideale, wahrgenommene Wertdifferenzen und sog. Comparisons Levels diskutiert. Vgl. HOMBURG, C. / RUDOLPH, B., *Theoretische Perspektiven zur Kundenzufriedenheit* (1997), S. 39; ECKERT, S., *Rentabilitätssteigerung durch Kundenbindung* (1994), S. 55.

162 Vgl. HOMBURG, C. / RUDOLPH, B., *Theoretische Perspektiven zur Kundenzufriedenheit* (1997), S. 39. Eine leicht abweichende Aufzählung möglicher Vergleichstandards findet sich bspw. bei HOMBURG, C. / FAßNACHT, M. / WERNER, H., *Kundenzufriedenheit und Kundenbindung* (1999), S. 392; NADER, G., *Zufriedenheit mit Finanzdienstleistungen* (1995), S. 31; BREYER, M., *Zufriedenheit mit Finanzdienstleistungen* (1998), S. 211-213; KRÜGER, S. M., *Kundenbindung durch Zufriedenheitsmanagement* (1997), S. 60.

* Wahrgenommene Wertdifferenz
* Comparison Level

Abbildung 7: Grundstruktur des Confirmation/Disconfirmation-Paradigmas

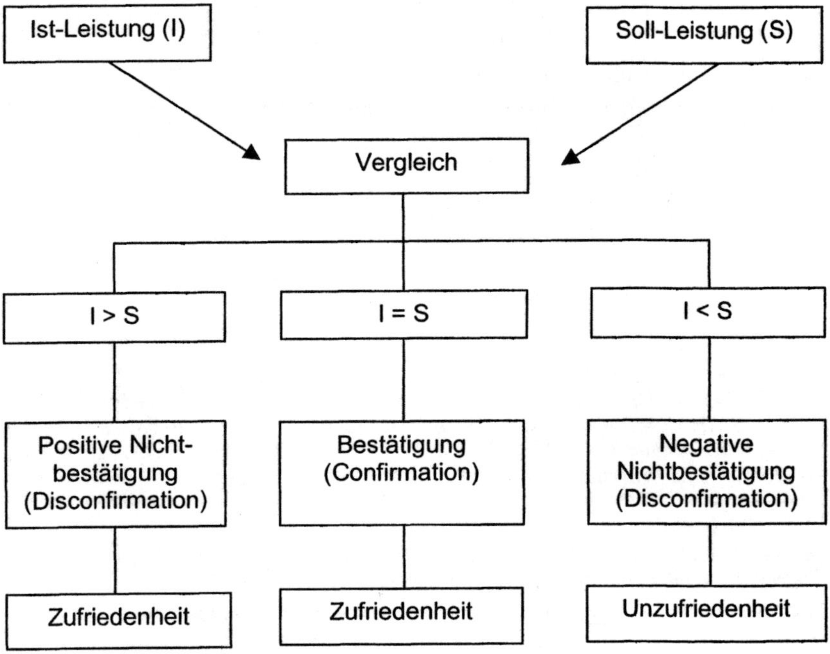

Quelle: Eigene Darstellung in Anlehnung an SMITH, R. / HOUSTON, M., *Evaluations of Satisfaction* (1983), S. 59.

Erwartungen werden dabei als Kenntnisse der Leistungsfähigkeit bestimmter Produktattribute betrachtet.[163] Dieser Ansatz ist insbesondere in einer Hinsicht problematisch: Wenn ein Kunde ein Produkt im vorhinein als schlecht einschätzt und sich dies auch bewahrheitet, handelt es sich um eine Bestätigung und müßte –

163 Vgl. HOMBURG, C. / RUDOLPH, B., *Theoretische Perspektiven zur Kundenzufriedenheit* (1997), S. 39.

dem Confirmation/Disconfirmation-Paradigma folgend – zur Zufriedenheit führen.[164]

Der Vergleichsstandard wird sicherlich unter anderem auch durch die Erwartungen des Kunden beeinflußt, aber weitere Aspekte treten hinzu: Erfahrungsnormen beschreiben die Anforderungen, die ein Kunde aufgrund seiner bisherigen Konsumerfahrungen und seiner Vorstellung von einer ansprechenden Leistung an ein Produkt oder eine Dienstleistung stellt.[165] Ideale werden zum Vergleichsstandard, wenn der Kunde die erhaltene Leistung an dem bestmöglichen Leistungsniveau mißt.[166] Wahrgenommene Wertdifferenzen bezeichnen die Abweichungen, die der Konsument zwischen seinen eigenen Wertvorstellungen (Wünschen, Bedürfnissen) und der tatsächlich erbrachten Leistung wahrnimmt.[167] Der sogenannte Comparison Level ist ein vom Kunden erwartetes bzw. gefordertes Kosten-Nutzen-Verhältnis.[168]

Diese fünf Klassen von möglichen Vergleichsstandards (Soll-Leistung) können durch das Leistungsversprechen des Anbieters wesentlich beeinflußt werden: Sofern das Leistungsversprechen glaubwürdig vorgetragen wird, kann es die Erwartungen des Kunden prägen. Geht das Leistungsversprechen über das hinaus, was der Kunde bisher als Erfahrungsnorm oder Ideal fixiert hat, dürften diese beiden möglichen Vergleichsstandards entsprechend dem Leistungsversprechen nach oben angepaßt werden. Sowohl die Wünsche und Bedürfnisse eines Kunden als auch seine Erwartungen bezüglich eines bestimmten Nutzenniveaus können durch das Leistungsversprechen heraufgeschraubt werden. Also auch für die wahrgenommene Wertdifferenz und den Comparison Level als Vergleichsstandard spielt das Leistungsversprechen eine wichtige Rolle.

Einige Autoren, wie beispielsweise BRUHN, ECKERT, WEINGARTH, SCHARNBACHER und KIEFER, stellen die erhebliche Bedeutung des Leistungsversprechens für die Erwartungshaltung der Kunden (im Sinne des angelegten Vergleichsstandards) und damit für ihr Zufriedenheitsurteil heraus.[169]

---

164 Vgl. HOMBURG, C. / RUDOLPH, B., *Theoretische Perspektiven zur Kundenzufriedenheit* (1997), S. 39-40.

165 Vgl. HOMBURG, C. / RUDOLPH, B., *Theoretische Perspektiven zur Kundenzufriedenheit* (1997), S. 40.

166 Vgl. BREYER, M., *Zufriedenheit mit Finanzdienstleistungen* (1998), S. 212; HOMBURG, C. / RUDOLPH, B., *Theoretische Perspektiven zur Kundenzufriedenheit* (1997), S. 40.

167 Vgl. HOMBURG, C. / RUDOLPH, B., *Theoretische Perspektiven zur Kundenzufriedenheit* (1997), S. 40.

168 Vgl. HOMBURG, C. / RUDOLPH, B., *Theoretische Perspektiven zur Kundenzufriedenheit* (1997), S. 40-41.

169 Vgl. BRUHN, M. / HENNIG, K., *Qualitätsmanagement für Kreditinstitute 2* (GfK Jahrbuch der Absatz- und Verbrauchsforschung 4/1993), S. 331-333; ECKERT, S., *Kundenbindung* (1994), S. 374; ECKERT, S., *Rentabilitätssteigerung durch Kundenbindung* (1994), S. 75, 82 u. 88; WEINGARTH, W., *Kundenbeziehungsmanagement* (Bank Magazin 9/1999), S. 12-13.

Das bedeutet im Endeffekt: Unabhängig davon, welche Soll-Leistungs-Variante im Confirmation/Disconfirmation-Paradigma Verwendung findet, nimmt das Leistungsversprechen des Anbieters eine zentrale Rolle ein. Dabei ist die Erfüllung des Leistungsversprechens als notwendige, nicht aber als hinreichende Bedingung für Kundenzufriedenheit zu betrachten. Die vom Kunden geforderte Soll-Leistung kann über das Leistungsversprechen hinausgehen, wird aber nur in Ausnahmefällen unterhalb des Leistungsversprechens angesiedelt sein. Die Erfüllung des Leistungsversprechens kann daher als Grundvoraussetzung für die Erzielung von Kundenzufriedenheit betrachtet werden. Unterstrichen wird diese Einschätzung durch Forschungsergebnisse von ZOLLNER.[170] Er hat mit Hilfe der Methode der kritischen Ereignisse[171] empirisch ermittelt, daß unter allen Gründen, die Bankkunden zum Abbruch der Bankbeziehung veranlassen, die Nichteinhaltung von Zusagen der schwerwiegendste ist. Die Nichteinhaltung von Zusagen hat bei den Kunden, die die Bank anschließend verlassen haben, mit Abstand zu der stärksten Verärgerung geführt.[172]

Die Inanspruchnahme einer Dienstleistung weist verschiedene Facetten auf. Im Vordergrund steht die Zweckdienlichkeit der Dienstleistung, also die Frage, ob das Problem gelöst beziehungsweise das Bedürfnis gestillt wird, das der Nachfrage zugrunde liegt.[173] Darüber hinaus spielen aber weitere Bestandteile der Dienst-

---

SCHARNBACHER und KIEFER stellen dazu fest: „Die Kommunikation des Unternehmens, sei es in den Medien oder im Verkaufsgespräch, ist maßgebend für die Erwartungen der Kunden. Versprechen Werbeanzeigen oder Verkäufer bestimmte Leistungsmerkmale, so erwartet der Kunde, diese Leistungen auch nach dem Kauf zu erhalten." Vgl. SCHARNBACHER, K. / KIEFER, G., *Kundenzufriedenheit* (1998), S. 8. BRUHN bezieht in ähnlicher Weise Stellung: „Werbeinhalte und die Realisation einer Finanzdienstleistung im Alltag müssen übereinstimmen. Der externe kommunikative Auftritt generiert bei den Kunden Erwartungshaltungen, die – wenn sie durch die tatsächliche Leistung nicht erfüllt werden – zur Wahrnehmung schlechter Dienstleistungsqualität führen." Vgl. BRUHN, M., *Dienstleistungsqualität im Kreditgewerbe I* (KuK 3/1997), S. 439. Ähnlich auch bei BRUHN, M., *Kommunikationspolitik von Dienstleistungsunternehmen* (1998), S. 592. SCHADE geht sogar noch weiter: Er weist darauf hin, daß Kunden häufig mit unrealistischen Erwartungen auf den Anbieter zukommen, ohne daß er diese Erwartungshaltung verursacht hätte. In diesem Fall müsse der Anbieter die Kundenerwartungen zurechtrücken, um eine spätere Enttäuschung des Kunden zu vermeiden. Vgl. SCHADE, G. F., *Finanzdienstleister* (Handelsblatt 21.09.2000), S. B16.

170 Vgl. ZOLLNER, G., *Kundennähe in Dienstleistungsunternehmen* (1995).

171 Vgl. zur Methode der kritischen Ereignisse FLANAGAN, J. C., *The Critical Incident Technique* (Psychological Bulletin 7/1954), S. 327-358. Zusammenfassend vgl. STAUSS, B., *Critical Incident Technique* (1994), S. 237-241; BRUHN, M. / HENNIG, K., *Qualitätsmanagement für Kreditinstitute 1* (GfK Jahrbuch der Absatz- und Verbrauchsforschung 3/1993), S. 223-224.

172 Vgl. ZOLLNER, G., *Kundennähe in Dienstleistungsunternehmen* (1995), S. 192-196.

173 Vgl. SEYFRIED, M., *Kundenwertmanagement* (1998), S. 363; HERRMANN, A. / VETTER, I., *Finanzdienstleistungen* (Die Bank 5/1999), S. 336; HERRMANN, A. / JOHNSON, M. D., *Kundenzufriedenheit als Bestimmungsfaktor der Kundenbindung* (ZfbF 6/1999), S. 582; HERRMANN, A. / NITZSCH, R. VON / HUBER, F., *Kundenzufriedenheitsurteile* (ZfB 11/1998), S.

leistung für die Kundenzufriedenheit eine Rolle. Beispielsweise ist die Beurteilung des zwischenmenschlichen Miteinanders zwischen Nachfrager und Anbieter[174] sowie die Beratungsqualität[175] gerade im Dienstleistungsbereich von erheblicher Bedeutung für das Zufriedenheitsurteil des Kunden.[176] Auch die Zuverlässigkeit,[177] die Reaktionsbereitschaft[178] und die Kulanz[179] des Anbieters kann das Gesamturteil eines Kunden erheblich beeinflussen. Nicht zuletzt spielen auch der

---

1228; HERRMANN, A. / HUBER, F. / WRICKE, M., *Herausbildung von Zufriedenheitsurteilen* (ZfbF 7-8/1999), S. 680; HENSCHE, C., *Ansprüche an die Bank* (Die Bank 6/1996), S. 368-372. DILLER stellt als Folge dieser Anforderung eine Entwicklung zum „Problemlösungsverkauf" fest. Vgl. DILLER, H., *Kundenmanagement* (1995), Sp. 1367. NIESCHLAG / DICHTL / HÖRSCHGEN vertreten die Einschätzung, daß die Erwartung des Verbrauchers zunächst darauf gerichtet ist, daß das Produkt „die ihm zugedachte Aufgabe angemessen erfüllt." Vgl. NIESCHLAG, R. / DICHTL, E. / HÖRSCHGEN, H., *Marketing* (1997), S. 234. Bezugnehmend auf die Methode der kritischen Ereignisse stellt STAUSS heraus, daß die Nichterfüllung der Minimumqualität einer Dienstleistung zu einer Enttäuschung der Kunden und damit zu einer erheblichen Destabilisierung der Geschäftsbeziehung beitragen kann. „Minimumqualitäten stellen die Merkmale und Leistungsniveaus dar, die den Kern des Dienstleistungsangebotes ausmachen und daher nach Ansicht des Kunden nichts anderes als die Erfüllung ihrer Mindestanforderungen darstellen." Vgl. STAUSS, B., *Critical Incident Technique* (1994), S. 243-244. ACKERSCHOTT spricht in ähnlichem Zusammenhang von der „Grundqualität", die vom Kunden „als Selbstverständlichkeit vorausgesetzt" wird. ACKERSCHOTT, H., *Strategische Vertriebssteuerung* (2000), S. 67.

174 Vgl. OPPENHEIM, C., *Relationship Banking* (1998), S. 106; ECKERT, S., *Rentabilitätssteigerung durch Kundenbindung* (1994), S. 286; DILLER, H. / KUSTERER, M., *Beziehungsmanagement* (Marketing 3/1988), S. 215; HOLLAND, H. / HEEG, S., *Strategien für die Kundenbindung* (1998), S. 145; WEINBERG, P., *Verhaltenswissenschaftliche Aspekte der Kundenbindung* (1999), S. 47-48; BAXMANN, U. G., *Bankloyalität* (bank und markt 2/1987), S. 12; BECKER, H. P. / HERGES, P. / STEITZ, M., *Was erwarten Kunden von der Bank?* (bank und markt 2/1991), S. 24; OEHLER, A., *Relationship-Management* (Die Bank 3/1995), S. 141; GALASSO, G., *Retention Marketing im Private Banking* (1999), S. 201.

175 Dieser Aspekt spielt insbesondere für vermögende Privatkunden im Bankgeschäft eine wichtige Rolle. Vgl. SACHENBACHER, H.-U., *Lebensdauerkalkulation von Kundenverbindungen* (1991), S. 27.

176 Vgl. SCHROTH, M., *Informationsinstrumente im Privatkundengeschäft* (Die Bank 10/1997), S. 588. SÜCHTING hebt das menschliche Element, verstanden als zwischenmenschliches Miteinander und Beratungs- bzw. Betreuungsqualität, als wesentliche Determinante der Kundenloyalität im Bankgeschäft hervor. Vgl. SÜCHTING, J., *Bankloyalität* (KuK 5/1972), S. 269-300; SÜCHTING, J., *Theorie der Bankloyalität* (1998), S. 2-25.

177 Vgl. HELD, P. P., *Relationship Banking* (1998), S. 53; BERNET, B., *Konzeptionelle Grundlagen des Relationship Banking* (1998), S. 16; ECKERT, S., *Rentabilitätssteigerung durch Kundenbindung* (1994), S. 75; MEYER, A. / DORNACH, F., *Kundenbarometer 1997* (1997), S. 59.

178 Vgl. BERNET, B., *Konzeptionelle Grundlagen des Relationship Banking* (1998), S. 15-16; HELD, P. P., *Relationship Banking* (1998), S. 53.

179 Vgl. ECKERT, S., *Rentabilitätssteigerung durch Kundenbindung* (1994), S. 75; MEYER, A. / DORNACH, F., *Kundenbarometer 1997* (1997), S. 46.

Preis[180] bzw. das Preis-Leistungs-Verhältnis[181] sowie die Bequemlichkeit (Convenience)[182] der Leistungsinanspruchnahme eine Rolle.[183]

Angesichts dieser vielfältigen Aspekte der Inanspruchnahme einer Dienstleistung stellt sich auch der im Confirmation/Disconfirmation-Paradigma postulierte Vergleichsprozeß entsprechend vielschichtig und kompliziert dar.[184] Ein Kunde wird allerdings - bei aller Sympathie für einen Anbieter, bei aller Reaktionsbereitschaft, Zuverlässigkeit und Kulanz – nur dann dauerhaft eine Geschäftsbeziehung aufrechterhalten, wenn der Kern der Dienstleistung, nämlich die Zweckdienlichkeit, zur Zufriedenheit erbracht wird.[185] Die zufriedenstellende Erbringung der Kernleistung kann somit als notwendige, nicht aber als hinreichende Bedingung zur Erzielung von Kundenzufriedenheit betrachtet werden.

Zusammenfassend läßt sich also feststellen: Die Erfüllung des Leistungsversprechens bezogen auf den Kernbestandteil der Dienstleistung kann im Vermögens-

---

180 Vgl. POHL, A. / DAHLHOFF, D., *Auch zufriedene Kunden werden untreu* (FAZ 14.09.1998), S. 37; HERRMANN, A. / VETTER, I., *Finanzdienstleistungen* (Die Bank 5/1999), S. 338; BERNET, B., *Wettbewerbsstrategische Schlüsselfaktoren* (Schweizer Bank 9/1993), S. 46-47; BECKER, H. P. / HERGES, P. / STEITZ, M., *Was erwarten Kunden von der Bank?* (bank und markt 2/1991), S. 24; FRITZ, W., *Produktqualität* (ZfB 8/1994), S. 1058.

181 Vgl. SIMON, H. / HOMBURG, C., *Kundenzufriedenheit als strategischer Erfolgsfaktor* (1997), S. 29; BERGMANN, K., *Angewandtes Kundenbindungs-Management* (1998), S. 25-26; FRITZ, W., *Produktqualität* (ZfB 8/1994), S. 1058.

182 Vgl. BERNET, B., *Konzeptionelle Grundlagen des Relationship Banking* (1998), S. 16; HERRMANN, A. / VETTER, I., *Finanzdienstleistungen* (Die Bank 5/1999), S. 338; BAXMANN, U. G., *Bankloyalität* (bank und markt 2/1987), S. 12; SÜCHTING, J., *Bankloyalität* (KuK 5/1972), S. 292.

183 Weitere für die Qualitätsbeurteilung durch den Kunden relevante Dimensionen werden genannt bei REICHERT, E., *Kundenbindung* (1994), S. 78; MEYER, A. / DORNACH, F., *Kundenbarometer 1995* (1995), S. 27; KRÜGER, U., *Kundenorientierung und Kundenbindung* (1998), S. 125.

184 Der Vielzahl der Aspekte, die in das Zufriedenheitsurteil des Kunden eingehen können, entspricht eine Vielzahl von Ansätzen zur Erzielung von Kundenzufriedenheit. BÜDEL sieht bspw. die Zufriedenheit der Mitarbeiter als Schlüssel zur Zufriedenheit der Kunden. Vgl. BÜDEL, O., *Personalmanagement* (1998), S. 157. Vgl. auch Fußnote 142.

185 Vgl. MEYER, A. / BLÜMELHUBER, C., *Wettbewerbsorientierte Strategien im Dienstleistungsbereich* (1998), S. 388. In Teilen der Marketing-Forschung wird bereits seit geraumer Zeit betont, daß die Befriedigung der Verbraucherbedürfnisse die Grundlage für den langfristigen Unternehmenserfolg darstellt. Vgl. dazu LINGENFELDER, M. / SCHNEIDER, W., *Kundenzufriedenheit* (Marketing 2/1991), S. 109; BIDLINGMAIER, J., *Marketing* (1973), S. 13; KOTLER, P., *Marketing-Management* (1977), S. 18; MEFFERT, H., *Marketing* (1986), S. 29. NIESCHLAG / DICHTL / HÖRSCHGEN stellen in ihren Ausführungen zum Leistungskern als erstes fest, daß die Erwartung des Verbrauchers zunächst darauf gerichtet ist, daß das Produkt „die ihm zugedachte Aufgabe angemessen erfüllt." Vgl. NIESCHLAG, R. / DICHTL, E. / HÖRSCHGEN, H., *Marketing* (1997), S. 234. MÜLLER und RIESENBECK vermuten sogar, daß unter anderem „das Leistungsangebot ... in allen Aspekten den Kundenerwartungen entsprechen„ muß, um zu „wettbewerbsüberlegenen Zufriedenheitswerten" zu gelangen. Vgl. MÜLLER, WOLFGANG / RIESENBECK, H.-J., *Anhängliche Kunden* (Harvard-Manager 3/1991), S. 72.

verwaltungsgeschäft in aller Regel als Grundvoraussetzung für die Erzielung von Kundenzufriedenheit und damit auch für Kundenloyalität betrachtet werden.[186] Wird diese Grundvoraussetzung erfüllt, ist es immer noch gut möglich, daß ein Kunde nicht zufriedengestellt werden kann, weil er beispielsweise ein Ideal als Soll-Leistung formuliert, das weit über das Leistungsversprechen und die tatsächliche Leistung hinausgeht, oder weil er neben der Kernleistung auch auf Randbestandteile der Dienstleistung besonderen Wert legt, die nicht dem Vergleichsstandard des Kunden standhalten. Umgekehrt kann jedoch davon ausgegangen werden, daß sich keine Kundenzufriedenheit erreichen läßt, wenn das Leistungsversprechen bezüglich des Kernbestandteils der Dienstleistung dauerhaft nicht erfüllt wird.

Da im Vermögensverwaltungsgeschäft Zweifel angebracht sind, ob das zentrale Leistungsversprechen erfüllt wird, soll dieser Aspekt vorrangig betrachtet werden. Die übrigen angesprochenen Einflußgrößen auf die Kundenzufriedenheit werden vor dem Hintergrund einer erforderlichen Zuspitzung des Untersuchungsansatzes vernachlässigt. Es wird im folgenden lediglich überprüft, ob deutsche Vermögensverwalter in der Lage sind, die herausgearbeitete Grundvoraussetzung für die Zufriedenstellung der Kunden zu erfüllen, das heißt, den durch das Leistungsversprechen verbürgten Kernbestandteil der Dienstleistung zu erbringen.

2.2.4. Zusammenfassung

DOMIZLAFF stellt unmißverständlich heraus, daß für die Erhaltung einer dauerhaften Geschäftsbeziehung eine unverzichtbare Voraussetzung erfüllt sein muß: Das Leistungsversprechen muß erfüllt werden. DOMIZLAFF gründet seine These auf die idealtypische Gegenüberstellung der Pole des Bemühens um Kundenbindung: auf der einen Seite der stets nur einmalig handelnde Jahrmarktsverkäufer und auf der anderen Seite der dauerhaft agierende ortsansässige Kaufherr. Aber auch vor dem Hintergrund der modernen Kundenbindungs- und Kundenzufriedenheitsforschung hat seine Einschätzung weitgehend Bestand.

Im Vermögensverwaltungsgeschäft steht als Weg zur Kundenbindung nur die Erzielung von Kundenzufriedenheit offen. Ökonomische, rechtliche und technologische Bindungsgründe sind in diesem Geschäftsbereich nur schwer zu etablieren.

Damit verengt sich die Perspektive auf die Erzielung von Kundenzufriedenheit. Es wird dabei auf das theoretische Konzept des Confirmation/Disconfirmation-Paradigmas zurückgegriffen. Die Quintessenz dieses Ansatzes lautet: Um Kun-

186 Diese Einschätzung wird durch empirische Forschungsergebnisse gestützt. Eine McKinsey-Studie hat gezeigt, daß „die Ausrichtung des Kern-Leistungsangebotes an den Kundenerwartungen" wesentliche Bedeutung für die Erzielung von Kundenloyalität aufweist. Vgl. MÜLLER, WOLFGANG, *Kundenzufriedenheit* (Gablers Magazin 9/1990), S. 43.

denzufriedenheit zu erreichen, müssen negative Nichtbestätigungen vermieden werden. Dies gilt in besonderem Maße für die Kernbestandteile des Produktes beziehungsweise der Dienstleistung.

Somit kann als Grundvoraussetzung für die Erzielung einer starken Kundenbindung im Vermögensverwaltungsgeschäft die Erfüllung des Leistungsversprechens bezüglich des Kernbestandteils der Dienstleistung angesehen werden.

Vor dem Hintergrund dieser Einschätzung wird im folgenden Kapitel mit Hilfe einer explorativen Befragung untersucht, welches Leistungsversprechen deutsche Vermögensverwalter in den Mittelpunkt ihrer Tätigkeit rücken (2.3.). Anschließend wird erörtert, welche Voraussetzungen bestehen, um dieses Leistungsversprechen erfüllen zu können (2.4.). Im Hauptteil der vorliegenden Untersuchung wird schließlich empirisch überprüft, ob deutsche Vermögensverwalter diese Voraussetzungen mitbringen (3. Kapitel).

2.3. Explorative Befragung zur Schwerpunktsetzung im heutigen Vermögensverwaltungsgeschäft

Die Argumentation der vorliegenden Untersuchung basiert unter anderem auf der Annahme, daß das Gros der Vermögensverwalter in Deutschland den Schwerpunkt seiner Tätigkeit in der Realisierung aktiver Portfoliomanagement-Strategien sieht. Diese Annahme geht jedoch zunächst lediglich auf eine Generalisierung einzelner Erfahrungen während meiner Berufstätigkeit im Vermögensverwaltungsgeschäft und somit auf eine rein subjektive Einschätzung zurück.[187] Bisher liegen keine Untersuchungen zu dieser Frage vor.[188] Es ist deshalb erforderlich, diese Annahme wenigstens im Rahmen einer explorativen Befragung[189] soweit zu

---

187 Zur geringen Beweiskraft der „Erfahrung" für die Allgemeingültigkeit einer Aussage vgl. FRIEDRICHS, J., *Methoden empirischer Sozialforschung* (1980), S. 124.

188 Zwar wird gelegentlich die Vermutung geäußert, daß Vermögensverwalter in aller Regel auf aktive Portfoliomanagement-Strategien setzen. Vgl. bspw. SCHMIDT, REINHARD H., *Grundprobleme der Wertpapieranalyse* (Beiträge zur Aktienanalyse 17/1978), S. 19. Jedoch liegt bisher keine Studie vor, die diese Vermutungen erhärten könnte.

189 Eine explorative Studie bleibt in ihrer Aussagekraft weit hinter einer repräsentativen Studie zurück. Die Ergebnisse lassen sich lediglich auf die Stichprobe, nicht aber auf die Grundgesamtheit beziehen. Der Vorteil der explorativen Studie liegt in dem verhältnismäßig geringen Aufwand. Explorative Studien erhalten deshalb oft den Vorzug, wenn bestimmte Probleme bisher wissenschaftlich kaum oder gar nicht untersucht worden sind. Die explorative Studie kann dazu dienen, einen ersten Überblick zu verschaffen und/oder eine breiter angelegte Untersuchung vorzubereiten. Im hier vorliegenden Fall geht es darum, Hinweise darauf zu liefern, daß die Annahme, das aktive Portfoliomanagement stehe bisher im Mittelpunkt des Vermögensverwaltungsgeschäftes, überhaupt eine empirische Entsprechung in der Realität aufweist. Ob und in welchem Ausmaß dies generell für die deutsche Vermögensverwaltungsbranche gilt, kann nur im Rahmen einer repräsentativen Studie ermittelt werden und muß somit weiteren Forschungsanstrengungen vorbehalten bleiben. Zum Begriff der Exploration bzw. zur explorativen Studie vgl. bspw. KROMREY, H., *Empirische Sozialforschung*

erhärten, daß von einem *begründeten* Anfangsverdacht ausgegangen werden kann.[190]

Zunächst sind einige Vorüberlegungen zum Erhebungsverfahren anzustellen (2.3.1.). Danach muß ein Fragebogen entwickelt werden, wobei erhebungsmethodologische Gesichtspunkte zu berücksichtigen und zu diskutieren sind (2.3.2.). Anschließend werden die Ergebnisse der Befragung dargestellt und auch im Hinblick auf den weiteren Untersuchungsablauf bewertet (2.3.3.). Schließlich werden die Validität und die Reliabilität der Ergebnisse kritisch hinterfragt (2.3.4.). Abschließend erfolgt eine kurze Zusammenfassung (2.3.5.).

2.3.1. Vorüberlegungen zum Erhebungsverfahren

Noch bevor auf die Gestaltung des Fragebogens eingegangen werden kann, müssen einige grundlegende Vorüberlegungen angestellt werden. Im einzelnen muß auf das Auswahlverfahren und auf die Generalisierbarkeit der Ergebnisse (2.3.1.1.) sowie auf die Verwendung eines geeigneten Erhebungsverfahrens (2.3.1.2.) eingegangen werden.

2.3.1.1. Auswahlverfahren und Generalisierbarkeit der Ergebnisse

Um deutlich zu machen, in welchem Verhältnis die Stichprobe der befragten Vermögensverwaltungsunternehmen zur gesamten Branche steht, ist es zunächst erforderlich, die Grundgesamtheit zu definieren.[191]

Die Grundgesamtheit wird definiert als die Menge der zum Zeitpunkt der Erhebung in Deutschland als Vermögensverwalter für vermögende Privatkunden tätigen Unternehmen. Das Betreiben des Vermögensverwaltungsgeschäftes ist seit der 6. Novelle der Kreditwesengesetzes (KWG) der staatlichen Aufsicht des Bundesaufsichtsamtes für das Kreditwesen unterworfen.[192] Damit besteht eine Mög-

---

(1998), S. 67-68; ALEMANN, H. VON, *Der Forschungsprozeß* (1984), S. 163; FRIEDRICHS, J., *Methoden empirischer Sozialforschung* (1980), S. 52.

190 Befriedigender als eine explorative Studie wäre eine repräsentative Befragung. Um allerdings zu halbwegs gesicherten Aussagen (+/- 3%) über die Grundgesamtheit zu kommen, müßte lt. telefonischer Auskunft von Frau Dr. Häder (Zentrum für Umfragen, Methoden und Analysen ZUMA in Mannheim) vom 19.10.2000 bei einer Zahl von etwa 3000 Vermögensverwaltern in Deutschland der Stichprobenumfang ca. 800 umfassen. Da es sich bei der hier betrachteten Fragestellung nicht um das Kernstück der vorliegenden Gesamtuntersuchung, sondern lediglich um eine Vorüberlegung handelt, ist ein solcher Aufwand aus forschungsökonomischen Gesichtspunkten nicht zu rechtfertigen.

191 Vgl. BÖHLER, H., *Marktforschung* (1992), S. 127.

192 Vgl. GEBSER, L., *Betrieb einer Vermögensverwaltungsgesellschaft* (2001), S. 68-69.

lichkeit der näheren Fixierung der Auswahlgesamtheit.[193] Das Vermögensverwaltungsgeschäft ist nur Unternehmen erlaubt, die eine Lizenz als Finanzdienstleistungsunternehmen[194] oder als Bankbetrieb erhalten haben. Im Herbst 2000 sind etwa 1100 Finanzdienstleistungsunternehmen[195] und knapp 3200 Kreditinstitute[196] in Deutschland zugelassen. Diese Unternehmen betreiben jedoch nicht alle das Vermögensverwaltungsgeschäft, so daß es zu einem gewissen Maß an Overcoverage[197] der Auswahlgesamtheit kommt. Falls einige der im Rahmen der Stichprobe ausgewählten Unternehmen nicht erreichbar oder nicht zu Auskünften bereit sein sollten,[198] schränkt sich die Auswahlgesamtheit durch diese Form des Undercoverage[199] auf die Inferenzpopulation[200] ein. Die Inferenzpopulation umfaßt demnach alle zugelassenen Finanzdienstleistungsunternehmen oder Kreditinstitute in Deutschland, die im Herbst 2000 als Vermögensverwalter für vermögende Privatkunden tätig sind, sowie für den empirischen Forscher erreichbar und zur Beantwortung des Fragenkatalogs bereit sind. Die Inferenzpopulation stimmt mit der Grundgesamtheit nur in groben Zügen überein. Dies muß bei der Interpretation der Forschungsergebnisse Berücksichtigung finden.[201]

---

193 Zum Begriff der Auswahlgesamtheit vgl. SCHNELL, R. / HILL, P. B. / ESSER, E., *Methoden der empirischen Sozialforschung* (1999), S. 253-255.

194 Genauer: Die eine Zulassung als Finanzdienstleistungsunternehmen unter ausdrücklicher Berücksichtigung des § 1 Abs. 1a Satz 2 Nr. 3 KWG erhalten haben, was freilich in der weit überwiegenden Anzahl der Fälle gegeben sein dürfte. Vgl. BECK-TEXTE, *Bankrecht* (1998), S. 33.

195 Ende September 2000 waren 204 Finanzdienstleistungsunternehmen nach § 32 KWG und 923 Finanzdienstleistungsunternehmen nach § 64e KWG zugelassen. Vgl. BUNDESAUFSICHTSAMT FÜR DAS KREDITWESEN, *Liste der Finanzdienstleistungsunternehmen* (www.bakred.de vom 30.09.2000), S. 1-8.

196 Ende 1999 existierten 3168 Kreditinstitute in Deutschland. Vgl. DEUTSCHE BUNDESBANK, *Zahl der Kreditinstitute* (Bankenstatistik 9/2000), S. 104. Im einzelnen sind diese Institute aufgelistet in DEUTSCHE BUNDESBANK, *Verzeichnis der Kreditinstitute* (2000).

197 Geht die Auswahlgesamtheit über die Grundgesamtheit teilweise hinaus, wird dieser Bereich als Overcoverage bezeichnet. Zum Begriff des Overcoverage vgl. SCHNELL, R. / HILL, P. B. / ESSER, E., *Methoden der empirischen Sozialforschung* (1999), S. 253-255.

198 Zu diesen und weiteren Formen von Ausfällen vgl. SCHNELL, R. / HILL, P. B. / ESSER, E., *Methoden der empirischen Sozialforschung* (1999), S. 286-294.

199 Umfaßt die Auswahlgesamtheit Teile der Grundgesamtheit nicht, so wird dieser Bereich als Undercoverage bezeichnet. Zum Begriff des Undercoverage vgl. SCHNELL, R. / HILL, P. B. / ESSER, E., *Methoden der empirischen Sozialforschung* (1999), S. 253-255.

200 Die Inferenzpopulation ist die Schnittmenge von Grundgesamtheit und Auswahlgesamtheit. Zum Begriff der Inferenzpopulation vgl. SCHNELL, R. / HILL, P. B. / ESSER, E., *Methoden der empirischen Sozialforschung* (1999), S. 253-255.

201 Vgl. SCHNELL, R. / HILL, P. B. / ESSER, E., *Methoden der empirischen Sozialforschung* (1999), S. 255.

Während aus dieser Inferenzpopulation für eine repräsentative Befragung eine Zufallsstichprobe gezogen werden müßte,[202] stellt sich für eine explorative Befragung eine bewußte Auswahl der Stichprobe zumeist als sinnvoll heraus.[203] Im vorliegenden Fall wird insbesondere darauf Wert gelegt, ein möglichst breites Spektrum des deutschen Vermögensverwaltungsmarktes zu berücksichtigen, also eine typische Auswahl[204] zu treffen: Alle einschlägigen Institutsgruppen, die im Vermögensverwaltungsgeschäft engagiert sind, sollen einbezogen werden. Das bedeutet, daß sowohl Großbanken, Regional- und Privatbanken, öffentliche Banken und Genossenschaftsinstitute sowie unabhängige Vermögensverwaltungsgesellschaften bei der Befragung berücksichtigt werden.

Aus forschungsökonomischen Gründen wird eine Begrenzung des Stichprobenumfangs auf 40 Unternehmen der deutschen Vermögensverwaltungsbranche vor-

---

202 Vgl. WOSSIDLO, P. R., *Unternehmenswirtschaftliche Reservierung* (1970), S. 78. Das Ziehen einer Zufallsstichprobe ist eine in vielerlei Hinsicht schwierige Aufgabe. Die Probleme enden mit der Abweichung von Inferenzpopulation zu Grundgesamtheit bei weitem noch nicht. Was nicht im Detail nachvollzogen werden kann, ist beispielsweise die jeweilige Bedeutung der Unternehmen auf dem Vermögensverwaltungsmarkt. Die Deutsche Bank als einer der weltgrößten Vermögensverwalter mit einer großen Zahl von Niederlassungen in Deutschland spielt selbstverständlich eine bedeutendere Rolle als die Franzen & Gerber Asset Management GmbH als typischer Vertreter der kleinen und mittelständischen Vermögensverwaltungsgesellschaften. Kann die Grundgesamtheit beziehungsweise Inferenzpopulation ohne eine Gewichtung der einzelnen Unternehmen sinnvoll beschrieben werden? Welche Form der Gewichtung wäre gegebenenfalls zu wählen? Nach Depotvolumen, nach Kundenzahl, nach Geschäftsstellenzahl, nach Mitarbeiterzahl? Wäre eine solche Gewichtung in der Realität der Erhebungssituation mit vertretbarem Aufwand zu verwirklichen? Diese Fragen verdeutlichen, wie schwierig es in der konkreten Erhebungssituation ist, der abstrakten methodischen Anforderung einer repräsentativen Auswahl gerecht zu werden. Daß die Realisierung einer Stichprobenbildung, die in allen ihren Eigenschaften exakt der Grundgesamtheit entspricht, in der Praxis kaum möglich ist, hat auch die Deutsche Forschungsgemeinschaft hervorgehoben: „Wünschenswert sind Stichproben, deren Struktur in bezug auf Merkmale nicht von der Struktur der Merkmale und Merkmalskombinationen in der Gesamtheit abweicht, Stichproben also, die ein Miniaturbild der Gesamtheit sind. In der Praxis existieren Stichproben, die diesem hohen Anspruch für alle Merkmale exakt genügen, nur in mehr oder weniger guter Annäherung." Vgl. KAASE, M., *Qualitätskriterien der Umfrageforschung* (1999), S. 16. DIEKMANN stellt fest: „Zufallsstichproben mögen zwar in der Theorie gut klingen, in der Praxis ist das Ideal aber kaum zu realisieren." Vgl. DIEKMANN, A., *Empirische Sozialforschung* (1999), S. 355. Vgl. auch FRIEDRICHS, J., *Methoden empirischer Sozialforschung* (1980), S. 125-126. ERBSLÖH stellt das theoretische Konzept der Repräsentativität noch grundlegender in Frage: Durch die Befragung werden die Vertreter der Stichprobe auf den Befragungsgegenstand näher aufmerksam und durch die Fragen für bestimmte Gesichtspunkte des Problemfeldes sensibilisiert. Insofern wird eine etwaig zuvor gegebene Repräsentativität der Stichprobe automatisch durch den Vorgang der Erhebung zerstört. Vgl. ERBSLÖH, E., *Interview* (1972), S. 74-75.

203 Zu den Begriffen der Zufallsauswahl und der bewußten Auswahl vgl. bspw. FRIEDRICHS, J., *Methoden empirischer Sozialforschung* (1980), S. 130; SCHNELL, R. / HILL, P. B. / ESSER, E., *Methoden der empirischen Sozialforschung* (1999), S. 252 u. 277-284.

204 Zum Begriff der typischen Auswahl vgl. BÖHLER, H., *Marktforschung* (1992), S. 131.

genommen. Dabei werden 20 im Vermögensverwaltungsgeschäft tätige Kreditinstitute und 20 unabhängige Vermögensverwaltungsgesellschaften ausgewählt.

Die Gruppe der Kreditinstitute wird vertreten durch die vier Großbanken, vier Regionalbanken, vier Privatbanken, vier Institute des öffentlichen Sektors und vier Institute des Genossenschaftsbereiches. Dabei werden zunächst die Institute berücksichtigt, die auch im 3. Kapitel Gegenstand näherer Untersuchungen sind.[205] Der Rest wird per Zufallsverfahren ermittelt.[206]

Im Bereich der unabhängigen Vermögensverwaltungsgesellschaften wird eine Zufallsauswahl durchgeführt: Aus den beiden Listen der Finanzdienstleistungsinstitute des Bundesaufsichtsamtes für das Kreditwesen (www. bakred.de/liste/fdi.htm) werden per Zufallszahlen 20 Unternehmen ausgewählt.

Um zu gewährleisten, daß ausschließlich kompetente Gesprächspartner, die zutreffende Auskünfte über ihr Unternehmen geben können, in die Befragung einbezogen werden, wird der Gesprächskontakt ausschließlich zu den Firmeninhabern beziehungsweise, bei größeren Unternehmen, zum (stellvertretenden) Abteilungsleiter der Vermögensverwaltungsabteilung geknüpft.[207]

Der geringe Stichprobenumfang sowie die im wesentlichen bewußte Auswahl der Stichprobe entspricht dem Konzept der explorativen Befragung. Zu beachten ist dabei, daß auf Grundlage eines solchen Ansatzes keine Aussagen über die Grundgesamtheit gemacht werden können. Die Ergebnisse der Befragung lassen sich lediglich auf die Stichprobe selbst beziehen. Allerdings kann mit einem solchen Verfahren immerhin ein intersubjektiv nachvollziehbarer Anfangsverdacht begründet werden, der über die eingangs erwähnte rein subjektive Einschätzung eines einzelnen hinausgeht. Es können also - die gebotene Vorsicht bei der Ergebnisinterpretation unterstellt - durchaus erste Anhaltspunkte für die Schwerpunktsetzung deutscher Vermögensverwalter gewonnen werden.[208]

---

205 Dies ist erforderlich, um später einen unmittelbaren Bezug zwischen dem Kapitel 2.3. und dem Kapitel 3.3. herstellen zu können und damit die Stringenz der Argumentation zu sichern. Außerdem können auf diesem Weg Synergien erreicht werden, die sich positiv auf die Kurzportraits der betrachteten Banken in Kapitel 3.3. auswirken.

206 Als Grundlage der Zufallsauswahl wurde verwendet: DEUTSCHE BUNDESBANK, *Verzeichnis der Kreditinstitute* (2000).

207 BÖHLER und HEMPE stellen die Eignung der Befragung von Mitarbeitern als Primärerhebungsverfahren heraus. Vgl. BÖHLER, H. / HEMPE, S., *Marktforschung für das Dienstleistungsmanagement* (1998), S. 222-223.

208 Gesicherte Erkenntnisse über die Grundgesamtheit bleiben weiteren Forschungsanstrengungen vorbehalten, bei denen ein Stichprobenumfang von 800 bis 1000 befragten Unternehmen sowie eine Lösung des Problems, eine Zufallsstichprobe zu realisieren, zu fordern wäre.

2.3.1.2. Form der Befragung

Als Form der Befragung wird das telefonische Interview gewählt. Es bietet den wesentlichen Vorteil, mit - im Vergleich zu persönlichen Befragungen - relativ geringem Kosten- und Zeitaufwand verbunden zu sein.[209] Außerdem gilt die Bereitwilligkeit, Auskünfte zu erteilen, bei telefonischen Befragungen im Vergleich zu schriftlichen Befragungen als deutlich höher.[210] Der häufig vorgebrachte Einwand gegen Telefoninterviews, daß damit Teile der Grundgesamtheit außer acht gelassen und damit die Ergebnisse systematisch verzerrt werden,[211] kann im vorliegenden Fall vernachlässigt werden, da es als höchst unwahrscheinlich anzusehen ist, daß in Deutschland Vermögensverwalter tätig sind, die über keinen Telefonanschluß verfügen.[212] Die gelegentlich formulierte Anforderung, daß ein Telefoninterview nicht länger als zehn Minuten dauern sollte, um die Erwartungshaltung der befragten Personen nicht zu enttäuschen,[213] kann im vorliegenden Fall angesichts des verhältnismäßig eng eingegrenzten Erkenntnisinteresses ohne Schwierigkeiten erfüllt werden. Die Tauglichkeit von Telefoninterviews als Erhebungsmethode wird für Fragestellungen, die längeres Nachdenken oder sorgfältiges Abwägen erfordern beziehungsweise den persönlichen Bereich betreffen, in Frage gestellt.[214] Da bei der vorliegenden Befragung lediglich einfache Fakten

---

209 Vgl. bspw. KARMASIN, F. / KARMASIN, H., *Methoden und Probleme der Umfrageforschung* (1977), S. 222; PORST, R., *Im Vorfeld der Befragung* (1998), S. 16; KREISELMAIER, J. / PORST, R., *Methodische Probleme bei der Durchführung telefonischer Befragungen* (1989), S. 10-11; PORST, R., *Umfrageforschung* (1999), S. 110-111; STROBEL, K., *Telefonumfrage* (1983), S. 296-304; BÖHLER, H., *Marktforschung* (1992), S. 86; HOMBURG, C. / FAßNACHT, M. / WERNER, H., *Kundenzufriedenheit und Kundenbindung* (1999), S. 401. Der Kostenvorteil kommt insbesondere dann zum Tragen, wenn die Befragung sich nicht auf die Gesamtbevölkerung, sondern nur auf einen kleinen Ausschnitt der Gesellschaft bezieht. Vgl. dazu ALLERBECK, K., *Telefonische Befragungen* (1985), S. 57.

210 Vgl. KARMASIN, F. / KARMASIN, H., *Methoden und Probleme der Umfrageforschung* (1977), S. 222; PORST, R., *Umfrageforschung* (1999), S. 110; HOMBURG, C. / FAßNACHT, M. / WERNER, H., *Kundenzufriedenheit und Kundenbindung* (1999), S. 401.

211 Vgl. bspw. KARMASIN, F. / KARMASIN, H., *Methoden und Probleme der Umfrageforschung* (1977), S. 222; KREISELMAIER, J. / PORST, R., *Methodische Probleme bei der Durchführung telefonischer Befragungen* (1989), S. 7-9; STROBEL, K., *Telefonumfrage* (1983), S. 210.

212 Vgl. BÖHLER, H., *Marktforschung* (1992), S. 84.

213 Vgl. KARMASIN, F. / KARMASIN, H., *Methoden und Probleme der Umfrageforschung* (1977), S. 222. Ähnlich bei ALEMANN, H. VON, *Der Forschungsprozeß* (1984), S. 217. Die Deutsche Forschungsgemeinschaft hält dagegen Telefoninterviews bis zu 30 Minuten Dauer für durchaus zumutbar. Vgl. KAASE, M., *Qualitätskriterien der Umfrageforschung* (1999), S. 5. Teilweise wird die zeitliche Begrenzung für Telefoninterviews grundsätzlich in Frage gestellt. Vgl. dazu bspw. KREISELMAIER, J. / PORST, R., *Methodische Probleme bei der Durchführung telefonischer Befragungen* (1989), S. 46; BRÜCKNER, E., *Telefonische Umfragen* (1985), S. 69; DIEKMANN, A., *Empirische Sozialforschung* (1999), S. 431.

214 Vgl. KARMASIN, F. / KARMASIN, H., *Methoden und Probleme der Umfrageforschung* (1977), S. 222. Ähnlich bei ALEMANN, H. VON, *Der Forschungsprozeß* (1984), S. 217. DIEKMANN

und knappe Einschätzungen abgefragt werden, spricht auch dieser Aspekt nicht gegen den Einsatz des Telefoninterviews als Erhebungsverfahren.[215] Insbesondere vor dem Hintergrund dieser günstigen Ausgangslage ist ALLERBECK zuzustimmen, der feststellt, daß „telefonische Umfragen ... weder qualitativ schlechtere noch völlig andere Ergebnisse erbringen als persönliche Interviews.“[216]

2.3.2. Entwicklung eines standardisierten Fragebogens

Bei der Erstellung eines standardisierten Fragebogens sind drei Aspekte zu berücksichtigen: Zunächst muß die Zielsetzung der Befragung klar formuliert werden (2.3.2.1.). Es müssen einige Kunstregeln der Fragebogenerstellung berücksichtigt und im Hinblick auf das konkrete Umfragevorhaben reflektiert werden (2.3.2.2.). Schließlich müssen die konkreten Fragestellungen formuliert und in einem Fragebogen zusammengestellt werden (2.3.2.3.).

2.3.2.1. Zielformulierung

Am Beginn eines Umfragevorhabens sollte stets klar festgelegt werden, worin das Forschungsziel besteht, beziehungsweise was konkret ermittelt werden soll.[217] Ziel der hier betrachteten Befragung ist es festzustellen, ob die Realisierung aktiver Portfoliomanagement-Strategien von den befragten deutschen Vermögensverwaltern tatsächlich in den Mittelpunkt ihrer Tätigkeit gerückt wird. Das bedeutet, daß ermittelt werden muß, ob eine aktive oder eine passive Ausrichtung des Portfoliomanagements vorherrschend ist. Außerdem muß festgestellt werden, welcher Teil des breit gefächerten Dienstleistungsangebotes des Vermögensverwaltungsgeschäfts von den Vermögensverwaltern als vordringlich angesehen wird, das heißt welchem Bereich sie ihr größtes Engagement beziehungsweise ihren größten Arbeitseinsatz widmen. Darüber hinaus muß ermittelt werden, ob

---

widerspricht der These, daß komplexe Fragen nicht am Telefon abgefragt werden könnten. Vgl. DIEKMANN, A., *Empirische Sozialforschung* (1999), S. 431.

215 WITTE hebt hervor, daß für die „Ermittlung ökonomischer Fakten“ das Telefoninterview besonders gut geeignet ist. Vgl. WITTE, E., *Gegenstand und Methoden* (1988), S. 30.

216 ALLERBECK, K., *Die Entscheidung über Erhebungsmethoden* (1981), S. 66. Ähnlich äußern sich auch BRÜCKNER und DIEKMANN. Vgl. BRÜCKNER, E., *Telefonische Umfragen* (1985), S. 70; DIEKMANN, A., *Empirische Sozialforschung* (1999), S. 431. BÖHLER weist darüber hinaus darauf hin, daß telefonische Befragungen weniger durch einen etwaigen Interviewereinfluß verzerrt werden als mündliche Befragungen. Vgl. BÖHLER, H., *Marktforschung* (1992), S. 88.

217 Vgl. PORST, R., *Praxis der Umfrageforschung* (2000), S. 39-40; PORST, R., *Umfrageforschung* (1999), S. 44; PORST, R., *Im Vorfeld der Befragung* (1998), S. 4-6; NOELLE-NEUMANN, E. / PETERSEN, T., *Einführung in die Methoden der Demoskopie* (1996), S. 93; FRIEDRICHS, J., *Methoden empirischer Sozialforschung* (1980), S. 210.

dieser Arbeitsschwerpunkt auch nach außen, das heißt gegenüber der Kundschaft, als solcher dargestellt wird.

2.3.2.2. Kunstregeln der Fragebogenerstellung

Bei der konkreten Ausgestaltung eines Fragebogens beziehungsweise der Formulierung der Fragen sind einige Kunstregeln zu beachten, die sich in der Praxis der Umfrageforschung als hilfreich erwiesen haben:[218]

- Es sollen einfache, möglichst eindeutige Begriffe verwendet werden, die von allen Befragten in gleicher Weise verstanden werden.
- Lange und komplexe Fragen sollten vermieden werden.
- Fragen sollten nicht suggestiv formuliert werden.
- Die Fragen sollten sich auf Sachverhalte beziehen, mit denen alle Befragten vertraut sind.
- Die Fragen sollten einen klaren zeitlichen und räumlichen Bezug aufweisen.
- Die Anordnung der Fragen sollte ergebnisverzerrende Kontexteffekte vermeiden.
- Die Antwortkategorien sollten allen möglichen Antworten Raum lassen und überschneidungsfrei sein.

Diese Anforderungen sind im vorliegenden Fall sicher leichter zu erfüllen als bei Befragungen, die sich auf die Gesamtbevölkerung beziehen. Die führenden Mitarbeiter von Vermögensverwaltungsgesellschaften dürften über ein Mindestniveau von ökonomischem Fachwissen verfügen und die wichtigsten Begriffe des Vermögensverwaltungsgeschäftes kennen und einheitlich interpretieren. Eine sehr tiefgehende Definition verwendeter Begriffe wird damit weitgehend überflüssig. Darüber hinaus darf davon ausgegangen werden, daß die potentiellen Befragten über ein - gemessen an der Gesamtbevölkerung - überdurchschnittliches intellektuelles Niveau verfügen, so daß die Forderung nach einfachen und kurzen Sätzen nicht sehr eng ausgelegt werden muß. Es ist anzunehmen, daß alle Gesprächspartner mit dem Gegenstand der Befragung vertraut sind.

---

218 Vgl. ALEMANN, H. VON, *Der Forschungsprozeß* (1984), S. 209-211 u. 221; KARMASIN, F. / KARMASIN, H., *Methoden und Probleme der Umfrageforschung* (1977), S. 173-174; DIEKMANN, A., *Empirische Sozialforschung* (1999), S. 410-413; KIRSCHHOFER-BOZENHARDT, A. VON / KAPLITZA, G., *Der Fragebogen* (1991), S. 97-98; SCHEUCH, E. K., *Das Interview in der Sozialforschung* (1973), S. 78-79; BÖHLER, H., *Marktforschung* (1992), S. 89-90. PORST nennt diese und weitere Kunstregeln sogar die „zehn Gebote der Fragenformulierung“. Vgl. PORST, R., *Praxis der Umfrageforschung* (2000), S. 54.

2.3.2.3. Erstellung des Fragebogens

Um zu vermeiden, Antworten von Unternehmen des Overcoverage-Bereiches (das heißt von Banken oder Finanzdienstleistungsunternehmen, die nicht als Vermögensverwalter für vermögende Privatkunden tätig sind) einzuholen, müssen als erstes zwei Filterfragen gestellt werden.

Frage 1:

Ist Ihre Firma unter anderem als Vermögensverwalter tätig?

Ja	O	→	weiter mit Frage 2
Nein	O	→	Interview beenden!

Wird diese Frage mit „nein" beantwortet, muß das Interview abgebrochen werden. Das Auftreten eines Falles des Overcoverage-Bereiches muß notiert werden. Wird die Frage 1 mit „ja" beantwortet ist genauer nachzufragen, ob es sich um einen Vermögensverwalter handelt, der zumindest unter anderem Privatkunden betreut.

Frage 2:

Gehören zu Ihren Vermögensverwaltungskunden auch Privatkunden?

Ja	O	→	weiter mit Frage 3
Nein	O	→	Interview beenden!

Wird diese Frage mit „nein" beantwortet, muß das Interview abgebrochen und das Auftreten eines Falles des Overcoverage-Bereiches notiert werden. Wird auch Frage 2 mit „ja" beantwortet, so handelt es sich offenbar um ein Element der Inferenzpopulation. In diesem Fall ist das eigentliche Interview, das mit Frage 3 beginnt, durchzuführen.

Die zuvor formulierte Zielsetzung der Umfrageaktion kann nicht mit der Formulierung einer Frage angemessen umgesetzt werden.[219] Dabei würde der Befragte mit zu vielen, für ihn möglicherweise unklaren und/oder mißverständlichen, Begriffen konfrontiert. Was heißt beispielsweise „in der Mittelpunkt rücken"? Was sind „aktive" Portfoliomanagement-Strategien? Vielmehr ist es erforderlich, durch mehrere Teilfragen, die für den Befragten überschaubar und leicht zu beantworten sind, den gewünschten Informationsgewinn zu realisieren.[220]

Im vorliegenden Fall wäre es beispielsweise sinnvoll, zunächst nach dem Schwerpunkt der Tätigkeit der betreffenden Vermögensverwaltung zu fragen. Nun ist es vorstellbar, daß der Befragte vor Beginn des Interviews gerade mit einer konkre-

---

219 Bspw. mit der Frage: „Rückt Ihr Unternehmen die Realisierung aktiver Portfoliomanagement-Strategien in den Mittelpunkt seiner Tätigkeit?"

220 Vgl. FRIEDRICHS, J., *Methoden empirischer Sozialforschung* (1980), S. 204; NOELLE-NEUMANN, E. / PETERSEN, T., *Einführung in die Methoden der Demoskopie* (1996), S. 93-102.

ten Aufgabe befaßt war, die natürlich stärker im Bewußtsein vorhanden ist als andere Aufgabenbereiche innerhalb der Unternehmung. Um eine Verzerrung der Antworten zu vermeiden, erscheint es sinnvoll, in einer vorgelagerten, halboffenen Frage zunächst das gesamte Aufgabenspektrum des Vermögensverwaltungsgeschäftes in Erinnerung zu rufen.[221]

Frage 3:

Ich lese Ihnen eine Liste mit Teilbereichen der Vermögensverwaltung vor. Bitte sagen sie jeweils, ob der betreffende Teilbereich auch von Ihrem Unternehmen angeboten wird!

	Ja	Nein	Weiß nicht
Vermögensstrukturanalyse	O	O	O
Portfoliomanagement (Investment Research / Asset Allocation / Titelselektion etc.)	O	O	O
Nachlaßverwaltung / Erbschaftsplanung	O	O	O
Stiftungsgründung und -betreuung	O	O	O
Steueroptimierung der Gesamtportfolios	O	O	O
Betreuung von Immobiliendirektinvestitionen	O	O	O
Betreuung von Unternehmensdirektinvestitionen bzw. Venture Capital-Investitionen	O	O	O
Beratung bei Investments in Kunstgegenstände	O	O	O
Andere (ggf. welche?)	O	O	O

....

221 Vielfach wird die Auffassung vertreten, daß Kontexteffekte grundsätzlich zu vermeiden seien, das heißt, daß jede Frage für sich stehen sollte und unabhängig von anderen Fragen bzw. von der Anordnung im Fragebogen zu konstanten Ergebnissen führen sollte. SCHWARZ ist bei seiner Kritik an einer solchen vereinfachten Sichtweise zuzustimmen. Er stellt fest: „Dabei gilt es zu beachten, daß menschliches Denken immer in einem Kontext stattfindet. Kontexteffekte sind deshalb keine ‚artefacts', sondern ein ‚fact of life'. Eine ‚kontextfreie' Meinungsmessung gibt es ebensowenig wie ein ‚kontextfreies' Urteil. Das Ziel kann deshalb nur sein, daß wir lernen, Kontexteffekte zu verstehen und in der Planung und Interpretation unserer Untersuchungen in Rechnung zu stellen." SCHWARZ, N., *In welcher Reihenfolge fragen?* (1991), S. 1. Dieser Maßgabe wird mit der Abstimmung der Frage 3 auf die Frage 4 gefolgt.

Verlesen werden die Fragestellung sowie nach und nach die Antwortalternativen.[222] Durch Vermerk des Interviewers werden die Antworten erfaßt. Das sukzessive Abfragen der Antwortalternativen verhindert Verzerrungen durch sogenannte Sukzessionseffekte.[223]

Mit dieser Einstimmungsfrage wird erreicht, daß der Befragte das ganze Spektrum seines Aufgabengebietes vor Augen hat. Nun kann die vierte Frage nach dem Schwerpunkt der Tätigkeit sinnvoll angeknüpft werden.

Frage 4:

Folgende Teilbereiche des Vermögensverwaltungsgeschäftes werden von Ihnen angeboten: → Verlesen des Ergebnisses von Frage 3!

Welcher dieser Aufgabenbereiche erfordert von Ihnen und Ihren Mitarbeitern das stärkste Engagement beziehungsweise den höchsten Arbeitseinsatz?

....

Hier wird nur die Frage verlesen und die Antwort vom Interviewer notiert.

Der herausragenden Bedeutung dieser Frage gemäß wird eine Kontrollfrage durchgeführt (Frage 6). Zuvor muß jedoch die Frage angeschlossen werden, ob diese Schwerpunktsetzung auch gegenüber der Kundschaft kommuniziert wird. Es soll also ermittelt werden, ob der tatsächliche Kernbereich der Tätigkeit auch den Kern des Leistungsversprechens darstellt.

Frage 5:

Weisen Sie in der Regel Ihre Kundschaft vor Übertragung des Verwaltungsmandates auf diese inhaltliche Schwerpunktsetzung ausdrücklich hin?

Ja O

Nein O

Wird diese Frage mit „ja" beantwortet, ist der Schluß zulässig, daß sich die tatsächliche Schwerpunktsetzung des Vermögensverwalters im Leistungsversprechen widerspiegelt.

Nun kann sinnvoll die Kontrollfrage zur Frage 4 durchgeführt werden.

222 Eine vergleichbare Aufstellung der Aufgabenbereiche im Private Banking gibt GALASSO, G., *Retention Marketing im Private Banking* (1999), S. 27.

223 Wird eine lange Liste mit Antwortalternativen gegeben, treten häufig Sukzessionseffekte auf. Liegt dem Befragten der Fragebogen vor, so daß er die Antwortalternativen optisch erfassen kann, werden oft die ersten Antwortalternativen bevorzugt. Werden die Antwortalternativen ohne Unterbrechung verlesen, so daß der Befragte diese geschlossen akustisch wahrnimmt, werden häufig die letzten Antwortalternativen bevorzugt. Um derartige Verzerrungen auszuschließen, bietet es sich an, die Antwortalternativen einzeln und nacheinander abzufragen.

Frage 6:

Welchen Stellenwert nimmt bei Ihnen der Aufgabenbereich Portfoliomanagement (Investment Research / Asset Allocation / Titelselektion etc.) im Vergleich zu den übrigen Aufgabenbereichen ein?

Einen hohen Stellenwert O

Einen durchschnittlichen Stellenwert O

Einen geringen Stellenwert O

Weiß nicht O

Verlesen werden die Fragestellung und die ersten drei Antwortalternativen.

Einem Kenner der Branche mag diese Fragestellung allzu trivial erscheinen. Es steht scheinbar zu vermuten, daß angesichts der zeit- und arbeitsintensiven Tätigkeit des Investment Research, der Asset Allocation und der Einzeltitelauswahl in den allermeisten Fällen das Portfoliomanagement als der Schwerpunkt der Tätigkeit angegeben wird. Dies ist jedoch nur dann a priori so klar zu erwarten, wenn man annimmt, daß aktive Portfoliomanagement-Strategien absolut dominierend sind. Unterstellt man die Möglichkeit, daß auch passive Portfoliomanagement-Strategien realisiert werden, ist es sehr gut vorstellbar, daß angesichts des geringen zeitlichen Aufwandes, der mit einer solchen Ausrichtung des Portfoliomanagements verbunden ist, andere Aufgabenbereiche, wie beispielsweise die Steueroptimierung, zum tatsächlichen Schwerpunkt der Tätigkeit avancieren. Da nun gerade erst ermittelt werden soll, ob passive oder aktive Portfoliomanagement-Strategien oder auch ganz andere Tätigkeiten im Mittelpunkt der Aktivitäten von Vermögensverwaltern stehen, macht diese Fragestellung durchaus Sinn.

Nun muß der Aspekt der Ausrichtung des Portfoliomanagements näher beleuchtet werden. Unabhängig davon, ob das Portfoliomanagement als Schwerpunkt der Tätigkeit genannt wurde, ist nun zu ermitteln, ob überwiegend aktive oder passive Portfoliomanagement-Strategien angeboten werden. Diesem Aspekt wendet sich die folgende Frage zu.

Frage 7:

Wie gehen Sie in der Regel bei Anlageentscheidungen vor? Realisieren Sie aktive Anlagestrategien (Timing-Entscheidungen, Einzeltitelauswahl etc.)?

Ja O

Nein O

Verlesen wird nur die Frage. Die Antwort wird vom Interviewer notiert.

Die Frage 7 umgeht mögliche Mißverständnisse bezüglich des Begriffes ‚aktives' Portfoliomanagement, indem einige erläuternde beziehungsweise umschreibende Stichwörter mitgeliefert werden. Werden einige Wertpapiere oder Wertpapierklassen im Zeitverlauf unterschiedlich im Portfolio gewichtet, werden Timing-Entscheidungen bei Kauf und Verkauf von Wertpapierpositionen vorgenommen und/oder werden Einzeltitel beurteilt und gegeneinander abgewogen, muß die Portfoliomanagement-Strategie als ‚aktive' Portfoliomanagement-Strategie betrachtet werden. Wird die Frage 7 mit „nein" beantwortet, muß geschlußfolgert werden, daß die Umsetzung passiver Portfoliomanagement-Strategien vorherrschend ist.

2.3.3. Darstellung und Bewertung der Untersuchungsergebnisse

Insgesamt wurden 42 Unternehmen gebeten, an der telefonischen Befragung teilzunehmen. 40 Unternehmen waren dazu bereit; zwei Unternehmen weigerten sich, Auskünfte jeglicher Art zu erteilen.[224] Von den 40 Unternehmen, die grundsätzlich ihre Bereitschaft zur Teilnahme an der Umfrageaktion signalisiert hatten, waren zwei Unternehmen nicht im Vermögensverwaltungsgeschäft tätig.[225]

Insgesamt haben also 38 der Inferenzpopulation angehörenden Unternehmen eine Beantwortung der inhaltlichen Fragen[226] vorgenommen.[227]

Die Frage 4 nach dem Aufgabenbereich, der das stärkste Engagement beziehungsweise den höchsten Arbeitseinsatz erfordert, beantworteten 37 von 38 bzw. 97,4% der befragten Unternehmen mit „Portfoliomanagement". Lediglich ein befragtes Unternehmen (2,6%) nannte die „Vermögensstrukturanalyse".

Die Frage 6, die als Kontrollfrage vorgesehen war, bestätigte dieses Ergebnis: 37 von 38 bzw. 97,4% der befragten Unternehmen maßen dem Aufgabenbereich Portfoliomanagement einen „hohen Stellenwert" bei. Lediglich das Unternehmen, das zuvor die Vermögensstrukturanalyse als Schwerpunkt zu erkennen gab, maß dem Portfoliomanagement nur einen „durchschnittlichen Stellenwert" bei. Keines der befragten Unternehmen wählte die Alternative „geringer Stellenwert".

Die Frage 7, die auf die Ausrichtung des Portfoliomanagements abzielt, ergab, daß 36 der 38 bzw. 94,7% der befragten Unternehmen in der Regel „aktive Analagestrategien" verfolgen. 2 der befragten Unternehmen (5,3%) äußerten, daß sie etwa gleichgewichtig auf aktive und passive Portfoliomanagement-Strategien setzen. Keines der befragten Unternehmen realisiert in der Regel passive Anlagestrategien.

---

224 Für jeden geplanten Interviewpartner, der nicht bereit war, an der Befragung teilzunehmen, wurde ein Ersatzkandidat ermittelt.

225 Sie gehören dem Overcoverage-Bereich an. Bereits durch die Eingangsfrage konnte dieser Umstand ermittelt werden, so daß sie im Vorfeld der inhaltlichen Befragung bereits ausschieden.

226 Fragen 3 bis 7 (wobei Frage 3 lediglich die Frage 4 vorbereitet).

227 Diese 38 Unternehmen werden im folgenden als die „befragten Unternehmen" bezeichnet.

Diese Umfrageergebnisse zeigen, daß bei der großen Mehrheit der befragten Unternehmen (97,4%) das Portfoliomanagement im Mittelpunkt ihrer Geschäftsaktivitäten steht. Außerdem verfolgt der weitaus größte Teil der Unternehmen (94,7%) in der Regel aktive Portfoliomanagement-Strategien.[228] Umgekehrt läßt sich feststellen, daß keines der befragten Unternehmen vorwiegend passive Portfoliomanagement-Strategien umsetzt. Damit ist der Schluß zulässig, daß die weit überwiegende Mehrzahl der befragten Unternehmen die Realisierung aktiver Portfoliomanagement-Strategien in den Mittelpunkt ihrer Geschäftsaktivitäten rückt.

Die Frage 5 beantworteten 38 von 38 befragten Unternehmen (100%) mit „ja". Die tatsächliche Schwerpunktsetzung der Vermögensverwalter wird den Kunden also vor Abschluß eines Vermögensverwaltungsvertrages offengelegt und ist damit Kernbestandteil des Leistungsversprechens.

Diese Ergebnisse können nicht auf die gesamte deutsche Vermögensverwaltungsbranche übertragen werden. Dazu wäre eine Repräsentativumfrage mit erheblich größerem Stichprobenumfang[229] und ausschließlich zufälliger Auswahl der Stichprobe erforderlich. Die sehr deutliche Tendenz der Ergebnisse der hier vorliegenden Befragung läßt jedoch die begründete Vermutung zu, daß die Umsetzung aktiver Portfoliomanagement-Strategien den Schwerpunkt der Tätigkeit deutscher Vermögensverwalter darstellt und daß sich diese Schwerpunktsetzung dementsprechend im Leistungsversprechen widerspiegelt.

2.3.4. Zuverlässigkeit und Gültigkeit der Befragungsergebnisse

Schon bei der Planung und Durchführung der Befragung sind weitreichende Vorkehrungen getroffen worden, um möglichst zuverlässige und gültige Ergebnisdaten zu generieren:

- Es wird ein standardisierter Fragebogen verwendet.[230]
- Die Filterfragen (Frage 1 und Frage 2) sorgen für sichere Beschränkung der Befragung auf Mitglieder der Inferenzpopulation.
- In die Befragung werden ausschließlich kompetente Gesprächspartner einbezogen.

---

228 Dieses Ergebnis deckt sich mit der Einschätzung von BRUNS / MEYER-BULLERDIEK. Vgl. BRUNS, C. / MEYER-BULLERDIEK, F., *Professionelles Portfolio-Management* (1996), S. 80.

229 Um zu halbwegs gesicherten Aussagen (+/- 3%) über die Grundgesamtheit zu kommen, müßte lt. telefonischer Auskunft von Frau Dr. Häder (Zentrum für Umfragen, Methoden und Analysen ZUMA in Mannheim) vom 19.10.2000 bei einer Zahl von etwa 3000 Vermögensverwaltern in Deutschland der Stichprobenumfang ca. 800 Unternehmen betragen.

230 BÖHLER weist darauf hin, daß sich standardisierte Befragungen in aller Regel durch eine hohe Reliabilität auszeichnen. Vgl. BÖHLER, H., *Marktforschung* (1992), S. 78.

- Es werden lediglich einfache Fakten abgefragt (keine Meinungen, keine komplexen Einschätzungen).
- Die Kunstregeln der Fragebogenerstellung werden strikt eingehalten.
- Ergebnisverzerrungen durch Kontexteffekte bei der Anordnung der Fragen werden bewußt umgangen (Abfolge von Frage 3 und Frage 4).
- Ergebnisverzerrungen durch Beschränkung auf spontanes Erinnerungsvermögen werden weitgehend ausgeschaltet (Einsatz von Antwortalternativen in Frage 3).
- Ergebnisverzerrungen durch Sukzessionseffekte bei der Darbietung von Antwortalternativen (Frage 3) werden durch sukzessives Abfragen der einzelnen Antwortalternativen vermieden.
- Die Definitionen zentraler Begriffe werden in die Fragestellung eingebaut.

Diese Maßnahmen entbinden selbstverständlich nicht von der Verpflichtung, auch im nachhinein eine Überprüfung der Zuverlässigkeit und Gültigkeit der Ergebnisse vorzunehmen.

Die Zuverlässigkeit (Reliabiltät) einer Messung ist gegeben, wenn intra- und interpersonale, -temporale und –instrumentale Einheitlichkeit und Genauigkeit der Messung vorliegt.[231] Um die Zuverlässigkeit zu überprüfen, wurden aus der Gruppe der befragten Unternehmen 15% durch Zufallsverfahren ausgewählt.[232] Nach Ablauf von zwei Wochen wurden diese Unternehmen durch einen anderen Interviewer erneut (unter Einsatz des standardisierten Fragebogens) befragt.[233] Dabei stellte sich heraus, daß in allen sechs Fällen alle sieben Fragen in vollkommen übereinstimmender Weise beantwortet wurden. Es gab in keinem der betrachteten Fälle Abweichungen zwischen der Erstbefragung und der Kontrollbefragung. Eine völlige Übereinstimmung der Antworten bei der Erst- und der Zweitbefragung ist durchaus ungewöhnlich.[234] Sie ist im vorliegenden Fall sicherlich in erster Linie darauf zurückzuführen, daß ein standardisierter Fragebogen zur Anwendung gekommen ist und daß lediglich einfache Faktenfragen ge-

---

231 Vgl. CHMIELEWICZ, K., *Forschungskonzeptionen* (1994), S. 71. Zu ähnlichen Definitionen vgl. FRIEDRICHS, J., *Methoden empirischer Sozialforschung* (1980), S. 102; ALEMANN, H. VON, *Der Forschungsprozeß* (1984), S. 85; KROMREY, H., *Empirische Sozialforschung* (1998), S. 240-241; KARMASIN, F. / KARMASIN, H., *Methoden und Probleme der Umfrageforschung* (1977), S. 141; BÖHLER, H., *Marktforschung* (1995), Sp. 1777; BÖHLER, H., *Marktforschung* (1992), S. 102.

232 Das entspricht sechs Unternehmen.

233 Zu Verfahren der Reliabilitätsprüfung vgl. bspw. MUMMENDEY, H. D., *Die Fragebogen-Methode* (1995), S. 76-77; KARMASIN, F. / KARMASIN, H., *Methoden und Probleme der Umfrageforschung* (1977), S. 142-143; BÖHLER, H., *Marktforschung* (1992), S. 103-105.

234 Vgl. MUMMENDEY, H. D., *Die Fragebogen-Methode* (1995), S. 77.

stellt wurden.[235] Insgesamt kann das Ergebnis der Zweitbefragung als deutlicher Hinweis darauf verstanden werden, daß das Erhebungsverfahren als zuverlässig (reliabel) anzusehen ist.

Die Gültigkeit (Validität) einer Messung ist gegeben, wenn die Messung tatsächlich den zu messenden Sachverhalt erfaßt.[236] Die Überprüfung der Gültigkeit einer Datenerhebung ist dann mit besonderen Schwierigkeiten verbunden, wenn keine Vergleiche mit amtlichen Statistiken oder anderen gesicherten Erkenntnissen möglich sind.[237] Bei der vorliegenden Befragung handelt es sich um den ersten Versuch, die inhaltliche Schwerpunktsetzung von deutschen Vermögensverwaltern zu ermitteln. Vergleiche zu früheren Erhebungen scheiden somit als Validierungsverfahren aus. Als Ausweichstrategie können die Antworten von Befragten näher betrachtet werden, über deren tatsächliche Situation klare Erkenntnisse vorliegen.[238] Zu den befragten Unternehmen gehörten unter anderem die Helaba, die HypoVereinsbank und die Franzen & Gerber Asset Management GmbH. Da ich in meiner beruflichen Laufbahn mehrere Jahre zuerst im Helaba- und später im Hypo-Vereinsbank-Konzern im Bereich Vermögensverwaltung tätig war und außerdem bereits seit ihrer Gründung im Jahr 1999 enge geschäftliche Kontakte zur Franzen & Gerber Asset Management GmbH unterhalte, kann ich mir ein klares Bild von deren Ausrichtung im Vermögensverwaltungsgeschäft mit Privatkunden machen. In diesen drei Fällen ist es also möglich, eine inhaltliche Prüfung der Ergebnisse der Befragung vorzunehmen: In allen drei Fällen entsprechen die im Interview gemachten Antworten in uneingeschränktem Umfang den tatsächlichen Gegebenheiten.

Eine weitere Möglichkeit, die Gültigkeit einer Befragung zu prüfen, besteht in der Ermittlung von Widersprüchen, die bei der Beantwortung von Kontrollfragen auftreten. Bei dem vorliegenden Fragebogen wäre dies der Fall, wenn auf Frage 4 „Portfoliomanagement" angegeben würde und in Frage 6 dem Portfoliomanagement keine „hohe Bedeutung" beigemessen würde. In allen 37 Fällen, in denen in Frage 4 „Portfoliomanagement" genannt wurde, folgte bei der Frage 6 die Ein-

235 Bei der Ermittlung von komplexeren Sachverhalten wie bspw. politischen Überzeugungen, psychologischen Gegebenheiten oder charakterlichen Veranlagungen ist ein solches Maß von Übereinstimmung zwischen Erst- und Zweitbefragung sicher kaum zu erzielen.

236 Vgl. CHMIELEWICZ, K., *Forschungskonzeptionen* (1994), S. 71. Zu ähnlichen Definitionen vgl. FRIEDRICHS, J., *Methoden empirischer Sozialforschung* (1980), S. 100-102; ALEMANN, H. VON, *Der Forschungsprozeß* (1984), S. 85; KROMREY, H., *Empirische Sozialforschung* (1998), S. 169-170; KARMASIN, F. / KARMASIN, H., *Methoden und Probleme der Umfrageforschung* (1977), S. 141; SCHNELL, R. / HILL, P. B. / ESSER, E., *Methoden der empirischen Sozialforschung* (1999), S. 148-149; BÖHLER, H., *Marktforschung* (1995), Sp. 1776; BÖHLER, H., *Marktforschung* (1992), S. 102.

237 Vgl. SCHEUCH, E. K., *Das Interview in der Sozialforschung* (1973), S. 138-139.

238 Vgl. KARMASIN, F. / KARMASIN, H., *Methoden und Probleme der Umfrageforschung* (1977), S. 144; SCHEUCH, E. K., *Das Interview in der Sozialforschung* (1973), S. 141.

schätzung, daß das Portfoliomanagement einen vergleichsweise „hohen Stellenwert“ einnehme. Es sind also keine widersprüchlichen Antworten zu verzeichnen gewesen.

Beide Vorgehensweisen zur Prüfung der Gültigkeit (Validität) geben das klare Signal, daß die Ergebnisse der Datenerhebung als valide anzusehen sind.

Allerdings muß an dieser Stelle erneut darauf hingewiesen werden, daß eine Generalisierbarkeit der Ergebnisse aufgrund des kleinen Stichprobenumfangs und der nur teilweise zufälligen Stichprobenauswahl nicht gegeben ist. Es handelt sich lediglich um eine explorative Umfrage. Es können keine Aussagen über die gesamte Vermögensverwaltungsbranche in Deutschland, sondern nur über die an der Befragung beteiligten Unternehmen gemacht werden. Daraus lassen sich nur begründete Verdachtsmomente bezüglich der Grundgesamtheit ableiten.

Da das Prinzip der Standardisierung der Meßsituation[239] sowie das Prinzip der intersubjektiven Nachprüfbarkeit der Erhebung[240] strikt eingehalten wurden, ist der Weg für anknüpfende und breiter angelegte Folgestudien offen.

2.3.5. Zusammenfassung

Im Vorfeld der explorativen Befragung von 20 im Vermögensverwaltungsgeschäft tätigen Kreditinstituten und 20 unabhängigen Vermögensverwaltungsgesellschaften sind wesentliche Vorarbeiten zu leisten gewesen. Das Auswahlverfahren (teilweise bewußte Auswahl, teilweise Zufallsauswahl) wurde dargelegt und die eingeschränkte Generalisierbarkeit der Ergebnisse (insbesondere aufgrund der verhältnismäßig kleinen Stichprobe) diskutiert. Es wurde begründet, warum das Verfahren der telefonischen Befragung gewählt wurde. Anschließend wurde ein standardisierter Fragebogen entwickelt. Dabei wurde das Ziel der Befragung klar herausgearbeitet und die Kunstregeln der Fragebogenerstellung beachtet.

Die wichtigsten Ergebnisse der Befragung:

- Die große Mehrheit der befragten Unternehmen (97,4%) stellt das Portfoliomanagement in den Mittelpunkt ihrer Geschäftsaktivitäten.
- Die große Mehrheit der befragten Unternehmen (94,7%) verfolgt in der Regel aktive Portfoliomanagement-Strategien.
- Keines der befragten Unternehmen verfolgt überwiegend passive Portfoliomanagement-Strategien.
- Alle befragten Unternehmen orientieren ihre Kunden in aller Regel über die Ausrichtung ihrer Aktivitäten.

239 Vgl. KROMREY, H., *Empirische Sozialforschung* (1998), S. 29.

240 Vgl. KROMREY, H., *Empirische Sozialforschung* (1998), S. 29.

Damit ist der Schluß zulässig, daß bei der großen Mehrheit der befragten Unternehmen die Umsetzung aktiver Portfoliomanagement-Strategien zum Kernbestandteil des Leistungsversprechens zählt.

Eine Prüfung der Validität und Reliabilität der Befragungsergebnisse zeigt, daß davon ausgegangen werden kann, daß die Ergebnisse gültig und zuverlässig sind.

2.4. Prognosekompetenz als Voraussetzung für eine erfolgreiche Umsetzung aktiver Portfoliomanagement-Strategien

Um herauszuarbeiten, daß die Entscheidung für die Umsetzung einer aktiven oder einer passiven Portfoliomanagement-Strategie[241] von der vorhandenen Prognosekompetenz abhängt, ist es zunächst erforderlich, die grundlegenden Strukturen der beiden Strategien zu erörtern (2.4.1. und 2.4.2.). Anschließend werden die wesentlichen Aspekte einer rationalen Auswahlentscheidung zwischen diesen beiden Grundausrichtungen des Portfoliomanagements dargelegt (2.4.3.). Zum Abschluß werden die wichtigsten Ergebnisse kurz zusammengefaßt (2.4.4.).[242]

2.4.1. Aktive Portfoliomanagement-Strategie

Überdurchschnittliche Anlageerfolge[243] sind nur mit aktiven Portfoliomanagement-Strategien möglich.[244] Sie zielen darauf ab, „den Markt zu schlagen",[245] das heißt, innerhalb eines bestimmten Anlagesegments eine höhere Performance[246] zu

---

241 Die Bezeichnung „aktive" bzw. „passive" Portfoliomanagement-Strategie ist insofern problematisch, weil „aktiv" ein eher positiv besetzter und „passiv" ein eher negativ konnotierter Begriff ist und somit zu einer unbewußten Parteinahme zugunsten aktiver Portfoliomanagement-Strategien beitragen kann. Da diese Begrifflichkeit aber bereits Anfang der 1970er Jahre von TREYNOR und BLACK in die wissenschaftliche Diskussion eingeführt wurde und sich inzwischen fest etabliert hat, wird auch in der vorliegenden Untersuchung darauf zurückgegriffen. Daß diese Begrifflichkeit zu Mißverständnissen führen kann, haben auch BRUNS und MEYER-BULLERDIEK moniert. Vgl. TREYNOR, J. L. / BLACK, F., *How to Use Security Analysis* (Journal of Business 1973), S. 66-86; BRUNS, C. / MEYER-BULLERDIEK, F., *Professionelles Portfolio-Management* (1996), S. 80.

242 Das gesamte Kapitel 2.4. orientiert sich eng an SPIWOKS, M., *Aktives versus passives Portfoliomanagement* (2001).

243 Im Sinne der Rentabilität des gemanagten Depots.

244 Vgl. bspw. GALASSO, G., *Retention Marketing im Private Banking* (1999), S. 75.

245 Vgl. SCHLENGER, C., *Aktives Management von Aktienportfolios* (1998), S. 89; KLEEBERG, J. M. / SCHLENGER, C., *Aktienportfoliomanagement* (1995), S. 451.

246 Die Performance in % (*P*) entspricht der Summe aller laufender Erträge (*LE*) (bspw. Dividenden oder Couponzahlungen) und aller Kursgewinne (*KG*) im Verhältnis zum eingesetzten Kapital (*Ka*): $P = \frac{(LE + KG)}{Ka} \cdot 100$

Die Anlehnung des Performance-Konzeptes an die Berechnung der Kapitalrentabilität ist offensichtlich. Das Konzept wirkt auf den ersten Blick unkompliziert. Die Messung der taterzielen, als es das gesamte Anlagesegment in diesem Zeitraum tut.[247] Dazu stehen grundsätzlich zwei Mittel zur Verfügung: Market Timing und Titelselektion.[248]

Das Market Timing basiert auf der Prognose wesentlicher Bewegungen des betreffenden Marktsegmentes.[249] Wird ein starkes Kurswachstum für ein Marktsegment prognostiziert, gilt es, in diesem Bereich zu investieren und vice versa. Dieser Ansatz läßt sich mit der gängigen Formel „Buy low – sell high" prägnant charakterisieren.[250]

Als erstes Beispiel soll eine Anlage in DM-Staatsanleihen mit zehn Jahren Restlaufzeit betrachtet werden. Der Ertragsverlauf dieses Anlagesegmentes wird durch den Performanceindex des Deutschen Rentenmarktes im Spektrum 10jähriger Restlaufzeit (REXP/10J)[251] repräsentiert. In Abbildung 8 ist gut zu erkennen, daß die starke Zinssteigerung im Verlauf des Jahres 1994 durch die damit verbunde-

---

sächlichen Performance eines realen Depots wird jedoch unter anderem durch neutrale Zu- und Abgänge erheblich erschwert. Die finanzwirtschaftliche Forschung hat sich mit Beginn der 1990er Jahre dem Problem der Performance-Messung zugewendet. Vgl. bspw. STEINER, M. / WITTROCK, C., *Performance-Messung von Wertpapierportfolios* (1995), Sp. 1514-1526; BÜHLER, W., *Erfolgsanalyse* (1994), S. 15-48; RUDOLPH, B., *Performancemessung im Portfolio-Management* (1994), S. 7-13; FRANKE, G., *Performancemessung auf der Basis von Mehr-Faktoren-Modellen* (1994), S. 125-143; JUROWSKY, R. / TERHÜRNE, M., *Die Performance von Wertpapierdepots* (1999), S. 329-342; RIESS, M., *Vergleich von Vermögensverwaltern* (FAZ 14.08.2000), S. 34; VALDER, W., *Performance-Messung* (Die Bank 2/1993), S. 99-101; SÖRRIES, B., *Konzepte zur Performancemessung* (Die Bank 11/1992), S. 652-655; WITTROCK, C. / FISCHER, B. / LILLA, J., *DVFA Performance Standards* (Die Bank 9/1998), S. 540-542; LILLA, J. / REINHART, H.-J., *Performance-Präsentation* (Die Bank 2/1996), S. 94-96; BEIKE, R. / SCHLÜTZ, J., *Performance-Analyse* (Die Bank 5/1997), S. 276-279; LÜNEBORG, K., *Performancemessung* (Börsen-Zeitung 23.04.1994), S. 18; SCHMIDT-VON RHEIN, A. / ROTH, H., *Performancemessung* (KuK 4/1997), S. 573-604; UHLIR, H., *Performancemessung* (1994), S. 65-74; SPREMANN, K., *Performancemessung* (1994), S. 89-100; JOBELIUS, H., *Performanceanalysen* (1995), S. 337-350. Eine differenzierte Betrachtung des Performance-Begriffes ist jedoch für die hier vorliegende Fragestellung nicht erforderlich. Deshalb sollen Probleme der Performance-Erfassung nicht vertiefend behandelt werden.

247 Vgl. STEINER, M. / TEBROKE, H.-J., *Entwicklung von Anlagestrategien* (1995), S. 316; NEUE ZÜRCHER ZEITUNG, *Aktive und passive Anlagestrategien* (Neue Zürcher Zeitung 21.09.1998), S. 10.

248 Vgl. SCHLENGER, C., *Aktives Management von Aktienportfolios* (1998), S. 90; BOLLINGER, G., *Nicht jede Empfehlung ist eine Anlage wert* (Invest 12/1997), S. 42; RUDOLPH, B., *Anlageplanung* (1995), S. 39; GALASSO, G., *Retention Marketing im Private Banking* (1999), S. 75.

249 Vgl. GALASSO, G., *Retention Marketing im Private Banking* (1999), S. 75.

250 Vgl. MEILI, A., *Verwaltung von Vermögenswerten* (1983), S. 40; BOLLINGER, G., *Nicht jede Empfehlung ist eine Anlage wert* (Invest 12/1997), S. 42.

251 Zum REXP vgl. bspw. WERTSCHULTE, J. F. / SCHALK, M., *Meßlatte für deutsche Rentenportfolios* (Die Bank 6/1992), S. 323-326.

nen Kursrückgänge zu einem nachhaltigen Einknicken der Ertragsentwicklung beitrug.

Abbildung 8: Entwicklung des Performanceindex des Deutschen Rentenmarktes mit 10jähriger Restlaufzeit (REXP/10J) von Januar 1992 bis Dezember 1996

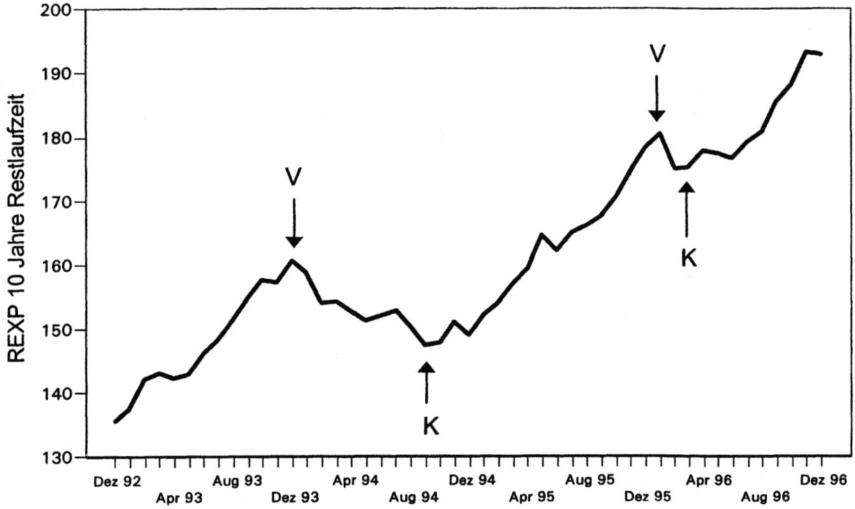

Quelle: Eigene Darstellung basierend auf DATA STREAM, REXA10Y(RI).

Ein gutes Market Timing hätte zu einem Verkauf der Wertpapierposition zu den mit V markierten Zeitpunkten und zu einem Kauf zu den mit K markierten Zeitpunkten geführt.[252] In diesem Fall wäre in diesem Marktsegment von Anfang

252 In diesem Beispiel sind weitere Möglichkeiten zur Erhöhung des Gesamtertrages durch Kauf und Verkauf der Wertpapierposition vorhanden. Wenn allerdings die der Ertragsschwankung zugrundeliegende Kursschwankung nicht sehr stark ausgeprägt ist, droht der Erfolg der Umschichtung durch die Kosten der Umschichtung (über-) kompensiert zu werden. Der Ertragsverlauf wird in diesem Beispiel auf Monatsdatenbasis dargestellt. Bei einer Darstellung auf Tages- oder gar Stundendatenbasis würden sich gegebenenfalls noch weitere lohnende Möglichkeiten zur Umschichtung ergeben. Im vorliegenden Beispiel wird die Umschichtungshäufigkeit angenommen, die im Vermögensverwaltungsgeschäft mit vermögenden Privatkunden als realistisch angesehen werden kann. Beispielsweise im Eigenhandel von Kreditinstituten dürfte eine sehr viel höhere Umschichtungsfrequenz üblich sein. Für die Darstellung des

1992 bis Ende 1996 eine Performance von knapp 60% zu erzielen gewesen.[253] Das Marktsegment hat im selben Zeitraum nur mit rund 42% performed. Somit wäre es gelungen, mit Hilfe der aktiven Portfoliomanagement-Strategie „den Markt zu schlagen".

Die Titelselektion beruht auf einer relativen Bewertung einzelner konkreter Anlageinstrumente innerhalb eines Marktes oder eines Marktsegmentes. Es werden die Titel ermittelt, die relativ zu den übrigen Titeln die beste Kursentwicklung versprechen.[254]

Sofern das Adressenausfallrisiko[255] weitgehend ausgeschaltet werden kann (bspw. durch eine Beschränkung auf Titel hoher und bester Bonität[256]), spielt eine weitere Titelselektion im Anleihenbereich nur eine untergeordnete Rolle.[257] Zwar wird gelegentlich versucht, durch Abschätzung künftiger Bonitätsänderungen einzelner Emittenten oder der Entwicklung verschiedener Renditespreads (bspw. zwischen Pfandbriefen und Bundesanleihen)[258] eine Ertragsoptimierung durch Titelselektion vorzunehmen, doch sind die Ergebnisbeiträge dieser Ansätze im Vergleich zu denen des Market Timing in aller Regel sehr gering.

Zumeist werden Market Timing und Titelselektion miteinander kombiniert. Hat auf beiden Entscheidungsebenen die zutreffende Zukunftsschau vorgeherrscht, resultiert daraus die optimale Investmententscheidung. Der Gesamterfolg wird jedoch in der Regel vor allem durch die Qualität der Market Timing-Entscheidung determiniert.

Analog stellt sich eine aktive Portfoliomanagement-Strategie bei Aktieninvestments dar. Beispielhaft sei hier die Entwicklung des Deutschen Aktienindex (DAX) von Januar 1997 bis Dezember 1998 betrachtet (Abb. 9).

Neben drei Phasen nachhaltiger Wertsteigerung (Jan. bis Juli 1997, Nov. 1997 bis Juli 1998 und Okt. bis Dez. 1998) sind zwei Phasen deutlicher Kursrückgänge zu

grundlegenden Prinzips des Market Timings im Rahmen aktiver Portfoliomanagement-Strategien ist die Umschichtungsfrequenz jedoch ohne Belang.

253 Dabei sind die Kosten der Portfolio-Umschichtung vernachlässigt worden.

254 Vgl. BOLLINGER, G., *Nicht jede Empfehlung ist eine Anlage wert* (Invest 12/1997), S. 42; METZLER, F. VON, *Asset-Allocation-Entscheidungen* (1995), S. 335; GALASSO, G., *Retention Marketing im Private Banking* (1999), S. 75.

255 Zum Adressenausfallrisiko vgl. bspw. HARTMANN-WENDELS, T. / PFINGSTEN, A. / WEBER, M., *Bankbetriebslehre* (1998), S. 347-348; BANK-VERLAG, *Basisinformationen über Vermögensanlagen in Wertpapieren* (1994), S. 85-86; SCHIERENBECK, H., *Controlling* (1993), S. 923-926.

256 Zur Bonitätsbewertung vgl. bspw. STEINER, M. / BRUNS, C., *Wertpapiermanagement* (2000), S. 177-179; BANK-VERLAG, *Basisinformationen über Vermögensanlagen in Wertpapieren* (1994), S. 86-88.

257 Vgl. METZLER, F. VON, *Asset-Allocation-Entscheidungen* (1995), S. 327-328.

258 Vgl. BENKNER, A.-G., *Bond Portfolio Management* (1995), S. 403.

erkennen (Aug. bis Nov. 1997, Juli bis Okt. 1998). Ein gutes Market Timing bei niedriger Umschichtungsfrequenz hätte zu einem Verkauf der Wertpapierposition zu den mit V markierten Zeitpunkten und zu einem Kauf zu den mit K markierten Zeitpunkten geführt.[259]

Abbildung 9: Entwicklung des Deutschen Aktienindex (DAX) von Januar 1997 bis Dezember 1998 und erfolgreiches Market Timing

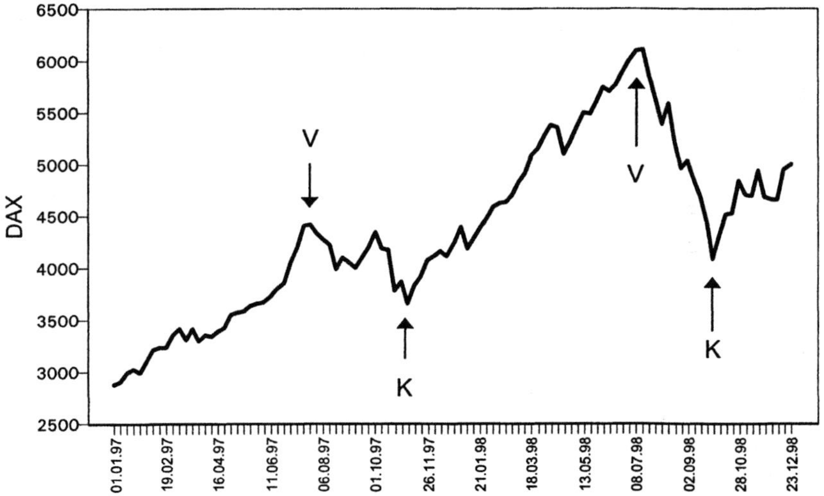

Quelle: Eigene Darstellung basierend auf DATA STREAM, DAXINDX.

Bei Realisierung des hier dargestellten Market Timings konnte von Anfang 1997 bis Ende 1998 eine Gesamtperformance in Höhe von rund 296% erzielt werden.

259 In diesem Beispiel sind weitere Möglichkeiten zur Erhöhung des Gesamtertrages durch Kauf und Verkauf der Wertpapierposition vorhanden. Wenn allerdings die Kursschwankung nicht sehr stark ausgeprägt ist, droht der Erfolg der Umschichtung durch die Kosten der Umschichtung (über-) kompensiert zu werden. Der Ertragsverlauf wird in diesem Beispiel auf Wochendatenbasis dargestellt. Bei einer Darstellung auf Tages-, Stunden- oder gar Minutendatenbasis würden sich gegebenenfalls noch weitere lohnende Möglichkeiten zur Umschichtung ergeben. Im vorliegenden Beispiel wird die Umschichtungshäufigkeit angenommen, die im Vermögensverwaltungsgeschäft mit vermögenden Privatkunden als realistisch angesehen werden kann. Beispielsweise im Eigenhandel von Kreditinstituten dürfte eine sehr viel höhere Umschichtungsfrequenz üblich sein. Für die Darstellung des grundlegenden Prinzips des Market Timings im Rahmen aktiver Portfoliomanagement-Strategien ist die Umschichtungsfrequenz jedoch ohne Belang.

Der DAX erreichte im selben Zeitraum lediglich eine Performance von rund 73%. Somit hätte die aktive Portfoliomanagement-Strategie die Ertragsmöglichkeiten bei durchgehendem Verbleib im DAX ebenfalls weit übertroffen.[260]

Im Aktienbereich wird der Titelselektion sehr große Aufmerksamkeit gewidmet. Bei Betrachtung beispielsweise des Kursrückganges vom 20. Juli bis 8. Oktober 1998 wird jedoch deutlich, daß auch im Aktienbereich das Market Timing die Titelselektion dominiert.[261] In dieser Phase verlor der DAX rund 38%. Nehmen wir an, man würde das Market Timing vernachlässigen und die ganze Aufmerksamkeit der Titelselektion zuwenden: Ein exzellenter Automobilaktien-Analyst hätte im Vorfeld möglicherweise erkennen können, daß Daimler/Chrysler besser abschneiden würde als Volkswagen und BMW. In diesem Fall hätte man „nur" eine Kurseinbuße in Höhe von –38,5% hinnehmen müssen (Volkswagen -47,5%; BMW –52%). Ein sehr guter Bankaktien-Analyst hätte vielleicht ermitteln können, daß die HypoVereinsbank bessere Aussichten als die Commerbank, die Dresdner Bank und die Deutsche Bank hat. Dann wäre lediglich eine Kurseinbuße in Höhe von -41% generiert worden (Commerzbank -42,5%, Dresdner Bank -45%, Deutsche Bank -46,5%). Aus Sicht der Titelselektion wären dies klare Erfolge. Aus Sicht des gesamten Anlageprozesses wäre dies jedoch kaum als zufriedenstellend zu bewerten.

Auch im Aktienbereich wird in aller Regel eine Kombination von Market Timing und Titelselektion vorgenommen. Dennoch bleibt festzuhalten: Das Market Timing ist im Rahmen aktiver Portfoliomanagement-Strategien bei Aktien-Investments ebenso dominierend wie in anderen Anlagesegmenten. In der Regel kann sich der Erfolg einer guten Titelselektion nur dann entfalten, wenn gleichzeitig die Market Timing-Entscheidung erfolgreich ist.[262]

2.4.2. Passive Portfoliomanagement-Strategie

In der retrospektiven Betrachtung erscheint ein perfektes Market Timing stets sehr einfach,[263] und aktive Portfoliomanagement-Strategien wirken daher ihrem passiven Pendant weit überlegen. In der prospektiven Marktbetrachtung stellt sich die

260 Ein ähnliches Beispiel findet sich bei CORNIOLEY, C., *Die Kunst des Market Timing* (Invest 4/1999), S. 23.

261 Vgl. METZLER, F. VON, *Asset-Allocation-Entscheidungen* (1995), S. 327-328. SORENSEN / MILLER / SAMAK sehen hingegen das Stock Picking als die wesentliche Kompenente aktiver Portfoliomanagement-Strategien im Aktienbereich. Vgl. SORENSEN, E. H. / MILLER, K. L. / SAMAK, V., *Active and Passive Management* (Financial Analysts Journal 9-10/1998), S. 18-31.

262 Aufgrund der dominierenden Rolle des Market Timings wird in den folgenden Erörterungen aktiver Portfoliomanagement-Strategien der Aspekt der Titelselektion vernachlässigt.

263 Wenn die historischen Kursverläufe bereits vorliegen, bereitet es keine Schwierigkeiten mehr einzuschätzen, wo günstige Kauf- bzw. Verkaufgelegenheiten bestanden haben.

Market Timing-Entscheidung hingegen zumeist diffiziler dar. Gelingt die Zukunftseinschätzung nicht so gut wie im Beispiel des Abschnittes 2.4.1., ist auch beispielsweise folgende Situation denkbar:

Abbildung 10: Entwicklung des Deutschen Aktienindex (DAX) von Januar 1997 bis Dezember 1998 und erfolgloses Market Timing

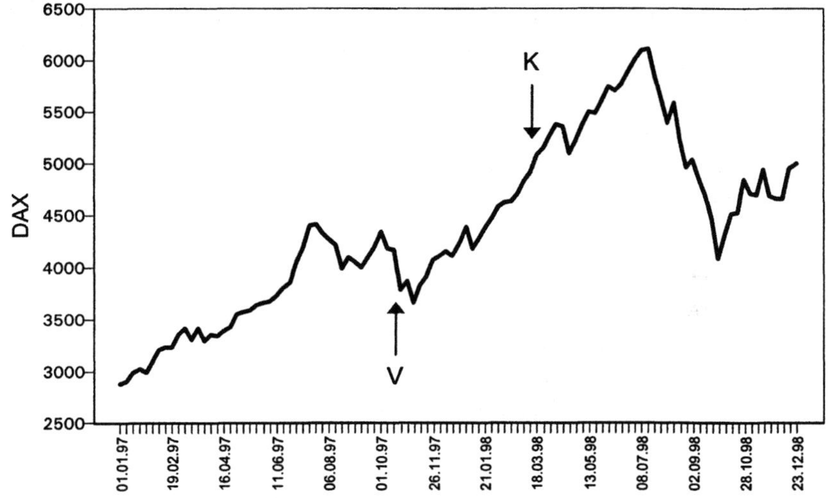

Quelle: Eigene Darstellung basierend auf DATA STREAM, DAXINDX.

Erst nachdem der Aufwärtstrend für einige Wochen unterbrochen war, geht das Vertrauen in die weitere Entwicklung des DAX verloren, und es folgt der Verkauf zum mit V gekennzeichneten Zeitpunkt. Das erneute Einschwenken des DAX auf einen klaren Wachstumskurs wird zunächst mit Argwohn betrachtet und veranlaßt erst nach einigen Monaten (zum mit K gekennzeichneten Zeitpunkt) zu einem erneuten Kauf. Als einige Wochen später der DAX wiederum fällt, greift die Erinnerung an den letzten Verkauf, der kurz vor Beginn einer Phase erneut steigender Kurse durchgeführt wurde. Der gleiche Fehler soll diesmal vermieden werden, und so wird auf einen neuerlichen Verkauf verzichtet.[264] Damit schlägt der gesamte Abschwung des DAX von Juli bis Oktober 1998 voll zu Buche. In diesem Beispiel einer weniger geglückten aktiven Portfoliomanagement-Strategie im Zeitraum von Januar 1997 bis Dezember 1998 wird eine Gesamtperformance von

264 Derartige psychologische Prognosezyklen sind in der Praxis häufig zu beobachten. Vgl. RAMM, U., *Kapitalmarktprognosen* (Der Langfristige Kredit 6/1998), S. 194.

knapp 39% erreicht.[265] Der DAX hat im selben Zeitraum einen Wertzuwachs um rund 73% erzielt. Unter solchen Umständen wird es erklärlich, warum passive Portfoliomanagement-Strategien eine attraktive Alternative darstellen können.[266]

Passive Portfoliomanagement-Strategien basieren auf der Vorstellung, daß künftige Marktentwicklungen nicht hinreichend zuverlässig prognostiziert werden können.[267] Sie zielen deshalb lediglich darauf ab, die Performance eines Marktes oder Marktsegmentes so weitreichend wie möglich auch im eigenen Portfolio zu realisieren.[268] Beschränkt sich beispielsweise das Investment-Universum auf den DAX, bestünde ein indexorientiertes passives Investment darin, den gesamten Investmentbetrag in die DAX-Titel zu investieren und zwar in der Gewichtung, die auch dem DAX zugrunde liegt.[269] Dann wird dieses Portfolio gehalten, bis eine etwaige Readjustierung des DAX[270] auch eine Anpassung des Portfolios erforderlich macht.[271] Durch die geringen Kosten einer solchen „Buy and hold"-Strategie kann nahezu die Performance des DAX realisiert werden.[272]

2.4.3. Auswahlentscheidung zwischen aktiver und passiver Portfoliomanagement-Strategie

Die gelungene Umsetzung aktiver Portfoliomanagement-Strategien bringt erhebliche Ertragspotentiale mit sich. Im Anleihenmarktbeispiel ließen sich knapp 60% (statt rund 42%) und im Aktienmarktbeispiel sogar rund 296% (statt rund 73%) erzielen. Diese Perspektive ist es, von der die Faszination aktiver Portfoliomana-

---

265 Unter Vernachlässigung der Kosten für die Portfolio-Umschichtung.

266 Bestritten wird dies bspw. von CRAMER. Er ist der Auffassung, daß mit einer Buy-and-hold-Strategie im Vergleich zu einem aktiven Portfoliomanagement viel Geld verloren gehe. Vgl. CRAMER, J. E., *Professionelle Vermögensverwaltung* (1995), S. 9.

267 Vgl. SCHLENGER, C., *Aktives Management von Aktienportfolios* (1998), S. 110; STAUBLI, M. / PALIT, O., *Schweizer Pensionskassen* (1995), S. 96; METZLER, F. VON, *Asset-Allocation-Entscheidungen* (1995), S. 326.

268 Vgl. BLÜMEL, R., *Passives Portfolio-Management* (1999), S. 38-40; RUDOLPH, B., *Anlageplanung* (1995), S. 39; STEINER, M. / TEBROKE, H.-J., *Entwicklung von Anlagestrategien* (1995), S. 315; BLACK, F., *Implications of the Random Walk Hypothesis* (Financial Analysts Journal 3-4/1971), S. 22.

269 Vgl. METZLER, F. VON, *Asset-Allocation-Entscheidungen* (1995), S. 326. Alternativ könnte ein passiv gemanageter DAX-Fonds oder ein DAX-Zertifikat erworben werden. Zu diesen und weiteren Möglichkeiten, den DAX abzubilden, vgl. BLÜMEL, R., *Passives Portfolio-Management* (1999), S. 40-68; TAIBER, W., *Index-Zertifikate* (Börsen-Zeitung 05.09.1998), S. B4; WAGNER, N. F., *Tracking des DAX* (Die Bank 11/1996), S. 684-688.

270 Alle ein bis zwei Jahre wird darüber entschieden, ob ein oder mehrere Titel neu in den DAX aufgenommen werden, wofür gleichzeitig andere ausscheiden müssen.

271 Vgl. BLÜMEL, R., *Passives Portfolio-Management* (1999), S. 37.

272 Vgl. BLÜMEL, R., *Passives Portfolio-Management* (1999), S. 36-38; RUDOLPH, B., *Anlageplanung* (1995), S. 38. Zu den Kosten aktiver bzw. passiver Portfoliomanagement-Strategien vgl. auch Abschnitt 2.4.3.

gement-Strategien ausgeht.[273] Sofern die Möglichkeit besteht, aktive Portfoliomanagement-Strategien dauerhaft erfolgreich umzusetzen, spricht alles dafür, diese Möglichkeit auch entschlossen zu ergreifen.[274]

Aus den oben angeführten Beispielen ist jedoch auch deutlich geworden, daß das Wohl und Wehe aktiver Portfoliomanagement-Strategien an einer erfolgreichen Einschätzung der künftigen Marktentwicklung hängt.[275] Nur wenn es gelingt, rechtzeitig und zuverlässig abzuschätzen, welchen Verlauf das Marktgeschehen nehmen wird, ist es möglich, zu günstigen Zeitpunkten Investmentpositionen auf- und auch wieder abzubauen. Es ist nicht erforderlich, daß jede Prognose hundertprozentig zutrifft oder daß stets der optimale Transaktionszeitpunkt ermittelt wird.[276] Aber die Prognosen müssen zumindest eine signifikant höhere Güte aufweisen als eine Zufallsprognose oder eine naive Prognose.[277] Wie schnell auch Ertragspotentiale verloren gehen können, wenn die Einschätzung der künftigen Marktentwicklung nicht in ausreichendem Maße gelingt, wurde im Beispiel des Abschnittes 2.4.2. deutlich.

Darüber hinaus gilt es zu bedenken, daß die Umsetzung aktiver Portfoliomanagement-Strategien mit verhältnismäßig hohen Kosten verbunden ist:[278]

- Es muß ein unter Umständen aufwendiges Research unterhalten werden, um die erforderlichen Prognosen generieren zu können.[279]

---

273 Nicht zuletzt deshalb wird gelegentlich der Vergleich von Finanzanalysten und Alchimisten bemüht. Im Investmentgeschäft besteht auch zumindest scheinbar die Möglichkeit, aus Blei Gold zu machen, das heißt, aus einer geschickten Anlagestrategie erhebliche Überrenditen zu schöpfen. Vgl. GERKE, W., *Börsenpsychologie* (DBW 4/1997), S. 455.

274 Vgl. REHKUGLER, H., *Kurs- und Renditeprognosesysteme* (1995), S. 384.

275 Vgl. auch GRINOLD, R. C. / KAHN, R. N., *Active Portfolio Management* (1995), S. 217; TOBLER, J., *Prognoserisiko* (Finanz und Wirtschaft 13.05.1998), S. 4; BALLOCCHI, G., *Die statistische Evaluation von Finanzmarktprognosen* (1998), S. 23; SCHRÖDER, M., *Prognose von Rentenmarkt-Renditen* (Risk & Reward – Methodik 1994), S. 48; RUDOLPH, B., *Anlageplanung* (1995), S. 39; RUDOLPH, B., *Wahl zwischen aktivem und passivem Management* (Handelsblatt 12.08.1993), S. 23.

276 Vgl. BALLOCCHI, G., *Die statistische Evaluation von Finanzmarktprognosen* (1998), S. 23.

277 Zur Beurteilung von Prognosen mit Hilfe von statistischen Prognosegütemaßen vgl. Kapitel 3.2.

278 Vgl. BLÜMEL, R., *Passives Portfolio-Management* (1999), S. 36-38; BLACK, F., *Implications of the Random Walk Hypothesis* (Financial Analysts Journal 3-4/1971), S. 22.

279 Vgl. BRAUN, R., *Internationales Indexmanagement* (Österreichisches Bankarchiv 7/1990), S. 534-535; BLÜMEL, R., *Passives Portfolio-Management* (1999), S. 37; SCHMIDT, REINHARD H., *Grundprobleme der Wertpapieranalyse* (Beiträge zur Aktienanalyse 17/1978), S. 19; STEINER, M. / TEBROKE, H.-J., *Entwicklung von Anlagestrategien* (1995), S. 315; MAIER, GERHARD, *Heimlich abgezweigt* (Die Zeit 31.10.1997), S. 31; HAAS, F., *Trittbrettfahrer* (FAZ 08.05.2001), S. B15; NEUE ZÜRCHER ZEITUNG, *Vernachlässigte Index-Fonds* (Neue Zürcher Zeitung 13.07.1998), S. 8; HANDELSBLATT, *Vertrauen in Index-Fonds wächst* (Han-

- Durch die relativ häufigen Portfolioumschichtungen entstehen Kosten (Gebühren und Spesen für Wertpapierkäufe und -verkäufe[280]), die einen erheblichen Umfang erreichen können.[281]
- Durch die Veräußerung von Titeln, die sich erst kurze Zeit[282] im Portfolio befinden, jedoch schon Kursgewinne aufweisen, werden diese Kursgewinne steuerpflichtig.[283]

Die erfolgreiche Umsetzung aktiver Portfoliomanagement-Strategien kann diese Kosten leicht überkompensieren. Gelingt die Zukunftsschau jedoch nicht in erforderlichem Maße, dann sind es genau diese Kosten, die langfristig den Nachteil aktiver gegenüber passiven Portfoliomanagement-Strategien ausmacht.[284] Gelingt es nicht, eine Prognosegüte zu erreichen, die die systematische Erzielung von Überrenditen[285] ermöglicht, dann halten sich günstige und ungünstige Entscheidungen auf lange Sicht die Waage, so daß zumeist ungefähr derselbe Bruttoertrag generiert werden dürfte wie bei passiven Portfoliomanagement-Strategien.[286] Die höheren Kosten für das Research, die Umschichtungen und etwaige Steuerzahlungen lassen dann jedoch den Nettoertrag spürbar geringer ausfallen als bei der Umsetzung passiver Portfoliomanagement-Strategien.[287]

Die Auswahlentscheidung zwischen einer aktiven oder einer passiven Ausrichtung der Portfoliomanagement-Strategie hängt somit von der vorhandenen Prog-

---

delsblatt 17.09.1998), S. 49; NARAT, I., *Langweilig, aber erfolgreich* (Handelsblatt 16.07.1997), S. 25; HÜBSCHER, M., *Indexfonds* (Finanz und Wirtschaft 18.04.1998), S. 27.

280 Diese werden in der Bankpraxis als Transaktionskosten bezeichnet. Da dieser Begriff in der ökonomischen Theorie erheblich weiter gefaßt ist, wird er hier bewußt umgangen. Zum Begriff der Transaktionskosten vgl. bspw. RICHTER, R. / FURUBOTN, E. G., *Neue Institutionenökonomik* (1999), S. 49-61.

281 Vgl. BRAUN, R., *Internationales Indexmanagement* (Österreichisches Bankarchiv 7/1990), S. 535; BLÜMEL, R., *Passives Portfolio-Management* (1999), S. 37; STEINER, M. / TEBROKE, H.-J., *Entwicklung von Anlagestrategien* (1995), S. 315; PFEIFFER, H., *Markt schlägt Mensch* (Die Zeit 29.04.1999), S. 34; DIEKMANN, M., *Albtraum für Fondsmanager* (Financial Times Deutschland 13.07.2001), S. 9; NIKLOWITZ, M., *Aktiv oder passiv* (Financial Times Deutschland 15.08.2000), S. 25; HANDELSBLATT, *Häufiges Umschichten schmälert Rendite* (Handelsblatt 16.06.1998), S. 49; NEUE ZÜRCHER ZEITUNG, *Vernachlässigte Index-Fonds* (Neue Zürcher Zeitung 13.07.1998), S. 8; NEUE ZÜRCHER ZEITUNG, *Aktive und passive Anlagestrategien* (Neue Zürcher Zeitung 21.09.1998), S. 10; NARAT, I., *Anti-Helden* (Handelsblatt 16.07.1997), S. 25; HÜBSCHER, M., *Indexfonds* (Finanz und Wirtschaft 18.04.1998), S. 27.

282 Nach momentaner Rechtslage: kürzer als ein Jahr.

283 Vgl. BLÜMEL, R., *Passives Portfolio-Management* (1999), S. 37-38.

284 Vgl. BANZ, R., *Anlage-Strategie* (Financial Times Deutschland 21.02.2000), S. 42.

285 Eine systematische Überrendite ist „eine über der Marktrendite liegende Verzinsung (Extragewinn) der Kapitalanlage“, die „auch nachhaltig erzielbar ist und nicht auf reinen Zufälligkeiten beruht“. Vgl. REHKUGLER, H., *Kurs- und Renditeprognosesysteme* (1995), S. 384.

286 Vgl. NARAT, I., *Der Index-Lockruf für Spezialfonds* (Handelsblatt 11.11.1998), S. 37.

287 Vgl. NARAT, I., *Der Index-Lockruf für Spezialfonds* (Handelsblatt 11.11.1998), S. 37.

nosekompetenz ab.[288] Reicht diese aus, um dauerhaft systematische Überrenditen generieren zu können, dann sind aktive Portfoliomanagement-Strategien erste Wahl und vice versa.[289]

Die in Kapitel 2.3. per explorativer Befragung ermittelte klare Ausrichtung auf aktive Portfoliomanagement-Strategien läßt erwarten, daß zumindest die befragten Unternehmen über die nötige Prognosekompetenz verfügen, um systematische Überrenditen generieren zu können. Dies zu überprüfen, ist Aufgabe des 3. Kapitels.

2.4.4. Zusammenfassung

Aktive Portfoliomanagement-Strategien zielen darauf ab, „den Markt" durch ein geschicktes Market Timing und eine günstige Titelselektion „zu schlagen". Der Erfolg dieser Bemühungen hängt allein davon ab, ob es gelingt, die künftige Marktentwicklung hinreichend genau vorherzusagen. Mit Hilfe einer ausreichenden Prognosekompetenz können aktive Portfoliomanagement-Strategien zu zum Teil erheblich höheren Performances führen, als sie bei Umsetzung passiver Portfoliomanagement-Strategien erreichbar wären.

Liegt die erforderliche Prognosekompetenz hingegen nicht vor, dann ist eine passive Portfoliomanagement-Strategie dem aktiven Pendant zumindest auf Dauer überlegen. Dabei spielen die verhältnismäßig hohen Kosten der Umsetzung aktiver Portfoliomanagement-Strategien eine wesentliche Rolle.

Eine rationale Auswahlentscheidung zwischen diesen beiden Grundausrichtungen des Portfoliomanagements basiert dementsprechend allein auf der vorhandenen Prognosekompetenz.

2.5. Zusammenfassung

Im zweiten Kapitel wurden die vier Randbedingungen erörtert, die Bestandteil der Hypothese sind, die dieser Untersuchung zugrunde liegt.

Zunächst wurde gezeigt, daß die Verstärkung der Kundenbindung (im Sinne der Erhöhung der Kundenbindungsrate) wesentliche Beiträge zur Verwirklichung des

---

288 TREYNOR kommt zu einer etwas anderen Einschätzung. Er vermutet, daß der Erfolg bzw. Mißerfolg aktiver Portfoliomanagement-Strategien davon abhängt, wie sich die relative Analysekompetenz im Vergleich zum Transaktionspartner bzw. Marktkontrahenten darstellt. Vgl. TREYNOR, J., *Zero Sum* (Financial Analysts Journal 1-2/1999), S. 8-12.

289 Damit ist klar, daß aktive Portfoliomanagement-Strategien auf der Annahme nicht gegebener Informationseffizienz an den Kapitalmärkten beruht. Vgl. BRUNS, C. / MEYER-BULLERDIEK, F., *Professionelles Portfolio-Management* (1996), S. 80; HERI, E. W., *Moderne Finanz- und Anlagetheorien* (1991), S. 153. Zu der sehr weitläufigen Literatur, die sich mit der Prüfung der Effizienzhypothese befaßt, vgl. Kapitel 3.1.

Unternehmensoberzieles leisten kann. Eine höhere Kundenbindungsrate führt nämlich 1. zu einer Verbreiterung der Kundenbasis bei unveränderten Akquisitionsbemühungen, 2. zu einem längeren Zeitabschnitt, in dem Deckungsbeiträge erzielt werden können, 3. zu im Zeitverlauf steigenden Deckungsbeiträgen pro Kunde pro Zeiteinheit, 4. zu einer Verkürzung der Amplitude etwaiger Kundenabwanderungswellen.

Weiterhin wurde herausgearbeitet, daß Kundenbindung im Vermögensverwaltungsgeschäft nur auf der Grundlage von Kundenzufriedenheit erreicht werden kann. Bei der Frage, welche Voraussetzungen für die Zufriedenstellung der Kundschaft bestehen, wurde auf das Confirmation/Disconfirmation-Paradigma als theoretische Grundlage zurückgegriffen. Es zeigte sich, daß Kundenzufriedenheit (und damit auch ein dauerhafter Bestand einer Geschäftsbeziehung) nur zu erreichen ist, wenn das Leistungsversprechen bezüglich der Kernbestandteile der Dienstleistung erfüllt wird.

Mit Hilfe einer explorativen Befragung konnte ermittelt werden, daß beinahe alle befragten, im Vermögensverwaltungsgeschäft tätigen Unternehmen die Umsetzung aktiver Portfoliomanagement-Strategien in den Mittelpunkt ihrer Tätigkeit rücken und diese Schwerpunktsetzung auch in ihrem Leistungsversprechen zum Ausdruck bringen.

Zum Abschluß des zweiten Kapitels wurde gezeigt, daß eine erfolgreiche Umsetzung aktiver Portfoliomanagement-Strategien nur dann möglich ist, wenn hinreichende Erkenntnisse über die künftige Entwicklung der betreffenden Kapitalmarktsegmente vorliegen. Verfügt ein Vermögensverwalter hingegen nicht über die erforderliche Prognosekompetenz, sind passive Portfoliomanagement-Strategien zumindest auf mittlere bis lange Sicht zwangsläufig erfolgreicher.

Damit können die vier Randbedingungen der Hypothese als eingeschränkt abgesichert angesehen werden. Die Ergänzung um die Annahme, daß die Personen, die die Geschäftspolitik der im Vermögensverwaltungsgeschäft tätigen Unternehmen bestimmen, diese Zusammenhänge erkennen und eine rationale Entscheidung bezüglich der Grundausrichtung ihrer Unternehmen treffen, führt zu dem Schluß, daß die betreffenden Unternehmen über die erforderliche Prognosekompetenz verfügen, um erfolgreich aktive Portfoliomanagement-Strategien umsetzen zu können.

Diesen Schluß anhand der zu erfassenden tatsächlichen Gegebenheiten zu prüfen, ist nun Aufgabe des 3. Kapitels.

3. Prognostizierbarkeit von Kapitalmarktentwicklungen

Nachdem die Prämissen der Hypothese, die dieser Untersuchung zugrunde liegt, untermauert worden sind, geht es nun darum, in die Prüfung der Hypothese einzutreten. Die Hypothese unterstellt, daß bei den betrachteten, im Vermögensverwaltungsgeschäft tätigen Kreditinstitute eine ausreichende Prognosekompetenz vorliegt, um aktive Portfoliomanagement-Strategien erfolgreich umsetzen zu können.

Damit ist zunächst der Blick auf die Diskussion um die Informationseffizienz der Kapitalmärkte gerichtet. In Kapitel 3.1. wird der aktuelle Forschungsstand reflektiert und die Notwendigkeit weiterer empirischer Studien festgestellt. Um die empirische Überprüfung von realen Prognosezeitreihen vorzubereiten, ist es notwendig, zuvor methodische Fragen der Prognosegütemessung zu erörtern und eine sorgfältig begründete Methodenauswahl zu treffen (Kapitel 3.2.). Das Kapitel 3.3. stellt das Kernstück der vorliegenden Untersuchung dar. Darin werden 44 lange Zeitreihen von DM-Zinsprognosen auf ihre Prognosegüte untersucht, um Rückschlüsse auf die vorhandene Prognosekompetenz ziehen zu können. Im darauf folgenden Kapitel 3.4. werden die erzielten Ergebnisse im Grundsatz auch auf Aktien- und Währungsprognosen übertragen. Abschließend werden die Ergebnisse zusammengefaßt und kritisch gewürdigt (Kapitel 3.5.).

3.1. Aktueller Forschungsstand

Schon seit geraumer Zeit wird die Frage, ob und gegebenenfalls wie Kapitalmarktentwicklungen prognostiziert werden können, auch auf wissenschaftlicher Ebene sehr lebhaft diskutiert.[290] Schon Ende des 19. Jahrhunderts entwickelte JAMES DOW die nach ihm benannte Theorie über Aktienmarkttrends.[291] Im Gegensatz dazu wurde 1900 von LOUIS BACHELIER die These aufgestellt, daß es sich bei der Kursentwicklung an den Aktienmärkten allein um Zufallsprozesse handelt.[292]

---

290 Vgl. ZIMMERMANN, H., *Die moderne ,Finance'* (1999), S. 5-8; UHLIR, H., *Überprüfung der Random-Walk-Hypothese* (1979), S. 15. Ein kurzer, einführender Überblick über wichtige Aspekte dieser Fragestellung findet sich bei KRAG, J., *Sind Aktienkurse prognostizierbar?* (1995), S. 7-16.

291 Vgl. ZIMMERMANN, H., *Die moderne ,Finance'* (1999), S. 7; OERTMANN, P., *Lassen sich Aktienkurse prognostizieren?* (1999), S. 24-25. Zur Dow-Theorie vgl. MURPHY, J. J., *Technische Analyse der Finanzmärkte* (2000), S. 41-50; GÖTZ, E., *Technische Aktienanalyse* (1990), S. 93-96; GINSBERG, R., *Aktienkursprognose* (1975), S. 90-94; BLACK, F., *Implications of the Random Walk Hypothesis* (Financial Analysts Journal 3-4/1971), S. 17.

292 Vgl. BACHELIER, L., *Théorie de la Spéculation* (1900); ZIMMERMANN, H., *Die moderne ,Finance'* (1999), S. 5; HIELSCHER, U., *Investmentanalyse* (1996), S. 85. Einige frühe und zum Teil wegweisende Arbeiten zur These der Aktienkursentwicklung als Zufallsprozeß wurden bei COOTNER wieder abgedruckt. Vgl. COOTNER, P. H., *The Random Character of Stock Market Prices* (1964).

Die erhebliche praktische Relevanz der Frage, ob Kapitalmarktentwicklungen im Grundsatz prognostizierbar sind oder nicht, hat zu einer intensiven Auseinandersetzung im Spannungsfeld dieser beiden sich diametral gegenüberstehenden Grundüberzeugungen geführt. Die wichtigsten Impulse erhielt diese Streitfrage durch die Auseinandersetzungen um die Hypothese informationseffizienter Kapitalmärkte.

Zunächst wird die Hypothese informationseffizienter Kapitalmärkte in ihren Grundzügen dargestellt (3.1.1.). Anschließend werden die wichtigsten Ansätze zur Überprüfung der Informationseffizienz nachvollzogen (3.1.2.). Danach ist es möglich, diese Forschungsanstrengungen zusammenfassend zu bewerten (3.1.3.) und Schlußfolgerungen für den weiteren Untersuchungsverlauf zu ziehen (3.1.4.).

3.1.1. Hypothese informationseffizienter Kapitalmärkte

EUGENE FAMA faßte 1970 die Diskussion zusammen und belebte sie neu, indem er die Effizienzhypothese ausdifferenzierte.[293] Als hinreichende Bedingung für das Vorliegen von Informationseffizienz (der strengen Form) werden von FAMA drei Voraussetzungen genannt:[294]

- Der Wertpapierhandel erfolgt frei von Transaktionskosten.
- Alle verfügbaren Informationen müssen allen Marktteilnehmern kostenlos zur Verfügung stehen.
- Die Marktteilnehmer haben homogene Erwartungen bezüglich der Wirkung von Informationen auf die Kursentwicklung.

Später hat FAMA diesen Ansatz modifiziert. Als Voraussetzungen für das Vorliegen von Informationseffizienz nennt er schließlich:[295]

- Es werden keine kapitalmarktrelevanten Informationen vernachlässigt.
- Die Wirtschaftssubjekte agieren aufgrund rationaler Erwartungen.

JENSEN definiert die Informationseffizienz als die Nichtexistenz der Möglichkeit, mit speziellen Investmentstrategien systematische, risiko- und transaktionskostenbereinigte Überrenditen[296] zu erwirtschaften.[297]

---

293 Vgl. FAMA, E. F., *Efficient Capital Markets* (JoF 1970), S. 383-418.

294 Vgl. FAMA, E. F., *Efficient Capital Markets* (JoF 1970), S. 387.

295 Vgl. FAMA, E. F., *Foundations of Finance* (1976), S. 7-9. Zu der Fülle zum Teil erheblich abweichender Definitionsansätze vgl. SAPUSEK, A., *Informationseffizienz auf Kapitalmärkten* (1998), S. 9-46.

296 Eine systematische Überrendite ist „eine über der Marktrendite liegende Verzinsung (Extragewinn) der Kapitalanlage", die „auch nachhaltig erzielbar ist und nicht auf reinen Zufälligkeiten beruht". Vgl. REHKUGLER, H., *Kurs- und Renditeprognosesysteme* (1995), S. 384.

FAMA erweiterte das Konzept der Informationseffizienz, indem er darüber hinaus eine Differenzierung zwischen Informationseffizienz in schwacher, in halbstrenger und in strenger Form vornahm:[298]

Die schwache Form der Informationseffizienz liegt vor, sofern alle Informationen über die Kursentwicklung der Vergangenheit vollständig in den Marktpreisen reflektiert werden.[299] Unter diesen Umständen kann die sogenannte technische Finanzmarktanalyse[300] zu keiner verläßlichen Zukunftseinschätzung und damit auch nicht zur Realisierung systematischer Überrenditen führen.[301]

Die halbstrenge Form der Informationseffizienz ist gegeben, wenn alle relevanten, öffentlich verfügbaren Informationen vollständig in den Marktpreisen enthalten sind.[302] In diesem Fall kann auch die Analyse von Fundamentaldaten[303] nicht zu

---

297 Vgl. JENSEN, M. C., *Some Anomalous Evidence Regarding Market Efficiency* (Journal of Financial Economics 1978), S. 96; RAPP, H.-W., *Der Markt für Aktien-Neuemissionen* (1996), S. 22.

298 Vgl. FAMA, E. F., *Efficient Capital Markets* (JoF 1970), S. 383. Dieser Ansatz wurde erstmals 1969 von FAMA auf der Jahreskonferenz der American Finance Association vorgestellt. Vgl. OERTMANN, P., *Lassen sich Aktienkurse prognostizieren?* (1999), S. 27.

299 Vgl. FAMA, E. F., *Efficient Capital Markets* (JoF 1970), S. 383; RUDOLPH, B., *Kapitalmarkttheorie* (1993), Sp. 2123; BRUNS, C. / MEYER-BULLERDIEK, F., *Professionelles Portfolio-Management* (1996), S. 59; UHLIR, H., *Überprüfung der Random-Walk-Hypothese* (1979), S. 42; GRAW, E., *Informationseffizienz* (1984), S. 40; GRÜNWALD, L., *Kapitalmarkteffizienz* (1980), S. 197-198. Auf BREALEY und MYERS geht die prägnante Formel „efficient markets have no memory" zurück. Vgl. BREALEY, R. A. / MYERS, S. C., *Principles of Corporate Finance* (1988), S. 289.

300 Zum Begriff und zu Verfahren der technischen Analyse vgl. bspw. MURPHY, J. J., *Technische Analyse der Finanzmärkte* (2000); PODDIG, T., *Kursprognose* (1999), S. 95-143; LOISTL, O., *Computergestütztes Wertpapiermanagement* (1992), S. 60-66; WELCKER, J., *Technische Aktienanalyse* (1991); PERRIDON, L. / STEINER, M., *Finanzwirtschaft der Unternehmung* (1997), S. 227-247; STEINER, M. / BRUNS, C., *Wertpapiermanagement* (2000), S. 248-271; CESAR, G., *Aktienanalyse* (1996), S. 79-190; HIELSCHER, U., *Technische Aktienanalyse* (1995), Sp. 1817-1830.

301 Vgl. BRUNS, C. / MEYER-BULLERDIEK, F., *Professionelles Portfolio-Management* (1996), S. 59; KOPP, H. J., *Erwerb eigener Aktien* (1996), S. 101-102; HIRSHLEIFER, J. / RILEY, J., *The Analytics of Uncertainty and Information* (Journal of Economic Literature 1979), S. 1413; PODDIG, T., *Kursprognose* (1999), S. 79-80; HERI, E. W., *Moderne Finanz- und Anlagetheorien* (1991), S. 111-112; SAUER, E., *Aktienindexprognosen mit Fehlerkorrekturmodellen* (1996), S. 75.

302 Vgl. FAMA, E. F., *Efficient Capital Markets* (JoF 1970), S. 383; RUDOLPH, B., *Kapitalmarkttheorie* (1993), Sp. 2123; BRUNS, C. / MEYER-BULLERDIEK, F., *Professionelles Portfolio-Management* (1996), S. 60; UHLIR, H., *Überprüfung der Random-Walk-Hypothese* (1979), S. 42; GRAW, E., *Informationseffizienz* (1984), S. 40-41; GRÜNWALD, L., *Kapitalmarkteffizienz* (1980), S. 198.

303 Zum Begriff und zu Verfahren der Fundamentalanalyse vgl. bspw. PODDIG, T., *Kursprognose* (1999), S. 143-202; PERRIDON, L. / STEINER, M., *Finanzwirtschaft der Unternehmung* (1997), S. 212-227; STEINER, M. / BRUNS, C., *Wertpapiermanagement* (2000), S. 209-248; SCHELD, G. A. / DEMMING, C., *Fundamentale Aktienanalyse* (WISU 1993), S. 298-306;

einer verläßlichen Prognose führen und damit auch keine systematischen Überrenditen generieren.[304]

Von der strengen Form der Informationseffizienz spricht man schließlich, sofern sich alle Informationen, einschließlich nicht-öffentlicher Informationen, ständig und in vollem Umfang in der Kursen widerspiegeln.[305] In diesem Fall sind nicht einmal Träger von Insider-Informationen in der Lage, sinnvolle Abschätzungen über die künftige Marktentwicklung vorzunehmen. Das Erreichen systematischer Überrenditen ist damit grundsätzlich unmöglich.[306]

3.1.2. Ansätze zur Überprüfung der Hypothese effizienter Kapitalmärkte

Vor allem wegen der hohen praktischen Relevanz für Fragen der Kapitalanlage wurde die Effizienzhypothese sehr intensiv diskutiert. Es entstanden Hunderte von theoretischen und empirischen Untersuchungen, die darauf abzielen, den tatsächlich vorliegenden Grad an Kapitalmarkteffizienz für bestimmte Märkte beziehungsweise Marktsegmente zu ermitteln.[307] Die erzielten Ergebnisse stellen sich

---

LOISTL, O., *Kapitalmarkttheorie* (1994), S. 171-197; CESAR, G., *Aktienanalyse* (1996), S. 7-78; SCHMIDT, REINHART, *Fundamentalanalyse* (1995), Sp. 829-839; HIELSCHER, U., *Fundamentale Aktienanalyse* (1995), S. 353-364.

304 Vgl. KOPP, H. J., *Erwerb eigener Aktien* (1996), S. 102; BRUNS, C. / MEYER-BULLERDIEK, F., *Professionelles Portfolio-Management* (1996), S. 60; PODDIG, T., *Kursprognose* (1999), S. 79-80; HERI, E. W., *Moderne Finanz- und Anlagetheorien* (1991), S. 112; SCHNEIDER, D., *Investition, Finanzierung und Besteuerung* (1991), S. 464; SAUER, E., *Aktienindexprognosen mit Fehlerkorrekturmodellen* (1996), S. 75; REHKUGLER, H., *Kurs- und Renditeprognosesysteme* (1995), S. 385.

305 Vgl. FAMA, E. F., *Efficient Capital Markets* (JoF 1970), S. 383; RUDOLPH, B., *Kapitalmarkttheorie* (1993), Sp. 2123; BRUNS, C. / MEYER-BULLERDIEK, F., *Professionelles Portfolio-Management* (1996), S. 60; UHLIR, H., *Überprüfung der Random-Walk-Hypothese* (1979), S. 42-43; GRAW, E., *Informationseffizienz* (1984), S. 41-42; GRÜNWALD, L., *Kapitalmarkteffizienz* (1980), S. 198.

306 Vgl. PODDIG, T., *Kursprognose* (1999), S. 79-80; KOPP, H. J., *Erwerb eigener Aktien* (1996), S. 102; COPELAND, T. E. / WESTON, J. F., *Financial Theory and Corporate Policy* (1988), S. 332; GIVOLY, D. / PALMON, D., *Insider Trading* (Journal of Business 1985), S. 69; SAUER, E., *Aktienindexprognosen mit Fehlerkorrekturmodellen* (1996), S. 75.

307 Vgl. ZIMMERMANN, H., *Die moderne ‚Finance'* (1999), S. 11; PODDIG, T., *Kursprognose* (1999), S. 80; BUTTLER, G. / HEINLEIN, W., *Zur empirischen Evidenz ökonomischer Spekulationstheorien* (Jahrbücher für Nationalökonomie und Statistik 1985), S. 487. Einen Überblick über die breite Palette empirischer Studien geben MÖLLER, H. P., *Empirische Kapitalmarktforschung* (1995), Sp. 1148-1149; FAMA, E. F., *Efficient Capital Markets II* (1991), S. 1577-1610; PODDIG, T., *Kursprognose* (1999), S. 87-91; HOTZ, P., *Das Capital Asset Pricing Model und die Markteffizienzhypothese* (1989), S. 56-71 u. 77-102; BEAVER, W. H., *Zur Effizienz des Kapitalmarktes* (BFuP 1983), S. 350-355; UHLIR, H., *The German Equity Market* (1984), S. 319-329; JENSEN, M. C., *Some Anomalous Evidence Regarding Market Efficiency* (Journal of Financial Economics 1978), S. 95-100; BUTTLER, G. / HEINLEIN, W., *Zur empirischen Evidenz ökonomischer Spekulationstheorien* (Jahrbücher für Nationalökonomie und Statistik 1985), S. 494-502; AUCKENTHALER, C., *Theorie und Praxis des modernen*

äußerst heterogen dar.[308] Das ist in erster Linie darauf zurückzuführen, daß das theoretische Konzept der Effizienzhypothese gravierende Probleme bei der Operationalisierung, das heißt bei der Herstellung konkreter Bezüge zu konkreten Marktgegebenheiten bzw. bei der Umsetzung in empirisch überprüfbare Hypothesen, aufwirft.[309]

Die Ansätze zur Überprüfung der Effizienzhypothese sind vielfältig,[310] lassen sich jedoch grob in folgende sechs Gruppen einteilen:[311]

Portfolio-Managements (1994), S. 276-291; GRÜNWALD, L., *Kapitalmarkteffizienz* (1980), S. 209-242. Eine sehr sorgfältige Darstellung bisheriger empirischer Ergebnisse findet sich bei SAPUSEK, A., *Informationseffizienz auf Kapitalmärkten* (1998), S. 40-46, 67-68, 144-147, 150-155, 175-180 u. 204-217.

308 Vgl. bspw. PODDIG, T., *Kursprognose* (1999), S. 96; KROMSCHRÖDER, B., *Schlägt Dummheit Mittelmäßigkeit?* (ZfbF 1984), S. 735.

309 Einige gravierende Probleme der Operationalisierung der Effizienzhypothese werden erörtert bei PODDIG, T., *Kursprognose* (1999), S. 87-91; BEAVER, W. H., *Zur Effizienz des Kapitalmarktes* (BFuP 1983), S. 355-357; UHLIR, H., *Überprüfung der Random-Walk-Hypothese* (1979), S. 41-42 u. 45-48; BUTTLER, G. / HEINLEIN, W., *Zur empirischen Evidenz ökonomischer Spekulationstheorien* (Jahrbücher für Nationalökonomie und Statistik 1985), S. 488; BRENNER, M., *The Effect of Model Misspecifications* (JoF 1977), S. 57-66; BRENNER, M., *The Sensitivity of the Efficient Market Hypothesis* (JoF 1979), S. 915-929; NEUMANN, M. J. M. / KLEIN, M., *Probleme der Theorie effizienter Märkte und ihrer empirischen Überprüfung* (KuK 1982), S. 168-184; KOPP, H. J., *Erwerb eigener Aktien* (1996), S. 104-105; SAPUSEK, A., *Informationseffizienz auf Kapitalmärkten* (1998), S. 197-199; KLEINE-DEPENBROCK, S., *Entwicklung eines leistungsfähigen Prognosesystems* (1997), S. 111-116; LEONI, W., *Wechselkursprognose* (1990), S. 66-81; GRÜNWALD, L., *Kapitalmarkteffizienz* (1980), S. 193-197 u. 202-208; STREIT, M. E., *Information Processing* (Jahrbücher für Nationalökonomie und Statistik 1984), S. 385-400; SCHNEIDER, D., *Investition, Finanzierung und Besteuerung* (1991), S. 464-465.

310 PODDIG spricht gar von einer „nahezu unüberschaubaren Fülle unterschiedlicher Tests" zur Überprüfung der Informationseffizienz von Kapitalmärkten. Vgl. PODDIG, T., *Kursprognose* (1999), S. 87; PODDIG, T., *Analyse und Prognose von Finanzmärkten* (1996), S. 41.

311 Diese Einteilung weicht bewußt von der von FAMA, E. F., *Efficient Capital Markets II* (JoF 1991) gewählten Kategorisierung ab. FAMA unterscheidet zwischen Tests der Vorhersagbarkeit von Renditen (Return Predictability), Ereignisstudien (Event Studies) und Tests der Relevanz privater Informationen (Private Information). Diese Einteilung spiegelt die tatsächlichen Forschungsaktivitäten jedoch nur in groben Zügen wider und die inhaltliche Ausrichtung der Forschungsansätze wird nur am Rande reflektiert. Die hier gewählte Einteilung zielt darauf ab, die inhaltliche Ausrichtung der Überprüfungsansätze schärfer hervorzuheben. Gleichwohl ist auch sie nicht frei von Überschneidungen: So basieren zum Beispiel viele Tests auf Kursverlaufsmuster bzw. auf Niederschlag irrationalen Anlegerverhaltens im Marktgeschehen auf Informationseffizienz unterstellende Preisbildungsmodelle; der Übergang der Betrachtung kognitiver Grenzen zur Betrachtung irrationalen Anlegerverhaltens ist in weiten Teilen fließend; technische Anlagesysteme basieren oft auf Kursverlaufsmustern oder Theorien irrationalen Anlegerverhaltens etc. Eine ähnliche Einteilung verschiedener Ansätze zur Überprüfung der Effizienzhypothese wählen CAMPBELL, J. Y. / LO, A. W. / MACKINLAY, A. C., *The Econometrics of Financial Markets* (1997), S. 65-80.

- Tests auf kognitive Grenzen und Informationsverarbeitungsgeschwindigkeit (3.1.2.1.).
- Tests auf Niederschlag irrationalen Anlegerverhaltens im Marktgeschehen (3.1.2.2.).
- Tests auf Kursverlaufsmuster (3.1.2.3.).
- Tests auf Gültigkeit Informationseffizienz unterstellender Preisbildungsmodelle (3.1.2.4.).
- Tests auf Leistungsfähigkeit ökonometrischer Prognosemodelle oder technischer Anlagesysteme (3.1.2.5.).
- Tests auf Anlageerfolg aktiver Portfoliomanagement-Strategien (3.1.2.6.).

3.1.2.1. Tests auf kognitive Grenzen und Informationsverarbeitungsgeschwindigkeit

Die Betrachtung von Informationsverarbeitungsprozessen sowie möglichen kognitiven Grenzen[312] der Marktteilnehmer kann zu einer Infragestellung der Effizienzhypothese führen.[313] Nachrichten zu rezipieren, auszuwerten und adäquat zu interpretieren, kostet Zeit.[314] Erst wenn eine hinreichende Zahl von Marktteilnehmern diesen Prozeß vollzogen hat, wird sich der Kurs auf dem neuen, nun angemessenen Niveau einstellen. Außerdem ist es unwahrscheinlich, daß alle Marktteilnehmer neue Nachrichten auf Anhieb zutreffend auswerten und richtig interpretieren.[315] Beispielsweise mit Hilfe des "Monty Hall's Three Doors"-Experi-

312 Ein Literaturüberblick findet sich bei DE BONDT, W. F. M. / THALER, R. H., *Financial Decision-Making* (1995), S. 385-410.

313 GROSSMAN und STIGLITZ leiten schon aus der Tatsache, daß die Beschaffung von Informationen in Wirklichkeit nicht kostenlos ist, die Folgerung ab, daß Informationseffizienz nicht vorliegen könne. Vgl. dazu GROSSMAN, S. J. / STIGLITZ J. E., *On the Impossibility of Informationally Efficient Markets* (American Economic Review 1980), S. 393-408. Diese Einschätzung wird wiederum von HELLWIG angegriffen. Vgl. HELLWIG, M., *Zur Informationseffizienz des Kapitalmarktes* (ZWS 1982), S. 1-27.

314 Vgl. UNSER, M., *Behavioral Finance* (1999), S. 149; ANDRES, P. / SPIWOKS, M., *Prognosequalitätsmatrix* (Jahrbücher für Nationalökonomie und Statistik 1999), S. 520. Dies trifft in besonderem Maße für Informationen zu, die sich konträr zu bisher gewonnenen Einschätzungen darstellen. Vgl. OEHLER, A., *Anomalien im Anlegerverhalten* (Die Bank 1991), S. 600. Einen knappen Überblick über wichtige Untersuchungen zur verzögerten Verarbeitung von Fundamentaldaten gibt SCHULTE, J., *Rechnungslegung und Aktienkursentwicklung* (1996), S. 89-90.

315 Vgl. ANDRES, P. / SPIWOKS, M., *Prognosequalitätsmatrix* (Jahrbücher für Nationalökonomie und Statistik 1999), S. 520. Dies ist vor allem darauf zurückzuführen, daß sich Informationsverarbeitung auf der Basis individueller „mentaler Modelle" bzw. „Entscheidungsheuristiken" vollzieht. Je nach Vorwissen, Erfahrung, persönlicher Einstellung usw. werden objektive Gegebenheiten subjektiv sehr unterschiedlich wahrgenommnen und kognitiv verarbeitet.

ments[316] läßt sich sehr eindrucksvoll zeigen, daß Menschen trotz des Bemühens, rational ein Nutzenmaximum zu realisieren, häufig suboptimal handeln. Oft werden die objektiven Gegebenheiten nicht, oder zumindest nicht sofort, in ausreichendem Maße gedanklich durchdrungen.[317] Die Akteure am Kapitalmarkt dürften über unterschiedliche kognitive Begabungen verfügen,[318] was zumindest zeit-

---

Vgl. dazu UNSER, M., *Behavioral Finance* (1999), S. 147-160; SCHROEDER-WILDBERG, U., *Entscheidungsverhalten* (1998), S. 90-124.

316 Zum "Monty Hall's Three Doors"-Experiment vgl. FRIEDMAN, D., *Monty Hall's Three Doors* (American Economic Review 1998), S. 935.

317 Vgl. ANDRES, P. / SPIWOKS, M., *Prognosequalitätsmatrix* (Jahrbücher für Nationalökonomie und Statistik 1999), S. 520.

318 Eine Fülle von Untersuchungen wendet sich beobachtbaren Verhaltensabweichungen vom rationalen Nutzenmaximierer zu, die im wesentlichen auf kognitive Grenzen, das heißt auf suboptimale Informationsverarbeitungsprozesse zurückzuführen sind. Zum Phänomen der selektiven Wahrnehmung vgl. bspw. ANDERSON, N. H. / JACOBSON, A., *Effect of Stimulation Inconsistency* (Journal of Personality and Social Psychology 1965), S. 531-539; BRUNER, J. S. / POSTMAN, L., *Perception, Cognition and Behavior* (Journal of Personality 1949), S. 14-31; DEARBORN, D. C. / SIMON, H. A., *Selective Perception* (Sociometry 1958), S. 140-144; FLADE, A., *Wahrnehmung* (1988), S. 833-838; MAAS, P. / WEIBLER, J., *Wahrnehmungs- und Informationsverarbeitungsprozesse* (1990), S. 72-101. Zur Beobachtung, daß Informationen je nach Art der Präsentation unterschiedlich wahrgenommen und ausgewertet werden, vgl. bspw. COPELAND, T. E. / FRIEDMAN, D., *The Effect of Sequential Information Arrival on Asset Prices* (JoF 1987), S. 763-797; DICKSON, G. W. / SENN, J. A. / CHERVANY, N. L., *Research in Management Information Systems* (Management Science 1977), S. 913-923; QUATTRONE, G. A. / TVERSKY, A., *Contrasting Rational and Psychological Analysis* (American Political Science Review 1988), S. 719-736; TVERSKY, A. / KAHNEMAN, D.; *Rational Choice and the Framing of Decisions* (1986), S. 67-94. Zur Schwierigkeit, von einer einmal eingeschlagenen Richtung aufgrund veränderter Rahmenbedingungen abzulassen, vgl. bspw. SLOVIC, P., *Choice Between Equally Valued Alternatives* (Journal of Experimental Psychology 1975), S. 280-287; TVERSKY, A., *Elimination of Aspects* (Psychological Review 1972), S. 281-299. Zur irrationalen Einschätzung von Eintrittswahrscheinlichkeiten vgl. bspw. TVERSKY, A. / KAHNEMAN, D., *Extensional Versus Intuitive Reasoning* (Psychological Review 1983), S. 293-315; EINHORN, H. J., *A Model of Conjunction Fallacy* (1985). Zum Phänomen des Irrglaubens des Spielers vgl. bspw. WAGENAAR, W. A., *Appreciation of Conditional Probabilities in Binary Sequences* (Acta Psychologica 1970), S. 348-356; JARVIK, M. E., *Probability Learning and a Negative Recency Effect* (Journal of Experimental Psychology 1951), S. 291-297. Zum Phänomen der illusionären Kontrolle vgl. bspw. BUNGARD, W. / SCHULTZ-GAMBARD, J., *Verhalten von Börsenakteuren* (1990), S. 140-161; BAUM, A. / SINGER, J. E., *Applications of Personal Control* (1985); THALER, R. H. / JOHNSON, E. J., *Gambling with the House Money and Trying to Break Even* (Management Science 1990), S. 643-660. Zum Phänomen der Verlustaversion vgl. bspw. GARLAND, H. / NEWPORT, S., *Effects of Absolute and Relative Sunk Costs* (Organizational Behavior and Human Decision Processes 1991), S. 55-69; KAHNEMAN, D. / KNETSCH, J. L. / THALER, R. H., *The Endowment Effect* (1990); TVERSKY, A. / KAHNEMAN, D., *Loss Aversion and Risky Choice* (1989). Zu irrationalem Entscheidungsverhalten vor dem Hintergrund versunkener Kosten vgl. bspw. SAMUELSON, W. / ZECKHAUSER, R., *Status Quo Bias in Decision Making* (Journal of Risk and Uncertainty 1988), S. 37. Zum Phänomen der Präferenzumkehr vgl. bspw. HAMM, R. M., *The Preference Reversal Phenomenon* (1984); JOHNSON, E. J. / PAYNE, J. W. / BETTMAN, J. R., *Information Displays and Preference Reversals* (Organizational Behavior and

weilige Fehlbewertungen von Assets nach sich ziehen kann. Auch Überreaktionen auf neue Nachrichten sind aufgrund ineffizienter Informationsauswertung möglich. Nehmen einzelne Investoren schneller als das Gros der Marktteilnehmer eine korrekte Auswertung der neuen Informationen vor, können sie die weitere Kursentwicklung abschätzen und durch entsprechende aktive Investmentstrategien[319] systematische Überrenditen erzielen. Dies ist der Ansatz der klassischen Fundamentalanalyse.[320] Allerdings bleibt die Problematik bestehen, daß im Einzelfall schwer abschätzbar ist, ob zu einem Zeitpunkt ein bestimmter Analyst oder der Markt eine suboptimale Informationsauswertung vorgenommen hat. Hier scheitert die eindeutige Widerlegung der Effizienzhypothese daran, daß der Beweis schwer zu führen ist, daß zeitweilige Fehleinschätzungen anderer Marktteilnehmer erkannt und zur Generierung systematischer Überrenditen ausgenutzt werden können.[321]

Human Decision Processes 1988), S. 1-21; TVERSKY, A. / THALER, R. H., *Preference Reversals* (Journal of Economic Perspectives 1990), S. 201-211; TVERSKY, A. / SLOVIC, P. / KAHNEMAN, D., *The Causes of Preference Reversal* (American Economic Review 1990), S. 204-217; LOOMES, G., *Preference Reversal* (Annals of Operations Research 1990), S. 65-90; LOOMES, G. / STARMER, C. / SUGDEN, R., *Preference Reversal* (The Economic Journal 1989), S. 140-151; LOOMES, G. / SUGDEN, R., *A Rational for Preference Reversal* (American Economic Review 1983), S. 428-432; POMMEREHNE, W. W. / SCHNEIDER, F. / ZWEIFEL, P., *The Preference Reversal Phenomenon* (American Economic Review 1982), S. 569-574. Zum Phänomen der überhöhten Selbstsicherheit vgl. bspw. MAITAL, S. / FILER, R. / SIMON, J., *What do People Bring to the Stock Market?* (1986), S. 273-308. Zur Abweichung tatsächlichen Investorenverhaltens zu den Annahmen der Portfoliotheorie vgl. bspw. WEBER, M. / CAMERER, C., *Ein Experiment zum Anlegerverhalten* (ZfbF 1992), S. 131-148. Zu Stimmungseinflüssen auf kognitive Prozesse vgl. SCHWARZ, N. / BOHNER, G., *Denken und Entscheiden* (1990), S. 162-189. Zu weiteren Effekten kognitiver Grenzen bzw. mangelnder Informationsverarbeitungskompetenzen (häufig unter dem mißverständlichen Begriff der Verhaltensanomalien gefaßt) und zu weiteren Literaturhinweisen vgl. OEHLER, A., *Die Erklärung des Verhaltens privater Anleger* (1995), S. 26-38; OEHLER, A., *Anomalien und Irrationalitäten* (Zeitschrift für Bankrecht und Bankwirtschaft 1992), S. 97-124; BITZ, M. / OEHLER, A., *Verhaltenswissenschaftlich fundierte Kapitalmarktforschung II* (KuK 1993), S. 375-416; ALBRECHT, T., *Die Wahl der Zinsbindungsdauer* (1999), S. 332-337; RÖCKEMANN, C., *Börsendienste und Anlegerverhalten* (1995), S. 39-45.

319 Hier sind antizyklische Investments angesprochen. Ein unterbewerteter Titel ist ein „Kauf", ein überbewerteter Titel ist ein „Verkauf". Vgl. bspw. STÖTTNER, R., *Investitions- und Finanzierungslehre* (1998), S. 109.

320 Vgl. ANDRES, P. / SPIWOKS, M., *Prognosequalitätsmatrix* (Jahrbücher für Nationalökonomie und Statistik 1999), S. 520. Zum Begriff und zu Verfahren der Fundamentalanalyse vgl. bspw. PODDIG, T., *Kursprognose* (1999), S. 143-202; STEINER, M. / BRUNS, C., *Wertpapiermanagement* (2000), S. 209-248; SCHELD, G. A. / DEMMING, C., *Fundamentale Aktienanalyse* (WISU 1993), S. 298-306.

321 Einen Überblick über empirische Tests der Informationsverarbeitungsgeschwindigkeit, sog. Event Studies, sowie eine umfassende Problematisierung von wesentlichen Operationalisierungsproblemen gibt MAY. Vgl. MAY, A., *Informationsverarbeitung am Aktienmarkt* (ZfbF 1991), S. 313-335.

3.1.2.2. Tests auf Niederschlag irrationalen Anlegerverhaltens im Marktgeschehen

Tests auf Markterscheinungen, die auf irrationalem Anlegerverhalten beruhen, beziehen sich auf die Überprüfung der Marktwirksamkeit von Abweichungen vom Rationalkalkül der Wirtschaftssubjekte. Kann nachgewiesen werden, daß die Akteure an den Kapitalmärkten teilweise irrational (habituell und/oder emotional) handeln und daß auch massenpsychologische Effekte die Kursbildung beeinflussen, so ist die Hypothese informationseffizienter Kapitalmärkte (zumindest in der strengen und halbstrengen Form) erheblich in Frage gestellt.[322] Im einzelnen sind insbesondere die folgenden Forschungsansätze zu nennen:[323]

- Launen und Moden / Fads and Fashions
- Überschießende Reaktionen / Market Overreaction
- Reversion zum Durchschnittswert / Mean Reversion
- Rauschen / Noise
- Herding / Positive Feed Back / Bubbles

Seit Mitte der 1980er Jahre werden bestimmte Entwicklungen an den Kapitalmärkten mit der Orientierung zumindest eines Teiles der Anlegerschaft an Launen und Moden (Fads and Fashions) erklärt.[324] Investmententscheidungen gehen dem-

---

322 Vgl. ANDRES, P. / SPIWOKS, M., *Prognosequalitätsmatrix* (Jahrbücher für Nationalökonomie und Statistik 1999), S. 520. Zur Kritik am Konzept des Homo Oeconomicus sowie zu alternativen Modellansätzen vgl. beispielsweise SIMON, H. A., *Models of Man* (1957); JENSEN, M. C., *The Nature of Man* (Journal of Applied Corporate Finance 1994), S. 4-19; JENSEN, M. C. / MECKLING, W. H., *Self-Interest, Altruism, Incentives* (Journal of Applied Corporate Finance 1994); BIZER, K., *Individuelles Verhalten* (1998), S. 2-16; WOSSIDLO, P. R., *Empirische Entscheidungstheorie* (1975), S. 116-120. Vgl. dazu auch den Kurzüberblick von RÖCKEMANN, C., *Börsendienste und Anlegerverhalten* (1995), S. 46-49. Überblicke über die Forschung zu Verhaltensanomalien geben bspw. OEHLER, A., *Die Erklärung des Verhaltens privater Anleger* (1995), S. 26-38; EICHENBERGER, R. / FREY, B. S., *Entscheidungsanomalien* (WiSt 1990), S. 270-274. Insbesondere der Behavioral Finance-Ansatz zielt darauf ab, das Modell des hyperrationalen Nutzenmaximierers zu überwinden und Investorenverhalten möglichst realitätsnah abzubilden. Er basiert auf der kognitiven Psychologie und bezieht Erkenntnisse der Verhaltensforschung und der Informationsökonomie mit ein. Vgl. CESAR, G., *Aktienanalyse* (1996), S. 292; ähnlich auch JÜNEMANN, B. / SCHELLENBERGER, D., *Investmentpsychologie* (Die Bank 9/1997), S. 562-565. Auch das Vorliegen eines natürlichen Spieltriebes kann das Anlegerverhalten wesentlich beeinflussen. Vgl. dazu FISCHER, L. / KOOP, J. / MÜLLER, H., *Der Privataktionär will sich selbst beweisen* (Handelsblatt 22./23.04.1994), S. 15.

323 Vgl. BRUNS, C. / MEYER-BULLERDIEK, F., *Professionelles Portfolio-Management* (1996), S. 67-73; ANDRES, P. / SPIWOKS, M., *Prognosequalitätsmatrix* (Jahrbücher für Nationalökonomie und Statistik 1999), S. 519-521.

324 Diese Vorstellung geht auf das Varianzgrenzenmodell von SHILLER zurück. Vgl. SHILLER, R. J., *Theories of Aggregate Stock Price Movements* (Journal of Portfolio Management 1984), S. 28-37; SHILLER, R. J., *Fashions, Fads, and Bubbles in Financial Markets* (1988), S. 56-

nach nicht nur auf die rationale Abwägung ökonomischer Realitäten zurück, sondern auch auf die teilweise verzerrte Wahrnehmung einzelner Markteinflüsse.[325] Damit wird die Gültigkeit der Effizienzhypothese in Zweifel gezogen. Kritiker des Fads and Fashions-Ansatzes weisen allerdings darauf hin, daß die angesprochenen Launen und Moden nicht prognostizierbar sind und daher auch nicht zur Erzielung systematischer Überrenditen ausgenutzt werden können.[326] Sie sehen die Kapitalmarkteffizienz durch die beschriebenen Phänomene nicht widerlegt.[327]

Die Vorstellung von überschießenden Reaktionen geht davon aus, daß neue Nachrichten eine verhältnismäßig zu ihrer tatsächlichen Bedeutung größere Aufmerksamkeit erzielen als bereits bekannte Informationen.[328] Demzufolge können neue Nachrichten zu überschießenden Reaktionen der Marktteilnehmer führen.[329] Da

---

68; SHILLER, R. J., *Market Volatility* (1989), S. 9-12; SHILLER, R. J., *Speculative Prices and Popular Models* (Journal of Economic Perspectives 1990), S. 55-65. Vgl. auch LEHMANN, B., *Fads, Martingales, and Market Efficiency* (Quarterly Journal of Economics 1990), S. 1-15. Zu einer guten Übersichtsdarstellung des Varianzgrenzenmodells und bisheriger empirischer Untersuchungsergebnisse vgl. SAPUSEK, A., *Informationseffizienz auf Kapitalmärkten* (1998), S. 55-68.

325 Vgl. ANDRES, P. / SPIWOKS, M., *Prognosequalitätsmatrix* (Jahrbücher für Nationalökonomie und Statistik 1999), S. 521; BRUNS, C. / MEYER-BULLERDIEK, F., *Professionelles Portfolio-Management* (1996), S. 67.

326 Vgl. SHILLER, R. J., *Fashions, Fads, and Bubbles in Financial Markets* (1988), S. 58-59; ROLL, R., *Volatility in U.S. and Japanese Stock Markets* (Journal of Applied Corporate Finance 1992), S. 30-31; BRUNS, C. / MEYER-BULLERDIEK, F., *Professionelles Portfolio-Management* (1996), S. 67. COCHRANE sieht in fads nur eine andere Bezeichnung für Residuen, das heißt für nicht erklärbare Restschwankungen. Vgl. dazu COCHRANE, J. H., *Volatility Tests and Efficient Markets* (Journal of Monetary Economics 1991), S. 480.

327 Vgl. BRUNS, C. / MEYER-BULLERDIEK, F., *Professionelles Portfolio-Management* (1996), S. 67-68.

328 Vgl. DE BONDT, W. F. M. / THALER, R. H., *Further Evidence of Investor Overreaction* (JoF 1987), S. 557; BRUNS, C. / MEYER-BULLERDIEK, F., *Professionelles Portfolio-Management* (1996), S. 68.

329 Die sogenannte „Overreaction Hypothesis" geht auf DE BONDT und THALER zurück. Vgl. DE BONDT, W. F. M. / THALER, R. H., *Does the Stock Market Overreact?* (JoF 1985), S. 793-805; DE BONDT, W. F. M. / THALER, R. H., *Further Evidence of Investor Overreaction* (JoF 1987), S. 557-581; DE BONDT, W. F. M. / THALER, R. H., *Do Security Analysts Overreact?* (American Economic Review 1990), S. 52-57. STOCK zeigt, daß es am deutschen Aktienmarkt Hinweise auf Irrationalitäten gibt, die mit der auf DE BONDT und THALER zurückgehenden Überreaktionshypothese zu erklären sind. Vgl. STOCK, D., *Winner and Loser Anomalies* (Journal of Institutional and Theoretical Economics 1990), S. 518-529. Zum Overshooting von Wechselkursen vgl. FASTRICH, H. / HEPP, S., *Währungsmanagement* (1991), S. 65-66. Als weitere Studien zur Hypothese überschießender Reaktionen an den Finanzmärkten sind zu nennen: DANIEL, K. / HIRSHLEIFER, D. / SUBRAHMANYAM, A., *Market Under- and Overreactions* (JoF 1998), S. 1839-1885; CONRAD, J. / KAUL, G., *Long-Term Market Overreaction* (JoF 1993), S. 39-63; BROWN / HARLOW, *Market Overreaction* (Journal of Portfolio Management 1988), S. 6-13; MANKIW, N. G. / ROMER, D. / SHAPIRO, M. D., *Stock Market Forecastability* (Review of Economic Studies 1991), S. 455-477; CHOPRA, N. / LAKONISHOK, J. / RITTER, J., *Do Stocks Overreact?* (Journal of Financial Economics 1992), S.

diese Abweichungen von der fairen Bewertung annahmegemäß nur vorübergehender Natur sind, können sie für antizyklische Investmentstrategien genutzt werden.[330] Das ist mit der Effizienzhypothese nicht vereinbar. Das Problem dieses Ansatzes besteht in der empirischen Abgrenzung von gerechtfertigter und nicht gerechtfertigter Kursbewegung in Folge neuer Nachrichten.

Als Reversion zum Durchschnittswert oder Mean Reversion wird ein Phänomen bezeichnet, das FRANCIS GALTON im Zuge seiner Forschungen zur Abstammungslehre entdeckte:[331] Abweichungen vom Durchschnitt gleichen sich im Zeitverlauf wieder aus.[332] Unter der Voraussetzung, daß dies beispielsweise auch für Aktienkursverläufe Gültigkeit hat,[333] besteht für antizyklisch agierende Investoren die Möglichkeit, mit der Handlungsregel „buy losers, sell winners" systematische Überrenditen zu generieren.[334] Dies steht in klarem Widerspruch zur Hypothese effizienter Kapitalmärkte. Die Schwäche des Mean Reversion-Ansatzes liegt in der mangelnden theoretischen Unterfütterung.[335] Es können weder Aussagen über das Ausmaß der noch zu erwartenden weiteren Abweichung noch über die Dauer bis zur Rückkehr zum Durchschnitt gemacht werden.[336] Weder exogene Schocks

---

235-268; DREMAN, D. / BERRY, M., *Overreaction, Underreaction* (Financial Analysts Journal 7-8/1995), S. 21-30; ANDREASSEN, P. B., *Market Overreaction: On the Use and Disuse of News* (Journal of Behavioral Decision Making 1990), S. 153-174; JOERDING, W., *Are Stock Prices Excessively Sensitive to Current Information?* (Journal of Economic Behavior and Organization 1988), S. 71-85; LO, A. / MACKINLAY, A., *Stock Market Overreaction* (Review of Financial Studies 1990), S. 175-205; ABARBANELL, J. / BERNARD, V., *Analysts' Overreaction/Underreaction* (JoF 1992), S. 1181-1207; PETTENGILL, G. / JORDAN, B., *The Overreaction Hypothesis* (Journal of Portfolio Management 1990), S. 60-64; DAVIDSON, W. N. / DUTIA, D., *Test of Stock Market Overreaction* (Journal of Financial Research 1989), S. 245-252; HOWE, J. S., *Evidence on Stock Market Overreaction* (Financial Analysts Journal 7-8/1986), S. 74-77. Kritisch zur Overreaction-Hypothese vor allem im Hinblick auf Operationalisierungsprobleme äußert sich FAMA, E. F., *Market efficiency and behavioral finance* (Journal of Financial Economics 1998), S. 283-306. Zu weiteren Untersuchungen zur Overreaction-Hypothese vgl. SAPUSEK, A., *Informationseffizienz auf Kapitalmärkten* (1998), S. 172-180. Einen sehr sorgfältigen Literaturüberblick zur Overreaction-Hypothese gibt auch MEYER, BERND, *Der Overreaction-Effekt* (1994), S. 16-37.

330 Vgl. BRUNS, C. / MEYER-BULLERDIEK, F., *Professionelles Portfolio-Management* (1996), S. 68.

331 Vgl. BERNSTEIN, P. L., *Risiko und Risikomanagement* (1998), S. 214-215 u. 218-219.

332 Vgl. BERNSTEIN, P. L., *Risiko und Risikomanagement* (1998), S. 214-215.

333 Vgl. bspw. DE BONDT, W. F. M. / THALER, R. H., *A Mean-Reverting Walk Down Wall Street* (Journal of Economic Perspectives 1989), S. 189-202; ALBRECHT, T., *Asset Allocation und Zeithorizont* (1999), S. 132.

334 Vgl. BRUNS, C. / MEYER-BULLERDIEK, F., *Professionelles Portfolio-Management* (1996), S. 69.

335 Vgl. BRUNS, C. / MEYER-BULLERDIEK, F., *Professionelles Portfolio-Management* (1996), S. 69.

336 Vgl. BRUNS, C. / MEYER-BULLERDIEK, F., *Professionelles Portfolio-Management* (1996), S. 69.

noch sogenannte Regime-Shifts können prognostiziert werden.[337] Deshalb erscheint es fraglich, ob dieser Ansatz wirklich geeignet ist, systematische Überrenditen zu ermöglichen und damit die Effizienzhypothese zu widerlegen.[338]

Die Vorstellung vom Rauschen im Marktgeschehen (Noise) geht davon aus, daß die Kurse eine nicht objektiv nachvollziehbare Kurskomponente enthalten, die sich aus vielen, im einzelnen schwer identifizierbaren und im Zeitablauf veränderlichen Faktoren zusammensetzt.[339] Dieses Rauschen verdeckt oder verzerrt den fundamental gerechtfertigten Kurs.[340] Das Vorhandensein von Noise veranlaßt Teile der Investorenschaft dazu, ihre Entscheidungen von Stimmungen, Gerüchten und Marktlaunen abhängig zu machen. Gelingt es, solche Stimmungen etc. zu antizipieren, können darauf Kursprognosen und aktive Investmentstrategien aufgebaut werden, die im weitesten Sinne Keynes' Parabel vom Schönheitswettbewerb entsprechen: Es gilt zu antizipieren, was die Masse erwarten wird, daß es die

---

337 Vgl. BRUNS, C. / MEYER-BULLERDIEK, F., *Professionelles Portfolio-Management* (1996), S. 69.

338 Als wichtige Studien zur These der Reversion zum Durchschnittswert sind zu nennen: DE BONDT, W. F. M. / THALER, R. H., *Does the Stock Market Overreact?* (JoF 1985), S. 793-805; SHEFRIN, H. / STATMAN, M., *The Disposition to Sell Winners Too Early* (JoF 1985), S. 777-790; ZAROWIN, P., *Size, Seasonality, and Stock Market Overreaction* (Journal of Financial and Quantitative Analysis 1990), S. 113-125; FAMA, E. F. / FRENCH, K. R., *Temporary Components of Stock Prices* (Journal of Political Economy 1988), S. 246-273; CUTLER, D. M. / POTERBA, J. M. / SUMMERS, L. H., *Speculative Dynamics* (Review of Economic Studies 1991), S. 529-546; CUTLER, D. M. / POTERBA, J. M. / SUMMERS, L. H., *Speculative Dynamics and the Role of Feedback Traders* (American Economic Review 2/1990), S. 63-68; KIM, M. J. / NELSON, C. R. / STARTZ, R., *Mean Reversion in Stock Prices?* (Review of Economic Studies 1991), S. 515-528; MCQUEEN, G., *Mean-Reverting Stock Prices* (Journal of Financial and Quantitative Analysis 1992), S. 1-18; SCHWERT, G. W. / SEGUIN, P. J., *Heteroskedasticity in Stock Returns* (JoF 1990), S. 1129-1155; CONRAD, J. / KAUL, G., *Mean Reversion in Short-Horizon Expected Returns?* (Review of Financial Studies 1989), S. 225-240; JEGADEESH, N., *Seasonality in Stock Price Mean Reversion* (JoF 1991), S. 1427-1444; POTERBA, J. M. / SUMMERS, L. H., *Mean Reversion in Stock Prices* (Journal of Financial Economics 1988), S. 27-59; SUTHERLAND, A., *Intrinsic Bubbles and Mean-Reverting Fundamentals* (Journal of Monetary Economics 1996), S. 163-173. Einen Literaturüberblick zur empirischen Überprüfung des Mean Reversion-Ansatzes geben SCHIERECK, D. / WEBER, M., *Zyklische und antizyklische Handelsstrategien* (ZfbF 1995), S. 4-6.

339 Vgl. BRUNS, C. / MEYER-BULLERDIEK, F., *Professionelles Portfolio-Management* (1996), S. 70.

340 Vgl. BRUNS, C. / MEYER-BULLERDIEK, F., *Professionelles Portfolio-Management* (1996), S. 70. Dieser Effekt kommt unter anderem dadurch zustande, daß Arbitrageure von ihrer kursglättenden Tätigkeit durch die unvorhersehbaren, von „unsophisticated investors" ausgelösten Kursausschlägen abgeschreckt werden. Vgl. DE LONG, J. B. / SHLEIFER, A. / SUMMERS, L. H. / WALDMANN, R. J., *Noise Trader Risk in Financial Markets* (Journal of Political Economy 1990), S. 734-735. Vgl. auch DE LONG, J. B. / SHLEIFER, A. / SUMMERS, L. H. / WALDMANN, R. J., *The Size and Incidence of the Losses from Noise Trading* (JoF 1989), S. 681-695. Positiver sieht BLACK die Rolle von Noise am Kapitalmarkt: Noise trage zu einer verbesserten Marktliquidität bei. Vgl. BLACK, F., *Noise* (JoF 1986), S. 529-541.

Masse erwarten werde.[341] Problematisch an diesem Ansatz ist jedoch, daß ungeklärt bleibt, ob der angestrebte Antizipationsprozeß wirklich gelingen kann.[342]

Viele Menschen fühlen sich wohler, wenn sie sich in ihren Einschätzungen und Handlungen in Übereinstimmung mit ihren Mitmenschen befinden.[343] Dieses auch als Herdentrieb (Herding)[344] bezeichnete Phänomen kann an den Kapitalmärkten zu sich selbst aufschaukelnden Kursentwicklungen (Positive Feedback-Prozessen) führen:[345] Die günstige Kursentwicklung eines Assets führt zu einer noch positiveren Bewertung durch die Marktteilnehmer, was wiederum zu einer weiteren Kurssteigerung beiträgt und so weiter.[346] In diesem Zusammenhang kann es zu ausgesprochenen Überbewertungen (Bubbles) kommen.[347] Gelingt es, solche

---

341 Vgl. KEYNES, J. M., *The General Theory of Employment, Interest and Money* (1936), S. 156. Vgl. auch SCHREDELSEKER, K., *Informationsnutzen am Aktienmarkt* (ZfbF 1984), S. 44-59.

342 Als weitere wichtige Arbeiten zum Problemkomplex Noise sind zu nennen: CAMPBELL, J. Y. / KYLE, A. S., *Smart Money, Noise Trading and Stock Price Behaviour* (Review of Economic Studies 1993), S. 1-34; MENKHOFF, L. / RÖCKMANN, C., *Noise Trading auf Aktienmärkten* (ZfB 1994), S. 277-295; DE LONG, J. B., *Noise Trading* (1992), S. 34-36; TRUEMAN, B., *Noise Trading in Securities Markets* (JoF 1988), S. 83-95; SHLEIFER, A. / SUMMERS, L. H., *The Noise Trader Approach to Finance* (Journal of Economic Perspectives 1990), S. 19-33.

343 Vgl. MENKHOFF, L., *Feedback Trading auf Devisenmärkten* (Jahrbücher für Nationalökonomie und Statistik 1992), S. 131; BRUNS, C. / MEYER-BULLERDIEK, F., *Professionelles Portfolio-Management* (1996), S. 72.

344 Zum Phänomen des Herdentriebs an den Finanzmärkten vgl. bspw. OEHLER, A., *Do Institutional Investors Herd?* (1995); OLSEN, R., *Implications of Herding Behavior* (Financial Analysts Journal 7-8/1996), S. 37-41; WIENDIECK, G., *Wirtschaftspsychologie* (1990), S. 38-57.

345 Vgl. MENKHOFF, L., *Feedback Trading auf Devisenmärkten* (Jahrbücher für Nationalökonomie und Statistik 1992), S. 131; BRUNS, C. / MEYER-BULLERDIEK, F., *Professionelles Portfolio-Management* (1996), S. 72. Daß eine starke gegenseitige Beeinflussung der Marktteilnehmer untereinander kein seltenes Phänomen ist, zeigen Studien von SHILLER/POUND und LAKONISHOK/SHLEIFER/VISHNY. Vgl. SHILLER, R. J. / POUND, J., *Diffusion of Interest and Information* (Journal of Economic Behavior and Organization 1989), S. 47-66; LAKONISHOK, J. / SHLEIFER, A. / VISHNY, R. W., *Do Institutional Investors Destabilize Stock Prices?* (1991). Vgl. dazu auch HOFFJAN, A. / SIEMES, A., *Erwartungsbildung* (WISU 1999), S. 454.

346 Vgl. ANDRES, P. / SPIWOKS, M., *Prognosequalitätsmatrix* (Jahrbücher für Nationalökonomie und Statistik 1999), S. 521.

347 Vgl. BRUNS, C. / MEYER-BULLERDIEK, F., *Professionelles Portfolio-Management* (1996), S. 72; STEINER, M. / BRUNS, C., *Wertpapiermanagement* (1994), S. 298; MENKHOFF, L. / RÖCKMANN, C., *Noise Trading auf Aktienmärkten* (ZfB 1994), S. 286. Als wichtige Studien zur Bubble-Bildung sind zu nennen: SMITH, V. L. / SUCHANEK, G. L. / WILLIAMS, A. W., *Bubbles, Crashes, and Endogenous Expectations* (Econometrica 1988), S. 1119-1151; DEZHBAKHSH, H. / DEMIRGUC-KUNT, A., *Presence of Speculative Bubbles* (1990), S. 101-112; TIROLE, J., *Asset Bubbles and Overlapping Generations* (Econometrica 1985), S. 1499-1528; BLANCHARD, O. J., *Speculative Bubbles, Crashes and Rational Expectations* (Economics Letters 1979), S. 387-389; BLANCHARD, O. J. / WATSON, M. W., *Bubbles* (1982), S. 295-315; FLOOD, R. P. / GARBER, P. M., *Bubbles, Runs, and Gold Monetization* (1982), S. 275-293; FLOOD, R. P. / HODRICK, R. J., *Asset Price Volatility, Bubbles, and Process Switching* (JoF 1986), S. 831-842; FLOOD, R. P. / HODRICK, R. J., *On Testing for Speculative Bubbles*

Entwicklungen zu erkennen,[348] können Aufschlüsse über die künftige Marktentwicklung gewonnen und in aktive Investmentstrategien[349] umgemünzt werden.[350] Die durchaus rationale Ausnutzung solcher durch irrationales Verhalten einiger Marktteilnehmer ausgelösten Marktbewegungen kann zu einer erheblichen Verstärkung der betreffenden Kursentwicklungen führen. Insofern darf eine Bubble-Bildung nicht ausschließlich auf Fehleinschätzungen der Marktakteure zurückgeführt werden.[351] Teilweise kommt bei solchen Prozessen auch das äußerst rationale Kalkül von prozyklischen Anlagestrategen zum Tragen.[352] Die Schwäche dieses Ansatzes besteht darin, daß Phänomene wie Herding, Positive Feedback und Bub-

---

(Journal of Economic Perspectives 1990), S. 85-101; HERI, E. W., *Theorie der Bubbles* (Schweizerische Zeitschrift für Volkswirtschaft und Statistik 2/1986), S. 163-186; BERTOCCHI, G., *Bubbles and Inefficiencies* (Economic Letters 1991), S. 117-122; CAMERER, C., *Bubbles and Fads* (Journal of Economic Surveys 1989), S. 3-41; STIGLITZ, J. E., *Symposium on Bubbles* (Journal of Economic Perspectives 1990), S. 13-18; WEST, K. D., *Bubbles* (JoF 1988), S. 639-660; GRUBER, A., *Bubbles und rationale Anlagestrategien* (1988), S. 16-79; DIBA, B. T. / GROSSMAN, H. I., *On the Inception of Rational Bubbles* (Quarterly Journal of Economics 1987), S. 697-700; DIBA, B. T., *Bubbles and Stock Price Volatility* (1990), S. 9-26; CHAREMZA, W. W. / DEADMAN, D. F., *Rational and Intrinsic Bubbles* (Applied Financial Economics 1995), S. 199-202; EVANS, G. W., *A Test for Speculative Bubbles* (American Economic Review 1986), S. 621-636; EVANS, G. W., *The Fragility of Sunspots and Bubbles* (Journal of Monetary Economics 1989), S. 297-317; EVANS, G. W., *Pitfalls in Testing for Explosive Bubbles in Asset Prices* (American Economic Review 1991), S. 922-930. Eine detaillierte Übersicht über die unterschiedlichen Erklärungsansätze zur Bubble-Bildung gibt SAPUSEK, A., *Informationseffizienz auf Kapitalmärkten* (1998), S.71-85.

348 Zumeist werden technische und markttechnische Analysemethoden herangezogen, um Bubbles und ähnliche Markttendenzen zu ermitteln. Beispielhaft für viele Ansätze vgl. STÖTTNER, R., *Preisblasen* (1992); STÖTTNER, R., *Preisbildung und Preisdynamik auf unvollkommenen Finanzmärkten* (1994), S. 334-339; BRUNS, C., *Bubbles und Excess Volatility auf dem deutschen Aktienmarkt* (1994), S. 21-58; JÜTTNER, J., *Spekulation* (Jahrbücher für Nationalökonomie und Statistik 1987), S. 7-9; WEST, K. D., *Test for Speculative Bubbles* (1987), S. 553-580. Eine Analyse des Aktiencrashes von 1987 unter Berücksichtigung von Bubble-Theorien findet sich bei JÜTTNER, J., *Fundamentals, Bubbles, Trading Strategies* (KuK 1989), S. 470-486.

349 Je nach Entwicklungsstand der Bubble-Bildung kommen entweder prozyklische oder antizyklische Strategien in Frage.

350 Vgl. ANDRES, P. / SPIWOKS, M., *Prognosequalitätsmatrix* (Jahrbücher für Nationalökonomie und Statistik 1999), S. 521.

351 Vgl. ASCHINGER, G., *Theorie der spekulativen Blasen* (WiSt 1991), S. 270-271; HAGEN, H. VON DER, *Wenn jeder denkt, daß jeder denkt ...* (SZ 14.05.1999), S. V2/7.

352 Vgl. ANDRES, P. / SPIWOKS, M., *Prognosequalitätsmatrix* (Jahrbücher für Nationalökonomie und Statistik 1999), S. 521; DE LONG, J. B. / SHLEIFER, A. / SUMMERS, L. H. / WALDMANN, R. J., *Positive Feedback Investment Strategies* (JoF 1990), S. 379-395. Eine entsprechende Anlagestrategie stellen JEGADEESH und TITMAN vor. Vgl. JEGADEESH, N. / TITTMAN, S., *Buying Winners and Selling Losers* (JoF 1993), S. 65-91.

bles nicht klar erfaßt werden können.[353] Wann und in welchem Umfang sie zum Tragen kommen, läßt sich selbst im nachhinein nur vermuten.[354]

Grundsätzlich kann festgestellt werden: Gelingt es, eine oder mehrere dieser Irrationalitäten als marktwirksam zu identifizieren und in eine Marktprognose umzusetzen, die systematische Überrenditen erlaubt, ist das Gedankengebäude der Effizienzhypothese erschüttert. Die Forschungsergebnisse zu dieser Frage lassen jedoch nach wie vor kein abschließendes Urteil zu.[355] Es gibt zwar starke Hinweise darauf, daß irrationales Verhalten von Marktakteuren zumindest zeitweise wirksam wird. Überzeugende Ansätze zur Erfassung und Quantifizierung dieser Abweichungen von der Rationalitäts-Prämisse, die zu verwertbaren Prognosen und damit zu der Möglichkeit, systematische Überrenditen zu erzielen, führen, sind jedoch bisher nicht zu erkennen.

3.1.2.3. Tests auf Muster des Kursverlaufs

Tests auf Muster des Kursverlaufs zielen auf die Ermittlung von Regelmäßigkeiten der Kursentwicklung ab, die im Widerspruch zur Effizienzhypothese stehen.[356] Neben weiteren Mustern des Kursverlaufs sind besonders Untersuchungen zum Januareffekt, zum Montagseffekt und zu anderen Renditesaisonalitäten,[357]

---

353 Vgl. HERDT, H. K., *Erinnerung an einen Crash* (Börsen-Zeitung 17.10.1997), S. 1.

354 Hinsichtlich der Interpretation von Bubbles im Kontext der Effizienzhypothese besteht kein Konsens in der wissenschaftlichen Diskussion. Vgl. dazu ALLEN, F. / GORTON, G., *Churning Bubbles* (Review of Economic Studies 1993), S. 813; BRUNS, C. / MEYER-BULLERDIEK, F., *Professionelles Portfolio-Management* (1996), S. 66; SHILLER, R. J., *Speculative Prices and Popular Models* (Journal of Economic Perspectives 2/1990), S. 61.

355 Zu Problemen der Operationalisierung, der Differenzierung und der Umsetzung in konkrete Anlagestrategien vgl. bspw. OEHLER, A., *Die Erklärung des Verhaltens privater Anleger* (1995), S. 278–297.

356 Vgl. BRUNS, C. / MEYER-BULLERDIEK, F., *Professionelles Portfolio-Management* (1996), S. 64.

357 Vgl. bspw. ROLL, R., *The Turn-of-the-Year-Effect* (Journal of Portfolio Management 1983), S. 18-28; FRANTZMANN, H.-J., *Saisonalitäten bei Anleihenrenditen* (1988), S. 57-80; FRANTZMANN, H.-J., *Saisonalitäten und Bewertung* (1989), S. 66-221; SCHNITTKE, J., *Überrenditeeffekte am deutschen Aktienmarkt* (1989), S. 31-165; ROZEFF, M. / KINNEY, W., *Capital Market Seasonality* (Journal of Financial Economics 1976), S. 379-402; GULTEKIN, M. / GULTEKIN, N., *Stock Market Seasonality* (Journal of Financial Economics 1984), S. 469-481; ARIEL, R., *A Monthly Effect in Stock Returns* (Journal of Financial Economics 1987), S. 161-174; ARIEL, R., *High Stock Returns Before Holidays* (JoF 1990), S. 1611-1626; JACOBS, B. / LEVY, K., *Abnormal Returns at Calendar Turning Points* (Financial Analysts Journal, 11-12/1988), S. 29-39; JAFFE, J. / WESTERFIELD, R., *Day of the Week and Turn of the Year Effects* (Journal of Financial and Quantitative Analysis 1985), S. 261-272; JAFFE, J. / WESTERFIELD, R., *The Weekend Effect in Common Stock Returns* (JoF 1985), S. 433-454; JAFFE, J. / WESTERFIELD, R. / MA, C., *A Twist on the Monday Effect in Stock Prices* (Journal of Banking and Finance 1989), S. 641-650; JAFFE, J. / WESTERFIELD, R., *Monthly Effect in Stock Market Returns* (Journal of Banking and Finance 1989), S. 237-244; CROSS, F., *Stock Prices*

on Fridays and Mondays (Financial Analysts Journal 11-12/1973), S. 67-69; FRENCH, K. R., *Stock Returns and the Weekend Effect* (Journal of Financial Economics 1980), S. 55-69; FRENCH, K. R. / ROLL, R., *Stock Return Variances* (Journal of Financial Economics 1986), S. 5-26; GIBBONS, M. / HESS, P., *Day of the Week Effect* (Journal of Business 1981), S. 579-596; ROGALSKI, R., *Day-of-the-Week Returns* (JoF 1984), S. 1603-1614; ROGALSKI, R. / TINIC, S., *The January Size Effect* (Financial Analysts Journal 11-12/1986), S. 63-70; HARRIS, L., *Intra-Day Stock Return Patterns* (1989), S. 91-108; HARRIS, L., *Weekly and Intradaily Patterns in Stock Returns* (Journal of Financial Economics 1986), S. 99-117; BHARDWAJ, R. / BROOKS, L., *The January Anomaly* (JoF 1992), S. 553-575; BRAUER, G. / CHANG, E., *Return Seasonality in Stocks* (Review of Financial Studies 1990), S. 255-280; CHAN, K., *Explain the January Seasonal in Stock Returns* (JoF 1986), S. 1126-1147; CHARI, V. / JAGANNATHAN, R. / OFER, A., *Seasonalities in Security Returns* (Journal of Financial Economics 1988), S. 101-121; CORHAY, A. / HAWAWINI, G. / MICHEL, P., *Seasonality in the Risk Return Relationship* (JoF 1987), S. 49-68; CORHAY, A. / HAWAWINI, G. / MICHEL, P., *Seasonality and Size Premium* (1988), S. 197-212; HAUGEN, R. / LAKONISHOK, J., *The Incredible January Effect* (1987); JONES, C. / PEARCE, D. / WILSON, J., *Explain the January Effect* (JoF 1987), S. 453-461; KATO, K. / SCHALLHEIM, J., *Seasonal and Size Anomalies* (Journal of Financial and Quantitative Analysis 1985), S. 243-260; KEIM, D., *Stock Return Seasonality* (Journal of Financial Economics 1983), S. 13-32; KEIM, D., *Dividend Yields and Stock Returns* (Journal of Financial Economics 1985), S. 473-489; KEIM, D. B. / STAMBAUGH, R. F., *Predicting Returns* (Journal of Financial Economics 1986), S. 357-390; LAKONISHOK, J. / MABERLY, E., *The Weekend Effect* (JoF 1990), S. 231-243; LAMOUREUX, C. / SANGER, G., *Firm Size and Turn-Over-the-Year Effects* (JoF 1989), S. 1219-1245; MILLER, E., *Why a Weekend Effect?* (Journal of Portfolio Management 1988), S. 43-48; PENMAN, S., *Seasonalities in Aggregate Stock Returns* (Journal of Financial Economics 1987), S. 199-228; RITTER, J. / CHOPRA, N., *The Turn-of-the-Year-Effect* (JoF 1989), S. 149-166; KRÄMER, W. / RUNDE, R., *Wochentagseffekte am deutschen Aktienmarkt* (1991); SCHULTZ, P., *Personal Income Taxes and the January Effect* (JoF 1985), S. 333-343; JEGADEESH, N., *Predictable Behavior of Security Returns* (JoF 1990), S. 881-898; TINIC, S. / BARONE-ADESI, G., *Stock Return Seasonality* (1988), S. 129-146; TINIC, S. / WEST, R., *January vs. the Rest of the Year* (Journal of Financial Economics 1984), S. 561-574; PETERSON, D. R., *Stock Return Seasonalities* (Journal of Financial and Quantitative Analysis 1990), S. 187-201; CONNOLLY, R. A., *The Robustness of the Weekend Effect* (Journal of Financial and Quantitative Analysis 1989), S. 133-169; THALER, R. H., *The January Effect* (Journal of Economic Perspectives 1987), S. 197-201; THALER, R. H., *Weekend, Holiday, Turn of the Month, and Intraday Effects* (Journal of Economic Perspectives 1987), S. 169-177; KRAMER, C., *Macroeconomic Seasonality and the January Effect* (JoF 1994), S. 1883-1891; ABRAHAM, A. / IKENBERRY, D. L., *The Individual Investor and the Weekend Effect* (Journal of Financial and Quantitative Analysis 1994), S. 263-277; EASTON, S. A. / FAFF, R. W., *Robustness of the Day-of-the-Week Effect* (Applied Financial Economics 1994), S. 99-110; ALEXAKIS, P. / MANOLIS, X., *Day of the Week Effect on the Greek Stock Market* (Applied Financial Economics 1995), S. 43-50; SIAS, R. W. / STARKS, L. T., *Institutions and Individuals at the Turn-of-the-Year* (JoF 1997), S. 1543-1562; DUBOIS, M. / LOUVET, P., *The Day-of-the-Week Effect* (Journal of Banking and Finance 1996), S. 1463-1484. Ein Kurzüberblick über die wichtigsten Renditesaisonalitäten findet sich bei PODDIG, T., *Kursprognose* (1999), S. 92. Zu weiteren Untersuchungen von Renditesaisonalitäten vgl. SAPUSEK, A., *Informationseffizienz auf Kapitalmärkten* (1998), S. 150-171.

zum Kleinfirmeneffekt[358] und Kurs-Gewinn-Verhältnis-Effekt[359] und anderen Renditeanomalien[360] sowie zu psychologischen Barrieren[361] hervorzuheben.[362]

---

358 Vgl. bspw. OERTMANN, P., *Firm-Size-Effekt am deutschen Aktienmarkt* (ZfbF 1994), S. 229-259; LEVY, H., *Small Firm Effect* (Journal of Accounting, Auditing and Finance 1990), S. 235-270; BANZ, R. W., *Return and Market Value* (Journal of Financial Economics 1981), S. 3-18; REINGANUM, M. R., *Abnormal Returns in Small Firms Portfolios* (Financial Analysts Journal 3-4/1981), S. 52-56; REINGANUM, M. R., *The Anomalous Stock Market Behavior* (Journal of Financial Economics 1983), S. 89-104; ARBEL, A. / STREBEL, P., *The Neglected and Small Firm Effects* (Financial Review 1982), S. 201-218; BARRY, C. / BROWN, S., *Differential Information and Small Firm Effect* (Journal of Financial Economics 1984), S. 283-294; BERK, J., *Does Size Really Matter?* (Financial Analysts Journal 9-10/1997), S. 12-18; BROWN, P. / KLEIDON, A. / MARSH, T., *The Nature of Size-Related Anomalies in Stock Prices* (Journal of Financial Economics 1983), S. 33-56; CARLETON, W. / LAKONISHOK, J., *The Size Anomaly* (Journal of Portfolio Management 1986), S. 36-40; CHAN, K. / CHEN, N., *The Role of Firm Size as an Instrumental Variable for Risk* (JoF 1988), S. 309-325; CHAN, K. / CHEN, N., *Structural and Return Characteristics of Small and Large Firms* (JoF 1991), S. 1467-1484; CHAN, K. / CHEN, N. / HSIEH, D., *An Exploratory Investigation of the Firm Size Effect* (Journal of Financial Economics 1985), S. 451-471; DENNIS, P. / PERFECT, S. / SNOW, K. / WILES, K., *Size and Book-to-Market Ratio* (Financial Analysts Journal 5-6/1995), S. 47-57; DIMSON, E. / MARSH, P., *Murphy's Law and Market Anomalies* (Journal of Portfolio Management 1999), S. 53-69; GARZA-GÓMEZ, X. / HODOSHIMA, J. / KUNIMURA, M., *Does Size Really Matter in Japan?* (Financial Analysts Journal 11-12/1998), S. 22-34; HANDA, P. / KOTHARI, S. / WASLEY, C., *The Relation Between the Return Intervall and Betas* (Journal of Financial Economics 1989), S. 79-100; JEGADEESH, N., *Does Market Risk Really Explain the Size Effect?* (Journal of Financial and Quantitative Analysis 1992), S. 337-351; JENSEN, G. / JOHNSON, R. / MERCER, J., *Small-Firm and Value Stock Premiums* (Journal of Portfolio Management 1998), S. 27-36; KROSS, W., *The Size-Effect is Primarily a Price Effect* (Journal of Financial Research 1985), S. 169-179; LAKONISHOK, J. / SHAPIRO, A., *Risk and Size as Determinants of Stock Market Returns* (Journal of Banking and Finance 1986), S. 115-132; LEVIS, M., *Are Small Firms Big Performers?* (The Investment Analyst 1985), S. 21-26; PICHLER, S., *Size Effect und Settlement Effect* (Österreichisches Bankarchiv 3/1993), S. 195-201; REINGANUM, M. R. / SMITH, J., *Investor Preference for Large Firms* (Journal of Industrial Economics 1983), S. 213-227; ROLL, R., *A Possible Explanation of the Small Firm Effect* (JoF 1981), S. 879-888; ROLL, R., *The Small Firm Premium* (Journal of Financial Economics 1983), S. 371-386; SCHULTZ, P., *Small Firm Effect* (Journal of Financial Economics 1983), S. 81-88; SCHWERT, G. W., *Size and Stock Returns* (Journal of Financial Economics 1983), S. 3-12; STEHLE, R., *Der Size-Effekt am deutschen Aktienmarkt* (Zeitschrift für Bankrecht und Bankwirtschaft 1997), S. 237-260; STEHLE, R., *The Size Effect in German Stock Market* (1991); STOLL, H. / WHALEY, R., *Transaction Costs and Small Firm Effect* (Journal of Financial Economics 1983), S. 57-79; DOMKE, H.-M., *Rendite kleiner Börsengesellschaften* (1987), S. 86-215. Zu weiteren Untersuchungen des Kleinfirmeneffektes vgl. BEIKER, H., *Überrenditen und Risiken* (1993), S. 23-147; SAPUSEK, A., *Informationseffizienz auf Kapitalmärkten* (1998), S. 144-149.

359 Vgl. bspw. BASU, S., *Investment Performance of Common Stocks in Relative to Their Price-Earning-Ratios* (JoF 1977), S. 663-682; BASU, S., *Earnings' Yield, Market Value and Return* (Journal of Financial Economics 1983), S. 129-156; BEARD, C. / SIAS, R., *Is there a neglected firm effect?* (Financial Analysts Journal 9-10/1997), S. 19-23; COOK, T. / ROZEFF, M., *Size and Earnings/Price Ratio Anomalies* (Journal of Financial and Quantitative Analysis 1984), S. 449-466; SENCHACK, A. J. / MARTIN, J. D., *PER Investment Strategies* (Financial Analysts Journal 3-4/1987), S. 46-56; DOWEN, R. / BAUMANN, W., *Size, P/E, and Ne-*

Die Problematik dieser Forschungsansätze liegt vor allem in der Operationalisierung der Effizienzhypothese und der Interpretation der Forschungsergebnisse.[363] Da das Auftreten von Anomalien und Saisonalitäten teilweise nach ihrer Beschreibung nicht mehr beobachtet werden konnte,[364] oder zum Teil plausible Begründungen für bestimmte vermeintliche Abweichungen von der Informationseffizienz (z. B. fiskalischer Natur) gefunden wurden,[365] haben diese Ansätze weder zu einer klaren Verwerfung noch zu einer endgültigen Bestätigung der Hypothese informationseffizienter Kapitalmärkte beitragen können.[366]

---

glect (Journal of Portfolio Management 1986), S. 30-34; GOODMAN, D., *Firm Size and Price-Earning Ratio* (Financial Analysts Journal 1-2/1986), S. 9-12; KEIM, D., *The Effects of Firm Size and E/P Ratio* (Financial Analysts Journal 3-4/1990), S. 56-67; PEAVY, J. / GOODMAN, D., *The Significance of P/Es for Portfolio Returns* (Journal of Portfolio Management 1983), S. 43-47.

360 Zur Untersuchung weiterer vermeintlicher oder tatsächlicher Renditeanomalien vgl. bspw. FAMA, E. F. / FRENCH, K. R., *Asset Pricing Anomalies* (JoF 1996), S. 55-84; FAMA, E. F. / FRENCH, K. R., *Common Risk Factors* (Journal of Financial Economics 1993), S. 3-56; FAMA, E. F., *Stock Returns and Real Activity* (JoF 1990), S. 1089-1108; FAMA, E. F. / FRENCH, K. R., *Book-to-Market Factors* (JoF 1995), S. 131-155; FAMA, E. F. / FRENCH, K. R., *Value versus Growth* (JoF 1998), S. 1975-1999; BALVERS, R. J. / COSIMANO, T. F. / MCDONALD, B., *Predicting Stock Returns* (JoF 1990), S. 1109-1128; LEVIS, M., *Stock Market Anomalies* (Journal of Banking and Finance 1989), S. 675-696. Einen Überblick gibt WALLMEIER, M., *Prognose von Aktienrenditen* (1997), S. 224-237.

361 Vgl. bspw. OERTMANN, P., *Über die psychologische Wirkung eines Indexstandes* (Finanzmarkt und Portfolio Management 1996), S. 357-362; LEY, E. / HALL, R. V., *Psychological barriers in the Dow Jones Index* (Applied Financial Economics 1994), S. 217-227; DONALDSON, G., *Psychological Barriers in Asset Prices* (1990).

362 Vgl. BRUNS, C. / MEYER-BULLERDIEK, F., *Professionelles Portfolio-Management* (1996), S. 64.

363 Vgl. bspw. BEIKER, H., *Überrenditen und Risiken* (1993), S. 463.

364 Beispielsweise der Kleinfirmeneffekt scheint kaum noch aufzutreten. Vgl. dazu KOLB, R. W., *Investments* (1992), S. 584. Außerdem wird die Frage aufgeworfen, ob bei Kleinfirmen die Erfassung des Risikos durch die Volatilität ausreicht oder ob nicht zusätzliche Kennzahlen Berücksichtigung finden müßten. Vgl. dazu bspw. BEIKER, H., *Überrenditen und Risiken* (1993), S. 32-36 u. 49.

365 Beispielsweise der Januareffekt läßt sich mit der Tax-Loss-Selling-Hypothese und mit dem Portfolio-Rebalancing-Ansatz gut erklären. Vgl. dazu CHANG, E. C. / PINEGAR, J. M., *Return Seasonality and Tax Loss Selling* (Journal of Financial Economics 1986), S. 391-415; REINGANUM, M. R., *The Anomalous Stock Market Behavior* (Journal of Financial Economics 1983), S. 89-94; BEIKER, H., *Überrenditen und Risiken* (1993), S. 459. Zu weiteren Erklärungsansätzen für vermeintliche Anomalien bzw. Saisonalitäten vgl. SATTLER, R. R., *Renditeanomalien* (1994), S. 118-149.

366 Vgl. BRUNS, C. / MEYER-BULLERDIEK, F., *Professionelles Portfolio-Management* (1996), S. 65. Vgl. auch SAPUSEK, A., *Informationseffizienz auf Kapitalmärkten* (1998), S. 141-171. ROLL hat bei dem Versuch, durch Ausnutzung verschiedener Kursmuster Überrenditen zu erzielen, keinen Erfolg verzeichnen können. Vgl. dazu ROLL, R., *Volatility in U.S. and Japanese Stock Markets* (Journal of Applied Corporate Finance 1992), S. 30.

3.1.2.4. Tests auf Gültigkeit Informationseffizienz unterstellender Preisbildungsmodelle

Zur Kursbildung an den Kapitalmärkten sind einige Modelle entwickelt worden, die unmittelbar mit der Vorstellung der Informationseffizienz auf den Kapitalmärkten zusammenhängen oder sogar uneingeschränkt darauf basieren. Weisen die Kursdaten nachweisbar Eigenschaften auf, die nur mit einem dieser Modelle erklärt werden können, so ist der Rückschluß auf die Gültigkeit der Effizienzhypothese mit einigen Einschränkungen möglich und vice versa.

Als wichtigste Preisbildungsmodelle, die Gegenstand solcher Untersuchungen sein können, sind zu nennen:[367] 1. Random-Walk- oder Fair-Game-Efficient-Market-Modelle[368] (Martingale-Modell,[369] Submartingale-Modell,[370] Strict-Random-

---

367 Einen Kurzüberblick über diese Modelle geben UHLIR, H., *Überprüfung der Random-Walk-Hypothese* (1979), S. 18-48; MÜLLER, GERHARD, *Statistische Prognosemodelle zur Optimierung von Wertpapierportefeuilles* (1996), S. 6-13; MÖLLER, H. P., *Die Informationseffizienz des deutschen Aktienmarktes* (ZfbF 1985), S. 501-502.

368 Genannt werden hier nur die bedeutendsten Varianten. Vgl. UHLIR, H., *Überprüfung der Random-Walk-Hypothese* (1979), S. 18-29. Zur Prüfung des Random-Walk-Ansatzes siehe auch GRANGER, C. W. J. / MORGENSTERN, O., *Spectral Analysis of New York Stock Market Prices* (Kyklos 1963), S. 1-27; GRANGER, C. W. J. / MORGENSTERN, O., *Predictability* (1974), S. 71-98; GODFREY, M. D. / GRANGER, C. W. J. / MORGENSTERN, O., *The Random Walk Hypothesis of Stock Market Behavior* (Kyklos 1964), S. 1-30; FAMA, E. F., *The Behavior of Stock-Market Prices* (Journal of Business 1965), S. 34-105; LO, A. / MACKINLAY, A. C., *Stock Market Prices Do Not Follow Random Walks* (Review of Financial Studies 1988), S. 41-66; CONRAD, K. / JÜTTNER, D., *Recent Behavior of Stock Market Prices in Germany* (Kyklos 1973), S. 576-599; HECKER, G., *Aktienkursanalyse* (1974); REIß, W., *Random-Walk Hypothese und deutscher Aktienmarkt* (1974); HIELSCHER, U., *Technische Aktienanalyse versus Random-Walk-Hypothese* (Kreditwesen 24/1975), S. 1137-1140; RONNING, G., *Das Verhalten von Aktienkursveränderungen* (Allgemeines Statistisches Archiv 1974), S. 272-302. Vgl. außerdem GUY, J. R. F., *The Behavior of Equity Securities* (Journal of Banking and Finance 1977), S. 71-93; REIß, W., *Historische Wechselkurse* (1990), S. 6; MÜHLBRADT, F. W., *Chancen und Risiken der Aktienanlage* (1978); HANSMANN, K.-W., *Dynamische Aktienanlage-Planung* (1980); LUDWIG, C., *Random Walk Hypothese* (1992); NEUFFER, M., *Testen von Verteilungshypothesen* (1981); MÖLLER, H. P., *Bilanzkennzahlen und Ertragsrisiken* (1986). Einen Überblick über die bedeutendsten Ansätze zur Überprüfung der Random-Walk-Hypothese geben CAMPBELL, J. Y. / LO, A. W. / MACKINLAY, A. C., *The Econometrics of Financial Markets* (1997), S. 28-55.

369 Vgl. UHLIR, H., *Überprüfung der Random-Walk-Hypothese* (1979), S. 23-24; GRAW, E., *Informationseffizienz* (1984), S. 37-39; PODDIG, T., *Kursprognose* (1999), S. 85; LE ROY, S. F., *Efficient Capital Markets and Martingales* (Journal of Economic Literature 1989), S. 1583-1621; SAPUSEK, A., *Informationseffizienz auf Kapitalmärkten* (1998), S. 23-24 u. 28; KLEINE-DEPENBROCK, S., *Entwicklung eines leistungsfähigen Prognosesystems* (1997), S. 84; LEONI, W., *Wechselkursprognose* (1990), S. 71-74; SCHMIDT, REINHARD H., *Grundprobleme der Wertpapieranalyse* (Beiträge zur Aktienanalyse 1978), S. 7; MEYER, BERND, *Der Overreaction-Effekt* (1994), S. 12; SAUER, E., *Aktienindexprognosen mit Fehlerkorrekturmodellen* (1996), S. 73; PERRIDON, L. / STEINER, M., *Finanzwirtschaft der Unternehmung* (1997), S. 211.

Walk-Modell[371]) und 2. Expected-Return-Efficient-Market-Modelle[372] (Capital Asset Pricing Modell,[373] Arbitrage Pricing Theory[374]).

---

370 Vgl. UHLIR, H., *Überprüfung der Random-Walk-Hypothese* (1979), S. 27; PODDIG, T., *Kursprognose* (1999), S. 85; SAPUSEK, A., *Informationseffizienz auf Kapitalmärkten* (1998), S. 24 u. 27-28; KLEINE-DEPENBROCK, S., *Entwicklung eines leistungsfähigen Prognosesystems* (1997), S. 85-86; LEONI, W., *Wechselkursprognose* (1990), S. 74-75; SCHMIDT, REINHARD H., *Grundprobleme der Wertpapieranalyse* (Beiträge zur Aktienanalyse 1978), S. 10; MEYER, BERND, *Der Overreaction-Effekt* (1994), S. 13; SAUER, E., *Aktienindexprognosen mit Fehlerkorrekturmodellen* (1996), S. 72-73; PERRIDON, L. / STEINER, M., *Finanzwirtschaft der Unternehmung* (1997), S. 211.

371 Vgl. UHLIR, H., *Überprüfung der Random-Walk-Hypothese* (1979), S. 26; SAPUSEK, A., *Informationseffizienz auf Kapitalmärkten* (1998), S. 24-25.

372 Genannt werden nur die bedeutensten Varianten. Vgl. UHLIR, H., *Überprüfung der Random-Walk-Hypothese* (1979), S. 33-41; SHARPE, W. F., *Factors Models, CAPMs, and the APT* (Journal of Portfolio Management 1984), S. 21-25.

373 Einen Überblick über verschiedene Studien zur Überprüfung der Gültigkeit des CAPM geben bspw. UHLIR, H. / STEINER, P., *Wertpapieranalyse* (1994), S. 185-195; UHLIR, H., *Überprüfung der Random-Walk-Hypothese* (1979), S. 40-41; SHARPE, W. F. / ALEXANDER, G. J. / BAILEY, J. V., *Investments* (1995), S. 261-292; ELTON, E. J. / GRUBER, M. J., *Modern Portfolio Theory* (1995), S. 294-310. Im einzelnen vgl. auch BLACK, F. / JENSEN, M. C. / SCHOLES, M., *The Capital Asset Pricing Modell* (1972), S. 79-121; FRIEND, I. J. / WESTERFIELD, R. / GRANITO, M., *New Evidence on the Capital Asset Pricing Model* (1979), S. 55-77; SAPUSEK, A., *Informationseffizienz auf Kapitalmärkten* (1998), S. 29-30; STEPHAN, U., *Informationseffizienz von Aktienindexoptionen* (1998), S. 99-111; BREEDEN, D. / GIBBONS, M. / LITZENBERGER, R., *Empirical Tests of the Consumption-oriented CAPM* (JoF 1989), S. 231-262; KEIM, D., *The CAPM and Equity Return Regularities* (Financial Analysts Journal 5-6/1986), S. 19-34; KROLL, Y. / LEVY, H. / RAPOPORT, A., *Separation Theorem and Capital Asset Pricing Model* (American Economic Review 1988), S. 500-519; MAYERS, D. / RICE, E., *The Empirical Content of Asset Pricing Models* (Journal of Financial Economics 1979), S. 3-28; NG, L., *Tests of the CAPM* (JoF 1991), S. 1507-1521; REINGANUM, M. R., *Misspecification of Capital Asset Pricing* (Journal of Financial Economics 1981), S. 19-46; MÖLLER, H. P., *Bewertung risikobehafteter Anlagen* (ZfbF 1988), S. 779-797; REIß, W. / MÜHLBRADT, F., *Validität des „market"- und des „capital asset pricing"-Modells* (Zeitschrift für die gesamte Staatswissenschaft 1979), S. 41-68; SAUER, A. / MURPHY, A., *Models of Capital Asset Pricing* (Journal of Banking and Finance 1992), S. 183-196; SHANKEN, J., *Multivariate Tests of the Zero-Beta CAPM* (Journal of Financial Economics 1985), S. 327-348; TURNBULL, S. M., *Market Imperfections and the Capital Asset Pricing Model* (Journal of Business, Finance and Accounting 1977), S. 327-337; WARFSMANN, J., *Tests des Capital Asset Pricing Model* (1993); WINKELMANN, M., *Aktienbewertung in Deutschland* (1984); HAWANINI, G. / MICHEL, P. / CORHAY, A., *The Validity of the CAPM* (1989), S. 143-164; RODEWALD, B., *Die Portfolio Selection Theorie* (1974); HIELSCHER, U. / HEINTZELMANN, H., *Beta-Faktoren* (Beiträge zur Aktienanalyse 1975), S. 5-25; GÖPPL, H., *Finanzmittlertätigkeit von Banken* (1983); GÖPPL, H., *Finanzintermediation und Bankaktienbewertung* (ZfB 1983), S. 610-631; BÜHNER, R., *Rendite-Risiko-Effekte* (ZfbF 1984), S. 812-824; POGUE, G. A. / SOLNIK B., *The Market Model* (Journal of Financial and Quantitative Analysis 1974), S. 917-943; BARLAGE, T., *Die Risikoprämie am deutschen Aktienmarkt* (1980); MÖLLER, H. P., *Das Capital-Asset-Pricing-Modell* (DBW 1986), S. 707-719; FRANTZMANN, H.-J., *Saisonalitäten und Bewertung* (1989), S. 30-44; ZIMMERMANN, P., *Prognose von Betawerten* (1997), S. 16-34 u. 39-48. Eine sehr sorgfältige und detaillierte Untersuchung der Effizienzhypothese durch empiri-

Die Schwierigkeit, der Effizienzhypothese mit der Überprüfung dieser Modelle beizukommen, besteht wiederum in erster Linie in der Operationalisierung dieser Modellwelten.[375] Die Interpretation bestimmter Eigenschaften der Kursdaten als

---

sche Überprüfung des CAPM findet sich bei GARZ, H., *Prognostizierbarkeit von Aktienrenditen* (2000), S. 18-251.

374 Einen Überblick über verschiedene Studien zur Überprüfung der Gültigkeit der APT geben bspw. SHARPE, W. F. / ALEXANDER, G. J. / BAILEY, J. V., *Investments* (1995), S. 322-345; ELTON, E. J. / GRUBER, M. J., *Modern Portfolio Theory* (1995), S. 368-399; UHLIR, H. / STEINER, P., *Wertpapieranalyse* (1994), S. 195-201. Im einzelnen vgl. auch STEPHAN, U., *Informationseffizienz von Aktienindexoptionen* (1998), S. 111-114; CHEN, N., *Some Empirical Test of the Theory of Arbitrage Pricing* (JoF 1983), S. 1393-1413; CHEN, S. / JORDAN, B., *Some Empirical Tests of the Arbitrage Pricing Theory* (Journal of Banking and Finance 1993), S. 65-89; CONNOR, G., *Arbitrage Pricing Theory* (1989), S. 298-308; DHRYMES, P. / FRIEND, I. / GULTEKIN, N., *Empirical Evidence on the Arbitrage Pricing Theory* (JoF 1984), S. 323-346; DHRYMES, P. / FRIEND, I. / GULTEKIN, M. / GULTEKIN, N., *New Tests of the APT* (JoF 1985), S. 659-674; DHRYMES, P. / FRIEND, I. / GULTEKIN, M. / GULTEKIN, N., *An Empirical Examination of the Arbitrage Pricing Theory* (Journal of Banking and Finance 1985), S. 73-99; DYBVIG, P. / ROSS, S., *The APT is Testable* (JoF 1985), S. 1173-1188; FERSON, W. / KORAJCZYK, R., *Do Arbitrage Pricing Models Explain the Predictability of Stock Returns?* (Journal of Business 1995), S. 309-349; GULTEKIN, M. / GULTEKIN, N., *Stock Return Anomalies and the Tests of the APT* (JoF 1987), S. 1213-1224; HUBERMAN, G., *A Simple Approach to Arbitrage Pricing Theory* (Journal of Economic Theory 1982), S. 183-191; LEHMANN, B. / MODEST, D., *The Empirical Foundations of the Arbitrage Pricing Theory* (Journal of Financial Economics 1988), S. 213-254; MCELROY, M. / BURMEISTER, K., *Arbitrage Pricing Theory* (Journal of Business & Economic Studies 1988), S. 29-42; MEI, J., *A Semi Autoregression Approach to the Arbitrage Pricing Theory* (JoF 1993), S. 599-620; MEI, J., *A Multi-Factor APT Model* (Journal of Financial and Quantitative Analysis 1993), S. 331-345; PARI, R. / CHEN, S., *An Empirical Test of Arbitrage Pricing Theory* (Journal of Financial Research 1984), S. 121-130; ROLL, R., *A Critique of the Asset Pricing Theory's Tests* (Journal of Financial Economics 1977), S. 129-176; ROLL, R. / ROSS, S., *Empirical Investigation of the Arbitrage Pricing Theory* (JoF 1980), S. 1073-1103; ROSS, S., *The Arbitrage Theory of Capital Asset Pricing* (Journal of Economic Theory 1976), S. 341-360; SHANKEN, J., *The Arbitrage Pricing Theory* (JoF 1982), S. 1129-1140; SHANKEN, J., *Multi-Beta CAPM or Equilibrium APT?* (JoF 1985), S. 1189-1196; CHO, D. C., *On Testing the Arbitrage Pricing Theory* (JoF 1984), S. 1485-1502; SHANKEN, J., *The Current State of the Arbitrage Pricing Theory* (JoF 1992), S. 1569-1574; FRANTZMANN, H.-J., *Saisonalitäten und Bewertung* (1989), S. 44-58; FRANKE, G., *On Tests of the Arbitrage Pricing Theory* (OR Spektrum 1984), S. 109-117; WALLMEIER, M., *Prognose von Aktienrenditen* (1997), S. 71-85 u. 113-115. Eine sehr sorgfältige und detaillierte Untersuchung der Effizienzhypothese durch empirische Überprüfung der APT findet sich bei GARZ, H., *Prognostizierbarkeit von Aktienrenditen* (2000), S. 253-331.

375 Zu einigen grundlegenden Operationalisierungsproblemen vgl. FRANTZMANN, H.-J., *Saisonalitäten und Bewertung* (1989), S. 41-44 u. 52-58; UHLIR, H., *Überprüfung der Random-Walk-Hypothese* (1979), S. 41-42 u. 45-48; BUTTLER, G. / HEINLEIN, W., *Zur empirischen Evidenz ökonomischer Spekulationstheorien* (Jahrbücher für Nationalökonomie und Statistik 1985), S. 488; BRENNER, M., *The Effect of Model Misspecifications* (JoF 1977), S. 57-66; BRENNER, M., *The Sensitivity of the Efficient Market Hypothesis* (JoF 1979), S. 915-929; NEUMANN, M. J. M. / KLEIN, M., *Probleme der Theorie effizienter Märkte und ihrer empirischen Überprüfung* (KuK 1982), S. 168-184; BEAVER, W. H., *Zur Effizienz des Kapitalmark-*

Ausdruck der Gültigkeit eines der genannten Modelle bleibt in aller Regel nicht ohne Widerspruch.[376]

3.1.2.5. Tests auf Leistungsfähigkeit ökonometrischer Prognosemodelle oder technischer Anlagesysteme

Es liegt eine große Zahl von ökonometrischen Studien vor, die auf Grundlage einer Stützperiode (In-Sample-Bereich) zu einer Modellbildung gelangen, deren prognostische Qualitäten dann in einer Testperiode (Out-of-Sample-Bereich) per Ex-post-Prognose nachgewiesen werden soll. Derartige Prognosemodelle liegen für alle relevanten Finanzmärkte (u.a. für Aktien-, Renten- und Währungsmärkte) vor.[377] Häufig bewähren sich die aufgestellten Prognosemodelle in der Testperio-

---

tes (BFuP 1983), S. 355-357; KOPP, H. J., *Erwerb eigener Aktien* (1996), S. 104-105; PODDIG, T., *Kursprognose* (1999), S. 87-91; KLEINE-DEPENBROCK, S., *Entwicklung eines leistungsfähigen Prognosesystems* (1997), S. 111-116; LEONI, W., *Wechselkursprognose* (1990), S. 66-81; GRÜNWALD, L., *Kapitalmarkteffizienz* (1980), S. 193-197 u. 202-208; STREIT, M. E., *Information Processing* (Jahrbücher für Nationalökonomie und Statistik 1984), S. 385-400; SCHNEIDER, D., *Investition, Finanzierung und Besteuerung* (1991), S. 464-465.

376 Die große Ähnlichkeit von aus der Chaosforschung bekannten, deterministischen Zeitreihenverläufen und Zeitreihen, die auf Random Walks beruhen, sei hier beispielhaft angeführt. Vgl. dazu bspw. THOMA, B., *Chaostheorie* (1997); PETERS, E. E., *Chaos and Order* (1991). Einen kurzen Überblick über die grundlegenden empirischen Arbeiten zur Überprüfung der angesprochenen Modelle liefert UHLIR, H., *Überprüfung der Random-Walk-Hypothese* (1979), S. 20-23.

377 Vgl. bspw. PODDIG, T. / DICHTL, H. / PETERSMEIER, K., *Statistik* (2000), S. 409-428; OERTMANN, P. / ZIMMERMANN, H., *Prognosemodell für die taktische Asset Allocation* (Finanzmarkt und Portfolio Management 1997), S. 127-133; OERTMANN, P., *Neue Modelle* (Finanz und Wirtschaft 26.08.1998), S. 23; BELLER, K. R. / KLING, J. L. / LEVINSON, M. J., *Are Industry Stock Returns Predictable?* (Financial Analysts Journal 9-10/1998), S. 42-57; COCHE, J., *Kapitalmarkteffizienz* (1999); JÄGER, U., *Prognosemodell für europäische Branchenindizes* (Risk & Reward 2/1998), S. 25-32; RIEGER, B., *Integration des Mikro- und des Makromodells* (Risk & Reward 3/1998), S. 28-35; RIEGER, B., *Performance des Makro-Aktienmodells* (Risk & Reward 1/1999), S. 45-48; RIEGER, B., *Ein europäisches Branchenmodell* (Risk & Reward 3/1999), S. 33-37; SCHRÖDER, M., *Prognose von Rentenmarkt-Renditen* (Risk & Reward – Methodik 1994), S. 46-50; PESARAN, M. H. / TIMMERMANN, A., *Predictability of Stock Returns* (JoF 1995), S. 1201-1228; GILLES, M., *LGT-Makro-Aktienmodell* (Risk & Reward 2/1996), S. 25-33; SCHMIDT-MOHR, U., *Prognose kurzfristiger Wechselkursdynamik* (Risk & Reward 2/1996), S. 34-38; GRÜNER, J., *Zinsen und Wechselkurse* (1996), S. 202-218; PAULUS, H., *Style-Investing* (1997), S. 91-189; MÜLLER, GERHARD, *Statistische Prognosemodelle zur Optimierung von Wertpapierportefeuilles* (1996); KRÄMER, J., *Das erweiterte Rentenmarkt-Prognosemodell* (Risk & Reward 1/1999), S. 37-44; KRÄMER, J., *Prognosemodell für den Credit-Markt* (Risk & Reward 3/1999), S. 26-32; SCHMIDT-MOHR, U., *Fundamentalanalyse deutscher Kapitalmarktzinsen* (Risk & Reward IV/1995), S. 27-30; NAUTZ, D. / WOLTERS, J., *Entwicklung langfristiger Kreditzinssätze* (KuK 1996), S. 497-505; DEUTSCHER SPARKASSEN- UND GIROVERBAND, *Computergestützte Zinsbestimmung* (1992), S. 38-56; SCHOBER, J.; *Zinsprognose mit Hilfe eines ökonometri-*

de außerordentlich gut. Es gelingt also scheinbar, die künftige Marktentwicklung gut abzuschätzen, woraus unmittelbar die Möglichkeit zur Erzielung systematischer Überrenditen durch Umsetzung der Prognose in aktive Portfoliomanagement-Strategien resultiert. Das erschüttert scheinbar die Hypothese informationseffizienter Kapitalmärkte, die diese Möglichkeit im Grundsatz ausschließt.

Problematisch sind diese ökonometrischen Prognosemodelle als Grundlage zur Widerlegung der Effizienzhypothese, weil sie sich in der Ex-ante-Prognose deutlich weniger bewähren als in der Ex-post-Prognose des Out-of-Sample-Bereiches. Dieses Phänomen läßt sich damit erklären, daß zwar die formale Trennung zwischen Stützbereich und Testbereich bei der Modellkonstruktion in der Regel eingehalten wird, aber die erarbeiteten Modelle solange verworfen werden, bis eine (unter Umständen nur zufällig) auf den Testbereich gut passende Modellstruktur

---

schen Modells (1988), S. 24-36. Eine synoptische Darstellung von weiteren Studien zur Prognose der DM-Zinsentwicklung findet sich bei HERBERT, T. / STAHLHACKE, M., *Prognose des deutschen Kapitalmarktzinses* (1995), S. 65-67. Ökonometrische Optionspreis-Prognosemodelle, die angeblich systematische Überrenditen ermöglichen, werden von ENGLE, KANE und NOH beschrieben. Vgl. ENGLE, R. F. / KANE, A. / NOH, J., Index-Option Pricing (1993); ENGLE, R. F. / KANE, A. / NOH, J., *Forecasting Volatility and Option Prices* (The Journal of Derivatives 1994), S. 17-30. Ein ökonometrisches Aktienindex-Prognosemodell unter Einbeziehung von technischen Indikatoren findet sich bei VIEKER, M., *Indikatorprognosen* (1996). In der Mitte der 1990er Jahre erhielten Prognosemodelle, die auf künstlichen neuronalen Netzen (KNN) basieren, besondere Aufmerksamkeit. Teilweise werden KNN als entscheidender Durchbruch im ökonomischen Prognosewesen dargestellt. Vgl. dazu bspw. WILD, K.-D., *Zinsprognose und Rentenmanagement* (Sparkasse 1994), S. 127-130; STEURER, E., *Maschinelle Lernverfahren zur Wechselkursprognose* (1997), S. 261-328; REHKUGLER, H. / PODDIG, T., *Entwicklung leistungsfähiger Prognosesysteme* (1990); THOMA, B., *Neuronale Netze und Finanzmärkte* (Invest 12/1996), S. 101-102; SIEKMANN, S., *Fusion von Expertenwissen* (1999), mit einer synoptischen Darstellung einschlägiger Studien auf S. 127; DICHTL, H., *Zur Prognose des DAX* (1995), mit einer synoptischen Darstellung einschlägiger Studien auf S. 97; DICHTL, H., *Neuro-Fuzzy* (Handelsblatt 30.07.1997), S. 31. Auf der anderen Seite werden die Möglichkeiten von KNN zur Finanzmarktprognose auch zurückhaltend kommentiert. Vgl. dazu bspw. RIEß, M., *Eignung Neuronaler Netze zur Prognose* (1996), S. 57-99; REHKUGLER, H. / PODDIG, T., *Künstliche Neuronale Netze in der Finanzanalyse* (1996), S. 17-35; HANDELSBLATT, *Im sicheren Hafen* (Handelsblatt 23.09.1998), S. 49; BAUMANN, M., *Nutzung neuronaler Netze zur Prognose von Aktienkursen* (1996); FÜSER, K., *Prognosequalität eines synergetischen Kapitalmarktmodells* (1994); STEINER, M. / WITTKEMPER, H.-G., *Aktienrendite-Schätzungen* (Finanzmarkt und Portfolio Management 1993), 443-458. Das Pro und Contra zu KNN wird knapp und bündig beleuchtet bei JAHN, T., *Neuronale Netze* (Capital 5/1997), S. 131-133. Von SAUER stammt eine der wenigen Studien, die ein ökonometrisches Prognosemodell zeigt, das – bei Berücksichtigung von Transaktionskosten - keine systematischen Überrenditen generiert. Diese Studie offenbart das Dilemma ähnlich kritischer Untersuchungen: Es bleibt offen, ob die Effizienzhypothese untermauert wird oder ob einfach das Prognosemodell untauglich ist. Vom größten Teil (auch des wissenschaftlichen) Publikums werden derartige Studien deshalb als „non-event" empfunden. Ein noch so fragwürdiger Modellansatz, der systematische Überrenditen verheißt, erzielt eine vergleichsweise hohe Aufmerksamkeit. Vgl. SAUER, E., *Aktienindexprognosen mit Fehlerkorrekturmodellen* (1996), S. 168-228.

gefunden wird. Auf diese Weise wird die unverzichtbare Trennung zwischen Stütz- und Testbereich letztlich doch aufgehoben, so daß Prognosemodelle entstehen, die beeindruckende Ex-post-Prognoseergebnisse erzielen, die aber für die Ex-ante-Prognose faktisch unbrauchbar sind. Nur ein Prognosemodell, das sich nachweislich dauerhaft in der Ex-ante-Prognose bewährt hat, kann die Effizienzhypothese wirklich widerlegen.[378]

Ähnlich stellt sich die Qualität von empirisch getesteten, technischen Anlagesystemen wie beispielsweise Stop-Loss-, Filter- oder Relative-Stärke-Systemen dar.[379] Während die Ex-post-Überprüfungen der Anlageregeln oft noch sehr beeindruckende Ergebnisse liefern,[380] stellt sich der Erfolg in der Ex-ante-Anwen-

---

378 Ansätze, die auf die intersubjektiv nachvollziehbare Bewährung von Prognosemodellen bei der Ex-ante-Prognose abzielen, liegen bisher nicht vor.

379 Einen Überblick über empirische Ergebnisse der Überprüfung der Effizienzhypothese mit Hilfe von technischen Anlagesystemen gibt GRÜNWALD, L., *Kapitalmarkteffizienz* (1980), S. 215-219.

380 Aufsehen hat vor gut 20 Jahren eine Studie von HOCKMANN erregt, in der mit Hilfe einer standardisierten Point & Figure-Analyse für einen mehrjährigen Zeitraum systematische Überperformances gegenüber der Buy & Hold-Strategie erzielbar gewesen wären. Vgl. HOCKMANN, H., *Prognose von Aktienkursen* (1979). Während meiner beruflichen Tätigkeit als Verantwortlicher für das Bond-Research und das Bond-Portfoliomanagement der Bethmann Vermögensbetreuungs-GmbH mußte ich mehrere Dutzend technischer Anlagesysteme auf ihre Tauglichkeit überprüfen. Dabei stellte sich immer wieder heraus, daß all diese Systeme in zwei Gruppen einzuteilen sind: 1. Systeme, die Signale in hoher Frequenz generieren, also sehr sensibel sind. 2. Systeme, die nur wenig Signale produzieren, also relativ unsensibel sind. Erstere sind gut geeignet, um in Seitwärtsbewegungen sinnvolle Signale zu geben. In Trendphasen sind diese Ansätze jedoch untauglich. Die zweite Gruppe hingegen ist geeignet für Trendphasen, liefert jedoch schlechte Ergebnisse in Phasen der Seitwärtsbewegung. Technische Anlagesysteme können daher nur dann dauerhaft zum Erfolg führen, wenn vorher bekannt ist, ob die künftige Marktentwicklung eher durch Trend- oder durch Seitwärtsbewegungen geprägt sein wird. Diese Information liegt jedoch im Vorhinein leider nicht vor. In den Ex-post-Überprüfungszeiträumen solcher Systeme liegt hingegen genau diese Information vor, so daß häufig eine Leistungsfähigkeit dargestellt wird, die bei der realen Ex-ante-Anwendung nicht realisiert werden kann. Zu derselben ernüchternden Einschätzung kommt auch REINHARD SCHMIDT, der die HOCKMANN-Studie kritisch bewertet. Vgl. SCHMIDT, REINHARD H., *Eine Widerlegung der Effizienzthese?* (ZfbF 1981), S. 41-44. Zu weiteren Kritikpunkten an der HOCKMANN–Studie vgl. KLEIN, M., *Ist die Theorie effizienter Märkte empirisch widerlegt?* (KuK 1983), S. 126-140. Vor diesem Hintergrund reizt es den verständigen Leser zum Schmunzeln, wie unkritisch einige Verfechter der technischen Analyse die HOCKMANN-Studie als Offenbarung feierten. Vgl. bspw. WELCKER, J., *Technische Analyse durch Computertest bestätigt – Random Walk Theorie widerlegt* (KuK 1981), S. 136-146. Trotz der oben beschriebenen grundlegenden Schwäche technischer Anlagesysteme, strahlen diese Ansätze nach wie vor eine große Anziehungskraft auf die Praxis und Teile der Wissenschaft aus. Zu weiteren „Erfolgsmeldungen" der technischen Analyse vgl. bspw. AUGUST, R. / SCHIERECK, D. / WEBER, M., *Momentumstrategien am deutschen Aktienmarkt* (KuK 2000), S. 198-234; BROMANN, O. / SCHIERECK, D. / WEBER, M., *Reichtum durch [anti-]zyklische Handelsstrategien* (ZfbF 1997), S. 1-13; SCHIERECK, D. / WEBER, M., *Zyklische und antizyklische Handelsstrategien* (ZfbF 1995), S. 3-24; ROUWENHORST, G. K., *Momen-*

dung nicht mehr ein.[381] Auch hier gilt: Nur ein Anlagesystem, das sich nachweislich in der Ex-ante-Anwendung dauerhaft bewährt hat, kann die Effizienzhypothese wirklich widerlegen.[382]

3.1.2.6. Tests auf Anlageerfolg aktiver Portfoliomanagement-Strategien

Dabei lassen sich zwei Grundtypen von Untersuchungsansätzen unterscheiden: 1. Überprüfung der Performance von Investmentfonds und 2. Überprüfung der Taug-

---

tum Strategies (JoF 1998), S. 267-284; GÖTZ, E., *Technische Aktienanalyse* (1990); WEIGEL, E. J., *Einsatz von Querschnittsdaten* (Risk & Reward 4/1997), S. 28-39; FRAIKIN, M., *Top of the World* (Risk & Reward 3/1998), S. 43-44; HANDELSBLATT, *Neuer Ansatz im Anleihenmanagement* (Handelsblatt 10./11.11.2000), S. 39; BODE, M. / SCHWENDNER, P., *Die neue Anschaulichkeit in der Chartanalyse* (Die Bank 9/1998), S. 573-575; FAZ, *Mit einfachen Strategien den Index schlagen* (FAZ 25.02.1998), S. 23; YOON, Y., *Anwendung des Markov Switching Modells* (1998), S. 51-70; GOLDBERG, J., *Technische Analyse* (Börsen-Zeitung 28.11.1997), S. 21; BENISCHEK, E., *Technische Aktienanalyse* (1974); WASCHKOWSKI, H., *Prognose von Aktienkursen* (1971), S. 166-217; GINSBERG, R., *Aktienkursprognose* (1975), S. 77-260; STEMANN, H. J., *Formalanlageplanung* (1978); BUßMANN, J., *Zinsänderungsrisikomaße* (ZfB 1989), S. 747-765; WELCKER, J., *Point and Figure Analyse* (1988), S. 37-46; SCHWARTZKOPFF, E., *Zyklische Analyse der Zinsentwicklung* (1988), S. 47-56; WITTE, P., *Die technische Analyse* (1988), S. 103-112; HUG, E., *Zyklische Analyse* (1988), S. 113-117; QUANDT, K., *Auf neuen Wegen* (Handelsblatt Investor 20./21.10.2000), S. 10; STÖTTNER, R., *P&F-Filteranalyse* (Jahrbücher für Nationalökonomie und Statistik 1990), S. 374-390; STÖTTNER, R., *Preisblasen* (1992); STÖTTNER, R., *Markttechnische „Trading Rules"* (Jahrbücher für Nationalökonomie und Statistik 1992), S. 266-282; STÖTTNER, R., *„Trading Rules" contra „Buy&Hold"* (Jahrbücher für Nationalökonomie und Statistik 1995), S. 358-373; DAVIDSON, W. N. / DUTIA, D., *Test of Stock Market Overreaction* (Journal of Financial Research 1989), S. 245-252; JEGADEESH, N. / TITMAN, S., *Buying Winners and Selling Losers* (JoF 1993), S. 65-91; BROCK, W. / LAKONISHOK, J. / LEBARON, B., *Simple Technical Trading Rules* (JoF 1992), S. 1731-1763; LEVY, R. A., *Relative Strength* (JoF 1967), S. 595-610; PRECHTER, R. R. / FROST, A. J., *Elliott-Wellen-Prognose* (1990). Zu einer etwas zurückhaltenderen und differenzierteren Beurteilung der Möglichkeiten von technischen Anlagesystemen gelangen bspw. HOFMANN, H., *Empirische Untersuchung verschiedener Anlagestrategien der technischen Aktienanalyse* (1973); MÜHLBRADT, F. W. / NAGLER, F., *Formalanlageplanung* (Das Wertpapier 1978), S. 882-885 u. 913-916; NAGLER, F., *Timing Strategien am Aktienmarkt* (1979). Kritisch insbesondere zum Ansatz STÖTTNERs vgl. MENKHOFF, L., „Trading Rules" contra „Buy & Hold" (Jahrbücher für Nationalökonomie und Statistik 1994), S. 478-485. Sogar in der Berichterstattung der Tagespresse hat sich inzwischen vielfach eine differenzierte und kritische Betrachtungsweise von technischen Anlagesystemen etabliert. Vgl. dazu bspw. NARAT, I., *Der Computer als Fondsmanager* (Handelsblatt 06.09.2000), S. 47; HANDELSBLATT, *Chartanalyse trifft nicht selten daneben* (Handelsblatt Investor 05./06.01.2001), S. 2. Eine sehr amüsante Distanzierung von technischen Prognosemodellen nimmt GERKE vor. Vgl. GERKE, W., *Börsenpsychologie* (DBW 4/1997), S. 455-458.

381 Vgl. bspw. DOWEN, R. J., *What are Analysts' Forecasts Worth?* (Financial Analysts Journal 7-8/1989), S. 71-74.

382 Vgl. BLACK, F., *Implications of the Random Walk Hypothesis* (Financial Analysts Journal 3-4/1971), S. 19. Ein solches Anlagesystem ist bisher jedoch nicht bekannt.

lichkeit der Anlageempfehlungen von Banken, Börsenbriefen, Wirtschaftsmagazinen etc.

Eine Gruppe von Untersuchungen widmet sich der Fragestellung, ob es Portfoliomanagern gelungen ist, dauerhaft Wetten gegen den Markt zu gewinnen und damit systematische Überrenditen zu erzielen. Insbesondere die Performanceentwicklung von Investmentfonds wird häufig zum Gegenstand der Untersuchung gemacht.[383] Gelänge es zu zeigen, daß die dauerhafte Erzielung risikoadjustierter systematischer Überrenditen möglich ist, müßte die Effizienzhypothese (zumindest in der strengen Form) verworfen werden.

Allerdings zeigt sich, daß der Anlageerfolg, sofern eine angemessene Risikoadjustierung vorgenommen wurde, stets mehr oder weniger deutlich hinter der Marktperformance zurückbleibt.[384] Die Effizienzhypothese konnte dementsprechend

383 Zu nennen sind bspw. die frühen Arbeiten von JENSEN, SHARPE und TREYNOR, die übereinstimmend zu dem Ergebnis kommen, daß die betrachteten Investmentfonds keine systematischen Überrenditen erzielen konnten. Vgl. JENSEN, M. C., *The Performance of Mutual Funds in the Period 1945-1964* (JoF 1968), S. 389-416; SHARPE, W. F., *Mutual Fund Performance* (Journal of Business 1966), S. 119-137; TREYNOR, J. L., *How to Rate Management of Investment Funds* (Harvard Business Review 1965), S. 63-75. Als wichtige Folgestudien sind zu nennen: TREYNOR, J. L. / MAZUY, K., *Can Mutual Funds Outguess the Market?* (Harvard Business Review 7-8/1966), S. 130-136; GRINBLATT, M. / TITMAN, S., *Mutual Fund Performance* (Journal of Business 1989), S. 394-415; CHANG, E. C. / LEWELLEN, W. G., *Mutual Fund Investment Performance* (Journal of Business 1984), S. 57-72; GARCIA, C. B. / GOULD, F. J., *Some Observations on Active Manager Performance* (Financial Analysts Journal 1991), S. 11-13, HENRIKSSON, R. D., *Market Timing and Mutual Fund Performance* (Journal of Business 1984), S. 73-96; LEE, C. F. / RAHMAN, S., *Mutual Fund Performance* (Journal of Business 1990), S. 261-278; LEE, C. F. / RAHMAN, S., *Skill of Mutual Fund Managers* (Journal of Portfolio Management 1991), S. 80-83; OERTMANN, P., *Neue Ergebnisse zu einer alten Streitfrage* (1996), S. 27; IPPOLITO, R., *Efficiency with Costly Information* (Quarterly Journal of Economics 1989), S. 1-23. Von Zeit zu Zeit werden in der Wirtschaftspresse einzelne Portfoliomanager zu "Investment-Genies" ausgerufen. Vgl. bspw. NARAT, I., *Superinvestor bricht Rekorde* (Handelsblatt 08.01.2001), S. 35. Solche Meldungen sind deshalb i. d. R. wenig aussagekräftig, weil selten offengelegt wird, ob die gefeierten Renditen inklusive oder exklusive der Management-Kosten zu verstehen sind und ob eine Risikoadjustierung vorgenommen wurde.

384 Vgl. bspw. AMBACHTHEER, K. / CAPELLE, R. / SCHEIBELHUT, T., *Improving Pension Fund Performance* (Financial Analysts Journal 11-12/1998), S. 15-21; KIELKOPF, K., *Performance von Anleihenportefeuilles* (1995), S. 139-159; MALKIEL, B. G., *Returns from Investing in Equity Mutual Funds* (JoF 1995), S. 549-572; MALKIEL, B. G., *Börsenerfolg* (2000), S. 261-272; KAHN, R. N. / RUDD, A., *Does Historical Performance Predict Future Performance?* (Financial Analysts Journal 1995), S. 43-52; MÖHLMANN, J., *Performancemessung von Investmentfonds* (1993), S. 123-184; SEVERIN, P. A., *Performance von österreichischen Aktienfonds* (1994), S. 1-21; BLACK, F., *Implications of the Random Walk Hypothesis* (Financial Analysts Journal 3-4/1971), S. 20-21; LERBINGER, P., *Die Leistungsfähigkeit deutscher Aktieninvestmentfonds* (ZfbF 1984), S. 60-73; WALTER, H. / LERBINGER, P., *Zur Leistung deutscher Aktienfonds* (bank und markt 2/1981), S. 28-30; ROßBACH, P., *Performance Messung von Aktienportefeuilles* (1991); KASERER, C. / PFAU, S., *Performance deutscher Aktienfonds* (Die Bank 10/1993), S. 596-600; STAHLHUT, B., *Performance von Aktienportfolios* (1997),

nicht massiv in Frage gestellt werden. Eine Bestätigung der Effizienzhypothese ist aus diesen Studien jedoch auch nicht abzuleiten. Insbesondere die zum Teil erheblichen offenen und versteckten Kosten, die dem Fonds belastet werden und sich dementsprechend performancemindernd auswirken,[385] können die möglicherweise tauglichen aktiven Anlageentscheidungen überkompensieren.[386]

Die kritische Auswertung von Anlageempfehlungen von Banken, Anlageexperten, Börsenbriefen oder Wirtschaftsmagazinen hat ebenfalls eine lange Tradition.[387] Auch hier kommen beinahe alle Studien zu dem Ergebnis, daß die Befolgung der Empfehlungen zu keiner besseren risikoadjustierten Performance geführt hätte als bei einer Orientierung an passiven Portfoliomanagement-Strategien.[388] Diese Un-

---

S. 82-91; MÜNSTERMANN, J., *Der Anlageerfolg von Spezialfonds* (2000); CORNIOLEY, C., *Die Kunst des Market Timing* (Invest 4/1999), S. 23-24; STEINER, M. / WITTROCK, C., *Timing-Aktivitäten von Aktieninvestmentfonds* (ZfB 1994), S. 593-618; WITTROCK, C. / STEINER, M., *Analyse des Anlageerfolges deutscher Aktieninvestmentfonds* (KuK 1995), S. 22-38. Häufig wird darauf hingewiesen, daß ein Großteil der aktiv gemanageten Fonds niedrigere Performances erzielt als der Vergleichsindex. Das impliziert allerdings, daß zumindest einige aktiv gemanagete Fonds besser abgeschnitten haben als die Benchmark. Dabei muß es sich jedoch nicht um robuste Widerlegungen der Effizienzhypothese handeln, denn oft beziehen sich diese Beobachtungen auf recht kurze Betrachtungszeiträume und oft fehlt eine adäquate Risikoadjustierung. Vgl. bspw. NARAT, I., *Index ist für viele Profis eine zu hohe Hürde* (Handelsblatt 22./23.08.1997), S. 27; SZ, *Stars enttäuschen Anleger* (SZ 11.03.1999), S. 31; NEUE ZÜRCHER ZEITUNG, *Enttäuschende Entwicklung* (Neue Zürcher Zeitung 24.08.1998), S. 10; INVESTOR'S GUIDE, *Indexfonds* (Investor's Guide 9/1998), S. 5; FAZ, *Indexfonds schlagen aktiv geführte Fonds* (FAZ 01.09.1999), S. 29; FAZ, *Index-Fonds schlagen Aktien-Picker* (FAZ 03.01.1998), S. 13; DAS WERTPAPIER, *Investmentfonds* (Das Wertpapier 12/1998), S. 68-69; AUTHERS, J., *mutual funds underperform* (Financial Times 05.01.1998), S. 26.

385 Vgl. bspw. MAIER, GERHARD, *Heimlich abgezweigt* (Die Zeit 31.10.1997), S. 31.

386 Vgl. dazu WITTROCK, C. / STEINER, M., *Analyse des Anlageerfolges deutscher Aktieninvestmentfonds* (KuK 1995), S. 38. Zu weiteren Operationalisierungsproblemen bei der Überprüfung der Effizienzhypothese durch Performancevergleiche von Investmentfonds vgl. LERBINGER, P., *Die Leistungsfähigkeit deutscher Aktieninvestmentfonds* (ZfbF 1984), S. 70-71; LÖFFLER, G., *Der Beitrag von Finanzanalysten* (1998), S. 11.

387 Als eine frühe Studie vgl. bspw. COWLES, A., *Can Stock Market Forecasters Forecast?* (Econometrica 1933), S. 309-324.

388 Vgl. bspw. METCALF, G. E. / MALKIEL, B. G., *The Wall Street Journal Contests* (Applied Financial Economics 1994), S. 371-374; OERTMANN, P., *Neue Ergebnisse zu einer alten Streitfrage* (1996), S. 26; RÖCKEMANN, C., *Anlageempfehlungen von Börseninformationsdiensten* (ZfbF 1994), S. 819-851; PIEPER, U. / SCHIERECK, D. / WEBER, M., *Die Kaufempfehlungen des „Effecten-Spiegel"* (ZfbF 1993), S. 487-509; LECHLER, J., *Empfehlungen deutscher Börseninformationsdienste* (1991); VÖLKEL, S., *Empfehlungen deutscher Börseninformationsdienste* (1994); REHKUGLER, H. / VOIGT, M. / KRAUS, B. / OTTERBACH, A., *Die Qualität der Anlageberater* (Die Bank 6/1992), S. 321; BOLLINGER, G., *Nicht jede Empfehlung ist eine Anlage wert* (Invest 12/1997), S. 42-43; HEUSSER-BACHMANN, C., *Sind SPI-Prognosen Glückssache?* (Finanz und Wirtschaft 01.11.1997), S. 18; HEUSSER-BACHMANN, C., *SPI-Prognosen nur beschränkt nützlich* (Finanz und Wirtschaft 20.01.1999), S. 21; SZ, *Fast jeder zweite Experten-Tip für 1998 lag daneben* (SZ 05./06.01.1999), S. 28; SCHOLZ,

G., *Prognosen und Empfehlungen alles Rohrkrepierer* (Handelsblatt 28./29.08.1998), S. 44; TEICHERT, W. / WILHELM, W., *Börsendienste im Test* (Manager Magazin 2/1991), S. 68-93; TEICHERT, W. / ULRICH, S., *Börsendienste im Test* (Manager Magazin 2/1992), S. 92-104; BADEN, K., *Die Pleiten der Profis* (Manager Magazin 4/1992), S. 106-126; BADEN, K. / TEICHERT, W., *Blaue Briefe* (Manager Magazin 2/1993), S. 110-123; BADEN, K., *Strategiedefizit* (Manager Magazin 4/1993), S. 148-161; BADEN, K., *Himmel und Hölle* (Manager Magazin 2/1994), S. 106-113; BADEN, K., *Heiße Luft* (Manager Magazin 6/1994), S. 128-137; BADEN, K., *Glücksspirale* (Manager Magazin 2/1995), S. 130-136; BADEN, K., *Fehlspekulation* (Manager Magazin 4/1995), S. 263-273; BADEN, K., *Ohne Gewähr* (Manager Magazin 2/1996), S. 94-98; BADEN, K., *Außer Spesen nichts gewesen* (Manager Magazin 5/1996), S. 130-134; BADEN, K., *Glücksspirale* (Manager Magazin 2/1997), S. 90-95; EHREN, H. / NÖLTING, A., *Neue Macht* (Manager Magazin 5/1997), S. 138-142; EHREN, H., *Glücks-Rat* (Manager Magazin 5/1997), S. 144-150; EHREN, H., *Auf dem Sprung* (Manager Magazin 7/1998), S. 140-150; NÖLTING, A., *Ruf in Gefahr* (Manager Magazin 6/1999), S. 149-155; SEEGER, C., *Masse und Klasse* (Manager Magazin 8/1999), S. 158-166. Diese Untersuchungen kommen übereinstimmend zu dem Ergebnis, daß mit Hilfe der untersuchten Anlageempfehlungen auf Dauer (d.h. von kurzfristigen Ausreißern abgesehen) keine risikobereinigten Überrenditen zu erzielen waren. Zu methodischen Streitpunkten der Untersuchungen, die im Auftrag des Manager Magazins durchgeführt wurden, vgl. HUTMANN, W. / SCHMIDT, R. H. / SCHMIDT, R., *Zwist um die Aktientips* (Manager Magazin 8/1992), S. 128-131. Eine der wenigen Ausnahmen sind Untersuchungen zum Value Line Investment Survey: Hier ist es gelungen, eine Gruppe von Aktien mit überdurchschnittlicher Kursentwicklung zu identifizieren. Vgl. STICKEL, S. E., *The Effect of Value Line Investment Survey* (Journal of Financial Economics 1985), S. 121-143; COPELAND, T. E. / MAYERS, D., *The Value Line Enigma* (Journal of Financial Economics 1982), S. 289-321; BRUNS, C. / MEYER-BULLERDIEK, F., *Professionelles Portfolio-Management* (1996), S. 65. Allerdings werden diese Ergebnisse erheblich relativiert. FAMA weist darauf hin, daß die Chance, auf der Grundlage dieser Empfehlungen systematische Überrenditen zu erzielen, effektiv nicht bestanden hat. Vgl. dazu FAMA, E. F., *Efficient Capital Markets II* (JoF 1991), S. 1604-1605; BRUNS, C. / MEYER-BULLERDIEK, F., *Professionelles Portfolio-Management* (1996), S. 65. Mit Einschränkungen stellen weitere Autoren Chancen zur Erzielung von Überrenditen bei Befolgung von Anlageempfehlungen fest. Vgl. dazu GROTH, J. C. / LEWELLEN, W. G. / SCHLARBAUM, G. G. / LEASE, R. C., *Securities Recommendations* (Financial Analysts Journal 1-2/1979), S. 32-40; BJERRING, J. H. / LAKONISHOK, J. / VERMAELEN, T., *Stock Prices and Financial Analysts' Recommendations* (JoF 1983), S. 187-204; WOMACK, K. L., *Analysts' Recommendations* (JoF 3/1996), S. 137-167; BENEISH, M. D., *Analysts' Recommendations* (Journal of Business 3/1991), S. 393-416; DIMSON, E. / MARSH, P., *Forecasts of UK Stock Returns* (JoF 12/1984), S. 1257-1292; DIMSON, E. / FRALETTI, P., *Brokers' Recommendations* (The Economic Journal 3/1986), S. 139-159; RÖCKEMANN, C., *Börsendienste und Anlegerverhalten* (1995), S. 144-196 u. 202; LANDMANN, O. / GUTMANN, M., *Anlageempfehlungen von Schweizer Banken* (Finanzmarkt und Portfolio Management 1990), S. 199-210; LIU, P. / SMITH, S. D. / SYED, A. A., *Securities Recommendations* (Journal of Financial and Quantitative Analysis 9/1990), S. 399-410. Es zeigt sich jedoch, daß in den meisten Fällen nur in den ersten ein bis zwei Tagen nach den Empfehlungen und nur in geringem Umfang die erwartete Marktentwicklung eintritt. Mittelfristig orientierte Anleger erleiden hingegen bei Befolgung der Empfehlungen oft empfindliche Performance-Einbußen. So liegt der Verdacht nahe, daß die Analysten nicht etwa die künftige Marktentwicklung erfaßt, sondern diese vielmehr durch ihre Empfehlungen kurzfristig selbst beeinflußt haben. Einen Überblick zu dieser Fragestellung gibt LIANG, B., *Evidence from the „Dartboard" Column* (Journal of Business 1/1999), S. 119-134.

tersuchungsergebnisse widersprechen damit nicht der Effizienzhypothese. Andererseits sind auch sie kaum geeignet, die Effizienzhypothese zweifelsfrei zu bestätigen. Schließlich liegen der öffentlichen Mitteilung von Anlageempfehlungen häufig Motivationen zugrunde, die zu einer erheblichen Verzerrung der wahrnehmbaren Prognosekompetenz führen können: Beispielsweise können besonders spektakulären Empfehlungen die Zielsetzung zugrunde liegen, öffentliche Aufmerksamkeit zu erreichen und den eigenen Marktanteil auszubauen.[389] Weniger aufsehenerregende Empfehlungen, die unter Umständen mit größerer Präzision und Sicherheit gegeben werden könnten, stehen dahinter möglicherweise zurück.

3.1.3. Gültigkeit der Hypothese informationseffizienter Kapitalmärkte

Kaum ein Gegenstand der Wirtschaftswissenschaften ist in den zurückliegenden 30 Jahren so intensiv diskutiert worden wie die Hypothese informationseffizienter Kapitalmärkte. Hunderte von theoretischen und empirischen Untersuchungen versuchen, die Effizienzhypothese zu widerlegen oder zu bestätigen.[390] Ein eindeutiges und endgültiges Ergebnis konnte dabei jedoch bisher nicht erzielt werden.[391]

---

389 OTT, der Herausgeber des Börsenmagazins ‚Aktientrend', erklärt dazu: „Das größte Problem unserer Branche ist nicht die Börsenprognose, sondern die Leser bei der Stange zu halten." Vgl. BADEN, K. / TEICHERT, W., *Blaue Briefe* (Manager Magazin 2/1993), S. 120. Weiterhin kann das sogenannte Scalping (Veröffentlichung eigener Analysen oder Investment-Empfehlungen allein zu dem Zweck, als Front-Runner von der dadurch ausgelösten Kursbewegung zu profitieren) dazu führen, daß Anlageempfehlungen gelegentlich schlechter sind, als sie bei seriösem Bemühen um objektive Information sein könnten. Vgl. GERKE, W., *Private Bereicherung* (Handelsblatt 29.06.1998), S. 39. Bei Anlageempfehlungen von Banken können außerdem mögliche Interessenskonflikte mit den betroffenen Unternehmen bzw. mit anderen Abteilungen der Banken zu einer verzerrten Offenlegung möglicher Anlageempfehlungen führen. Vgl. dazu bspw. LÖFFLER, G., *Der Beitrag von Finanzanalysten* (1998), S. 60 u. 82-83; MÖLLER, H. P. / HÜFNER, B., *Zur Verläßlichkeit von DVFA-Ergebnissen* (Zeitschrift für Bankrecht und Bankwirtschaft 1997), S. 2; NÖLTING, A., *Ruf in Gefahr* (Manager Magazin 6/1999), S. 149-155; DOHMEN, C., *Finanzprofis schießen oft am Ziel vorbei* (Handelsblatt 29./30.12.2000), S. 46; MOERSCHEN, T., *Analysten sind notorische Optimisten* (Handelsblatt 02.11.2000), S. 37; SCHWARZ, P. / QUANDT, K., *Verengter Blickwinkel* (Handelsblatt Investor 10./11.11.2000), S. 10; QUANDT, K. / SCHWARZ, P. / WIEBE, F., *Durch die Verkäuferbrille* (Handelsblatt Investor 10./11.11.2000), S. 11; FAZ, *Wall Street* (FAZ 03.08.2000), S. 28.

390 Vgl. PODDIG, T., *Kursprognose* (1999), S. 80; ZIMMERMANN, H., *Die moderne ‚Finance'* (1999), S. 11; SAPUSEK, A., *Informationseffizienz auf Kapitalmärkten* (1998), S. VII. Das ist nicht zuletzt darauf zurückzuführen, daß bisher weder Einigkeit über die Definition der Informationseffizienz noch über Methoden der empirischen Überprüfung der Effizienzhypothese gewonnen werden konnte. Vgl. dazu SAPUSEK, A., *Informationseffizienz auf Kapitalmärkten* (1998), S. 9-46.

391 Vgl. OERTMANN, P., *Lassen sich Aktienkurse prognostizieren?* (1999), S. 31; BLÜMEL, R., *Passives Portfolio-Management* (1999), S. 36 ; REHKUGLER, H., *Kurs- und Renditeprognosesysteme* (1995), S. 385; PODDIG, T., *Kursprognose* (1999), S. 80. PODDIG stellt alle Forschungsergebnisse, die zu einer tendenziellen Bestätigung der Effizienzhypothese führen, vor

FAMA selbst zeigt sich zwanzig Jahre nach seinem Eingreifen in die Debatte pessimistisch bezüglich einer endgültigen Klärung der Frage, welcher Grad an Informationseffizienz tatsächlich vorliegt: "Thus, market efficiency per se is not testable. [...] It is a disappointing fact that, because of the joint-hypothesis problem, precise inferences about the degree of market efficiency are likely to remain impossible."[392]

Die Operationalisierung der Effizienzhypothese gestaltet sich im Detail äußerst schwierig und läßt in der Regel abweichende Ergebnisinterpretationen zu.[393] Daher muß FAMA zugestimmt werden, daß das Ausmaß der vorherrschenden Informationseffizienz möglicherweise grundsätzlich nicht geklärt werden kann.[394]

---

dem Hintergrund der bisher kaum beachteten Möglichkeit von nicht-linearen Renditegenerierungsprozessen grundsätzlich in Frage. Vgl. dazu PODDIG, T., *Kursprognose* (1999), S. 95; PODDIG, T., *Analyse und Prognose von Finanzmärkten* (1996), S. 44-48. Ähnlich äußert sich SAPUSEK. Vgl. SAPUSEK, A., *Informationseffizienz auf Kapitalmärkten* (1998), S. 261.

392 FAMA, E. F., *Efficient Capital Markets II* (JoF 1991), S. 1575-1576. Zum „joint-hypothesis problem" vgl. auch PODDIG, T., *Kursprognose* (1999), S. 88-89; MÖLLER, H. P., *Die Informationseffizienz des deutschen Aktienmarktes* (ZfbF 1985), S. 504; SCHNEIDER, D., *Investition, Finanzierung und Besteuerung* (1991), S. 461-465.

393 Einige gravierende Probleme der Operationalisierung der Effizienzhypothese werden erörtert bei PODDIG, T., *Kursprognose* (1999), S. 87-91; UHLIR, H., *Überprüfung der Random-Walk-Hypothese* (1979), S. 41-42 u. 45-48; BUTTLER, G. / HEINLEIN, W., *Zur empirischen Evidenz ökonomischer Spekulationstheorien* (Jahrbücher für Nationalökonomie und Statistik 1985), S. 488; BRENNER, M., *The Effect of Model Misspecifications* (JoF 1977), S. 57-66; BRENNER, M., *The Sensitivity of the Efficient Market Hypothesis* (JoF 1979), S. 915-929; NEUMANN, M. J. M. / KLEIN, M., *Probleme der Theorie effizienter Märkte und ihrer empirischen Überprüfung* (KuK 1982), S. 168-184; BEAVER, W. H., *Zur Effizienz des Kapitalmarktes* (BFuP 1983), S. 355-357; KOPP, H. J., *Erwerb eigener Aktien* (1996), S. 104-105; SAPUSEK, A., *Informationseffizienz auf Kapitalmärkten* (1998), S. 197-199; KLEINE-DEPENBROCK, S., *Entwicklung eines leistungsfähigen Prognosesystems* (1997), S. 111-116; LEONI, W., *Wechselkursprognose* (1990), S. 66-81; GRÜNWALD, L., *Kapitalmarkteffizienz* (1980), S. 193-197 u. 202-208; STREIT, M. E., *Information Processing* (Jahrbücher für Nationalökonomie und Statistik 1984), S. 385-400; STÖTTNER, R., *Finanzmarktanalyse* (Jahrbücher für Nationalökonomie und Statistik 3/1994), S. 372; SCHNEIDER, D., *Investition, Finanzierung und Besteuerung* (1991), S. 464-465.

394 Zu derselben Einschätzung gelangt auch WAHL. Vgl. WAHL, J., *Informationsbewertung* (1983), S. 20. Die im 19. Jahrhundert in der Nationalökonomie sehr intensiv geführte Debatte um Wertbildungsprozesse hat letztlich zu wenig konkretem Erkenntnisfortschritt geführt. Ähnlich gestaltet es sich mit der auf den Wertbildungsprozeß an Kapitalmärkten gemünzte Efficient Market Hypothesis. HIRSCH und STÖTTNER fassen diese ernüchternde Einsicht wie folgt zusammen: „So müssen wir doch einsehen, daß wir im Grunde nur sehr wenig über den Wertbildungsprozeß wissen." Vgl. HIRSCH, J. / STÖTTNER, R., *Über Wert in der Ökonomie* (Jahrbücher für Nationalökonomie und Statistik 1993), S. 552.

3.1.4. Schlußfolgerungen für den weiteren Untersuchungsablauf

Die umfangreiche Forschungsarbeit zur Effizienzhypothese hat bisher kein abschließendes, eindeutiges Ergebnis erbracht.[395] Zwar gibt es gravierende Einwände gegen die Gültigkeit der Voraussetzungen für die strenge Informationseffizienz.[396] Aber die eigentlich bedeutsame Frage der Gültigkeit der halbstrengen oder der schwachen Form der Informationseffizienz bleibt auch auf absehbare Zeit ohne verläßliche Antwort.[397]

Ob deutsche Vermögensverwalter über eine hinreichende Prognosekompetenz verfügen, um aktive Portfoliomanagement-Strategien erfolgreich umsetzen zu können und ihre klare Ausrichtung auf diese Vorgehensweise zu rechtfertigen, kann nicht im Rahmen der Forschung zur Effizienzhypothese beantwortet werden.[398]

Deshalb bietet es sich an, zielgenau auf das zentrale Erkenntnisinteresse abzuheben und direkt die Prognoseleistungen zum Gegenstand der Untersuchungen zu machen.[399] Dies erscheint auch deshalb als notwendig, weil bisher nur wenige empirische Studien, die sich unmittelbar auf die Untersuchung der Ergebnisse von tatsächlichen Ex-ante-Prognosen konzentrieren, vorliegen.[400] Insbesondere die

---

395 Vgl. PODDIG, T., *Kursprognose* (1999), S. 80; OERTMANN, P., *Lassen sich Aktienkurse prognostizieren?* (1999), S. 31 ; BLÜMEL, R., *Passives Portfolio-Management* (1999), S. 36; REHKUGLER, H., *Kurs- und Renditeprognosesysteme* (1995), S. 385.

396 Vgl. SCHNEIDER, D., *Investition, Finanzierung und Besteuerung* (1991), S. 462; LÖFFLER, G., *Verarbeitung von Gewinnprognosen* (ZfbF 2/1999), S. 139-145; STÖTTNER, R., *Finanzmarktanalyse* (Jahrbücher für Nationalökonomie und Statistik 3/1994), S. 372.

397 Vgl. PODDIG, T., *Kursprognose* (1999), S. 80-81 u. 93-95.

398 Ohnehin wäre nur eine eingeschränkte Bezugnahme auf die Ergebnisse der Untersuchungen zur Informationseffizienz möglich gewesen. Hätte zumindest die halbstrenge Informationseffizienz verläßlich ermittelt werden können, wäre die mangelnde Sinnhaftigkeit aktiver Portfoliomanagement-Strategien offensichtlich gewesen. Wäre zumindest die halbstrenge Informationseffizienz klar verworfen worden, hätte ohnehin zusätzlich geprüft werden müssen, ob die grundsätzliche Möglichkeit zu brauchbaren Kapitalmarktprognosen auch tatsächlich mit einer erkennbar ausreichenden Prognosekompetenz bei den Vermögensverwaltern einhergeht. Schließlich ist auch die Konstellation vorstellbar, daß Finanzmarktentwicklungen im Grundsatz prognostizierbar sind, den Analysten allerdings nach wie vor das erforderliche Instrumentarium bzw. die erforderliche Kompetenz fehlt, um auch tatsächlich verwertbare Prognosen zu erarbeiten.

399 Zur Problematik möglicher Ergebnisverzerrungen bei der Untersuchung von Fondsrenditen, Anlageempfehlungen, Anlagesystemen oder ökonometrischen Prognosemodellen vgl. die Abschnitte 3.1.2.5. und 3.1.2.6.

400 Im anglo-amerikanischen Bereich hat es insbesondere in den 1980er Jahren einige interessante Studien gegeben. BELONGIA stellt fest, daß Prognosen von Finanzanalysten bezüglich der dreimonatigen T-Bill-Rate schlechter ausfallen als eine Zufallsprognose. Vgl. BELONGIA, M. T., *Predicting Interest Rates* (Review of the Federal Reserve Bank of St. Louis 3/1987), S. 9-13. HAFER und HEIN untersuchten ebenfalls Zinsprognosen (dreimonatige T-Bill-Rate) von professionellen Analysten und kamen zu dem Ergebnis, daß diese Prognosen in etwa die

Überprüfung der Prognosegüte von Kapitalmarktprognosen deutscher Bankhäuser und Vermögensverwaltungsgesellschaften hat bisher nur in einigen kurzen und nicht wissenschaftlich ausgerichteten Beiträgen in Wirtschaftsmagazinen stattgefunden.[401]

Die einzige Ausnahme bildet eine Untersuchung von ALBRECHT, in der DM-Rentenmarktprognosen von zwölf Banken für den Zeitraum von 1991 bis 1997 untersucht werden.[402] Allerdings zielt diese Studie nicht in erster Linie darauf ab, die Tauglichkeit der Prognosen für aktive Portfoliomanagement-Strategien zu überprüfen. Sie geht stattdessen der Frage nach, ob die Zinsprognosen der Banken zu besseren oder schlechteren Vorhersageergebnissen geführt haben als die impliziten Terminzinssätze, die sich aus der jeweils aktuellen Zinsstruktur errechnen lassen.[403] Dabei stellt sich heraus, daß die betrachteten Prognosen bis auf eine einzige Ausnahme die künftige Marktentwicklung schlechter erfaßten als die impliziten Terminzinssätze.[404] Am Schluß der Studie wird darüber hinaus festgestellt, daß die Anwendung der naiven Prognose zu erkennbar besseren Prognoseergebnissen geführt hätte als die betrachteten Bankprognosen und die entsprechenden impliziten Terminzinssätze.[405] ALBRECHT deutet seine Untersuchungsergebnisse dahingehend, daß es keine Hinweise darauf gebe, daß die betrachteten Banken zur Abgabe überlegener Zinsprognosen in der Lage waren.[406] Damit werden die

---

Qualität einer naiven Prognose aufwiesen. Vgl. HAFER, R. W. / HEIN, S. E., *Comparing Futures and Survey Forecasts* (Review of the Federal Reserve Bank of St. Louis 5-6/1989), S. 33-42. DOWEN überprüft professionelle Aktienprognosen und stellt fest, daß sie keine klare Beziehung zu der tatsächlichen Aktienentwicklung aufweisen. Vgl. DOWEN, R. J., *What are Analysts' Forecasts Worth?* (Financial Analysts Journal 7-8/1989), S. 71-74. THROOP vergleicht professionelle Zinsprognosen mit der Vorhersagequalität der entsprechenden impliziten Terminzinssätze. Ob einer der beiden Ansätze überhaupt einen erkennbaren prognostischen Gehalt aufweist, bleibt bei einem solchen Forschungsansatz jedoch leider unberücksichtigt. Vgl. THROOP, A. W., *Interest Rate Forecasts* (Economic Review of the Federal Reserve Bank of San Francisco 1/1981), S. 29-43. Ähnlich ist die Untersuchung von FRIEDMANN gelagert. Vgl. FRIEDMAN, B. M., *Interest Rate Expectations* (JoF 9/1979), S. 965-973. Einen Überblick über diese und weitere Untersuchungen geben BREIG und HAFER/HEIN/MACDONALD. Vgl. BREIG, H., *Informationsgehalt von Finanzmarktprognosen* (Finanzmarkt und Portfolio Management 1/1991), S. 62-75; HAFER, R. W. / HEIN, S. E. / MACDONALD, S. S., *Market and Survey Forecasts* (Journal of Business 1/1992), S. 124-125. Für Kontinentaleuropa liegen hingegen kaum Befunde vor. Vgl. ALBRECHT, T., *Zur Eignung professioneller Zinsprognosen* (2000), S. 3.

401 Vgl. bspw. DAS WERTPAPIER, *2500 Prognosen von 14 Banken im Test* (Das Wertpapier 16/1997), S. 9; BADEN, K., *Frohe Kunde* (Manager Magazin 1/1995), S. 104; REIM, M., *Analysten* (SZ 09.01.2001), S. 23.

402 Vgl. ALBRECHT, T., *Zur Eignung professioneller Zinsprognosen* (2000).

403 Vgl. ALBRECHT, T., *Zur Eignung professioneller Zinsprognosen* (2000), S. 5-11.

404 Vgl. ALBRECHT, T., *Zur Eignung professioneller Zinsprognosen* (2000), S. 12-17.

405 Vgl. ALBRECHT, T., *Zur Eignung professioneller Zinsprognosen* (2000), S. 20-21.

406 Vgl. ALBRECHT, T., *Zur Eignung professioneller Zinsprognosen* (2000), S. 25.

Zweifel an der Prognosekompetenz deutscher Vermögensverwalter erstmals durch die systematische Auswertung tatsächlicher Ex-ante-Prognosen bestärkt. Leider wird in der Studie weder erwähnt, von welchen Banken die betrachteten Prognosedaten stammen,[407] noch ob und gegebenenfalls in welchem Umfang diese Banken im Vermögensverwaltungsgeschäft aktiv sind.[408] Handelt es sich um Banken, die in irgendeiner Weise als repräsentativ für die deutsche Kreditwirtschaft angesehen werden können, und sind diese Banken im Bereich Private Banking tätig, so ist das Forschungsergebnis von ALBRECHT dazu geeignet, die Hypothese der vorliegenden Untersuchung zumindest massiv in Frage zu stellen. Weitere Forschungsbemühungen, die die angesprochenen zusätzlichen Informationen einbeziehen, erscheinen daher als dringend geboten.

Weiterhin ist zu der ALBRECHT-Studie kritisch anzumerken, daß Prognosen mit variierenden Prognosehorizonten verwendet wurden.[409] Das führt unter anderem dazu, daß sich die Prognose-Zeitreihen nur althergebrachten Prognosefehlermaßen erschließen. Wünschenswert ist aus heutiger Sicht jedoch die Anwendung zumindest des Theilschen Ungleichheitskoeffizienten „neuer Art".[410] Dieses Prognosefehlermaß kann allerdings nur für Prognosezeitreihen mit konstantem Prognosehorizont berechnet werden.

Darüber hinaus werden die Prognosen von ALBRECHT nicht daraufhin untersucht, ob die Charakteristik einer gegenwartsorientierten Verlaufsanpassung vorliegt.[411] MARNET hat diese Charakteristik als erster erfaßt und in einem Zeitungsartikel dargelegt,[412] allerdings ohne diesen Aspekt in seiner späteren wissenschaftlichen Arbeit weiter zu verfolgen.[413] Erst die Studie von ANDRES und SPIWOKS hat die

---

407 Für die Tragweite der Untersuchungsergebnisse macht es zweifellos einen Unterschied, ob große und renommierte Bankhäuser (bspw. Deutsche Bank, HypoVereinsbank, Dresdner Bank, DG-Bank) mit ihren Prognosen vertreten waren oder ob die Prognosen von eher unbedeutenden Kreditinstituten (bspw. Volksbank Gießen e.G., Bankhaus Gebr. Martin, Kreissparkasse Limburg) betrachtet werden.

408 Für die Fragestellung der vorliegenden Untersuchung ist in erster Linie die Prognosekompetenz von Instituten interessant, die im Bereich Vermögensverwaltung nennenswerte Aktivitäten unterhalten. Bspw. sind Ergebnisse bezüglich der Kapitalmarktprognosen von Sal. Oppenheim oder Trinkaus & Burkhardt trotz ihrer geringen Größe von höherem Interesse als bspw. von der Münchner Bank e.G., die im Vermögensverwaltungsgeschäft keinerlei Aktivitäten entfaltet.

409 Vgl. ALBRECHT, T., *Zur Eignung professioneller Zinsprognosen* (2000), S. 5 u. 30.

410 Zur Darstellung des Theilschen Ungleichheitskoeffizienten „neuer Art" sowie zur Begründung seiner Überlegenheit gegenüber herkömmlichen Prognosefehlermaßen vgl. Kapitel 3.2. sowie ANDRES, P. / SPIWOKS, M., *Prognosegütemaße* (2000).

411 Zum Begriff der gegenwartsorientierten Verlaufsanpassung von Kapitalmarktprognosen vgl. ANDRES, P. / SPIWOKS, M., *Prognosequalitätsmatrix* (Jahrbücher für Nationalökonomie und Statistik 1999, S. 515-516. Vgl. auch Abschnitt 3.2.6.

412 Vgl. FAZ, *Analysten verhalten sich opportunistisch* (FAZ 30.06.1994), S. 19.

413 Vgl. insbes. MARNET, V., *Finanzmarkterwartungen* (1996).

erforderlichen methodologischen Voraussetzungen geschaffen, um die Güte von Kapitalmarktprognosen auch vor dem Hintergrund etwaiger gegenwartsorientierter Verlaufsanpassungen zu erfassen.[414]

Diese Kritikpunkte schränken weder die Gültigkeit noch die Bedeutung der ALBRECHTschen Untersuchungsergebnisse ein. Sie zeigen lediglich auf, welche weiteren Aspekte bei anknüpfenden Forschungsanstrengungen berücksichtigt werden sollten. Für die Fragestellung der vorliegenden Studie ist somit eine Untersuchung der Ex-post-Prognosegüte von Ex-ante-Prognosen deutscher, im Vermögensverwaltungsgeschäft tätiger Bankhäuser gefordert, die möglichst folgenden Ansprüchen genügen sollte: Wegen der zentralen Bedeutung der Zinsentwicklung für alle anderen Bereiche des Kapitalmarktgeschehens sollten vor allem Zinsprognosen betrachtet werden.[415] Es sollten lange Zeitreihen verwendet werden, die einen gesamten Zinszyklus umfassen und bis an den aktuellen Rand heranreichen.[416] Es sollten nur Daten verwendet werden, deren Ex-ante-Charakter intersubjektiv nachvollziehbar ist.[417] Es sollten Daten mit konstantem Prognosehorizont verwendet werden, die sich auch modernen Prognosefehlermaßen erschließen.[418] Die betrachteten prognosegebenden Institute sollten ein möglichst repräsentatives Bild von der deutschen Bankenlandschaft vermitteln und ihre jeweiligen Aktivitäten im Bereich Vermögensverwaltung sollten offengelegt werden.

Diese Zielsetzung wird im Kapitel 3.3. verwirklicht. Damit wird die Voraussetzung zur Beantwortung der übergeordneten Fragestellung der vorliegenden Arbeit geschaffen. Zuvor ist es jedoch erforderlich, eine begründete Auswahlentscheidung bezüglich des verwendeten Verfahrens der Prognosegütemessung zu treffen (3.2.).

3.2. Statistisches Instrumentarium zur Messung der Prognosegüte

Unter Prognosegüte wird das Ausmaß der Übereinstimmung zwischen prognostizierten und realisierten Werten der zu prognostizierenden Variable verstanden.[419] Abschließende Aussagen über die Güte einer Prognose können dementsprechend

---

414 Vgl. ANDRES, P. / SPIWOKS, M., *Prognosequalitätsmatrix* (Jahrbücher für Nationalökonomie und Statistik 1999), S. 513-542.

415 Vgl. die Einführung zu Kapitel 3.3. und Abschnitt 3.4.1.

416 Vgl. die Einführung zu Kapitel 3.3.

417 Vgl. die Einführung zu Kapitel 3.3.

418 Vgl. Kapitel 3.2.

419 Vgl. FRANKE, G. / HAX, H., *Finanzwirtschaft* (1995), S. 245; DICHTL, E. / ISSING, O., *Wirtschaftslexikon* (1993), S. 1732.

nur nach dem Eintreffen der tatsächlichen Ausprägung der zuvor prognostizierten Werte (ex post) getroffen werden.[420]

Es liegt eine Fülle von statistischen Prognosefehlermaßen[421] vor.[422] In diesem Kapitel werden die wichtigsten Verfahren zur Messung und Beurteilung der Prog-

---

420 Vgl. DICHTL, E. / ISSING, O., *Wirtschaftslexikon* (1993), S. 1732; GRUNDMANN, T., *Prognose einer Kapitalgesellschaft* (1989), S. 112.

421 Die Begriffe „Prognosegütemaß" und „Prognosefehlermaß" werden in der Literatur synonym verwendet. Auch in der hier vorliegenden Untersuchung werden diese beiden Begriffe als inhaltlich übereinstimmend verstanden.

422 Detaillierte Darstellungen wichtiger Prognosefehlermaße finden sich bei SCHWARZE, J., *Probleme der Fehlermessung* (Zeitschrift für die gesamte Staatswissenschaft 1973), S. 535-558; SCHWARZE, J., *Ex-post-Beurteilung von Prognosen*, (1980), S. 317-344; HUJER, R. / CREMER, R., *Empirische Wirtschaftsforschung* (1978), S. 249-288; KHOSRAWI-RAD, M. D., *Prognose* (1991), S. 218-254; ANDRES, P. / SPIWOKS, M. *Prognosegütemaße* (2000), S. 10-54; ANDRES, P. / SPIWOKS, M., *Prognosequalitätsmatrix* (Jahrbücher für Nationalökonomie und Statistik 1999), S. 523-537. Kurzübersichten wichtiger Prognosefehlermaße geben Poddig, T., *Kursprognose* (1999), S. 458-469; THIESING, F. M., *Analyse und Prognose von Zeitreihen* (1998), S. 70-73; HÜTTNER, M., *Vergleich und Auswahl von Prognoseverfahren* (1994), S. 350-351; BALLOCCHI, G., *Die statistische Evaluation von Finanzmarktprognosen* (1998), S. 34-35; WIEDEMANN, R., *Prognoseerstellung* (1990), S. 23-25; RUDOLPH, A., *Prognoseverfahren* (1998), S. 10-15; ARORA, H. A. / SMYTH, D. J., *Forecasting the developing world* (International Journal of Forecasting 1990), S. 394-395; DICHTL, E. / ISSING, O., *Wirtschaftslexikon* (1993), S. 1732-1733; METHEWS, B. P. / DIAMANTOPOULOS, A., *Forecast Error Measures* (Journal of Forecasting 1994), S. 411; MILLS, T. C. / PEPPER, G. P., *Assessing the Forecasters* (1997), S. 5-7; NG, T., *Forecasting Performance* (1996), S. 17-18; MULHERN, F. J. / CAPRARA, R. J., *Forecasting Market Response* (International Journal of Forecasting 1994), S. 200-201; HEILEMANN, U., *Prognoseleistung ökonometrischer Konjunkturmodelle* (1981), S. 51-57; TERLAU, W., *Strukturelle Sensitivitätsanalyse* (1992), S. 215-220; HÜTTNER, M., *Prognoseverfahren und ihre Anwendung* (1986), S. 259-270; HANSMANN, K.-W., *Kurzlehrbuch Prognoseverfahren* (1983), S. 14-16; HANSMANN, K.-W., *Prognoseverfahren* (BFuP 1995), S. 270-271; STEGE, C., *Zur Beurteilung der Prognosetätigkeit* (1989), S. 18-25; TICHY, G., *Konjunktur* (1994), S. 238-242; COCHE, J., *Kapitalmarkteffizienz* (1999), S. 140-142; LEVIN, F., *Zinsprognosemodelle* (Die Bank 1993), S. 655; BOUTHEVILLAIN, K. / MATHIS A., *Prévisions* (Économie et Statistique 1995), S. 92; WALLMEIER, M., *Prognose von Aktienrenditen* (1997), S. 163-165; KUHNIGK, B., *Prognosefunktionen* (1984), S. 112-115; PFLAUMER, P., *Wie gut sind Prognosen?* (1984), S. 3-10; BRECKLING, J. / HILLMER, M., *Verfahren zur Zinsprognose* (1996), S. 300-302; SCHRÖDER, D., *Empirischer Vergleich* (1997), S. 68-70; BOCK, R. / DIETL, W., *Analyse der Zuverlässigkeit* (Jahrbuch der Absatz- und Verbrauchsforschung 1996), S. 187-188; BROCKHOFF, K., *Prognoseverfahren* (1977), S. 54-61; BACHER, M., *Prognosemodell zur Devisenkurssicherung* (1975), S. 150-175; BROOKS, C., *Forecastability* (Journal of Forecasting 1997), S. 133-136. Allgemeine Anmerkungen zu Prognosegütemaßen und Ansätzen zur Verbesserung der Prognosegüte machen GOODWIN, P. / WRIGHT, G., *Time Series Forecasting* (International Journal of Forecasting 1993), S. 147-161; STEWART, T. R. / LUSK, C. M., *Judgemental Forecasting Skill* (Journal of Forecasting 1994), S. 579-599.

nosegüte dargestellt und kritisch gewürdigt, um schließlich zu einer *begründeten Methodenauswahl* zu gelangen.[423]

Zunächst werden einfache Prognosefehlermaße vorgestellt (3.2.1.). Im Anschluß werden Stärken und Schwächen von relativen Prognosefehlermaßen (3.2.2.) und von relativen absoluten Prognosefehlermaßen (3.2.3.) diskutiert. Es folgt die Darstellung der wichtigsten quadratischen Prognosefehlermaße (3.2.4.). Die wesentlichen Vorteile des Theilsche Ungleichheitskoeffizienten „neuer Art" gegenüber den herkömmlichen Prognosefehlermaßen werden herausgearbeitet (3.2.5.). Der GOVA-Koeffizient wird als Instrument zur weiteren Charakterisierung von Kapitalmarktprognosen dargestellt (3.2.6.). Eine Kombination von Theilschem Ungleichheitskoeffizienten und GOVA-Koeffizienten führt schließlich zur Prognosequalitätsmatrix (3.2.7.). Zum Abschluß wird die Auswahl der Prognosegütemaße, die in den Kapiteln 3.3. und 3.4. zur Anwendung kommen sollen, dargelegt und begründet (3.2.8.).

3.2.1. Einfache Prognosefehlermaße

Dieser Gruppe sind einige Prognosefehlermaße zuzurechnen, die nur einen äußerst begrenzten Anwendungsbereich aufweisen.[424] Von allgemeiner Bedeutung sind dagegen der mittlere Prognosefehler (3.2.1.1) und der mittlere absolute Prognosefehler (3.2.1.2).

3.2.1.1. Mittlerer Prognosefehler

Der mittlere Prognosefehler (*MP*)[425] ist in der Lage, die durchschnittliche Tendenz eines Prognoseverfahrens (Überschätzung bzw. Unterschätzung) aufzuzeigen.

$$MP = \frac{1}{T} \sum_{t=1}^{T} \left(\hat{x}_t - x_t \right)$$

423 WOSSIDLO hat darauf hingewiesen, „daß der Aussagegehalt und die Glaubwürdigkeit realwissenschaftlicher Behauptungen in hohem Maße von den zugrundeliegenden methodischen Gewinnungs- oder Testwerkzeugen abhängig sind." WOSSIDLO, P. R., *Sequenzanalyse* (1975), S. 8'. Deshalb wird im Kapitel 3.2. eine sorgfältige Abwägung möglicher Prognosegütemaße vorgenommen.

424 Hier sind vor allem der kleinste Prognosefehler, der größte Prognosefehler, der mittlere positive Prognosefehler und der mittlere negative Prognosefehler zu nennen. Vgl. zu diesen Prognosefehlermaßen ANDRES, P. / SPIWOKS, M., *Prognosegütemaße* (2000), S. 10-12.

425 Vgl. bspw. KHOSRAWI-RAD, M. D., *Prognose* (1991), S. 218; MATHEWS, B. P. / DIAMANTOPOULOS, A., *Forecast Error Measures* (1994), S. 411; HÜTTNER, M., *Prognoseverfahren und ihre Anwendung* (1986), S.259-260.

mit:

T : Gesamtanzahl der vorliegenden Prognosen bzw. tatsächlich eingetretenen Beobachtungen

x_t : Eingetretene Beobachtung zum Zeitpunkt t (t läuft von t = 1 bis T)

$\hat{x}_t$: Vorliegende Prognose zum Zeitpunkt t (t läuft von t = 1 bis T)

Der mittlere Prognosefehler gibt die durchschnittliche Abweichung des prognostizierten vom tatsächlich eingetretenen Wert an.

Der mittlere Prognosefehler ist intuitiv leicht verständlich und unkompliziert in der Anwendung. Er ist jedoch nur für die Ermittlung einer globalen Über- beziehungsweise Unterschätzung geeignet. Es wird lediglich ein Mittelwert bestimmt, der unter Umständen ein falsches Bild der Anpassung vermittelt, da die Streuung der Fehler nicht berücksichtigt wird. Eine Prognose mit starken Abweichungen nach oben und nach unten wird als ebensogut ausgewiesen wie eine perfekte Prognose, sofern die positiven und die negativen Abweichungen in der Summe Null ergeben.[426] Die Verwendung des mittleren Prognosefehlers zur Beurteilung von Kapitalmarktprognosen ist daher als weitgehend ungeeignet zu bewerten.

3.2.1.2. Mittlerer absoluter Prognosefehler

Der mittlere absolute Prognosefehler (*MAP*)[427] zeichnet sich dadurch aus, daß positive und negative Abweichungen sich nicht gegenseitig aufheben. Er gibt die durchschnittliche Entfernung zwischen dem prognostizierten und dem tatsächlich eingetretenen Wert an.

$$MAP = \frac{1}{T} \sum_{t=1}^{T} \left| \hat{x}_t - x_t \right|$$

---

426 Vgl. THEIL, H. / BOOT, J. C. G. / KLOEK, T., *Prognosen und Entscheidungen* (1971), S. 124; STOLZKE, U. A., *Neuronale Netze zur Prognose von Warenterminpreisen* (2000), S. 84; HÜTTNER, M., *Prognoseverfahren und ihre Anwendung* (1986), S. 260.

427 Vgl. bspw. HUJER, R. / CREMER, R., *Empirische Wirtschaftsforschung* (1978), S. 263-264; KHOSRAWI-RAD, M. D., *Prognose* (1991), S. 219; HANSMANN, K.-W., *Prognoseverfahren* (BFuP 1995), S. 270-271; SCHWARZE, J., *Ex-post-Beurteilung von Prognosen*, (1980), S. 328 in Verbindung mit S. 323; LEVIN, F., *Zinsprognosemodelle* (Die Bank 1993), S. 655; HERBERT, T. / STAHLHACKE, M., *Prognose des deutschen Kapitalmarktzinses* (1995), S. 60; KLEINE-DEPENBROCK, S., *Entwicklung eines leistungsfähigen Prognosesystems* (1997), S. 245.

Dies ist im Hinblick auf die meisten anzuwendenden Verfahren von Vorteil, bei denen optimale Schätzer durch Minimierung des Fehlers gewonnen werden.[428]

3.2.1.3. Beurteilung einfacher Prognosefehlermaße

Einfache Prognosefehlermaße zeichnen sich vor allem dadurch aus, daß sie intuitiv leicht verständlich sind. Sie finden häufig in empirischen Untersuchungen Verwendung, auch wenn ihre Bedeutung heute eher darin zu sehen ist, daß sie wichtige Bestandteile differenzierterer Prognosefehlermaße darstellen.

Die Schwäche einfacher Prognosefehlermaße liegt – über die im einzelnen angesprochenen Punkte hinaus – vor allem in der fehlenden Normierung.[429] Prognosen, die auf unterschiedlichen Variablen basieren, sind daher nicht miteinander vergleichbar.

3.2.2. Relative Prognosefehlermaße

Beispielsweise eine Anleihenmarktprognose kann sich auf die Zinssatz- oder auf die Kursentwicklung beziehen. Will man eine Kursprognose und eine Zinssatzprognose miteinander vergleichen, ist eine Normierung wichtig, weil sonst eine Verzerrung durch die nominal höheren Werte der Kursprognose zustande käme.

Auch beim Vergleich von Prognosen, die sich auf unterschiedliche Zeiträume beziehen, kann eine Normierung wichtig sein. Wenn beispielsweise je ein Prognosefehler von übereinstimmendem prozentualem Ausmaßes während einer Hochzinsphase beziehungsweise während einer Niedrigzinsphase gemessen wird, würde ersterer ohne Normierung systematisch überschätzt.[430]

Eine Normierung kann auf unterschiedlichen Wegen erfolgen. Die relativen Prognosefehlermaße weisen jedoch alle eine Form der Normierung auf, die Prognosen,

---

428 Wie z.B. bei der Methode der kleinsten Quadrate. Vgl. zur Methode der kleinsten Quadrate bspw. ECKEY, H.-F. / KOSFELD, R. / DREGER, C., *Ökonometrie* (1995), S. 23-39; FROHN, J., *Grundausbildung in Ökonometrie* (1995), S. 31-41; SCHIPS, B., *Empirische Wirtschaftsforschung* (1990), S. 54-64; SINGER, H., *Finanzmarktökonometrie* (1999), S. 275-279; SCHAICH, E. / BRACHINGER, H. W., *Ökonometrie* (1990), S. 23-24; LINHART, H. / ZUCCHINI, W., *Statistik Zwei* (1982), S. 19-24; KREYSZIG, E. *Statistische Methoden* (1965), S. 258-261.

429 Vgl. GALLER, H. P., *Maße der Prognosegüte* (Allgemeines Statistisches Archiv 1977), S. 178.

430 Grundsätzlich sollte man zurückhaltend bei dem Vergleich von Prognosereihen sein, die sich auf unterschiedliche Zeiträume beziehen. Es ist nämlich nicht auszuschließen, daß bestimmte Zeiträume schwieriger zu prognostizieren sind als andere. Wenn aber Prognosen, die sich auf verschiedene Zeiträume beziehen, im Hinblick auf ihre Prognosegüte verglichen werden sollen, dann ist eine Normierung des Prognosefehlermaßes zu empfehlen.

die sich auf unterschiedliche Prognosevariablen oder auf unterschiedliche Zeiträume beziehen, vergleichbar machen sollen.[431]

Die wichtigsten relativen Prognosefehlermaße sind der mittlere relative Prognosefehler (3.2.2.1.), der mittlere relative symmetrische Prognosefehler (3.2.2.2.), der mittlere relative gewichtete Prognosefehler (3.2.2.3.) sowie der mittlere relative gewichtete Prognosefehler bezogen auf die naive Prognose (3.2.2.4.).

3.2.2.1. Mittlerer relativer Prognosefehler

Der mittlere relative Prognosefehler (*MRP*)[432] ist das relative Äquivalent zum mittleren Prognosefehler.

$$MRP = \frac{1}{T} \sum_{t=1}^{T} \frac{\hat{x}_t - x_t}{x_t}$$

Dieses Prognosefehlermaß ist dadurch gekennzeichnet, daß die Abweichungen von Prognose und tatsächlichen Werten durch die jeweilige Beobachtung geteilt und damit bezüglich der Prognosevariable normiert werden. Im Gegensatz zum (nicht-normierten) mittleren Prognosefehler (*MP*) können hiermit verschiedene Prognosemodelle auch für unterschiedliche betrachtete Zeiträume oder Variablen miteinander verglichen werden.

3.2.2.2. Mittlerer relativer symmetrischer Prognosefehler

Eine Spielart des mittleren relativen Prognosefehlers ist der mittlere relative symmetrische Prognosefehler (*MRSP*)[433].

$$MRSP = \frac{1}{T} \sum_{t=1}^{T} \frac{\left(\hat{x}_t - x_t\right)}{\frac{1}{2}\left(\hat{x}_t + x_t\right)}$$

Hierbei wird die Normierung durch den Mittelwert des jeweiligen Prognosewertes und des tatsächlichen Wertes vorgenommen. Allerdings wird kritisiert, daß dieses

---

431 Vgl. SCHWARZE, J., *Probleme der Fehlermessung* (Zeitschrift für die gesamte Staatswissenschaft 1973), S. 551.

432 Vgl. bspw. SCHWARZE, J., *Ex-post-Beurteilung von Prognosen* (1980), S. 323; KHOSRAWI-RAD, M. D., *Prognose* (1991), S. 219-220; THIESING, F. M., *Analyse und Prognose von Zeitreihen* (1998), S. 71.

433 Vgl. SCHWARZE, J., *Ex-post-Beurteilung von Prognosen* (1980), S. 329.

Maß sachlich schwer zu interpretieren ist.[434] Weiterhin muß kritisch angemerkt werden, daß die Berücksichtigung des Prognosewertes als Summand im Nenner dazu führt, daß Überschätzungen zu einer relativ besseren Bewertung führen als Unterschätzungen gleichen Betrags.[435]

3.2.2.3. Mittlerer relativer gewichteter Prognosefehler

Beim mittleren relativen gewichteten Prognosefehler (*MRGP*)[436] werden die Fehler mit der Ausprägung der Beobachtung gewichtet.

$$MRGP = \frac{\frac{1}{T}\sum_{t=1}^{T} x_t \left(\frac{\hat{x}_t - x_t}{x_t}\right)}{\frac{1}{T}\sum_{t=1}^{T} x_t} = \frac{\sum_{t=1}^{T} \left(\hat{x}_t - x_t\right)}{\sum_{t=1}^{T} x_t}$$

Hier erfolgt die Normierung global und nicht, wie beim mittleren relativen Prognosefehler, für jede einzelne Beobachtung. Auch auf diese Weise können Prognosen, die auf unterschiedlichen Prognosevariablen oder unterschiedlichen Zeiträumen basieren, vergleichbar gemacht werden.

3.2.2.4. Mittlerer relativer gewichteter Prognosefehler bezogen auf die naive Prognose

Hat man überhaupt keine Vorstellung davon, was in Zukunft passieren wird, spricht ebensoviel für steigende wie für fallende Werte. In diesem Fall ist es rational, von unveränderten Werten auszugehen (naive Prognose[437]). Somit stellt die naive Prognose den Nullpunkt der Prognosequalität dar. Weist eine Prognose keine signifikant bessere Qualität auf als die entsprechende naive Prognose, spiegelt sich darin eine völlige Unkenntnis der prognostizierten Zusammenhänge wider.[438] Deshalb ist auch eine Relativierung des mittleren relativen Prognosefehlers mit

---

434 Vgl. KHOSRAVI-RAD, M. D., *Prognose* (1991), S. 221.

435 Vgl. ANDRES, P. / SPIWOKS, M., *Prognosegütemaße* (2000), S. 21.

436 Vgl. KHOSRAVI-RAD, M. D., *Prognose* (1991), S. 222.

437 Vgl. PODDIG, T., *Kursprognose* (1999), S. 455-456.

438 Vgl. ANDRES, P. / SPIWOKS, M., *Prognosequalitätsmatrix* (Jahrbücher für Nationalökonomie und Statistik 1999), S. 524.

der naiven Prognose (*MRPnP*)[439] von Interesse. Bei Berücksichtigung der naiven Prognose muß der Prognosehorizont h mit einbezogen werden.[440]

$$MRPnP = \frac{\frac{1}{T}\sum_{t=1}^{T}\left(\hat{x}_t - x_t\right)}{\frac{1}{T}\sum_{t=1}^{T}\left(x_{t-h} - x_t\right)}$$

Nimmt dieses Maß den Wert Eins an, so entspricht die durchschnittliche Über- bzw. Unterschätzung der Prognose der der entsprechenden naiven Prognose. Je nach Vorzeichen des Nenners und des Zählers müssen Ergebnisse von > 1 bzw. < 1 unterschiedlich bewertet werden. Die Eindeutigkeit der Ergebnisse ist damit nicht ohne weiteres gewährleistet.

3.2.2.5. Beurteilung der relativen Prognosefehlermaße

Relative Prognosefehler haben den Vorteil, daß durch die verschiedenen Formen der Normierung eine Vergleichbarkeit von Prognosen, die sich auf unterschiedliche Prognosevariablen oder Prognosezeiträume beziehen, erreicht wird.

Die Schwäche der relativen Prognosefehlermaße ist ähnlich geartet wie die des mittleren Prognosefehlers. Alle diese Prognosefehlermaße zielen lediglich auf die Ermittlung einer globalen Über- beziehungsweise Unterschätzung ab. Es wird ein Mittelwert bestimmt, der unter Umständen ein falsches Bild der Anpassung vermittelt, da die Streuung der Fehler nicht berücksichtigt wird.[441]

Die jeweiligen absoluten Äquivalente dieser Ansätze lösen zumindest diese Problematik auf.

---

439 Vgl. ANDRES, P. / SPIWOKS, M., *Prognosegütemaße* (2000), S. 22. Anders bei KHOSRAVI-RAD, M. D., *Prognose* (1991), S. 223.

440 RUDOLPH unterscheidet zwischen einstufigen und mehrstufigen Prognosefehlern. Bei einstufigen Prognosefehlern umfaßt dabei der Prognosehorizont grundsätzlich eine Periode, während er bei den mehrstufigen Prognosefehlern variabel ist. Diese explizite Unterteilung erscheint nicht notwendig, wenn grundsätzlich von einem variablen Prognosehorizont h ausgegangen wird. Dann ist der Spezialfall $h = 1$ mit eingeschlossen. Vgl. RUDOLPH, A., *Prognoseverfahren* (1998), S. 10-15.

441 Vgl. THEIL, H. / BOOT, J. C. G. / KLOEK, T., *Prognosen und Entscheidungen* (1971), S. 124; STOLZKE, U. A., *Neuronale Netze zur Prognose von Warenterminpreisen* (2000), S. 84.

3.2.3. Relative absolute Prognosefehlermaße

Die relativen absoluten Prognosefehlermaße zielen darauf ab, die Normierung der relativen Prognosefehlermaße mit der absoluten Betrachtungsweise zu kombinieren. Dabei wird eine gegenseitige Aufhebung von Über- und Unterschätzungen vermieden und gleichzeitig eine Vergleichbarkeit von Prognosen, die sich auf unterschiedliche Prognosevariablen beziehen, hergestellt.[442]

Die wichtigsten relativen absoluten Prognosefehlermaße sind der mittlere relative absolute Prognosefehler (3.2.3.1.), der mittlere relative absolute symmetrische Prognosefehler (3.2.3.2.), der mittlere relative absolute gewichtete Prognosefehler (3.2.3.3.), der mittlere relative absolute gewichtete Prognosefehler bezogen auf die naive Prognose (3.2.3.4.) sowie der durchschnittliche Genauigkeitsquotient (3.2.3.5.).

3.2.3.1. Mittlerer relativer absoluter Prognosefehler

Der mittlere relative absolute Prognosefehler (*MRAP*)[443] ist das relative Äquivalent zum mittleren absoluten Prognosefehler. Nach Multiplikation mit 100 kann er als durchschnittliche prozentuale Entfernung des Schätzers vom zu schätzenden Parameter interpretiert werden.[444]

$$MRAP = \frac{1}{T} \sum_{t=1}^{T} \left| \frac{\hat{x}_t - x_t}{x_t} \right|$$

Durch die Betrachtung der absoluten Abweichungen von Prognosewert und tatsächlichem Wert wird eine gegenseitige Aufhebung von Über- und Unterschätzungen vermieden. Durch die Normierung der jeweiligen Entfernungen zwischen prognostiziertem und tatsächlichem Wert sind die Fehler unterschiedlicher Prog-

---

442 Vgl. SCHWARZE, J., *Probleme der Fehlermessung* (Zeitschrift für die gesamte Staatswissenschaft 1973), S. 551.

443 Vgl. bspw. SCHWARZE, J., *Ex-post-Beurteilung von Prognosen*, (1980), S. 329 in Verbindung mit S. 323; KHOSRAWI-RAD, M. D., *Prognose* (1991), S. 207; BOUTELLIER, R. / SCHNECKENBURGER, T., *Prognosen* (2000), S. 57-58; HÜTTNER, M., *Prognoseverfahren und ihre Anwendung* (1986), S. 260.

444 Vgl. WIEDEMANN, R., *Prognoseerstellung* (1988), S. 23; RUDOLPH, A., *Prognoseverfahren* (1998), S. 11; MULHERN, F. J. / CAPRARA, R. J., *Forecasting Market Response* (International Journal of Forecasting 1994), S. 200.

nosen auch bezüglich unterschiedlicher Prognosevariablen (bspw. Kurs- und Zinssatzbasis) oder unterschiedlicher Zeiträume vergleichbar.[445]

3.2.3.2. Mittlerer relativer absoluter symmetrischer Prognosefehler

Eine Spielart des mittleren relativen absoluten Prognosefehlers (*MRAP*) ist der mittlere relative absolute symmetrische Prognosefehler (*MRASP*)[446].

$$MRASP = \frac{1}{T} \sum_{t=1}^{T} \frac{\left|\hat{x}_t - x_t\right|}{\tfrac{1}{2}\left(\hat{x}_t + x_t\right)}$$

Hierbei wird die Normierung durch den Mittelwert des jeweiligen Prognosewertes und des tatsächlichen Wertes vorgenommen. Allerdings wird kritisiert, daß dieses Maß sachlich schwer zu interpretieren ist.[447] Weiterhin muß kritisch angemerkt werden, daß die Berücksichtigung des Prognosewertes als Summand im Nenner dazu führt, daß Überschätzungen zu einer relativ besseren Bewertung führen als Unterschätzungen gleichen Betrags.[448]

3.2.3.3. Mittlerer relativer absoluter gewichteter Prognosefehler

Beim mittleren relativen gewichteten absoluten Prognosefehler (*MRAGP*)[449] werden die Fehler mit der Ausprägung der Beobachtung gewichtet.

$$MRAGP = \frac{\frac{1}{T} \sum_{t=1}^{T} x_t \left|\frac{\hat{x}_t - x_t}{x_t}\right|}{\frac{1}{T} \sum_{t=1}^{T} x_t}$$

---

445 Vgl. SCHWARZE, J., *Probleme der Fehlermessung* (Zeitschrift für die gesamte Staatswissenschaft 1973), S. 551.

446 Vgl. KHOSRAWI-RAD, M. D., *Prognose* (1991), S. 221; SCHWARZE, J., *Ex-post-Beurteilung von Prognosen*, (1980), S. 329.

447 Vgl. KHOSRAVI-RAD, M. D., *Prognose* (1991), S. 221.

448 Vgl. ANDRES, P. / SPIWOKS, M., *Prognosegütemaße* (2000), S. 24.

449 Vgl. KHOSRAVI-RAD, M. D., *Prognose* (1991), S. 222.

Hier erfolgt die Normierung global und nicht, wie beim mittleren relativen absoluten Prognosefehler, ausschließlich für jede einzelne Beobachtung. Auch auf diese Weise können Prognosen, die auf unterschiedlichen Prognosevariablen oder verschiedenen Zeiträumen basieren, vergleichbar gemacht werden.

3.2.3.4. Mittlerer relativer absoluter gewichteter Prognosefehler bezogen auf die naive Prognose

Der mittlere relative absolute gewichtete Prognosefehler bezogen auf die naive Prognose (*MRAPnP*)[450] ist das absolute Äquivalent zum mittleren relativen gewichteten Prognosefehler bezogen auf die naive Prognose (*MRPnP*).

$$MRAPnP = \frac{\frac{1}{T} \sum_{t=1}^{T} \left| \hat{x}_t - x_t \right|}{\frac{1}{T} \sum_{t=1}^{T} \left| x_{t-h} - x_t \right|}$$

Die absolute Betrachtung vermeidet die gegenseitige Aufhebung von Über- und Unterschätzungen im Zähler und auch im Nenner. Damit gehen die Strecken der Abweichungen von Prognose (Zähler) bzw. naiver Prognose (Nenner) und tatsächlichen Werten in das Maß ein.

Nimmt dieses Maß den Wert 1 an, ist die Prognose ebenso gut bzw. schlecht wie die entsprechende naive Prognose. Bei > 1 (< 1) ist die betrachtete Prognose schlechter (besser) als die entsprechende naive Prognose. Die Ergebnisse sind damit leicht und eindeutig zu interpretieren.

3.2.3.5. Durchschnittlicher Genauigkeitsquotient

Der durchschnittliche Genauigkeitsquotient (*DGQ*)[451] ist dem mittleren relativen absoluten Prognosefehler (*MRAP*) sehr ähnlich.[452]

$$DGQ = \frac{1}{T} \sum_{t=1}^{T} GQ_t$$

450 Vgl. ANDRES, P. / SPIWOKS, M., *Prognosegütemaße* (2000), S. 25.

451 Vgl. KHOSRAVI-RAD, M. D., *Prognose* (1991), S. 241.

452 Vgl. KHOSRAVI-RAD, M. D., *Prognose* (1991), S. 241.

mit

$$GQ_t = \begin{cases} \dfrac{x_t}{\hat{x}_t} & \textit{für} \;\; x_t > \hat{x}_t \\[2ex] \dfrac{\hat{x}_t}{x_t} & \textit{für} \;\; x_t < \hat{x}_t \end{cases}$$

Auch hier werden die mittleren Wegstrecken zwischen den Prognosewerten und den tatsächlichen Ausprägungen aufsummiert und durch die Anzahl der Beobachtungen geteilt.

3.2.3.6. Beurteilung der relativen absoluten Prognosefehlermaße

Relative absolute Prognosefehlermaße weisen zwei wesentliche Stärken auf:

- Die gegenseitige Aufhebung von positiven und negativen Abweichungen wird vermieden.
- Durch die unterschiedlichen Normierungen werden Prognosen, die sich auf unterschiedliche Variablen oder auf unterschiedliche Zeiträume beziehen, vergleichbar.

Die Schwäche der relativen absoluten Prognosefehlermaße ist darin zu sehen, daß geringe und starke Abweichungen proportional in das Maß eingehen. Viele geringe Abweichungen wiegen also ebenso schwer wie einige sehr starke Abweichungen. Geringe Schwankungen der Prognose um die tatsächlichen Werte werden jedoch kaum zu im Grundsatz falschen Entscheidungen führen, weshalb es sinnvoll erscheint, analog zur Methode der kleinsten Quadrate[453], große Abweichungen überproportional zu gewichten.[454]

3.2.4. Quadratische Prognosefehlermaße

Die Entfernungen zwischen prognostiziertem und tatsächlichem Wert werden bei quadratischen Prognosefehlermaßen quadriert. Hierdurch erfolgt eine stärkere Ge-

---

453 Vgl. zur Methode der kleinsten Quadrate bspw. ECKEY, H.-F. / KOSFELD, R. / DREGER, C., *Ökonometrie* (1995), S. 23-39; FROHN, J., *Grundausbildung in Ökonometrie* (1995), S. 31-41; SCHIPS, B., *Empirische Wirtschaftsforschung* (1990), S. 54-64; SINGER, H., *Finanzmarktökonometrie* (1999), S. 275-279; SCHAICH, E. / BRACHINGER, H. W., *Ökonometrie* (1990), S. 23-24; HÜBLER, O., *Ökonometrie* (1989), S. 37-44; LINHART, H. / ZUCCHINI, W., *Statistik Zwei* (1982), S. 19-24; HEIL, J., *Ökonometrie* (1996), 23-28; KREYSZIG, E. *Statistische Methoden* (1965), S. 258-261.

454 Vgl. ANDRES, P. / SPIWOKS, M., *Prognosegütemaße* (2000), S. 26.

wichtung von großen Prognosefehlern, das heißt, die Verteilung der Fehler fließt so in die quadratischen Prognosefehlermaße ein, daß größere Abweichungen eine überproportionale Gewichtung erhalten.[455]

Die bedeutendsten quadratischen Prognosefehlermaße sind der mittlere quadratische Prognosefehler (3.2.4.1.), der mittlere relative quadratische Prognosefehler (3.2.4.2.), die Wurzel des mittleren relativen quadratischen Prognosefehlers (3.2.4.3.), der mittlere relative quadratische gewichtete Prognosefehler (3.2.4.4.), der Variationskoeffizient (3.2.4.5.) und die prozentuale Genauigkeit (3.2.4.6.).

3.2.4.1. Mittlerer quadratischer Prognosefehler

Das einfachste quadratische Prognosefehlermaß ist der mittlere quadratische Prognosefehler (*MPQ*)[456].

$$MPQ = \frac{1}{T} \sum_{t=1}^{T} \left(\hat{x}_t - x_t\right)^2$$

Im Gegensatz zu den bisher vorgestellten Prognosegütemaßen werden die Entfernungen zwischen prognostiziertem und tatsächlichem Wert beim mittleren quadratischen Prognosefehler (*MPQ*) quadriert. Hierdurch erfolgt eine stärkere Gewichtung von großen Prognosefehlern. Die Verteilung der Fehler fließt so in das Maß mit ein, daß größere Abweichungen eine überproportionale Gewichtung erhalten.[457] Gleichzeitig wird eine gegenseitige Aufhebung von Über- und Unterschätzungen durch die Quadrierung der Abweichungen vermieden.

---

455 Vgl. THEIL, H. / BOOT, J. C. G. / KLOEK, T., *Prognosen und Entscheidungen* (1971), S. 124.

456 Vgl. bspw. PODDIG, T., *Kursprognose* (1999), S. 459; THOMPSON, P. A., *Comparing Forecast Accuracy* (International Journal of Forecasting 1990), S.220; MASTERS, T., *Optimizing* (International Journal of Forecasting 1998), S. 281; STEWART, T. R. / LUSK, C. M., *Judgmental Forecasting Skill* (Journal of Forecasting 1994), S. 580; DE BONDT W. F. M. / BANGE, M. M., *Inflation Forecast Errors* (Journal of Financial and Quantitative Analysis 1992), S. 482; ASH, J. C. K. / SMYTH, D. J. / HERAVI, S. M., *Accuracy of OECD Forecasts* (International Journal of Forecasting 1990), S. 381.

457 Vgl. THEIL, H. / BOOT, J. C. G. / KLOEK, T., *Prognosen und Entscheidungen* (1971), S. 124.

3.2.4.2. Mittlerer relativer quadratischer Prognosefehler

Der mittlere relative quadratische Prognosefehler (*MRPQ*)[458] ist das relative Ä-quivalent zum mittleren quadratischen Prognosefehler.

$$MRPQ = \frac{1}{T} \sum_{t=1}^{T} \left(\frac{\hat{x}_t - x_t}{x_t} \right)^2$$

Dieses Prognosefehlermaß bringt alle Vorteile des mittleren quadratischen Prognosefehlers mit, ermöglicht jedoch durch die Normierung einen Vergleich von Prognosen, denen unterschiedliche Prognosevariablen oder verschiedene Prognosezeiträume zugrunde liegen.

3.2.4.3. Wurzel des mittleren relativen quadratischen Prognosefehlers

Die Wurzel des mittleren relativen quadratischen Prognosefehlers (*WMRQP*) [459] ist, wie der Name schon vermuten läßt, lediglich die Quadratwurzel des mittleren relativen quadratischen Prognosefehlers (*MRPQ*).

$$WMRQP = \sqrt{\frac{1}{T} \sum_{t=1}^{T} \left(\frac{\hat{x}_t - x_t}{x_t} \right)^2}$$

Grundsätzlich sind alle quadratischen Prognosefehlermaße auch als ihre Wurzel darstellbar. Die Wurzel des mittleren relativen quadratischen Prognosefehlers

---

458 Vgl. bspw. SCHWARZE, J., *Ex-post-Beurteilung von Prognosen* (1980), S. 323; KHOSRAWI-RAD, M. D., *Prognose* (1991), S. 231.

459 Vgl. HEILEMANN, U., *Prognoseleistung ökonometrischer Konjunkturmodelle* (1981), S. 245. Zur Wurzel des mittleren quadratischen Prognosefehlers vgl. SCHWARZE, J., *Ex-post-Beurteilung von Prognosen* (1980), S. 329; SCHWARZE, J., *Probleme der Fehlermessung* (1973), S. 540; PODDIG, T. / DICHTL, H. / PETERSMEIER, K., *Statistik* (2000), S. 414; THIESING, F. M., *Analyse und Prognose von Zeitreihen* (1998), S. 71; BANKHOFER, U. / RENNHAK, C., *Ansätze zur Prognose von Wechselkursen* (1997), S. 21; FRERICHS, W. / KÜBLER, K., *Gesamtwirtschaftliche Prognoseverfahren* (1980), S. 246.

wird hier hervorgehoben, da dieses Maß insbesondere in der angelsächsischen Literatur (Root-Mean-Square-Error) häufige Verwendung findet.[460]

3.2.4.4. Mittlerer relativer quadratischer gewichteter Prognosefehler

Beim mittleren relativen quadratischen gewichteten Prognosefehler (*MRQGP*)[461] werden die quadrierten Fehler mit der quadrierten Ausprägung der Beobachtung gewichtet.

$$MRQGP = \frac{\frac{1}{T}\sum_{t=1}^{T} x_t^2 \left(\frac{\hat{x}_t - x_t}{x_t}\right)^2}{\frac{1}{T}\sum_{t=1}^{T} x_t^2} = \frac{\sum_{t=1}^{T} \left(\hat{x}_t - x_t\right)^2}{\sum_{t=1}^{T} x_t^2}$$

Hier erfolgt die Normierung global und nicht, wie beim mittleren relativen quadratischen Prognosefehler, für jede einzelne Beobachtung. Auch auf diese Weise können Prognosen, die auf unterschiedlichen Prognosevariablen oder –zeiträumen basieren, vergleichbar gemacht werden.

3.2.4.5. Variationskoeffizient

Eine Spielart normierter quadratischer Prognosefehlermaße ist der Variationskoeffizient (*VK*)[462]. Dabei wird die Wurzel des mittleren quadratischen Fehlers durch die durchschnittliche tatsächliche Beobachtung geteilt.

---

460 Vgl. bspw. MULHERN, F. J. / CAPRARA, R. J., *Forecasting Market Response* (1994), S. 200; ASH, J. C. K. / SMYTH, D. J. / HERAVI, S. M., *Accuracy of OECD Forecasts* (1990), S. 381; ARORA, H. K. / SMYTH, D. J., *Forecasting the developing world* (1990), S. 394.

461 Vgl. KHOSRAWI-RAD, M. D., *Prognose* (1991), S. 232.

462 Vgl. SCHWARZE, J., *Ex-post-Beurteilung von Prognosen* (1980), S. 333; KHOSRAVI-RAD, M. D., *Prognose* (1991), S. 232-233; HEILEMANN, U., *Prognoseleistung ökonometrischer Konjunkturmodelle* (1981), S. 245. Statt der Verwendung der Wurzel des mittleren quadratischen Fehlers wird der Variationskoeffizient häufig auch mit dem mittleren Fehler gebildet. Vgl. ANDRES, P. / SPIWOKS, M., *Prognosegütemaße* (2000), S. 28.

$$VK = \frac{\sqrt{\frac{1}{T} \sum_{t=1}^{T} \left(\hat{x}_t - x_t\right)^2}}{\frac{1}{T} \sum_{t=1}^{T} x_t}$$

Der Variationskoeffizient wird auch als relative Ungenauigkeit bezeichnet. Nur dadurch wird die Namensgebung der prozentualen Genauigkeit (folgender Abschnitt) verständlich.

3.2.4.6. Prozentuale Genauigkeit

Die relative Genauigkeit bezieht sich unmittelbar auf den Variationskoeffizienten (*VK*). Durch Subtraktion des Variationskoeffizienten von eins ergibt sich das Komplementär der relativen Ungenauigkeit, nämlich die relative Genauigkeit.

$$PG = \left(1 - \left[\frac{\sqrt{\frac{1}{T} \sum_{t=1}^{T} \left(\hat{x}_t - x_t\right)^2}}{\frac{1}{T} \sum_{t=1}^{T} x_t}\right]\right) \cdot 100$$

Durch Multiplikation mit 100 erhält man die prozentuale Genauigkeit (*PG*)[463].

3.2.4.7. Beurteilung der quadratischen Prognosefehlermaße

Die quadratischen Prognosefehlermaße weisen folgende Vorteile auf:[464]

- Die gegenseitige Aufhebung von positiven und negativen Abweichungen wird vermieden.
- Durch die unterschiedlichen Normierungen werden Prognosen, die sich auf unterschiedliche Variablen beziehen, vergleichbar.
- Große Abweichungen der Prognose zu den tatsächlichen Werten werden überproportional gewichtet.

463 Vgl. SCHWARZE, J., *Ex-post-Beurteilung von Prognosen* (1980), S. 332-333.

464 Vgl. ANDRES, P. / SPIWOKS, M., *Prognosequalitätsmatrix* (Jahrbücher für Nationalökonomie und Statistik 1999), S. 526.

Alle bisher dargestellten Prognosegütemaße weisen jedoch – über die bereits geschilderten Probleme hinaus - die Schwäche auf, daß sie eine einzelne Prognosereihe nicht als gut oder schlecht qualifizieren können.[465] Sie sind ausschließlich darauf ausgelegt, mehrere Prognosen miteinander zu vergleichen. Es läßt sich lediglich ermitteln, ob Prognose A besser oder schlechter war als Prognose B. Ob eine der beiden Prognosen überhaupt einen sinnvollen Informationsgehalt aufgewiesen hat, läßt sich mit diesen Prognosegütemaßen jedoch nicht ohne weiteres ermitteln.[466]

Erforderlich ist eine zusätzliche Berechnung des Prognosegütemaßes der entsprechenden naiven Prognose.[467] Erst die Gegenüberstellung der Ergebnisse zeigt, ob die betrachtete Prognose einen sinnvollen prognostischen Gehalt aufweist.[468] Diese externe Gegenüberstellung von Ergebnissen der Prognosegütemaße ist jedoch umständlich und führt oft zu einer eingeschränkten Vergleichbarkeit der Prognosegüte verschiedener Prognosereihen. Der Lösung dieses Problems widmen sich die Theilschen Prognosefehlermaße.

3.2.5. Theilsche Prognosefehlermaße

Einige der bisher eingeführten Maßzahlen finden in der Praxis häufige Verwendung, lassen jedoch anhand ihrer Ergebnisse nicht ohne weiteres erkennen, ob die untersuchte Prognose gut oder schlecht ist. Stets ist ein gesonderter Vergleich zur naiven Prognose erforderlich.[469] Die dann zu beobachtenden Abweichungen sind oft nicht eindeutig zu interpretieren.[470] Daher wurden differenziertere Fehlermaße entwickelt. Der wichtigste Impuls auf diesem Gebiet ging von THEIL aus. Er führ-

---

465 Einzige Ausnahme ist der mittlere relative absolute gewichtete Prognosefehler bezogen auf die naive Prognose (*MRAPnP*). Dieses Maß erlaubt eine direkte Abschätzung der Prognosequalität ohne zusätzliche Vergleiche mit anderen Ergebnissen. Allerdings weist es die Schwäche auf, große Fehler nicht überproportional zu gewichten. Vgl. Abschnitt 3.2.3.4.

466 Vgl. ANDRES, P. / SPIWOKS, M., *Prognosequalitätsmatrix* (1999), S. 526-527.

467 Eine naive Prognose („alles bleibt, wie es ist") ist eine mechanische Übertragung der aktuellen Situation auf den Prognosehorizont. Vgl. PODDIG, T., *Kursprognose* (1999), S. 455-456.

468 Wenn man überhaupt keine Vorstellung davon hat, was in Zukunft passieren wird, spricht ebensoviel für einen steigenden wie für einen fallenden Verlauf. In diesem Fall ist es rational, von einer unveränderten Situation in der Zukunft auszugehen (naive Prognose). Somit stellt die naive Prognose den Nullpunkt der Prognosequalität dar. Weist eine Prognose keine signifikant bessere Qualität auf als die entsprechende naive Prognose, spiegelt sich darin die völlige Unkenntnis der prognostizierten Zusammenhänge wider. Vgl. dazu ANDRES, P. / SPIWOKS, M., *Prognosequalitätsmatrix* (Jahrbücher für Nationalökonomie und Statistik 1999), S. 524.

469 Ausnahmen bilden der mittlere relative gewichtete Prognosefehler bezogen auf die naive Prognose (3.2.2.4.) und der mittlere relative absolute gewichtete Prognosefehler bezogen auf die naive Prognose (3.2.3.4.). Diese beiden Ansätze weisen jedoch, wie in den betreffenden Abschnitten geschildert, andere Unzulänglichkeiten auf.

470 Vgl. ANDRES, P. / SPIWOKS, M., *Prognosequalitätsmatrix* (1999), S. 526-527.

te verschiedene Prognosefehlermaße ein, die einen impliziten Vergleich mit der naiven Prognose beinhalten.[471] Diese Maße basieren ebenfalls auf der Überlegung, daß der Prognoseaufwand dann mit Sicherheit nicht zu rechtfertigen ist, wenn das Prognoseverfahren schlechtere Ergebnisse als die naive Prognose erzielt.[472]

Der relevante Bereich der Theilschen Prognosefehlermaße bewegt sich grundsätzlich im Bereich von null bis eins. Die exakte, fehlerlose Prognose wird durch den Wert Null charakterisiert. Die naive Prognose führt zum Wert Eins.

Die wichtigsten Theilschen Prognosefehlermaße sind der Theilsche Projektionskoeffizient (3.2.5.1.), der Theilsche Ungleichheitskoeffizient „alter Art" (3.2.5.2.) und der Theilsche Ungleichheitskoeffizient „neuer Art" (3.2.5.3.).

3.2.5.1. Theilscher Projektionskoeffizient

Der Theilsche Projektionskoeffizient (φ)[473] wird folgendermaßen berechnet:

$$\varphi = \sqrt{\frac{f_1}{f_2}}$$

mit

$$f_1 = \frac{1}{T-h} \sum_{t=h+1}^{T} \left(\hat{x}_t - x_t\right)^2 \quad \text{und} \quad f_2 = \frac{1}{T-h} \sum_{t=h+1}^{T} \left(x_t - x_{t-h}\right)^2,$$

wobei h den Prognosehorizont bezeichnet.

Im Zähler ist der mittlere quadratische Fehler (f_1) abgetragen, der durch die mittlere quadratische Änderung der realisierten Werte (f_2) im Nenner relativiert wird. Da in Zähler und Nenner die gleichen Maßeinheiten verwendet werden, ist der Gesamtausdruck dimensionslos. Für eine gute Prognose sollte er deutlich kleiner als eins sein.

---

471 Ein guter Überblick über die Theilschen Prognosefehlermaße findet sich bei HUJER, R. / CREMER, R., *Empirische Wirtschaftsforschung* (1978), S. 264-267.

472 Vgl. THEIL, H., *Who forecasts best?* (1955), S. 194 - 199.

473 Vgl. THEIL, H., *Who forecasts best?* (1955), S. 196; HUJER, R. / CREMER, R., *Empirische Wirtschaftsforschung* (1978), S. 264-265; KHOSRAWI-RAD, M. D., *Prognose* (1991), S. 234-235.

Die Summation darf erst im Zeitpunkt $t = h + 1$ und nicht in $t = 1$ beginnen, da vor $t = 1$ keine Daten zur Verfügung stehen. Für alle $h > 0$ würde ansonsten der Fall auftreten, daß die Variable t in der Summe von f_2 zu Beginn einen kleineren Wert als die Eins annehmen würde. Insgesamt stehen $T - h$ Werte im Betrachtungszeitraum zur Verfügung. Um mittlere Werte zu erhalten, muß daher in f_1 und f_2 durch $T - h$ und nicht durch T dividiert werden.[474]

Der Nenner ist ein Maß für die Verteilung der jeweils aufeinanderfolgenden Beobachtungen und soll den Schwierigkeitsgrad der Prognose erfassen. Die Probleme bei der Erstellung und Verwendung von Prognoseverfahren werden jedoch in der Regel nicht von der Höhe der Veränderungen bedingt. Vielmehr bestimmen bzw. begrenzen zumeist die Unregelmäßigkeiten im Lebenszyklus des Prozesses die Prognosegüte.[475] Für den Fall, daß starke durchschnittliche Schwankungen verhältnismäßig gleichmäßig auftreten, vermittelt f_2 eine falsche Vorstellung von der Schwierigkeit der Prognose.[476] Diese Schwäche veranlaßte THEIL zu einer Weiterentwicklung seines Ansatzes.

3.2.5.2. Theilscher Ungleichheitskoeffizient „alter Art" / ursprüngliche Fassung

Der Theilsche Ungleichheitskoeffizient „alter Art" (U_1)[477] berechnet sich wie folgt:

$$U_1 = \frac{\sqrt{\frac{1}{T-h} \sum_{t=h+1}^{T} \left(P_t - A_t\right)^2}}{\sqrt{\frac{1}{T-h} \sum_{t=h+1}^{T} \left(P_t\right)^2} + \sqrt{\frac{1}{T-h} \sum_{t=h+1}^{T} \left(A_t\right)^2}}$$

mit

474 Vgl. ANDRES, P. / SPIWOKS, M., *Prognosequalitätsmatrix* (Jahrbücher für Nationalökonomie und Statistik 1999), S. 527.

475 Vgl. HUJER, R. / CREMER, R., *Empirische Wirtschaftsforschung* (1978), S. 264 - 265.

476 Vgl. KHOSRAVI-RAD, M. D., *Prognose* (1991), S. 234-235.

477 Vgl. THEIL, H., *Economic Forecasting* (1966), S. 28; HUJER, R. / CREMER, R., *Empirische Wirtschaftsforschung* (1978), S. 265; SCHIPS, B., *Empirische Wirtschaftsforschung* (1990), 251. Bei KHOSRAVI-RAD wird die Formel fehlerhaft dargestellt. Es fehlt jeweils die Quadrierung im Nenner. Vgl. KHOSRAVI-RAD, M. D., *Prognose* (1991), S. 235.

$$P_t = \frac{\hat{x}_t - x_{t-h}}{x_{t-h}} \quad \text{und} \quad A_t = \frac{x_t - x_{t-h}}{x_{t-h}}.$$

Bei vollkommener Übereinstimmung von Prognose und tatsächlichem Wert wird U_1 gleich null. Maximal nimmt der Ungleichheitskoeffizient den Wert Eins an.

Auch für Prognoseverfahren, die schlechter als die naive Prognose (Fortschreibung der Werte aus Periode t in die Periode $t + h$) sind, ist dieser Ungleichheitskoeffizient kleiner als eins. Daher ist er zum Vergleich von Prognosemethoden nur eingeschränkt geeignet.[478] Den Ergebnissen fehlt die erforderliche Eindeutigkeit. Diese Kritik aufgreifend, entwickelte THEIL den Ungleichheitskoeffizienten weiter.

3.2.5.3. Theilscher Ungleichheitskoeffizient „neuer Art"

Diese Variante des Theilschen Ungleichheitskoeffizienten[479] wird im allgemeinen als *der* Theilsche Ungleichheitskoeffizient (U_2) bezeichnet und lautet wie folgt:[480]

$$U_2 = \frac{\sqrt{\frac{1}{T-h} \sum_{t=h+1}^{T} \left(P_t - A_t\right)^2}}{\sqrt{\frac{1}{T-h} \sum_{t=h+1}^{T} \left(A_t\right)^2}}$$

Für perfekte Prognosen nimmt U_2 (ebenso wie U_1) den Wert Null an. Er ist allerdings nicht auf den maximalen Wert Eins begrenzt. Die Eins signalisiert hier, daß die Prognosemethode im Durchschnitt kein besseres Resultat liefert als die naive Prognose. Für $U_2 > 1$ ist das verwendete Prognoseverfahren schlechter als

---

478 Vgl. KHOSRAVI-RAD, M. D., *Prognose* (1991), S. 238.

479 Vgl. THEIL, H., *Econometrics* (1971), S. 28.

480 Vgl. SCHWARZE, J., *Ex-post-Beurteilung von Prognosen* (1980), S. 333; HUJER, R. / CREMER, R., *Empirische Wirtschaftsforschung* (1978), S. 265; NIEDERHÜBNER, N., *Indikatorprognosen* (1994), S. 209; ECKEY, H.-F. / KOSFELD, R. / DREGER, C., *Ökonometrie* (1995), S. 191; HERBERT, T. / STAHLHACKE, M., *Prognose des deutschen Kapitalmarktzinses* (1995), S. 61. Bei KHOSRAVI-RAD wird der Nenner fehlerhaft dargestellt. Es fehlt die Summation. Vgl. KHOSRAVI-RAD, M. D., *Prognose* (1991), S. 236.

eine naive Prognose und damit ebensowenig zur Prognose geeignet.[481] Die Normierung von $U_2 = 1$ läßt eine einfache Ergebnisinterpretation zu und hat dazu beigetragen, daß sich dieses Prognosefehlermaß in der Praxis weitgehend durchgesetzt hat.[482]

Wesentliche Anforderungen an ein gutes Prognosefehlermaß werden vom Theilschen Ungleichheitskoeffizienten „neuer Art" erfüllt:

- Die positiven und negativen Abweichungen des Schätzers vom zu schätzenden Parameter heben sich nicht gegenseitig auf.
- Durch die Normierung werden Prognosen, die sich auf unterschiedliche Prognosevariablen beziehen, vergleichbar.
- Große Fehler werden überproportional gewichtet.
- Es findet ein impliziter Vergleich mit der naiven Prognose statt.
- Die Ergebnisse sind einfach und eindeutig zu interpretieren.

3.2.5.4. Beurteilung der Theilschen Prognosefehlermaße

Der Theilsche Projektionskoeffizient und der Theilsche Ungleichheitskoeffizient „alter Art" erscheinen vor dem Hintergrund des erheblich leistungsfähigeren Theilschen Ungleichheitskoeffizienten „neuer Art" als überholt und damit verzichtbar.[483]

Der Theilsche Ungleichheitskoeffizient „neuer Art" vereinigt eine ganze Reihe wesentlicher Vorteile auf sich.[484] Deshalb wird er häufig als „Goldstandard" der Prognosegütemessung betrachtet.[485]

Die Qualifizierung der Güte einer Prognosereihe ist allerdings differenzierter möglich, wenn das Verhältnis der Prognose zu den tatsächlichen Werten zum Zeitpunkt der Prognoseerstellung berücksichtigt wird. Dieser Aspekt findet bei den bisher vorgestellten Prognosegütemaßen, auch beim Theilschen Ungleichheitskoeffizienten „neuer Art", keine Berücksichtigung. Deshalb kann eine Ergän-

---

481 Vgl. KHOSRAVI-RAD, M. D., *Prognose* (1991), S. 238.

482 Vgl. HUJER, R. / CREMER, R., *Empirische Wirtschaftsforschung* (1978), S. 265. HENSCHEL bezeichnet den Theilschen Ungleichheitskoeffizienten bereits 1979 als „das wohl bekannteste Prüfmaß der Prognosebewertung". Vgl. HENSCHEL, H., *Wirtschaftsprognosen* (1979), S. 139. BOCK und DIETL nennen ihn einen „klassischen Güteparameter für die Ex-Post-Prognosegüte". Vgl. BOCK, R. / DIETL, W., *Analyse der Zuverlässigkeit* (1996), S. 184.

483 Vgl. ANDRES, P. / SPIWOKS, M., *Prognosegütemaße* (2000), S. 54.

484 Die Vorteile werden in Abschnitt 3.2.5.3. ausführlich dargelegt.

485 Vgl. ANDRES, P. / SPIWOKS, M., *Prognosegütemaße* (2000), S. 54. Der Theilsche Ungleichheitskoeffizient „neuer Art" soll daher als eine Grundlage für die vorliegende Untersuchung herangezogen werden.

zung des Theilschen Ungleichheitskoeffizienten „neuer Art“ um den GOVA-Koeffizienten sinnvoll sein.

3.2.6. GOVA-Koeffizient

Werden Prognosen stark von der aktuellen Entwicklung der zu prognostizierenden Variable geprägt, so daß aktuelle Einflüsse nicht im Hinblick auf ihre Wirkung am Ende des Prognosehorizontes reflektiert, sondern unzulässig auf den Prognosehorizont übertragen werden, so spricht man von einer *gegenwartsorientierten Verlaufsanpassung* (GOVA) der Prognosen.[486]

Kapitalmarktprognosen, die fortlaufend an die aktuelle Marktentwicklung angepaßt werden, können im ungünstigsten Fall ihren zukunftsorientierten Charakter völlig verlieren. Insofern ist es von besonderem Interesse, ob eine Prognose durch eine gegenwartsorientierte Verlaufsanpassung geprägt ist. Mit Hilfe des GOVA-Koeffizienten kann diese Charakteristik trennscharf ermittelt werden.[487]

Nimmt der GOVA-Koeffizient einen Wert kleiner eins an, muß von einer gegenwartsorientierten Verlaufsanpassung der Prognose ausgegangen werden.[488]

3.2.6.1. Berechnung des GOVA-Koeffizienten

Zur Berechnung des GOVA-Koeffizienten muß zunächst das Bestimmtheitsmaß[489] der Prognose und der tatsächlichen Ereignisse berechnet werden. Danach wird das Bestimmtheitsmaß der Prognose und der tatsächlichen Ereignisse im Entstehungszeitraum der Prognose berechnet.[490]

Zum Nachweis der gegenwartsorientierten Verlaufsanpassung einer Prognose gilt die Bedingung:[491]

---

486 Vgl. ANDRES, P. / SPIWOKS, M., *Prognosequalitätsmatrix* (Jahrbücher für Nationalökonomie und Statistik 1999), S. 514-516 u. 531; ANDRES, P. / SPIWOKS, M. *Prognosegütemaße* (2000), S. 45-47.

487 Zum Konzept und zur Berechnungsweise des GOVA-Koeffizienten vgl. ANDRES, P. / SPIWOKS, M., *Prognosequalitätsmatrix* (Jahrbücher für Nationalökonomie und Statistik 1999), S. 531-534; ANDRES, P. / SPIWOKS, M., *Prognosegütemaße* (2000), S. 47-49.

488 Vgl. ANDRES, P. / SPIWOKS, M., *Prognosegütemaße* (2000), S. 49.

489 Vgl. zum Bestimmtheitsmaß bspw. PODDIG, T. / DICHTL, H. / PETERSMEIER, K., *Statistik* (2000), S. 57-58; FROHN, J., *Grundausbildung in Ökonometrie* (1995), S. 50-54; ECKEY, H.-F. / KOSFELD, R. / DREGER, C., *Ökonometrie* (1995), S. 51-56; SCHAICH, E. / BRACHINGER, H. W., *Ökonometrie* (1990), S. 24; PINNEKAMP, H.-J. / SIEGMANN, F., *Deskriptive Statistik* (1990), S. 147-149; HÜBLER, O., *Ökonometrie* (1989), S. 51-56.

490 Vgl. ANDRES, P. / SPIWOKS, M., *Prognosequalitätsmatrix* (Jahrbücher für Nationalökonomie und Statistik 1999), S. 531; ANDRES, P. / SPIWOKS, M., *Prognosegütemaße* (2000), S. 47-48.

491 Vgl. ANDRES, P. / SPIWOKS, M., *Prognosequalitätsmatrix* (Jahrbücher für Nationalökonomie und Statistik 1999), S. 531; ANDRES, P. / SPIWOKS, M., *Prognosegütemaße* (2000), S. 48.

$$GOVA\text{-}Koeffizient = \frac{R^2_{Prognose;\ tatsächliche\ Rendite}}{R^2_{Prognose;\ tatsächliche\ Rendite\ -\ h}} = \frac{R^2_A}{R^2_B} \overset{!}{<} 1$$

Hierbei gilt:[492]

$$R^2_A = \frac{\left[\frac{1}{T-h}\sum_{t=h+1}^{T}\left(\hat{x}_t - \frac{1}{T-h}\sum_{t=h+1}^{T}\hat{x}_t\right)\left(x_t - \frac{1}{T-h}\sum_{t=h+1}^{T}x_t\right)\right]^2}{\left[\frac{1}{T-h}\sum_{t=h+1}^{T}\left(\hat{x}_t - \frac{1}{T-h}\sum_{t=h+1}^{T}\hat{x}_t\right)^2\right]\left[\frac{1}{T-h}\sum_{t=h+1}^{T}\left(x_t - \frac{1}{T-h}\sum_{t=h+1}^{T}x_t\right)^2\right]}$$

und

$$R^2_B = \frac{\left[\frac{1}{T-h}\sum_{t=h+1}^{T}\left(\hat{x}_t - \frac{1}{T-h}\sum_{t=h+1}^{T}\hat{x}_t\right)\left(x_{t-h} - \frac{1}{T-h}\sum_{t=h+1}^{T}x_{t-h}\right)\right]^2}{\left[\frac{1}{T-h}\sum_{t=h+1}^{T}\left(\hat{x}_t - \frac{1}{T-h}\sum_{t=h+1}^{T}\hat{x}_t\right)^2\right]\left[\frac{1}{T-h}\sum_{t=h+1}^{T}\left(x_{t-h} - \frac{1}{T-h}\sum_{t=h+1}^{T}x_{t-h}\right)^2\right]}$$

Sowohl im Zähler als auch im Nenner des GOVA-Koeffizienten geht die gleiche Anzahl an Beobachtungen (T - h Werte) in die Berechnung der jeweiligen Bestimmtheitsmaße ein. Im Zähler wird die (h + 1)-te Beobachtung als erster Wert berücksichtigt, da zu diesem Zeitpunkt (der Prognosehorizont ist h) der erste Prognosewert zur Verfügung steht. Im Nenner werden die gleichen Prognosen zur Berechnung des Bestimmtheitsmaßes herangezogen. Allerdings wird hier die Prognose mit der tatsächlichen Variablenausprägung im Entstehungszeitpunkt dieser Prognose verglichen. Deshalb wird der Prognose zum Zeitpunkt $t = (h + 1)$ die Ausprägung zum Zeitpunkt $t = 1$ gegenübergestellt. Allgemein geht die Prognose zum Zeitpunkt t und die tatsächliche Beobachtung zum Zeitpunkt t - h in die Berechnung ein.[493]

492 Vgl. ANDRES, P. / SPIWOKS, M., *Prognosequalitätsmatrix* (Jahrbücher für Nationalökonomie und Statistik 1999), S. 532; ANDRES, P. / SPIWOKS, M., *Prognosegütemaße* (2000), S. 48.

493 Vgl. ANDRES, P. / SPIWOKS, M., *Prognosequalitätsmatrix* (Jahrbücher für Nationalökonomie und Statistik 1999), S. 532-533; ANDRES, P. / SPIWOKS, M., *Prognosegütemaße* (2000), S. 49.

Für alle Werte des GOVA-Koeffizienten < 1 besitzt die in ihren jeweiligen Entstehungszeitpunkt verschobene Prognose eine höhere Korrelation mit den tatsächlichen Werten als die eigentliche Prognose:[494] Es liegt eine gegenwartsorientierte Verlaufsanpassung der Prognose vor.[495]

3.2.6.2. Ausschluß einer gegenwartsorientierten Verlaufsanpassung

Einschränkend muß allerdings festgestellt werden, daß der GOVA-Koeffizient einen Wert von > 1 annehmen kann, obwohl eine gegenwartsorientierte Verlaufsanpassung vorliegt.[496] Dies ist dann zu befürchten, wenn nur ein kurzer Beobachtungszeitraum zugrundegelegt wird und/oder sowohl die Prognose als auch der tatsächliche Verlauf einen starken, ungebrochenen Trend aufweisen, so daß im Betrachtungszeitraum keine nennenswerten lokalen Maxima bzw. Minima auftreten. In diesem Fall unterscheiden sich die beiden zu ermittelnden Bestimmtheitsmaße nur so unwesentlich, daß es bei der Quotientenbildung rein zufallsbedingt zu einem Wert von knapp über 1 kommen kann. Darin ist der Grund dafür zu sehen, daß die Bedingung „GOVA-Koeffizient > 1" nur als notwendige, nicht jedoch als hinreichende Bedingung zum Ausschluß einer gegenwartsorientierten Verlaufsanpassung verstanden werden kann. Erreicht der GOVA-Koeffizient einen Wert von > 1, kann eine kritische Würdigung des Datenmaterials weiterhelfen:[497]

Eine gegenwartsorientierte Verlaufsanpassung kann bei einer Prognose plausibel ausgeschlossen werden, wenn

- der GOVA-Koeffizient > 1 ist

und

- die Datenmenge so umfangreich ist, daß die Zeitreihen einige nennenswerte lokale Maxima bzw. Minima aufweisen.[498]

Bei der Analyse von Prognosen müssen also zunächst die zugrunde liegenden Zeitreihen näher betrachtet werden. Weisen diese per se einen langfristigen Trend auf (beispielsweise Aktienindizes), empfiehlt es sich, die Zeitreihen in stationäre

---

494 Dabei gilt es zu beachten, daß der GOVA-Koeffizient nur für den Fall positiver Korrelationskoeffizienten definiert ist.

495 Vgl. ANDRES, P. / SPIWOKS, M., *Prognosequalitätsmatrix* (Jahrbücher für Nationalökonomie und Statistik 1999), S. 533; ANDRES, P. / SPIWOKS, M., *Prognosegütemaße* (2000), S. 49.

496 Vgl. ANDRES, P. / SPIWOKS, M., *Prognosequalitätsmatrix* (Jahrbücher für Nationalökonomie und Statistik 1999), S. 533; ANDRES, P. / SPIWOKS, M., *Prognosegütemaße* (2000), S. 50.

497 Vgl. ANDRES, P. / SPIWOKS, M., *Prognosequalitätsmatrix* (Jahrbücher für Nationalökonomie und Statistik 1999), S. 533-534; ANDRES, P. / SPIWOKS, M., *Prognosegütemaße* (2000), S. 50.

498 Vgl. ANDRES, P. / SPIWOKS, M., *Prognosequalitätsmatrix* (Jahrbücher für Nationalökonomie und Statistik 1999), S. 534; ANDRES, P. / SPIWOKS, M., *Prognosegütemaße* (2000), S. 50.

Prozesse zu transformieren, um Verzerrungen durch Kointegrationen zu vermeiden. Beispielsweise können Aktienmarktentwicklungen beziehungsweise Aktienmarktprognosen von der üblichen Indexpunktbasis in Steigerungsraten transformiert und zur Analyse herangezogen werden.[499]

3.2.6.3. Beurteilung des GOVA-Koeffizienten

Der GOVA-Koeffizient ist das einzige Prognosegütemaß, das die Eigenschaft einer gegenwartsorientierten Verlaufsanpassung einer Prognose erfaßt. Diese Eigenschaft tritt insbesondere bei Kapitalmarktprognosen sehr häufig auf. Zur Beurteilung der Güte einer Prognose kann es entscheidend sein, diese Charakteristik zu ermitteln. Dementsprechend ist der GOVA-Koeffizient als wertvolles ergänzendes Untersuchungsinstrument zu betrachten.[500]

Die Schwäche des GOVA-Koeffizienten ist darin zu sehen, daß dieses Maß allein nicht in der Lage ist, eine Prognose als gut oder schlecht zu bewerten. Erst wenn er in Verbindung mit dem Theilschen Ungleichheitskoeffizient „neuer Art" gesehen wird, entfaltet er seine Stärken zur Qualifizierung der Güte von Prognosen. Die Kombination dieser beiden statistischen Konzepte führt zur Prognosequalitätsmatrix.

3.2.7. Prognosequalitätsmatrix

Die Prognosequalitätsmatrix ist eine Kombination von Theilschem Ungleichheitskoeffizienten „neuer Art" und GOVA-Koeffizienten. Sie vereinigt die Vorteile beider Prognosefehlermaße und führt damit zu einer umfassenden Beurteilung insbesondere von Kapitalmarktprognosen.[501]

3.2.7.1. Darstellung der Prognosequalitätsmatrix

Mit Hilfe des Theilschen Ungleichheitskoeffizienten „neuer Art" und dem GOVA-Koeffizienten können nun vier verschiedene Prognosequalitäten in der Prognosequalitätsmatrix unterschieden werden.[502] Dabei wird einerseits berücksichtigt, ob die Prognose besser oder schlechter als die entsprechende naive Prognose ist.

---

499 Vgl. ANDRES, P. / SPIWOKS, M., *Prognosequalitätsmatrix* (Jahrbücher für Nationalökonomie und Statistik 1999), S. 534; ANDRES, P. / SPIWOKS, M., *Prognosegütemaße* (2000), S. 51.

500 Der GOVA-Koeffizient wird dementsprechend als weitere methodische Grundlage der vorliegenden empirischen Untersuchung berücksichtigt.

501 Vgl. ANDRES, P. / SPIWOKS, M., *Prognosequalitätsmatrix* (Jahrbücher für Nationalökonomie und Statistik 1999), S. 534.

502 Vgl. ANDRES, P. / SPIWOKS, M., *Prognosequalitätsmatrix* (Jahrbücher für Nationalökonomie und Statistik 1999), S. 535-536; ANDRES, P. / SPIWOKS, M., *Prognosegütemaße* (2000), S. 51.

Andererseits wird das Vorhandensein beziehungsweise Ausbleiben von gegenwartsorientierten Verlaufsanpassungen separiert. Werden diese beiden Unterscheidungsmerkmale zusammengeführt, ergibt sich die folgende Prognosequalitätsmatrix:[503]

Abbildung 11: Prognosequalitätsmatrix

Theilscher Ungleichheitskoeffizient	GOVA-Koeffizient < 1	GOVA-Koeffizient > 1
> 1	**Quasi-naive Prognose** Die Prognose weist eine gegenwartsorientierte Verlaufsanpassung auf und liefert keine besseren Ergebnisse als die naive Prognose	**Fehlprognose** Die Prognose weist keine gegenwartsorientierte Verlaufsanpassung auf, bringt jedoch keine besseren Ergebnisse als die naive Prognose
< 1	**Richtungsprognose** Die Prognose baut auf der aktuellen Situation auf, erfaßt allerdings die Tendenz (steigend oder fallend) besser als die entsprechende naive Prognose	**Zukunftserfassende Prognose** Die Prognose weist keine gegenwartsorientierte Verlaufsanpassung auf und erbringt bessere Ergebnisse als die naive Prognose

Quelle: ANDRES, P. / SPIWOKS, M., *Prognosequalitätsmatrix* (Jahrbücher für Nationalökonomie und Statistik 1999), S. 535.

Es lassen sich die folgenden vier Kategorien von Prognosen bilden:

---

503 Vgl. ANDRES, P. / SPIWOKS, M., *Prognosequalitätsmatrix* (Jahrbücher für Nationalökonomie und Statistik 1999), S. 535; ANDRES, P. / SPIWOKS, M., *Prognosegütemaße* (2000), S. 52.

- Die quasi-naive Prognose:[504]
  Die Prognosegüte ist schlechter als die der naiven Prognose. Als weiteres wesentliches Charakteristikum sticht ihre gegenwartsorientierte Verlaufsanpassung hervor. Der Prognostiker hat keine Vorstellung davon gewonnen, was in der Zukunft geschehen wird. Statt dessen hat er sich eng an der Entwicklung der zu prognostizierenden Variablen zum jeweiligen Zeitpunkt der Prognoseerstellung orientiert. Ausgehend von der aktuellen Datenlage hat er nicht besser als im Fall der naiven Prognose die Entwicklungstendenz (steigend oder fallend) erfaßt. Eine solche Prognose ist als Basis für das Fällen von Investmententscheidungen definitiv ungeeignet.

- Die Richtungsprognose:[505]
  Diese Prognose weist zwar eine gegenwartsorientierte Verlaufsanpassung auf. Allerdings trifft die Prognose - ausgehend von dem jeweils aktuellen Wert - die Entwicklungstendenz besser als die entsprechende naive Prognose.[506] Für viele Entscheidungen im Investmentprozeß ist es von großer Bedeutung, das Ausmaß der erwarteten Veränderung abzuschätzen. Dazu liefert diese Prognose keine verwertbaren Informationen. Für einige Fragestellungen kann es aber bereits sehr hilfreich sein, häufiger die richtige Entwicklungstendenz zu erfahren. Die Richtungsprognose ist dementsprechend für das Portfoliomanagement eingeschränkt verwertbar.

- Die Fehlprognose:[507]
  In diesem Fall hat der Versuch, die Zukunft zu erfassen, ohne die aktuelle Marktentwicklung als dominierenden Faktor zuzulassen, nicht zum Erfolg

---

504 Vgl. ANDRES, P. / SPIWOKS, M., *Prognosequalitätsmatrix* (Jahrbücher für Nationalökonomie und Statistik 1999), S. 535; ANDRES, P. / SPIWOKS, M., *Prognosegütemaße* (2000), S. 52.

505 Vgl. ANDRES, P. / SPIWOKS, M., *Prognosequalitätsmatrix* (Jahrbücher für Nationalökonomie und Statistik 1999), S. 535; ANDRES, P. / SPIWOKS, M., *Prognosegütemaße* (2000), S. 52-53.

506 Eine Ausnahmeerscheinung wird durch diese Einteilung nicht zutreffend erfaßt: Wenn eine Prognose in mehr als 50% aller Fälle die richtige Entwicklungsrichtung erfaßt hat, die tatsächlich eingetretenen Werte allerdings um einen größeren Betrag als die Veränderung der tatsächlichen Ereignisse im Prognosehorizont hinausgeschossen sind, dann kann diese Prognose aufgrund der Tatsache, daß sie gegebenenfalls schlechter als die entsprechende naive Prognose ausfällt, als quasi-naive Prognose ausgewiesen werden, obwohl es sich unter Umständen um eine Richtungsprognose handelt. Diese Ausnahmeerscheinung kann deshalb weitgehend vernachlässigt werden, weil die Erfahrung - insbesondere mit Kapitalmarktprognosen - zeigt, daß sich die Marktentwicklungen in den Prognosen in aller Regel deutlich zu gering widerspiegeln. Prognosen, die mehr als 200% der dann tatsächlich eintretenden Bewegung vorzeichnen, sind punktuell auftretende, krasse Ausnahmen. Zu einer Fehlkategorisierung könnte es nur dann kommen, wenn es bei einer Prognosereihe zu einer starken Häufung solch signifikanter Überschätzungen der Entwicklungstendenz käme. Vgl. ANDRES, P. / SPIWOKS, M., *Prognosequalitätsmatrix* (Jahrbücher für Nationalökonomie und Statistik 1999), S. 535; ANDRES, P. / SPIWOKS, M., *Prognosegütemaße* (2000), S. 53.

507 Vgl. ANDRES, P. / SPIWOKS, M., *Prognosequalitätsmatrix* (Jahrbücher für Nationalökonomie und Statistik 1999), S. 536; ANDRES, P. / SPIWOKS, M., *Prognosegütemaße* (2000), S. 53.

geführt. Zwar weist diese Prognose keine gegenwartsorientierte Verlaufsanpassung auf, doch ist die Prognosegüte nicht besser als die der naiven Prognose. Damit scheidet diese Prognose als Grundlage für Investmententscheidungen aus.

- Zukunftserfassende Prognose:[508]
  Diese Prognose weist eine erkennbar bessere Güte als die naive Prognose auf und wird nicht von dem Phänomen der gegenwartsorientierten Verlaufsanpassung dominiert. Der Prognostiker hat die Gegebenheiten der künftigen Entwicklung erfaßt, ohne sich von der Marktentwicklung zum Zeitpunkt der Prognoseerstellung über Gebühr beeinflussen zu lassen. Diese Prognosekategorie ist zweifellos am besten geeignet, um davon Anlageentscheidungen abhängig zu machen.

Die Unterscheidung von Fehlprognose und quasi-naiver Prognose ist insbesondere hilfreich zur Beurteilung der Prognostiker und zum Aufzeigen von Verbesserungsmöglichkeiten. Es kann ein wichtiger Anhaltspunkt sein zu wissen, ob in erster Linie eine unangemessen starke Anlehnung an das Marktgeschehen zum Zeitpunkt der Prognoseerstellung zu beheben ist oder ob die der Prognose zugrundeliegende Modellwelt der Wirklichkeit nicht gerecht wird.[509]

Die Differenzierung von Richtungsprognose und zukunftserfassender Prognose ist im Hinblick auf die Verwendbarkeit der Prognose von Interesse. Bei Entscheidungen, für die das Ausmaß der künftigen Marktbewegung von Bedeutung ist, reicht eine Richtungsprognose nicht aus.[510]

3.2.7.2. Beurteilung der Prognosequalitätsmatrix

Die Prognosequalitätsmatrix vereint die Vorteile des Theilschen Ungleichheitskoeffizienten „neuer Art“ und die des GOVA-Koeffizienten:

- Die positiven und negativen Abweichungen des Schätzers vom zu schätzenden Parameter heben sich nicht gegenseitig auf.
- Durch die Normierung werden Prognosen, die sich auf unterschiedliche Prognosevariablen oder –zeiträume beziehen, vergleichbar.
- Große Fehler werden überproportional gewichtet.
- Es findet ein impliziter Vergleich mit der naiven Prognose statt.

---

508 Vgl. ANDRES, P. / SPIWOKS, M., *Prognosequalitätsmatrix* (Jahrbücher für Nationalökonomie und Statistik 1999), S. 536; ANDRES, P. / SPIWOKS, M., *Prognosegütemaße* (2000), S. 53.

509 Vgl. ANDRES, P. / SPIWOKS, M., *Prognosequalitätsmatrix* (Jahrbücher für Nationalökonomie und Statistik 1999), S. 537; ANDRES, P. / SPIWOKS, M., *Prognosegütemaße* (2000), S. 53.

510 Vgl. ANDRES, P. / SPIWOKS, M., *Prognosequalitätsmatrix* (Jahrbücher für Nationalökonomie und Statistik 1999), S. 537; ANDRES, P. / SPIWOKS, M., *Prognosegütemaße* (2000), S. 54.

- Gegenwartsorientierte Verlaufsanpassungen der Prognosen werden erfaßt.
- Die Ergebnisse sind einfach und eindeutig zu interpretieren.

Damit ist die Prognosequalitätsmatrix das einzige Prognosefehlermaß, das alle Anforderungen an ein gutes Prognosefehlermaß erfüllt.

3.2.8. Auswahl von Prognosefehlermaßen für die vorliegende Untersuchung

Im Verlauf des Kapitels 3.2. wurden - vor dem Hintergrund des Erkenntnisinteresses der vorliegenden Untersuchung - sechs Anforderungen an ein geeignetes Prognosegütemaß herausgearbeitet.[511] Alle sechs Anforderungen werden nur von einem der vorgestellten Prognosegütemaße erfüllt, nämlich von der Prognosequalitätsmatrix (siehe Tabelle 1). Daher wird dieses Konzept in der vorliegenden Untersuchung zur Grundlage gemacht.

Die Prognosequalitätsmatrix basiert auf dem Theilschen Ungleichheitskoeffizienten „neuer Art" und dem GOVA-Koeffizienten. Dementsprechend werden auch diese beiden Prognosefehlermaße direkt in die Untersuchung einbezogen.

In Tabelle 1 werden die Ergebnisse der Methodendiskussion noch einmal zusammengefaßt.

Um auch denjenigen gerecht zu werden, die ausschließlich mit herkömmlichen Prognosefehlermaßen vertraut sind, werden in Anhang III zusätzlich die Ergebnisse der bekanntesten herkömmlichen Prognosefehlermaße ausgewiesen. Das sind im einzelnen der mittlere Prognosefehler, der mittlere absolute Prognosefehler, der mittlere relative Prognosefehler, der mittlere relative absolute Prognosefehler, der mittlere quadratische Prognosefehler sowie der mittlere relative quadratische Prognosefehler.

---

511 Diese sechs Anforderungen sind: 1. Die positiven und negativen Abweichungen des Schätzers vom zu schätzenden Parameter heben sich nicht gegenseitig auf; 2. Durch die Normierung werden Prognosen, die sich auf unterschiedliche Prognosevariablen beziehen, vergleichbar; 3. Große Fehler werden überproportional gewichtet; 4. Es findet ein impliziter Vergleich mit der naiven Prognose statt; 5. Die Ergebnisse sind einfach und eindeutig zu interpretieren; 6. Gegenwartsorientierte Verlaufsanpassungen der Prognosen werden erfaßt.

Tabelle 1: Ergebnisübersicht der Methodendiskussion „Prognosegütemaße"

	Keine gegenseitige Aufhebung von positiven und negativen Abweichungen	Normierung	Überproportionale Gewichtung starker Abweichungen	Impliziter Vergleich mit naiver Prognose	Ergebnisse einfach und eindeutig zu interpretieren	GOVA-Charakteristik wird erfaßt	Berücksichtigung im empirischen Teil d. Untersuchg.	Darstellung der Ergebnisse in Anhang III
Mittlerer Prognosefehler								X
Mittlerer absoluter Prognosefehler	X							X
Mittlerer relativer Prognosefehler		X						X
Mittlerer relativer symmetrischer Prognosefehler		X						
Mittlerer relativer gewichteter Prognosefehler		X						
Mittlerer rel. gew. Prognosefehler bezogen auf die naive Prognose		X		X				
Mittlerer relativer absoluter Prognosefehler	X	X						X
Mittlerer relativer absoluter symmetrischer Prognosefehler	X	X						
Mittlerer relativer absoluter gewichteter Prognosefehler	X	X						
Mittl. rel. absol. gew. Prognosef. bezogen auf die naive Prognose	X	X		X	X			
Durchschnittlicher Genauigkeitsquotient	X	X						
Mittlerer quadratischer Prognosefehler	X		X					X
Mittlerer relativer quadratischer Prognosefehler	X	X	X					X
Wurzel des mittleren relativen quadratischen Prognosefehlers	X	X	X					
Mittlerer relativer quadratischer gewichteter Prognosefehler	X	X	X					
Variationskoeffizient	X	X	X					
Prozentuale Genauigkeit	X	X	X					
Theilscher Projektionskoeffizient	X	X	X	X				
Theilscher Ungleichheitskoeffizient „alter Art"	X	X	X	X				
Theilscher Ungleichheitskoeffizient „neuer Art"	X	X	X	X	X		X	
GOVA-Koeffizient	X	X	X		X	X	X	
Prognosequalitätsmatrix	X	X	X	X	X	X	X	

3.3. Empirische Überprüfung der Prognosekompetenz bei DM-Zins-Prognosen

Die Untersuchung der Prognosekompetenz deutscher Vermögensverwalter erfolgt auf der Datenbasis der monatlich erscheinenden Fachpublikation Consensus Forecast. In dieser Monatsschrift werden für die wichtigsten Volkswirtschaften der Welt Prognosen veröffentlicht. Die Prognosen beziehen sich in erster Linie auf volkswirtschaftliche Daten wie Bruttoinlandsprodukt, privater Konsum, Ausrüstungsinvestitionen, Inflationsrate, Arbeitslosenquote etc. Auch Prognosen zur Zinsentwicklung von Staatsanleihen mit 10 Jahren Restlaufzeit werden hier monatlich veröffentlicht. Dabei werden zwei Prognosehorizonte unterschieden: Das Zinsniveau in drei und in zwölf Monaten wird prognostiziert.[512]

Das Konzept von Consensus Forecast ist sehr einfach. In jeder betrachteten Volkswirtschaft liefern ortsansässige Bankhäuser und teilweise auch andere Prognoseinstitute ihre Prognosen für ihr jeweiliges Land an Consensus Forecast. Hier werden sie dann monatlich veröffentlicht und ergänzend zu einer Konsensprognose zusammengefaßt.

Die Daten des Consensus Forecast sind aus mehreren Gründen gut geeignet, um darauf eine Untersuchung der Prognosekompetenz zu gründen:

- Es liegt ein guter Querschnitt durch die deutsche Geldwirtschaft vor. Neben den Großbanken sind renommierte Privatbanken, Spitzeninstitute der Sparkassen und Genossenschaftsbanken sowie zwei unabhängige Forschungseinrichtungen vertreten.
- Consensus Forecast existiert seit Oktober 1989, so daß inzwischen Prognosereihen von mehr als zehn Jahren auf Monatsdatenbasis vorliegen. Zeitreihen mit rund 120 Beobachtungen erschließen sich allen relevanten statistischen Verfahren.
- Die Prognosedaten sind aufgrund ihrer kontinuierlichen Veröffentlichung als zweifelsfrei authentisch anzusehen.[513]
- Da die regelmäßige Lieferung der Prognosen an Consensus Forecast nicht vergütet wird, liegt die einzige Motivation der teilnehmenden Institute in dem Prestigegewinn, den die Veröffentlichung in diesem Medium mit sich bringt. Da der Prestigegewinn auch wesentlich von der Qualität der Prog-

512 Vgl. CONSENSUS FORECAST, Jg. 1989-1999.

513 Würde man heute deutsche Banken bitten, ihre Zinsprognosen der zurückliegenden zehn Jahre zu Forschungszwecken zur Verfügung zu stellen, könnte man nicht sicher sein, ob es sich bei den übermittelten Daten nicht womöglich um „geschönte" Zeitreihen handelte.

nosen abhängt, ist es plausibel anzunehmen, daß die betreffenden Institute stets ihre volle Prognosekompetenz ausgeschöpft haben.[514]

- Die Qualität von Zinsprognosen erlaubt die Abschätzung der Qualität von Prognosen anderer Assetklassen, da die Zinsentwicklung eine wesentliche Einflußgröße für beispielsweise die Währungs- und Aktienmarktentwicklung darstellt.[515]

Insgesamt werden 44 Prognosereihen von 22 prognosegebenden Instituten bezüglich der Zinsentwicklung von DM-Staatsanleihen mit 10 Jahren Restlaufzeit auf ihre Prognosegüte hin überprüft.[516] Für jedes Institut wird jeweils eine Prognosereihe mit einem dreimonatigen und eine mit einem zwölfmonatigen Prognosehorizont untersucht.

Um eine größere Übersichtlichkeit zu schaffen, werden die prognosegebenden Institute in folgende Gruppen eingeteilt:

- Großbanken
- Regionalbanken und sonstige Kreditbanken
- Privatbanken
- Öffentliche Banken
- Genossenschaftsinstitute
- Sonstige Institute

Die einzelnen Kapitel sind einheitlich strukturiert:

Um dem Leser die gedankliche Einordnung der untersuchten Prognosereihen zu erleichtern, wird jeweils ein Kurzportrait des Instituts vorweggeschickt. Darin wird knapp auf die Größenordnung[517] und die grundlegende Ausrichtung des Instituts eingegangen. Auch die jeweiligen Aktivitäten im Bereich Vermögensverwaltung werden angesprochen.

---

514 Mögliche negative Reputationseffekte sichern weitgehend eine wahrheitsgemäße Angabe der einzelnen Prognosen. Vgl. dazu die, in Nuancen abweichende, Meinung von LÖFFLER, G., *Der Beitrag von Finanzanalysten* (1998), S. 16-19.

515 Vgl. dazu im einzelnen den Abschnitt 3.4.1.

516 Im Consensus Forecast sind die Prognosezeitreihen der einzelnen prognosegebenden Institute nicht lückenlos dokumentiert. In einigen Fällen fehlen einzelne Daten einzelner prognosegebender Institute, weil es zu keiner oder keiner fristgerechten Meldung der Prognosen bei Consensus Forecast gekommen ist. Diese fehlenden Daten wurden durch Kontaktaufnahme mit den betreffenden Instituten für die vorliegende Untersuchung nachrecherchiert und damit die Prognosezeitreihen vervollständigt. In wenigen Ausnahmefällen, in denen gar kein Prognosewert erstellt wurde, so daß auch die Nachrecherche zu keiner Datenergänzung führen konnte, wurde der Prognosewert des Vormonats fortgeschrieben.

517 Die Angaben zu Bilanzsumme und Mitarbeiterzahl beziehen sich grundsätzlich auf die Konzernstruktur (sofern eine solche vorliegt).

Es folgt die Untersuchung der Zinsprognose mit zwölfmonatigem Prognosehorizont und anschließend die mit dreimonatigem Prognosehorizont. Das beginnt jeweils mit der grafischen Darstellung der Datensätze.[518] Anschließend werden die Ergebnisse der Berechnung des Theilschen Ungleichheitskoeffizienten „neuer Art" und des GOVA-Koeffizienten vorgelegt.[519] Abschließend wird eine kurze Ergebniszusammenfassung sowie die Einordnung der Prognosen in die Prognosequalitätsmatrix vorgenommen.

3.3.1. Zinsprognosen der Großbanken

Charakteristisch für Großbanken ist ihre überregionale Bedeutung, die unter anderem durch ein über ganz Deutschland verteiltes Zweigstellennetz, eine weit überdurchschnittliche Bilanzsumme und eine hohe Mitarbeiterzahl zum Ausdruck kommt.[520]

Durch zunehmende internationale Verflechtung und verstärkte Fusionsbemühungen wurden diese Abgrenzungskriterien in den letzten Jahren jedoch etwas aufgeweicht.[521] Die Bankenstatistik der Deutschen Bundesbank trug der veränderten Bankenlandschaft in Deutschland zum Jahresbeginn 1999 Rechnung und führt seitdem auch die aus der Fusion von Bayerischer Vereinsbank und Bayerischer Hypotheken- und Wechsel-Bank hervorgegangene Bayerische Hypo- und Vereinsbank als Großbank.[522]

---

518 BALLOCCHI weist ausdrücklich darauf hin, daß für die Beurteilung von Prognosezeitreihen die Visualisierung der Daten eine wichtige Voraussetzung darstellt: „Wir empfehlen mit Nachdruck, die Prognosen auch graphisch zu visualisieren. Es ist nämlich mit statistischen Maßen unmöglich, alle dynamischen Merkmale der Prognose zu erfassen, während einige dieser Merkmale in einer graphischen Darstellung ganz anschaulich werden." BALLOCCHI, G., *Die statistische Evaluation von Finanzmarktprognosen* (1998), S. 40. Auch HEIL hat die besondere Bedeutung der grafischen Wiedergabe von Zeitreihen hervorgehoben: „Im allgemeinen dienen grafische Darstellungen der geometrischen Veranschaulichung von Sachverhalten. Damit sind aber die Möglichkeiten, die in graphischen Darstellungen stecken, noch lange nicht erschöpft. (...) Graphische Darstellungen sind aber besonders deshalb wichtig und bedeutsam, weil durch statistische Tests nur Durchschnittseigenschaften eines Modells getestet werden (...)." HEIL, J., *Ökonometrie* (1996), S. 176.

519 Die Berechnung des GOVA-Koeffizienten wird mit dem EDV-Programm Lotus 1-2-3 durchgeführt. Alle übrigen Berechnungen, insbesondere die Ermittlung des Theilschen Ungleichheitskoeffizienten „neuer Art", werden mit dem EDV-Programm Econometric Views (E-Views) durchgeführt.

520 Vgl. BETGE, P., *Bankbetriebslehre* (1996), S. 75; SÜCHTING, J., *Bankmanagement* (1992), S. 189; BÜSCHGEN, H. E., *Banklexikon* (1992), S.729-730; BÜSCHGEN, H. E., *Bankbetriebslehre* (1998), S. 80; COMPTER, W., *Bankbetriebslehre* (1984), S. 22.

521 Vgl. HARTMANN-WENDELS, T. / PFINGSTEN, A. / WEBER, M., *Bankbetriebslehre* (1998), S. 32-33.

522 Vgl. DEUTSCHE BUNDESBANK, *Erläuterungen* (Bankenstatistik 12/1999), S. 111; BECKER, H. P. / PEPPMEIER, A., *Bankbetriebslehre* (2000), S. 80.

Alle vier deutschen Großbanken waren im gesamten Untersuchungszeitraum mit ihren Zinsprognosen im Consensus Forecast vertreten.[523] Dementsprechend werden in die vorliegende Untersuchung einbezogen:

- Deutsche Bank
- Dresdner Bank
- Commerzbank
- Bayerische Hypo- und Vereinsbank

3.3.1.1. Deutsche Bank

Die Deutsche Bank AG weist Ende 1999 eine Bilanzsumme von rd. 1642 Mrd. DM aus.[524] Ihre Börsenkapitalisierung beträgt zum selben Zeitpunkt rd. 100 Mrd. DM.[525] Mit etwa 93.000 Mitarbeitern[526] betreut sie in 70 Ländern der Erde[527] rd. 9 Mio. Kunden.[528] Damit zählt die Deutsche Bank zu den größten Banken der Welt[529] und ist mit Abstand das größte Kreditinstitut Deutschlands.[530]

Die Deutsche Bank gehört 1999 im Bereich Vermögensverwaltung für vermögende Privatkunden (Private Banking) zu den fünf weltweit führenden Instituten.[531] Sie betreut Privatvermögen im Gesamtvolumen von rd. 375 Mrd. DM.[532] Zielsetzung der Deutschen Bank ist es, die Weltmarktführerschaft im Private Banking zu erringen.[533]

---

523 Vgl. CONSENSUS FORECAST, Jg. 1989-1999.

524 Vgl. DEUTSCHE BANK, *Geschäftsbericht 1999* (2000), S. 57 u. 150; KREDITWESEN, *Großbankenbilanzen* (Kreditwesen 9/2000), S. 490.

525 Vgl. DEUTSCHE BANK, *Geschäftsbericht 1999* (2000), S. 17-18.

526 Vgl. DEUTSCHE BANK, *Geschäftsbericht 1999* (2000), S. 13 u. 150.

527 Vgl. DEUTSCHE BANK, *Geschäftsbericht 1999* (2000), S. 14.

528 Vgl. DEUTSCHE BANK, *Geschäftsbericht 1999* (2000), S. 7 u. 12.

529 Gemessen an der Bilanzsumme. Zeitweise war die Deutsche Bank sogar die größte Bank der Welt. Vgl. KÖLLING, M., *Mizuho verdrängt Deutsche Bank* (Financial Times Deutschland 27.09.2000), S. 21.

530 Gemessen an der Bilanzsumme. Vgl. FAZ, *Deutschlands größte Unternehmen in Zahlen* (FAZ 04.07.2000), S. U2.

531 Gemessen am verwalteten Vermögen. Vgl. DEUTSCHE BANK, *Geschäftsbericht 1999* (2000), S. 23. Bis Mitte 2000 ist die Deutsche Bank sogar schon auf Platz vier der weltweit größten Vermögensverwalter für anspruchsvolle Privatkunden aufgerückt. Zielperspektive bis 2004 ist es, Rang 3 zu erreichen. Vgl. dazu FAZ, *Die Deutsche Bank will mehr reiche Kunden* (FAZ 23.08.2000), S. 22.

532 Vgl. DEUTSCHE BANK, *Geschäftsbericht 1999* (2000), S. 23.

533 Vgl. DEUTSCHE BANK, *Geschäftsbericht 1999* (2000), S. 23. Schon seit einiger Zeit sind Bemühungen der Deutschen Bank zu beobachten, im Private Banking überproportional zu wachsen. Vgl. dazu bspw. LEBERT, R., *Deutsche Private Banking* (Financial Times Deutsch-

Obwohl die Deutsche Bank bei der Vermögensverwaltung für institutionelle Anleger (Asset Management)[534] bereits rund ein Drittel des Verwaltungsvolumens indexgebunden und damit im passiven Portfoliomanagement verwaltet,[535] werden den vermögenden Privatkunden nach wie vor ausschließlich aktive Portfoliomanagement-Strategien offeriert.[536]

Die Deutsche Bank beteiligt sich während des gesamten Untersuchungszeitraumes[537] mit ihren Zinsprognosen an Consensus Forecast.[538] Damit erschließen sich die Prognosezeitreihen in uneingeschränktem Maße der statistischen Prognosegütemessung.

Der Deutschen Bank ist es nicht gelungen, die wesentlichen Marktbewegungen am DM-Rentenmarkt auf Sicht von 12 Monaten zu prognostizieren. Die Prognose läuft der tatsächlichen Zinsentwicklung um etwa ein Jahr nach. Insbesondere die Übergänge von fallendem zu steigendem Zinstrend (Ende 1993 und Ende 1998) sowie die Übergänge von steigendem zu fallendem Zinstrend (Ende 1990 und Ende 1994) zeigen die Untauglichkeit der Prognose in aller Deutlichkeit (Abb. 12). Werden die Prognosedaten um den Prognosehorizont nach links verschoben, so daß sie ihrem jeweiligen Entstehungszeitpunkt und nicht mehr ihrem Geltungsbereich zugeordnet sind, läßt sich eine relativ enge Bindung an das jeweils aktuelle Marktgeschehen erkennen (Abb. 13).

---

land 14.04.2000), S. 23; HANDELSBLATT, *Deutsche Bank baut Private Banking global aus* (Handelsblatt 12.12.2000), S. 21; DEUTSCHE BANK, *Geschäftsbericht 1998* (1999), S. 17-19; FAZ, *Vermögende Privatkunden* (FAZ 05.09.1997), S. 23; DEUTSCHE BANK, *Geschäftsbericht 1997* (1998), S. 11; DEUTSCHE BANK, *Geschäftsbericht 1996* (1997), S. 13; DEUTSCHE BANK, *Geschäftsbericht 1995* (1996), S. 11; DEUTSCHE BANK, *Geschäftsbericht 1994* (1995), S. 14-15 u. 33; DEUTSCHE BANK, *Geschäftsbericht 1993* (1994), S. 12-13.

534 Auch diesen Geschäftsbereich baut die Deutsche Bank bereits seit Jahren systematisch aus. Vgl. dazu DEUTSCHE BANK, *Geschäftsbericht 1997* (1998), S. 25; DEUTSCHE BANK, *Geschäftsbericht 1996* (1997), S. 29-30; DEUTSCHE BANK, *Geschäftsbericht 1995* (1996), S. 11-12 u. 25; DEUTSCHE BANK, *Geschäftsbericht 1994* (1995), S. 32; DEUTSCHE BANK, *Geschäftsbericht 1993* (1994), S. 13; DEUTSCHE BANK, *Geschäftsbericht 1991* (1992), S. 24.

535 Vgl. DEUTSCHE BANK, *Geschäftsbericht 1999* (2000), S. 33.

536 Zwar wird dies nicht unumwunden ausgesprochen, es wird jedoch aus vielen Feststellungen deutlich, die nur in Zusammenhang mit aktiven Portfoliomanagement-Strategien stehen können. Vgl. DEUTSCHE BANK, *Vermögensverwaltung* (ohne Jahresangabe), S. 3-4; DEUTSCHE BANK, *Private Banking* (www.deutsche-bank.de 18.03.2000), S. 1; DEUTSCHE BANK, *Vermögensverwaltung und professionelle Geldanlage* (www.deutsche-bank.de 18.03.2000), S. 1; DEUTSCHE BANK, *Vermögen in guten Händen* (1999), S. 4. Bestätigt wird diese Einschätzung durch telefonische Nachfrage bei Herrn Thieme, Vermögensverwaltung der Deutsche Bank, Region Mitte, Frankfurt/M vom 24.10.2000.

537 Das heißt von Okt. 1989 bis Dez. 1999.

538 Vgl. CONSENSUS FORECAST, Jg. 1989-1999.

Abbildung 12: Rendite von DM-Staatsanleihen mit zehn Jahren Restlaufzeit (dicke Linie) und entsprechende 12-Monats-Prognose der Deutschen Bank (dünne Linie) von Oktober 1989 bis Dezember 2000.

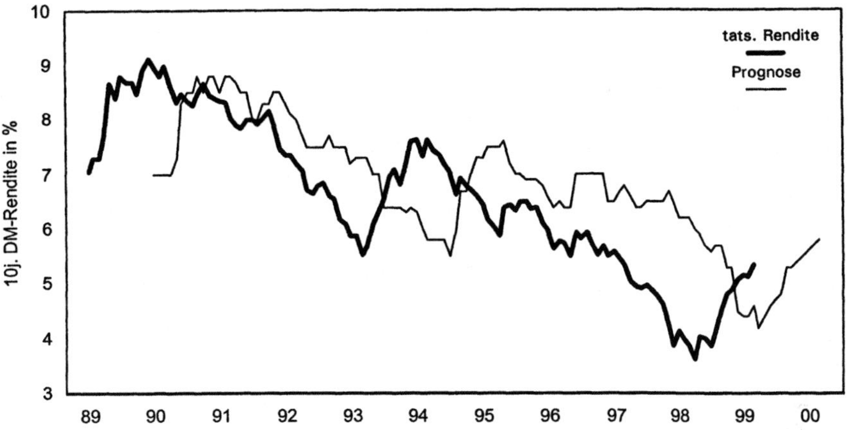

Quelle: Eigene Darstellung basierend auf CONSENSUS FORECAST, Jg. 1989-1999, und BLOOMBERG INFORMATIONSSYSTEM, GDBR12 Index HP.

Abbildung 13: Rendite von DM-Staatsanleihen mit zehn Jahren Restlaufzeit (dicke Linie) und um 12 Monate nach links verschobene 12-Monats-Prognose der Deutschen Bank (dünne Linie) von Oktober 1989 bis Dezember 1999.

Quelle: Eigene Darstellung basierend auf CONSENSUS FORECAST, Jg. 1989-1999, und BLOOMBERG INFORMATIONSSYSTEM, GDBR12 Index HP.

Abbildung 14: Rendite von DM-Staatsanleihen mit zehn Jahren Restlaufzeit (dicke Linie) und entsprechende 3-Monats-Prognose der Deutschen Bank (dünne Linie) von Oktober 1989 bis März 2000.

Quelle: Eigene Darstellung basierend auf CONSENSUS FORECAST, Jg. 1989-1999, und BLOOMBERG INFORMATIONSSYSTEM, GDBR12 Index HP.

Abbildung 15: Rendite von DM-Staatsanleihen mit zehn Jahren Restlaufzeit (dicke Linie) und um 3 Monate nach links verschobene 3-Monats-Prognose der Deutschen Bank (dünne Linie) von Oktober 1989 bis Dezember 1999.

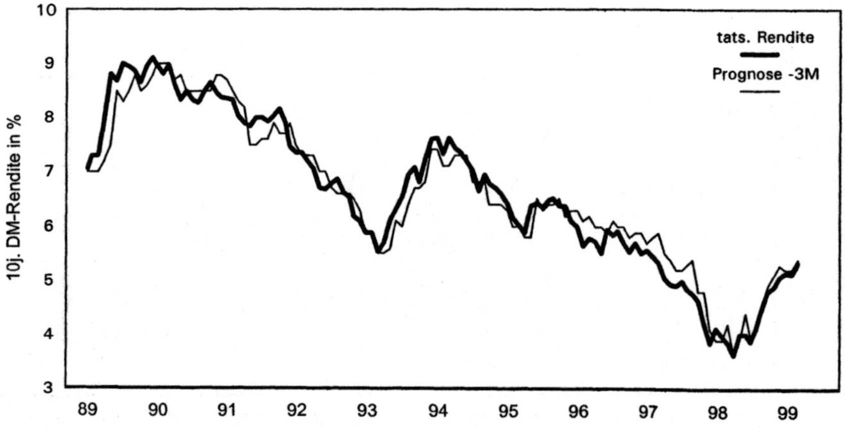

Quelle: Eigene Darstellung basierend auf CONSENSUS FORECAST, Jg. 1989-1999, und BLOOMBERG INFORMATIONSSYSTEM, GDBR12 Index HP.

Abbildung 16: Einordnung der 12-Monats-Prognose (weißer Punkt) und der 3-Monats-Prognose (schwarzer Punkt) der Deutschen Bank in die Prognosequalitätsmatrix.

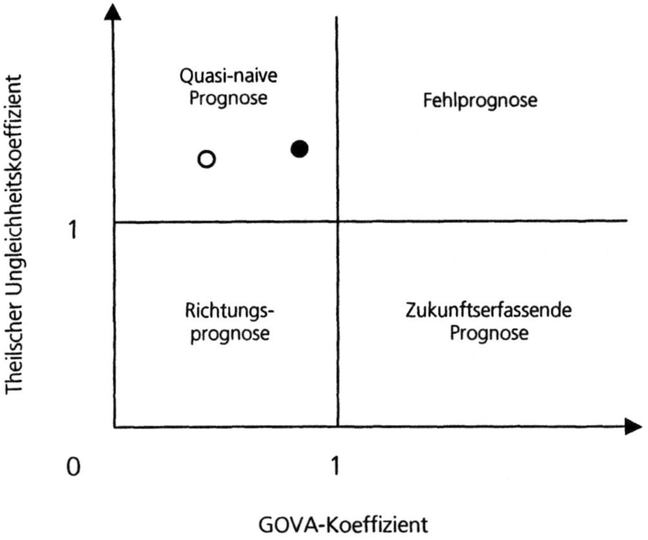

Quelle: In Anlehnung an ANDRES, P. / SPIWOKS, M., *Prognosequalitätsmatrix* (1999), S. 536.

Die Kennzahlen der 12-Monats-Prognose bestätigen diesen ersten Eindruck. Die Berechnung des Theilschen Ungleichheitskoeffizienten „neuer Art" ergibt den Wert 1,249. Der prognostische Gehalt der Deutsche Bank-Prognose bleibt also deutlich hinter dem der entsprechenden naiven Prognose zurück. Der GOVA-Koeffizient weist einen Wert von 0,441 auf und kennzeichnet damit eine gegenwartsorientierte Verlaufsanpassung. Die 12-Monats-Zinsprognose der Deutschen Bank ist somit als quasi-naive Prognose identifiziert (Abb. 16, weißer Punkt).

Vergleichbar stellt sich die Situation bei der 3-Monats-Prognose der Deutschen Bank dar. Die Prognose hinkt der tatsächlichen Zinsentwicklung in etwa um den Prognosehorizont hinterher (Abb. 14). Dies wird besonders gut erkennbar, wenn die Prognose um drei Monate nach links verschoben wird, so daß die Prognosewerte ihrem jeweiligen Entstehungszeitpunkt und nicht mehr ihrem Geltungsbereich zugeordnet werden (Abb. 15).

Der Theilsche Ungleichheitskoeffizient „neuer Art" von 1,313 zeigt, daß die Prognose schlechter als die entsprechende naive Prognose ist. Der GOVA-Koeffizient von 0,863 weist eine gegenwartsorientierte Verlaufsanpassung aus. Es handelt sich also ebenfalls um eine quasi-naive Prognose (Abb. 16, schwarzer Punkt).

3.3.1.2. Dresdner Bank

Der Jahresabschluß 1999 zeigt bei der Dresdner Bank AG eine Bilanzsumme von rd. 776 Mrd. DM.[539] Die Dresdner Bank weist zum selben Zeitpunkt eine Börsenkapitalisierung von etwa 55 Mrd. DM auf.[540] Ihre Mitarbeiterzahl liegt bei über 50.000.[541] Damit ist die Dresdner Bank die drittgrößte Bank Deutschlands[542] und zählt zu den führenden europäischen Universalbanken.[543]

Die Dresdner Bank sieht unter anderem in der profitablen Vermögensverwaltung für vermögende Privatkunden einen angestrebten „Wachstumskern".[544] Neben der Konzentration auf das gehobene Segment (Private Banking)[545] unternimmt die Dresdner Bank auch erhebliche Anstrengungen zur Akquisition mittelgroßer Vermögen mit Hilfe ihrer mobilen Anlageberater[546] und ihrem Angebot „Vermö-

---

539 Vgl. DRESDNER BANK, *Geschäftsbericht 1999* (2000), S. 3 u. 71.

540 Vgl. DRESDNER BANK, *Geschäftsbericht 1999* (2000), S. 3 u.19.

541 Vgl. DRESDNER BANK, *Geschäftsbericht 1999* (2000), S. 3.

542 Gemessen an der Bilanzsumme. Vgl. FAZ, *Deutschlands größte Unternehmen in Zahlen* (FAZ 04.07.2000), S. U2.

543 Vgl. DRESDNER BANK, *Geschäftsbericht 1998* (1999), S. 21.

544 Vgl. DRESDNER BANK, *Geschäftsbericht 1999* (2000), S. 7. Ähnlich siehe auch DRESDNER BANK, *Geschäftsbericht 1999* (2000), S. 27 u. 36; DRESDNER BANK, *Geschäftsbericht 1998* (1999), S. 23 u.32; PLATZEK, H.-J., *Private Banking als strategisches Geschäftsfeld* (Die Bank 11/1998), S. 651; ROTH, M. T., *Quadratur des Anteilseignerkreises* (FAZ 08.07.2000), S. 24. Außerdem ist die Dresdner Bank seit Jahren darum bemüht, den Bereich Asset Management auszubauen. Vgl. dazu DRESDNER BANK, *Geschäftsbericht 1990* (1991), S. 37-38; DRESDNER BANK, *Geschäftsbericht 1991* (1992), S. 34; DRESDNER BANK, *Geschäftsbericht 1992* (1993), S. 29; DRESDNER BANK, *Geschäftsbericht 1993* (1994), S. 21-22; DRESDNER BANK, *Geschäftsbericht 1994* (1995), S. 34; DRESDNER BANK, *Geschäftsbericht 1995* (1996), S. 14, 21 u. 38; DRESDNER BANK, *Geschäftsbericht 1996* (1997), S. 38-39; DRESDNER BANK, *Geschäftsbericht 1997* (1998), S. 17 u. 31-32.

545 Im Bereich Private Banking International betreut die Dresdner Bank Ende 1999 etwa 65.000 Kunden. Vgl. DRESDNER BANK, *Geschäftsbericht 1999* (2000), S. 27. Schon seit Anfang der 1990er Jahre betreibt die Dresdner Bank einen gezielten Ausbau dieses Geschäftsbereiches. Vgl. dazu DRESDNER BANK, *Geschäftsbericht 1990* (1991), S. 37; DRESDNER BANK, *Geschäftsbericht 1991* (1992), S. 34-35; DRESDNER BANK, *Geschäftsbericht 1992* (1993), S. 29; DRESDNER BANK, *Geschäftsbericht 1993* (1994), S. 21-22; DRESDNER BANK, *Geschäftsbericht 1994* (1995), S. 34; DRESDNER BANK, *Geschäftsbericht 1995* (1996), S. 27; DRESDNER BANK, *Geschäftsbericht 1996* (1997), S. 26 u. 35; DRESDNER BANK, *Geschäftsbericht 1997* (1998), S. 17 u. 28.

546 Die mobile Anlageberatung, d.h. der Einsatz von Außendienstmitarbeitern zur Betreuung von Vermögensverwaltungskunden, erfolgt durch die Tochtergesellschaft Dresdner Vermögensberatungsgesellschaft. Vgl. bspw. FAZ, *Dresdner Bank erweitert Vermögensberatung* (FAZ 22.07.1997), S. 21; FAZ, *Dresdner Vermögensberatung wächst* (FAZ 04.03.1998), S.

gensverwaltung mit Investmentfonds".[547] Ende 1999 verwaltete die Bank Wertpapierdepots im Gesamtvolumen von rund 150 Mrd. DM.[548]

Zumindest das Private Banking der Dresdner Bank setzt ausschließlich auf aktive Portfoliomanagement-Strategien.[549]

Die Zinsprognosen der Dresdner Bank waren während des gesamten Untersuchungszeitraumes (Okt. 1989 – Dez. 1999) im Consensus Forecast vertreten.[550]

Die grafische Darstellung der 12-Monats-Prognose der Dresdner Bank gibt zu erkennen, daß die Prognosequalität unbefriedigend ist (Abb. 17). Die Linksverschiebung der Prognose um den Prognosehorizont (Abb. 18) zeigt die 12-Monats-Prognose zu ihrem jeweiligen Entstehungszeitpunkt. Die starke Übereinstimmung der Prognose zum Entstehungszeitpunkt mit der jeweils aktuellen Marktlage läßt vermuten, daß eine gegenwartsorientierte Verlaufsanpassung vorliegt.

Die Ermittlung der einschlägigen Kennzahlen bestätigt diesen Eindruck. Der Theilsche Ungleichheitskoeffizient „neuer Art" nimmt den Wert 1,195 an und zeigt damit, daß die 12-Monats-Prognose der Dresdner Bank schlechter als die entsprechende naive Prognose ausfällt. Der GOVA-Koeffizient beträgt 0,452 und weist damit eine gegenwartsorientierte Verlaufsanpassung der 12-Monats-Prognose nach. Es handelt sich also um eine quasi-naive Prognose (Abb. 21, weißer Punkt).

Eine vergleichbare Situation liegt bei der 3-Monats-Prognose der Dresdner Bank vor. Die grafische Gegenüberstellung der tatsächlichen Zinsentwicklung und der 3-Monats-Prognose (Abb. 19) bzw. der um den Prognosehorizont nach links verschobenen 3-Monats-Prognose (Abb. 20) deutet bereits an, daß es sich ebenfalls um eine quasi-naive Prognose handelt.

32; HANDELSBLATT, *Mobile Banker sind erfolgreich* (Handelsblatt 05.03.1998), S. 20; HANDELSBLATT, *Anlagebedarf für gehobene Kunden bleibt* (Handelsblatt 05./06.03.1999), S. 22; FAZ, *Beratung für vermögende Privatkunden* (FAZ 14.02.2000), S. 22; DRESDNER BANK, *Geschäftsbericht 1999* (2000), S. 28; GRONTZKI, W., *Neues Konzept mit gutem Image* (Bank Magazin 3/1999), S. 76-77.

547 Vgl. DRESDNER BANK, *Formel für Rendite* (1999), S. 4-19; ZEYER, F., *Strategien der Vermögensverwaltung mit Fonds* (FAZ 02.03.1998), S. 36; DRESDNER BANK, *Geschäftsbericht 1996* (1997), S. 35.

548 Vgl. DRESDNER BANK, *Geschäftsbericht 1999* (2000), S. 28.

549 Lt. telefonischer Auskunft von Herrn Hartmann, Dresdner Bank AG Frankfurt/M, vom 06.03.2000.

550 Vgl. CONSENSUS FORECAST, Jg. 1989-1999.

Abbildung 17: Rendite von DM-Staatsanleihen mit zehn Jahren Restlaufzeit (dicke Linie) und entsprechende 12-Monats-Prognose der Dresdner Bank (dünne Linie) von Oktober 1989 bis Dezember 2000.

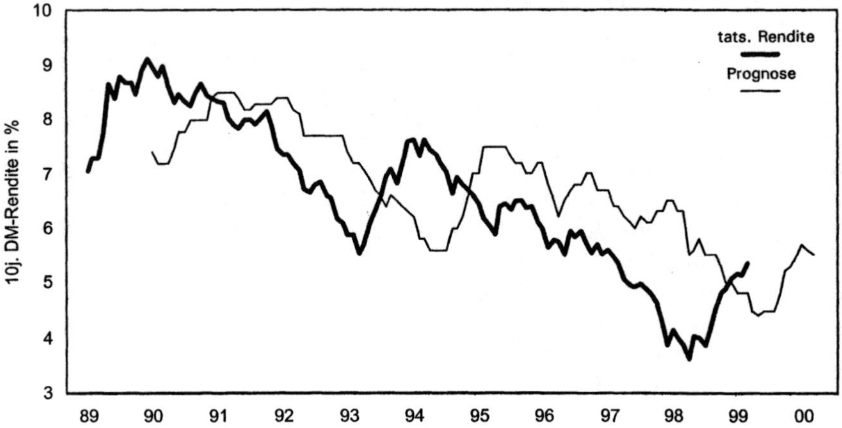

Quelle: Eigene Darstellung basierend auf CONSENSUS FORECAST, Jg. 1989-1999, und BLOOMBERG INFORMATIONSSYSTEM, GDBR12 Index HP.

Abbildung 18: Rendite von DM-Staatsanleihen mit zehn Jahren Restlaufzeit (dicke Linie) und um 12 Monate nach links verschobene 12-Monats-Prognose der Dresdner Bank (dünne Linie) von Oktober 1989 bis Dezember 1999.

Quelle: Eigene Darstellung basierend auf CONSENSUS FORECAST, Jg. 1989-1999, und BLOOMBERG INFORMATIONSSYSTEM, GDBR12 Index HP.

Abbildung 19: Rendite von DM-Staatsanleihen mit zehn Jahren Restlaufzeit (dicke Linie) und entsprechende 3-Monats-Prognose der Dresdner Bank (dünne Linie) von Oktober 1989 bis März 2000.

Quelle: Eigene Darstellung basierend auf CONSENSUS FORECAST, Jg. 1989-1999, und BLOOMBERG INFORMATIONSSYSTEM, GDBR12 Index HP.

Abbildung 20: Rendite von DM-Staatsanleihen mit zehn Jahren Restlaufzeit (dicke Linie) und um 3 Monate nach links verschobene 3-Monats-Prognose der Dresdner Bank (dünne Linie) von Oktober 1989 bis Dezember 1999.

Quelle: Eigene Darstellung basierend auf CONSENSUS FORECAST, Jg. 1989-1999, und BLOOMBERG INFORMATIONSSYSTEM, GDBR12 Index HP.

Abbildung 21: Einordnung der 12-Monats-Prognose (weißer Punkt) und der 3-Monats-Prognose (schwarzer Punkt) der Dresdner Bank in die Prognosequalitätsmatrix.

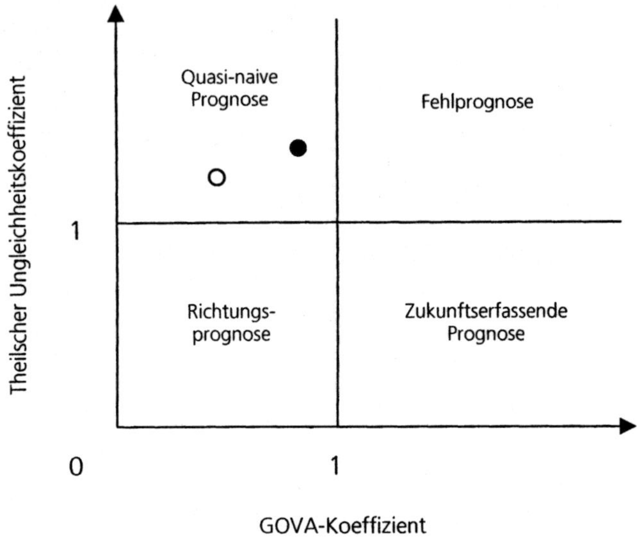

Quelle: In Anlehnung an ANDRES, P. / SPIWOKS, M., *Prognosequalitätsmatrix* (1999), S. 536.

Der Theilsche Ungleichheitskoeffizient „neuer Art" nimmt den Wert 1,365 an. Das macht deutlich, daß die untersuchte Prognose die künftige Marktentwicklung schlechter erfaßt als die entsprechende naive Prognose. Der GOVA-Koeffizient zeigt mit 0,859 das Vorliegen einer gegenwartsorientierten Verlaufsanpassung an. Es handelt sich bei der 3-Monats-Prognose der Dresdner Bank somit um eine quasi-naive Prognose (Abb. 21, schwarzer Punkt).

3.3.1.3. Commerzbank

Die Commerzbank AG weist Ende 1999 eine Bilanzsumme von 727 Mrd. DM[551] und eine Börsenkapitalisierung von rund 36 Mrd. DM[552] auf. Sie beschäftigt rund

551 Vgl. COMMERZBANK, *Geschäftsbericht 1999* (2000), S. 0 u. 61; COMMERZBANK, *Bank des Erfolgs* (FAZ 10.04.2000), S. 22.

552 Vgl. COMMERZBANK, *Geschäftsbericht 1999* (2000), S. 0 u. 56; COMMERZBANK, *Bank des Erfolgs* (FAZ 10.04.2000), S. 22.

35.000 Mitarbeiter[553] und betreut etwa 5,2 Mio. Kunden[554]. Damit ist die Commerzbank die fünftgrößte Bank Deutschlands.[555]

Die Commerzbank bemüht sich während der 1990er Jahre, im Bereich Vermögensverwaltung für private und institutionelle Investoren überdurchschnittlich zu wachsen.[556] Das Volumen der Vermögensverwaltung hat sich von 1996 bis 1999 mehr als verdoppelt und beträgt Ende 1999 rund 274 Mrd. DM.[557]

Die Commerzbank setzt im Rahmen der Vermögensverwaltung für Privatkunden ausschließlich auf aktive Portfoliomanagement-Strategien.[558] Die Realisierung einer „überdurchschnittlichen Rendite" wird als Zielperspektive klar angesprochen.[559] Die Commerzbank sieht „die Bedürfnisse der vermögenden Privatkunden (...) durch die Leistungen der Commerzbank hervorragend erfüllt".[560]

Zinsprognosen der Commerzbank werden bereits seit Oktober 1989 in monatlichem Rhythmus im Consensus Forecast veröffentlicht, so daß für den gesamten Untersuchungszeitraum Prognosedaten zur Verfügung stehen.[561]

---

553 Vgl. COMMERZBANK, *Geschäftsbericht 1999* (2000), S. 0 u. 53; COMMERZBANK, *Bank des Erfolgs* (FAZ 10.04.2000), S. 22.

554 Vgl. COMMERZBANK, *Bank des Erfolgs* (FAZ 10.04.2000), S. 22; COMMERZBANK, *Geschäftsbericht 1999* (2000), S. 8.

555 Gemessen an der Bilanzsumme. Vgl. FAZ, *Deutschlands größte Unternehmen in Zahlen* (FAZ 04.07.2000), S. U2.

556 Vgl. COMMERZBANK, *Geschäftsbericht 1999* (2000), S. 34-35 u. 46-47; COMMERZBANK, *Geschäftsbericht 1998* (1999), S. 20 u. 31-32; BÖRSEN-ZEITUNG, *Asset Management als Eckpfeiler* (Börsen-Zeitung 18.09.1998), S. 5; COMMERZBANK, *Geschäftsbericht 1997* (1998), S. 22 u. 34-35; WIRTSCHAFTSWOCHE, *Intensiv kooperieren* (Wirtschaftswoche 9/96), S. 52; COMMERZBANK, *Geschäftsbericht 1996* (1997), S. 28-29; COMMERZBANK, *Geschäftsbericht 1995* (1996), S. 38-39; COMMERZBANK, *Geschäftsbericht 1994* (1995), S. 28; COMMERZBANK, *Geschäftsbericht 1993* (1994), S. 30; COMMERZBANK, *Geschäftsbericht 1992* (1993), S. 20; COMMERZBANK, *Geschäftsbericht 1991* (1992), S. 28-29; COMMERZBANK, *Geschäftsbericht 1990* (1991), S. 30.

557 Vgl. COMMERZBANK, *Geschäftsbericht 1999* (2000), S. 46-47.

558 Dies wird in der Image-Broschüre zur Commerzbank-Vermögensverwaltung nicht ausdrücklich festgestellt, sondern nur in einigen Passagen angedeutet. Vgl. COMMERZBANK, *Vermögensverwaltung* (ohne Jahresangabe), S. 3, 5, 9 u. 11. Bestätigt wurde die klare Ausrichtung der Commerzbank auf aktive Portfoliomanagement-Strategien durch die telefonische Auskunft von Frau Grassé, Commerzbank Frankfurt/M, am 24.10.2000.

559 Vgl. COMMERZBANK, *Die Stärke von COMPACT* (www.commerzbank.de 18.03.2000), S. 1.

560 Vgl. COMMERZBANK, *Geschäftsbericht 1999* (2000), S. 34.

561 Vgl. CONSENSUS FORECAST, Jg. 1989-1999.

Abbildung 22: Rendite von DM-Staatsanleihen mit zehn Jahren Restlaufzeit (dicke Linie) und entsprechende 12-Monats-Prognose der Commerzbank (dünne Linie) von Oktober 1989 bis Dezember 2000.

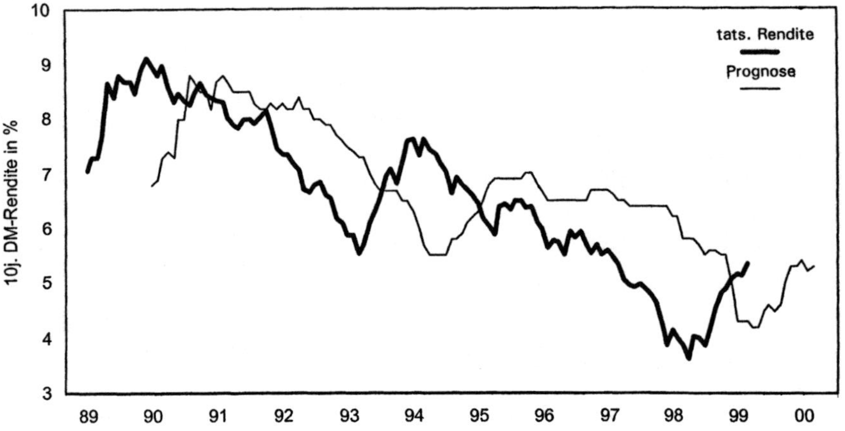

Quelle: Eigene Darstellung basierend auf CONSENSUS FORECAST, Jg. 1989-1999, und BLOOMBERG INFORMATIONSSYSTEM, GDBR12 Index HP.

Abbildung 23: Rendite von DM-Staatsanleihen mit zehn Jahren Restlaufzeit (dicke Linie) und um 12 Monate nach links verschobene 12-Monats-Prognose der Commerzbank (dünne Linie) von Oktober 1989 bis Dezember 1999.

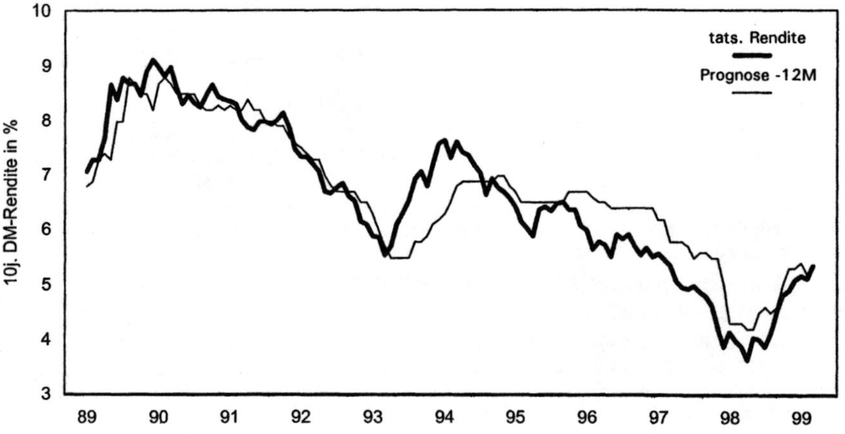

Quelle: Eigene Darstellung basierend auf CONSENSUS FORECAST, Jg. 1989-1999, und BLOOMBERG INFORMATIONSSYSTEM, GDBR12 Index HP.

Abbildung 24: Rendite von DM-Staatsanleihen mit zehn Jahren Restlaufzeit (dicke Linie) und entsprechende 3-Monats-Prognose der Commerzbank (dünne Linie) von Oktober 1989 bis März 2000.

Quelle: Eigene Darstellung basierend auf CONSENSUS FORECAST, Jg. 1989-1999, und BLOOMBERG INFORMATIONSSYSTEM, GDBR12 Index HP.

Abbildung 25: Rendite von DM-Staatsanleihen mit zehn Jahren Restlaufzeit (dicke Linie) und um 3 Monate nach links verschobene 3-Monats-Prognose der Commerzbank (dünne Linie) von Oktober 1989 bis Dezember 1999.

Quelle: Eigene Darstellung basierend auf CONSENSUS FORECAST, Jg. 1989-1999, und BLOOMBERG INFORMATIONSSYSTEM, GDBR12 Index HP.

Abbildung 26: Einordnung der 12-Monats-Prognose (weißer Punkt) und der 3-Monats-Prognose (schwarzer Punkt) der Commerzbank in die Prognosequalitätsmatrix.

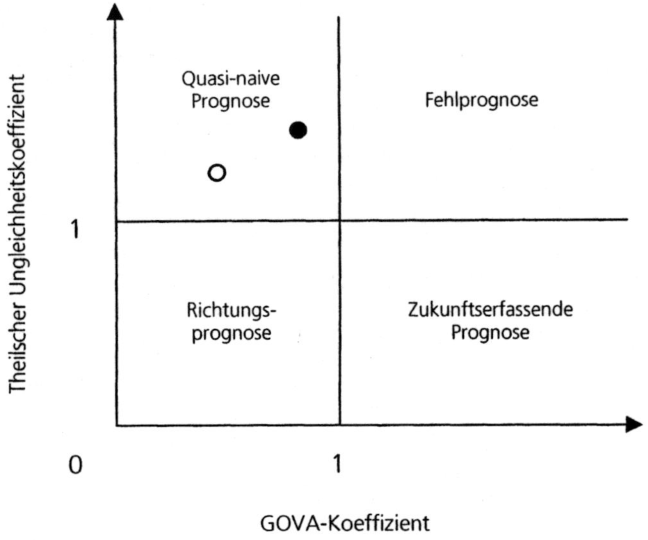

Quelle: In Anlehnung an ANDRES, P. / SPIWOKS, M., *Prognosequalitätsmatrix* (1999), S. 536.

Schon anhand der grafischen Datendarstellung wird deutlich, daß die 12-Monats-Prognose der Commerzbank keine enge Bindung zu den tatsächlich eintretenden Ereignissen aufweist (Abb. 22). Die Gegenüberstellung der Marktentwicklung und der Prognose zum Zeitpunkt der Prognoseerstellung läßt bereits erkennen, daß eine gegenwartsorientierte Verlaufsanpassung vorliegt (Abb. 23).

Der Theilsche Ungleichheitskoeffizient „neuer Art" beträgt für die betrachtete Prognose der Commerzbank 1,218. Das bedeutet, daß die entsprechende naive Prognose die künftige Marktentwicklung deutlich besser erfaßt hätte. Die Berechnung des GOVA-Koeffizienten ergibt einen Wert von 0,459. Es liegt also eine gegenwartsorientierte Verlaufsanpassung vor. Es handelt sich somit bei der 12-Monats-Prognose der Commerzbank um eine quasi-naive Prognose (Abb. 26, weißer Punkt).

Ähnlich stellt sich die 3-Monats-Prognose der Commerzbank dar. Wiederum zeigt die Prognose alle wesentlichen Marktbewegungen erst mit erheblicher zeitlicher Verzögerung auf (Abb. 24). Verschiebt man die Prognosereihe um drei Monate nach links, so daß die Prognosewerte ihrem jeweiligen Entstehungszeitpunkt und nicht mehr ihrem jeweiligen Geltungszeitpunkt zugeordnet werden, zeigt sich eine enge Übereinstimmung mit der tatsächlichen Zinsentwicklung (Abb. 25).

Bestätigt wird dieser Eindruck durch Berechnung der einschlägigen Kennzahlen. Der Theilsche Ungleichheitskoeffizient liegt bei 1,413 und der GOVA-Koeffizient bei 0,860. Damit ist auch die Commerzbank-Prognose mit dem dreimonatigen Prognosehorizont schlechter als die entsprechende naive Prognose und weist eine gegenwartsorientierte Verlaufsanpassung auf. Es handelt sich daher um eine quasi-naive Prognose (Abb. 26, schwarzer Punkt).

3.3.1.4. Bayerische Hypo- und Vereinsbank

Die Bayerische Hypo- und Vereinsbank AG (HypoVereinsbank) ist 1998 aus der Fusion von Bayerischer Vereinsbank (Vereinsbank) und Bayerischer Hypotheken- und Wechsel-Bank (Hypo-Bank) hervorgegangen.[562]

Ende 1999 wies die neue deutsche Großbank eine Bilanzsumme von knapp 985 Mrd. DM[563] und eine Börsenkapitalisierung von rund 56 Mrd. DM[564] auf. Zum selben Zeitpunkt beschäftigte die HypoVereinsbank rund 46.000 Mitarbeiter[565] und betreute etwa 5 Mio. Kunden.[566] Damit ist sie zur zweitgrößten Bank in Deutschland[567] und zu einer der größten Banken Europas[568] aufgestiegen.

Die HypoVereinsbank betrachtet die Vermögensverwaltung für private und institutionelle Anleger als eine ihrer Kernkompetenzen.[569] Sie verwaltet Vermögen im

---

562 Vgl. HYPOVEREINSBANK, *Geschäftsbericht 1998* (1999), S. 6 u. 14; KREDITWESEN, *Eine große Bank im Europa der Regionen* (Kreditwesen 19/1997), S. 914.

563 Vgl. HYPOVEREINSBANK, *Geschäftsbericht 1999* (2000), S. 1, 97 u. 126.

564 Vgl. HYPOVEREINSBANK, *Geschäftsbericht 1999* (2000), S. 1 u. 18.

565 Vgl. HYPOVEREINSBANK, *Geschäftsbericht 1999* (2000), S. 1, 78 u. 169.

566 Vgl. HYPOVEREINSBANK, *Geschäftsbericht 1999* (2000), S. 9 u. 26; HYPOVEREINSBANK, *Geschäftsbereich Privat- und Geschäftskunden* (www. hypovereinsbank.de 18.03.2000), S. 1.

567 Gemessen an der Bilanzsumme. Vgl. FAZ, *Deutschlands größte Unternehmen in Zahlen* (FAZ 04.07.2000), S. U2.

568 Gemessen an der Bilanzsumme. Vgl. HYPOVEREINSBANK, *Geschäftsbericht 1999* (2000), S. 7.

569 Vgl. HYPOVEREINSBANK, *Geschäftsbericht 1998* (1999), S. 0 u. 7; HYPOVEREINSBANK, *Geschäftsbericht 1999* (2000), S. 2; HYPOVEREINSBANK, *Eine neue Bank entsteht* (1998), S. 2, 7 u. 13; SZ, *Fondsverwalter Adig geht an Commerzbank* (SZ 23.02.1999), S. 25; BÖRSEN-ZEITUNG, *Hypo-Invest in Fusionsvorbereitungen* (Börsen-Zeitung 24.01.1998), S. 12; HANDELSBLATT, *Das Fonds-Pfund der Hypobank* (Handelsblatt 09.04.1998), S. 37. Der angesprochene Geschäftsbereich wird „Asset Management" genannt. Abweichend von dem allgemein üblichen Verständnis dieses Begriffes versteht die HypoVereinsbank unter „Asset Management" ausdrücklich auch die Betreuung von vermögenden Privatkunden (Private Banking). Vgl. dazu HYPOVEREINSBANK, *Geschäftsbericht 1999* (2000), S. 186; HYPOVEREINSBANK, *Geschäftsbericht 1998* (1999), S. 107; BAYERISCHE VEREINSBANK, *Ergebnisse*

Gesamtvolumen von knapp 240 Mrd. DM[570] und zählt damit zu den drei größten Vermögensverwaltern in Deutschland.[571] Die HypoVereinsbank unternimmt weitreichende Anstrengungen, um in diesem Marktsegment ein überdurchschnittliches Wachstum zu realisieren.[572]

Obwohl die HypoVereinsbank deutscher Marktführer bei Instrumenten für passive Portfoliomanagement-Strategien wie Indexzertifikaten und Indexfonds ist,[573] ist ihre Anlagepolitik insbesondere bei der Vermögensbetreuung für Privatkunden ganz eindeutig auf aktive Portfoliomanagement-Strategien ausgerichtet.[574]

---

und Perspektiven (1998), S. 72. Das Vermögensverwaltungsgeschäft wurde auch vor der Fusion von beiden Instituten als wesentliches Geschäftsfeld angesehen. Dem Bereich wurde erhebliches Wachstumspotential zuerkannt. Vgl. dazu HYPO-BANK, *Geschäftsbericht 1997* (1998), S. 14; BAYERISCHE VEREINSBANK, *Ergebnisse und Perspektiven* (1998), S. 4, 12-13, 26 u. 60; BAYERISCHE VEREINSBANK, *Jahresabschluß und Gremien* (1998), S. 158.

570 Vgl. HYPOVEREINSBANK, *Geschäftsbericht 1999* (2000), S.62 u. 65-67.

571 Vgl. HYPOVEREINSBANK, *Eine neue Bank entsteht* (1998), S. 13.

572 Vgl. HYPOVEREINSBANK, *Geschäftsbericht 1999* (2000), S. 29-32, 66 u. 69; HYPOVEREINSBANK, *Geschäftsbericht 1998* (1999), S. 7, 10, 74 u. 76-79; HYPOVEREINSBANK, *Eine neue Bank entsteht* (1998), S. 7 u. 13; GAMMA, W., *Hypovereinsbank startet in schwierigem Umfeld* (Finanz und Wirtschaft 02.09.1998), S. 35; HANDELSBLATT, *Schmidt sucht noch Asset Manager* (Handelsblatt 01.09.1998), S. 22; HANDELSBLATT, *Bald 190 Milliarden DM unter Verwaltung* (Handelsblatt 27.01.1998), S. 43; HANDELSBLATT, *Das Fonds-Pfund der Hypobank* (Handelsblatt 09.04.1998), S. 37; BÖRSEN-ZEITUNG, *Hypo-Invest in Fusionsvorbereitungen* (Börsen-Zeitung 24.01.1998), S. 12; BÖRSEN-ZEITUNG, *Die Immobilienfinanzierung ausbauen* (Börsen-Zeitung 28.08.1998), S. 6; SZ, *Fondsverwalter Adig geht an Commerzbank* (SZ 23.02.1999), S. 25. Schon vor der Fusion hat sowohl die Vereinsbank als auch die Hypo-Bank systematisch am Ausbau des Vermögensverwaltungsgeschäftes gearbeitet. Vgl. dazu HYPO-BANK, *Geschäftsbericht 1990* (1991), S. 27, 29 u. 31-32; HYPO-BANK, *Geschäftsbericht 1991* (1992), S. 24 u. 28; HYPO-BANK, *Geschäftsbericht 1992* (1993), S. 24-25 u. 28-29; HYPO-BANK, *Geschäftsbericht 1993* (1994), S. 29-31; HYPO-BANK, *Geschäftsbericht 1994* (1995), S. 26-28; HYPO-BANK, *Geschäftsbericht 1995* (1996), S. 24-25; HYPO-BANK, *Geschäftsbericht 1996* (1997), S. 17; BAYERISCHE VEREINSBANK, *Geschäftsbericht 1991* (1992), S. 26; BAYERISCHE VEREINSBANK, *Geschäftsbericht 1993* (1995), S. 19; BAYERISCHE VEREINSBANK, *Geschäftsbericht 1995* (1996), S. 9-10; BAYERISCHE VEREINSBANK, *Geschäftsbericht 1996* (1997), S. 10-11.

573 Vgl. HYPOVEREINSBANK, *Geschäftsbericht 1999* (2000), S. 31, 95 u. 66.

574 Vgl. HYPOVEREINSBANK, *Portfolio-Management* (1999), S. 4; HYPOVEREINSBANK, *Geschäftsbericht 1999* (2000), S. 67-68; HYPOVEREINSBANK, *Private Banking* (1999), S. 11; HYPOVEREINSBANK, *Leistungen* (www. hypovereinsbank.de 18.03.2000), S. 1; HYPOVEREINSBANK, *Vermögensverwaltung* (www. hypovereinsbank.de 18.03.2000), S. 1; BETHMANN VERMÖGENSBETREUUNG, *Bethmann Vermögensbetreuung* (ohne Jahresangabe), S. C4-C6. Darauf deutet auch die Einrichtung der neuen Abteilung „Trend-Research" hin. Vgl. dazu HYPOVEREINSBANK, *Die Kunst der langen Sicht* (Anleger 1/2000), S. 6-13; HYPOVEREINSBANK, *Wir zeichnen Landkarten der Zukunft* (Anleger 1/2000), S. 14-15; BÖRSEN-ZEITUNG, *Buy and Hold genügt nicht* (Börsen-Zeitung 19.07.1994), S. 6. Ich war einige Jahre im Bereich Vermögensverwaltung des HypoVereinsbank-Konzern beruflich tätig und kann aus eigener Anschauung bestätigen, daß bei der Betreuung von Privatkunden stets eine klare Ausrichtung auf aktive Portfoliomanagement-Strategien vorlag.

Die HypoVereinsbank postuliert die Zielsetzung, „die jeweiligen Vergleichsindizes zu schlagen, und zwar dauerhaft“.[575] Diese Zielsetzung versucht sie mit einem „Höchstmaß an Professionalität“,[576] mit „qualifiziertem Analysten- und Research-Know-how“[577] sowie mit „modernen Auswahlverfahren“[578] und einer „intensiven Betreuungsleistung“[579] zu erreichen.

Sowohl die Bayerische Vereinsbank als auch die Bayerische Hypotheken- und Wechselbank haben seit Oktober 1989 ihre Zinsprognosen in Consensus Forecast veröffentlicht. Ende 1998 liefen die beiden Prognosereihen in der Prognose der HypoVereinsbank zusammen.[580]

Angesichts der Tatsache, daß über den weitaus größten Teil des Untersuchungszeitraumes Vereinsbank und Hypo-Bank getrennt aufgetreten sind, ist eine getrennte Betrachtung der Prognosereihen erforderlich. Deshalb werden in zwei unabhängigen, aufeinander folgenden Untersuchungsschritten zunächst die Prognosereihen der Vereinsbank und dann die Prognosereihen der Hypo-Bank untersucht, wobei die Prognosedaten der HypoVereinsbank als jeweiliges Nachfolgeinstitut volle Berücksichtigung finden.[581]

---

575 Vgl. HYPOVEREINSBANK, *Portfolio-Management* (1999), S. 4.

576 HYPOVEREINSBANK, *Portfolio-Management* (1999), S. 5.

577 HYPOVEREINSBANK, *Portfolio-Management* (1999), S. 7.

578 HYPOVEREINSBANK, *Portfolio-Management* (1999), S. 7.

579 HYPOVEREINSBANK, *Portfolio-Management* (1999), S. 7.

580 Vgl. CONSENSUS FORECAST, Jg. 1989-1999.

581 Die Datensätze von Bayerischer Vereinsbank und Bayerischer Hypotheken- und Wechselbank laufen aufgrund der Fusion zur Bayerischen Hypo- und Vereinsbank Ende 1998 zusammen. Die Datensätze werden dennoch über den gesamten Untersuchungszeitraum getrennt betrachtet. Dabei werden die letzten 15 Prognosedaten (der Bayerischen Hypo- und Vereinsbank) für beide Zeitreihen verwendet. Dieses Vorgehen bietet sich an, weil auf diese Art und Weise vollständige Datenreihen gewonnen werden können, ohne daß eine Verzerrung der Prognosequalität zu Ungunsten der beteiligten Institute zu befürchten wäre. Schließlich konnten die beiden Institute 1999 ihre vereinigte Prognosekompetenz zum Tragen bringen. Jede andere mögliche Vorgehensweise wäre mit mindestens ebenso großen Schwierigkeiten verbunden gewesen. Beispielsweise hätte man die Untersuchung der Prognosereihen Ende 1998 enden lassen können. Dagegen wäre allerdings einzuwenden gewesen, daß die Prognoseexperten der Vereinsbank und der Hypo-Bank nicht mit der Fusion zu existieren oder zu arbeiten aufgehört haben. Ihre Arbeitsergebnisse sind lediglich in eine gemeinsame Prognose eingegangen. Das Abschneiden der Zeitreihen Ende 1998 hätte die Aussagekraft der gesamten Zeitreihen unter Umständen ungerechtfertigt beeinträchtigt. Um auszuschließen, daß die nun gewählte Form der Datenauswertung zu einer Verzerrung der Gesamtergebnisse führt, sind alle Gegenproben gerechnet worden: Hätte man die Prognosezeitreihen nur bis Ende 1998 ausgewertet, wäre keine der vier betroffenen Prognosen in eine andere Kategorie der Prognosequalitätsmatrix gelangt.

Abbildung 27: Rendite von DM-Staatsanleihen mit zehn Jahren Restlaufzeit (dicke Linie) und entsprechende 12-Monats-Prognose der Bayerischen Vereinsbank (dünne Linie) von Oktober 1989 bis Dezember 2000.

Quelle: Eigene Darstellung basierend auf CONSENSUS FORECAST, Jg. 1989-1999, und BLOOMBERG INFORMATIONSSYSTEM, GDBR12 Index HP.

Abbildung 28: Rendite von DM-Staatsanleihen mit zehn Jahren Restlaufzeit (dicke Linie) und um 12 Monate nach links verschobene 12-Monats-Prognose der Bayerischen Vereinsbank (dünne Linie) von Oktober 1989 bis Dezember 1999.

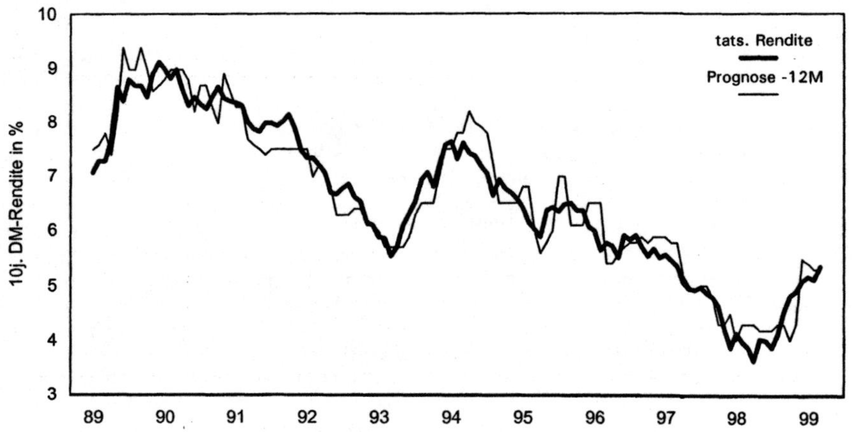

Quelle: Eigene Darstellung basierend auf CONSENSUS FORECAST, Jg. 1989-1999, und BLOOMBERG INFORMATIONSSYSTEM, GDBR12 Index HP.

Abbildung 29: Rendite von DM-Staatsanleihen mit zehn Jahren Restlaufzeit (dicke Linie) und entsprechende 3-Monats-Prognose der Bayerischen Vereinsbank (dünne Linie) von Oktober 1989 bis März 2000.

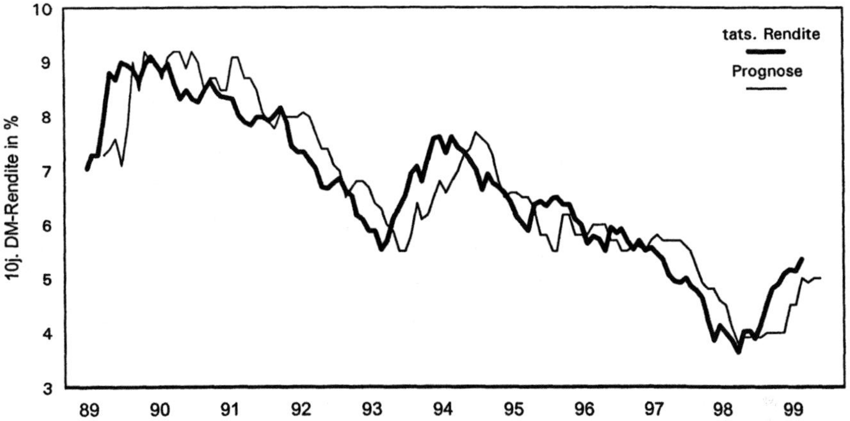

Quelle: Eigene Darstellung basierend auf CONSENSUS FORECAST, Jg. 1989-1999, und BLOOMBERG INFORMATIONSSYSTEM, GDBR12 Index HP.

Abbildung 30: Rendite von DM-Staatsanleihen mit zehn Jahren Restlaufzeit (dicke Linie) und um 3 Monate nach links verschobene 3-Monats-Prognose der Bayerischen Vereinsbank (dünne Linie) von Oktober 1989 bis Dezember 1999.

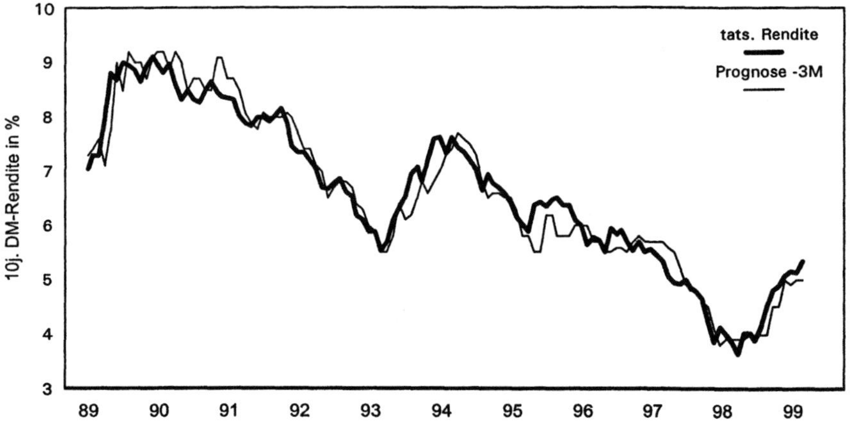

Quelle: Eigene Darstellung basierend auf CONSENSUS FORECAST, Jg. 1989-1999, und BLOOMBERG INFORMATIONSSYSTEM, GDBR12 Index HP.

Abbildung 31: Einordnung der 12-Monats-Prognose (weißer Punkt) und der 3-Monats-Prognose (schwarzer Punkt) der Bayerischen Vereinsbank in die Prognosequalitätsmatrix.

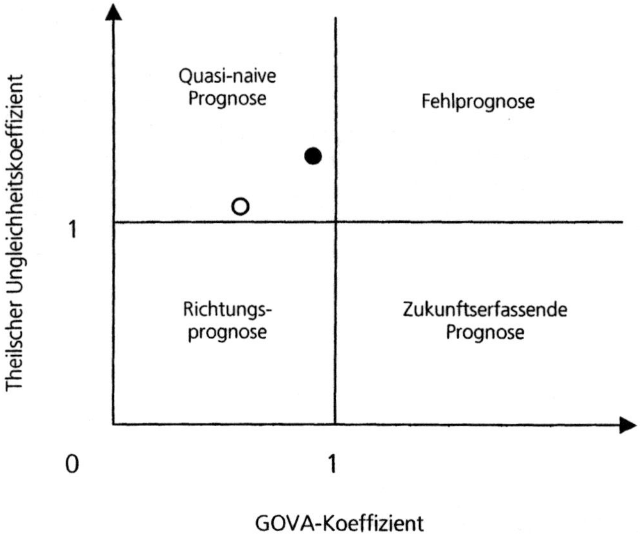

Quelle: In Anlehnung an ANDRES, P. / SPIWOKS, M., *Prognosequalitätsmatrix* (1999), S. 536.

Die 12-Monats-Prognose der Bayerischen Vereinsbank offenbart gravierende Mängel. Insbesondere bei den wesentlichen Trendänderungen Mitte 1990, Ende 1993, Ende 1994 und Ende 1998 wird deutlich, daß die Prognose die künftige Marktentwicklung nicht erfaßt, sondern stets erst mit rund zwölfmonatiger Verspätung reflektiert (Abb. 27). Werden die Prognosedaten um ein Jahr nach links verschoben, so daß sie ihrem jeweiligen Entstehungszeitpunkt und nicht mehr ihrem Geltungsbereich zugeordnet werden, ist eine weitreichende Anlehnung an die jeweilige aktuelle Marktlage zu erkennen (Abb. 28).

Die einschlägigen Kennzahlen bestätigen diesen kritischen Befund: Der Theilsche Ungleichheitskoeffizient „neuer Art“ nimmt den Wert 1,050 an. Selbst bei Anwendung der entsprechenden naiven Prognose hätten also bessere Prognoseergebnisse erzielt werden können. Der GOVA-Koeffizient in Höhe von 0,602 weist auf eine gegenwartsorientierte Verlaufsanpassung hin. Insgesamt handelt es sich also bei der 12-Monats-Prognose der Bayerischen Vereinsbank um eine quasi-naive Prognose (Abb. 31, weißer Punkt).

Ähnlich präsentiert sich die 3-Monatsprognose der Bayerischen Vereinsbank. Auch hier fällt ins Auge, daß die Prognose der tatsächlichen Zinsentwicklung um etwa den Prognosehorizont nachläuft (Abb. 29). Werden die Prognosedaten um drei Monate nach links verschoben, so daß sie ihrem jeweiligen Entstehungszeitpunkt und nicht mehr ihrem Geltungsbereich zugeordnet sind, so fällt eine verhältnismäßig enge Bindung an die jeweils aktuellen Marktdaten auf (Abb. 30).

Der Theilsche Ungleichheitskoeffizient „neuer Art" von 1,279 macht deutlich, daß die betrachtete Prognose zu wesentlich schlechteren Prognoseergebnissen geführt hat, als es die Verwendung der entsprechenden naiven Prognose getan hätte. Der GOVA-Koeffizient nimmt den Wert 0,887 an und signalisiert damit das Vorliegen einer gegenwartsorientierten Verlaufsanpassung. Beide Kennzahlen zusammen betrachtet, qualifizieren die 3-Monats-Prognose der Bayerischen Vereinsbank als quasi-naiv (Abb. 31, schwarzer Punkt).

Die 12-Monats-Prognose der Hypo-Bank ist durch eine sehr schlechte Treffgenauigkeit gekennzeichnet. Die Zinsgipfel 1990 und Ende 1994 werden ebenso wenig von der Prognose erfaßt wie die Zinstäler Ende 1993 und Ende 1998. Alle Marktbewegungen werden in der Prognose erst mit einer Verzögerung um etwa den Prognosehorizont wiedergegeben (Abb. 32). Bei der Betrachtung der Prognosedaten zum jeweiligen Entstehungszeitpunkt wird deutlich, daß die Prognose sich stets stark an die jeweils aktuelle Marktlage anlehnt (Abb. 33).

Die einschlägigen Kennzahlen unterstreichen diese Einschätzung: Der Theilsche Ungleichheitskoeffizient „neuer Art" nimmt den Wert 1,200 an und zeigt damit, daß die betrachtete Prognose die künftige Zinsentwicklung schlechter erfaßt hat, als dies bei Verwendung der entsprechenden naiven Prognose der Fall gewesen wäre. Der GOVA-Koeffizient in Höhe von 0,565 bestätigt das Vorliegen einer gegenwartsorientierten Verlaufsanpassung der betrachteten Prognose. Insgesamt muß die 12-Monats-Prognose der Hypo-Bank also als quasi-naiv qualifiziert werden (Abb. 36, weißer Punkt).

Auch die 3-Monats-Prognose der Hypo-Bank kann nicht überzeugen. Alle wesentlichen Marktbewegungen spiegeln sich erst dann in der Prognose wider, wenn sie bereits einige Monate zuvor tatsächlich stattgefunden haben (Abb. 34). Werden die Prognosedaten um drei Monate nach links verschoben und somit ihrem jewieligen Entstehungszeitpunkt zugeordnet, ist hingegen eine weitreichende Übereinstimmung von Prognose und tatsächlicher Zinsentwicklung zu beobachten (Abb. 35).

Abbildung 32: Rendite von DM-Staatsanleihen mit zehn Jahren Restlaufzeit (dicke Linie) und entsprechende 12-Monats-Prognose der Hypo-Bank (dünne Linie) von Oktober 1989 bis Dezember 2000.

Quelle: Eigene Darstellung basierend auf CONSENSUS FORECAST, Jg. 1989-1999, und BLOOMBERG INFORMATIONSSYSTEM, GDBR12 Index HP.

Abbildung 33: Rendite von DM-Staatsanleihen mit zehn Jahren Restlaufzeit (dicke Linie) und um 12 Monate nach links verschobene 12-Monats-Prognose der Hypo-Bank (dünne Linie) von Oktober 1989 bis Dezember 1999.

Quelle: Eigene Darstellung basierend auf CONSENSUS FORECAST, Jg. 1989-1999, und BLOOMBERG INFORMATIONSSYSTEM, GDBR12 Index HP.

Abbildung 34: Rendite von DM-Staatsanleihen mit zehn Jahren Restlaufzeit (dicke Linie) und entsprechende 3-Monats-Prognose der Hypo-Bank (dünne Linie) von Oktober 1989 bis März 2000.

Quelle: Eigene Darstellung basierend auf CONSENSUS FORECAST, Jg. 1989-1999, und BLOOMBERG INFORMATIONSSYSTEM, GDBR12 Index HP.

Abbildung 35: Rendite von DM-Staatsanleihen mit zehn Jahren Restlaufzeit (dicke Linie) und um 3 Monate nach links verschobene 3-Monats-Prognose der Hypo-Bank (dünne Linie) von Oktober 1989 bis Dezember 1999.

Quelle: Eigene Darstellung basierend auf CONSENSUS FORECAST, Jg. 1989-1999, und BLOOMBERG INFORMATIONSSYSTEM, GDBR12 Index HP.

Der Theilsche Ungleichheitskoeffizient „neuer Art" in Höhe von 1,343 zeigt, daß die betrachtete Prognose von schlechterer Qualität ist als die der entsprechenden naiven Prognose. Der GOVA-Koeffizient von 0,874 weist eine gegenwartsorientierte Verlaufsanpassung aus. Unter Berücksichtigung dieser beiden Kennzahlen muß auch die 3-Monats-Prognose der Hypo-Bank als quasi-naiv eingestuft werden (Abb. 36, schwarzer Punkt).

Abbildung 36: Einordnung der 12-Monats-Prognose (weißer Punkt) und der 3-Monats-Prognose (schwarzer Punkt) der Hypo-Bank in die Prognosequalitätsmatrix.

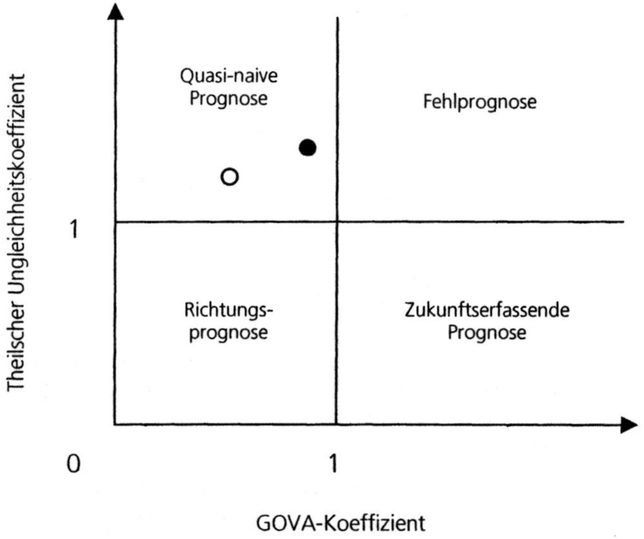

Quelle: In Anlehnung an ANDRES, P. / SPIWOKS, M., *Prognosequalitätsmatrix* (1999), S. 536.

3.3.2. Zinsprognosen von Regionalbanken und sonstigen privaten Geschäftsbanken

Unter Regionalbanken und sonstigen privaten Geschäftsbanken werden privatwirtschaftlich ausgerichteten Kreditinstitute verstanden, die nicht zur Gruppe der Großbanken oder zur Gruppe der Privatbanken gehören.[582] Darüber hinaus sollen

582 Die Deutsche Bundesbank ist Anfang 1999 von der Trennung der Regional- und sonstigen Kreditbanken einerseits und den Privatbanken andererseits abgerückt. Vgl. DEUTSCHE BUNDESBANK, *Erläuterungen* (Bankenstatistik 12/1999), S. 111. Vor dem Hintergrund der tradi-

auch die deutschen Tochtergesellschaften ausländischer Bankhäuser in diese Gruppierung einbezogen werden.

Im Consensus Forecast sind Zinsprognosen von drei privaten Geschäftsbanken beziehungsweise deutschen Tochtergesellschaften ausländischer Bankhäuser vertreten:[583]

- Bank für Gemeinwirtschaft (BfG)
- Bank in Liechtenstein (BiL) / Invesco
- Berliner Bank / Bankgesellschaft Berlin

3.3.2.1. BfG

Die BfG entsteht 1958 durch Zusammenschluß von sechs regionalen Gemeinwirtschaftsbanken. Bis 1987 befindet sie sich in Gewerkschaftsbesitz und wird dann an die Aachener und Münchener Versicherungsgruppe verkauft. 1992 übernimmt die Crédit Lyonnais und Ende 1999 der schwedische SEB[584]-Konzern die Mehrheitsanteile.[585]

Mit einer Bilanzsumme von rund 87 Mrd. DM[586] und gut 5200 Mitarbeitern[587] zählt die BfG Bank AG Ende 1999 bei weitem nicht zu den Schwergewichten der deutschen Bankenlandschaft.[588]

---

tionellen Stärke der Privatbanken im Vermögensverwaltungsgeschäft und der Fragestellung der vorliegenden Untersuchung erscheint es jedoch gerechtfertigt, an der herkömmlichen Einteilung der Bundesbank festzuhalten, das heißt Privatbanken als eigenständige Kategorie zu betrachten. Die Abgrenzung zwischen Großbanken und im Laufe der Zeit auch überregional tätigen Regionalbanken wie beispielsweise der BfG hat zweifellos etwas Willkürliches. Vgl. bspw. HARTMANN-WENDELS, T. / PFINGSTEN, A. / WEBER, M., *Bankbetriebslehre* (1998), S. 32-33. Aus Gründen der Übersichtlichkeit wird jedoch diese Unterscheidung der Bundesbank-Statistik auch hier vorgenommen.

583 Über den gesamten Untersuchungszeitraum stehen Daten von der BfG Verfügung. Die BiL wurde Ende 1998 von der Invesco übernommen. Die prognosegebende Stelle hat sich aber offenbar nicht geändert, so daß es gerechtfertigt erscheint, die BiL-Datenreihe ab September 1998 mit der sie ablösenden Invesco-Datenreihe zu verknüpfen. Nach Verschmelzung der Berliner Bank mit der Bankgesellschaft Berlin übernimmt diese ab März 1994 die Prognosetätigkeit. Es erscheint vertretbar, diese beiden Prognosereihen zu verknüpfen. Weitere Bankhäuser wurden in dieser Untersuchung nicht berücksichtigt, weil sie erst im Verlauf der zweiten Hälfte der 90er Jahre an der CONSENSUS FORECAST-Publikation teilzunehmen begannen (bspw. BHF, Merril Lynch, J.P. Morgan). Vgl. CONSENSUS FORECAST, Jg. 1989-1999.

584 Skandinaviska Enskilda Banken (SEB). Vgl. BFG, *Geschäftsbericht 1999* (2000), S. 4.

585 Vgl. BURGMAIER, S. / LEBERT, R., *BfG Bank hält Klassifizierung von Kunden für falsch* (Financial Times Deutschland 29.03.2000), S. 20.

586 Vgl. BFG, *Geschäftsbericht 1999* (2000), S. 0, 7, 33-34 u. 44-45.

587 Vgl. BFG, *Geschäftsbericht 1999* (2000), S. 0.

Während die BfG im Bereich Asset Management[589] mit rund 8 Mrd. DM betreutem Anlagevolumen[590] immerhin einen nennenswerten Einstieg vollzogen hat,[591] steckt das Private Banking[592] noch in den Anfängen.[593] Zielperspektive der BfG ist es allerdings, vor allem in diesen beiden Sparten zu wachsen.[594]

Schon zu Beginn der 1990er Jahre hat die BfG erkannt, daß sie im Vermögensverwaltungsgeschäft nur dann an Gewicht gewinnen kann, wenn sie den „Wandel zum Finanz- und Informationsdienstleister" vollzieht[595] und ihre Research-Kapazitäten ausbaut.[596] Heute betrachtet die BfG ihr Investment-Research als weitgehend ausgereift[597] und scheut keineswegs aktive Portfoliomanagement-Strategien.[598]

Die BfG veröffentlichte über den gesamten Untersuchungszeitraum hinweg ihre Zinsprognosen im Consensus Forecast.[599]

---

588 Bei der jüngsten Banken-Rangliste nach Bilanzsumme der FAZ wird die BfG nicht unter den ersten 25 Banken genannt. Vgl. FAZ, *Deutschlands größte Unternehmen in Zahlen* (FAZ 04.07.2000), S. U2.

589 Vermögensverwaltung für institutionelle Anleger und Fondsverwaltung.

590 Vgl. BFG, *Geschäftsbericht 1999* (2000), S. 22.

591 Die BfG ist im Asset Management bereits seit den 1980er Jahren aktiv. Sie bemüht sich seit etlichen Jahren, diesen Geschäftsbereich auszubauen. Vgl. BFG, *Geschäftsbericht 1990* (1991), S. 30; BFG, *Geschäftsbericht 1991* (1992), S. 29; BFG, *Geschäftsbericht 1992* (1993), S. 14 u. 20; BFG, *Geschäftsbericht 1993* (1994), S. 20-21; BFG, *Geschäftsbericht 1994* (1995), S. 13; BFG, *Geschäftsbericht 1995* (1996), S. 21-22; BFG, *Geschäftsbericht 1996* (1997), S. 11-12, 19 u. 25-26; BFG, *Geschäftsbericht 1997* (1998), S. 16.

592 Vermögensverwaltung für vermögende Privatkunden.

593 Zwar hat die BfG in den letzten Jahren bundesweit 20 Vermögensmanagement-Center errichtet, doch wird lediglich eine Vermögensberatung, nicht jedoch eine Vermögensverwaltung im engeren Sinne angeboten. Vgl. BFG, *Geschäftsbericht 1999* (2000), S. 18; BFG, *BfG Vermögensmanagement* (1998), S. 3-15; BFG, *Geschäftsbericht 1996* (1997), S. 14; BFG, *Geschäftsbericht 1997* (1998), S. 15.

594 Vgl. BFG, *Geschäftsbericht 1999* (2000), S. 4-8, 16-19; BFG, *Geschäftsbericht 1998* (1999), S. 6-7, 10 u. 12-13; BURGMAIER, S. / LEBERT, R., *BfG Bank hält Klassifizierung von Kunden für falsch* (Financial Times Deutschland 29.03.2000), S. 20; KREDITWESEN, *Neue Bank* (Kreditwesen 5/2000), S. 215.

595 Vgl. BFG, *Geschäftsbericht 1990* (1991), S. 17.

596 Vgl. BFG, *Geschäftsbericht 1991* (1992), S. 34.

597 Vgl. BFG, *BfG Vermögensmanagement* (1998), S. 5-8 u. 14-15. Wörtlich heißt es bei der BfG: „Durch die zeitnahe Auswertung aller relevanten Daten können auch kritische Trends frühzeitig erkannt werden." Vgl. BFG, *BfG Vermögensmanagement* (1998), S. 15.

598 Vgl. KUPILAS, B., *Schnell raus, schnell rein* (Handelsblatt Investor 08./09.09.2000), S. 2.

599 Vgl. CONSENSUS FORECAST, Jg. 1989-1999.

Abbildung 37: Rendite von DM-Staatsanleihen mit zehn Jahren Restlaufzeit (dicke Linie) und entsprechende 12-Monats-Prognose der BfG (dünne Linie) von Oktober 1989 bis Dezember 2000.

Quelle: Eigene Darstellung basierend auf CONSENSUS FORECAST, Jg. 1989-1999, und BLOOMBERG INFORMATIONSSYSTEM, GDBR12 Index HP.

Abbildung 38: Rendite von DM-Staatsanleihen mit zehn Jahren Restlaufzeit (dicke Linie) und um 12 Monate nach links verschobene 12-Monats-Prognose der BfG (dünne Linie) von Oktober 1989 bis Dezember 1999.

Quelle: Eigene Darstellung basierend auf CONSENSUS FORECAST, Jg. 1989-1999, und BLOOMBERG INFORMATIONSSYSTEM, GDBR12 Index HP.

Abbildung 39: Rendite von DM-Staatsanleihen mit zehn Jahren Restlaufzeit (dicke Linie) und entsprechende 3-Monats-Prognose der BfG (dünne Linie) von Oktober 1989 bis März 2000.

Quelle: Eigene Darstellung basierend auf CONSENSUS FORECAST, Jg. 1989-1999, und BLOOMBERG INFORMATIONSSYSTEM, GDBR12 Index HP.

Abbildung 40: Rendite von DM-Staatsanleihen mit zehn Jahren Restlaufzeit (dicke Linie) und um 3 Monate nach links verschobene 3-Monats-Prognose der BfG (dünne Linie) von Oktober 1989 bis Dezember 1999.

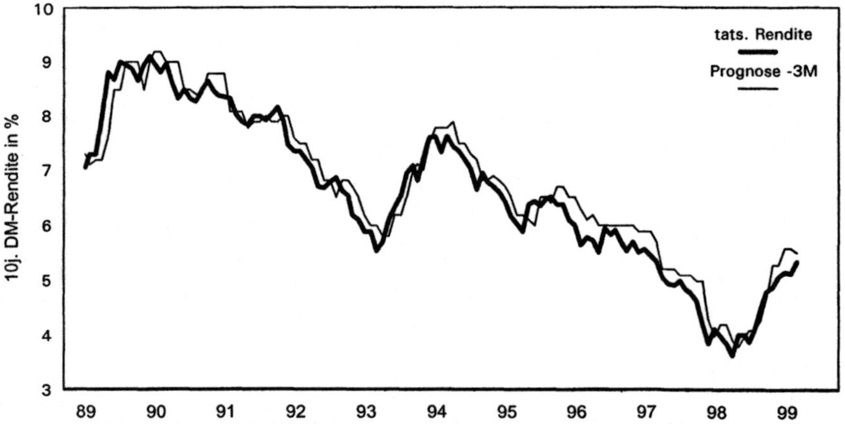

Quelle: Eigene Darstellung basierend auf CONSENSUS FORECAST, Jg. 1989-1999, und BLOOMBERG INFORMATIONSSYSTEM, GDBR12 Index HP.

Abbildung 41: Einordnung der 12-Monats-Prognose (weißer Punkt) und der 3-Monats-Prognose (schwarzer Punkt) der BfG in die Prognosequalitätsmatrix.

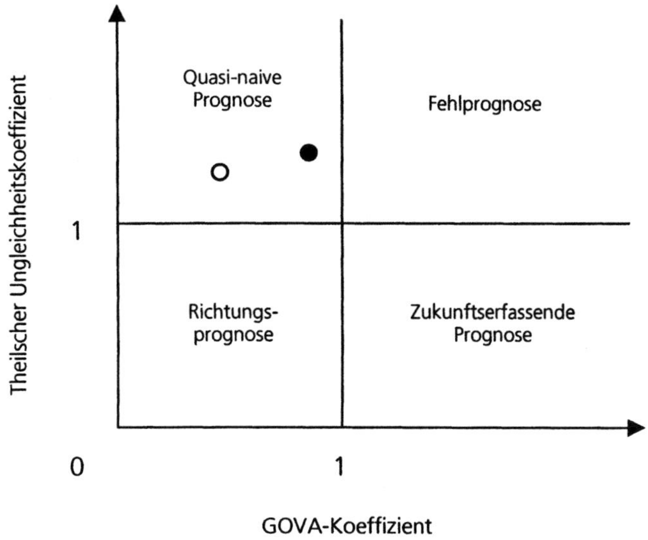

Quelle: In Anlehnung an ANDRES, P. / SPIWOKS, M., *Prognosequalitätsmatrix* (1999), S. 536.

Die 12-Monats-Prognose der BfG erfaßt die tatsächliche Zinsentwicklung über den gesamten Untersuchungszeitraum hinweg nur in höchst unbefriedigendem Maße (Abb. 37). Die Betrachtung der Prognosen zu ihrem jeweiligen Entstehungszeitpunkt offenbart hingegen eine enge Bindung an die tatsächliche Zinsentwicklung (Abb. 38).

Die Kennzahlen weisen die 12-Monats-Prognose der BfG als quasi-naiv aus: Der Theilsche Ungleichheitskoeffizient „neuer Art" beträgt 1,267. Die Prognose sagt also weniger über die tatsächliche Zinsentwicklung aus als die entsprechende naive Prognose. Der GOVA-Koeffizient liegt bei 0,474 und signalisiert damit das Vorliegen einer gegenwartsorientierten Verlaufsanpassung (Abb. 41, weißer Punkt).

Ganz ähnlich stellt sich die Situation bei der 3-Monats-Prognose der BfG dar. Die Prognose beschreibt die tatsächliche Zinsentwicklung äußerst ungenau (Abb. 39). Die um den Prognosehorizont nach links verschobene Prognose weist hingegen eine verblüffende Übereinstimmung mit der tatsächlichen Zinsentwicklung auf (Abb. 40).

Der Theilsche Ungleichheitskoeffizient „neuer Art“ in Höhe von 1,338 gibt zu erkennen, daß der prognostische Gehalt der BfG-Prognose deutlich hinter dem der entsprechenden naiven Prognose zurückbleibt. Der GOVA-Koeffizient von 0,869 weist eine gegenwartsorientierte Verlaufsanpassung aus. Damit muß auch die 3-Monats-Prognose der BfG als quasi-naive Prognose qualifiziert werden (Abb. 41, schwarzer Punkt).

3.3.2.2. Invesco Bank / LGT Bank in Liechtenstein

Die Invesco Bank Deutschland OHG ist eine 100%ige Tochtergesellschaft der britisch-amerikanischen Amvescap-Gruppe,[600] einer der weltweit größten unabhängigen Vermögensverwaltungsgesellschaften. Sie ging aus der LGT Bank in Liechtenstein Deutschland hervor, nachdem das Liechtensteiner Mutterhaus seine deutsche Tochtergesellschaft Anfang 1998 veräußerte.[601] Das Unternehmen konnte trotz des Eigentümerwechsels eine weitgehende geschäftspolitische und personelle Kontinuität bewahren.[602]

Ende 1999 weist die Invesco Bank eine Bilanzsumme von knapp 500 Mio. DM aus[603] und beschäftigt 135 Mitarbeiter.[604] Die Invesco Bank nimmt – ganz wie ihr Vorgängerinstitut – eine klare Fokussierung auf den Bereich Vermögensverwaltung vor.[605] Seit Anfang 1999 konzentriert sich die Invesco Bank ganz auf den Bereich Asset Management, also auf die Vermögensverwaltung für institutionelle Kunden sowie das Management von Publikums- und Spezialfonds.[606] In den 1990er Jahren hat auch die Betreuung von vermögenden Privatkunden eine herausragende Rolle gespielt. Der gezielte Ausbau des Vermögensverwaltungsgeschäftes unter allmählicher Rückführung anderer Geschäftsbereiche war während

---

600 Die Amvescap-Gruppe weist Anfang 2000 eine Marktkapitalisierung von rund 8 Mrd. US-Dollar auf und verwaltet weltweit Vermögen im Gesamtvolumen von etwa 390 Mrd. US-Dollar. Vgl. INVESCO, *Geschäftsbericht 1999* (2000), S. 8.

601 Vgl. INVESCO, *Geschäftsbericht 1998* (1999), S. 12; BÖRSEN-ZEITUNG, *LGT reformiert an Haupt und Gliedern* (Börsen-Zeitung 13.03.1998), S. 10; FINANZ UND WIRTSCHAFT, *LGT verkauft Asset Management* (Finanz und Wirtschaft 31.01.1998), S. 19; EISELIN, S., *Banktitel und Fondsanteil* (Finanz und Wirtschaft 18.07.1998), S. 19; KREDITWESEN, *Amvescap übernimmt deutsche LGT-Töchter* (Kreditwesen 9/1998), S. 523.

602 Vgl. INVESCO, *Geschäftsbericht 1998* (1999), S. 1-5 u. 12.

603 Vgl. INVESCO, *Geschäftsbericht 1999* (2000), S. 11 u. 16-17.

604 Vgl. INVESCO, *Committed to your success* (1998), S. 8.

605 Die LGT Bank in Liechtenstein Deutschland konzentrierte sich auf die Vermögensverwaltung für institutionelle Kunden und für vermögende Privatkunden. Vgl. LGT BANK IN LIECHTENSTEIN, *Geschäftsbericht 1993* (1994), S. 30; LGT BANK IN LIECHTENSTEIN, *Geschäftsbericht 1994* (1995), S. 30; LGT BANK IN LIECHTENSTEIN, *Geschäftsbericht 1995* (1996), S. 30-31.

606 Vgl. INVESCO, *Committed to your success* (1998), S. 4; INVESCO, *Geschäftsbericht 1999* (2000), S. 10.

des gesamten Jahrzehnts klare Zielperspektive.[607] Ende 1999 verwaltete die Invesco Bank Deutschland Kundengelder im Gesamtvolumen von rund 9 Mrd. DM.[608]

Die Invesco Bank legt den Schwerpunkt ihrer Tätigkeit klar auf aktive Portfoliomanagement-Strategien,[609] hebt jedoch auch hervor, daß sie einige Mandate für die Umsetzung passiver Portfoliomanagement-Strategien innehat.[610] Dies ist jedoch im Geschäft mit institutionellen Kunden nicht sehr außergewöhnlich. Bei der Betreuung von vermögenden Privatkunden setzte die LGT Bank in Liechtenstein ebenso wie die Invesco Bank ausschließlich auf aktive Portfoliomanagement-Strategien.[611]

Das Investment-Research der LGT Bank in Liechtenstein Deutschland genoß einen hervorragenden Ruf und verfügte nach eigenen Angaben über „ausgereifte quantitative Prognosemodelle".[612] Auch unter der neuen Flagge ‚Invesco' werden die überdurchschnittlichen Leistungen im Portfoliomanagement hervorgehoben. 1999 erhielt die Invesco Bank den Titel „beste Fondsgesellschaft des Jahres".[613]

Die LGT Bank in Liechtenstein Deutschland beziehungsweise ab 1998 die Invesco Bank Deutschland haben über den gesamten Untersuchungszeitraum hinweg

---

607 Vgl. INVESCO, *Geschäftsbericht 1999* (2000), S. 15; INVESCO, *Geschäftsbericht 1998* (1999), S. 4-5, 10-12 u. 15; LGT BANK IN LIECHTENSTEIN, *Geschäftsbericht 1997* (1998), S. 2; FAZ, *LGT* (FAZ 19.11.1997), S. 33; EISELIN, S., *Zurück zu seinen Wurzeln* (Finanz und Wirtschaft 19.11.1997), S. 17; EISELIN, S., *Banktitel und Fondsanteil* (Finanz und Wirtschaft 18.07.1998), S. 19; BÖRSEN-ZEITUNG, *LGT-Umbau* (Börsen-Zeitung 17.07.1998), S. 13; HANDELSBLATT, *Erfolg mit Vermögensverwaltung* (Handelsblatt 12./13.12.1997), S. 29; HANDELSBLATT, *Invesco strebt an die Spitze* (Handelsblatt 10.09.1998), S. 37; FINANZ UND WIRTSCHAFT, *LGT verkauft Asset Management* (Finanz und Wirtschaft 31.01.1998), S. 19; BÖRSEN-ZEITUNG, *LGT reformiert an Haupt und Gliedern* (Börsen-Zeitung 13.03.1998), S. 10; BÖRSEN-ZEITUNG, *Dividende für den Fürsten* (Börsen-Zeitung 27.01.1998), S. 11; KREDITWESEN, *Amvescap übernimmt deutsche LGT-Töchter* (Kreditwesen 9/1998), S. 523.

608 Vgl. INVESCO, *Geschäftsbericht 1999* (2000), S. 4.

609 Vgl. INVESCO, *Committed to your success* (1998), S. 2; INVESCO, *Geschäftsbericht 1999* (2000), S. 6; INVESCO, *Geschäftsbericht 1998* (1999), S. 6-7.

610 Vgl. INVESCO, *Geschäftsbericht 1999* (2000), S. 4-5 u. 8.

611 Laut telefonischer Auskunft von Herrn Franzen, der während der 1990er Jahre als Kundenbetreuer im Privatkundengeschäft der LGT Bank in Liechtenstein bzw. Invesco Bank tätig war, vom 07.08.2000.

612 Vgl. EBERHARDT, K., *Alternative zur Benchmark* (Börsen-Zeitung 23.04.1994), S. 18. Hervorzuheben sind die ökonometrischen Zinsprognosemodelle der Bank in Liechtenstein Deutschland, die nach eigener Darstellung sogar die Zinssteigerung 1994 korrekt antizipiert haben. Vgl. dazu SCHMIDT-MOHR, U., *Fundamentalanalyse deutscher Kapitalmarktzinsen* (Risk & Reward IV/1995), S. 27-30. Vgl. auch KRÄMER, J., *Das erweiterte Rentenmarkt-Prognosemodell* (Risk & Reward 1/1999), S. 37-44.

613 Dieser Titel wird jährlich vom Anlegermagazin DM in Zusammenarbeit mit Standard & Poor's verliehen. Vgl. INVESCO, *Geschäftsbericht 1999* (2000), S. 3.

Zinsprognosen an Consensus Forecast geliefert,[614] so daß ihre Prognosezeitreihen in vollem Umfang in die vorliegende Untersuchung einbezogen werden können.

Die 12-Monats-Prognose der BiL / Invesco ist nicht geeignet, die tatsächlich eintretende Zinsentwicklung zu beschreiben. Beispielsweise sieht die Prognose zum Zeitpunkt des Zinstiefs von Ende 1993 ein relativ hohes Zinsniveau voraus. Oder während sich Ende 1994 in Wirklichkeit ein Zinsgipfel einstellt, sieht die Prognose gerade ein Zinstal (Abb. 42). Der Einsatz ‚ausgereifter quantitativer Prognosemodelle' ist hier nicht zu erkennen. Werden die Prognosedaten um zwölf Monate nach links verschoben, so daß sie ihrem jeweiligen Entstehungszeitpunkt und nicht mehr ihrem Geltungsbereich zugeordnet sind, läßt sich eine verhältnismäßig enge Anbindung an die jeweils aktuelle Marktsituation erkennen (Abb. 43).

Die maßgeblichen Kennzahlen führen ebenfalls zu einer kritischen Bewertung der Prognosequalität: Der Theilsche Ungleichheitskoeffizient „neuer Art" in Höhe von 1,334 zeigt, daß selbst die entsprechende naive Prognose zu einer erheblich besseren Prognoseleistung geführt hätte. Der GOVA-Koeffizient nimmt den Wert 0,361 an und weist damit eine gegenwartsorientierte Verlaufsanpassung aus. Insgesamt muß die 12-Monats-Prognose der BiL / Invesco als quasi-naive qualifiziert werden (Abb. 46, weißer Punkt).

Von vergleichbarer Qualität ist auch die 3-Monats-Prognose der BiL / Invesco. Die Prognose läuft dem tatsächlichen Marktgeschehen um etwa den Prognosehorizont nach (Abb. 44). Bei Betrachtung der Prognosedaten zum jeweiligen Entstehungszeitpunkt der Prognosen ist eine verhältnismäßig weitreichende Übereinstimmung zur jeweils aktuellen Marktlage zu konstatieren (Abb. 45).

Auch bei Berücksichtigung der einschlägigen Kennzahlen zeigt sich die Prognose als weitgehend unbrauchbar: Der Theilsche Ungleichheitskoeffizient „neuer Art" nimmt den Wert 1,432 an und zeigt damit, daß die Prognoseleistung der untersuchten Prognose deutlich hinter der der entsprechenden naiven Prognose zurückbleibt. Der GOVA-Koeffizient in Höhe von 0,861 signalisiert das Vorliegen einer gegenwartsorientierten Verlaufsanpassung. Damit gehört auch die 3-Monats-Prognose der BiL / Invesco in die Kategorie der quasi-naiven Prognosen (Abb. 46, schwarzer Punkt).

614 Vgl. CONSENSUS FORECAST, Jg. 1989-1999.

Abbildung 42: Rendite von DM-Staatsanleihen mit zehn Jahren Restlaufzeit (dicke Linie) und entsprechende 12-Monats-Prognose der LGT Bank in Liechtenstein Deutschland / Invesco Bank Deutschland (dünne Linie) von Oktober 1989 bis Dezember 2000.

Quelle: Eigene Darstellung basierend auf CONSENSUS FORECAST, Jg. 1989-1999, und BLOOMBERG INFORMATIONSSYSTEM, GDBR12 Index HP.

Abbildung 43: Rendite von DM-Staatsanleihen mit zehn Jahren Restlaufzeit (dicke Linie) und um 12 Monate nach links verschobene 12-Monats-Prognose der LGT Bank in Liechtenstein Deutschland / Invesco Bank Deutschland (dünne Linie) von Oktober 1989 bis Dezember 1999.

Quelle: Eigene Darstellung basierend auf CONSENSUS FORECAST, Jg. 1989-1999, und BLOOMBERG INFORMATIONSSYSTEM, GDBR12 Index HP.

Abbildung 44: Rendite von DM-Staatsanleihen mit zehn Jahren Restlaufzeit (dicke Linie) und entsprechende 3-Monats-Prognose der LGT Bank in Liechtenstein Deutschland / Invesco Bank Deutschland (dünne Linie) von Oktober 1989 bis März 2000.

Quelle: Eigene Darstellung basierend auf CONSENSUS FORECAST, Jg. 1989-1999, und BLOOMBERG INFORMATIONSSYSTEM, GDBR12 Index HP.

Abbildung 45: Rendite von DM-Staatsanleihen mit zehn Jahren Restlaufzeit (dicke Linie) und um 3 Monate nach links verschobene 3-Monats-Prognose der LGT Bank in Liechtenstein Deutschland / Invesco Bank Deutschland (dünne Linie) von Oktober 1989 bis Dezember 1999.

Quelle: Eigene Darstellung basierend auf CONSENSUS FORECAST, Jg. 1989-1999, und BLOOMBERG INFORMATIONSSYSTEM, GDBR12 Index HP.

Abbildung 46: Einordnung der 12-Monats-Prognose (weißer Punkt) und der 3-Monats-Prognose (schwarzer Punkt) der LGT Bank in Liechtenstein Deutschland / Invesco Bank Deutschland in die Prognosequalitätsmatrix.

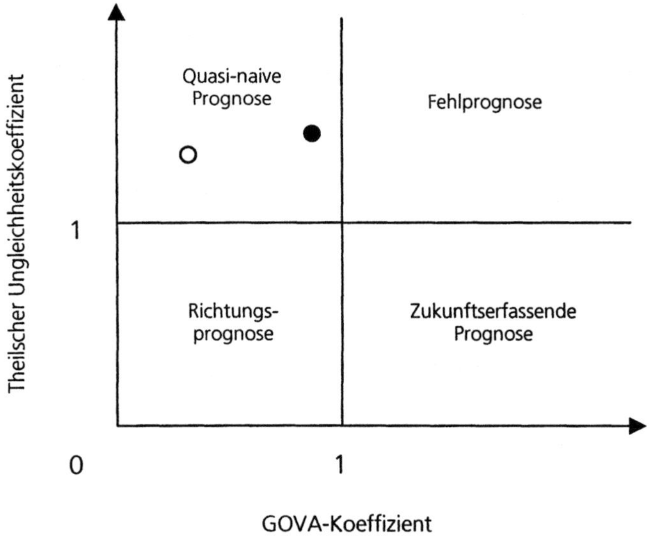

Quelle: In Anlehnung an ANDRES, P. / SPIWOKS, M., *Prognosequalitätsmatrix* (1999), S. 536.

3.3.2.3. Bankgesellschaft Berlin

Die Bankgesellschaft Berlin AG stellt eine bisher einmalige Konzernkonstruktion dar, bei der privatwirtschaftliche Institute (vor allem Berliner Bank) und öffentlich-rechtliche Institute (Landesbank Berlin, Berliner Sparkasse) in einer privatrechtlichen Holding zusammengefaßt sind.[615] Die Berliner Bank nahm bei dem

615 Vgl. BANKGESELLSCHAFT BERLIN, *Geschäftsbericht 1999* (2000), S. 1 u. 7; BANKGESELLSCHAFT BERLIN, *Gute Perspektiven* (ohne Jahresangabe), S. 2; BANKGESELLSCHAFT BERLIN, *Die Bankgesellschaft Berlin* (www.bankgesellschaft.de 18.03.2000), S. 1; KREDITWESEN, *Berliner Bank* (Kreditwesen 12/1994), S. 579-580; MOSER, H., *Berliner Banken-Holding* (Kreditwesen 4/1994), S. 166; KREDITWESEN, *Bankgesellschaft Berlin* (Kreditwesen 10/1993), S. 458. Zur weitverzweigten Konzernstruktur vgl. BHF-BANK, *Deutsche Banken* (1995), S. 53; BANKGESELLSCHAFT BERLIN, *Geschäftsbericht 1999* (2000), S. 147-154 u. 183; BANKGESELLSCHAFT BERLIN, *Gesellschafterstruktur der Bankgesellschaft Berlin* (Investor Relations 3/1998), S. 1; BANKGESELLSCHAFT BERLIN, *Gesellschafterstruktur* (www.bankgesellschaft.de 18.03.2000), S. 1; KREDITWESEN, *Bankgesellschaft* (Kreditwesen 11/1999), S. 575 u. 577.

Konzernzusammenschluß im Jahr 1994 die federführende Rolle ein,[616] was auch darin zum Ausdruck kommt, daß die Berliner Bank 1999 (als einziger Konzernteil) mit der Bankgesellschaft Berlin verschmolzen wurde.[617]

Ende 1999 weist die Bankgesellschaft Berlin eine Bilanzsumme von knapp 380 Mrd. DM[618] und eine Börsenkapitalisierung von rund 7 Mrd. DM[619] auf. Zum selben Zeitpunkt beschäftigt sie mehr als 16.500 Mitarbeiter.[620] Damit zählt sie zu den 10 größten Kreditinstituten Deutschlands.[621]

Die Bankgesellschaft Berlin verfolgt das Vermögensverwaltungsgeschäft mit Privatkunden als eines von sieben Kerngeschäftsfeldern.[622] Sie mißt diesem Bereich „herausragende Bedeutung" zu[623] und baut ihn schon seit Anfang der 1990er Jahre mit Nachdruck aus.[624] Ende 1999 verwaltete die Bankgesellschaft Privatvermögen im Gesamtvolumen von mehr als 21 Mrd. DM.[625] Dabei setzt sie ausschließ-

---

616 Vgl. KREDITWESEN, *Berliner Bank firmiert unter Bankgesellschaft Berlin* (Kreditwesen 1/1994), S. 30.

617 Vgl. BANKGESELLSCHAFT BERLIN, *Gute Perspektiven* (ohne Jahresangabe), S. 3; BERLINER BANK, *Unsere Historie* (www.berliner-bank.de 18.03.2000), S. 1; KREDITWESEN, *Neustrukturierung der Bankgesellschaft Berlin* (Kreditwesen 24/1998), S. 1389.

618 Vgl. BANKGESELLSCHAFT BERLIN, *Geschäftsbericht 1999* (2000), S. 68-70 u. 102-103; BANKGESELLSCHAFT BERLIN, *Mehr Nähe zum Kunden* (FAZ 11.04.2000), S. 26.

619 Vgl. BANKGESELLSCHAFT BERLIN, *Geschäftsbericht 1999* (2000), S. 12.

620 Vgl. KREDITWESEN, *Bankgesellschaft Berlin* (Kreditwesen 11/2000), S. 607; BANKGESELLSCHAFT BERLIN, *Geschäftsbericht 1999* (2000), S. 6 u. 62.

621 Gemessen an der Bilanzsumme. Vgl. FAZ, *Deutschlands größte Unternehmen in Zahlen* (FAZ 04.07.2000), S. U2; BANKGESELLSCHAFT BERLIN, *Gute Perspektiven* (ohne Jahresangabe), S. 2.

622 Vgl. KREDITWESEN, *Bankgesellschaft Berlin* (Kreditwesen 11/2000), S. 606; BANKGESELLSCHAFT BERLIN, *Geschäftsbericht 1999* (2000), S. 22 u. 66.

623 Vgl. BANKGESELLSCHAFT BERLIN, *Geschäftsbericht 1999* (2000), S. 33. Diesem Geschäftsbereich wird nicht zuletzt deshalb zunehmend hohe Aufmerksamkeit geschenkt, weil er die weitaus höchsten Kapitalrentabilität generiert und einen wesentlichen Gewinnbeitrag leistet. Vgl. KREDITWESEN, *Bankgesellschaft Berlin* (Kreditwesen 11/2000), S. 608; BANKGESELLSCHAFT BERLIN, *Geschäftsbericht 1999* (2000), S. 28; FAZ, *Bankgesellschaft Berlin* (FAZ 11.04.2000), S. 20.

624 Sowohl das Vermögensverwaltungsgeschäft mit privaten als auch mit institutionellen Kunden wird seit Beginn der 1990er Jahre gezielt ausgeweitet. Vgl. dazu BANKGESELLSCHAFT BERLIN, *Geschäftsbericht 1999* (2000), S. 33-35; BANKGESELLSCHAFT BERLIN, *Geschäftsbericht 1998* (1999), S. 13 u. 15; BANKGESELLSCHAFT BERLIN, *Geschäftsbericht 1997* (1998), S. 21 u. 34; BANKGESELLSCHAFT BERLIN, *Geschäftsbericht 1996* (1997), S. 43; BANKGESELLSCHAFT BERLIN, *Geschäftsbericht 1995* (1996), S. 64; BANKGESELLSCHAFT BERLIN, *Geschäftsbericht 1994* (1995), S. 53 u. 71; BANKGESELLSCHAFT BERLIN, *Geschäftsbericht 1993* (1994), S. 42 u. 51; BERLINER BANK, *Geschäftsbericht 1992* (1993), S. 40 u. 49; BERLINER BANK, *Geschäftsbericht 1991* (1992), S. 45-46 u. 52; BERLINER BANK, *Geschäftsbericht 1990* (1991), S. 43.

625 Vgl. BANKGESELLSCHAFT BERLIN, *Geschäftsbericht 1999* (2000), S. 34.

lich auf aktive Portfoliomanagement-Strategien.[626] Selbstgestecktes Ziel der Bankgesellschaft Berlin ist es, die Erwartungen ihrer Private Banking-Kunden zu übertreffen.[627] Dafür wurde unter anderem das Investment-Research bereits Anfang der 1990er Jahre erheblich ausgebaut.[628]

Die Berliner Bank beteiligte sich mit ihren Zinsprognosen während des gesamten Untersuchungszeitraumes (Okt. 1989 bis Dez. 1999) an Consensus Forecast. Allerdings trat sie seit der Bildung der Bankgesellschaft Berlin 1994 unter diesem neuen Label auf.[629]

Anhand der grafischen Gegenüberstellung ist zu erkennen, daß die tatsächliche Zinsentwicklung durch die 12-Monats-Prognose der Bankgesellschaft Berlin nicht einmal in groben Zügen erfaßt wird (Abb. 47). Verschiebt man die Prognosereihe um zwölf Monate nach links, so daß die Prognosedaten ihrem jeweiligen Entstehungszeitpunkt und nicht mehr ihrem Geltungsbereich zugeordnet werden, so zeigt sich eine weitreichende Übereinstimmung mit der jeweils aktuellen Marktsituation (Abb. 48).

Die einschlägigen Kennzahlen unterstreichen die mangelnde Prognosekompetenz der Berliner Bankgesellschaft: Der Theilsche Ungleichheitskoeffizient „neuer Art“ in Höhe von 1,202 zeigt, daß selbst die entsprechende naive Prognose eine bessere Prognoseleistung erzielt hätte. Der GOVA-Koeffizient nimmt den Wert 0,516 an und kennzeichnet damit das Vorliegen einer gegenwartsorientierten Verlaufsanpassung. Die betrachtete 12-Monats-Prognose muß daher als quasi-naiv eingestuft werden (Abb. 51, weißer Punkt).

---

626 Dies wird zwar nicht expliziert, doch erschließt es sich eindeutig aus der Beschreibung der Vorgehensweise im Investment-Prozeß. Vgl. BANKGESELLSCHAFT BERLIN, *Private Banking* (ohne Jahresangabe), S. 7; BERLINER BANK, *Individuelles Vermögens-Management* (ohne Jahresangabe), S. 3-4 u. 6; BERLINER BANK, *Private Banking* (2000), S. 3; BERLINER BANK, *Das Vermögensmanagement* (www.berliner-bank.de 18.03.2000), S. 1. Bestätigt wird diese Einschätzung durch telefonische Nachfrage bei Herrn Back, Bankgesellschaft Berlin, Vermögensverwaltung, Frankfurt/M, am 24.10.2000.

627 Vgl. BANKGESELLSCHAFT BERLIN, *Private Banking* (ohne Jahresangabe), S. 1.

628 Es wurden „modernste fundamentale und technische Analysemethoden“ eingeführt. Vgl. BERLINER BANK, *Geschäftsbericht 1990* (1991), S. 43. Darüber hinaus wurde vor allem die „Quantitative Analyse“ ausgebaut. Vgl. BERLINER BANK, *Geschäftsbericht 1991* (1992), S. 45. Und es wurde beim weiteren Ausbau des Investment-Researchs der „Schwerpunkt beim Renten-Research“ gesetzt. Vgl. BERLINER BANK, *Geschäftsbericht 1992* (1993), S. 40.

629 Vgl. CONSENSUS FORECAST, Jg. 1989-1999.

Abbildung 47: Rendite von DM-Staatsanleihen mit zehn Jahren Restlaufzeit (dicke Linie) und entsprechende 12-Monats-Prognose der Bankgesellschaft Berlin (dünne Linie) von Oktober 1989 bis Dezember 2000.

Quelle: Eigene Darstellung basierend auf CONSENSUS FORECAST, Jg. 1989-1999, und BLOOMBERG INFORMATIONSSYSTEM, GDBR12 Index HP.

Abbildung 48: Rendite von DM-Staatsanleihen mit zehn Jahren Restlaufzeit (dicke Linie) und um 12 Monate nach links verschobene 12-Monats-Prognose der Bankgesellschaft Berlin (dünne Linie) von Oktober 1989 bis Dezember 1999.

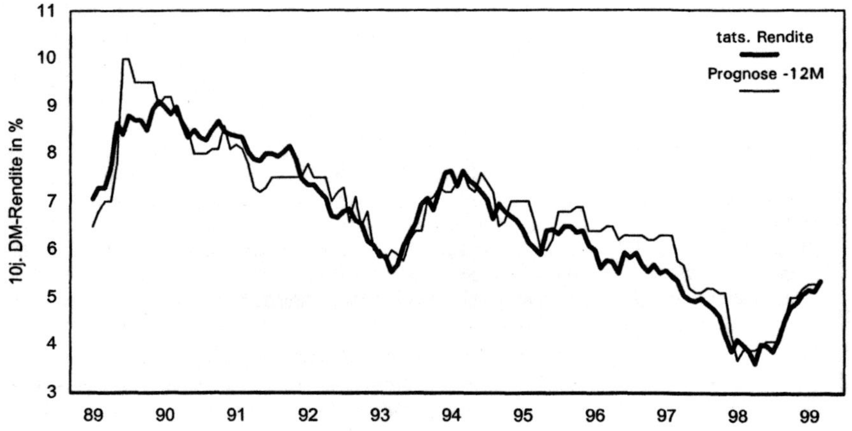

Quelle: Eigene Darstellung basierend auf CONSENSUS FORECAST, Jg. 1989-1999, und BLOOMBERG INFORMATIONSSYSTEM, GDBR12 Index HP.

Abbildung 49: Rendite von DM-Staatsanleihen mit zehn Jahren Restlaufzeit (dicke Linie) und entsprechende 3-Monats-Prognose der Bankgesellschaft Berlin (dünne Linie) von Oktober 1989 bis März 2000.

Quelle: Eigene Darstellung basierend auf CONSENSUS FORECAST, Jg. 1989-1999, und BLOOMBERG INFORMATIONSSYSTEM, GDBR12 Index HP.

Abbildung 50: Rendite von DM-Staatsanleihen mit zehn Jahren Restlaufzeit (dicke Linie) und um 3 Monate nach links verschobene 3-Monats-Prognose der Bankgesellschaft Berlin (dünne Linie) von Oktober 1989 bis Dezember 1999.

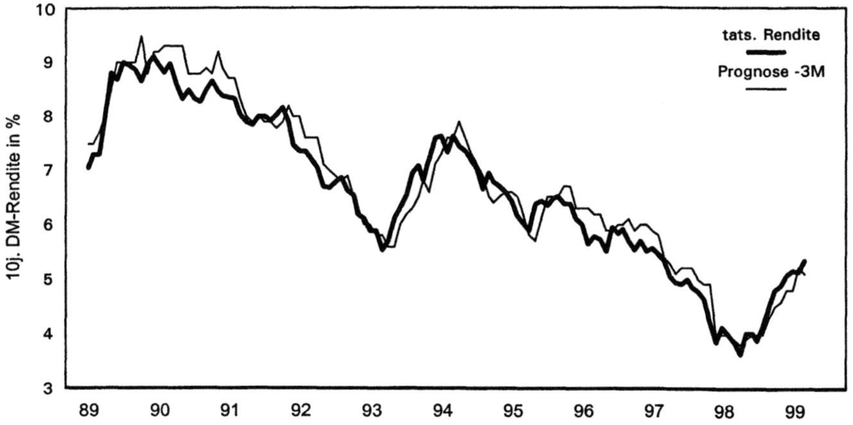

Quelle: Eigene Darstellung basierend auf CONSENSUS FORECAST, Jg. 1989-1999, und BLOOMBERG INFORMATIONSSYSTEM, GDBR12 Index HP.

Abbildung 51: Einordnung der 12-Monats-Prognose (weißer Punkt) und der 3-Monats-Prognose (schwarzer Punkt) der Bankgesellschaft Berlin in die Prognosequalitätsmatrix.

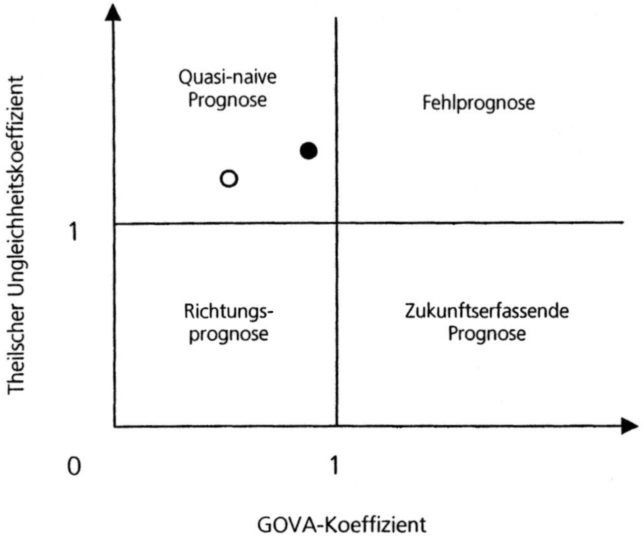

Quelle: In Anlehnung an ANDRES, P. / SPIWOKS, M., *Prognosequalitätsmatrix* (1999), S. 536.

Die 3-Monats-Prognose der Bankgesellschaft Berlin weist dieselben Charakteristika auf wie die 12-Monats-Prognose: Die Prognose läuft dem tatsächlichen Marktgeschehen um etwa den Prognosehorizont nach (Abb. 49). Wie weitreichend die Übereinstimmung zwischen der tatsächlichen Zinsentwicklung und der Prognose zum jeweiligen Entstehungszeitpunkt der Prognosedaten ist, zeigt sich bei Linksverschiebung der Prognosereihe um den Prognosehorizont (Abb. 50).

Der Theilsche Ungleichheitskoeffizient liegt bei 1,333 und signalisiert damit, daß die Prognosequalität der untersuchten Prognose deutlich hinter der der entsprechenden naiven Prognose zurückbleibt. Der GOVA-Koeffizient von 0,884 kennzeichnet das Vorliegen einer gegenwartsorientierten Verlaufsanpassung. Somit ist auch die 3-Monatsprognose der Bankgesellschaft Berlin als eine quasi-naive Prognose zu betrachten (Abb. 51, schwarzer Punkt).

3.3.3. Zinsprognosen von Privatbanken

Privatbanken sind in erster Linie durch ihre Rechtsform gekennzeichnet. Sie firmieren in der Regel als OHG oder KG.[630] Es handelt sich in der Regel um Universalbanken, die aber zumeist einen oder mehrere inhaltlichen Schwerpunkte verfolgen.[631] Privatbanken sind häufig nur lokal oder regional vertreten[632] und konzentrieren sich oft auf die Zielkundengruppen der mittelständischen Wirtschaft und der vermögenden Privatkunden.[633] Privatbanken sind für die vorliegende Untersuchung von besonderem Interesse, da sie zumeist im Vermögensverwaltungsgeschäft mit anspruchsvollen Privatkunden profiliert sind.[634] Bei den Zinsprognosen des Consensus Forecast sind fünf deutsche Privatbanken vertreten:[635]

- Bankhaus Delbrück
- Bankhaus Sal. Oppenheim
- HSBC Trinkaus & Burkhardt
- Bankhaus M. M. Warburg

---

630 Vgl. BÜSCHGEN, H. E., *Bankbetriebslehre* (1998), S. 82; BÜSCHGEN, H. E., *Banklexikon* (1992), S.1270; COMPTER, W., *Bankbetriebslehre* (1984), S. 22; BETGE, P., *Bankbetriebslehre* (1996), S. 75; PRIEWASSER, E., *Bankbetriebslehre* (1998), S. 118; SÜCHTING, J., *Bankmanagement* (1992), S. 189.

631 Vgl. BÜSCHGEN, H. E., *Bankbetriebslehre* (1998), S. 82; BÜSCHGEN, H. E., *Banklexikon* (1992), S.1270; COMPTER, W., *Bankbetriebslehre* (1984), S. 22.

632 Vgl. COMPTER, W., *Bankbetriebslehre* (1984), S. 22;

633 Vgl. HARTMANN-WENDELS, T. / PFINGSTEN, A. / WEBER, M., *Bankbetriebslehre* (1998), S. 34; BETGE, P., *Bankbetriebslehre* (1996), S. 76.

634 Vgl. EICHHORN, F.-J., *Märkte für Privatbankiers* (Die Bank 8/1996), S. 465 in Verbindung mit S. 462; SCHÜTZ, A., *Privatbanken* (Kreditwesen 23/1998), S. 1287; KREDITWESEN, *Privatbankiers sind unvergleichbar* (Kreditwesen 23/1998), S. 1319; CRAMER, J. E., *Anlageberatung – Domäne der Privatbankiers* (Kreditwesen 1/1999), S. 33. Die Bundesbank hat Privatbanken bis Dezember 1998 separat in der Bankenstatistik ausgewiesen. Aufgrund von zunehmenden Abgrenzungsschwierigkeiten wurde diese Kategorie aufgelöst. Vgl. DEUTSCHE BUNDESBANK, *Erläuterungen* (Bankenstatistik 12/1999), S. 111; KREDITWESEN, *Privatbankiers* (Kreditwesen 23/1999), S. 1335. Wegen des besonderen Stellenwertes, den die Vermögensverwaltung im Privatbankenbereich einnimmt, ist es für die vorliegende Fragestellung jedoch interessant, an der althergebrachten Einteilung der Bundesbank festzuhalten und Privatbanken als eigenständige Gruppe zu betrachten.

635 Über den gesamten Untersuchungszeitraum stehen Daten von Delbrück, Sal. Oppenheim und Trinkaus & Burkhardt zur Verfügung. M. M. Warburg nahm seine Prognosetätigkeit für den CONSENSUS FORECAST erst im Mai 1993 auf. Da es sich bei M. M. Warburg um eine Privatbank höchster Reputation handelt, wird sie in der vorliegenden Untersuchung berücksichtigt, auch wenn nur für knapp zwei Drittel des Untersuchungszeitraumes Daten vorliegen. SMH wurde im September 1997 von der UBS übernommen. SMH lieferte noch bis Mai 1998 Zinsprognose-Daten an Consensus Forecast. Der SMH-Datensatz reicht dementsprechend nur über den Zeitraum 10/1989 bis 5/1998. Die Datenanalyse wird dementsprechend verkürzt vorgenommen. Vgl. CONSENSUS FORECAST, Jg. 1989-1999.

- Schröder Münchmeyer Hengst (SMH)

3.3.3.1. Delbrück & Co. Privatbankiers

Das Bankhaus Delbrück wurde bereits 1712 gegründet und zählt damit zu den ältesten unabhängigen Privatbanken in Deutschland.[636] Mit einer Bilanzsumme von knapp 2,7 Mrd. DM[637] und nur etwa 400 Mitarbeitern[638] zählt Delbrück gleichzeitig zu den verhältnismäßig kleinen Bankhäusern Deutschlands.

Delbrück konzentriert sich auf die Geschäftsbereiche Vermögensverwaltung und strukturierte Finanzierung mittelständischer Unternehmen.[639] Die Zielkundengruppen sind somit vor allem vermögende Privatkunden, eigentümergeführte Unternehmen und institutionelle Investoren.[640]

Insbesondere im Bereich der Vermögensverwaltung für anspruchsvolle Privatkunden verfolgt Delbrück die Zielsetzung, auch in Zukunft „überproportional zu wachsen".[641] Dabei baut die Privatbank auf eine überdurchschnittliche Research-Infrastruktur.[642] Den Privatkunden werden ausschließlich aktive Portfoliomanagement-Strategien angeboten.[643]

---

636 Vgl. DELBRÜCK, *Unabhängigkeit - Leistung - Tradition* (ohne Jahresangabe), S. 3 u. 8; DÜREN, H., *Tradition bewahren und Zukunft bewältigen* (Handelsblatt 03.03.1998), S. 23.

637 Vgl. DELBRÜCK, *Geschäftsbericht 1999* (2000), S. 19 u. 36-37.

638 Vgl. DELBRÜCK, *Geschäftsbericht 1999* (2000), S. 68.

639 Vgl. DELBRÜCK, *Geschäftsbericht 1999* (2000), S. 4 u. 11; DELBRÜCK, *Pressemitteilung zur Bilanzpressekonferenz* (www.delbreuck.de 06.07.2000), S. 1; KREDITWESEN, *Kundenbereinigung* (Kreditwesen 12/2000), S. 625; KREDITWESEN, *Delbrück* (Kreditwesen 23/1999), S. 1357; KREDITWESEN, *Privatbankiers* (Kreditwesen 12/1999), S. 597.

640 Vgl. DELBRÜCK, *Geschäftsbericht 1999* (2000), S. 4 u. 11; HANDELSBLATT, *Privatbankiers wollen unabhängig bleiben* (Handelsblatt 06.05.1998), S. 22; DELBRÜCK, *Pressemitteilung zur Bilanzpressekonferenz* (www.delbreuck.de 06.07.2000), S. 1; KREDITWESEN, *Kundenbereinigung* (Kreditwesen 12/2000), S. 625.

641 Vgl. DÜREN, H., *Tradition bewahren und Zukunft bewältigen* (Handelsblatt 03.03.1998), S. 23; DELBRÜCK, *Geschäftsbericht 1998* (1999), S. 30. Während der gesamten 1990er Jahre konnte Delbrück das Vermögensverwaltungsgeschäft mit privaten und institutionellen Kunden ausbauen. Vgl. dazu DELBRÜCK, *Jahresbilanz 1990* (1991), S. 15; DELBRÜCK, *Jahresbilanz 1991* (1992), S. 15 u. 21-23; DELBRÜCK, *Jahresbilanz 1992* (1993), S. 17, 19 u. 23; DELBRÜCK, *Annual Report 1993* (1994), S. 9; DELBRÜCK, *Geschäftsbericht 1994* (1995), S. 15 u. 18; DELBRÜCK, *Geschäftsbericht 1995* (1996), S. 15; DELBRÜCK, *Geschäftsbericht 1996* (1997), S. 13 u. 17; DELBRÜCK, *Geschäftsbericht 1997* (1998), S. 5 u. 15; DELBRÜCK, *Geschäftsbericht 1998* (1999), S. 18.

642 Delbrück ist in der europäischen Research-Kooperation euroresearchnet vertreten. Vgl. DELBRÜCK, *Geschäftsbericht 1999* (2000), S. 12. 1997 gewann Delbrück sogar den Titel „Deutscher Analystenmeister" der Zeitschrift ‚Das Wertpapier'. Vgl. DÜREN, H., *Tradition bewahren und Zukunft bewältigen* (Handelsblatt 03.03.1998), S. 23. Schon seit Beginn der 1990er Jahre baut das Bankhaus Delbrück seine Research-Kapazitäten kontinuierlich aus. Vgl. dazu DELBRÜCK, *Jahresbilanz 1990* (1991), S. 19; DELBRÜCK, *Geschäftsbericht 1994* (1995), S.

Das Bankhaus Delbrück hat vom ersten Erscheinen der Zeitschrift Consensus Forecast an Zinsprognosen mit zwölf- und dreimonatigem Prognosehorizont veröffentlicht.[644] Es liegen also Prognosedaten von Okt. 1989 bis Dez. 1999 vor.

Die grafische Gegenüberstellung von 12-Monats-Prognose und tatsächlicher Zinsentwicklung läßt erkennen, daß das Bankhaus Delbrück keine befriedigenden Prognoseergebnisse liefern konnte (Abb. 52). Betrachtet man die Prognosewerte zum jeweiligen Zeitpunkt ihrer Entstehung, wird eine enge Orientierung an der jeweils aktuellen Marktlage erkennbar (Abb. 53).

Erhärtet werden diese Eindrücke durch die einschlägigen Kennzahlen. Die Berechnung des Theilschen Ungleichheitskoeffizienten „neuer Art" ergibt den Wert 1,358. Damit ist die betrachtete Prognose deutlich schlechter als die entsprechende naive Prognose. Der GOVA-Koeffizient von 0,394 weist klar eine gegenwartsorientierte Verlaufsanpassung aus. Damit handelt es sich bei der 12-Monats-Prognose des Bankhauses Delbrück zweifelsfrei um eine quasi-naive Prognose (Abb. 56, weißer Punkt).

Vergleichbar stellt sich die Situation bei der 3-Monats-Prognose des Bankhauses Delbrück dar. Auch hier werden die Maxima und Minima der Zinsentwicklung regelmäßig erst dann in der Prognose reflektiert, wenn diese zum Zeitpunkt der Prognoseerstellung im tatsächlichen Marktgeschehen bereits stattgefunden haben (Abb. 54 und Abb. 55). Der Verdacht liegt nahe, daß es sich um eine quasi-naive Prognose handelt.

Der Theilsche Ungleichheitskoeffizient „neuer Art" nimmt den Wert 1,504 an. Damit ist die 3-Monats-Prognose von Delbrück deutlich schlechter als die entsprechende naive Prognose. Der Wert des GOVA-Koeffizienten von 0,863 gibt eine gegenwartsorientierte Verlaufsanpassung zu erkennen. Es handelt sich also tatsächlich wiederum um eine quasi-naive Prognose (Abb. 56, schwarzer Punkt).

18; DELBRÜCK, *Geschäftsbericht 1995* (1996), S. 15. Nach eigener Einschätzung verfügte Delbrück bereits 1992 über „eine hohe Fachkompetenz bei der Einschätzung von Chancen und Risiken an den Anlagemärkten". Vgl. dazu DELBRÜCK, *Jahresbilanz 1992* (1993), S. 15.

643 Lt. telefonischer Auskunft von Herrn Witzel, Vermögensverwaltungsbereich von Delbrück & Co in Köln, vom 24.10.2000.

644 Vgl. CONSENSUS FORCAST, Jg. 1989-1999.

Abbildung 52: Rendite von DM-Staatsanleihen mit zehn Jahren Restlaufzeit (dicke Linie) und entsprechende 12-Monats-Prognose des Bankhauses Delbrück (dünne Linie) von Oktober 1989 bis Dezember 2000.

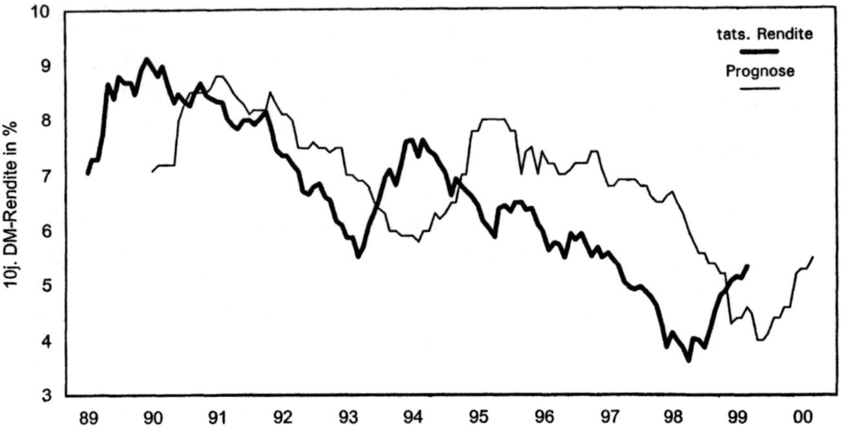

Quelle: Eigene Darstellung basierend auf CONSENSUS FORECAST, Jg. 1989-1999, und BLOOMBERG INFORMATIONSSYSTEM, GDBR12 Index HP.

Abbildung 53: Rendite von DM-Staatsanleihen mit zehn Jahren Restlaufzeit (dicke Linie) und um 12 Monate nach links verschobene 12-Monats-Prognose des Bankhauses Delbrück (dünne Linie) von Oktober 1989 bis Dezember 1999.

Quelle: Eigene Darstellung basierend auf CONSENSUS FORECAST, Jg. 1989-1999, und BLOOMBERG INFORMATIONSSYSTEM, GDBR12 Index HP.

Abbildung 54: Rendite von DM-Staatsanleihen mit zehn Jahren Restlaufzeit (dicke Linie) und entsprechende 3-Monats-Prognose des Bankhauses Delbrück (dünne Linie) von Oktober 1989 bis März 2000.

Quelle: Eigene Darstellung basierend auf CONSENSUS FORECAST, Jg. 1989-1999, und BLOOMBERG INFORMATIONSSYSTEM, GDBR12 Index HP.

Abbildung 55: Rendite von DM-Staatsanleihen mit zehn Jahren Restlaufzeit (dicke Linie) und um 3 Monate nach links verschobene 3-Monats-Prognose des Bankhauses Delbrück (dünne Linie) von Oktober 1989 bis Dezember 1999.

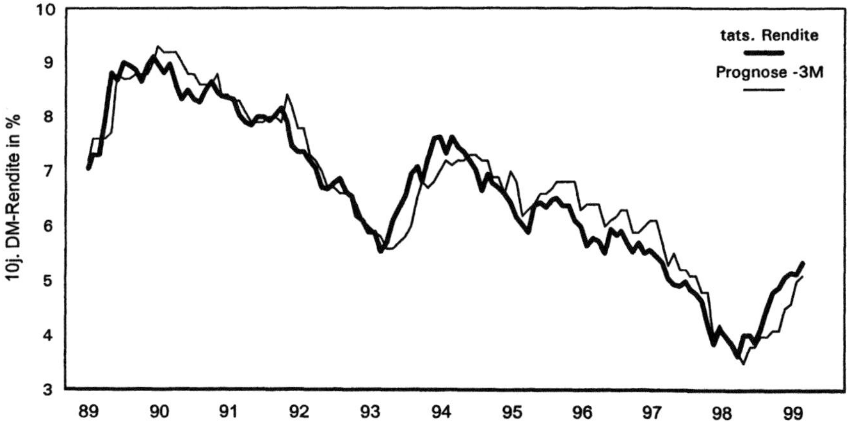

Quelle: Eigene Darstellung basierend auf CONSENSUS FORECAST, Jg. 1989-1999, und BLOOMBERG INFORMATIONSSYSTEM, GDBR12 Index HP.

Abbildung 56: Einordnung der 12-Monats-Prognose (weißer Punkt) und der 3-Monats-Prognose (schwarzer Punkt) von Delbrück in die Prognosequalitätsmatrix.

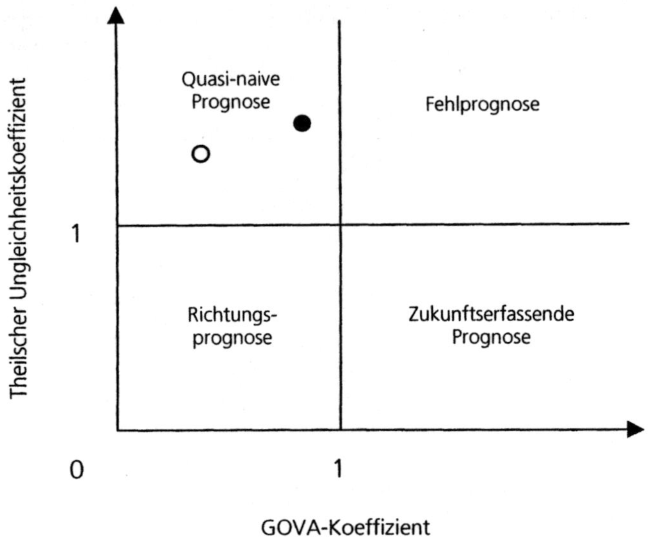

Quelle: In Anlehnung an ANDRES, P. / SPIWOKS, M., *Prognosequalitätsmatrix* (1999), S. 536.

3.3.3.2. Sal. Oppenheim jr. & Cie.

Das Bankhaus Sal. Oppenheim wurde 1789 gegründet und befindet sich bereits in der siebten Generation in Familienbesitz.[645] Es handelt sich somit um eines der ältesten unabhängigen Privatbanken Europas.[646] Ende 1999 weist das Bankhaus Sal. Oppenheim jr. & Cie. KGaA eine Bilanzsumme von rund 17 Mrd. DM aus[647]

645 Vgl. SAL. OPPENHEIM, *Private Vermögen* (ohne Jahresangabe), S. 4; SAL. OPPENHEIM, *Geschäftsbericht 1999* (2000), S. 20.

646 Vgl. SAL. OPPENHEIM, *Private Vermögen* (ohne Jahresangabe), S. 4; HANDELSBLATT, *Bankhaus Oppenheim erfolgreich* (Handelsblatt 14./15.5.2000), S. 25.

647 Vgl. SAL. OPPENHEIM, *Geschäftsbericht 1999* (2000), S. 15 u. 54-55; FAZ, *Oppenheim erzielt Rekordergebnis* (FAZ 14.04.2000), S. 20.

und beschäftigt rund 1.200 Mitarbeiter.[648] Damit zählt Sal. Oppenheim zu den größten Privatbanken Deutschlands.[649]

Sal. Oppenheim hat sich früher und konsequenter auf das Provisionsgeschäft konzentriert als die meisten deutschen Banken. Das Kreditgeschäft spielt eine immer geringere Rolle.[650] Die Kerngeschäftsfelder sind inzwischen die Vermögensverwaltung für private und institutionelle Kunden sowie das Investment Banking.[651] Sal. Oppenheim bemüht sich darum, gezielt in diesen Bereichen weiter zu wachsen und Marktanteile zu gewinnen.[652]

Ende 1999 betreut Sal. Oppenheim Kundenvermögen in Höhe von rd. 108 Mrd. DM[653] und zählt zu den 10 größten Asset Management[654]-Häusern in Deutschland.[655] Großen Wert legt das Kölner Bankhaus auf die Qualität des Investment-Researchs.[656] „Ziel ist es dabei, Wendepunkte möglichst früh zu erkennen und die

---

648 Im gesamten Konzern. Vgl. SAL. OPPENHEIM, *Geschäftsbericht 1999* (2000), S. 48.

649 Gemessen an der Bilanzsumme. BETGE, P., *Bankbetriebslehre* (1996), S. 76; KREDITWESEN, *Konzern Sal. Oppenheim* (Kreditwesen 23/1999), S. 1338.

650 Dementsprechend hat sich die Bilanzsumme des Konzerns in den Jahren 1996 bis 1999 mehr als halbiert. Vgl. SAL. OPPENHEIM, *Geschäftsbericht 1999* (2000), S. 0.

651 Vgl. SAL. OPPENHEIM, *Geschäftsbericht 1999* (2000), S. 8-9, 28, 44 u. 46; KREDITWESEN, *Konzern Sal. Oppenheim* (Kreditwesen 23/1999), S. 1339; SZ, *Oppenheim will unabhängig sein* (SZ 21.04.1999), S. 30.

652 Vgl. SAL. OPPENHEIM, *Geschäftsbericht 1999* (2000), S. 8-9, 22, 25, 29 u. 34; HANDELSBLATT, *Oppenheim erhöht Wachstumsziel* (Handelsblatt 13.11.2000), S. 47; FAZ, *Oppenheim erzielt Rekordergebnis* (FAZ 14.04.2000), S. 20; SAL. OPPENHEIM, *Geschäftsbericht 1998* (1999), S. 24-27; SZ, *Oppenheim will unabhängig sein* (SZ 21.04.1999), S. 30; BÖRSEN-ZEITUNG, *Oppenheim baut auf wachstumsstarke Nischen* (Börsen-Zeitung 29.4.1998), S. 5; HANDELSBLATT, *Oppenheim sieht Nischen* (Handelsblatt 29.4.1998), S. 22; DOHMEN, C., *Bank auf neuen Wegen* (Handelsblatt 07.11.2000), S. 28. Die Anstrengungen um ein fortschreitendes Wachstum in den Bereichen Private Banking und Asset Management ziehen sich wie ein roter Faden durch die gesamten 1990er Jahre. Vgl. dazu auch SAL. OPPENHEIM, *Annual Report 1997* (1998), S. 12-13, 15-16, 24-25, 30-31 u. 41; SAL. OPPENHEIM, *Geschäftsbericht 1996* (1997), S. 17, 26, 28-31, 36-37 u. 41; SAL. OPPENHEIM, *Geschäftsbericht 1995* (1996), S. 16, 24-29, 33-35 u. 39; SAL. OPPENHEIM, *Geschäftsbericht 1994* (1995), S. 14-15, 23-27, 30-31 u. 36; SAL. OPPENHEIM, *Geschäftsbericht 1993* (1994), S. 18, 27, 29-31 u. 33-35; SAL. OPPENHEIM, *Geschäftsbericht 1992* (1993), S. 8-9, 15, 20 u. 25; SAL. OPPENHEIM, *Geschäftsbericht 1991* (1992), S. 15 u. 19; SAL. OPPENHEIM, *Geschäftsbericht 1990* (1991), S. 17 u. 21.

653 Vgl. SAL. OPPENHEIM, *Geschäftsbericht 1999* (2000), S. 15-16; HANDELSBLATT, *Bankhaus Oppenheim erfolgreich* (Handelsblatt 14./15.5.2000), S. 25. Die Börsen-Zeitung berichtet hingegen von rd. 125 Mrd. DM. Vgl. BÖRSEN-ZEITUNG, *Oppenheim baut auf wachstumsstarke Nischen* (Börsen-zeitung 29.4.1998), S. 5.

654 Das heißt Vermögensverwaltung für institutionelle Anleger und Auflage von Publikumsfonds.

655 Vgl. SAL. OPPENHEIM, *Geschäftsbericht 1999* (2000), S. 8.

656 Vgl. SAL. OPPENHEIM, *Geschäftsbericht 1999* (2000), S. 34-35; . SAL. OPPENHEIM, *Private Vermögen* (ohne Jahresangabe), S. 8-9; SAL. OPPENHEIM, *Asset Management* (www. oppen-

Investitionsentscheidungen so darauf abzustellen, daß sie die Chancen- und Risikooptimierung wahren."[657] Insbesondere die Zins- und Währungsanalyse soll „zur Aufbesserung der Performance von Portfolios genutzt werden".[658] Sal. Oppenheim ist der Auffassung: „Anlageerfolg ist keine Glückssache."[659]

Bei der Kölner Privatbank werden den vermögenden Privatkunden ausschließlich aktive Portfoliomanagementstrategien offeriert.[660]

Sal. Oppenheim liefert seit Oktober 1989 Zinsprognosen an Consensus Forecast. Die Oppenheim-Prognosereihen erstrecken sich damit über den gesamten Untersuchungszeitraum.[661]

Anhand der grafischen Gegenüberstellung der 12-Monats-Prognose von Sal. Oppenheim und der tatsächlichen Zinsentwicklung (Abb. 57) wird deutlich, daß das selbstgesteckte Ziel, „Wendepunkte möglichst frühzeitig zu erkennen",[662] nicht erreicht wurde. Die Nähe der Prognose zum jeweiligen Zeitpunkt der Prognoseerstellung zur jeweils aktuellen Marktlage (Abb. 58) deutet eine gegenwartsorientierte Verlaufsanpassung der Prognose an.

Die Berechnung des Theilschen Ungleichheitskoeffizienten „neuer Art" ergibt einen Wert von 1,276. Damit ist klar, daß die untersuchte Prognose weniger über die Zukunft mitteilt, als dies selbst die entsprechende naive Prognose getan hätte. Ein GOVA-Koeffizient von 0,370 bestätigt den Eindruck einer gegenwartsorientierten Verlaufsanpassung nachhaltig. Es handelt sich damit bei der 12-Monats-Prognose von Sal. Oppenheim um eine quasi-naive Prognose (Abb. 61, weißer Punkt).

Die 3-Monats-Prognose von Sal. Oppenheim läuft der tatsächlichen Zinsentwicklung nach (Abb. 59). Eine sehr weitreichende Übereinstimmung ist allerdings zwischen der um drei Monate nach links verschobenen 3-Monats-Prognose und der tatsächlichen Zinsentwicklung zu beobachten (Abb. 60).

---

heim. de/ fonds/am_ub.phtml 18.3.2000), S. 1; SAL. OPPENHEIM, *Annual Report 1997* (1998), S. 23; SAL. OPPENHEIM, *Geschäftsbericht 1996* (1997), S. 31 u. 37.

657 SAL. OPPENHEIM, *Private Vermögen* (ohne Jahresangabe), S. 8.

658 SAL. OPPENHEIM, *Geschäftsbericht 1998* (1999), S. 36.

659 SAL. OPPENHEIM, *Asset Management* (www.oppenheim.de/fonds/am_ub.phtml 18.3.2000), S. 1.

660 Dies wird zwar nicht explizit festgestellt, ergibt sich aber aus der Darstellung der Vorgehensweise von Sal. Oppenheim bei Wertpapierinvestments. Vgl. SAL. OPPENHEIM, *Private Vermögen* (ohne Jahresangabe), S. 8-9. Bestätigt wird diese Einschätzung durch telefonische Nachfrage bei Herrn Nocker, Sal. Oppenheim Köln, vom 24.10.2000.

661 Vgl. CONSENSUS FORECAST, Jg. 1989-1999.

662 SAL. OPPENHEIM, *Private Vermögen* (ohne Jahresangabe), S. 8.

Abbildung 57: Rendite von DM-Staatsanleihen mit zehn Jahren Restlaufzeit (dicke Linie) und entsprechende 12-Monats-Prognose des Bankhauses Sal. Oppenheim (dünne Linie) von Oktober 1989 bis Dezember 2000.

Quelle: Eigene Darstellung basierend auf CONSENSUS FORECAST, Jg. 1989-1999, und BLOOMBERG INFORMATIONSSYSTEM, GDBR12 Index HP.

Abbildung 58: Rendite von DM-Staatsanleihen mit zehn Jahren Restlaufzeit (dicke Linie) und um 12 Monate nach links verschobene 12-Monats-Prognose des Bankhauses Sal. Oppenheim (dünne Linie) von Oktober 1989 bis Dezember 1999.

Quelle: Eigene Darstellung basierend auf CONSENSUS FORECAST, Jg. 1989-1999, und BLOOMBERG INFORMATIONSSYSTEM, GDBR12 Index HP.

Abbildung 59: Rendite von DM-Staatsanleihen mit zehn Jahren Restlaufzeit (dicke Linie) und entsprechende 3-Monats-Prognose des Bankhauses Sal. Oppenheim (dünne Linie) von Oktober 1989 bis März 2000.

Quelle: Eigene Darstellung basierend auf Consensus Forecast, Jg. 1989-1999, und Bloomberg Informationssystem, GDBR12 Index HP.

Abbildung 60: Rendite von DM-Staatsanleihen mit zehn Jahren Restlaufzeit (dicke Linie) und um 3 Monate nach links verschobene 3-Monats-Prognose des Bankhauses Sal. Oppenheim (dünne Linie) von Oktober 1989 bis Dezember 1999.

Quelle: Eigene Darstellung basierend auf Consensus Forecast, Jg. 1989-1999, und Bloomberg Informationssystem, GDBR12 Index HP.

Abbildung 61: Einordnung der 12-Monats-Prognose (weißer Punkt) und der 3-Monats-Prognose (schwarzer Punkt) von Sal. Oppenheim in die Prognosequalitätsmatrix.

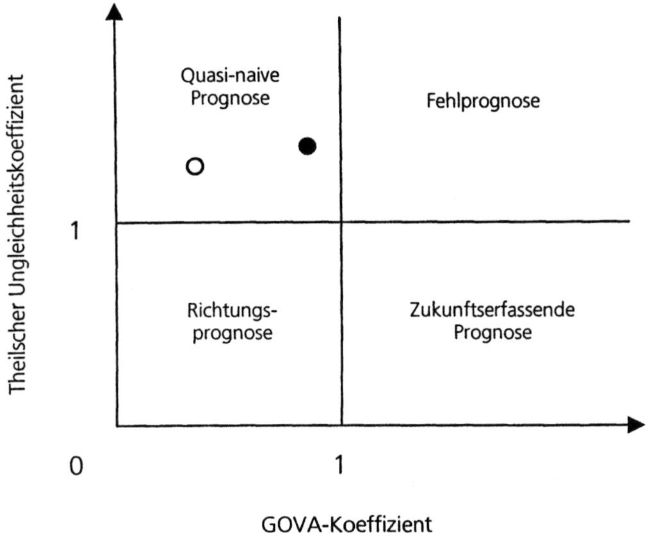

Quelle: In Anlehnung an ANDRES, P. / SPIWOKS, M., *Prognosequalitätsmatrix* (1999), S. 536.

Die Betrachtung der Kennzahlen bestätigt, daß die 3-Monats-Prognose von Sal. Oppenheim schlechter die Zukunft erfaßt als die entsprechende naive Prognose (Theilscher Ungleichheitskoeffizient „neuer Art" = 1,349) und daß eine gegenwartsorientierte Verlaufsanpassung vorliegt (GOVA-Koeffizient = 0,873). Damit handelt es sich auch hierbei um eine quasi-naive Prognose (Abb. 61, schwarzer Punkt).

3.3.3.3. HSBC Trinkaus & Burkhardt

Das bereits 1785 gegründete[663] Bankhaus Trinkaus & Burkhard gehört seit 1992 zum Konzern der Hongkong Shanghai Bank Corporation (HSBC).[664] Trotz der Zugehörigkeit zu der weltumspannenden HSBC-Gruppe ist der Charakter einer Privatbank gewahrt geblieben.[665] HSBC Trinkaus & Burkhardt KGaA weist Ende

663 Vgl. TRINKAUS & BURKHARDT, *Von den Stärken einer Privatbank* (1999), S. 8.

664 Vgl. TRINKAUS & BURKHARDT, *Firmenportrait* (www.hsbctrinkaus.de 18.03.2000), S. 1.

665 Vgl. KREDITWESEN, *Trinkaus & Burkhardt* (Kreditwesen 11/2000), S. 612.

1999 eine Bilanzsumme von rund 22 Mrd. DM aus.[666] Die Mitarbeiterzahl liegt zum selben Zeitpunkt bei knapp 1300.[667]

Ihre „besonderen Stärken" bzw. „Kernkompetenzen" sieht die Privatbank „in den Bereichen Wertpapiergeschäft, Portfoliomanagement, Zins- und Währungsmanagement (...)"[668] Als Zielkunden werden an erster Stelle vermögende Privatkunden genannt.[669]

In den letzten 10 Jahren trug der Bereich Vermögensverwaltung rund 30% zum Geschäftsergebnis der Bank bei.[670] Trinkaus & Burkhardt betreut derzeit rund 21 Mrd. DM von privaten und etwa 29 Mrd. DM von institutionellen Investoren.[671] Auch in Zukunft wird insbesondere im Portfoliomanagement für private und institutionelle Kunden weiteres Wachstumspotential gesehen.[672]

Trinkaus & Burkhardt hebt die Kompetenz ihrer Research- und Portfoliomanagement-Kapazitäten hervor: „Modernste Research- und Informationssysteme unterstützen die Erfahrung und Kreativität unserer Mitarbeiter bei der Umsetzung effizienter Portfoliomanagement-Konzepte."[673] Dabei werden der Privatkundschaft ausschließlich aktive Portfoliomanagement-Strategien angeboten.[674]

---

666 Vgl. TRINKAUS & BURKHARDT, *Geschäftsbericht 1999* (2000), S. 2 u. 58; FAZ, *Trinkaus* (FAZ 14.04.2000), S. 20.

667 Vgl. TRINKAUS & BURKHARDT, *Geschäftsbericht 1999* (2000), S. 52.

668 Vgl. TRINKAUS & BURKHARDT, *Geschäftsbericht 1999* (2000), S. 7 u. 21. Ähnlich auch bei TRINKAUS & BURKHARDT, *Geschäftsbericht 1998* (1999), S. 21; TRINKAUS & BURKHARDT, *Kreativität und Technik im Vermögensmanagement* (ohne Jahresangabe), S. 3; Vgl. TRINKAUS & BURKHARDT, *Von den Stärken einer Privatbank* (1999), S. 7; KREDITWESEN, *Trinkaus* (Kreditwesen 9/2000), S. 456. Das Vermögensverwaltungsgeschäft wurde von Trinkaus und Burkhardt während der gesamten 1990er Jahre ausgebaut. Vgl. dazu TRINKAUS & BURKHARDT, *Geschäftsbericht 1997* (1998), S. 10, 15-16 u. 19; TRINKAUS & BURKHARDT, *Geschäftsbericht 1996* (1997), S. 10, 13, 15-16 u. 18; TRINKAUS & BURKHARDT, *Annual Report 1995* (1996), S. 13-14; TRINKAUS & BURKHARDT, *Geschäftsbericht 1994* (1995), S. 13-16; TRINKAUS & BURKHARDT, *Annual Report 1993* (1995), S. 14 u. 16; TRINKAUS & BURKHARDT, *Geschäftsbericht 1992* (1993), S. 13-16; TRINKAUS & BURKHARDT, *Geschäftsbericht 1991* (1992), S. 14-16; TRINKAUS & BURKHARDT, *Geschäftsbericht 1990* (1991), S. 14, 16 u. 18.

669 Vgl. TRINKAUS & BURKHARDT, *Geschäftsbericht 1999* (2000), S. 7 u. 21; Vgl. TRINKAUS & BURKHARDT, *Geschäftsbericht 1998* (1999), S. 21; Vgl. TRINKAUS & BURKHARDT, *Von den Stärken einer Privatbank* (1999), S. 7; KREDITWESEN, *Konzern Trinkaus & Burkhardt* (Kreditwesen 23/1998), S. 1321.

670 Vgl. TRINKAUS & BURKHARDT, *Geschäftsbericht 1999* (2000), S. 24 zus. mit 26 u. 100.

671 Vgl. ROMETSCH, S., *Geschäft mit vermögenden Privatkunden I* (Die Bank 1/1999), S. 13.

672 Vgl. TRINKAUS & BURKHARDT, *Geschäftsbericht 1999* (2000), S. 31; TRINKAUS & BURKHARDT, *Geschäftsbericht 1998* (1999), S. 19 u. 27; ROMETSCH, S., *Geschäft mit vermögenden Privatkunden II* (Die Bank 2/1999), S. 99-101.

673 Vgl. TRINKAUS & BURKHARDT, *Von den Stärken einer Privatbank* (1999), S. 16. Ihr Investment-Research beurteilt Trinkaus & Burkhardt als „erstklassig". Vgl. dazu TRINKAUS & BURKHARDT, *Geschäftsbericht 1996* (1997), S. 16; TRINKAUS & BURKHARDT, *Annual Re-*

Die Privatbank beteiligte sich während des gesamten Untersuchungszeitraumes mit ihren Zinsprognosen an Consensus Forecast.[675]

Bereits bei der grafischen Gegenüberstellung der 12-Monats-Zinsprognose des Bankhauses Trinkaus & Burkhardt und der tatsächlichen Zinsentwicklung wird deutlich, daß eine ungenügende Prognosequalität vorliegt (Abb. 62). Die Betrachtung der Prognosereihe zum jeweiligen Zeitpunkt der Prognoseerstellung läßt vermuten, daß eine gegenwartsorientierte Verlaufsanpassung vorliegt (Abb. 63).

Die Berechnung der relevanten Prognosegütemaße bestätigt diesen Eindruck. Der Theilsche Ungleichheitskoeffizient „neuer Art" weist einen Wert von 1,184 auf. Die Trinkaus & Burkhardt-Prognose sagt damit weniger über die Zukunft aus als die entsprechende naive Prognose. Der GOVA-Koeffizient von 0,513 zeigt eine gegenwartsorientierte Verlaufsanpassung. Bei der untersuchten 12-Monats-Prognose handelt es sich somit um eine quasi-naive Prognose (Abb. 66, weißer Punkt).

Ähnlich wie die Prognose mit zwölfmonatigem Prognosehorizont stellt sich auch die 3-Monats-Prognose von Trinkaus & Burkhardt dar: Nicht nur die Übereinstimmung mit der tatsächlichen Zinsentwicklung ist unbefriedigend (Abb. 64). Auch offenbart die Prognose zum jeweiligen Zeitpunkt der Prognoseerstellung eine augenfällige Übereinstimmung mit der jeweils aktuellen Marktlage (Abb. 65).

Die einschlägigen Kennzahlen unterstreichen diese Einschätzung. Der Theilsche Ungleichheitskoeffizient „neuer Art" weist 1,311 aus und qualifiziert die untersuchte Prognose damit als schlechter als die entsprechende naive Prognose. Der GOVA-Koeffizient von 0,879 gibt deutlich eine gegenwartsorientierte Verlaufsanpassung der Prognose zu erkennen. Es handelt sich somit auch bei der 3-Monats-Prognose von Trinkaus & Burkhardt um eine quasi-naive Prognose (Abb. 66, schwarzer Punkt).

---

port 1995 (1996), S. 14. Schon zu Beginn der 1990er Jahre hat Trinkaus & Burkhardt die Research-Kapazitäten ausgebaut. Vgl. dazu TRINKAUS & BURKHARDT, *Geschäftsbericht 1990* (1991), S. 16; TRINKAUS & BURKHARDT, *Geschäftsbericht 1991* (1992), S. 14.

674 Laut telefonischer Auskunft von Herrn Schwittei, Trinkaus & Burkhardt Düsseldorf, am 24.10.2000.

675 Vgl. CONSENSUS FORECAST, Jg. 1989-1999.

Abbildung 62: Rendite von DM-Staatsanleihen mit zehn Jahren Restlaufzeit (dicke Linie) und entsprechende 12-Monats-Prognose des Bankhauses Trinkaus & Burkhardt (dünne Linie) von Oktober 1989 bis Dezember 2000.

Quelle: Eigene Darstellung basierend auf CONSENSUS FORECAST, Jg. 1989-1999, und BLOOMBERG INFORMATIONSSYSTEM, GDBR12 Index HP.

Abbildung 63: Rendite von DM-Staatsanleihen mit zehn Jahren Restlaufzeit (dicke Linie) und um 12 Monate nach links verschobene 12-Monats-Prognose des Bankhauses Trinkaus & Burkhardt (dünne Linie) von Oktober 1989 bis Dezember 1999.

Quelle: Eigene Darstellung basierend auf CONSENSUS FORECAST, Jg. 1989-1999, und BLOOMBERG INFORMATIONSSYSTEM, GDBR12 Index HP.

Abbildung 64: Rendite von DM-Staatsanleihen mit zehn Jahren Restlaufzeit (dicke Linie) und entsprechende 3-Monats-Prognose des Bankhauses Trinkaus & Burkhardt (dünne Linie) von Oktober 1989 bis März 2000.

Quelle: Eigene Darstellung basierend auf CONSENSUS FORECAST, Jg. 1989-1999, und BLOOMBERG INFORMATIONSSYSTEM, GDBR12 Index HP.

Abbildung 65: Rendite von DM-Staatsanleihen mit zehn Jahren Restlaufzeit (dicke Linie) und um 3 Monate nach links verschobene 3-Monats-Prognose des Bankhauses Trinkaus & Burkhardt (dünne Linie) von Oktober 1989 bis Dezember 1999.

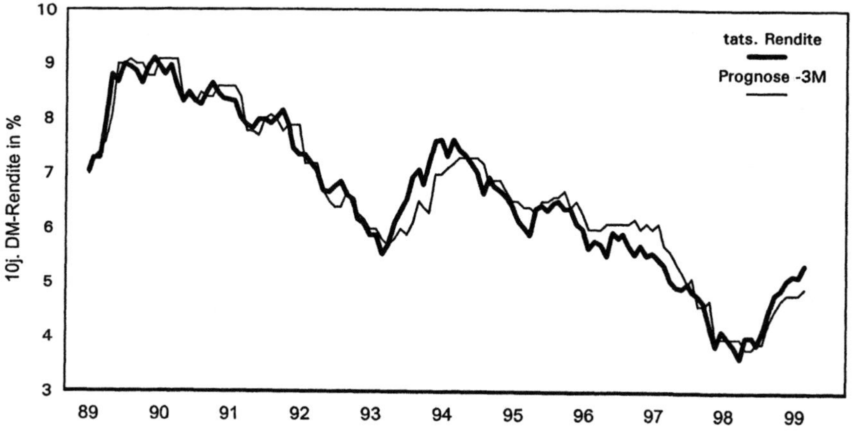

Quelle: Eigene Darstellung basierend auf CONSENSUS FORECAST, Jg. 1989-1999, und BLOOMBERG INFORMATIONSSYSTEM, GDBR12 Index HP.

Abbildung 66: Einordnung der 12-Monats-Prognose (weißer Punkt) und der 3-Monats-Prognose (schwarzer Punkt) von Trinkaus & Burkhardt in die Prognosequalitätsmatrix.

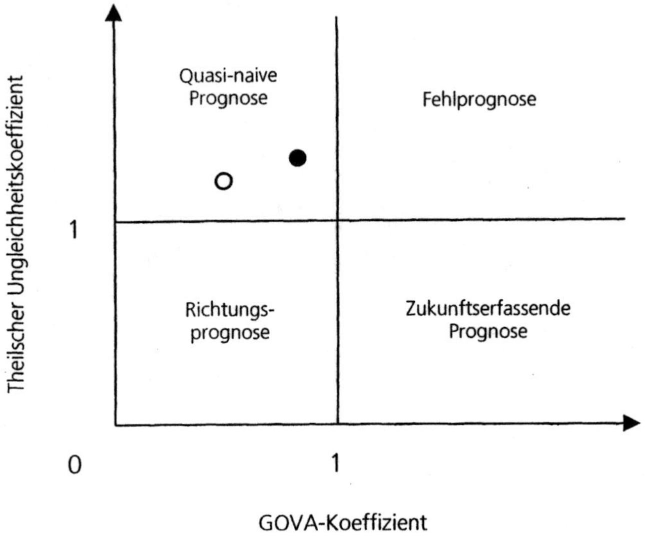

Quelle: In Anlehnung an ANDRES, P. / SPIWOKS, M., *Prognosequalitätsmatrix* (1999), S. 536.

3.3.3.4. M. M. Warburg

Das Bankhaus M. M. Warburg wurde bereits 1798 gegründet und zählt damit zu den ältesten unabhängigen Privatbanken in Deutschland.[676] Ende 1999 weist die M. M. Warburg & Co. KGaA eine Bilanzsumme von rund 14 Mrd. DM aus[677] und beschäftigt etwa 1100 Mitarbeiter.[678]

Neben dem Firmenkunden- und Corporate Finance-Geschäft liegt der Schwerpunkt der Geschäftstätigkeit auf der Vermögensverwaltung für anspruchsvolle

676 Vgl. M. M. WARBURG, *Asset Management für Privatkunden* (2000), S. 4; FAZ, *Eine Privatbank in ihrem dritten Jahrhundert* (FAZ 21.01.1998), S. 23; HANDELSBLATT, *Zwischen Tradition und Wettbewerb* (Handelsblatt 22.01.1998), S. 19; M. M. WARBURG, *Fakten* (www.mmwarburg.de 19.03.2000), S. 1.

677 Vgl. M. M. WARBURG, *Geschäftsbericht 1999* (2000), S. 0, 15 u.52-53; M. M. WARBURG, *Asset Management für Privatkunden* (2000), S. 2.

678 Vgl. M. M. WARBURG, *Geschäftsbericht 1999* (2000), S. 42; M. M. WARBURG, *Asset Management für Privatkunden* (2000), S. 2.

Privatkunden und institutionelle Investoren.[679] Die Sparte Vermögensverwaltung ist in den letzten Jahren durch gezielte Unternehmensakquisitionen gestärkt worden,[680] und soll auch in Zukunft weiter ausgebaut werden.[681] Ende 1999 verwaltet M. M. Warburg Kundengelder im Umfang von rund 30 Mrd. DM.[682]

Besonders hervorgehoben wird von dem Hamburger Privatbankhaus die überdurchschnittliche Kompetenz im Investment-Research.[683] M. M. Warburg stellt fest: „International wird das Investment Research (...) als eigenständiger Experte für den deutschen Kapitalmarkt geschätzt."[684] „Fundierte volkswirtschaftliche Analysen" werden bei M. M. Warburg als „Grundlage der Anlagepolitik" gesehen.[685] Dabei zielen „die Bewertungen und Prognosen (...) in der Regel auf einen

---

679 Vgl. M. M. WARBURG, *Geschäftsbericht 1999* (2000), S. 9; M. M. WARBURG, *Geschäftsbericht 1998* (1999), S. 13; FAZ, *Eine Privatbank in ihrem dritten Jahrhundert* (FAZ 21.01.1998), S. 23; MEHNER, G., *M. M. Warburg besteht 200 Jahre* (Börsen-Zeitung 21.01.1998), S. 11; SCHNORBUS, A., *Privatbankier heute* (FAZ 24.01.1998), S. 15.

680 Zu nennen sind vor allem die Übernahmen der Bankhäuser Hallbaum, Marcard-Stein und Carl F. Plump. Vgl. dazu M. M. WARBURG, *Geschäftsbericht 1999* (2000), S. 34-37; M. M. WARBURG, *Geschäftsbericht 1998* (1999), S. 8 u. 22-24; FAZ, *Für Abrundung gerüstet* (FAZ 15.05.1998), S. 30; BÖRSEN-ZEITUNG, *M. M. Warburg plant neue Übernahme* (Börsen-Zeitung 06.03.1998), S. 12; KREDITWESEN, *Konzern M. M. Warburg* (Kreditwesen 23/1999), S. 1342; KREDITWESEN, *Konzern M. M. Warburg & Co* (Kreditwesen 23/1998), S. 1329.

681 Vgl. M. M. WARBURG, *Geschäftsbericht 1999* (2000), S. 23, 25; M. M. WARBURG, *Geschäftsbericht 1998* (1999), S. 13-14 u. 20; HANDELSBLATT, *Zwischen Tradition und Wettbewerb* (Handelsblatt 22.01.1998), S. 19; BÖRSEN-ZEITUNG, *M. M. Warburg plant neue Übernahme* (Börsen-Zeitung 06.03.1998), S. 12; HANDELSBLATT, *Vermögensbetreuung steht im Vordergrund* (Handelsblatt 15./16.05.1998), S. 21; BÖRSEN-ZEITUNG, *M. M. Warburg in neuer Dimension* (Börsen-Zeitung 14.05.1998), S. 5; M. M. WARBURG, *M. M. Warburg verstärkt Vermögensverwaltung* (www.mmwarburg.de 19.03.2000), S. 1. Schon während der 1990er Jahre sind sowohl der Bereich Private Banking als auch der Bereich Asset Management konsequent ausgebaut worden. Vgl. dazu M. M. WARBURG, *Geschäftsbericht 1997* (1998), S. 6, 10 u. 17; M. M. WARBURG, *Geschäftsbericht 1996* (1997), S. 7, 11 u. 18; M. M. WARBURG, *Geschäftsbericht 1995* (1996), S. 18-19; M. M. WARBURG, *Geschäftsbericht 1994* (1995), S. 7, 13 u. 15-16; M. M. WARBURG, *Geschäftsbericht 1993* (1994), S. 13-16; M. M. WARBURG, *Geschäftsbericht 1992* (1993), S. 14 u. 16-17; M. M. WARBURG, *Geschäftsbericht 1991* (1992), S. 15-16; M. M. WARBURG, *Geschäftsbericht 1990* (1991), S. 13 u. 15.

682 Vgl. M. M. WARBURG, *Geschäftsbericht 1999* (2000), S. 16.

683 Vgl. M. M. WARBURG, *Asset Management für Privatkunden* (2000), S. 8; M. M. WARBURG, *Geschäftsbericht 1999* (2000), S. 24 u. 27-28; ; M. M. WARBURG, *Geschäftsbericht 1998* (1999), S. 15; M. M. WARBURG, *Die Wertpapierberatung* (www.mmwarburg.de 19.03.2000), S. 1. Bereits Anfang der 1990er Jahre legte M. M. Warburg Wert auf den quantitativen wie qualitativen Ausbau der Investment-Research-Abteilung. Vgl. dazu M. M. WARBURG, *Geschäftsbericht 1991* (1992), S. 14; M. M. WARBURG, *Geschäftsbericht 1992* (1993), S. 14; M. M. WARBURG, *Geschäftsbericht 1993* (1994), S. 13.

684 M. M. WARBURG, *Geschäftsbericht 1999* (2000), S. 27.

685 Vgl. M. M. WARBURG, *Geschäftsbericht 1999* (2000), S. 27; M. M. WARBURG, *Geschäftsbericht 1999* (2000), S. 15.

längeren, überwiegend einjährigen Anlagezeitraum" ab.[686] Der Privatkundschaft werden ausschließlich aktive Portfoliomanagement-Strategien offeriert.[687]

M. M. Warburg liefert erst seit Mai 1993 Zinsprognosen an Consensus Forecast.[688] Damit liegen Prognosedaten nur für gut zwei Drittel des Untersuchungszeitraumes vor. Angesichts des hohen Renommees, das diese Privatbank genießt, soll diese verkürzte Prognosereihe dennoch in die vorliegende Untersuchung einbezogen werden.[689]

Die 12-Monats-Prognose von M. M. Warburg läßt keinen engen Zusammenhang zur tatsächlich eingetretenen Zinsentwicklung erkennen (Abb. 67). Die Linksverschiebung der Prognosezeitreihe stellt die Prognosewerte zum jeweiligen Zeitpunkt der Prognoseerstellung der dann jeweils aktuellen Marktsituation gegenüber (Abb. 68). Die weitreichende Übereinstimmung bei dieser Darstellungsweise läßt eine starke gegenwartsorientierte Verlaufsanpassung vermuten.

Tatsächlich zeigt der Wert des Theilschen Ungleichheitskoeffizienten „neuer Art" von 1,450, daß die M. M. Warburg-Prognose zu deutlich schlechteren Ergebnissen geführt hat, als es die entsprechende naive Prognose getan hätte. Der GOVA-Koeffizient in Höhe von 0,051 kennzeichnet einen krassen Fall von gegenwartsorientierter Verlaufsanpassung. Insgesamt muß die 12-Monats-Prognose von M. M. Warburg also als quasi-naive Prognose qualifiziert werden (Abb. 71, weißer Punkt).

Auch die 3-Monats-Prognose von M. M. Warburg verdient eine äußerst kritische Würdigung. Insbesondere anhand der lokalen Maxima und Minima wird deutlich, daß die Prognose der Realität nachläuft (Abb. 69). Die Prognosewerte gleichen hingegen zum Zeitpunkt der Prognoseerstellung weitgehend der jeweils aktuellen Marktlage (Abb. 70). Die von M. M. Warburg behauptete hohe Kompetenz im Investment Research schlägt sich in dieser Prognose nicht erkennbar nieder.

---

686 Vgl. M. M. WARBURG, *Geschäftsbericht 1999* (2000), S. 27.

687 Dies wird nur indirekt offengelegt, indem Marktindizes als objektive Maßstäbe des Anlageerfolgs propagiert werden. Vgl. M. M. WARBURG, *Die Vermögensverwaltung* (www.mmwarburg.de 19.03.2000), S. 1. Bestätigt wird diese Einschätzung durch telefonische Nachfrage bei Herrn Struthoff, M. M. Warburg Hamburg, am 24.10.2000.

688 Vgl. CONSENSUS FORECAST, Jg. 1993-1999.

689 Es ist grundsätzlich nicht unproblematisch, Prognosezeitreihen unterschiedlicher Zeiträume miteinander zu vergleichen. Die ausgewählten Prognosegütemaße (Theilscher Ungleichheitskoeffizient „neuer Art" sowie GOVA-Koeffizient) lassen jedoch eine weitgehend unverzerrte Beurteilung auch von Prognosezeitreihen unterschiedlicher Zeiträume zu. Vgl. dazu Abschnitt 3.2.

Abbildung 67: Rendite von DM-Staatsanleihen mit zehn Jahren Restlaufzeit (dicke Linie) und entsprechende 12-Monats-Prognose des Bankhauses M. M. Warburg (dünne Linie) von Oktober 1989 bis Dezember 2000.

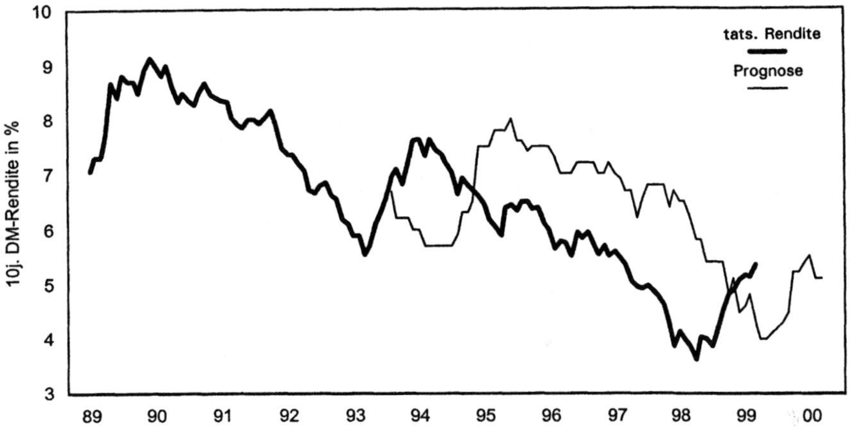

Quelle: Eigene Darstellung basierend auf CONSENSUS FORECAST, Jg. 1989-1999, und BLOOMBERG INFORMATIONSSYSTEM, GDBR12 Index HP.

Abbildung 68: Rendite von DM-Staatsanleihen mit zehn Jahren Restlaufzeit (dicke Linie) und um 12 Monate nach links verschobene 12-Monats-Prognose des Bankhauses M. M. Warburg (dünne Linie) von Oktober 1989 bis Dezember 1999.

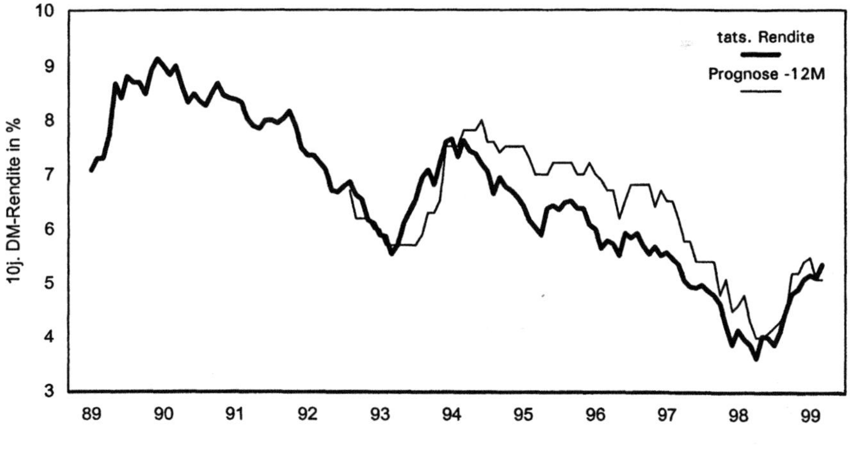

Quelle: Eigene Darstellung basierend auf CONSENSUS FORECAST, Jg. 1989-1999, und BLOOMBERG INFORMATIONSSYSTEM, GDBR12 Index HP.

Abbildung 69: Rendite von DM-Staatsanleihen mit zehn Jahren Restlaufzeit (dicke Linie) und entsprechende 3-Monats-Prognose des Bankhauses M. M. Warburg (dünne Linie) von Oktober 1989 bis März 2000.

Quelle: Eigene Darstellung basierend auf CONSENSUS FORECAST, Jg. 1989-1999, und BLOOMBERG INFORMATIONSSYSTEM, GDBR12 Index HP.

Abbildung 70: Rendite von DM-Staatsanleihen mit zehn Jahren Restlaufzeit (dicke Linie) und um 3 Monate nach links verschobene 3-Monats-Prognose des Bankhauses M. M. Warburg (dünne Linie) von Oktober 1989 bis Dezember 1999.

Quelle: Eigene Darstellung basierend auf CONSENSUS FORECAST, Jg. 1989-1999, und BLOOMBERG INFORMATIONSSYSTEM, GDBR12 Index HP.

Abbildung 71: Einordnung der 12-Monats-Prognose (weißer Punkt) und der 3-Monats-Prognose (schwarzer Punkt) von M. M. Warburg in die Prognosequalitätsmatrix.

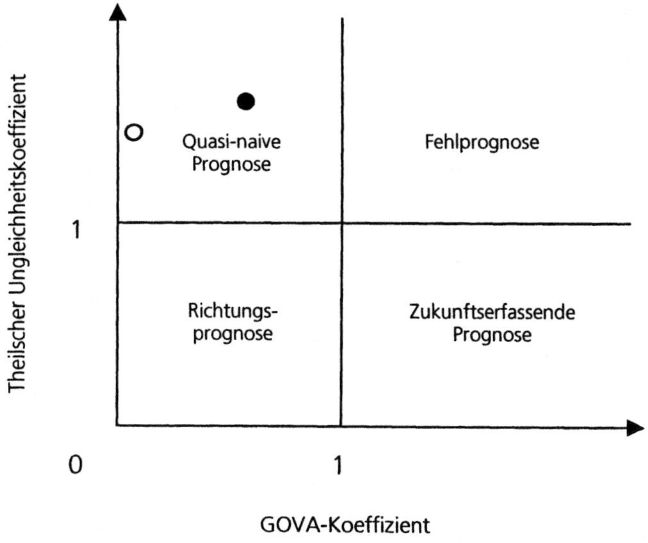

Quelle: In Anlehnung an ANDRES, P. / SPIWOKS, M., *Prognosequalitätsmatrix* (1999), S. 536.

Die einschlägigen Kennzahlen charakterisieren auch die 3-Monats-Prognose von M. M. Warburg als quasi-naiv: Der Theilsche Ungleichheitskoeffizient „neuer Art" nimmt den Wert 1,602 an. Der Informationsgehalt der Prognose bleibt also hinter dem der entsprechenden naiven Prognose weit zurück. Der GOVA-Koeffizient liegt bei 0,684 und weist damit eine klare gegenwartsorientierte Verlaufsanpassung aus (Abb. 71, schwarzer Punkt).

3.3.3.5. Schröder Münchmeyer Hengst & Co.

Das Privatbankhaus Schröder Münchmeyer Hengst (SMH) wies Ende 1997 eine Bilanzsumme von rund 2 Mrd. DM aus[690] und beschäftigte etwa 400 Arbeitneh-

690 SMH hat keine Konzernbilanzierung vorgenommen. Die 2 Mrd. DM beziehen sich also nur auf den Bankbetrieb. Vgl. SMH, *Geschäftsbericht 1997* (1998), S. 24-25 u. 39. Zu den bilanziell nicht erfaßten Tochtergesellschaften vgl. SMH, *Geschäftsbericht 1997* (1998), S. 37; KREDITWESEN, *Schröder Münchmeyer Hengst* (Kreditwesen 23/1999), S. 1355.

mer.[691] Damit zählte SMH zu den verhältnismäßig kleinen Privatbanken in Deutschland.

Neben dem Kreditgeschäft lagen die Schwerpunkte vor allem im Vermögensverwaltungsgeschäft für institutionelle (Asset Management) und private (Private Banking) Kunden.[692]

SMH verfügte über ein Investment-Research, das ein überdurchschnittliches Renommee genoß und das dementsprechend herausgestellt wurde.[693] Ende 1997 verwaltete SMH Vermögen im Gesamtvolumen von mehr als 10 Mrd. DM[694] und konnte erhebliches Wachstum in diesem Bereich verzeichnen.[695] Dabei wurden aktive Portfoliomanagement-Strategien klar favorisiert.[696]

SMH wurde im September 1997 vom Schweizerischen Bankverein (UBS) zu 100% übernommen.[697] Doppelaktivitäten in Deutschland und dem übrigen Europa wurden zusammengeführt.[698] Die ehemalige Privatbank entwickelte sich zu einem bloßen Filialbetrieb der UBS.[699] Ihr fiel fortan die Aufgabe zu, das Private Ban-

---

691 Vgl. SMH, *Geschäftsbericht 1997* (1998), S. 23.

692 Vgl. SMH, *Geschäftsbericht 1997* (1998), S. 6; BÖRSEN-ZEITUNG, *SMH legt Spitzenergebnis vor* (Börsen-Zeitung 08.04.1998), S. 6. Während der gesamten 1990er Jahre unternahm SMH erhebliche Anstrengungen, in den Bereichen Private Banking und Asset Management zu wachsen. Vgl. dazu SMH, *Geschäftsbericht 1996* (1997), S. 6, 10, 12-13 u. 20-21; SMH, *Geschäftsbericht 1995* (1996), S. 9 u. 18; SMH, *Geschäftsbericht 1994* (1995), S. 9 u. 19; SMH, *Geschäftsbericht 1993* (1994), S. 24; SMH, *Geschäftsbericht 1991* (1992), S. 18-19.

693 Vgl. SMH, *Geschäftsbericht 1997* (1998), S. 6-8 u. 20; SMH, *Geschäftsbericht 1996* (1997), S. 6 u. 22; SMH, *Geschäftsbericht 1995* (1996), S. 17; SMH, *Geschäftsbericht 1994* (1995), S. 14; SMH, *Geschäftsbericht 1993* (1994), S. 25.

694 Vgl. SMH, *Geschäftsbericht 1997* (1998), S. 6.

695 Vgl. SMH, *Geschäftsbericht 1997* (1998), S. 10, 13 u. 18-19.

696 Obwohl dies nicht explizit festgestellt wird, ergibt sich das aus verschiedenen Argumentationen von SMH. Vgl. bspw. SMH, *Geschäftsbericht 1997* (1998), S. 19.

697 Vgl. SMH, *Geschäftsbericht 1997* (1998), S. 7; BÖRSEN-ZEITUNG, *SMH legt Spitzenergebnis vor* (Börsen-Zeitung 08.04.1998), S. 6.

698 Vgl. SMH, *Geschäftsbericht 1998* (1999), S. 5-10; KREDITWESEN, *Schröder Münchmeyer Hengst* (Kreditwesen 23/1999), S. 1353; BÖRSEN-ZEITUNG, *UBS positioniert sich in Deutschland* (Börsen-Zeitung 08.04.1998), S. 6.

699 Dies wird nicht zuletzt darin sichtbar, daß SMH nicht einmal mehr einen eigenen Internet-Auftritt unterhalten darf. Auf der UBS-Web-Site taucht SMH faktisch nicht auf. Außerdem verfügt SMH – inzwischen ausschließlich auf den Geschäftsbereich Private Banking fokussiert – nicht einmal über eine eigene Info-Broschüre zum Private Banking. Auf Anfrage bei SMH wird die UBS-Broschüre „Vermögensverwaltung" versendet, in der vermerkt ist: „Diese Broschüre enthält eine Übersicht über den Vermögensverwaltungsauftrag für private Kunden der UBS in der Schweiz." Vgl. UBS, *Vermögensverwaltung* (1998), S. 13. Die Degradierung eines renommierten Privatbankhauses zu einer unselbständigen Außenstelle einer Großbank kann kaum eindrucksvoller unter Beweis gestellt werden.

king der UBS in Deutschland zu vertreten.[700] Wesentliche Geschäftsbereiche der alten SMH, insbesondere das Investment-Research und das Asset Management, wurden geschlossen beziehungsweise in die UBS überführt.[701]

Der Auftritt von SMH im Consensus Forecast endet im Mai 1998.[702] Dementsprechend können die Zinsprognosen von SMH nur für den Zeitraum Okt. 1989 bis Mai 1998 in die vorliegende Untersuchung einbezogen werden.

Trotz des hohen Renommees des SMH-Researchs kann die betrachtete Prognoseleistung nicht überzeugen. Die wesentlichen (lokalen) Maxima und Minima werden in der 12-Monats-Prognose von SMH nicht erfaßt (Abb. 72). Statt dessen ist eine weitreichende Übereinstimmung zwischen der Prognose zum jeweiligen Zeitpunkt der Prognoseerstellung und der jeweils aktuellen Marktlage zu erkennen (Abb. 73).

Der Theilsche Ungleichheitskoeffizient „neuer Art" in Höhe von 1,389 zeigt, daß selbst die entsprechende naive Prognose zu deutlich besseren Ergebnissen geführt hätte als die betrachtete Prognose von SMH. Der GOVA-Koeffizient nimmt den Wert 0,458 an und bestätigt damit, daß die Prognose eine gegenwartsorientierte Verlaufsanpassung aufweist. Die 12-Monats-Prognose von SMH muß somit als quasi-naive Prognose qualifiziert werden (Abb. 76, weißer Punkt).

Das Ergebnis der 3-Monats-Prognose von SMH stellt sich ebenfalls nicht überzeugend dar. Auch hier läuft die Prognose der tatsächlichen Entwicklung nach und reflektiert wesentliche (lokale) Maxima beziehungsweise Minima nur mit einer Verspätung, die weitgehend dem Prognosehorizont entspricht (Abb. 74). Verschiebt man die Prognose um drei Monate nach links, so daß die Prognosewerte nicht mehr ihrem Geltungsbereich, sondern ihrem jeweiligen Entstehungszeitpunkt zugeordnet werden, wird deutlich, wie stark sich die Prognose an die jeweils aktuelle - nicht aber an die zu prognostizierende - Marktlage anlehnt (Abb. 75).

Der Theilsche Ungleichheitskoeffizient „neuer Art" nimmt den Wert 1,477 an. Das heißt, die entsprechende naive Prognose hätte die Zukunft deutlich besser beschrieben als die 3-Monats-Prognose von SMH. Der GOVA-Koeffizient in Höhe von 0,804 kennzeichnet eine gegenwartsorientierte Verlaufsanpassung. Daraus resultiert, daß auch die 3-Monats-Prognose von SMH als quasi-naiv eingestuft werden muß (Abb. 76, schwarzer Punkt).

---

700 Vgl. SMH, *Geschäftsbericht 1997* (1998), S. 8; BÖRSEN-ZEITUNG, *UBS positioniert sich in Deutschland* (Börsen-Zeitung 08.04.1998), S. 6; SMH, *Geschäftsbericht 1998* (1999), S. 5-6, 9-10, 13 u. 36; SMH, *Geschäftsbericht 1999* (2000), S. 7, 9 u. 38; KREDITWESEN, *Schröder Münchmeyer Hengst* (Kreditwesen 23/1998), S. 1340.

701 Vgl. BÖRSEN-ZEITUNG, *UBS positioniert sich in Deutschland* (Börsen-Zeitung 08.04.1998), S. 6

702 Vgl. CONSENSUS FORECAST, Jg. 1989-1998.

Abbildung 72: Rendite von DM-Staatsanleihen mit zehn Jahren Restlaufzeit (dicke Linie) und entsprechende 12-Monats-Prognose des Bankhauses SMH (dünne Linie) von Oktober 1989 bis Dezember 2000.

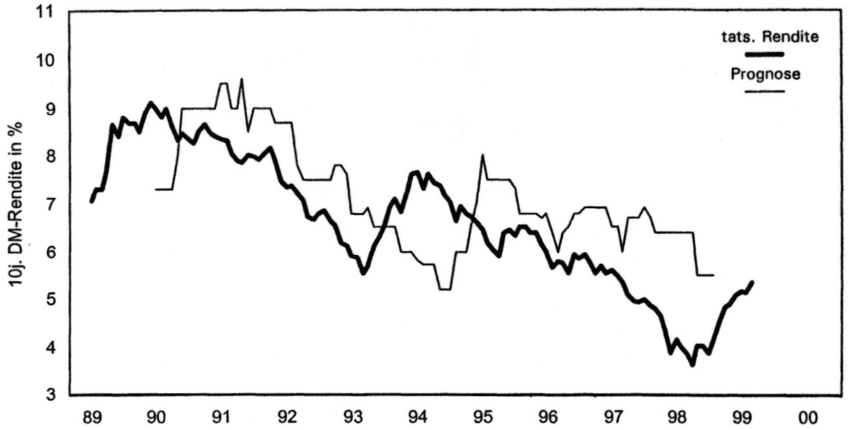

Quelle: Eigene Darstellung basierend auf CONSENSUS FORECAST, Jg. 1989-1999, und BLOOMBERG INFORMATIONSSYSTEM, GDBR12 Index HP.

Abbildung 73: Rendite von DM-Staatsanleihen mit zehn Jahren Restlaufzeit (dicke Linie) und um 12 Monate nach links verschobene 12-Monats-Prognose des Bankhauses SMH (dünne Linie) von Oktober 1989 bis Dezember 1999.

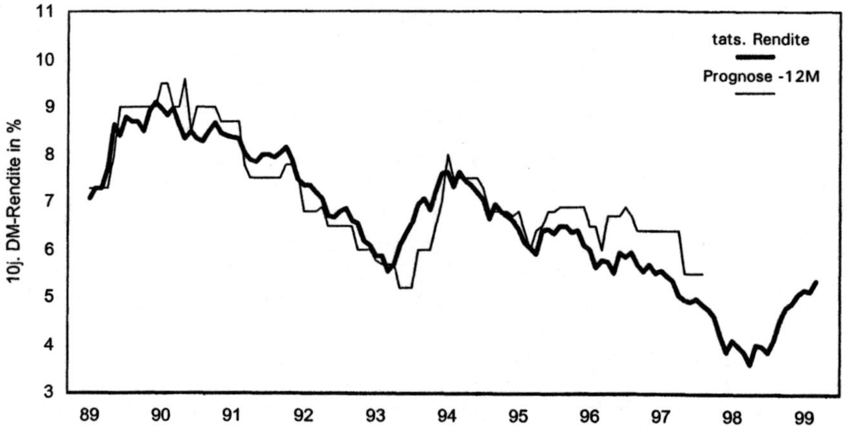

Quelle: Eigene Darstellung basierend auf CONSENSUS FORECAST, Jg. 1989-1999, und BLOOMBERG INFORMATIONSSYSTEM, GDBR12 Index HP.

Abbildung 74: Rendite von DM-Staatsanleihen mit zehn Jahren Restlaufzeit (dicke Linie) und entsprechende 3-Monats-Prognose des Bankhauses SMH (dünne Linie) von Oktober 1989 bis März 2000.

Quelle: Eigene Darstellung basierend auf CONSENSUS FORECAST, Jg. 1989-1999, und BLOOMBERG INFORMATIONSSYSTEM, GDBR12 Index HP.

Abbildung 75: Rendite von DM-Staatsanleihen mit zehn Jahren Restlaufzeit (dicke Linie) und um 3 Monate nach links verschobene 3-Monats-Prognose des Bankhauses SMH (dünne Linie) von Oktober 1989 bis Dezember 1999.

Quelle: Eigene Darstellung basierend auf CONSENSUS FORECAST, Jg. 1989-1999, und BLOOMBERG INFORMATIONSSYSTEM, GDBR12 Index HP.

Abbildung 76: Einordnung der 12-Monats-Prognose (weißer Punkt) und der 3-Monats-Prognose (schwarzer Punkt) von SMH in die Prognosequalitätsmatrix.

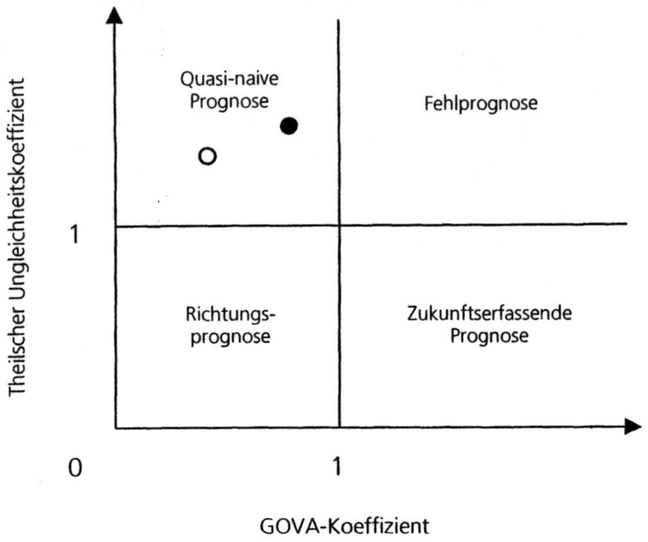

Quelle: In Anlehnung an ANDRES, P. / SPIWOKS, M., *Prognosequalitätsmatrix* (1999), S. 536.

3.3.4. Zinsprognosen des Sparkassensektors

Sparkassen sind – von Ausnahmen abgesehen[703] – öffentliche Kreditanstalten mit eigener Rechtspersönlichkeit.[704] Ihre Gewährträger sind Städte, Gemeinden, Gemeindeverbände, Kreise und Länder.[705] Wesentliches Charakteristikum der Sparkassen ist die Verpflichtung auf das Regionalprinzip und auf das Prinzip der Gemeinnützigkeit.[706]

---

703 Gemeint sind damit die sogenannten Freien Sparkassen. Vgl. BETGE, P., *Bankbetriebslehre* (1996), S. 79-80.

704 Vgl. COMPTER, W., *Bankbetriebslehre* (1984), S. 23; PRIEWASSER, E., *Bankbetriebslehre* (1998), S. 118.

705 Vgl. COMPTER, W., *Bankbetriebslehre* (1984), S. 23; BETGE, P., *Bankbetriebslehre* (1996), S. 79; HARTMANN-WENDELS, T. / PFINGSTEN, A. / WEBER, M., *Bankbetriebslehre* (1998), S. 34.

706 Vgl. BÜSCHGEN, H. E., *Bankbetriebslehre* (1998), S. 88; SCHUSTER, L., *Theorie und Politik der Banken im Wandel* (1996), S. 296; BECKER, H. P. / PEPPMEIER, A., *Bankbetriebslehre* (2000), S. 82.

Die Sparkassen unterhalten das dichteste Filialnetz in Deutschland.[707] Rund 40% aller Bankstellen zählen zum Sparkassensektor.[708] Mit 36% liegt ihr Anteil an der kumulierten Bilanzsumme deutscher Kreditinstitute nur knapp darunter.[709] Damit spielen die Sparkassen eine bedeutende Rolle in der deutschen Kreditwirtschaft.

Als Zentralbanken der Sparkassen auf Länderebene arbeiten zwölf Girozentralen/Landesbanken, die ebenfalls Anstalten des öffentlichen Rechts sind.[710] Sie übernehmen übergeordnete Aufgaben wie beispielsweise die Abwicklung des bargeldlosen Zahlungsverkehrs, die Verwaltung von Liquiditätsreserven, den Geldausgleich zwischen einzelnen Sparkassen.[711] Darüber hinaus ermöglichen sie den Sparkassen die Ausweitung ihres Leistungsangebotes beispielsweise im Leasing- oder Investmentgeschäft.[712] Außerdem treten sie selbständig mit der ganzen Leistungsbreite einer Universalbank am Markt auf.[713]

Als Spitzeninstitut der Girozentralen/Landesbanken fungiert die Deutsche Girozentrale/Deka-Bank/Deutsche Kommunalbank.[714] Ihre Aufgabenfelder liegen in erster Linie in der Wertpapieremission, im Liquiditätsmanagement, im Kreditgeschäft mit dem Staat und im Investmentgeschäft.[715] Darüber hinaus betreibt sie selbständig alle Geschäfte einer Universalbank.[716]

Im Consensus Forecast sind folgende Institute des Sparkassensektors mit Zinsprognosen während des gesamten Untersuchungszeitraumes vertreten:

- Westdeutsche Landesbank (WestLB)
- Bayerische Landesbank
- Landesbank Hessen/Thüringen (Helaba)

---

707 Vgl. RÖSSING, S., *Immer weniger Banken und Filialen in Deutschland* (Financial Times Deutschland 16.08.2000), S. 18.

708 Vgl. RÖSSING, S., *Immer weniger Banken und Filialen in Deutschland* (Financial Times Deutschland 16.08.2000), S. 18.

709 Vgl. BECKER, H. P. / PEPPMEIER, A., Bankbetriebslehre (2000), S. 80.

710 Vgl. BÜSCHGEN, H. E., *Bankbetriebslehre* (1998), S. 89.

711 Vgl. BÜSCHGEN, H. E., *Bankbetriebslehre* (1998), S. 90-91; BÜSCHGEN, H. E., *Banklexikon* (1992), S. 714; COMPTER, W., *Bankbetriebslehre* (1984), S. 24; SÜCHTING, J., *Bankmanagement* (1992), S. 189.

712 Vgl. BÜSCHGEN, H. E., *Bankbetriebslehre* (1998), S. 91; BÜSCHGEN, H. E., *Banklexikon* (1992), S. 714. GRÜBEL und SCHUBERT weisen insbesondere auf die enge Zusammenarbeit von Sparkassen und Landesbanken bei der Vermögensverwaltung hin. Vgl. GRÜBEL, B. / SCHUBERT, E., *Fachwissen Wertpapiergeschäft* (1993), S. 453.

713 Vgl. BÜSCHGEN, H. E., *Banklexikon* (1992), S. 714-715.

714 Vgl. BETGE, P., *Bankbetriebslehre* (1996), S. 82.

715 Vgl. BETGE, P., *Bankbetriebslehre* (1996), S. 86; BÜSCHGEN, H. E., *Banklexikon* (1992), S. 388.

716 Vgl. BÜSCHGEN, H. E., *Banklexikon* (1992), S. 388; BECKER, H. P. / PEPPMEIER, A., Bankbetriebslehre (2000), S. 83.

- Deutsche Girozentrale/Deka-Bank (DGZ/Deka)

Sie werden dementsprechend auch im vollen Umfang in die vorliegende Untersuchung einbezogen.

3.3.4.1. Westdeutsche Landesbank

Die Westdeutsche Landesbank widmet sich drei Aufgabenbereichen:[717] Zum ersten ist sie Zentralbank und Girozentrale der Sparkassen in Nordrhein-Westfalen und Brandenburg.[718] Zweitens fungiert die WestLB als Staats- und Kommunalbank des Landes Nordrhein-Westfalen.[719] Und drittens schließlich tritt sie eigenständig als Universalbank am Markt auf.[720]

Die WestLB ist das größte öffentlich-rechtliche Kreditinstitut Deutschlands.[721] Ende 1999 weist sie eine Bilanzsumme von rund 770 Mrd. DM aus[722] und beschäftigt mehr als 14.300 Mitarbeiter.[723]

Die WestLB baut ihre Stellung im Bereich Vermögensverwaltung konsequent aus.[724] Sie erzielt hohe Wachstumsraten bei der Verwaltung von Spezialfonds für Sparkassen, Versicherungen, Stiftungen und andere institutionelle Kundengruppen.[725] Die Vermögensverwaltung für private Investoren nimmt schon seit gerau-

---

717 Vgl. WESTLB, *Kundennah handeln – global agieren* (1999), S. 3; WESTLB, *Geschäftsbericht 1999* (2000), S. 3; WESTLB, *WestLB-Kurzporträt* (www.westlb.de 18.03.2000), S. 1.

718 Vgl. WESTLB, *Partner der Sparkassen* (www.westlb.de 18.03.2000), S. 1; WESTLB, *Geschäftsbericht 1999* (2000), S. 3-4 u. 32-34; WESTLB, *Kundennah handeln – global agieren* (1999), S. 10-11.

719 Vgl. WESTLB, *Bank für Land und Kommunen* (www.westlb.de 18.03.2000), S. 1; WESTLB, *Geschäftsbericht 1999* (2000), S. 4 u. 35-37; WESTLB, *Kundennah handeln – global agieren* (1999), S. 12-15.

720 Vgl. WESTLB, *Leistungsfähige Geschäftsbank* (www.westlb.de 18.03.2000), S. 1-2; WESTLB, *Geschäftsbericht 1999* (2000), S. 3; WESTLB, *Kundennah handeln – global agieren* (1999), S. 6-9.

721 Gemessen an der Bilanzsumme. Vgl. WESTLB, *Kundennah handeln – global agieren* (1999), S. 2.

722 Vgl. WESTLB, *WestLB steigert Ergebnis* (Märkte 3/2000), S. 8; WESTLB, *Geschäftsbericht 1999* (2000), S. 6, 58 u.76-77.

723 Vgl. WESTLB, *Geschäftsbericht 1999* (2000), S. 54 u. 103.

724 Vgl. WESTLB, *Geschäftsbericht 1999* (2000), S. 7 u. 20-23; WESTLB, *Geschäftsbericht 1998* (1999), S. 40-43; KREDITWESEN, *Neue Asset Management-Aktivitäten* (Kreditwesen 10/1999), S. 513.

725 Vgl. WESTLB, *Geschäftsbericht 1999* (2000), S. 20-22 u. 37; WESTLB, *Geschäftsbericht 1998* (1999), S. 59-60; WESTLB, *Geschäftsbericht 1997* (1998), S. 39 u. 56-57; WESTLB, *Geschäftsbericht 1996* (1997), S. 37 u. 39; WESTLB, *Geschäftsbericht 1995* (1996), S. 36-37; WESTLB, *Geschäftsbericht 1993* (1994), S. 40; WESTLB, *Geschäftsbericht 1991* (1992), S. 37-38; WESTLB, *Geschäftsbericht 1990* (1991), S. 31-33.

mer Zeit einen hohen Stellenwert bei der WestLB ein[726] und weist ein überproportionales Wachstum auf.[727]

Als ein wesentlicher Grund für die erfolgreiche Entwicklung der WestLB im Vermögensverwaltungsgeschäft werden die „erstklassigen“[728] und „anerkannt guten Researchleistungen“[729] hervorgehoben.[730] 1998 wurde das Research der WestLB von institutionellen Kunden sogar zum zweitbesten Research in Deutschland gewählt.[731]

Die WestLB hebt ihre Fähigkeit zur Erzielung überdurchschnittlicher Performances hervor.[732] Dementsprechend konzentriert sie sich auf aktive Portfoliomanagement-Strategien.[733]

Die Zinsprognosen der WestLB waren von Anfang an Bestandteil des Consensus Forecast. Es liegen also Prognosedaten für den gesamten Untersuchungszeitraum (10/1989-12/1999) vor.[734]

Die grafische Gegenüberstellung der tatsächlichen Zinsentwicklung und der 12-Monats-Prognose der WestLB läßt deren angeblich hervorragende Prognosekompetenz nicht erkennen. Insbesondere anhand der (lokalen) Minima Ende 1993 und Ende 1998 sowie des lokalen Maximums Ende 1994 wird deutlich, daß die Prognose die tatsächliche Zinsentwicklung nicht ausreichend erfaßt (Abb. 77). Werden hingegen die Prognosewerte ihrem jeweiligen Entstehungszeitpunkt zugeordnet, so ist eine starke Anlehnung an die jeweilige aktuelle Marktlage zu erkennen (Abb. 78).

---

726 Vgl. WESTLB, *WestLB Private Banking* (ohne Jahresangabe), S. 3.

727 Vgl. WESTLB, *Geschäftsbericht 1999* (2000), S. 22-23. Schon im Verlauf der 1990er Jahre wurde der Bereich Private Banking konsequent ausgebaut. Vgl. dazu WESTLB, *Geschäftsbericht 1997* (1998), S. 41; WESTLB, *Geschäftsbericht 1996* (1997), S. 37-39; WESTLB, *Geschäftsbericht 1995* (1996), S. 36-37; WESTLB, *Geschäftsbericht 1993* (1994), S. 40; WESTLB, *Geschäftsbericht 1991* (1992), S. 24 u. 37; WESTLB, *Geschäftsbericht 1990* (1991), S. 20 u. 31.

728 WESTLB, *Geschäftsbericht 1999* (2000), S. 23.

729 WESTLB, *Kundennah handeln – global agieren* (1999), S. 9.

730 Vgl. WESTLB, *WestLB Portfolio-Management* (ohne Jahresangabe), S. 1.

731 Vgl. WESTLB, *WestLB Private Banking* (ohne Jahresangabe), S. 8.

732 Vgl. WESTLB, *Geschäftsbericht 1999* (2000), S. 20-21.

733 Dies wird nicht explizit festgestellt, geht jedoch aus vielen Formulierungen zweifelsfrei hervor. Vgl. bspw. WESTLB, *Geschäftsbericht 1999* (2000), S. 20-21; WESTLB, *WestLB Portfolio-Management* (ohne Jahresangabe), S. 1; WESTLB, *WestLB Fonds Selection Service* (ohne Jahresangabe), S. 1; WESTLB, *WestLB Private Banking Fonds Selection Service* (2000), S. 2; WESTLB, *WestLB Private Banking Portfoliomanagement* (2000), S. 3 u. 25. Bestätigt wird diese Einschätzung durch die telefonische Auskunft von Frau Möhring, WestLB Düsseldorf, am 24.10.2000.

734 Vgl. CONSENSUS FORECAST, Jg. 1989-1999.

Abbildung 77: Rendite von DM-Staatsanleihen mit zehn Jahren Restlaufzeit (dicke Linie) und entsprechende 12-Monats-Prognose der WestLB (dünne Linie) von Oktober 1989 bis Dezember 2000.

Quelle: Eigene Darstellung basierend auf CONSENSUS FORECAST, Jg. 1989-1999, und BLOOMBERG INFORMATIONSSYSTEM, GDBR12 Index HP.

Abbildung 78: Rendite von DM-Staatsanleihen mit zehn Jahren Restlaufzeit (dicke Linie) und um 12 Monate nach links verschobene 12-Monats-Prognose der WestLB (dünne Linie) von Oktober 1989 bis Dezember 1999.

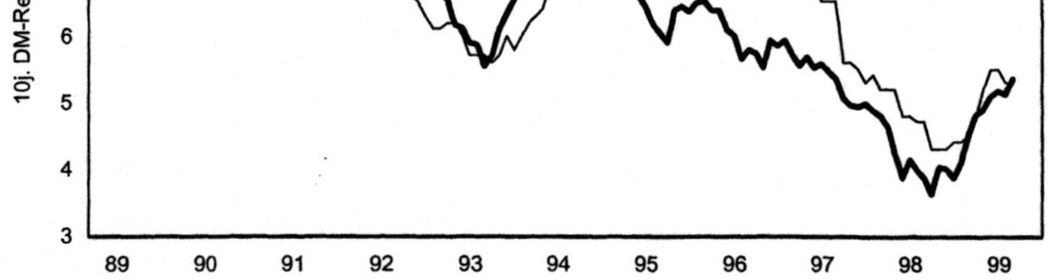

Quelle: Eigene Darstellung basierend auf CONSENSUS FORECAST, Jg. 1989-1999, und BLOOMBERG INFORMATIONSSYSTEM, GDBR12 Index HP.

Abbildung 79: Rendite von DM-Staatsanleihen mit zehn Jahren Restlaufzeit (dicke Linie) und entsprechende 3-Monats-Prognose der WestLB (dünne Linie) von Oktober 1989 bis März 2000.

Quelle: Eigene Darstellung basierend auf CONSENSUS FORECAST, Jg. 1989-1999, und BLOOMBERG INFORMATIONSSYSTEM, GDBR12 Index HP.

Abbildung 80: Rendite von DM-Staatsanleihen mit zehn Jahren Restlaufzeit (dicke Linie) und um 3 Monate nach links verschobene 3-Monats-Prognose der WestLB (dünne Linie) von Oktober 1989 bis Dezember 1999.

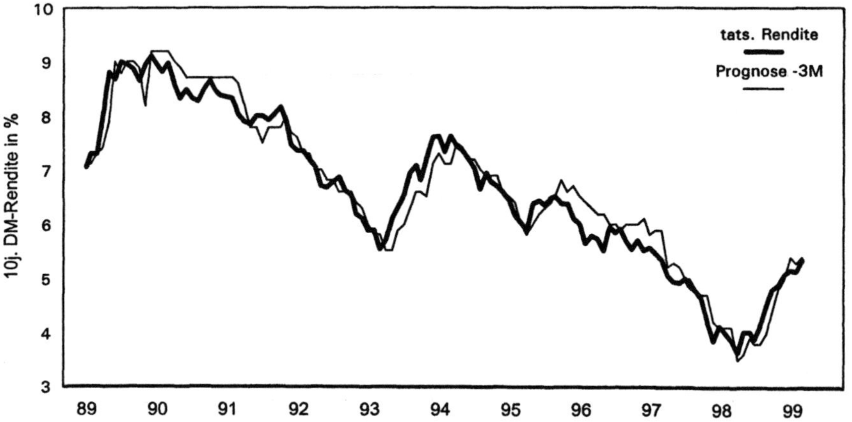

Quelle: Eigene Darstellung basierend auf CONSENSUS FORECAST, Jg. 1989-1999, und BLOOMBERG INFORMATIONSSYSTEM, GDBR12 Index HP.

Die einschlägigen Kennzahlen bestätigen diese kritische Einschätzung: Der Theilsche Ungleichheitskoeffizient „neuer Art“ von 1,295 zeigt, daß selbst mit einer naiven Prognose deutlich bessere Prognoseergebnisse erzielt worden wären. Der GOVA-Koeffizient von 0,448 gibt in aller Eindeutigkeit eine gegenwartsorientierte Verlaufsanpassung der Prognose zu erkennen. Es handelt sich also bei der 12-Monats-Prognose der WestLB um eine quasi-naive Prognose (Abb. 81, weißer Punkt).

Abbildung 81: Einordnung der 12-Monats-Prognose (weißer Punkt) und der 3-Monats-Prognose (schwarzer Punkt) der WestLB in die Prognosequalitätsmatrix.

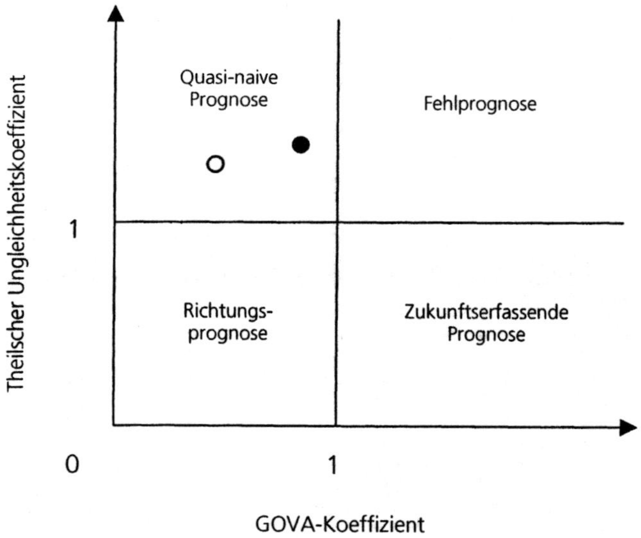

Quelle: In Anlehnung an ANDRES, P. / SPIWOKS, M., *Prognosequalitätsmatrix* (1999), S. 536.

Die Qualität der 3-Monats-Prognose der Westdeutschen Landesbank stellt sich auch nicht überzeugender dar. Die Prognose läuft der tatsächlichen Entwicklung in etwa um den Prognosehorizont nach (Abb. 79). Dies wird besonders deutlich, wenn die Prognose um drei Monate nach links verschoben wird. Dann werden die

Prognosewerte ihren jeweiligen Entstehungszeitpunkten und nicht mehr ihrem eigentlichen Geltungsbereich zugeordnet (Abb. 80).

Der Theilsche Ungleichheitskoeffizient „neuer Art" nimmt den Wert 1,403 an. Die 3-Monats-Prognose der WestLB schneidet damit erheblich schlechter ab als die entsprechende naive Prognose. Der GOVA-Koeffizient in Höhe von 0,861 weist eindeutig auf eine gegenwartsorientierte Verlaufsanpassung der Prognose hin. Damit liegt auch in diesem Fall eine quasi-naive Prognose vor (Abb. 81, schwarzer Punkt).

3.3.4.2. Bayerische Landesbank

Die Bayerische Landesbank fungiert als Sparkassenzentralbank und Girozentrale der Bayerischen Sparkassen und als Staatsbank des Freistaates Bayern.[735] Gleichzeitig tritt sie am Markt als eigenständige Universalbank auf.[736] Ende 1999 beträgt die Bilanzsumme der Bayerischen Landesbank rund 550 Mrd. DM.[737] Zum selben Zeitpunkt sind mehr als 7800 Mitarbeiter beschäftigt.[738]

Erfolgreich bemüht sich die Bayerische Landesbank darum, ihre Position im Bereich Portfoliomanagement auszubauen.[739] Insbesondere die Verwaltung von Spezialfonds für die Sparkassen, aber auch für Versorgungswerke und Stiftungen gewinnt zunehmend an Bedeutung.[740] Gleichzeitig wird das Private Banking als wichtiges Wachstumsfeld betrachtet.[741] Dabei hebt die Bayerische Landesbank „die gründlichen und permanenten Analysen" ihrer Research-Abteilung als Grundlage einer „hohen Erfolgsquote bei Anlageentscheidungen" hervor.[742] Of-

---

735 Vgl. BAYERISCHE LANDESBANK, *Geschäftsbericht 1999* (2000), S. 17.

736 Vgl. BAYERISCHE LANDESBANK, *Portfoliomanagement* (ohne Jahresangabe), S. 1.

737 Vgl. BAYERISCHE LANDESBANK, *Geschäftsbericht 1999* (2000), S. 0, 5-6 u. 70-71.

738 Vgl. BAYERISCHE LANDESBANK, *Geschäftsbericht 1999* (2000), S. 0 u. 8.

739 Vgl. BAYERISCHE LANDESBANK, *Geschäftsbericht 1999* (2000), S. 43 u. 48-49; BAYERISCHE LANDESBANK, *Geschäftsbericht 1998* (1999), S. 57 u. 65-66; BAYERISCHE LANDESBANK, *Geschäftsbericht 1996* (1997), S. 61; BAYERISCHE LANDESBANK, *Geschäftsbericht 1995* (1996), S. 65; BAYERISCHE LANDESBANK, *Geschäftsbericht 1993* (1994), S. 54.

740 Vgl. BAYERISCHE LANDESBANK, *Geschäftsbericht 1999* (2000), S. 48-49; BAYERISCHE LANDESBANK, *Geschäftsbericht 1996* (1997), S. 65 u. 67; BAYERISCHE LANDESBANK, *Geschäftsbericht 1995* (1996), S. 61 u. 67; BAYERISCHE LANDESBANK, *Geschäftsbericht 1993* (1994), S. 55; BAYERISCHE LANDESBANK, *Geschäftsbericht 1991* (1992), S. 49-51.

741 Vgl. BAYERISCHE LANDESBANK, *Geschäftsbericht 1999* (2000), S. 48; BAYERISCHE LANDESBANK, *Geschäftsbericht 1996* (1997), S. 65; BAYERISCHE LANDESBANK, *Geschäftsbericht 1995* (1996), S. 61; BAYERISCHE LANDESBANK, *Geschäftsbericht 1993* (1994), S. 51; BAYERISCHE LANDESBANK, *Geschäftsbericht 1991* (1992), S. 49.

742 Vgl. BAYERISCHE LANDESBANK, *Portfoliomanagement* (ohne Jahresangabe), S. 4. Die Research-Qualitäten der Bayerischen Landesbank werden auch an anderen Stellen beschworen. Beispielsweise heißt es: „Auf den Kapitalmärkten kennen wir uns aus, und wir verfügen über eine moderne Informations-Infrastruktur." BAYERISCHE LANDESBANK, *Portfoliomanagement*

fensiv wird darauf hingewiesen, daß aktive Portfoliomanagement-Strategien verfolgt werden.[743]

Die Zinsprognosen der Bayerischen Landesbank gingen während des gesamten Untersuchungszeitraumes in den Consensus Forecast ein.[744] Damit erschließen sie sich in vollem Umfang der vorliegenden Untersuchung.

Die von der Bayerischen Landesbank im eigenen Haus vermutete hohe Research-Kompetenz spiegelt sich in ihrer 12-Monats-Prognose nicht wider. Die tatsächliche Zinsentwicklung wird durch die Prognose nicht erfaßt (Abb. 82). Die Prognose weist allerdings zum jeweiligen Entstehungszeitpunkt eine starke Anlehnung an die jeweils aktuelle Marktsituation auf (Abb. 83).

Der Theilsche Ungleichheitskoeffizient „neuer Art“ in Höhe von 1,126 zeigt, daß die betrachtete Prognose einen geringeren Informationsgehalt aufweist als die entsprechende naive Prognose. Der GOVA-Koeffizient nimmt den Wert 0,540 an und weist damit eine gegenwartsorientierte Verlaufsanpassung nach. Damit handelt es sich also bei der 12-Monats-Prognose der Bayerischen Landesbank um eine quasi-naive Prognose (Abb. 86, weißer Punkt).

Auch die 3-Monats-Prognose der Bayerischen Landesbank stellt sich im Grundsatz nicht anders dar. Die Übereinstimmung von Prognose und tatsächlicher Zinsentwicklung ist nur unzureichend gegeben (Abb. 84). Hingegen lehnt sich die Prognose zum jeweiligen Entstehungszeitpunkt sehr eng an die jeweils aktuelle Zinssituation an (Abb. 85).

Der Theilsche Ungleichheitskoeffizient „neuer Art“ nimmt den Wert 1,170 an und qualifiziert damit die Prognosequalität als schlechter als die der entsprechenden naiven Prognose. Der GOVA-Koeffizient von 0,900 gibt eine gegenwartsorientierte Verlaufsanpassung klar zu erkennen. Damit handelt es sich auch bei der 3-Monats-Prognose der Bayerischen Landesbank um eine quasi-naive Prognose (Abb. 86, schwarzer Punkt).

(ohne Jahresangabe), S. 11. Oder: „Für die Übersicht sorgt die moderne Informationstechnik bei der Bayerischen Landesbank – in einem der modernsten Handelszentren Europas. So haben unsere Wertpapierexperten für Sie immer einen Draht zum aktuellen Geschehen und können aufgrund ihrer hervorragenden Ausbildung und langjährigen Erfahrung Entscheidungen in Ihrem Sinne treffen.“ BAYERISCHE LANDESBANK, *Portfoliomanagement* (ohne Jahresangabe), S. 3.

743 Vgl. BAYERISCHE LANDESBANK, *Portfoliomanagement* (ohne Jahresangabe), S. 3-4, 6 u. 8; BAYERISCHE LANDESBANK, *Individual* (ohne Jahresangabe), S. 8. Die Ausrichtung auf aktive Portfoliomanagement-Strategien ergibt sich auch aus der zeitweilig erzielten „überdurchschnittlichen Performance“. Vgl. dazu BAYERISCHE LANDESBANK, *Geschäftsbericht 1993* (1994), S. 55. Bestätigt wird die klare Ausrichtung auf aktive Portfoliomanagement-Strategien durch die telefonische Auskunft von Herrn Engelmann, Bayerische Landesbank München, am 24.10.2000.

744 Vgl. CONSENSUS FORECAST, Jg. 1989-1999.

Abbildung 82: Rendite von DM-Staatsanleihen mit zehn Jahren Restlaufzeit (dicke Linie) und entsprechende 12-Monats-Prognose der Bayerischen Landesbank (dünne Linie) von Oktober 1989 bis Dezember 2000.

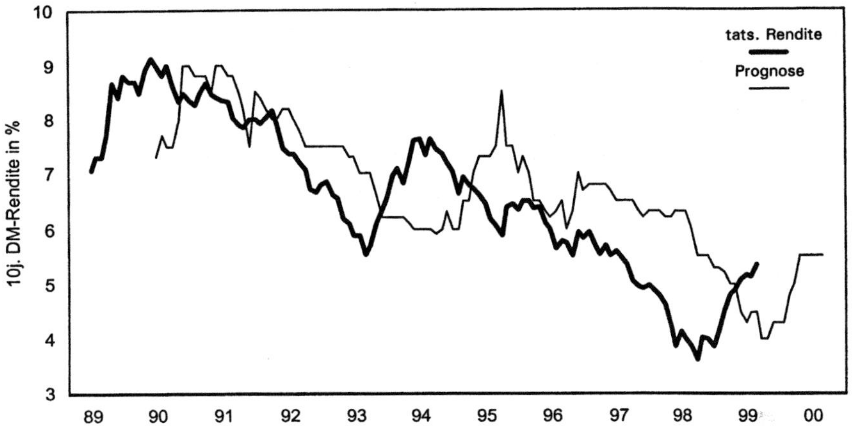

Quelle: Eigene Darstellung basierend auf CONSENSUS FORECAST, Jg. 1989-1999, und BLOOMBERG INFORMATIONSSYSTEM, GDBR12 Index HP.

Abbildung 83: Rendite von DM-Staatsanleihen mit zehn Jahren Restlaufzeit (dicke Linie) und um 12 Monate nach links verschobene 12-Monats-Prognose der Bayerischen Landesbank (dünne Linie) von Oktober 1989 bis Dezember 1999.

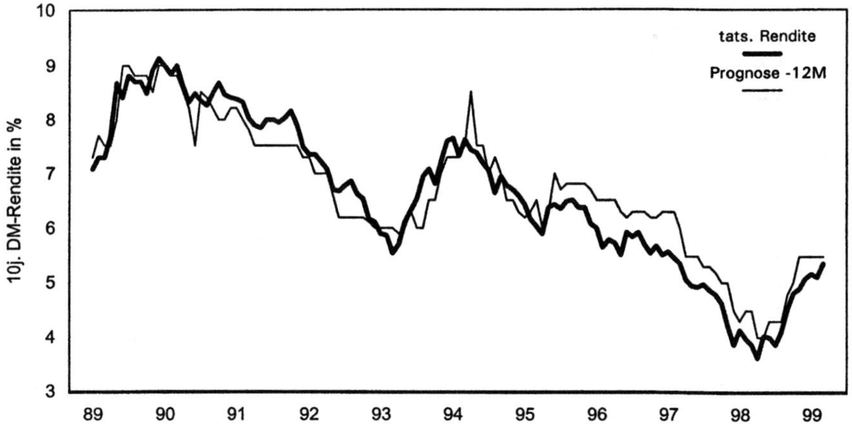

Quelle: Eigene Darstellung basierend auf CONSENSUS FORECAST, Jg. 1989-1999, und BLOOMBERG INFORMATIONSSYSTEM, GDBR12 Index HP.

Abbildung 84: Rendite von DM-Staatsanleihen mit zehn Jahren Restlaufzeit (dicke Linie) und entsprechende 3-Monats-Prognose der Bayerischen Landesbank (dünne Linie) von Oktober 1989 bis März 2000.

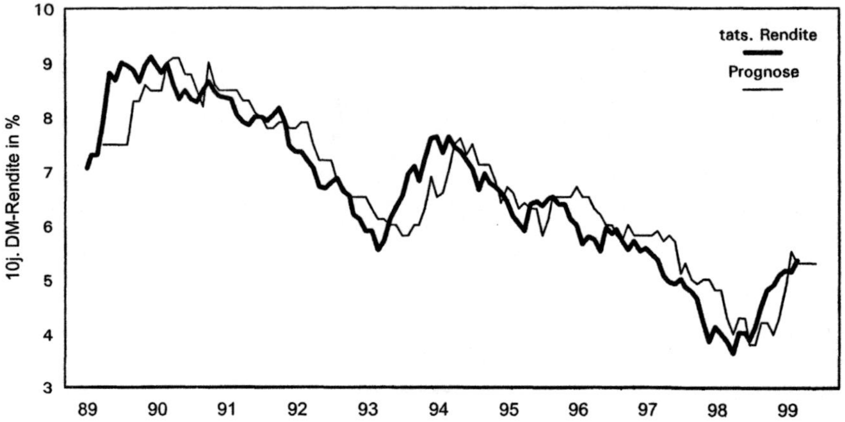

Quelle: Eigene Darstellung basierend auf CONSENSUS FORECAST, Jg. 1989-1999, und BLOOMBERG INFORMATIONSSYSTEM, GDBR12 Index HP.

Abbildung 85: Rendite von DM-Staatsanleihen mit zehn Jahren Restlaufzeit (dicke Linie) und um 3 Monate nach links verschobene 3-Monats-Prognose der Bayerischen Landesbank (dünne Linie) von Oktober 1989 bis Dezember 1999.

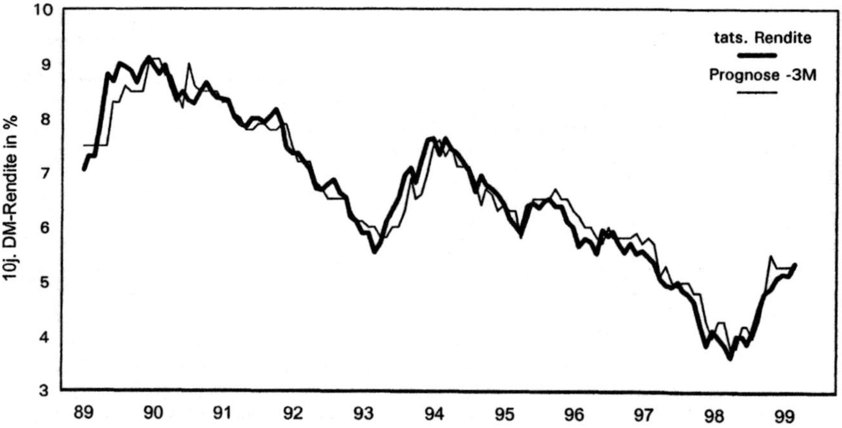

Quelle: Eigene Darstellung basierend auf CONSENSUS FORECAST, Jg. 1989-1999, und BLOOMBERG INFORMATIONSSYSTEM, GDBR12 Index HP.

Abbildung 86: Einordnung der 12-Monats-Prognose (weißer Punkt) und der 3-Monats-Prognose (schwarzer Punkt) der Bayerischen Landesbank in die Prognosequalitätsmatrix.

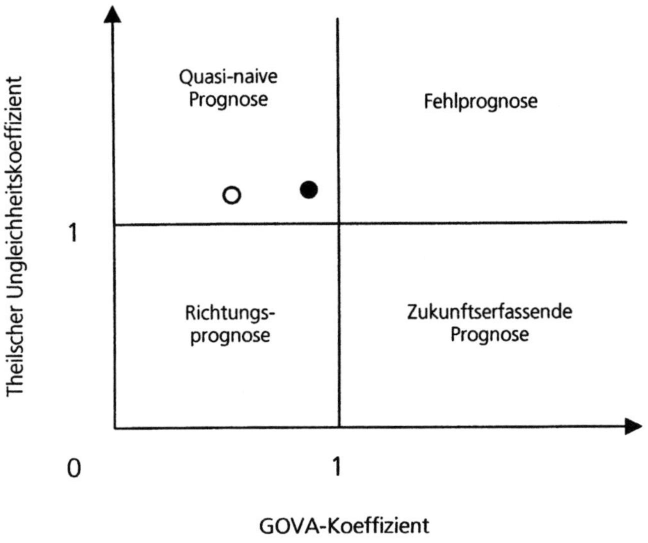

Quelle: In Anlehnung an ANDRES, P. / SPIWOKS, M., *Prognosequalitätsmatrix* (1999), S. 536.

3.3.4.3. Landesbank Hessen/Thüringen

Auch die Helaba nimmt mehrere verschiedene Rollen ein: Sie ist Sparkassenzentralbank und Girozentrale der Sparkassen in Hessen und Thüringen, Landes- und Kommunalbank für Hessen und Thüringen sowie eine am Markt eigenständig auftretende Geschäftsbank.[745] Ende 1999 beträgt die Bilanzsumme der Helaba rund 225 Mrd. DM.[746] Knapp 3200 Mitarbeiter sind zum selben Zeitpunkt bei ihr beschäftigt.[747]

745 Vgl. HELABA, *Geschäftsbericht 1999* (2000), S. 4-5; HELABA, *Helaba im Überblick* (1999), S. 5; HELABA, *Geschäftsfelder* (www.helaba.de 18.03.2000), S. 1. Die Zuständigkeit nicht nur für Hessen, sondern auch für Thüringen wurde im Jahr 1992 durch Staatsvertrag zwischen den Bundesländern Hessen und Thüringen begründet. Vgl. HELABA, *Geschäftsbericht 1999* (2000), S. 4; HELABA, *Helaba im Überblick* (1999), S. 5.

746 Vgl. HELABA, *Geschäftsbericht 1999* (2000), S. 19 u. 82-83.

747 Vgl. HELABA, *Geschäftsbericht 1999* (2000), S. 66.

Dem Bereich Vermögensverwaltung widmet die Helaba schon seit Anfang der 1990er Jahre besondere Aufmerksamkeit.[748] Insbesondere die Verwaltung von Spezialfonds für Sparkassen, Berufsgenossenschaften, Sozialversicherungsträger und Lebensversicherer hat sich in den letzten Jahren sehr dynamisch entwickelt.[749] Darüber hinaus wurde auch die Vermögensverwaltung für anspruchsvolle Privatkunden als wichtiges Wachstumsfeld erkannt.[750] Die Ausrichtung auf aktive Portfoliomanagement-Strategien wird von der Helaba sehr offensiv als Maxime vertreten.[751]

Die Helaba beteiligte sich während des gesamten Untersuchungszeitraumes mit ihren Zinsprognosen an Consensus Forecast.[752]

Es ist nicht zu erkennen, daß die 12-Monats-Prognose der Helaba die tatsächliche Zinsentwicklung sinnvoll reflektiert (Abb. 87). Dagegen besteht eine weitreichende Übereinstimmung zwischen der tatsächlichen und prognostizierten Zinsentwicklung zum jeweiligen Entstehungszeitpunkt der Prognose (Abb. 88).

---

748 Vgl. HELABA, *Geschäftsbericht 1990* (1991), S. 21; HELABA, *Geschäftsbericht 1991* (1992), S. 24-25. Seit 1995 zählt das Vermögensverwaltungsgeschäft zu den „Kernaktivitäten" der Helaba. Vgl. HELABA, *Geschäftsbericht 1995* (1996), S. 27 u. 39-40. In diesem Bereich sieht die Helaba auch weiterhin erhebliches Wachstumspotential. Vgl. HELABA, *Geschäftsbericht 1999* (2000), S.40 u. 51-52; HELABA, *Helaba für die Zukunft gut gerüstet* (www.helaba.de 18.03.2000), S. 3-4; BÖRSEN-ZEITUNG, *Helaba gedeiht prächtig* (Börsen-Zeitung 04.12.1997), S. 9.

749 Vgl. HELABA, *Geschäftsbericht 1999* (2000), S. 20, 40 u. 51; HELABA, *Geschäftsbericht 1998* (1999), S. 17, 37 u. 46; HELABA, *Helaba mit Ertragssprung* (www.helaba.de 18.03.2000), S. 3; HELABA, *Helaba erzielt erneut Rekordergebnis* (www.helaba.de 18.03.2000), S. 1 u. 3; HELABA, *Geschäftsbericht 1997* (1998), S. 26 u. 37-38; HELABA, *Geschäftsbericht 1996* (1997), S. 37-38; HELABA, *Geschäftsbericht 1994* (1995), S. 30; HELABA, *Geschäftsbericht 1992* (1993), S. 26. Die Helaba ist nicht zuletzt deshalb so optimistisch bezüglich weiteren Wachstums in diesem Bereich, weil sie sich die Realisierung von überdurchschnittlichen Performances zutraut. Vgl. HELABA, *Helaba für die Zukunft gut gerüstet* (www.helaba.de 18.03.2000), S. 4; HANDELSBLATT, *Spätstarter als Spezialist* (Handelsblatt 04.12.1997), S. 21.

750 Vgl. HELABA, *Geschäftsbericht 1999* (2000), S. 51-52; HELABA, *Helaba im Überblick* (1999), S. 26; HELABA, *Geschäftsbericht 1998* (1999), S. 46-47; ERDMANN, R., *Finanzplatz Schweiz* (Börsen-Zeitung 29.08.1998), S. B 10; FAZ, *Helaba erwartet Kursgewinne* (FAZ 05.12.1997), S. 32; HELABA, *Geschäftsbericht 1996* (1997), S. 28; HELABA, *Geschäftsbericht 1994* (1995), S. 27.

751 Vgl. FAZ, *Mißstände in der Investmentbranche* (FAZ 17.02.1998), S. 29; BÖRSEN-ZEITUNG, *Helaba gedeiht prächtig* (Börsen-Zeitung 04.12.1997), S. 9. Nur angedeutet wird die Ausrichtung auf aktive Portfoliomanagement-Strategien in Werbebroschüren, die sich an die vermögende Privatkundschaft richten. Vgl. dazu HELABA, *HT-Fondsportfolio* (ohne Jahresangabe), S. 2, 6 u. 9-12; HELABA, *Vermögensverwaltung* (2000), S. 6. Ich war selbst im Bereich Vermögensverwaltung des Helaba-Konzerns beruflich tätig und kann aus eigener Anschauung bestätigen, daß bei der Privatkundenbetreuung eine klare Ausrichtung auf aktive Portfoliomanagement-Strategien besteht.

752 Vgl. CONSENSUS FORECAST, Jg. 1989 bis 1999.

Abbildung 87: Rendite von DM-Staatsanleihen mit zehn Jahren Restlaufzeit (dicke Linie) und entsprechende 12-Monats-Prognose der Helaba (dünne Linie) von Oktober 1989 bis Dezember 2000.

Quelle: Eigene Darstellung basierend auf CONSENSUS FORECAST, Jg. 1989-1999, und BLOOMBERG INFORMATIONSSYSTEM, GDBR12 Index HP.

Abbildung 88: Rendite von DM-Staatsanleihen mit zehn Jahren Restlaufzeit (dicke Linie) und um 12 Monate nach links verschobene 12-Monats-Prognose der Helaba (dünne Linie) von Oktober 1989 bis Dezember 1999.

Quelle: Eigene Darstellung basierend auf CONSENSUS FORECAST, Jg. 1989-1999, und BLOOMBERG INFORMATIONSSYSTEM, GDBR12 Index HP.

Abbildung 89: Rendite von DM-Staatsanleihen mit zehn Jahren Restlaufzeit (dicke Linie) und entsprechende 3-Monats-Prognose der Helaba (dünne Linie) von Oktober 1989 bis März 2000.

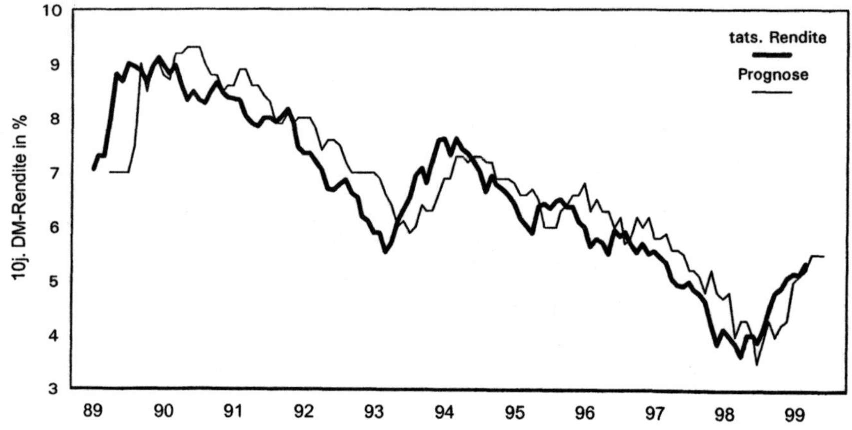

Quelle: Eigene Darstellung basierend auf CONSENSUS FORECAST, Jg. 1989-1999, und BLOOMBERG INFORMATIONSSYSTEM, GDBR12 Index HP.

Abbildung 90: Rendite von DM-Staatsanleihen mit zehn Jahren Restlaufzeit (dicke Linie) und um 3 Monate nach links verschobene 3-Monats-Prognose der Helaba (dünne Linie) von Oktober 1989 bis Dezember 1999.

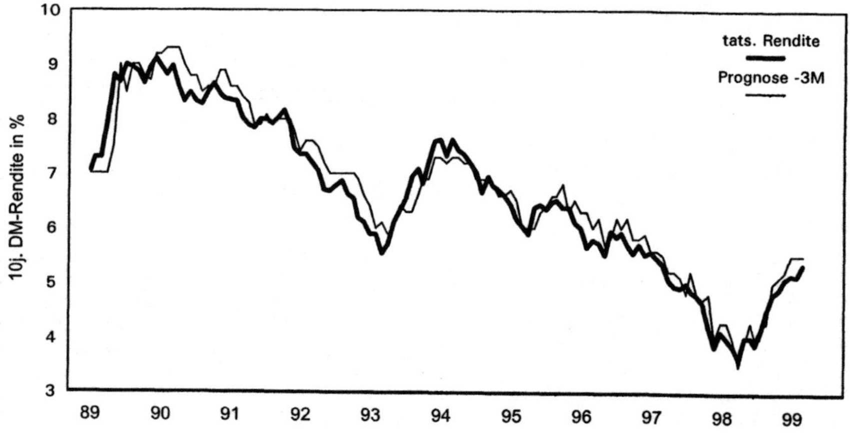

Quelle: Eigene Darstellung basierend auf CONSENSUS FORECAST, Jg. 1989-1999, und BLOOMBERG INFORMATIONSSYSTEM, GDBR12 Index HP.

Abbildung 91: Einordnung der 12-Monats-Prognose (weißer Punkt) und der 3-Monats-Prognose (schwarzer Punkt) der Helaba in die Prognosequalitätsmatrix.

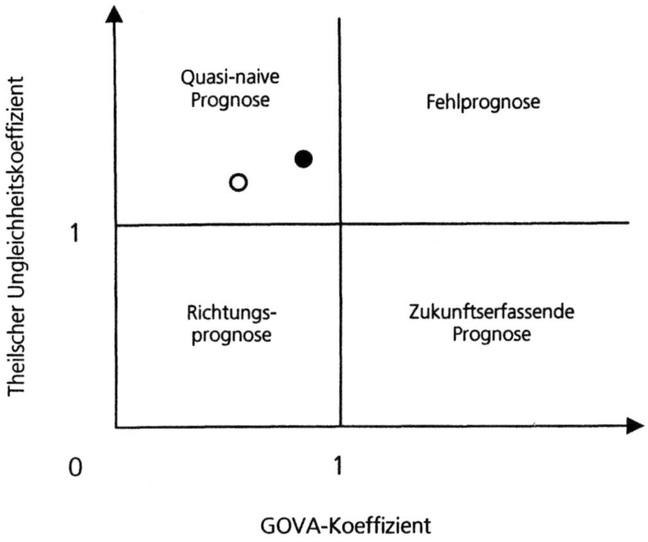

Quelle: In Anlehnung an ANDRES, P. / SPIWOKS, M., *Prognosequalitätsmatrix* (1999), S. 536.

Die einschlägigen Kennzahlen unterstreichen diese Einschätzung: Der Theilsche Ungleichheitskoeffizient „neuer Art" nimmt den Wert 1,189 an. Damit ist der prognostische Gehalt der untersuchten Prognose geringer als der der entsprechenden naiven Prognose. Der GOVA-Koeffizient in Höhe von 0,593 weist in aller Eindeutigkeit auf eine gegenwartsorientierte Verlaufsanpassung hin. Dementsprechend ist die 12-Monats-Prognose der Helaba als quasi-naive Prognose zu charakterisieren (Abb. 91, weißer Punkt).

Vergleichbar stellt sich die Situation bei der 3-Monats-Prognose der Helaba dar. Die Prognose hinkt der tatsächlichen Zinsentwicklung in etwa um den Prognosehorizont hinterher (Abb. 89). Dies wird besonders gut erkennbar, wenn die Prognose um drei Monate nach links verschoben wird, so daß die Prognosewerte zu ihrem jeweiligen Entstehungszeitpunkt der wirklichen Zinsentwicklung gegenübergestellt werden (Abb. 90).

Der Theilsche Ungleichheitskoeffizient von 1,307 kennzeichnet die betrachtete Prognose als schlechter als die entsprechende naive Prognose. Der GOVA-Koeffizient von 0,868 weist eine gegenwartsorientierte Verlaufsanpassung aus.

Damit muß auch die Helaba-Zinsprognose mit dreimonatigem Prognosehorizont als quasi-naive Prognose angesehen werden (Abb. 91, schwarzer Punkt).

3.3.4.4. DGZ / Deka-Bank / Deutsche Kommunalbank

Zum Jahresende 1998 wurde die Deutsche Girozentrale / Deutsche Kommunalbank mit der Deka-Bank verschmolzen.[753] Das neue Institut firmiert seitdem als DGZ / Deka-Bank / Deutsche Kommunalbank.[754] Es fungiert einerseits als Spitzeninstitut des Sparkassensektors.[755] Andererseits dominiert es das Investment-Geschäft der Sparkassengruppe.[756] Darüber hinaus tritt die DGZ / Deka-Bank als eigenständige Universalbank mit geschäftspolitischem Schwerpunkt im Wholesale-Banking am Markt auf.[757]

Ende 1999 erreicht die Bilanzsumme der DGZ / Deka-Bank den Betrag von 127 Mrd. DM.[758] Zum gleichen Zeitpunkt werden mehr als 2300 Mitarbeiter beschäftigt.[759]

Die DGZ / Deka-Bank baut ihre starke Position im Vermögensverwaltungsgeschäft beharrlich weiter aus.[760] Mit einem Fondsvolumen von 232 Mrd. DM[761]

---

753 Vgl. DGZ, *Geschäftsbericht 1999* (2000), S. 14; DGZ, *Geschäftsbericht 1998* (1999), S. 8; BAYERISCHE LANDESBANK, *Geschäftsbericht 1998* (1999), S. 66; DGZ, *Die Unternehmensgruppe* (www. deka.de 11.08.2000), S. 1.

754 Vgl. DGZ, *Geschäftsbericht 1999* (2000), S. 14; DGZ, *Geschäftsbericht 1998* (1999), S. 22.

755 Vgl. DGZ, *Geschäftsbericht 1999* (2000), S. 14.

756 Vgl. DGZ, *Geschäftsbericht 1999* (2000), S. 14.

757 Vgl. DGZ, *Geschäftsbericht 1999* (2000), S. 14; BÜSCHGEN, H. E., *Banklexikon* (1992), S. 388; DGZ, *Geschäftsbericht 1998* (1999), S. 22 u. 27; DGZ, *Die Unternehmensgruppe* (www. deka.de 11.08.2000), S. 2.

758 Vgl. DGZ, *Geschäftsbericht 1999* (2000), S. 1, 14, 16 u. 62-65; FINANCIAL TIMES DEUTSCHLAND, *Fusionierte DGZ-DekaBank* (Financial Times Deutschland 18.05.2000), S. 23.

759 Vgl. DGZ, *Geschäftsbericht 1999* (2000), S. 1, 7 u. 56.

760 Vgl. DGZ, *Geschäftsbericht 1999* (2000), S. 7 , 35-36 u. 44-49; DGZ, *Geschäftsbericht 1998* (1999), S. 8-9, 42 u. 48-49; FAZ, *Deka steigert ihren Marktanteil* (FAZ 07.08.2000), S. 29; FAZ, *DGZ Deka-Bank mit mehr Mitarbeitern* (FAZ 18.05.2000), S. 20; BÖRSEN-ZEITUNG, *Fusion Deka/DGZ* (Börsen-Zeitung 11.12.1997), S. 3; BÖRSEN-ZEITUNG, *Deka verwaltet über 150 Mrd. DM* (Börsen-Zeitung 10./11.04.1998), S. 5; KREDITWESEN, *Deka* (Kreditwesen 7/2000), S. 383; DGZ, *Die Unternehmensgruppe* (www. deka.de 11.08.2000), S. 2; DGZ, *Deka Presseinfos* (www. deka.de 11.08.2000), S. 1-3. Zum Ausbau des Vermögensverwaltungsgeschäftes ist die DGZ / Deka-Bank auch überraschende Kooperationen unter anderem mit Lombard Odier und J. P. Morgan eingegangen. Vgl. dazu DGZ, *Geschäftsbericht 1999* (2000), S. 48; DEKASWISS, *Profitieren* (1999), S. 3; DEKASWISS, *Schweiz PrivatPortfolio* (1999), S. 2; DEKASWISS, *Schweiz PrivatPortfolio Vermögensverwaltung mit Fonds* (1999), S. 2; BÖER, B. P., *Der diskrete Charme* (FAZ 27.04.1998), S. 36; FAZ, *Schweizer verwalten auch kleinere Vermögen* (FAZ 19.11.1997), S. 33; BÖRSEN-ZEITUNG, *Hohe Resonanz für Schweiz PrivatPortfolio* (Börsen-Zeitung 17.03.1998), S. 19; BÖRSEN-ZEITUNG, *Deka-Gruppe wächst* (Börsen-Zeitung 11.12.1997), S. 3; BÖRSEN-ZEITUNG, *Erstes*

gehört sie zu der Spitzengruppe der Asset Manager in Deutschland.[762] Gleichzeitig nimmt sie mit ihrem Konzept der Fonds-Vermögensverwaltung eine führende Rolle bei der Betreuung von Privatvermögen kleiner bis mittlerer Größe ein.[763] Die DGZ / Deka-Bank verfolgt dabei zunehmend eine klare Ausrichtung auf aktive Portfoliomanagement-Strategien.[764] Sie hält die Realisierung „einer überdurchschnittlichen Performance"[765] aufgrund ihres „erstklassigen Researches"[766] und ihrer „langjährigen Managementerfahrung"[767] für möglich.

Die DGZ beteiligt sich seit Oktober 1989 mit ihren Zinsprognosen an Consensus Forecast.[768] Seit Januar 1999 tritt sie auch dort als DGZ / Deka-Bank auf.[769] Die

Produkt von Deka und LOC (Börsen-Zeitung 14.11.1997), S. 19; HANDELSBLATT, *Deka mit Schweizer Hilfe auf Erfolgsweg* (Handelsblatt 23.04.1998), S. 55; HANDELSBLATT, *Schweizer Renommee soll Kunden locken* (Handelsblatt 14./15.11.1997), S. 29; DGZ, *Die Unternehmensgruppe* (www. deka.de 11.08.2000), S. 2; HANDELSBLATT, *DGZ-Dekabank und Swissca besiegeln Fondskooperation* (Handelsblatt 26.10.2000), S. 47. Schon Mitte der 1990er Jahre wurde der Bereich Asset Management systematisch ausgebaut. Vgl. dazu DGZ, *Geschäftsbericht 1992* (1993), S. 32-33; DGZ, *Geschäftsbericht 1993* (1994), S. 33; DGZ, *Geschäftsbericht 1994* (1995), S. 26; DGZ, *Geschäftsbericht 1995* (1996), S. 26.

761 Vgl. DGZ, *Geschäftsbericht 1999* (2000), S. 1, 14, 16-17 u. 35; FINANCIAL TIMES DEUTSCHLAND, *Fusionierte DGZ-DekaBank* (Financial Times Deutschland 18.05.2000), S. 23; KREDITWESEN, *Deka* (Kreditwesen 7/2000), S. 383.

762 Vgl. DGZ, *Geschäftsbericht 1999* (2000), S. 35 u. 45; KREDITWESEN, *Deka* (Kreditwesen 7/2000), S. 384; KREDITWESEN, *Deka* (Kreditwesen 5/1999), S. 255; DGZ, *Die Unternehmensgruppe* (www. deka.de 11.08.2000), S. 1; ZAß, M. / DUNSCH, J., *Deka auf dem Sprung zur Marktführerschaft* (FAZ 29.08.2000), S. 24.

763 Vgl. DGZ, *Geschäftsbericht 1999* (2000), S. 47-48. Zum Konzept der Fonds-Vermögensverwaltung vgl. DGZ, *Wichtige Fondsdaten* (1999), S. 18; DGZ, *Deka Investmentfonds* (2000), S. 4 u. 28-31.

764 Vgl. DGZ, *Geschäftsbericht 1999* (2000), S. 45, 47, 50 u. 53; DGZ, *Geschäftsbericht 1998* (1999), S. 51. Dies geht auch indirekt aus der Beschreibung des Investment-Prozesses hervor. Vgl. dazu bspw. DGZ, *DynamikDepot ChancePlus Jahresbericht 1999* (1999), S. 7; DGZ, *DynamikDepot ErtragPlus Jahresbericht 1999* (1999), S. 7; DGZ, *DynamikDepot Chance Jahresbericht 1999* (1999), S. 5-6; DGZ, *DynamikDepot Chance Halbjahresbericht 1999* (1999), S. 4; DGZ, *DynamikDepot Wachstum Jahresbericht 1999* (1999), S. 6; DGZ, *DynamikDepot Managen* (1999), S. 2; DEKASWISS, *Schweiz PrivatPortfolio Vermögensverwaltung mit Fonds* (1999), S. 4; DGZ, *Vermögensmanagement* (1999), S. 12; DGZ, *Dynamisches Management für Ihre Vermögensziele* (1999), S. 2. Bestätigt wird dies insbesondere für das Private Banking-Geschäft der DGZ/Deka-Bank durch telefonische Auskunft von Herrn Darmstadt, Deka Swiss in Zürich, am 24.10.2000.

765 DGZ, *Dynamisches Management für Ihre Vermögensziele* (1999), S. 2.

766 DEKASWISS, *Schweizer Tradition und Erfahrung* (1999), S. 11.

767 DEKASWISS, *Schweizer Tradition und Erfahrung* (1999), S. 11.

768 Vgl. CONSENSUS FORECAST, Jg. 1989-1999.

769 Vgl. CONSENSUS FORECAST, Jg. 1999.

enge Zusammenarbeit von DGZ und Deka-Bank im Bereich Investment-Research besteht allerdings schon wesentlich länger.[770]

Die grafische Gegenüberstellung der DGZ-Zinsprognose mit der tatsächlichen Zinsentwicklung läßt erkennen, daß die wesentlichen Marktbewegungen durch die 12-Monats-Prognose nicht erfaßt wurden (Abb. 92). Wird die Prognosereihe jedoch um zwölf Monate nach links verschoben, so daß die Prognosedaten ihrem jeweiligen Entstehungszeitpunkt und nicht mehr ihrem Geltungsbereich zugeordnet sind, ist ein weitreicher Gleichlauf zur jeweils aktuellen Marktentwicklung zu beobachten (Abb. 93).

Die einschlägigen Kennzahlen bestätigen diese kritische Einschätzung: Der Theilsche Ungleichheitskoeffizient „neuer Art" nimmt den Wert 1,324 an. Die Verwendung der entsprechenden naiven Prognose hätte also zu einer deutlich besseren Prognoseleistung geführt als die betrachtete 12-Monats-Prognose der DGZ. Der GOVA-Koeffizient in Höhe von 0,375 zeigt eine gegenwartsorientierte Verlaufsanpassung an. Insgesamt handelt es sich somit um eine quasi-naive Prognose (Abb. 96, weißer Punkt).

Die 3-Monats-Prognose der DGZ stellt sich nicht wesentlich anders dar. Auch hier läuft die Prognose der tatsächlichen Zinsentwicklung um etwa den Prognosehorizont nach (Abb. 94). Werden die Prognosedaten zu ihrem jeweiligen Entstehungszeitpunkt betrachtet, ist eine sehr weitreichende Übereinstimmung zur jeweils aktuellen Zinsentwicklung zu erkennen (Abb. 95).

Die Kennzahlen erhärten den Verdacht, daß es sich auch bei der 3-Monats-Prognose der DGZ um eine quasi-naive handelt (Abb. 96, schwarzer Punkt): Der Theilsche Ungleichheitskoeffizient „neuer Art" nimmt den Wert 1,378 an und signalisiert damit, daß die Prognoseleistung deutlich hinter der der entsprechenden naiven Prognose zurückbleibt. Der GOVA-Koeffizient von 0,869 offenbart das Vorliegen einer gegenwartsorientierten Verlaufsanpassung.

770 Vgl. dazu DGZ, *Geschäftsbericht 1997* (1998), S. 18.

Abbildung 92: Rendite von DM-Staatsanleihen mit zehn Jahren Restlaufzeit (dicke Linie) und entsprechende 12-Monats-Prognose der DGZ (dünne Linie) von Oktober 1989 bis Dezember 2000.

Quelle: Eigene Darstellung basierend auf CONSENSUS FORECAST, Jg. 1989-1999, und BLOOMBERG INFORMATIONSSYSTEM, GDBR12 Index HP.

Abbildung 93: Rendite von DM-Staatsanleihen mit zehn Jahren Restlaufzeit (dicke Linie) und um 12 Monate nach links verschobene 12-Monats-Prognose der DGZ (dünne Linie) von Oktober 1989 bis Dezember 1999.

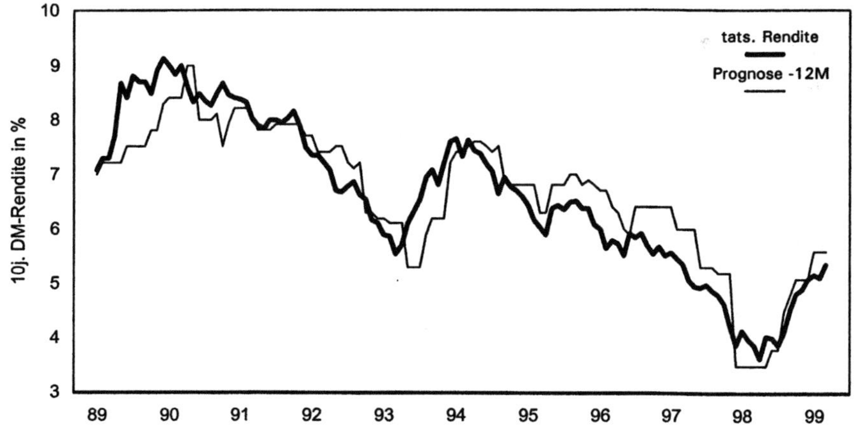

Quelle: Eigene Darstellung basierend auf CONSENSUS FORECAST, Jg. 1989-1999, und BLOOMBERG INFORMATIONSSYSTEM, GDBR12 Index HP.

Abbildung 94: Rendite von DM-Staatsanleihen mit zehn Jahren Restlaufzeit (dicke Linie) und entsprechende 3-Monats-Prognose der DGZ (dünne Linie) von Oktober 1989 bis März 2000.

Quelle: Eigene Darstellung basierend auf CONSENSUS FORECAST, Jg. 1989-1999, und BLOOMBERG INFORMATIONSSYSTEM, GDBR12 Index HP.

Abbildung 95: Rendite von DM-Staatsanleihen mit zehn Jahren Restlaufzeit (dicke Linie) und um 3 Monate nach links verschobene 3-Monats-Prognose der DGZ (dünne Linie) von Oktober 1989 bis Dezember 1999.

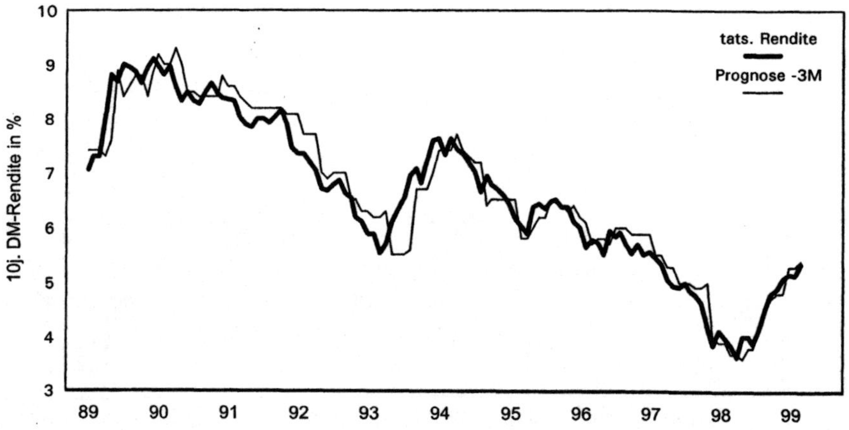

Quelle: Eigene Darstellung basierend auf CONSENSUS FORECAST, Jg. 1989-1999, und BLOOMBERG INFORMATIONSSYSTEM, GDBR12 Index HP.

Abbildung 96: Einordnung der 12-Monats-Prognose (weißer Punkt) und der 3-Monats-Prognose (schwarzer Punkt) der DGZ in die Prognosequalitätsmatrix.

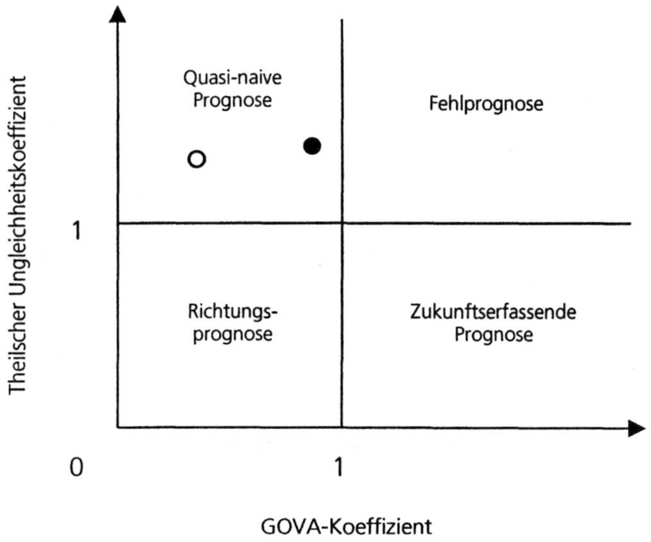

Quelle: In Anlehnung an ANDRES, P. / SPIWOKS, M., *Prognosequalitätsmatrix* (1999), S. 536.

3.3.5. Zinsprognosen des Genossenschaftssektors

Genossenschaftsbanken werden überwiegend in der Rechtsform der eingetragenen Genossenschaft betrieben.[771] Sie sind einem Förderauftrag verpflichtet[772] und orientieren sich am Regionalprinzip.[773]

Mit rund 16.500 Filialen, über 30 Mio. Kunden, rund 200.000 Mitarbeitern, einer Gesamtbilanzsumme von rund 1.600 Mrd. DM und einem Marktanteil von mehr

771 Vgl. BÜSCHGEN, H. E., *Bankbetriebslehre* (1998), S. 94.

772 Gemäß § 1 des Genossenschaftsgesetzes obliegt den Genossenschaften die Förderung des Erwerbs oder der Wirtschaft ihrer Mitglieder mittels eines gemeinschaftlichen Geschäftsbetriebes. Vgl. BETGE, P., *Bankbetriebslehre* (1996), S. 76; BÜSCHGEN, H. E., *Bankbetriebslehre* (1998), S. 94-95; COMPTER, W., *Bankbetriebslehre* (1984), S. 24; PRIEWASSER, E., *Bankbetriebslehre* (1998), S. 119; STAPPEL, M. / HENNINGSEN, E., *Die deutschen Genossenschaften* (1998), S. 5.

773 Vgl. HARTMANN-WENDELS, T. / PFINGSTEN, A. / WEBER, M., *Bankbetriebslehre* (1998), S. 36; BÜSCHGEN, H. E., *Bankbetriebslehre* (1998), S. 95.

als 20% im Einlagen- und Kreditgeschäft sind die Genossenschaftsbanken ein bedeutender Faktor der deutschen Bankenlandschaft.[774]

Die genossenschaftlichen Zentralbanken haben die Funktion der Ergänzung und Vervollständigung des Leistungsangebotes der regionalen Kreditgenossenschaften.[775] Ihre Aufgabenfelder sind insbesondere das Metakreditgeschäft, das Wertpapier- und Auslandsgeschäft, die Abwicklung des bargeldlosen Zahlungsverkehrs und der Geldausgleich zwischen angeschlossenen Kreditgenossenschaften.[776] Darüber hinaus betreiben die genossenschaftlichen Zentralbanken eigenständig alle Geschäfte einer Universalbank.[777]

Das Spitzeninstitut des Genossenschaftssektors ist die Deutsche Genossenschaftsbank.[778] Ihre Aufgabe besteht im wesentlichen in der Koordinierung der Aktivitäten der genossenschaftlichen Zentralbanken sowie in der Vertretung der Genossenschaftsinstitute an den nationalen und internationalen Kapitalmärkten.[779]

Im Consensus Forecast sind die Zinsprognosen von zwei genossenschaftlichen Spitzeninstituten vertreten:[780]

- Westdeutsche Genossenschaftszentralbank (WGZ Bank)
- Deutsche Genossenschaftsbank (DG Bank)

Die Zinsprognosen beider Institute werden dementsprechend in vollem Umfang in die vorliegende Untersuchung einbezogen.

3.3.5.1. Westdeutsche Genossenschaftszentralbank

Die WGZ-Bank e. G. fungiert zum einen als Zentralbank der rund 350 Volksbanken, Raiffeisenbanken und Spar- und Darlehenskassen in Nordrhein-Westfalen

774 Vgl. WGZ-BANK, *Auf allen Märkten zu Hause* (1999), S. 4-5; RODEWALD, B., *Volksbanken und Raiffeisenbanken* (Kreditwesen 1/2000), S. 40; PLEISTER, C., *Zur Zukunftsfähigkeit der genossenschaftlichen Bankengruppe* (Kreditwesen 5/2000), S. 224; DG-BANK, *Die DG-Bank* (1999), S. 12.

775 Vgl. BÜSCHGEN, H. E., *Bankbetriebslehre* (1998), S. 96.

776 Vgl. BÜSCHGEN, H. E., *Bankbetriebslehre* (1998), S. 96; BÜSCHGEN, H. E., *Banklexikon* (1992), S. 671; HARTMANN-WENDELS, T. / PFINGSTEN, A. / WEBER, M., *Bankbetriebslehre* (1998), S. 36.

777 Vgl. BÜSCHGEN, H. E., *Bankbetriebslehre* (1998), S. 96; BÜSCHGEN, H. E., *Banklexikon* (1992), S. 671.

778 Vgl. BÜSCHGEN, H. E., *Bankbetriebslehre* (1998), S. 96.

779 Vgl. BÜSCHGEN, H. E., *Bankbetriebslehre* (1998), S. 96; BÜSCHGEN, H. E., *Banklexikon* (1992), S. 405-406; PRIEWASSER, E., *Bankbetriebslehre* (1998), S. 120.

780 Vgl. CONSENSUS FORECAST, Jg. 1989-1999.

und in den Regierungsbezirken Koblenz und Trier.[781] Zum anderen tritt sie als eigenständige Universalbank am Markt auf.[782]

Ende 1999 beträgt die Bilanzsumme der WGZ-Bank knapp 90 Mrd. DM.[783] Zum selben Zeitpunkt sind dort rund 1150 Mitarbeiter beschäftigt.[784]

Als regionales Spitzeninstitut ist die WGZ-Bank für die Ergänzung und Vervollständigung des Leistungsangebotes der Kreditgenossenschaften in ihrem Zuständigkeitsgebiet verantwortlich.[785] Als unmittelbar am Markt agierende Geschäftsbank setzt sie einen wesentlichen Schwerpunkt auf die vollständige bankseitige Betreuung mittelständischer Unternehmen.[786] Aber auch die vermögende Privatkundschaft wird als Zielkundengruppe genannt.[787]

Die WGZ-Bank unternimmt Anstrengungen, um das Vermögensverwaltungsgeschäft weiter auszubauen.[788] Sehr offensiv propagiert sie dabei ihre Ausrichtung auf aktive Portfoliomanagement-Strategien.[789] Diese grundlegende Ausrichtung

---

781 Vgl. WGZ-BANK, *Geschäftsbericht 1999* (2000), S. 43.

782 Vgl. WGZ-BANK, *Geschäftsbericht 1999* (2000), S. 42; BÜSCHGEN, H. E., *Bankbetriebslehre* (1998), S. 96; WGZ-BANK, *WGZ-Bank* (www. wgz-bank.de 19.03.2000), S. 1.

783 Vgl. WGZ-BANK, *Geschäftsbericht 1999* (2000), S. 3, 70 u. 78-79; WGZ-BANK, *WGZ-Bank-Konzern Kurzbericht 1999* (www. wgz-bank.de 19.03.2000), S. 1; FAZ, *Für den Erhalt alter Strukturen* (FAZ 16.03.2000), S. 24.

784 Vgl. WGZ-BANK, *Geschäftsbericht 1999* (2000), S. 31.

785 Vgl. BÜSCHGEN, H. E., *Bankbetriebslehre* (1998), S. 96; WGZ-BANK, *Geschäftsbericht 1999* (2000), S. 43-45; WGZ-BANK, *Auf allen Märkten zu Hause* (1999), S. 4-5.

786 Vgl. WGZ-BANK, *Geschäftsbericht 1999* (2000), S. 9-10, 13-29 u. 43.

787 Vgl. WGZ-BANK, *Auf allen Märkten zu Hause* (1999), S. 4-5; WGZ-BANK, *WGZ-Bank* (www. wgz-bank.de 19.03.2000), S. 1.

788 Vgl. WGZ-BANK, *Geschäftsbericht 1998* (1999), S. 32-33. Die WGZ-Bank erwartet erhebliches Wachstumspotential im Private Banking vor dem Hintergrund eines hohen Erbschaftsvolumens in Deutschland. Bis 2003, so schätzt die WGZ-Bank, werden etwa 2 Billionen DM vererbt. Vgl. WGZ-BANK, *Check auf Herz und Nieren* (Initiativbanking 1/2000), S. 10. Gleichzeitig registriert der Genossenschaftssektor kritisch, daß die Volks- und Raiffeisenbanken in der positiven Wahrnehmung durch vermögende Privatkunden hinter den Großbanken zurückbleiben. Vgl. KOGGE, A. E., *Vermögensverwaltung* (Kreditwesen 22/1999), S. 1269. Die Bemühungen, das Vermögensverwaltungsgeschäft auszubauen, können während der gesamten 1990er Jahre beobachtet werden. Vgl. WGZ-BANK, *Geschäftsbericht 1997* (1998), S. 15, 36 u. 43; WGZ-BANK, *Geschäftsbericht 1996* (1997), S. 41-42 u. 49; WGZ-BANK, *Geschäftsbericht 1995* (1996), S. 31, 53 u. 62; WGZ-BANK, *Annual Report 1994* (1995), S. 44; WGZ-BANK, *Geschäftsbericht 1993* (1994), S. 30; WGZ-BANK, *Geschäftsbericht 1991* (1992), S. 49; WGZ-BANK, *Geschäftsbericht 1990* (1991), S. 38.

789 Vgl. WGZ-BANK, *Musterportfolio* (Portfoliomanagement der WGZ-Bank 1/2000), S. 4; WGZ-BANK, *Aktive Vermögensverwaltung* (Portfoliomanagement der WGZ-Bank 1/2000), S. 10-12; WGZ-BANK, *Vorzüge des professionellen Portfoliomanagements* (Portfoliomanagement der WGZ-Bank 1/2000), S. 13; WGZ-BANK, *Portfoliomanagement* (2000), S. 2-3 u. 6; WGZ-BANK, *Partner in allen Fragen der Vermögensanlage* (www. wgz-bank.de 19.03.2000), S. 1; WGZ-BANK, *Portfoliomanagement* (www. wgz-bank.de 19.03.2000), S. 1; THIEMANN, W., *Entwicklungen im Wertpapiergeschäft der WGZ-Bank* (Kreditwesen

wird unter Verweis auf „hochmoderne Informations- und Analysesysteme“,[790] einer „leistungsfähigen Research-Abteilung“[791] und einem „Stab erfahrener Spezialisten“,[792] die „professionelle Sachkenntnis, langjährige Erfahrung und Fingerspitzengefühl“[793] einbringen, herausgestellt.[794]

Die WGZ-Bank gibt zu erkennen, daß die für die Wertpapierallokation grundlegenden Prognosen einen Prognosehorizont von einem Jahr aufweisen.[795]

Die Westdeutsche Genossenschaftszentralbank beteiligt sich bereits seit Oktober 1989 unter anderem mit ihren DM-Zinsprognosen an Consensus Forecast.[796] Diese Prognosereihen können dementsprechend in vollem Umfang in die vorliegende Untersuchung einbezogen werden.

Es ist augenfällig, daß die 12-Monats-Prognose der WGZ-Bank die tatsächliche Zinsentwicklung nicht einmal in groben Zügen erfaßt. Das lokale Zinstief von Ende 1993 beispielsweise spiegelt sich in der Prognose erst etwa 12 Monate später wider (Abb. 97). Verschiebt man hingegen die Prognosedaten um 12 Monate nach links, so daß sie ihrem jeweiligen Entstehungszeitpunkt und nicht ihrem Geltungsbereich zugeordnet werden, zeigt sich eine enge Bindung an die jeweils aktuelle Marktentwicklung (Abb. 98).

Auch die einschlägigen Kennzahlen lassen die 12-Monats-Prognose der WGZ-Bank in keinem besseren Licht erscheinen: Der Theilsche Ungleichheitskoeffizient „neuer Art“ in Höhe von 1,284 zeigt, daß selbst die entsprechende naive Prognose zu besseren Prognoseresultaten geführt hätte. Der GOVA-Koeffizient nimmt den Wert 0,381 an und kennzeichnet damit eine gegenwartsorientierte Verlaufsanpassung der Prognose. Insgesamt handelt es sich somit um eine quasinaive Prognose (Abb. 101, weißer Punkt).

22/1993), S. 1030-1031. Bestätigt wird die klare Ausrichtung der WGZ-Bank auf aktive Portfoliomanagement-Strategien durch telefonische Auskunft von Herrn Hamacher, WGZ-Bank Düsseldorf, am 24.10.2000.

790 Vgl. WGZ-BANK, *Portfoliomanagement* (2000), S. 2.

791 Vgl. WGZ-BANK, *Portfoliomanagement* (2000), S. 2. Ähnlich an anderer Stelle: Vgl. WGZ-BANK, *Portfoliomanagement* (www. wgz-bank.de 19.03.2000), S. 2.

792 Vgl. WGZ-BANK, *Portfoliomanagement* (2000), S. 2.

793 Vgl. WGZ-BANK, *Musterportfolio* (Portfoliomanagement der WGZ-Bank 1/2000), S. 13.

794 Auf den systematischen Ausbau der Research-Kapazitäten und auf dessen herausragende Qualität weist die WGZ-Bank auch an anderer Stelle hin. Vgl. dazu WGZ-BANK, *Geschäftsbericht 1997* (1998), S. 15, 28, 34 u. 36; WGZ-BANK, *Geschäftsbericht 1996* (1997), S. 24.

795 Vgl. WGZ-BANK, *Musterportfolio* (Portfoliomanagement der WGZ-Bank 1/2000), S. 4.

796 Vgl. CONSENSUS FORECAST, Jg. 1989-1999.

Abbildung 97: Rendite von DM-Staatsanleihen mit zehn Jahren Restlaufzeit (dicke Linie) und entsprechende 12-Monats-Prognose der WGZ-Bank (dünne Linie) von Oktober 1989 bis Dezember 2000.

Quelle: Eigene Darstellung basierend auf CONSENSUS FORECAST, Jg. 1989-1999, und BLOOMBERG INFORMATIONSSYSTEM, GDBR12 Index HP.

Abbildung 98: Rendite von DM-Staatsanleihen mit zehn Jahren Restlaufzeit (dicke Linie) und um 12 Monate nach links verschobene 12-Monats-Prognose der WGZ-Bank (dünne Linie) von Oktober 1989 bis Dezember 1999.

Quelle: Eigene Darstellung basierend auf CONSENSUS FORECAST, Jg. 1989-1999, und BLOOMBERG INFORMATIONSSYSTEM, GDBR12 Index HP.

Abbildung 99: Rendite von DM-Staatsanleihen mit zehn Jahren Restlaufzeit (dicke Linie) und entsprechende 3-Monats-Prognose der WGZ-Bank (dünne Linie) von Oktober 1989 bis März 2000.

Quelle: Eigene Darstellung basierend auf CONSENSUS FORECAST, Jg. 1989-1999, und BLOOMBERG INFORMATIONSSYSTEM, GDBR12 Index HP.

Abbildung 100: Rendite von DM-Staatsanleihen mit zehn Jahren Restlaufzeit (dicke Linie) und um 3 Monate nach links verschobene 3-Monats-Prognose der WGZ-Bank (dünne Linie) von Oktober 1989 bis Dezember 1999.

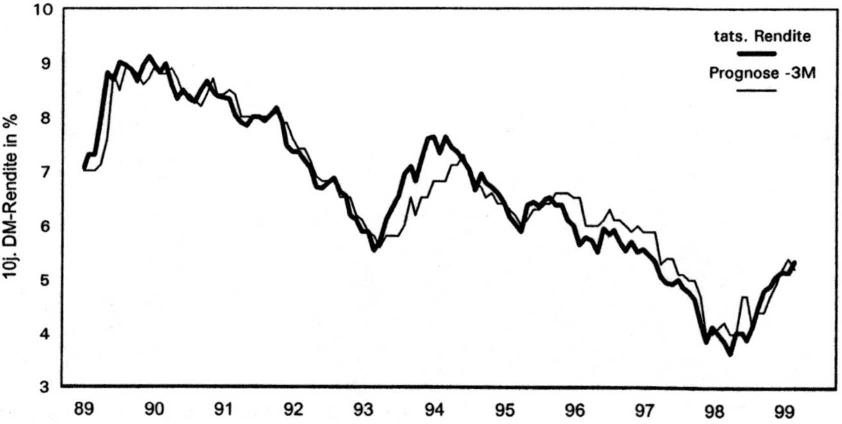

Quelle: Eigene Darstellung basierend auf CONSENSUS FORECAST, Jg. 1989-1999, und BLOOMBERG INFORMATIONSSYSTEM, GDBR12 Index HP.

Abbildung 101: Einordnung der 12-Monats-Prognose (weißer Punkt) und der 3-Monats-Prognose (schwarzer Punkt) der WGZ-Bank in die Prognosequalitätsmatrix.

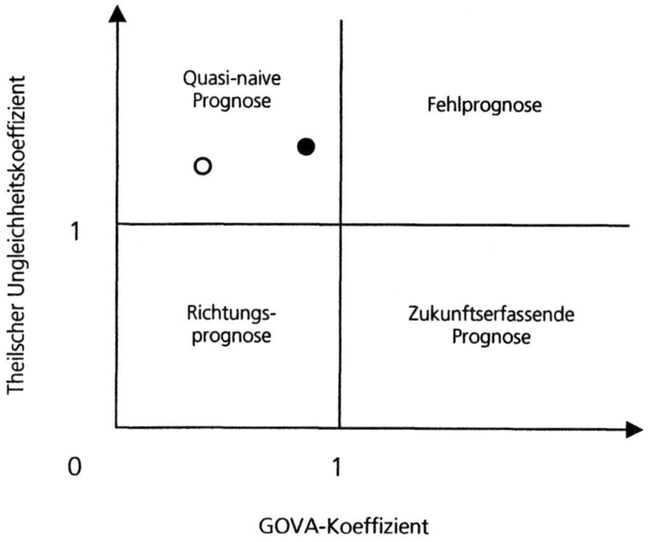

Quelle: In Anlehnung an ANDRES, P. / SPIWOKS, M., *Prognosequalitätsmatrix* (1999), S. 536.

Auch die 3-Monatsprognose kann die behauptete Leistungsfähigkeit der Research-Abteilung der WGZ-Bank nicht bestätigen. Vielmehr scheint auch in diesem Fall die Prognose die zukünftige Zinsentwicklung nicht zu erfassen, sondern lediglich mit einer Verzögerung, die weitestgehend dem Prognosehorizont entspricht, nachzuzeichnen (Abb. 99). Bei Betrachtung der Prognosedaten zum jeweiligen Zeitpunkt der Prognoseerstellung ist hingegen eine starke Übereinstimmung mit der jeweils aktuellen Zinsentwicklung zu erkennen (Abb. 100).

Wiederum unterstreichen die Kennzahlen diese erste Einschätzung: Der Theilsche Ungleichheitskoeffizient „neuer Art" erreicht 1,354 und kennzeichnet die Treffgenauigkeit der WGZ-Prognose als wesentlich schlechter als die der entsprechenden naiven Prognose. Der GOVA-Koeffizient nimmt den Wert 0,862 an und belegt damit die gegenwartsorientierte Verlaufsanpassung der untersuchten Prognose. Auch die 3-Monats-Prognose der WGZ-Bank ist dementsprechend als quasi-naiv zu qualifizieren (Abb. 101, schwarzer Punkt).

3.3.5.2. Deutsche Genossenschaftsbank

Die DG-Bank AG stellt sich drei verschiedenen Aufgabenbereichen: Erstens ist sie regionale Zentralbank der Genossenschaftsbanken in Nord- und Ostdeutschland, in Bayern und Teilen Hessens.[797] Zweitens fungiert sie als Spitzeninstitut des genossenschaftlichen Bankensektors.[798] Und drittens tritt die DG-Bank eigenständig als Geschäftsbank am Markt auf.[799]

Die DG-Bank weist Ende 1999 eine Bilanzsumme von mehr als 475 Mrd. DM aus[800] und beschäftigt rund 12.600 Mitarbeiter.[801] Damit zählt sie zu den zehn größten deutschen Kreditinstituten.[802]

Als Spitzeninstitut der genossenschaftlichen Bankengruppe sorgt die DG-Bank für eine Ergänzung und Vervollständigung des Leistungsangebotes der angeschlossenen Kreditgenossenschaften, für die Koordination der regionalen Genossenschaftszentralbanken sowie für die internationale Vertretung der deutschen Genossenschaftsbanken.[803]

Als eigenständig agierende Universalbank setzt sie einen Schwerpunkt bei der Betreuung mittelständischer Unternehmen.[804] Aber auch der Bereich Vermögens-

---

797 Vgl. DG-BANK, *Die DG-Bank* (1999), S. 13 u. 63-64; FAZ, *Für den Erhalt alter Strukturen* (FAZ 16.03.2000), S. 24; STAPPEL, M. / HENNINGSEN, E., *Die deutschen Genossenschaften* (1998), S. 17.

798 Vgl. DG-BANK, *Die DG-Bank* (1999), S. 14; DG-BANK, *Geschäftsbericht 1999* (2000), S. 10; STAPPEL, M. / HENNINGSEN, E., *Die deutschen Genossenschaften* (1998), S. 16; BECKER, H. P. / PEPPMEIER, A., *Bankbetriebslehre* (2000), S. 84; THIEMANN, B., *Kundenorientierung* (1997), S. 262.

799 Vgl. DG-BANK, *Die DG-Bank* (1999), S. 12, 19 u. 22; DG-BANK, *DG-Bank Kurzportrait* (1998), S. 5; DG-BANK, *Satzung* (1998), S. 11; BECKER, H. P. / PEPPMEIER, A., *Bankbetriebslehre* (2000), S. 84; THIEMANN, B., *Kundenorientierung* (1997), S. 262.

800 Vgl. DG-BANK, *Geschäftsbericht 1999* (2000), S. 2, 8, 38, 40 u. 58; MICHAEL, C., *SGZ-Bank baut Auslandspräsenz aus* (Financial Times Deutschland 03.04.2000), S. 18; FAZ, *DG-Bank hält an strategischer Allianz fest* (FAZ 17.05.2000), S. 22.

801 Vgl. DG-BANK, *Geschäftsbericht 1999* (2000), S. 2, 21 u. 96; DG-BANK, *Die DG-Bank* (1999), S. 38.

802 Gemessen an der Bilanzsumme. Vgl. STAPPEL, M. / HENNINGSEN, E., *Die deutschen Genossenschaften* (1998), S. 23; FAZ, *Deutschlands größte Unternehmen in Zahlen* (FAZ 04.07.2000), S. U2.

803 Vgl. DG-BANK, *Die DG-Bank* (1999), S. 15 u. 63-64; DG-BANK, *Stützpunkte 1999* (1999), S. 3; STAPPEL, M. / HENNINGSEN, E., *Die deutschen Genossenschaften* (1998), S. 16. Insbesondere die Genossenschaftsbanken in ländlich strukturierten Gebieten sind bei der Betreuung vermögender Privatkunden auf Unterstützung durch die DG-Bank angewiesen. Die DG-Bank liefert umfassendes Research-Material, Anlagestrategien und laufende Informationen über relevante Veränderungen an den Kapitalmärkten. Vgl. dazu DG-BANK, *Geschäftsbericht 1990* (1991), S. 26; DG-BANK, *Geschäftsbericht 1993* (1994), S. 26; DG-BANK, *Geschäftsbericht 1995* (1996), S. 58.

804 Vgl. DG-BANK, *Geschäftsbericht 1999* (2000), S. 8; DG-BANK, *Die DG-Bank* (1999), S. 19 u. 21-23; DG-BANK, *DG-Bank Kurzportrait* (1998), S. 4; DG-BANK, *Die DG-Bank ist Akti-*

verwaltung für private und institutionelle Investoren wird von der DG-Bank mit Nachdruck ausgebaut.[805] Im genossenschaftlichen Finanzverbund werden Ende 1999 Vermögen im Gesamtvolumen von knapp 220 Mrd. DM verwaltet.[806]

Bei der Vermögensverwaltung für vermögende Privatkunden setzt die DG-Bank ganz auf aktive Portfoliomanagement-Strategien.[807]

Die DG-Bank hat sich während des gesamten Untersuchungszeitraums mit ihren Zinsprognosen an Consensus Forecast beteiligt[808] und erschließt sich somit in uneingeschränktem Umfang der vorliegenden Untersuchung.

Der DG-Bank ist es nicht gelungen, die wesentlichen Marktbewegungen am deutschen Rentenmarkt auf Sicht von 12 Monaten zu prognostizieren. Die Prognose läuft der tatsächlichen Zinsentwicklung um etwa ein Jahr nach. Insbesondere die Übergänge von fallendem zu steigendem Zinstrend (Ende 1993 und Ende 1998) sowie die Übergänge von steigendem zu fallendem Zinstrend (Ende 1990 und Ende 1994) zeigen die Untauglichkeit der Prognose in aller Deutlichkeit (Abb. 102). Werden die Prognosedaten ihrem jeweiligen Entstehungszeitpunkt zugeordnet, läßt sich eine relativ enge Bindung an das jeweils aktuelle Marktgeschehen erkennen (Abb. 103).

---

engesellschaft (www. dg-bank.de 19.03.2000), S. 1; BÖRSEN-ZEITUNG, *DG-Bank will Wachstumsrakete zünden* (Börsen-Zeitung 19.03.1998), S. 5; HANDELSBLATT, *Spitzeninstitut demonstriert wieder Stärke* (Handelsblatt 20.08.1998), S. 17; FAZ, *DG-Bank hält an strategischer Allianz fest* (FAZ 17.05.2000), S. 22.

805 Vgl. DG-BANK, *Geschäftsbericht 1999* (2000), S. 10; DG-BANK, *Geschäftsbericht 1998* (1999), S. 37-38; DG-BANK, *Die DG-Bank* (1999), S. 46-48 u. 50; DG-BANK, *Management-Report* (www. dg-bank.de 19.03.2000), S. 5; BÖRSEN-ZEITUNG, *DG-Bank will Wachstumsrakete zünden* (Börsen-Zeitung 19.03.1998), S. 5; FAZ, *DG-Bank verstärkt sich im Asset Management* (FAZ 23.01.1998), S. 21; DG-BANK, *Geschäftsbericht 1997* (1998), S. 45-46; DG-BANK, *Geschäftsbericht 1996* (1997), S. 31-32; DG-BANK, *Geschäftsbericht 1995* (1996), S. 13-14 u. 55-56; DG-BANK, *Geschäftsbericht 1994* (1995), S. 45-46; DG-BANK, *Geschäftsbericht 1993* (1994), S. 44-45 u. 48; DG-BANK, *Geschäftsbericht 1992* (1993), S. 44 u. 48; DG-BANK, *Geschäftsbericht 1991* (1992), S. 24-25; DG-BANK, *Geschäftsbericht 1990* (1991), S. 26.

806 Vgl. DG-BANK, *Geschäftsbericht 1999* (2000), S. 10-11. Erhebliche Teile des Provisionsüberschusses gehen auf das Vermögensverwaltungsgeschäft zurück. Vgl. DG-BANK, *Geschäftsbericht 1999* (2000), S. 83; DG-BANK, *Geschäftsbericht 1998* (1999), S. 66; DG-BANK, *Angaben zur Gewinn- und Verlustrechnung* (www. dg-bank.de 19.03.2000), S. 1.

807 Dies wird zwar nicht so expliziert, aber aus der Darstellung des Investmentprozesses muß dieser Schluß gezogen werden. Vgl. dazu DG CAPITAL, *Individuelle Vermögensverwaltung* (2000), S. 11, 15, 17-18, 20 u. 22; DG CAPITAL, *Aktien-Modul Neuer Markt* (ohne Jahresangabe), S. 3-4.

808 Vgl. CONSENSUS FORECAST, Jg. 1989-1999.

Abbildung 102: Rendite von DM-Staatsanleihen mit zehn Jahren Restlaufzeit (dicke Linie) und entsprechende 12-Monats-Prognose der DG-Bank (dünne Linie) von Oktober 1989 bis Dezember 2000.

Quelle: Eigene Darstellung basierend auf CONSENSUS FORECAST, Jg. 1989-1999, und BLOOMBERG INFORMATIONSSYSTEM, GDBR12 Index HP.

Abbildung 103: Rendite von DM-Staatsanleihen mit zehn Jahren Restlaufzeit (dicke Linie) und um 12 Monate nach links verschobene 12-Monats-Prognose der DG-Bank (dünne Linie) von Oktober 1989 bis Dezember 1999.

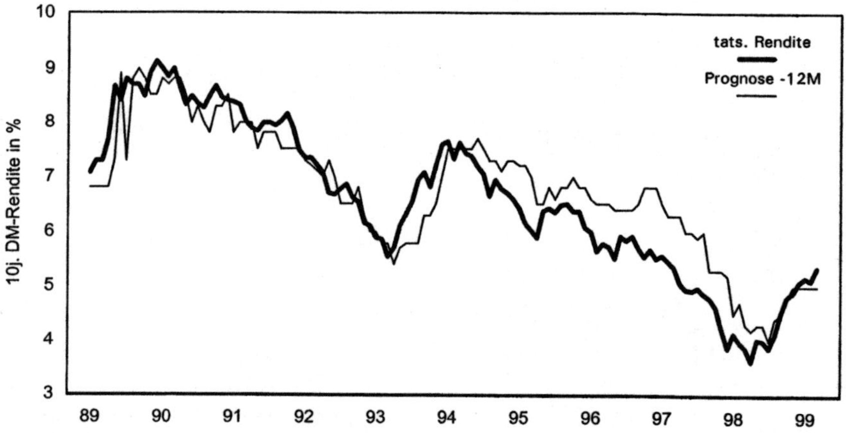

Quelle: Eigene Darstellung basierend auf CONSENSUS FORECAST, Jg. 1989-1999, und BLOOMBERG INFORMATIONSSYSTEM, GDBR12 Index HP.

Abbildung 104: Rendite von DM-Staatsanleihen mit zehn Jahren Restlaufzeit (dicke Linie) und entsprechende 3-Monats-Prognose der DG-Bank (dünne Linie) von Oktober 1989 bis März 2000.

Quelle: Eigene Darstellung basierend auf CONSENSUS FORECAST, Jg. 1989-1999, und BLOOMBERG INFORMATIONSSYSTEM, GDBR12 Index HP.

Abbildung 105: Rendite von DM-Staatsanleihen mit zehn Jahren Restlaufzeit (dicke Linie) und um 3 Monate nach links verschobene 3-Monats-Prognose der DG-Bank (dünne Linie) von Oktober 1989 bis Dezember 1999.

Quelle: Eigene Darstellung basierend auf CONSENSUS FORECAST, Jg. 1989-1999, und BLOOMBERG INFORMATIONSSYSTEM, GDBR12 Index HP.

Abbildung 106: Einordnung der 12-Monats-Prognose (weißer Punkt) und der 3-Monats-Prognose (schwarzer Punkt) der DG-Bank in die Prognosequalitätsmatrix.

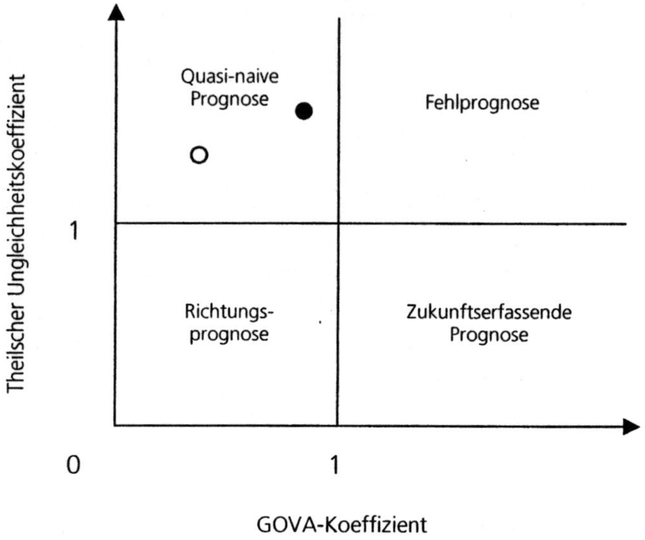

Quelle: In Anlehnung an ANDRES, P. / SPIWOKS, M., *Prognosequalitätsmatrix* (1999), S. 536.

Der Theilsche Ungleichheitskoeffizient „neuer Art“ nimmt den Wert 1,337 an. Die Prognoseleistung der DG-Bank bleibt somit hinter der der entsprechenden naiven Prognose weit zurück. Der GOVA-Koeffizient in Höhe von 0,377 weist das Vorliegen einer gegenwartsorientierten Verlaufsanpassung aus. Somit handelt es sich bei der 12-Monats-Prognose der DG-Bank um eine quasi-naive Prognose (Abb. 106, weißer Punkt).

Keineswegs besser schneidet die 3-Monats-Prognose der DG-Bank ab: Auch hier läuft die Prognose der tatsächlichen Marktbewegung um etwa den Prognosehorizont nach (Abb. 104). Verschiebt man die Prognosereihe um drei Monate nach links, so daß die Prognosedaten ihrem jeweiligen Entstehungszeitpunkt und nicht mehr ihrem Geltungsbereich zugeordnet werden, zeigt sich eine weitreichende Übereinstimmung mit der jeweils aktuellen Marktlage (Abb. 105).

Die einschlägigen Kennzahlen unterstreichen diese Einschätzung: Der Theilsche Ungleichheitskoeffizient „neuer Art“ in Höhe von 1,520 zeigt, daß die betrachtete Prognose die künftige Zinsentwicklung wesentlich schlechter erfaßt, als es selbst die entsprechende naive Prognose getan hätte. Der GOVA-Koeffizient nimmt den

Wert 0,847 an und signalisiert damit das Vorliegen einer gegenwartsorientierten Verlaufsanpassung der DG-Bank-Prognose. Insgesamt handelt es sich somit auch bei der 3-Monats-Prognose um eine quasi-naive Prognose (Abb. 106, schwarzer Punkt).

3.3.6. Zinsprognosen sonstiger Institute

Nach den inzwischen vorliegende Untersuchungsergebnissen ist es auch von Interesse, ob prognosegebende Institute, die außerhalb des Finanzdienstleistungsgewerbes stehen, bessere Prognoseleistungen zu erbringen imstande sind. Schließlich muß nicht jeder Vermögensverwalter ein eigenes Research unterhalten, sondern kann ebenso Prognosen und andere Research-Leistungen extern beziehen.[809]

Im Consensus Forecast sind zwei unabhängige Forschungseinrichtungen mit ihren Prognosen vertreten. Außerdem sollte das eigentliche Produkt von Consensus Forecast, nämlich die Kombinationsprognose, nicht außer acht gelassen werden.

In diesem Kapitel werden also Prognosereihen von drei außerhalb der Kreditwirtschaft angesiedelten, prognosegebenden Instituten untersucht:

- Institut für Weltwirtschaft der Universität Kiel (IfW)
- FAZ Info Dienste / FAZ-Institut
- Consensus Forecast

3.3.6.1. Institut für Weltwirtschaft an der Universität Kiel

Das Institut für Weltwirtschaft (IfW) wurde 1914 an der Universität Kiel gegründet und hat sich bis heute zu „einem der großen internationalen Zentren weltwirtschaftlicher Forschung und Dokumentation“[810] entwickelt.[811]

Hauptaufgabe des IfW ist die theoriegestützte und anwendungsorientierte Wirtschaftsforschung.[812] Darüber hinaus leistet es wirtschaftspolitische Beratung sowie die Bereitstellung von Informationen auf dem Gebiet der internationalen Wirtschaftsbeziehungen.[813] Das Institut stützt sich Ende 1999 auf rund 300 Mitar-

---

809 Bspw. das FAZ-Institut veräußert Research-Ergebnisse frei am Markt.

810 INSTITUT FÜR WELTWIRTSCHAFT, *Jahresbericht 1999* (2000), S. 3.

811 Vgl. INSTITUT FÜR WELTWIRTSCHAFT, *Jahresbericht 1999* (2000), S. 3; INSTITUT FÜR WELTWIRTSCHAFT, *Jahresbericht 1998* (1999), S. 3.

812 Vgl. INSTITUT FÜR WELTWIRTSCHAFT, *Jahresbericht 1999* (2000), S. 3; INSTITUT FÜR WELTWIRTSCHAFT, *Jahresbericht 1998* (1999), S. 3.

813 Vgl. INSTITUT FÜR WELTWIRTSCHAFT, *Jahresbericht 1999* (2000), S. 3; INSTITUT FÜR WELTWIRTSCHAFT, *Institut für Weltwirtschaft* (www.uni-kiel.de/IfW 24.07.2000), S. 1; INSTITUT FÜR WELTWIRTSCHAFT, *Jahresbericht 1998* (1999), S. 3.

beiter.[814] Das IfW genießt ein hervorragendes wissenschaftliches Renommee, was unter anderem an dem hochkarätig besetzten wissenschaftlichen Beirat,[815] der weitverzweigten internationalen Kooperation mit anderen Forschungseinrichtungen[816] sowie der Ausrichtung von beziehungsweise der Teilnahme an einer Vielzahl internationaler Konferenzen abzulesen ist.[817]

Die Forschungsabteilung „Konjunktur" beschäftigt sich unter anderem mit der Analyse von Finanzmarktentwicklungen.[818] Während des gesamten Untersuchungszeitraumes (Okt. 1989 bis Dez. 1999) hat sich das IfW mit seinen Zinsprognosen an Consensus Forecast beteiligt.[819]

Die 12-Monats-Prognose des Instituts für Weltwirtschaft stellt sich im Grundsatz nicht anders dar als die der Kreditinstitute. Auch hier gibt die Prognose keinen verläßlichen Aufschluß über die tatsächliche Zinsentwicklung (Abb. 107). Wird allerdings die Prognosereihe um 12 Monate nach links verschoben, so daß die Prognosewerte ihrem jeweiligen Entstehungszeitpunkt und nicht mehr ihrem Geltungsbereich zugeordnet sind, dann ist ein klarer Zusammenhang zur jeweils aktuellen Marktsituation zu erkennen (Abb. 108).

Die Kennzahlen erhärten die auf der grafischen Darstellung basierenden Eindrücke: Der Theilsche Ungleichheitskoeffizient „neuer Art" nimmt den Wert 1,220 an. Selbst bei Verwendung einer naiven Prognose wäre die künftige Zinsentwicklung also besser erfaßt worden. Der GOVA-Koeffizient von 0,532 läßt keinen Zweifel daran, daß die Prognose eine gegenwartsorientierte Verlaufsanpassung aufweist. Insgesamt handelt es sich somit bei der 12-Monats-Prognose des Instituts für Weltwirtschaft um eine quasi-naive Prognose (Abb. 111, weißer Punkt).

Die 3-Monats-Prognose des Instituts für Weltwirtschaft weist eine ähnliche Struktur auf. Die Prognose reflektiert die Marktbewegungen stets erheblich verspätet (Abb. 109). Betrachtet man hingegen die Prognosewerte zum jeweiligen Zeitpunkt ihrer Entstehung, so ist eine weitreichende Übereinstimmung mit der tatsächlichen Zinsentwicklung augenfällig (Abb. 110).

---

814 Vgl. INSTITUT FÜR WELTWIRTSCHAFT, *Jahresbericht 1999* (2000), S. 3-4; INSTITUT FÜR WELTWIRTSCHAFT, *Institut für Weltwirtschaft* (www.uni-kiel.de/IfW 24.07.2000), S. 1.

815 Vgl. INSTITUT FÜR WELTWIRTSCHAFT, *Jahresbericht 1999* (2000), S. 7; INSTITUT FÜR WELTWIRTSCHAFT, *Institut für Weltwirtschaft* (www.uni-kiel.de/IfW 24.07.2000), S. 1-2; INSTITUT FÜR WELTWIRTSCHAFT, *Jahresbericht 1998* (1999), S. 7.

816 Vgl. INSTITUT FÜR WELTWIRTSCHAFT, *Jahresbericht 1999* (2000), S. 64-68.

817 Vgl. INSTITUT FÜR WELTWIRTSCHAFT, *Jahresbericht 1999* (2000), S. 83-99; INSTITUT FÜR WELTWIRTSCHAFT, *Jahresbericht 1998* (1999), S. 75-90.

818 Vgl. INSTITUT FÜR WELTWIRTSCHAFT, *Jahresbericht 1999* (2000), S. 53-62 u. 125; INSTITUT FÜR WELTWIRTSCHAFT, *Organisationsplan* (www.uni-kiel.de/IfW 24.07.2000), S. 4; INSTITUT FÜR WELTWIRTSCHAFT, *Jahresbericht 1998* (1999), S. 49-51.

819 Vgl. CONSENSUS FORECAST, Jg. 1989-1999.

Abbildung 107: Rendite von DM-Staatsanleihen mit zehn Jahren Restlaufzeit (dicke Linie) und entsprechende 12-Monats-Prognose des Instituts für Weltwirtschaft in Kiel (dünne Linie) von Oktober 1989 bis Dezember 2000.

Quelle: Eigene Darstellung basierend auf CONSENSUS FORECAST, Jg. 1989-1999, und BLOOMBERG INFORMATIONSSYSTEM, GDBR12 Index HP.

Abbildung 108: Rendite von DM-Staatsanleihen mit zehn Jahren Restlaufzeit (dicke Linie) und um 12 Monate nach links verschobene 12-Monats-Prognose des Instituts für Weltwirtschaft in Kiel (dünne Linie) von Oktober 1989 bis Dezember 1999.

Quelle: Eigene Darstellung basierend auf CONSENSUS FORECAST, Jg. 1989-1999, und BLOOMBERG INFORMATIONSSYSTEM, GDBR12 Index HP.

Abbildung 109: Rendite von DM-Staatsanleihen mit zehn Jahren Restlaufzeit (dicke Linie) und entsprechende 3-Monats-Prognose des Instituts für Weltwirtschaft in Kiel (dünne Linie) von Oktober 1989 bis März 2000.

Quelle: Eigene Darstellung basierend auf CONSENSUS FORECAST, Jg. 1989-1999, und BLOOMBERG INFORMATIONSSYSTEM, GDBR12 Index HP.

Abbildung 110: Rendite von DM-Staatsanleihen mit zehn Jahren Restlaufzeit (dicke Linie) und um 3 Monate nach links verschobene 3-Monats-Prognose des Instituts für Weltwirtschaft in Kiel (dünne Linie) von Oktober 1989 bis Dezember 1999.

Quelle: Eigene Darstellung basierend auf CONSENSUS FORECAST, Jg. 1989-1999, und BLOOMBERG INFORMATIONSSYSTEM, GDBR12 Index HP.

Abbildung 111: Einordnung der 12-Monats-Prognose (weißer Punkt) und der 3-Monats-Prognose (schwarzer Punkt) des Instituts für Weltwirtschaft in die Prognosequalitätsmatrix.

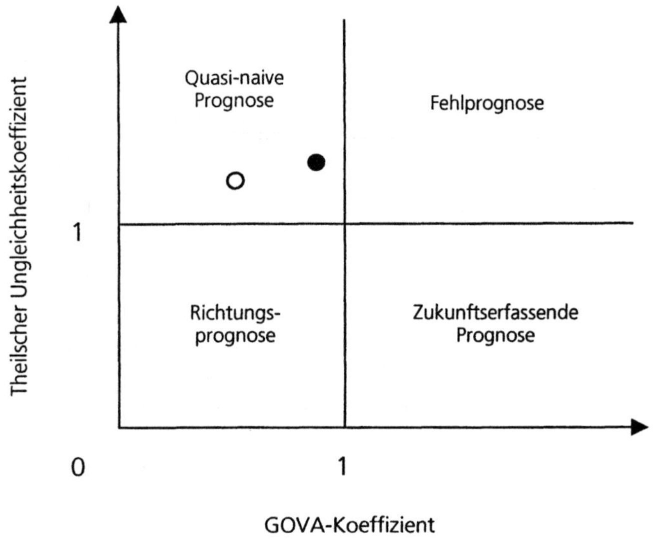

Quelle: In Anlehnung an ANDRES, P. / SPIWOKS, M., *Prognosequalitätsmatrix* (1999), S. 536.

Die einschlägigen Kennzahlen führen zu derselben Einschätzung: Der Theilsche Ungleichheitskoeffizient „neuer Art" in Höhe von 1,284 zeigt, daß die betrachtete Prognose zu schlechteren Ergebnissen geführt hat, als dies die entsprechende naive Prognose getan hätte. Der GOVA-Koeffizient nimmt den Wert 0,892 an. Es liegt also eine gegenwartsorientierte Verlaufsanpassung vor. Die Kombination beider Kennzahlen führt zu der Einschätzung, daß es sich auch bei der 3-Monats-Prognose des Instituts für Weltwirtschaft um eine quasi-naive Prognose handelt (Abb. 111, schwarzer Punkt).

3.3.6.2. FAZ Info Dienst / FAZ-Institut

Die Frankfurter Allgemeine Zeitung unterhält eine Forschungs- und Recherche-Tochtergesellschaft, die zunächst FAZ Info Dienste hieß und vor einigen Jahren in FAZ-Institut GmbH umbenannt wurde.[820] Diese Einrichtung hat die Aufgabe,

820 Vgl. FAZ-INSTITUT, *Erfolg durch Information* (www. faz-institut.de 24.07.2000), S. 1.

ganz nach dem Vorbild der Economist Intelligence Unit in London, einerseits mit ihrer Forschungs- und Recherche-Tätigkeit die Arbeit der Zeitung zu unterstützen und andererseits ihre Arbeitsergebnisse eigenständig am Markt anzubieten.[821]

Mit einem umfassenden und aufeinander abgestimmten Angebot aus Veranstaltungen, Fachpublikationen und Beratungs- und Serviceleistungen sieht sich das FAZ-Institut als Informationspartner für Unternehmen, Verbände und sonstige Organisationen.[822] Es ist in die Geschäftsbereiche Seminare und Kongresse, Unternehmensbesuche, Länderdienste, Kapitalmarktdienste, Management- und Kommunikationsbücher, German & European Business Information, Marketing und Kommunikationsanalysen sowie redaktionelle Dienstleistungen untergliedert.[823]

Der Bereich Kapitalmarktdienste bietet unter anderem Prognosen zu Konjunktur, Wechselkursen und Kapitalmärkten an.[824] Seit Januar 1992 beteiligt sich das FAZ-Institut mit seinen DM-Zinsprognosen an Consensus Forecast.[825] Angesichts der Tatsache, daß das FAZ-Institut seine Zinsprognosen nicht als Entscheidungsgrundlage seiner sonstigen Geschäftstätigkeit betrachten muß,[826] ist es von besonderem Interesse, ob die Prognosen möglicherweise von einem höheren Maß an Objektivität profitieren. Dementsprechend werden die Prognosen des FAZ-Institutes trotz der eingeschränkten Datenlage (Jan. 1992 bis Dez. 1999) in die vorliegende Untersuchung einbezogen.

Nicht zuletzt durch den Beginn der Prognosereihe, kurz bevor die starken Marktbewegungen von 1993 bis 1995 stattfanden, wirkt das Ausmaß der Fehlleistung der 12-Monats-Prognose des FAZ-Instituts besonders augenfällig. Die lokalen Zinstiefs von Ende 1993 und Ende 1995 sowie das lokale Zinshoch von Ende 1994 spiegeln sich in der Prognose beinahe komplementär wider (Abb. 112). Daß diese krasse Fehlleistung lediglich auf eine starke Orientierung an der aktuellen Marktlage zum jeweiligen Zeitpunkt der Prognoseerstellung zurückzuführen ist, wird erkennbar, wenn die Prognosereihe um zwölf Monate nach links verschoben wird (Abb. 113).

---

821 Vgl. FAZ-INSTITUT, *Erfolg durch Information* (www. faz-institut.de 24.07.2000), S. 1.

822 Vgl. FAZ-INSTITUT, *Erfolg durch Information* (www. faz-institut.de 24.07.2000), S. 1.

823 Vgl. FAZ-INSTITUT, *Erfolg durch Information* (www. faz-institut.de 24.07.2000), S. 1; FAZ-INSTITUT, *Länderdienste Programm 1999* (ohne Jahresangabe), S. 10.

824 Vgl. FAZ-INSTITUT, *Kapitalmarktdienste* (www. faz-institut.de 24.07.2000), S. 1; FAZ-INSTITUT, *Kapitalmarktdienste* (ohne Jahresangabe), S. 1.

825 Vgl. CONSENSUS FORECAST, Jg. 1992-1999.

826 Anders als ein Kreditinstitut.

Abbildung 112: Rendite von DM-Staatsanleihen mit zehn Jahren Restlaufzeit (dicke Linie) und entsprechende 12-Monats-Prognose des FAZ-Instituts (dünne Linie) von Oktober 1989 bis Dezember 2000.

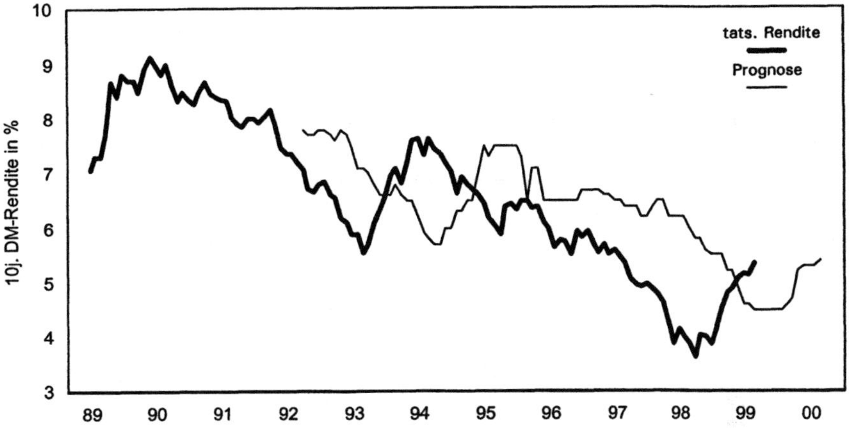

Quelle: Eigene Darstellung basierend auf CONSENSUS FORECAST, Jg. 1989-1999, und BLOOMBERG INFORMATIONSSYSTEM, GDBR12 Index HP.

Abbildung 113: Rendite von DM-Staatsanleihen mit zehn Jahren Restlaufzeit (dicke Linie) und um 12 Monate nach links verschobene 12-Monats-Prognose des FAZ-Instituts (dünne Linie) von Oktober 1989 bis Dezember 1999.

Quelle: Eigene Darstellung basierend auf CONSENSUS FORECAST, Jg. 1989-1999, und BLOOMBERG INFORMATIONSSYSTEM, GDBR12 Index HP.

Abbildung 114: Rendite von DM-Staatsanleihen mit zehn Jahren Restlaufzeit (dicke Linie) und entsprechende 3-Monats-Prognose des FAZ-Instituts (dünne Linie) von Oktober 1989 bis März 2000.

Quelle: Eigene Darstellung basierend auf CONSENSUS FORECAST, Jg. 1989-1999, und BLOOMBERG INFORMATIONSSYSTEM, GDBR12 Index HP.

Abbildung 115: Rendite von DM-Staatsanleihen mit zehn Jahren Restlaufzeit (dicke Linie) und um 3 Monate nach links verschobene 3-Monats-Prognose des FAZ-Instituts (dünne Linie) von Oktober 1989 bis Dezember 1999.

Quelle: Eigene Darstellung basierend auf CONSENSUS FORECAST, Jg. 1989-1999, und BLOOMBERG INFORMATIONSSYSTEM, GDBR12 Index HP.

Abbildung 116: Einordnung der 12-Monats-Prognose (weißer Punkt) und der 3-Monats-Prognose (schwarzer Punkt) des FAZ-Instituts in die Prognosequalitätsmatrix.

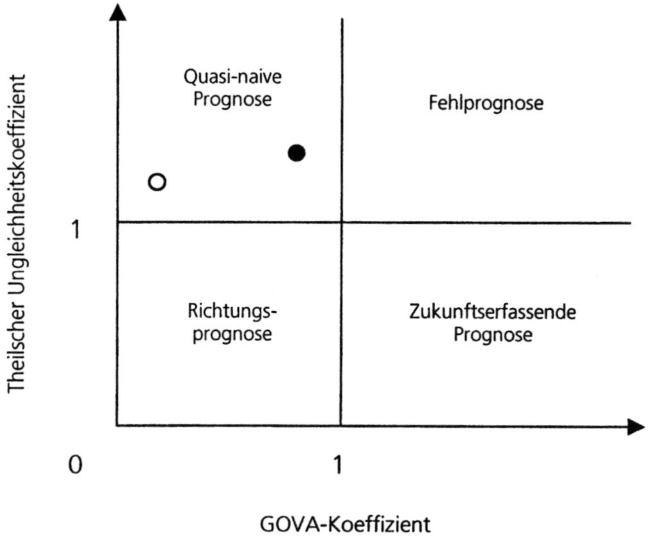

Quelle: In Anlehnung an Andres, P. / Spiwoks, M., *Prognosequalitätsmatrix* (1999), S. 536.

Der Theilsche Ungleichheitskoeffizient „neuer Art" in Höhe von 1,175 zeigt, daß selbst die entsprechende naive Prognose die zukünftige Entwicklung besser erfaßt hätte. Der GOVA-Koeffizient nimmt den Wert 0,194 an und kennzeichnet damit nachhaltig das Vorliegen einer gegenwartsorientierten Verlaufsanpassung. Insgesamt muß die 12-Monats-Prognose des FAZ-Instituts also als quasi-naive Prognose betrachtet werden (Abb. 116, weißer Punkt).

Kaum überzeugender stellt sich die 3-Monats-Prognose des FAZ-Instituts dar. Die Prognose scheint der tatsächlichen Entwicklung um etwa drei Monate nachzulaufen (Abb. 114). Verschiebt man hingegen diese Prognosereihe um drei Monate nach links, so daß die Prognosedaten ihrem jeweiligen Entstehungszeitpunkt und nicht mehr ihrem Geltungsbereich zugeordnet sind, so läßt sich eine weitgehende Übereinstimmung mit der jeweils aktuellen Marktlage erkennen (Abb. 115).

Die einschlägigen Kennzahlen bestätigen diese Beobachtung: Der Theilsche Ungleichheitskoeffizient „neuer Art" von 1,327 zeigt, daß selbst die Verwendung der entsprechenden naiven Prognose zu einer besseren Prognoseleistung geführt hätte. Der GOVA-Koeffizient von 0,820 kennzeichnet das Vorliegen einer gegenwartsorientierten Verlaufsanpassung. Damit handelt es sich auch bei der 3-Monats-Prognose des FAZ-Instituts um eine quasi-naive Prognose (Abb. 116, schwarzer Punkt).

3.3.6.3. Consensus Forecast

Liegen mehrere Prognosen zu einem Sachverhalt vor, so wurde lange Zeit mit Ex-ante-Prognosegütemaßen versucht zu ermitteln, welche der alternativen Prognosen die verläßlichste ist. Ende der 1960er Jahre eröffneten BATES und GRANGER die Diskussion, ob durch die Kombination von Prognosen nicht bessere Prognoseergebnisse erzielt werden können als durch die Auswahl der vermeintlich besten Prognose.[827] Dem liegt die Idee zugrunde, daß jede der vorliegenden Prognosen nützliche Informationen über die zukünftigen Ereignisse enthält und daß sich diese Informationen durch die Kombination der Prognosen zusammenführen lassen.[828]

Diese Überlegung löste eine rege wissenschaftliche Diskussion über die Möglichkeiten und Grenzen von Kombinationsprognosen aus,[829] die 1989 mit jeweils ei-

---

827 Vgl. BATES, J. M. / GRANGER, C. W. J., *The combination of forecasts* (Operational Research Quarterly 1969), S. 451-468.

828 Vgl. THIELE, J., *Kombination von Prognosen* (1993), S. 12.

829 Vgl. bspw. NEWBOLD, P. / GRANGER, C. W. J., *Experience with the combination of forecasts* (Journal of the Royal Statistical Society 1974), S. 131-165; GRANGER, C. W. J. / NEWBOLD, P., *Forecasting Economic Time Series* (1977), S. 269-278; DICKINSON, J. P., *Some statistical results in the combination of forecasts* (Operational Research Quarterly 1973), S. 253-260; DICKINSON, J. P., *Some comments on the combination of forecasts* (Operational Research Quarterly 1975), S. 205-210; BUNN, D. W., *The linear combination of forecasts* (Operational Research Quarterly 1975), S. 325-329; BUNN, D. W., *The linear synthesis of forecasts* (Operational Research Quarterly 1977), S. 653-662; BUNN, D. W., *The synthesis of forecasting models in decision analysis* (1978); BUNN, D. W., *Two methodologies for the linear combination of forecasts* (Journal of Operational Research 1981), S. 213-222; BUNN, D. W., *Statistical efficiency in the linear combination of forecasts* (Journal of Forecasting 1985), S. 151-163; BUNN, D. W., *Combining forecasts* (European Journal of Operational Research 1988), S. 223-229; BUNN, D. W. / TOPPING, I., *Independence assumption in the combination of forecasts* (Operations Research Letters 1984), S. 173-178; FRENCH, S. / BUNN, D. W., *Outranking probabilities and the synthesis of forecasts* (Journal of the Operational Research Society 1980), S. 545-551; BORDLEY, R. F., *The Combination of Forecasts* (Journal of the Operational Research Society 1982), S. 171-174; BORDLEY, R. F., *Linear combination of forecasts* (Journal of Forecasting 1986), S. 243-249; WINKLER, R. L. / MAKRIDAKIS, S., *The combination of forecasts* (Journal of the Royal Statistical Society 1983), S. 150-157; FIGLEWSKI, S. / URICH, T., *Optimal aggregation of money supply forecasts* (Journal of Finance 1983), S. 695-710; ENGLE, R. F. / GRANGER, C. W. J. / KRAFT, D., *Combining competing forecasts* (Journal of Economic Dynamics and Control 1984), S. 151-165; GRANGER, C. W. J. / RAMANATHAN, R., *Improved methods of combining forecasts* (Journal of Forecasting 1984), S. 197-204; MAKRIDAKIS, S. / ANDERSEN, A. / CARBONE, R. / FILDES, R. / HIBON, M. / LEWANDOWSKI, R. / NEWTON, J. / PARZAN, E. / WINKLER, R., *The Forecasting Accuracy of Major Time Series Methods* (1984); BOPP, A. E., *On combining forecasts* (Manage-

ner Sonderausgabe des Journal of Forecasting und des International Journal of Forecasting zu diesem Thema einen Höhepunkt fand.[830] Vor dem Hintergrund dieser Zuspitzung der Diskussion um Kombinationsprognosen wurde das Prognosemagazin Consensus Forecast gegründet und erstmals im Oktober 1989 veröffentlicht. Es erscheint seitdem in monatlichem Rhythmus.[831]

Das Konzept von Consensus Forecast ist sehr einfach. In jeder betrachteten Volkswirtschaft liefern ortsansässige Bankhäuser und teilweise auch andere Prognoseinstitute ihre Prognosedaten für ihr jeweiliges Land an Consensus Forecast. Es werden Prognosen zu wichtigen volkswirtschaftlichen Größen wie beispiels-

---

ment Science 1985), S. 1492-1498; GUPTA, S. / WILTON, P. C., *Combination of forecasts* (Management Science 1987), S. 356-372; GUPTA, S. / WILTON, P. C., *Combination of economic forecasts* (Journal of Business & Economic Statistics 1988), S. 373-379; HOLDEN, K. / PEEL, D. A., *An empirical investigation of combinations of economic forecasts* (Journal of Forecasting 1986), S. 229-242; HOLDEN, K. / PEEL, D. A., *Combining economic forecasts* (Journal of the Operational Research Society 1988), S. 1005-1010; HOLDEN, K. / PEEL, D. A., *Unbiasedness, efficiency and the combination of economic forecasts* (Journal of Forecasting 1989), S. 175-188; AGNEW, C. E., *Bayesian consensus forecasts* (Journal of Forecasting 1985), S. 363-376; ASHTON, A. H. / ASHTON, R. H., *Aggregating subjective forecasts* (Management Science 1985), S. 1499-1508; TRENKLER, G. / LISKI, E. P., *The efficiency of combined forecasts* (Journal of Forecasting 1986), S. 197-202; BOHARA, A. / MCNOWN, R. / BATTS, J. T., *The combination and adjustment of forecasts* (Applied Economics 1987), S. 437-445; CLEMEN, R T. / WINKLER, R. L., *Combining economic forecasts* (Journal of Business & Economic Statistics 1986), S. 39-46; CLEMEN, R. T., *Linear constraints and combined forecasts* (Journal of Forecasting 1986), S. 31-38; CLEMEN, R. T., *Combining forecasts* (International Journal of Forecasting 1989), S. 559-583; DIEBOLD, F. X. / PAULY, P., *Structural change and the combination of forecasts* (Journal of Forecasting 1987), S. 21-40; DIEBOLD, F. X., *Serial correlation and the combination of forecasts* (Journal of Business & Economic Statistics 1988), S. 105-111; DIEBOLD, F. X., *Forecast combination* (International Journal of Forecasting 1989), S. 589-592; DIEBOLD, F. X. / PAULY, P., *The use of prior information in forecast combination* (International Journal of Forecasting 1990), S. 503-508; WEBER, H., *Statistische Prognoseverfahren* (1983), S. 158-160; FLORES, B. E. / WHITE, E. M., *A framework for the combination of forecasts* (Journal of the Academy of Marketing Science 1988), S. 95-103; FLORES, B. E. / WHITE, E. M., *Subjective versus objective combining of forecasts* (Journal of Forecasting 1989), S. 331-341; MAHMOUD, E., *Combining forecasts* (International Journal of Forecasting 1989), S. 599-600; WINKLER, R. L., *Combining forecasts* (International Journal of Forecasting 1989), S. 605-609; WALL, K. D. / CORREIA, C., *A preference-based method for forecast combination* (Journal of Forecasting 1989), S. 269-292; ANANDALINGAM, G. / CHEN, L., *Linear combination of forecasts* (Journal of Forecasting 1989), S. 199-204; ANANDALINGAM, G. / CHEN, L., *Bayesian forecast combination* (International Journal of Systems Science 1989), S. 1499-1507; BISCHOFF, C. W., *The combination of macroeconomic forecasts* (Journal of Forecasting 1989), S. 293-314; WALZ, D. T. / WALZ, D. B., *Combining Forecasts* (Decision Science Journal 1989), S. 77-89; ARMSTRONG, J. S., *Combining Forecasts* (International Journal of Forecasting 1990), S. 585-588; SCHMITTLEIN, D. C. / KIM, J. / MORRISON, D. G., *Combining forecasts* (Management Science 1990), S. 1044-1056.

830 Vgl. THIELE, J., *Kombination von Prognosen* (1993), S. 1-2.

831 Vgl. CONSENSUS FORECAST, Jg. 1989-1999.

weise Wachstum des Bruttosozialproduktes, Wachstum des privaten Konsums, Wachstum der Investitionen, Wachstum der Industrieproduktion, Budgetdefizit und Arbeitslosenrate gesammelt. Aber auch Prognosen zur Zinsentwicklung werden verarbeitet.[832] Die Konsens-Prognosen werden durch den ungewogenen Durchschnitt der einbezogenen Einzelprognosen gebildet.[833]

Die Consensus Forecast-Zinsprognose zielt darauf ab, durch Einbeziehung aller bisher betrachteten Prognosen die darin enthaltenen Informationsgehalte zusammenzuführen und so zu einer höheren Prognosegüte zu gelangen.

Die 12-Monats-Prognose von Consensus Forecast weist dieselben Charakteristika auf wie die zuvor betrachteten Einzelprognosen: Die Prognose erfaßt die tatsächliche Zinsentwicklung nur ungenügend, was insbesondere anhand der fehlantizipierten (lokalen) Zinstiefs bzw. –hochs zu erkennen ist (Abb. 117). Wird die Prognose um zwölf Monate nach links verschoben, so daß die Prognosewerte ihrem jeweiligen Entstehungszeitpunkt und nicht ihrem Geltungsbereich zugeordnet sind, kann eine weitreichende Übereinstimmung zur jeweiligen aktuellen Marktsituation ausgemacht werden (Abb. 118).

Die Kennzahlen bestätigen diese Einschätzung: Der Theilsche Ungleichheitskoeffizient von 1,213 zeigt, daß die betrachtete Prognose zu schlechteren Prognoseergebnissen führt als die entsprechende naive Prognose. Der GOVA-Koeffizient nimmt den Wert 0,480 an und kennzeichnet damit eine gegenwartsorientierte Verlaufsanpassung. Insgesamt handelt es sich bei der 12-Monats-Prognose von Consensus Forecast also ebenfalls um eine quasi-naive Prognose (Abb. 121, weißer Punkt).

Auch bei der 3-Monats-Prognose von Consensus Forecast fällt das Urteil nicht positiver aus: Die Prognose läuft der tatsächlichen Zinsentwicklung etwa um den Prognosehorizont nach und verfehlt demgemäß ihren Zweck (Abb. 119). Bei der Zuordnung der Prognosewerte zu ihrem jeweiligen Entstehungszeitpunkt ist eine sehr enge Bindung an die jeweils aktuelle Marktsituation zu beobachten (Abb. 120).

---

832 Vgl. CONSENSUS FORECAST, Jg. 1989-1999.

833 Die einfache Durchschnittsbildung wird als durchaus probates Verfahren zur Erstellung von Konsens-Prognosen angesehen, auch wenn sehr viel aufwendigere Methoden ebenfalls zur Diskussion stehen. Vgl. THIELE, J., *Kombination von Prognosen* (1993), S. 107; HÜTTNER, M., *Prognoseverfahren und ihre Anwendung* (1986), S. 287-288.

Abbildung 117: Rendite von DM-Staatsanleihen mit zehn Jahren Restlaufzeit (dicke Linie) und entsprechende 12-Monats-Prognose der Consensus-Forecast-Monatsschrift (dünne Linie) von Oktober 1989 bis Dezember 2000.

Quelle: Eigene Darstellung basierend auf CONSENSUS FORECAST, Jg. 1989-1999, und BLOOMBERG INFORMATIONSSYSTEM, GDBR12 Index HP.

Abbildung 118: Rendite von DM-Staatsanleihen mit zehn Jahren Restlaufzeit (dicke Linie) und um 12 Monate nach links verschobene 12-Monats-Prognose der Consensus-Forecast-Monatsschrift (dünne Linie) von Oktober 1989 bis Dezember 1999.

Quelle: Eigene Darstellung basierend auf CONSENSUS FORECAST, Jg. 1989-1999, und BLOOMBERG INFORMATIONSSYSTEM, GDBR12 Index HP.

Abbildung 119: Rendite von DM-Staatsanleihen mit zehn Jahren Restlaufzeit (dicke Linie) und entsprechende 3-Monats-Prognose der Consensus-Forecast-Monatsschrift (dünne Linie) von Oktober 1989 bis März 2000.

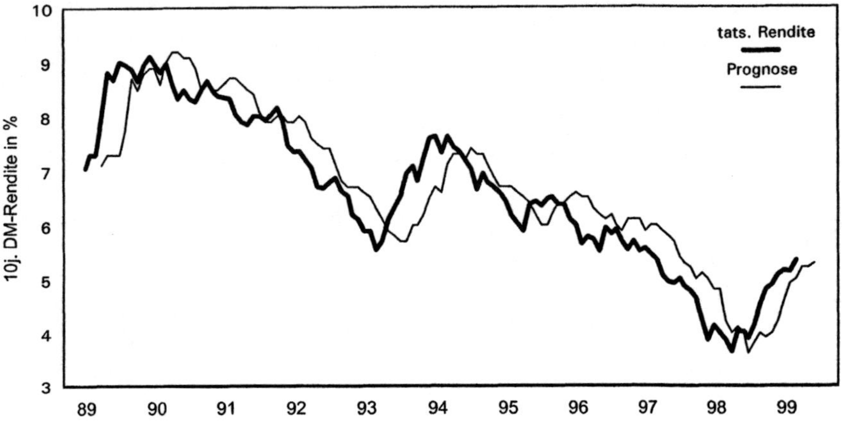

Quelle: Eigene Darstellung basierend auf CONSENSUS FORECAST, Jg. 1989-1999, und BLOOMBERG INFORMATIONSSYSTEM, GDBR12 Index HP.

Abbildung 120: Rendite von DM-Staatsanleihen mit zehn Jahren Restlaufzeit (dicke Linie) und um 3 Monate nach links verschobene 3-Monats-Prognose der Consensus-Forecast-Monatsschrift (dünne Linie) von Oktober 1989 bis Dezember 1999.

Quelle: Eigene Darstellung basierend auf CONSENSUS FORECAST, Jg. 1989-1999, und BLOOMBERG INFORMATIONSSYSTEM, GDBR12 Index HP.

Abbildung 121: Einordnung der 12-Monats-Prognose (weißer Punkt) und der 3-Monats-Prognose (schwarzer Punkt) von Consensus Forecast in die Prognosequalitätsmatrix.

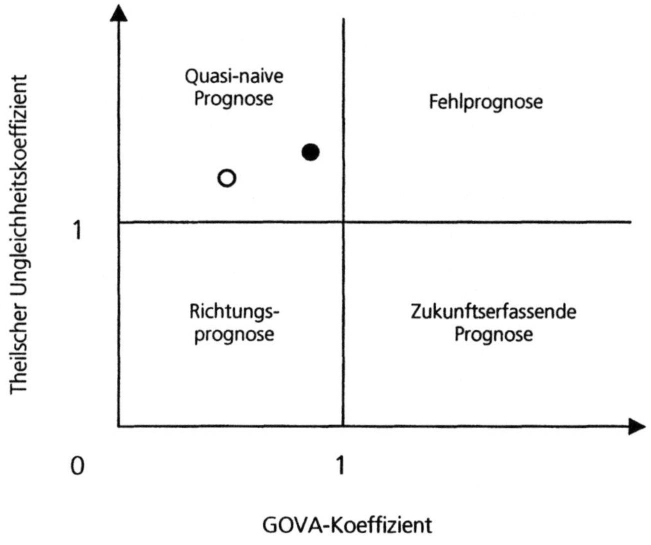

Quelle: In Anlehnung an ANDRES, P. / SPIWOKS, M., *Prognosequalitätsmatrix* (1999), S. 536.

Auch die einschlägigen Kennzahlen sprechen nicht für diese Prognose: Der Theilsche Ungleichheitskoeffizient „neuer Art" nimmt den Wert 1,313 an. Selbst bei Verwendung der entsprechenden naiven Prognose wären also bessere Prognoseergebnisse erzielbar gewesen. Der GOVA-Koeffizient in Höhe von 0,869 offenbart das Vorliegen einer gegenwartsorientierten Verlaufsanpassung. Damit muß auch die 3-Monats-Prognose von Consensus Forecast als quasi-naiv qualifiziert werden (Abb. 121, schwarzer Punkt).

3.3.7. Ergebniszusammenfassung

Kern des empirischen Teils der vorliegenden Untersuchung ist die Überprüfung der im Consensus Forecast von Oktober 1989 bis Dezember 1999 veröffentlichten Zinsprognosen.[834] Gemessen wird die Prognosegüte mit Hilfe der Prognosequali-

834 Genauer: Prognosen des Renditeniveaus von DM-Staatsanleihen mit zehn Jahren Restlaufzeit. Vgl. CONSENSUS FORECAST, Jg. 1989-1999.

tätsmatrix, die ihrerseits auf dem Theilschen Ungleichheitskoeffizienten „neuer Art“ sowie auf dem GOVA-Koeffizienten beruht.[835]

Untersucht wurden 22 Prognosereihen mit einem Prognosehorizont von zwölf Monaten und ebensoviel mit einem Prognosehorizont von drei Monaten. Die Prognosen liegen als Zeitreihen auf Monatsdatenbasis vor. Sie wurden von 19 Bankhäusern unterschiedlicher Größe und Ausrichtung, zwei unabhängigen Forschungseinrichtungen und von Consensus Forecast erarbeitet.

Der Überprüfung der Prognosegüte liegt die weitergehende Fragestellung zugrunde, ob die vorhandene Prognosekompetenz als ausreichend angesehen werden kann, um die vorherrschende Ausrichtung von Vermögensverwaltern auf aktive Portfoliomanagement-Strategien zu rechtfertigen.

Schon die grafische Aufarbeitung des Datenmaterials vermittelt den Eindruck, daß die wesentlichen Marktbewegungen in den Prognosen ungenügend erfaßt werden. Eine grafische Linksverschiebung der Prognosereihen um den Prognosehorizont dient dazu, die Prognosedaten ihrem jeweiligen Entstehungszeitpunkt (und nicht mehr ihrem Geltungsbereich) gegenüberzustellen. Bei dieser Darstellung ist in allen 44 Fällen eine verhältnismäßig enge Anlehnung an die jeweils aktuelle Marktlage zu erkennen. Die grafische Ausbreitung des Datenmaterials gibt somit zu erkennen, daß es sich bei den untersuchten Prognosen aller Wahrscheinlichkeit nach um quasi-naive Prognosen[836] handelt. Die Berechnung der Theilschen Ungleichheitskoeffizienten „neuer Art“ sowie der GOVA-Koeffizienten und schließlich die Einordnung in die Prognosequalitätsmatrix bestätigen diese erste Einschätzung.

Alle 44 untersuchten Zinsprognosen weisen die Eigenschaft einer gegenwartsorientierten Verlaufsanpassung auf: Bei jeder einzelnen Prognosereihe ist die Übereinstimmung mit der tatsächlichen Zinsentwicklung zum jeweiligen Zeitpunkt der Prognoseerstellung (Bestimmtheitsmaß B) höher als im Geltungsbereich der Prognosen (Bestimmtheitsmaß A). Der GOVA-Koeffizient errechnet sich aus dem Quotienten von Bestimmtheitsmaß A und Bestimmtheitsmaß B.[837] Von einer gegenwartsorientierten Verlaufsanpassung muß ausgegangen werden, wenn der GOVA-Koeffizient <1 ist, das heißt wenn Bestimmtheitsmaß A kleiner als Bestimmtheitsmaß B ausfällt.[838] Wie aus den Ergebniszusammenfassungen der Tabelle 2 und der Tabelle 3 hervorgeht, trifft dies sowohl für alle 22 Zinsprognosen mit zwölfmonatigem Prognosehorizont sowie für alle 22 Zinsprognosen mit dreimonatigem Prognosehorizont zu. Keine einzige der untersuchten Prognosen erreichte einen GOVA-Koeffizienten von >1.

835 Vgl. die Abschnitte 3.2.5. bis 3.2.7.

836 Vgl. Abschnitt 3.2.7.

837 Vgl. Abschnitt 3.2.6.1.

838 Vgl. Abschnitt 3.2.6.1.

Tabelle 2: Ergebniszusammenfassung der Berechnungen des GOVA-Koeffizienten für 22 Zinsprognosen mit zwölfmonatigem Prognosehorizont.

Prognoseerstellende Einheit	Bestimmtheits-maß A	Bestimmtheits-maß B	GOVA-Koeffizient
Deutsche Bank	0,400	0,907	0,441
Dresdner Bank	0,407	0,900	0,452
Commerzbank	0,395	0,861	0,459
Bayerische Vereinsbank	0,556	0,925	0,602
Hypo-Bank	0,510	0,903	0,565
BfG	0,435	0,917	0,474
BiL/Invesco	0,304	0,841	0,361
Bankgesellschaft Berlin	0,464	0,898	0,516
Delbrück	0,331	0,841	0,394
Sal. Oppenheim	0,321	0,867	0,370
Trinkaus & Burkhardt	0,458	0,894	0,513
M. M. Warburg	0,038	0,752	0,051
SMH	0,357	0,781	0,458
WestLB	0,383	0,854	0,448
Bayern LB	0,500	0,918	0,540
Helaba	0,548	0,923	0,593
DGZ/Deka	0,314	0,836	0,375
WGZ-Bank	0,331	0,868	0,381
DG-Bank	0,318	0,842	0,377
IfW Kiel	0,475	0,892	0,532
FAZ-Institut	0,172	0,890	0,194
Consensus Forecast	0,444	0,925	0,480

Tabelle 3: Ergebniszusammenfassung der Berechnungen des GOVA-Koeffizienten für 22 Zinsprognosen mit dreimonatigem Prognosehorizont.

Prognoseerstellende Einheit	Bestimmtheits-maß A	Bestimmtheits-maß B	GOVA-Koeffizient
Deutsche Bank	0,822	0,952	0,863
Dresdner Bank	0,812	0,945	0,859
Commerzbank	0,794	0,923	0,860
Bayerische Vereinsbank	0,839	0,946	0,887
Hypo-Bank	0,829	0,948	0,874
BfG	0,831	0,957	0,869
BiL/Invesco	0,804	0,934	0,861
Bankgesellschaft Berlin	0,845	0,956	0,884
Delbrück	0,803	0,931	0,863
Sal. Oppenheim	0,832	0,954	0,873
Trinkaus & Burkhardt	0,835	0,950	0,879
M. M. Warburg	0,571	0,835	0,684
SMH	0,721	0,896	0,804
WestLB	0,817	0,949	0,861
Bayern LB	0,862	0,957	0,900
Helaba	0,827	0,953	0,868
DGZ/Deka	0,814	0,936	0,869
WGZ-Bank	0,805	0,934	0,862
DG-Bank	0,783	0,925	0,847
IfW Kiel	0,852	0,955	0,892
FAZ-Institut	0,766	0,935	0,820
Consensus Forecast	0,833	0,959	0,869

Alle 44 untersuchten Prognosen zeichnen sich also durch eine enge Anlehnung an die aktuelle Marktentwicklung zum jeweiligen Zeitpunkt der Prognoseerstellung aus. Keine der betrachteten Prognosen lag näher an der Zinsentwicklung des Geltungsbereiches der Prognose als an der Zinsentwicklung zum jeweiligen Entstehungszeitpunkt der Prognose.

Ob die Abweichungen der Prognosereihen von der naiven Prognose einen systematischen Zusammenhang zu der später tatsächlich eintretenden Zinsentwicklung aufweisen, läßt sich bei Einbeziehung des Theilschen Ungleichheitskoeffizienten „neuer Art" beurteilen. Der Theilsche Ungleichheitskoeffizient „neuer Art" nimmt dann einen Wert <1 an, wenn die untersuchte Prognose die tatsächliche Zinsentwicklung besser beschreibt als die entsprechende naive Prognose.[839] Umgekehrt kennzeichnet ein Wert von >1, daß die betrachtete Prognose die künftige Marktentwicklung schlechter erfaßt, als dies bei Anwendung der entsprechenden naiven Prognose der Fall wäre.[840]

Auch die Berechnung der Theilschen Ungleichheitskoeffizienten „neuer Art" für die 44 untersuchten Prognosen ergibt ein ernüchterndes Bild: Alle 44 Prognosen weisen einen Theilschen Ungleichheitskoeffizienten „neuer Art" von >1 auf. Das bedeutet, daß keine der untersuchten Prognosen besser als die entsprechende naive Prognose ist. Sowohl die 22 Zinsprognosen mit zwölfmonatigem Prognosehorizont (Tab. 4) als auch die 22 Zinsprognosen mit dreimonatigem Prognosehorizont (Tab. 5) sind ausnahmslos schlechter als die jeweilige naive Prognose.

Führt man die Ergebnisse der Berechnung des GOVA-Koeffizienten und der Berechnung des Theilschen Ungleichheitskoeffizienten „neuer Art" in der Prognosequalitätsmatrix zusammen, so zeigt sich, daß alle 44 untersuchten Zinsprognosen zweifelsfrei in die Kategorie der quasi-naiven Prognose fallen (Tab. 4 und Tab. 5).

Quasi-naive Prognosen sind wie folgt zu charakterisieren: Die Prognosegüte ist schlechter als die der naiven Prognose, und es liegt eine gegenwartsorientierte Verlaufsanpassung vor. Der Prognostiker hat keine Vorstellung davon gewonnen, was in der Zukunft geschehen wird. Statt dessen hat er sich eng an der Ausprägung der zu prognostizierenden Variablen zum jeweiligen Zeitpunkt der Prognoseerstellung orientiert. Ausgehend von der aktuellen Datenlage hat er die Entwicklungstendenz (steigend oder fallend) schlechter als im Fall der naiven Prognose erfaßt. Eine solche Prognose ist als Basis für das Fällen von Investmententscheidungen definitiv ungeeignet.[841]

839 Vgl. Abschnitt 3.2.5.3.

840 Vgl. Abschnitt 3.2.5.3.

841 Vgl. Abschnitt 3.2.7.1.

Tabelle 4: Ergebniszusammenfassung der Berechnungen des Theilschen Ungleichheitskoeffizienten „neuer Art", des GOVA-Koeffizienten und der Einordnung in die Prognosequalitätsmatrix für 22 Zinsprognosen mit zwölfmonatigem Prognosehorizont.

Prognoseerstellende Einheit	Theilscher Ungleichheits-koeffizient „neuer Art“	GOVA-Koeffizient	Prognosestatus in der Prognosequalitätsmatrix
Deutsche Bank	1,249	0,441	Quasi-naive Prognose
Dresdner Bank	1,195	0,452	Quasi-naive Prognose
Commerzbank	1,218	0,459	Quasi-naive Prognose
Bayer. Vereinsbank	1,050	0,602	Quasi-naive Prognose
Hypo-Bank	1,200	0,565	Quasi-naive Prognose
BfG	1,267	0,474	Quasi-naive Prognose
BiL/Invesco	1,334	0,361	Quasi-naive Prognose
Bankgesell. Berlin	1,202	0,516	Quasi-naive Prognose
Delbrück	1,358	0,394	Quasi-naive Prognose
Sal. Oppenheim	1,276	0,370	Quasi-naive Prognose
Trinkaus & Burkhardt	1,184	0,513	Quasi-naive Prognose
M. M. Warburg	1,450	0,051	Quasi-naive Prognose
SMH	1,389	0,458	Quasi-naive Prognose
WestLB	1,295	0,448	Quasi-naive Prognose
Bayern LB	1,126	0,540	Quasi-naive Prognose
Helaba	1,189	0,593	Quasi-naive Prognose
DGZ/Deka	1,324	0,375	Quasi-naive Prognose
WGZ-Bank	1,284	0,381	Quasi-naive Prognose
DG-Bank	1,337	0,377	Quasi-naive Prognose
IfW Kiel	1,220	0,532	Quasi-naive Prognose
FAZ-Institut	1,175	0,194	Quasi-naive Prognose
Consensus Forecast	1,213	0,480	Quasi-naive Prognose

Tabelle 5: Ergebniszusammenfassung der Berechnungen des Theilschen Ungleichheitskoeffizienten „neuer Art", des GOVA-Koeffizienten und der Einordnung in die Prognosequalitätsmatrix für 22 Zinsprognosen mit dreimonatigem Prognosehorizont.

Prognoseerstellende Einheit	Theilscher Ungleichheits-koeffizient „neuer Art"	GOVA-Koeffizient	Prognosestatus in der Prognosequalitätsmatrix
Deutsche Bank	1,313	0,863	Quasi-naive Prognose
Dresdner Bank	1,365	0,859	Quasi-naive Prognose
Commerzbank	1,413	0,860	Quasi-naive Prognose
Bayer. Vereinsbank	1,279	0,887	Quasi-naive Prognose
Hypo-Bank	1,343	0,874	Quasi-naive Prognose
BfG	1,338	0,869	Quasi-naive Prognose
BiL/Invesco	1,432	0,861	Quasi-naive Prognose
Bankgesell. Berlin	1,333	0,884	Quasi-naive Prognose
Delbrück	1,504	0,863	Quasi-naive Prognose
Sal. Oppenheim	1,349	0,873	Quasi-naive Prognose
Trinkaus & Burkhardt	1,311	0,879	Quasi-naive Prognose
M. M. Warburg	1,602	0,684	Quasi-naive Prognose
SMH	1,477	0,804	Quasi-naive Prognose
WestLB	1,403	0,861	Quasi-naive Prognose
Bayern LB	1,170	0,900	Quasi-naive Prognose
Helaba	1,307	0,868	Quasi-naive Prognose
DGZ/Deka	1,378	0,869	Quasi-naive Prognose
WGZ-Bank	1,354	0,862	Quasi-naive Prognose
DG-Bank	1,520	0,847	Quasi-naive Prognose
IfW Kiel	1,284	0,892	Quasi-naive Prognose
FAZ-Institut	1,327	0,820	Quasi-naive Prognose
Consensus Forecast	1,313	0,869	Quasi-naive Prognose

Wie hilflos sich die Prognostiker an die aktuelle Entwicklung und damit auch aneinander klammern, zeigt sich bei Betrachtung der Korrelationen der Prognosen untereinander. Tabelle 6 zeigt die Korrelationskoeffizienten-Matrix für die 22 untersuchten Prognosen mit zwölf Monaten Prognosehorizont und Tabelle 7 die Korrelationskoeffizienten-Matrix für die 22 untersuchten Prognosen mit drei Monaten Prognosehorizont.

Die 12-Monats-Prognosen sind sich alle sehr ähnlich. Von den 220 Kombinationsmöglichkeiten der Prognosereihen liegen 213 Korrelationskoeffizienten oberhalb von 0,9. Die geringste Übereinstimmung besteht zwischen den 12-Monats-Prognosen von SMH und DGZ/Deka-Bank mit einem Korrelationskoeffizienten von immerhin 0,872. Auffallend ist die sehr hohe Übereinstimmung der Prognosereihen der Banken und Forschungseinrichtungen mit der Kombinationsprognose von Consensus Forecast. Der geringste Korrelationskoeffizient beträgt 0,948 (DGZ/Deka-Bank). In 20 von 21 Fällen liegt der Korrelationskoeffizient oberhalb von 0,95.[842] Mit Fug und Recht kann also zusammenfassend festgestellt werden, daß die einzelnen Prognostiker sich nicht sehr weit von der allgemeinen Markteinschätzung zu lösen vermochten.

Auch die 3-Monats-Prognosen weisen Übereinstimmungen in erstaunlichem Umfang auf. Von den 220 Kombinationsmöglichkeiten der Prognosereihen liegen 219 Korrelationskoeffizienten oberhalb von 0,9. Die geringste Übereinstimmung besteht zwischen den 3-Monats-Prognosen von SMH und M. M. Warburg mit einem Korrelationskoeffizienten von immerhin 0,881. Wiederum ist die hohe Übereinstimmung der einzelnen Prognosereihen mit der Kombinationsprognose von Consensus Forecast augenfällig. Der niedrigste Korrelationskoeffizient liegt bei 0,977 (M. M. Warburg). In 20 von 21 Fällen liegt der Korrelationskoeffizient oberhalb von 0,98.[843] Die Übereinstimmung der 3-Monats-Prognosen ist damit ebenfalls so weitreichend, daß von einer unabhängigen Prognoseerstellung eigentlich nicht gesprochen werden kann.

842 Dieses Ergebnis gibt einen Hinweis darauf, daß die Analyse von Konsensprognosen durchaus ein zutreffendes Bild der Qualität der beteiligten Einzelprognosen vermitteln kann.

843 Auch dieses Ergebnis gibt einen Hinweis darauf, daß die Analyse von Konsensprognosen durchaus ein zutreffendes Bild der Qualität der beteiligten Einzelprognosen vermitteln kann.

Tabelle 6: Korrelationskoeffizienten-Matrix der 12-Monats-Prognosen.

	Deutsche Bank	Dresdner Bank	Commerz-bank	Bayerische Vereinsb.	Hypo-Bank	BfG	BiL / Invesco	Bankges. Berlin	Delbrück	M.M. Warburg	Sal. Oppenh.
Deutsche Bank	1,000	0,967	0,957	0,947	0,966	0,976	0,951	0,958	0,954	0,948	0,969
Dresdner Bank		1,000	0,964	0,948	0,949	0,963	0,955	0,923	0,945	0,968	0,967
Commerzbank			1,000	0,912	0,959	0,936	0,922	0,922	0,906	0,933	0,946
Bay. Vereinsb.				1,000	0,962	0,958	0,924	0,950	0,926	0,882	0,931
Hypo-Bank					1,000	0,956	0,921	0,961	0,928	0,910	0,942
BfG						1,000	0,966	0,965	0,969	0,949	0,975
BiL/Invesco							1,000	0,919	0,975	0,963	0,968
BG Berlin								1,000	0,927	0,918	0,943
Delbrück									1,000	0,965	0,972
M.M. Warburg										1,000	0,972
Sal. Oppenheim											1,000

	SMH	Trinkaus & Burkh.	WestLB	BayernLB	Helaba	DG-Bank	WGZ-Bank	DGZ / Deka	IfW Kiel	FAZ-Institut	Consensus Forecast
Deutsche Bank	0,953	0,957	0,968	0,968	0,961	0,960	0,964	0,943	0,965	0,961	0,987
Dresdner Bank	0,927	0,956	0,953	0,952	0,956	0,961	0,955	0,953	0,952	0,969	0,980
Commerzbank	0,908	0,944	0,950	0,930	0,954	0,953	0,940	0,933	0,931	0,946	0,967
Bay. Vereinsb.	0,913	0,944	0,939	0,966	0,946	0,927	0,923	0,896	0,958	0,945	0,965
Hypo-Bank	0,947	0,952	0,961	0,967	0,963	0,948	0,944	0,912	0,963	0,968	0,979
BfG	0,927	0,966	0,965	0,965	0,959	0,963	0,966	0,931	0,958	0,967	0,985
BiL/Invesco	0,921	0,963	0,951	0,939	0,913	0,963	0,960	0,930	0,934	0,947	0,969
BG Berlin	0,890	0,937	0,954	0,956	0,942	0,937	0,936	0,901	0,942	0,949	0,967
Delbrück	0,914	0,963	0,958	0,947	0,910	0,953	0,964	0,923	0,942	0,934	0,971
M.M. Warburg	0,877	0,942	0,981	0,933	0,894	0,964	0,950	0,937	0,960	0,952	0,978
Sal. Oppenheim	0,928	0,958	0,969	0,953	0,933	0,973	0,968	0,939	0,955	0,962	0,983
SMH	1,000	0,927	0,948	0,934	0,907	0,923	0,938	0,872	0,944	0,881	0,969
Trinkaus & B.		1,000	0,965	0,952	0,943	0,964	0,953	0,910	0,951	0,956	0,978
WestLB			1,000	0,966	0,934	0,965	0,956	0,897	0,964	0,950	0,982
BayernLB				1,000	0,941	0,939	0,944	0,913	0,969	0,957	0,978
Helaba					1,000	0,935	0,939	0,923	0,949	0,948	0,969
DG-Bank						1,000	0,952	0,928	0,948	0,960	0,978
WGZ-Bank							1,000	0,940	0,937	0,952	0,975
DGZ/Deka								1,000	0,906	0,952	0,948
IfW Kiel									1,000	0,959	0,977
FAZ-Institut										1,000	0,985
Consensus F.											1,000

Tabelle 7: Korrelationskoeffizienten-Matrix der 3-Monats-Prognosen.

	Deutsche Bank	Dresdner Bank	Commerz-bank	Bayerische Vereinsb.	Hypo-Bank	BfG	BiL / Invesco	Bankges. Berlin	Delbrück	M.M. Warburg	Sal. Oppenh.
Deutsche Bank	1,000	0,989	0,979	0,983	0,989	0,987	0,984	0,986	0,977	0,950	0,984
Dresdner Bank		1,000	0,984	0,983	0,988	0,987	0,986	0,985	0,985	0,967	0,987
Commerzbank			1,000	0,977	0,985	0,977	0,978	0,979	0,979	0,970	0,975
Bay. Vereinsb.				1,000	0,985	0,983	0,971	0,986	0,971	0,931	0,976
Hypo-Bank					1,000	0,987	0,989	0,989	0,984	0,956	0,986
BfG						1,000	0,982	0,985	0,977	0,953	0,990
BiL/Invesco							1,000	0,984	0,986	0,971	0,983
BG Berlin								1,000	0,984	0,953	0,983
Delbrück									1,000	0,968	0,979
M.M. Warburg										1,000	0,968
Sal. Oppenheim											1,000

	SMH	Trinkaus & Burkh.	WestLB	BayernLB	Helaba	DG-Bank	WGZ-Bank	DGZ / Deka	IfW Kiel	FAZ-Institut	Consensus Forecast
Deutsche Bank	0,975	0,979	0,989	0,986	0,988	0,978	0,983	0,980	0,983	0,977	0,993
Dresdner Bank	0,977	0,983	0,989	0,988	0,986	0,979	0,987	0,985	0,984	0,984	0,994
Commerzbank	0,965	0,976	0,982	0,977	0,985	0,972	0,986	0,982	0,972	0,974	0,989
Bay. Vereinsb.	0,963	0,979	0,981	0,981	0,982	0,969	0,981	0,981	0,985	0,976	0,988
Hypo-Bank	0,975	0,986	0,989	0,985	0,988	0,981	0,988	0,983	0,985	0,986	0,995
BfG	0,964	0,979	0,988	0,989	0,987	0,983	0,978	0,983	0,987	0,982	0,992
BiL/Invesco	0,962	0,984	0,986	0,981	0,979	0,975	0,982	0,978	0,981	0,975	0,991
BG Berlin	0,964	0,985	0,988	0,986	0,982	0,974	0,984	0,983	0,984	0,983	0,993
Delbrück	0,964	0,988	0,986	0,979	0,976	0,973	0,984	0,978	0,976	0,973	0,989
M.M. Warburg	0,881	0,968	0,978	0,953	0,961	0,951	0,960	0,954	0,949	0,966	0,977
Sal. Oppenheim	0,961	0,979	0,986	0,986	0,984	0,982	0,978	0,978	0,984	0,981	0,991
SMH	1,000	0,967	0,967	0,971	0,972	0,955	0,975	0,966	0,964	0,955	0,982
Trinkaus & B.		1,000	0,987	0,981	0,977	0,973	0,986	0,978	0,981	0,979	0,991
WestLB			1,000	0,987	0,987	0,982	0,987	0,981	0,983	0,984	0,995
BayernLB				1,000	0,984	0,975	0,980	0,983	0,987	0,985	0,992
Helaba					1,000	0,979	0,983	0,984	0,980	0,979	0,992
DG-Bank						1,000	0,974	0,973	0,973	0,977	0,986
WGZ-Bank							1,000	0,982	0,974	0,977	0,991
DGZ/Deka								1,000	0,980	0,975	0,990
IfW Kiel									1,000	0,982	0,990
FAZ-Institut										1,000	0,992
Consensus F.											1,000

Abschließend läßt sich also feststellen:

- Die 44 untersuchten Zinsprognosen fallen alle in die Kategorie der quasinaiven Prognose.
- Selbst bei Anwendung der naiven Prognose wäre die künftige Marktentwicklung besser erfaßt worden.
- Die Prognosen orientieren sich sehr eng an der jeweiligen Marktlage zum Zeitpunkt der Prognoseerstellung.
- Die Prognosen weichen nur unwesentlich voneinander ab.
- Die erforderliche Prognosekompetenz für eine sinnvolle Umsetzung aktiver Portfoliomanagement-Strategien ist nicht zu erkennen.

Vor dem Hintergrund dieser Untersuchungsergebnisse und angesichts der zentralen Stellung der Zinsentwicklung für die Prognose von Aktien- und Währungsmärkten ist zu vermuten, daß auch die Prognoseleistung bezüglich anderer Asset-Klassen nicht befriedigen kann. Im Abschnitt 3.4. werden ergänzend Konsens-Prognosen zum Deutschen Aktienindex (DAX) und zum DM/US-Dollar-Wechselkurs untersucht.

3.4. Empirische Überprüfung der Prognosekompetenz bei Aktien- und Währungsprognosen

Aktive Portfoliomanagement-Strategien basieren selbstverständlich nicht ausschließlich auf einer weitgehend zutreffenden Antizipation der Zinsentwicklung. Ebenso wichtig ist eine ausreichende Prognosekompetenz in anderen Bereichen des Finanzmarktes. Insbesondere die Abschätzung von Aktienmarkt- und Währungsmarktentwicklungen ist dabei von Bedeutung.

Auf die Beurteilung der Prognosekompetenz bei Aktien- und Währungsprognosen wird im folgenden kurz eingegangen. Exemplarisch wird je eine Prognosezeitreihe untersucht, um zu zeigen, daß die im Abschnitt 3.3. ermittelten Charakteristika von Zinsprognosen durchaus eine Entsprechung auch bei Prognosen haben, die sich auf andere Teilbereiche des Finanzmarktes beziehen.

Im Abschnitt 3.4.1. wird erläutert, warum hier auf eine ähnlich detaillierte Vorgehensweise wie bei der Untersuchung der Zinsprognosen verzichtet werden kann und gleichzeitig auch verzichtet werden muß. Eine Prognose des Deutschen Aktienindex (DAX) und eine Prognose des Wechselkurses DM/US-Dollar werden in Abschnitt 3.4.2. mit dem bekannten Instrumentarium auf ihre Prognosegüte hin untersucht. Abschließend werden in Abschnitt 3.4.3. die Ergebnisse zusammengefaßt und kommentiert.

3.4.1. Zentrale Bedeutung der Zinsentwicklung für Aktien- und Währungsmärkte

Die Zinsentwicklung nimmt eine zentrale Rolle für die Entwicklung anderer Finanzmarktsegmente ein. So beeinflussen die Zinsen beispielsweise die Aktien- und Währungsmärkte in erheblichem Ausmaß:

Für die fundamentale Bewertung von Aktien spielt das Zinsniveau eine wesentliche Rolle. Folgt man der Present-Value-Theorie,[844] so hängt der Wert einer Aktie erheblich vom vorherrschenden Zinssatz, der als Diskontierungsfaktor herangezogen wird, ab.

$$W = \sum_{t=1}^{n} B_t (1+i)^{-t}$$

Dabei bezeichnet W den Wert der Aktie, B die gewählte Bezugsgröße (Gewinne, Dividenden o.ä.), i den Zinssatz als Diskontierungsfaktor und t die Perioden. Die Aktie ist nach diesem Verständnis gerade die Summe der abdiskontierten Zukunftsnutzenströme (Gewinne, Dividenden o.ä.) wert. Zwar ist höchst umstritten, was bei der Aktienbewertung als Bezugsgröße sinnvollerweise zu verwenden ist,[845] doch bleibt davon die Bedeutung des Diskontierungsfaktors unberührt: Je höher der Zins ist, desto geringer ist ceteris paribus der Wert der Aktie und vice versa.[846] Für die Abdiskontierung wird in der Regel der aktuelle Zinssatz herangezogen. Das bedeutet, daß für die Aktienbewertung beispielsweise in einem Jahr der Zinssatz ausschlaggebend ist, der in einem Jahr herrscht. Es ist also für die Prognose des Aktienwertes unerläßlich, Annahmen über den künftigen Zinssatz zu treffen.

Zwar dürfte die schematische Abschätzung des Gegenwartswertes einer Aktie nicht allein ausschlaggebend für die tatsächlichen Kursnotierungen an der Börse

---

844 Vgl. zur Present-Value-Theorie PERRIDON, L. / STEINER, M., *Finanzwirtschaft der Unternehmung* (1997), S. 213-217. Der Bewertungsansatz geht im Grundsatz auf die Kapitalwertmethode (auch als Diskontierungs- oder Barwertmethode bekannt) zurück. Vgl. dazu WÖHE, G., *Allgemeine Betriebswirtschaftslehre* (1984), S. 689.

845 In der Diskussion sind Dividenden, Gewinne und andere Größen, wobei auch deren Bestimmung bzw. Abgrenzung im einzelnen umstritten ist. Vgl. PERRIDON, L. / STEINER, M., *Finanzwirtschaft der Unternehmung* (1997), S. 213-217.

846 Während der 1990er Jahre zeigte sich bspw. eine deutliche negative Korrelation zwischen der mittelfristigen Entwicklung des DAX (ungewogener gleitender Durchschnitt über acht Quartale) und der Zinsentwicklung im 10jährigen Laufzeitenbereich. Der Korrelationskoeffizient beträgt -0,7038, was einem Bestimmtheitsmaß von 0,495 entspricht. Man kann also feststellen, daß die Varianz der mittelfristigen Entwicklung des DAX zu etwa 50% durch die Zinsentwicklung erklärt wird. Vgl. Anhang IV.

sein,[847] doch schlägt sich die Zinsentwicklung zumindest als ein bedeutender Bestimmungsfaktor der Aktienkurse nieder: Fallende Zinsen wirken sich tendenziell kurssteigernd auf Aktien aus und vice versa.[848]

In Kapitel 3.3. konnte kein Hinweis darauf gefunden werden, daß bei den betrachteten Instituten eine nennenswerte Prognosekompetenz bezüglich der Prognose von Zinsentwicklungen vorliegt. Vor dem Hintergrund dieses Ergebnisses und der grundlegenden Bedeutung der Zinsprognose für die Aktienprognose steht nicht zu erwarten, daß die Überprüfung der Kompetenz bei der Aktienprognose wesentlich bessere Ergebnisse erbringen wird.[849]

---

847 Zumindest zeitweise dürften andere marktbeeinflussende Faktoren zu einer Abweichung vom fundamental gerechtfertigten Kurs führen.

848 Vgl. dazu bspw. LÖFFLER, G., *Der Beitrag von Finanzanalysten* (1998), S. 23-26; SCHLEIS, K., *Aktienkurs-Prognose* (1984), S. 85; WASCHKOWSKI, H., *Prognose von Aktienkursen* (1971), S. 109; MÜLLER, GERHARD, *Statistische Prognosemodelle zur Optimierung von Wertpapierportefeuilles* (1996), S. 66; SAUER, E., *Kointegration von Renten- und Aktienmarkt* (1996), S. 173-205; SPIWOKS, M., *Kapitalmarktzinsentwicklung* (1993), S. 14; GRÜNENFELDER, T., *Aktienmärkte und Zinsstruktur* (1998), S. 21-23. Unter Praktikern der Investment-Branche gilt dieser Einfluß der Zinsen auf die Aktienkurse als gesichert. Das kann an zahllosen Marktanalysen und -kommentaren abgelesen werden. Vgl. bspw. RULAND, H. / BOHN, S. / SCHNITZER, H., *Strategie* (Deutscher Aktienmarkt 6/1998), S. 10; BOHN, S. / HEISTER, W., *Strategie* (Deutscher Aktienmarkt 9/1998), S. 8; BOHN, S. / SCHNITZER, H. / BORGHOFF, V., *Strategie* (Deutscher Aktienmarkt 11/1998), S. 8; BOHN, S. / SCHNITZER, H. / BORGHOFF, V., *Strategie* (Deutscher Aktienmarkt 12/1998), S. 8; PREIß, H., *Gesamtmarktstrategie* (Private Wertpapieranlage 6/2000), S. 6; SCHLOTE, K. / SCHWARZ, D. / TUSZYNSKI, F., *Fundamental* (Stock Market Update 13.07.2000), S. 3; GILLES, M. / GARZ, H. / HÜRKAMP, A. / VOLK, C., *Blase oder Fundamental?* (Pan-Europäische Aktienstrategie 3/2000), S. 6; ACKERMANN, H., *Wende* (Fakten und Meinungen 07.07.1994), S. 3; SPIWOKS, M., *Bondmärkte* (Anlage–Perspektiven 21.10.1994), S. 3; SPIWOKS, M., *Kapitalmärkte im Wechselbad* (Anlage-Perspektiven 04.11.1994), S. 3; OTTO, M. / SPIWOKS, M., *Initialzündung aus den USA* (Anlage-Perspektiven 10.02.1995), S. 3; OTTO, M. / SPIWOKS, M., *Flucht in Qualität* (Anlage-Perspektiven 24.03.1995), S. 3; OTTO, M. / SPIWOKS, M., *US-Dollar unter Beschuß* (Anlage-Perspektiven 28.04.1995), S. 3; ROTHAUGE, F. A. / SPIWOKS, M., *US-Währung* (Anlage-Perspektiven 02.06.1995), S. 3; LAYCOCK, E. / SCHLEGELMILCH, T. / HEIDENREICH, M., *Aktienmarkt* (Aktienfocus 24.07.1998), S. 3; HYPOVEREINSBANK, *Gute Daten* (Anleger 1/2000), S. 21.

849 Dies wäre wohl nur möglich, wenn die Gewinnschätzungen eine erkennbar höhere Qualität aufwiesen als die Zinsprognosen. Empirische Analysen der Qualität von Gewinnschätzungen zeigen jedoch, daß davon im Regelfall nicht ausgegangen werden kann. Vgl. bspw. DREMAN, D. / BERRY, M., *Analyst Forecasting Errors* (Financial Analysts Journal 5-6/1995), S. 30-41; CHOPRA, V. K., *Error in Analysts' Earning Forecasts* (Financial Analysts Journal 11-12/1998), S. 35-42; CAPSTAFF, J. / PAUDYAL, K. / REES, W., *Forecasts of German Firms' Earnings* (Journal of International Financial Management and Accounting 2/1998), S. 83-116; KÖRNDL, P., *Methoden der Aktienanalyse* (1994), S. 76-90.

Auf die Wechselkursentwicklung wirkt die Entwicklung der in- und ausländischen Zinssätze ein.[850] Der grundlegende Zusammenhang wird durch die Zinsparitätentheorie beschrieben.[851] Dabei wird unterstellt, daß ein Anreiz zum Kapitalexport besteht, solange der Zinsertrag der Auslandsanlage multipliziert mit dem Swapsatz höher liegt als der Zinsertrag einer vergleichbaren Inlandsanlage und vice versa. Kapitalimporte und –exporte (mit ihrem jeweiligen unmittelbaren Einfluß auf den Wechselkurs) unterbleiben also erst, wenn gilt:

$$1+i=\left(1+i_A\right)\frac{w_T}{w}$$

Dabei steht i für den Zinssatz im Inland, i_A für den Zinssatz im Ausland, w für den aktuellen Wechselkurs und w_T für den Terminkurs. Ändert sich in der Zukunft beispielsweise der Inlandszinssatz bei unverändertem Auslandszinssatz, so werden Kapitalimporte oder –exporte ausgelöst, bis durch die daraus resultierende Änderung des Wechselkurses und/oder des Terminkurses die Gleichgewichtsbedingung wieder erfüllt ist. Damit ist der erhebliche Einfluß künftiger Zinsentwicklungen auf künftige Wechselkursbewegungen beschrieben. Zwar wird die Gültigkeit der beschriebenen Zusammenhänge durch einige einschränkende Faktoren begrenzt[852] und neben dem Einfluß des zinsinduzierten Kapitalverkehrs wirken sicher noch andere Faktoren auf die Wechselkursentwicklung ein,[853] doch spielt

850 Die Annahme, daß die Zinsänderungen als exogen, die Wechselkursänderungen dagegen als endogen zu betrachten sind, kann als empirisch hinreichend belegt angesehen werden. Vgl. bspw. REGIER, H. J., *Devisenmarkt und Kausalität* (1981), S. 13.

851 Zur Zinsparitätentheorie vgl. bspw. FILC, W., *Zinsarbitrage und Währungsspekulation* (1975), S. 46-165; KAUFMANN, R. S., *Zusammenspiel von Preisen, Zinsen und Wechselkursen* (1996), S. 137-172; GRIMM, G., *Fundamentale Wechselkursprognose* (1997), S. 73-80 u. 91-99; JARCHOW, H.-J. / RÜHMANN, P., *Monetäre Außenwirtschaftstheorie* (1988), S. 242-244; MÖLLER, H., *Weltwährungsordnung* (1972), S. 40-42; SPIWOKS, M., *Kapitalmarktzinsentwicklung* (1993), S. 47-48; STEURER, E., *Maschinelle Lernverfahren zur Wechselkursprognose* (1997), S. 14-17; LEONI, W., *Wechselkursprognose* (1990), S. 182-183; FILC, W. / BREDEMEIER, S., *Analyse und Prognose der Wechselkursentwicklung* (1989), S. 41-51. Einen synoptischen Überblick über wichtige empirische Arbeiten zum Zinsparitätentheorem gibt FREIMANN. Vgl. FREIMANN, E., *Zinsdifferenz und Wechselkurserwartung* (1994), S. 23. Zum Problem der Wechselkursanpassung bei exogenen Zinsschocks vgl. SPAHN, H.-P., *Zinsparität* (2000), S. 7-11.

852 Das Vorhandensein von Transaktionskosten, von unterschiedlicher Besteuerung, von Risikounterschieden zwischen Anlagen in den beiden betrachteten Ländern oder von etwaigen Kapitalverkehrskontrollen können den beschriebenen Zusammenhang zumindest vorübergehend erheblich beeinträchtigen. Vgl. dazu SIEBERT, H., *Außenwirtschaft* (1989), S. 322-323.

853 Zu nennen sind vor allem spekulative Kapitalbewegungen und durch Güterströme induzierte Kapitalströme, aber auch Einflußgrößen wie etwaige Budgetdefizite, Außenhandelsbilanzde-

die künftige Zinsentwicklung zumindest eine nicht zu vernachlässigende Rolle bei der Abschätzung der künftigen Wechselkursentwicklung.[854]

Auch im Hinblick auf die Prognose von Wechselkursschwankungen wecken die Ergebnisse des Kapitels 3.3. also keine große Zuversicht.

Anhand dieser kurzen Skizzierung wichtiger Aspekte der Fundamentalbewertung von Aktien- und Währungsmärkten wird deutlich, daß die Zinsentwicklung wesentlichen Einfluß auf andere Bereiche des Finanzmarktgeschehens entfaltet. Die Zinsprognose nimmt daher die zentrale Rolle bei der Prognose verschiedenster Finanzmarktentwicklungen ein. Ohne die Zinsprognose zu beherrschen, ist es beinahe unmöglich, erfolgreiche Aktien- oder Währungsprognosen zu erarbeiten. Dementsprechend ist der Analyse der Prognosekompetenz bei Zinsprognosen besondere Aufmerksamkeit gewidmet worden. Auf Aktien- und Währungsprognosen soll hier folglich nur kurz und ausschließlich im Sinne einer Abrundung der Ergebnisse des Kapitels 3.3. eingegangen werden.

Als weiterer Grund für die nur exemplarische Untersuchung jeweils einer Aktien- und einer Währungsprognose ist die sehr schmale zur Verfügung stehende Datenbasis zu nennen. Die größte Schwierigkeit der empirischen Überprüfung der Prognosekompetenz bei Aktien- und Währungsprognosen liegt bei der Gewinnung von authentischem Datenmaterial. Consensus Forecast veröffentlicht weder Aktien- noch Währungsprognosen. Im deutschsprachigen Raum gibt es meines Wissens nur eine Publikation, die regelmäßig (Kombinations-) Prognosen unter anderem zu Aktien- und Währungsentwicklungen veröffentlicht, nämlich den Finanzmarktreport des Zentrums für Europäische Wirtschaftsforschung in Mannheim (ZEW).[855]

---

fizite, unterschiedliche Wachstumstempos und Inflationsentwicklungen etc. Vgl. dazu bspw. FILC, W., *Fundamentalanalyse der Wechselkursentwicklung* (1988), S. 85-96; ALTMANN, J., *Internationale Wirtschaftsbeziehungen* (1983), S. 81-87; DAHMANN, K., *Währungsmanagement* (1995), S. 176.

854 Unter Praktikern der Investment-Branche gilt dieser Einfluß der Zinsen auf die Wechselkurse als gesichert. Das zeigt sich in zahllosen Marktanalysen und –kommentaren. Vgl. bspw. KLEIN, M., *USA* (Renten- und Devisenmärkte 1/1999), S. 17; KLEIN, M., *USA* (Renten- und Devisenmärkte 1-2/2000), S. 13; WEIL, C., *Überblick* (Konjunktur, Zinsen und Wechselkurse international 10/1999), S. 4; SPIWOKS, M., *Bondmärkte* (Anlage–Perspektiven 21.10.1994), S. 3; PREUSCHL, M. / BECKMANN, U., *Im Bann des Dollars* (Perspektiven 8/1997), S. 24-25; PREUSCHL, M. / BECKMANN, U., *Exportboom* (Perspektiven 9/1997), S. 24-25; PREUSCHL, M. / BECKMANN, U., *Präventiver Schritt* (Perspektiven 10/1997), S. 25; BECKMANN, U. / PREUSCHL, M., *Exportboom in Gefahr?* (Perspektiven 11-12/1997), S. 25; PREUSCHL, M. / BECKMANN, U., *Konjunktur beginnt zu wirken* (Wirtschaftstrends 4/1998), S. 8-9.

855 Leider veröffentlicht das ZEW nur die Kombinationsprognosen. Die Einschätzungen der einzelnen befragten Unternehmen werden jedoch (anders als bei Consensus Forecast) nicht aufgeschlüsselt. Es steht also nur die ZEW-Kombinationsprognose für die Analyse zur Verfügung. Die darin eingegangenen Prognosen einzelner Banken etc. lassen sich nicht näher

3.4.2. Prognosen des Zentrums für Europäische Wirtschaftsforschung

Das Zentrum für Europäische Wirtschaftsforschung (ZEW) wurde 1990 gemeinsam von der Universität Mannheim, der baden-württembergischen Landesregierung und der Landeskreditbank Baden-Württemberg gegründet.[856] Nach eigener Einschätzung zeichnet das ZEW aus, daß es „Analysen auf wissenschaftlich fundierter Grundlage bei gleichzeitiger Praxisnähe" durchführt.[857] Das ZEW verfolgt fünf prioritäre Forschungsbereiche, von denen an erster Stelle der Bereich „Internationale Finanzmärkte und Finanzmanagement" genannt wird.[858]

Das ZEW hat mit zuletzt 115 Mitarbeitern eine beachtliche Größe erlangt.[859] In den zurückliegenden zehn Jahren hat das ZEW eine weitreichende Vernetzung mit internationalen Forschungseinrichtungen vorgenommen[860] und genießt inzwischen einen sehr guten Ruf als international tätiges Forschungszentrum. Der Wissenschaftsrat hat 1999 im Rahmen einer Evaluation festgestellt, daß sich das ZEW „zu einer der führenden Einrichtungen der anwendungsbezogenen empirischen Wirtschaftsforschung entwickelt" habe.[861]

Eine der wichtigsten vom ZEW editierten Zeitschriften ist der ZEW-Finanzmarktreport. Diese Zeitschrift erscheint seit 1992 und dokumentiert die Ergebnisse des monatlich stattfindenden ZEW-Finanzmarkttests. Bei dieser Erhebung „werden jeden Monat ca. 350 Finanzmarktexperten aus Banken, Versicherungen und großen Industrieunternehmen nach ihren Einschätzungen und Prognosen wichtiger internationaler Finanzmarktdaten befragt".[862] Daraus wird für alle betrachteten volkswirtschaftlichen Kennzahlen und Finanzmarktgrößen jeweils eine Kombinationsprognose mit sechsmonatigem Prognosehorizont abgeleitet.[863]

---

untersuchen. Deshalb geht aus dem ZEW-Finanzmarktreport nur eine vergleichsweise schmale Datenbasis hervor.

856 Vgl. ZEW, *ZEW im Überblick* (www. zew.de 31.10.2000), S. 1.

857 Vgl. ZEW, *Willkommenseite* (www. zew.de 31.10.2000), S. 1.

858 Vgl. ZEW, *Forschungsbereiche* (www. zew.de 31.10.2000), S. 1.

859 Vgl. ZEW, *Mitarbeiter* (www. zew.de 31.10.2000), S. 1.

860 Vgl. ZEW, *Kooperationspartner des ZEW* (www. zew.de 31.10.2000), S. 1-3.

861 Vgl. ZEW, *Jahresbericht 1998/99* (1999), S. 1.

862 ZEW-FINANZMARKTREPORT, 12/1995, S. 1. Vgl. auch ANDERS, U., *Konstruktion eines Stimmungsbarometers* (1995), S. 1; SZCZESNY, A. / DORNAU, R. / ANDERS, U., *German Market Indicator* (1997), S. 1. Dabei werden nur qualitative Einschätzungen abgefragt und dann in quantitative Prognosen umgemünzt. Vgl. zu den Verfahrensmöglichkeiten MARNET, V., *Finanzmarkterwartungen* (1996); MARNET, V., *Der ZEW-Finanzmarkttest* (1993). In jüngster Zeit ist der Umfang der Erhebung sogar noch ausgeweitet worden. Zuletzt wurden monatlich etwa 400 Unternehmen befragt. Darunter befinden sich rund 250 Banken, 50 Versicherungen, 50 Kapitalanlagegesellschaften, 30 Industrieunternehmen und 20 private Anlagemanager. Vgl dazu ZEW, *Jahresbericht 1998/99* (1999), S. 34.

863 Vgl. ZEW-FINANZMARKTREPORT, Jg. 1992-1999.

Diese Kombinationsprognosen können bis Oktober 1994 zurückverfolgt werden.[864] Wie bereits im einzelnen dargelegt, wird in den folgenden beiden Abschnitten nur im Sinne einer *exemplarischen* Untersuchung, die die Ergebnisse des Kapitels 3.3. lediglich abrunden soll, die Analyse der ZEW-Prognose des Deutschen Aktienindex (3.4.2.1.) und der ZEW-Prognose des Wechselkurses DM/US-Dollar (3.4.2.2.) vorgenommen.

3.4.2.1. Überprüfung der Prognosegüte der DAX-Prognose des ZEW

Die grafische Gegenüberstellung der DAX-Prognose und des tatsächlichen Verlaufs des Deutschen Aktienindex offenbart auf den ersten Blick eine ähnliche Charakteristik, wie sie bei den in Kapitel 3.3. untersuchten Zinsprognosen zu erkennen war: Die Prognose erfaßt die tatsächliche Marktentwicklung äußerst ungenügend und läuft ihr um etwa den Prognosehorizont nach (Abb. 122 u. 124). Besonders deutlich wird dies, wenn die Prognose um sechs Monate nach links verschoben wird, so daß sie ihrem jeweiligen Entstehungszeitpunkt und nicht mehr ihrem Geltungsbereich zugeordnet wird (Abb. 123 u. 125).

Vor der Berechnung des Theilschen Ungleichheitskoeffizienten „neuer Art" und des GOVA-Koeffizienten müssen die Zeitreihen zunächst in stationäre Prozesse transformiert werden, um Ergebnisverzerrungen durch Kointegrationen zu vermeiden.[865] Dabei wird ein einfaches Trendbereinigungsverfahren angewendet.[866]

---

864 Leider wird der ZEW-Finanzmarktreport bundesweit nur von drei Bibliotheken archiviert. Bedauerlicherweise sind die Bestände zumindest hinsichtlich des Beiblattes mit den Prognosedaten so lückenhaft, daß eine Analyse nicht möglich ist. Eine Bitte um Unterstützung wurde vom ZEW positiv beschieden. Das ZEW hat mir die (die Prognosedaten enthaltenden) Beiblätter des ZEW-Finanzmarktreports im Zeitabschnitt Okt. 1994 bis Dez. 1999 zur Verfügung gestellt. Die Ausgaben von Jan. 1992 bis Sept. 1994 waren im ZEW-Archiv nicht auffindbar. Daher muß sich die hier vorgenommene Datenanalyse auf den Zeitraum Okt. 1994 bis Dez. 1999 beschränken. Darüber hinaus veröffentlicht das ZEW leider nur die Kombinationsprognosen. Die Einschätzungen der einzelnen befragten Unternehmen werden jedoch (anders als bei Consensus Forecast) nicht aufgeschlüsselt. Es steht also nur die ZEW-Kombinationsprognose für die Analyse zur Verfügung. Die darin eingegangenen Prognosen einzelner Banken etc. lassen sich nicht näher untersuchen. Deshalb geht aus dem ZEW-Finanzmarktreport nur eine vergleichsweise schmale Datenbasis hervor.

865 Vgl. ANDRES, P. / SPIWOKS, M., *Prognosequalitätsmatrix* (Jahrbücher für Nationalökonomie und Statistik 1999), S. 534.

866 Trendbereinigungen werden häufig durch Differenzenbildung vorgenommen. Dabei geht allerdings die ursprüngliche Gestalt der Kurvenverläufe vollständig verloren. Um dies zu vermeiden, wurde hier das von LEINER beschriebene einfache Trendgeradenbereinigungsverfahren gewählt. Vgl. LEINER, B., *Grundlagen der Zeitreihenanalyse* (1998), S. 15-20.

Abbildung 122: Entwicklung des Deutschen Aktienindex (DAX) (dicke Linie) und entsprechende 6-Monats-Prognose des Zentrums für Europäische Wirtschaftsforschung (ZEW) (dünne Linie) von September 1994 bis Juni 2000.

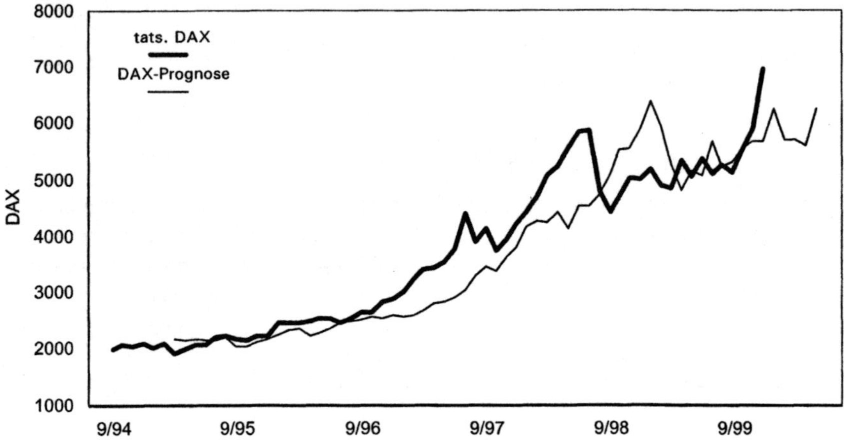

Quelle: Eigene Darstellung basierend auf ZEW-FINANZMARKTREPORT, Jg. 1994-1999, und MARKET MAKER Kursdatenbank.

Abbildung 123: Entwicklung des Deutschen Aktienindex (DAX) (dicke Linie) und um 6 Monate nach links verschobene 6-Monats-DAX-Prognose des Zentrums für Europäische Wirtschaftsforschung (ZEW) (dünne Linie) von September 1994 bis Juni 2000.

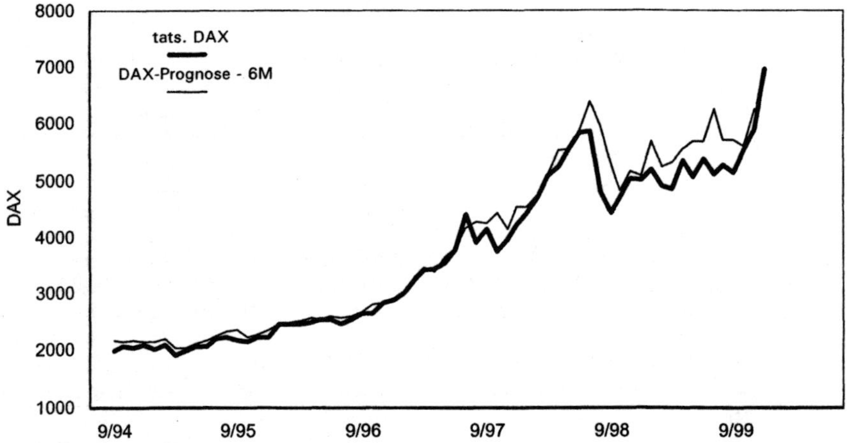

Quelle: Eigene Darstellung basierend auf ZEW-FINANZMARKTREPORT, Jg. 1994-1999, und MARKET MAKER Kursdatenbank.

Abbildung 124: Trendbereinigte Entwicklung des Deutschen Aktienindex (DAX) (dicke Linie) und entsprechende 6-Monats-Prognose des Zentrums für Europäische Wirtschaftsforschung (ZEW) (dünne Linie) von September 1994 bis Juni 2000.

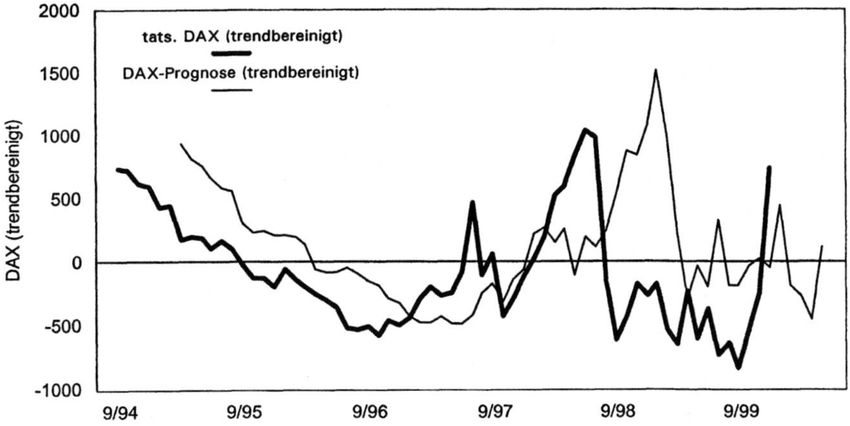

Quelle: Eigene Darstellung basierend auf ZEW-FINANZMARKTREPORT, Jg. 1994-1999, und MARKET MAKER Kursdatenbank.

Abbildung 125: Trendbereinigte Entwicklung des Deutschen Aktienindex (DAX) (dicke Linie) und um 6 Monate nach links verschobene trendbereinigte 6-Monats-DAX-Prognose des Zentrums für Europäische Wirtschaftsforschung (ZEW) (dünne Linie) von September 1994 bis Juni 2000.

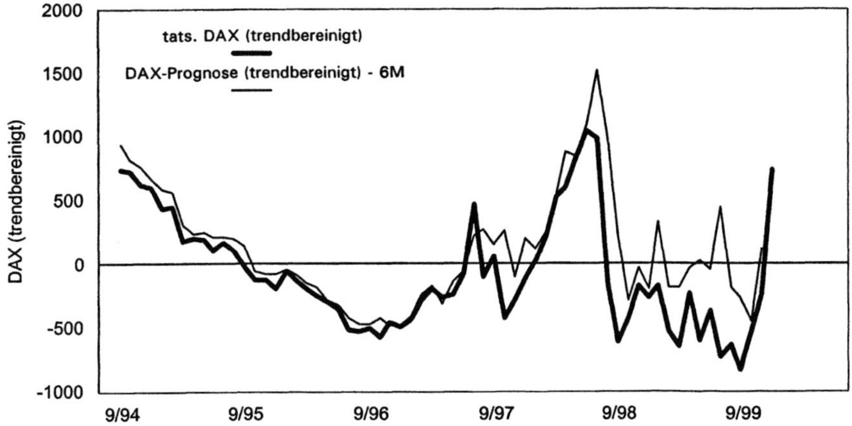

Quelle: Eigene Darstellung basierend auf ZEW-FINANZMARKTREPORT, Jg. 1994-1999, und MARKET MAKER Kursdatenbank.

Dem ZEW ist es offensichtlich nicht gelungen, die wesentlichen Marktbewegungen des DAX zu prognostizieren. Insbesondere anhand der lokalen Maxima (Mitte 1997 und Mitte 1998) sowie anhand der lokalen Minima (Herbst 1996, Herbst 1997, Herbst 1999) wird erkennbar, daß die Prognose der tatsächlichen Entwicklung des DAX um etwa ein halbes Jahr nachläuft (Abb. 124). Werden die Prognosedaten ihrem jeweiligen Entstehungszeitpunkt zugeordnet, läßt sich hingegen eine relativ enge Bindung an das jeweils aktuelle Marktgeschehen erkennen (Abb. 125).

Die Kennzahlen bestätigen diesen ersten Eindruck. Die Berechnung des Theilschen Ungleichheitskoeffizienten „neuer Art" ergibt den Wert 1,029. Der prognostische Gehalt der ZEW-Prognose bleibt also hinter dem der entsprechenden naiven Prognose zurück. Der GOVA-Koeffizient weist einen Wert von 0,0002 auf und kennzeichnet damit eine gegenwartsorientierte Verlaufsanpassung, die in ihrem Ausmaß kaum zu übertreffen ist. Die 6-Monats-DAX-Prognose des ZEW ist somit als quasi-naive Prognose identifiziert (Abb. 126).

Abbildung 126: Einordnung der 6-Monats-DAX-Prognose des Zentrums für Europäische Wirtschaftsforschung in die Prognosequalitätsmatrix.

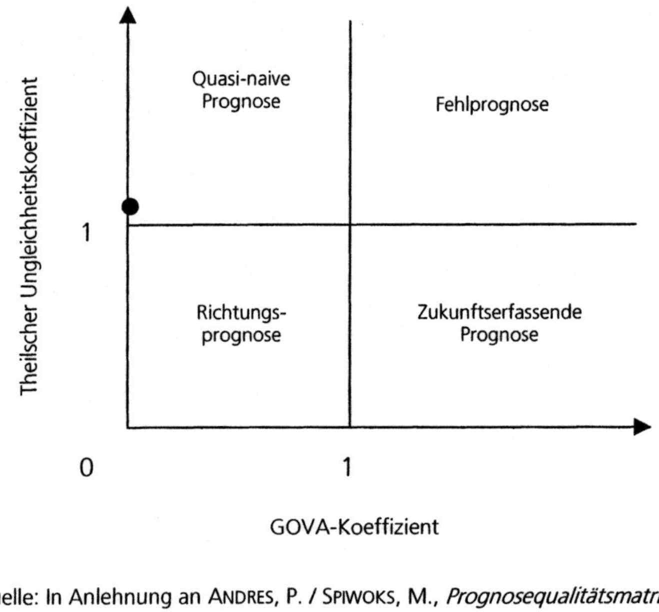

Quelle: In Anlehnung an ANDRES, P. / SPIWOKS, M., *Prognosequalitätsmatrix* (1999), S. 536.

3.4.2.2. Überprüfung der Prognosegüte der Wechselkurs-Prognose DM/US-Dollar des ZEW

Das ZEW erarbeitete ursprünglich im monatlichen Rhythmus Währungsprognosen für die Entwicklung des US-Dollars, des japanischen Yen, des britischen Pfundes, des Schweizer Franken, des französischen Franc und der italienischen Lira (jeweils im Verhältnis zur Deutschen Mark). Seit Januar 1999, also mit Einführung des Euro, entfielen folgerichtig die Prognosen des DM/Franc- und des DM/Lire-Wechselkurses. Von den Währungsprognosen, für die über den gesamten hier relevanten Zeitraum[867] Währungsprognosen vom ZEW erstellt wurden,[868] ist der Wechselkurs DM/US-Dollar sicher der bedeutendste. Deshalb ist er hier als exemplarisch zu untersuchende Währungsprognose ausgewählt worden.

Ab Januar 1999 wird nur noch der Euro/US-Dollar-Wechselkurs prognostiziert. Für die vorliegende Untersuchung war es erforderlich, diese Prognosedaten in DM/US-Dollar-Wechselkurse umzurechnen, um eine einheitlich dimensionierte Zeitreihe zur Kennzahlenanalyse heranziehen zu können.

Auch die wesentlichen Marktbewegungen des DM/US-Dollar-Wechselkurses wurden in der ZEW-Prognose nicht angemessen reflektiert. Insbesondere bei Betrachtung der lokalen Maxima (Mitte 1997, Frühjahr 1998 und Mitte 1999) sowie der lokalen Minima (Sommer 1995 und Ende 1998) wird deutlich, daß die Prognose der tatsächlichen Wechselkursentwicklung etwa um den Prognosehorizont nachläuft (Abb. 127). Werden die Prognosedaten um sechs Monate nach links verschoben, so daß sie ihrem jeweiligen Entstehungszeitpunkt (und nicht mehr ihrem Geltungsbereich) zugeordnet sind, läßt sich hingegen eine relativ enge Anlehnung an das jeweils aktuelle Marktgeschehen erkennen (Abb. 128).

Die Berechnung der einschlägigen Kennzahlen bestätigt diesen Eindruck. Der Theilsche Ungleichheitskoeffizient „neuer Art“ nimmt den Wert 1,209 an. Der prognostische Gehalt der ZEW-Prognose bleibt also deutlich hinter dem der entsprechenden naiven Prognose zurück. Der GOVA-Koeffizient weist einen Wert von 0,522 auf und kennzeichnet damit eine gegenwartsorientierte Verlaufsanpassung. Die 6-Monats-Prognose des ZEW bezüglich des DM/US-Dollar-Wechselkurses muß also als quasi-naive Prognose bezeichnet werden (Abb. 129).

---

867 Oktober 1994 bis Dezember 1999.

868 US-Dollar, japanischer Yen, Schweizer Franken und britisches Pfund.

Abbildung 127: Entwicklung des DM/US-Dollar-Wechselkurses (dicke Linie) und entsprechende 6-Monats-Prognose des Zentrums für Europäische Wirtschaftsforschung (ZEW) (dünne Linie) von September 1994 bis Juni 2000.

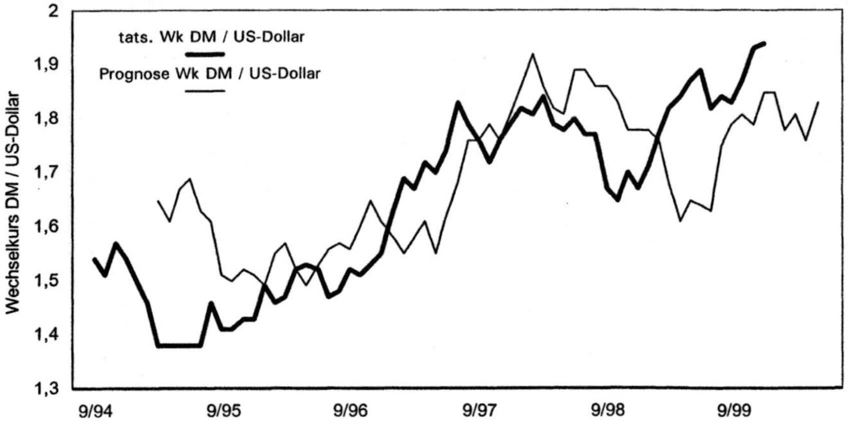

Quelle: Eigene Darstellung basierend auf ZEW-FINANZMARKTREPORT, Jg. 1994-1999, und MARKET MAKER Kursdatenbank.

Abbildung 128: Entwicklung des DM/US-Dollar-Wechselkurses (dicke Linie) und um 6 Monate nach links verschobene 6-Monats-Prognose des Zentrums für Europäische Wirtschaftsforschung (ZEW) bezüglich des DM/US-Dollar-Wechselkurses (dünne Linie) von September 1994 bis Juni 2000.

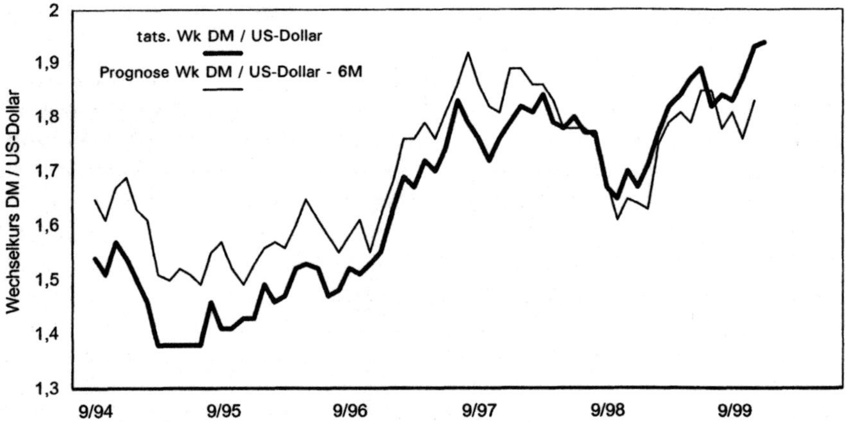

Quelle: Eigene Darstellung basierend auf ZEW-FINANZMARKTREPORT, Jg. 1994-1999, und MARKET MAKER Kursdatenbank.

Abbildung 129: Einordnung der 6-Monats-Prognose des Zentrums für Europäische Wirtschaftsforschung bezüglich des DM/US-Dollar-Wechselkurses in die Prognosequalitätsmatrix.

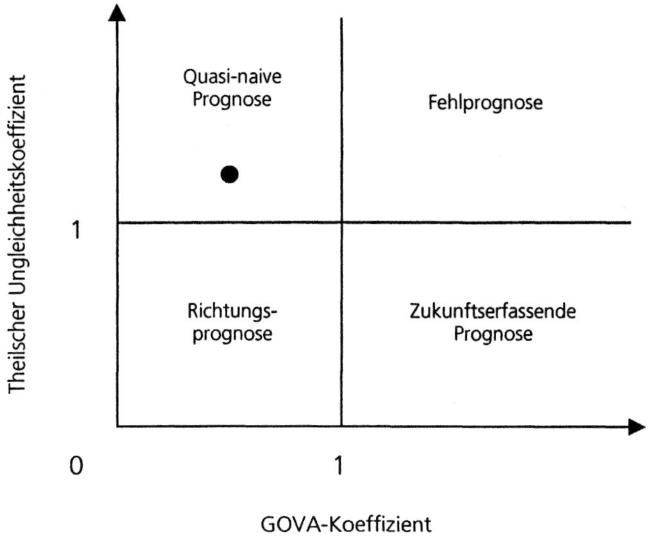

Quelle: In Anlehnung an ANDRES, P. / SPIWOKS, M., *Prognosequalitätsmatrix* (1999), S. 536.

3.4.3. Ergebniszusammenfassung

Die Zinsentwicklung stellt einen grundlegenden Bestimmungsfaktor des gesamten Finanzmarktgeschehens dar. Beispielsweise hat der Zins als Diskontierungsfaktor wesentlichen Einfluß auf die fundamentale Aktienbewertung. Für die Wechselkursentwicklung spielen internationale Zinsdifferenzen eine bedeutende Rolle. Insofern ist eine zuverlässige Prognose von Aktien- und Währungsmärkten kaum möglich, ohne auf eine zuverlässige Zinsprognose zurückzugreifen. Da in Kapitel 3.3. keinerlei Hinweise darauf gefunden wurden, daß bei deutschen Kreditinstituten oder anderen Finanzmarktprognosen erstellenden Einrichtungen die nötige Kompetenz vorhanden ist, um taugliche Zinsprognosen zu erstellen, konnte in Kapitel 3.4. darauf verzichtet werden, Aktien- und Währungsprognosen in ähnlicher Ausführlichkeit zu untersuchen. Eine Beschränkung auf eine lediglich exemplarische Betrachtung einer Aktien- und einer Währungsprognose wurde darüber hinaus durch die schmale zur Verfügung stehende Datenbasis erzwungen. Dementsprechend kann das Kapitel 3.4. nur als abrundende Ergänzung der Ergebnisse des Kapitels 3.3. verstanden werden.[869]

Die Untersuchung der ZEW-Prognosen der DAX- und der US-Dollar-Entwicklung zeigen die gleichen Charakteristika wie die betrachteten Zinsprognosen: Beide Prognosen weisen einen geringeren prognostischen Gehalt auf als die jeweilige naive Prognose. Beide Prognosen sind durch eine deutliche gegenwartsorientierte Verlaufsanpassung gekennzeichnet.[870] Es handelt sich also sowohl bei der DAX-Prognose als auch bei der US-Dollar-Prognose des ZEW um quasi-naive Prognosen.

Auch hier konnte also kein Hinweis darauf gefunden werden, daß eine Prognosekompetenz vorliegt, die zu einer aktiven Ausrichtung von Portfoliomanagement-Strategien Anlaß geben könnte.

3.5. Zusammenfassung und kritische Würdigung der Untersuchungsergebnisse

Unter der Annahme, daß zumindest die halbstrenge Informationseffizienz an den Kapitalmärkten herrscht, ist auszuschließen, daß Kapitalmarktentwicklungen prognostizierbar sind.[871] In diesem Fall können aktive Portfoliomanagement-Strategien nicht zum Erfolg führen. Die dauerhafte Erzielung von systematischen Überrenditen wäre ausgeschlossen.

Obwohl in den zurückliegenden 30 Jahren kaum ein finanzwirtschaftliches Problem so gründlich erforscht worden ist wie die Informationseffizienz an Kapitalmärkten, konnte bisher kein eindeutiges und endgültiges Ergebnis erzielt werden. Nicht einmal eine weitgehend unumstrittene herrschende Meinung hat sich diesbezüglich herauskristallisiert.

Unter diesen Voraussetzungen ist es zur Beantwortung der Frage, ob die Prognosekompetenz deutscher Vermögensverwalter als ausreichend angesehen werden kann, um ihre Ausrichtung auf aktive Portfoliomanagement-Strategien zu rechtfertigen, notwendig, das Augenmerk direkt auf deren Prognoseleistung zu richten. Eine solche empirische Analyse erscheint um so notwendiger, da die Güte von realen Kapitalmarktprognosen bisher kaum zum Gegenstand wissenschaftlicher Untersuchungen gemacht worden ist.

---

869 Die Kapitel 3.3. und 3.4. stehen sich also keineswegs gleichrangig gegenüber.

870 Daß auch die Aktienmarkt-Prognose des ZEW im Zeitraum von 1992 bis 1994 von einer nachhaltig gegenwartsorientierten Verlaufsanpassung geprägt war, geht aus einem kurzen Bericht der FAZ hervor. Vgl. FAZ, *Analysten verhalten sich opportunistisch* (FAZ 30.06.1994), S. 19.

871 Von der Möglichkeit einer illegalen Verwendung von Insider-Informationen einmal abgesehen.

Die Vielzahl von statistischen Prognosefehlermaßen macht es erforderlich, im Vorfeld einer solchen Untersuchung eine kritische Bewertung der unterschiedlichen Meßverfahren und eine begründete Auswahlentscheidung vorzunehmen. Dabei stellt sich heraus, daß einige der durchaus häufig verwendeten Prognosefehlermaße einem strengen Anforderungskatalog nicht standhalten. Anwendung fand schließlich die Prognosequalitätsmatrix, die ihrerseits auf dem Theilschen Ungleichheitskoeffizienten „neuer Art" und dem GOVA-Koeffizienten beruht. Mit Hilfe dieses Konzeptes ist es möglich, Prognosedatenreihen in vier Kategorien einzuordnen (quasi-naive Prognosen, Fehlprognosen, Richtungsprognosen und zukunftserfassende Prognosen).

Mit diesem Instrumentarium wurden zunächst 22 Zinsprognose-Zeitreihen mit 12-monatigem und 22 Zinsprognose-Zeitreihen mit 3-monatigem Prognosehorizont untersucht. Später wurden ergänzend auch eine Aktienindex-Prognose und eine Währungsprognose jeweils mit 6-monatigem Prognosehorizont überprüft.

Die Prognosen stammten zum überwiegenden Anteil von deutschen Kreditinstituten. Darunter befanden sich unter anderem Großbanken, renommierte Privatbanken sowie Spitzeninstitute des Sparkassen- und des Genossenschaftssektors. Es handelt sich also um einen Querschnitt durch die deutsche Bankenlandschaft. Alle Kreditinstitute, deren Zinsprognosen untersucht wurden, waren unter anderem im Geschäftsbereich Vermögensverwaltung tätig. Ohne Ausnahme präferierten diese Institute aktive Portfoliomanagement-Strategien. In einigen Fällen wurde die besondere Kompetenz im Bereich Investment-Research sehr selbstbewußt hervorgehoben. Auch die Prognosen einiger Forschungseinrichtungen wurden in die Untersuchung einbezogen.

Das Ergebnis der statistischen Ex-post-Beurteilung der Prognosezeitreihen fiel überraschend übereinstimmend aus:

Von den 46 untersuchten Prognosen wies keine einzige einen Theilschen Ungleichheitskoeffizienten von < 1 auf. Das bedeutet, daß keine der untersuchten Prognosen bessere Prognoseergebnisse geliefert hat als die jeweils entsprechende naive Prognose. Hätte man stets den aktuellen Wert als Prognosewert verwendet, wäre die Abweichung von Prognose zu tatsächlicher Kapitalmarktentwicklung bei allen 46 Prognosezeitreihen geringer ausgefallen.

Von den 46 untersuchten Prognosen wies keine einzige einen GOVA-Koeffizienten von > 1 auf. In allen 46 Fällen lag also eine gegenwartsorientierte Verlaufsanpassung vor. Keine einzige der betrachteten Prognosezeitreihen lag näher an der tatsächlichen Kapitalmarktentwicklung ihres Geltungsbereiches als an der Marktentwicklung zum Zeitpunkt der Prognoseerstellung.

Alle 46 untersuchten Prognosezeitreihen fielen damit in die Kategorie der quasinaiven Prognose. Keine einzige der Prognosen wäre also geeignet gewesen, um darauf aktive Portfoliomanagement-Strategien aufzubauen. Die Prognostiker haben in allen 46 Fällen offenbar keine Vorstellung von der künftigen Marktentwicklung gewonnen. Sie haben sich statt dessen stark an der jeweils aktuellen Marktlage zum Zeitpunkt der Prognoseerstellung orientiert.[872]

Es ist als besonders schwerwiegend zu betrachten, daß das Untersuchungsergebnis keine Ausnahme aufweist. Nicht eine einzige der 46 betrachteten Prognosezeitreihen war auch nur annähernd geeignet, um darauf aktive Portfoliomanagement-Strategien aufzubauen. Unter diesem Gesichtspunkt erscheint es ausgeschlossen, daß die betreffenden Institute systematische Überrenditen generieren konnten.

Will man diese Ergebnisse vor dem Hintergrund der Diskussion um die Effizienzhypothese bewerten, so muß festgestellt werden, daß die hier vorliegenden Untersuchungsergebnisse deutliche Indizien für die Gültigkeit zumindest der halbstrengen Informationseffizienz liefern.[873]

Allerdings bleiben die vorliegenden Untersuchungsergebnisse in einer Hinsicht beschränkt: Repräsentative Aussagen über die gesamte deutsche Vermögensverwaltungsbranche können auf der Grundlage von nur 19 im Vermögensverwaltungsgeschäft tätigen Kreditinstituten, deren Prognosen Gegenstand der vorliegenden Untersuchung sind, nicht gemacht werden. Um zu verläßlichen Ergebnissen zu kommen, die Geltung für die gesamte Branche beanspruchen können, müßten die Prognosen mehrerer Hundert Vermögensverwalter untersucht werden. Diese Daten liegen allerdings nicht vor. Und da die Beurteilung der Prognosen authentische und über viele Jahre laufende Zeitreihen erfordert, wären repräsenta-

872 Dieses Ergebnis deckt sich mit gelegentlich geäußerten kritischen Einschätzungen der Analysten-Leistungen in der Wirtschaftspresse. Vgl. bspw. FAZ, *Analysten verhalten sich opportunistisch* (FAZ 30.06.1994), S. 19; HEUSSER-BACHMANN, C., *SPI-Prognosen nur beschränkt nützlich* (Finanz und Wirtschaft 20.01.1999), S. 21; HEUSSER-BACHMANN, C., *Sind SPI-Prognosen Glückssache?* (Finanz und Wirtschaft 01.11.1997), S. 18; SCHWARZ, P. / QUANDT, K., *Verengter Blickwinkel* (Handelsblatt Investor 10./11.11.2000), S. 10; MOERSCHEN, T., *Analysten reagieren zu spät auf Trendwende an den Börsen* (Handelsblatt 20.12.2000), S. 35; MOERSCHEN, T., *Analysten sind notorische Optimisten* (Handelsblatt 02.11.2000), S. 37; NEINHAUS, A., *Wer Prognosen traut ist selber Schuld* (Finanz und Wirtschaft 17.02.1999), S. 35; GERKE, W. / ÖCHSNER, T., *Bei Wetterprognosen gibt es mehr Treffer* (SZ 30./31.01.1999), S. 25. Zu einem übereinstimmenden Ergebnis kommt auch BRESTEL, H., *Was sind Prognosen wert?* (1992), S. 24-25. REIM hingegen vertritt bei Betrachtung von Prognoseergebnissen im Jahr 2000 die Auffassung, daß Finanzanalysten ihr Leistungsvermögen erheblich steigern konnten. Vgl. REIM, M., *Analysten* (SZ 09.01.2001), S. 23. Er übersieht dabei allerdings, daß die vorherrschende Charakteristik der gegenwartsorientierten Verlaufsanpassung immer dann zu zufällig guten Ergebnissen führt, wenn im Prognosezeitraum per saldo nur geringe Veränderungen zustande kommen. Dies ist jedoch für die betrachteten Märkte im Vergleich von Jahresanfang zu Jahresende 2000 der Fall.

873 Die Diskussion um die Effizienzhypothese soll hier jedoch nicht weiter vertieft werden, da die vorliegenden Ergebnisse (auch ohne Berücksichtigung der Effizienzhypothese) für die Argumentation der vorliegenden Studie ausreichen. Die übergeordnete Fragestellung der Gültigkeit der Effizienzhypothese wird nämlich auf absehbare Zeit nicht abschließend beantwortet werden können. Vgl. dazu Kapitel 3.1.

tive Ergebnisse nur mit einem Forschungsprojekt wirklich erheblichen Ausmaßes zu erzielen.[874]

Es bleibt aber festzustellen: Im Rahmen der hier vorliegenden Untersuchung konnten keinerlei Hinweise darauf gefunden werden, daß die erforderliche Prognosekompetenz für die erfolgreiche Realisierung aktiver Portfoliomanagement-Strategien bei deutschen Vermögensverwaltern vorliegt.

Daraus ergeben sich Konsequenzen für die Produktpolitik von Vermögensverwaltern, die eine dauerhafte Bindung ihrer Kunden an ihr Unternehmen anstreben. Diese Konsequenzen sind Gegenstand des 4. Kapitels.

874 Hier ergeben sich möglicherweise Ansätze für weiterführende Forschungsprojekte. Da diese Fülle an authentischen Prognosedaten jedoch nicht vorliegt, müßten diese Daten erst erhoben werden. Das weiterführende Forschungsprojekt müßte deshalb von vornherein auf einen Zeitraum von fünf bis zehn Jahre Dauer angelegt werden. Das geht weit über das hinaus, was im Rahmen einer Dissertation zu bewältigen ist. Hier wären eher dauerhaft bestehende Forschungseinrichtungen gefordert.

4. Wege zu einer stärkeren Kundenbindung im Vermögensverwaltungsgeschäft

Am Ende der Untersuchung sind die wichtigsten Ergebnisse zusammenzufassen und Schlußfolgerungen daraus zu ziehen (4.1.). Schließlich sollen die Untersuchungsergebnisse in eine Empfehlung für Vermögensverwaltungsgesellschaften umgemünzt werden (4.2.).

4.1. Schlußfolgerungen aus den Untersuchungsergebnissen

Die erzielten Untersuchungsergebnisse müssen nun in Beziehung zu der zugrunde liegenden Hypothese gesetzt werden. Die Hypothese lautete:

Sofern die vier Randbedingungen

- der Unternehmenserfolg steigt mit einer steigenden Kundenbindungsrate
- unabdingbare Voraussetzung für eine hohe Kundenbindungsrate im Vermögensverwaltungsgeschäft ist die Erfüllung des Leistungsversprechens
- Kern des Leistungsversprechens der meisten Vermögensverwalter ist die erfolgreiche Realisierung aktiver Portfoliomanagement-Strategien
- Voraussetzung für die erfolgreiche Umsetzung aktiver Portfoliomanagement-Strategien ist eine ausreichende Prognosekompetenz

vorliegen und der Satz gilt

- die Entscheidungsträger in Vermögensverwaltungsunternehmen wissen um die in den Randbedingungen 1 bis 4 formulierten Zusammenhänge und fällen rationale Entscheidungen im Sinne der Erreichung des Unternehmensoberzieles

so muß die vorhandene Prognosekompetenz der meisten Vermögensverwalter ausreichen, um aktive Portfoliomanagement-Strategien erfolgreich umsetzen zu können.

Vor dem Hintergrund der Untersuchungsergebnisse des 3. Kapitels muß diese Hypothese verworfen werden.[875] Die betrachteten, im Vermögensverwaltungsge-

875 Für die Ergebnisinterpretation sei – entsprechend der Erörterungen der Kapitel 2.1. bis 2.4. - angenommen, daß die Randbedingungen zutreffend die Realität beschreiben und daß das erzielte Ergebnis der empirischen Überprüfung der Prognosekompetenz die tatsächliche Lage widerspiegelt. In diesem Fall muß die Hypothese verworfen werden. Es gehört jedoch zur wissenschaftlichen Redlichkeit, an dieser Stelle erneut darauf hinzuweisen, daß die Diskrepanz zwischen Explanandum und empirischer Wirklichkeit nicht zwangsläufig darauf zurückgeführt werden muß, daß die zu prüfende Gesetzesaussage nicht der Realität entspricht. Es ist ebenso möglich, daß die Randbedingungen nicht zutreffend formuliert sind oder daß die empirische Überprüfung der Hypothese zu unzutreffenden Ergebnissen geführt hat.

Wossidlo betont: „Empirische Tests sind zwar eine notwendige, keineswegs aber eine hinreichende Voraussetzung für den erfolgreichen Einsatz der Theorien in der Praxis, da zum einen die Prüfungen selbst wiederum mangelbehaftet sein können, zum anderen immer fraglich bleibt, ob man alle Bedingungen für das in der Aussage behauptete Ereignis richtig erfassen und abbilden konnte." Wossidlo, P. R., *Finanzielle Führung* (1993), S. 447. Dies gilt ebenso bei einer Bestätigung wie bei einer Ablehnung einer Hypothese. Vor diesem Hintergrund ergeben sich konkrete Ansatzpunkte für weitere Forschungstätigkeit. Insbesondere die Erhärtung der in Randbedingung 3 postulierten Gegebenheiten, nämlich daß – bis auf wenige Ausnahmen – alle deutschen Vermögensverwalter aktive Portfoliomanagement-Strategien zum Kern ihres Leistungsversprechens machen, bedarf einer Überprüfung anhand einer größeren Stichprobe. Aber auch der für die Randbedingung 2 wesentliche Bezug auf das Confirmation/Disconfirmation-Paradigma wird angesichts vieler alternativer Theorieansätze weitere Forschungsbemühungen nach sich ziehen müssen. Führen zu einem späteren Zeitpunkt neue Erkenntnisse zu einer massiven Infragestellung einer der Randbedingungen, muß auch die hier vorgenommene Verwerfung der Hypothese neu geprüft werden. Weiterhin muß die Tragweite der Ergebnisse der empirischen Überprüfung der Prognosekompetenz ausgewählter Vermögensverwalter kritisch hinterfragt werden. Gezeigt werden konnte, daß die betrachteten 19 Kreditinstitute in den 1990er Jahren nicht in der Lage waren, Zinsprognosen zu erstellen, die geeignet waren, aktive Portfoliomanagement-Strategien erfolgreich zu realisieren. Da es sich bei den betrachteten Instituten um einen Querschnitt durch die deutsche Bankenlandschaft handelt (alle vier Großbanken, Spitzeninstitute der Sparkassen und Genossenschaftsinstitute, namhafte Privatbanken), liegt der Schluß nahe, daß sich die Prognosekompetenz bei anderen deutschen Kreditinstituten auch nicht grundlegend anders darstellt. Diese Einschätzung wäre jedoch noch anhand breiter angelegter Studien zu überprüfen. Weiterhin wurde plausibel dargelegt, warum zuverlässige Aktienmarkt- oder Währungsprognosen nur auf der Basis zuverlässiger Zinsprognosen möglich sind. Dennoch bleibt es der weiteren Forschung vorbehalten, empirische Belege dafür zu finden, daß auch die Prognosekompetenz bezüglich anderer Kapitalmarktsegmente als dem Anleihenmarkt als unzureichend anzusehen ist. Ferner beziehen sich die empirischen Befunde nur auf die Prognose der Zinsentwicklung im Währungsraum der Deutschen Mark. Es ist zwar nicht zu erwarten, daß ein deutsches Kreditinstitut über eine höhere Kompetenz für die Prognose der Zinsentwicklung im Yen- oder im Dollar-Raum verfügt als für die Prognose der DM-Zinsen. Allerdings wäre gegebenenfalls auch dies in Folgestudien zu überprüfen. Darüber hinaus beziehen sich die empirischen Ergebnisse auf Prognosen, die in den 1990er Jahren erstellt wurden. Ergebnisse, die sich auf die Vergangenheit beziehen, können selbstverständlich nicht ohne weiteres in die Zukunft fortgeschrieben werden. Andererseits gibt es keinerlei Hinweise dafür, daß sich die Prognosekompetenz mit Beginn des neuen Jahrzehnts sprunghaft gebessert hat. Dennoch bleibt die Beobachtung der tatsächlich vorhandenen Prognosekompetenz eine dauerhafte Aufgabe. Der bedauerliche Umstand, daß eine Forschungsfrage selten in allen ihren Facetten und Implikationen vollständig erfaßt und bearbeitet werden kann, hat Spann bereits 1931 in die treffenden Worte gekleidet: „Die ungeheure Größe des Gegenstandes selbst ist es, die uns Demut auferlegt und uns mit dem Bewußtsein durchtränkt, wie stückhaft auch der große Gedanke und das reichste Wissen ist." Spann, O., *Die Haupttheorien der Volkswirtschaftslehre* (1931), S. 218. Noch drastischer schildert Schopenhauer die Grenzen des wissenschaftlichen Erkenntnisgewinns: „Die Wahrheit ist keine Dirne, die sich denen an den Hals wirft, welche ihrer nicht begehren: vielmehr ist sie eine so spröde Schöne, daß selbst, wer ihr alles opfert, noch nicht ihrer Gunst gewiß sein darf." Strich, M. / Hossfeld, P., *Wissenschaft* (1987), S. 94.

schäft tätigen Unternehmen waren während der 1990er Jahre offensichtlich nicht in der Lage, die wichtigsten Kapitalmarktentwicklungen hinreichend zuverlässig zu prognostizieren.

Es stellt sich somit die Frage, warum Vermögensverwalter die Umsetzung aktiver Portfoliomanagement-Strategien in den Mittelpunkt ihrer Tätigkeit und ihres Leistungsversprechens rücken, obwohl sie nicht über die dafür notwendige Prognosekompetenz verfügen.

Es sind zwei Gründe denkbar, die diesen offensichtlichen Widerspruch erklären können:[876] 1. Die Vermögensverwalter machen sich Illusionen bezüglich ihrer Prognosekompetenz; 2. Die Auswirkungen des nicht eingehaltenen Leistungsversprechens werden unterschätzt oder sogar gar nicht erkannt.

Die systematische Evaluation der in der Vergangenheit erstellten Prognosen gehört bis heute nicht zu den selbstverständlichen Aufgaben der Vermögensverwalter oder deren Research-Abteilungen. Deshalb ist es denkbar, daß der Befund des Kapitels 3.3. den betroffenen Instituten bisher gar nicht bekannt war.[877] Auch wird von Vermögensverwaltern die unzureichende Qualität ihrer Prognosen häufig bewußt nicht zur Kenntnis genommen.[878] Sofern jedoch eine nüchterne Einschätzung des Prognoseerfolges der Vergangenheit vorliegt, folgen oft Illusionen bezüglich des möglichen künftigen Erfolgs der Prognoseerstellung. Dabei herrscht die Vorstellung vor, daß man in der Vergangenheit zwar Fehler gemacht, aus diesen Fehlern aber auch gelernt habe, so daß sich die künftigen Prognosen besser bewähren würden. Für diese Form des Zweckoptimismus lassen sich jedoch in aller Regel keine objektivierbaren Anhaltspunkte finden.

Um begreifen zu können, warum die Gefahren der Nicht-Einhaltung des Leistungsversprechens gerade im Vermögensverwaltungsgeschäft so nachhaltig unterschätzt werden, ist es erforderlich, die scheinbaren Vorzüge aktiver Portfoliomanagement-Strategien zu reflektieren: Aktive Portfoliomanagement-Strategien eröffnen auf kurze Sicht weitaus höhere Ertragsperspektiven als ihre passiven Pendants. Denn einerseits kann beim Kunden mit Hinweis auf aufwendige Research-

---

876 WOSSIDLO weist unter Bezugnahme auf WITTE darauf hin, „daß wissenschaftliches Arbeiten unbefriedigend bleibt, wenn nach Falsifikationen nicht auch der Versuch gemacht wird, neue, bislang nicht bekannte Hypothesen aus dem Material zu gewinnen." WOSSIDLO, P. R., *Sequenzanalyse* (1975), S. 4'.

877 Vgl. BREIG, H., *Informationsgehalt von Finanzmarktprognosen* (Finanzmarkt und Portfolio Management 1/1991), S. 71. In diesem Zusammenhang gewinnt der Ausspruch von VON FOERSTER neue Aktualität: „Ich weiß, daß ich nichts weiß, aber viele wissen auch das nicht." Vgl. DIE ZEIT, *Heinz von Foerster* (Die Zeit 15.01.1998), S. 41.

878 Daß bestimmte Ereignisse oder Gegebenheiten von Unternehmen bewußt ignoriert werden, darauf haben WITTE und WOSSIDLO hingewiesen. Vgl. WITTE, E., *Zur Bestimmung der Liquiditätsreserve* (ZfB 1964), S. 768; WOSSIDLO, P. R., *Unternehmenswirtschaftliche Reservierung* (1970), S. 50.

Aktivitäten eine deutlich höhere Management-Fee durchgesetzt werden.[879] Andererseits werden mit den dauernden Wertpapierumschichtungen, die dem Verwaltungskunden in Rechnung gestellt werden, erhebliche Anteile des Gesamtertrages generiert.[880]

Vermögensverwalter wollen also schlicht und einfach mehr verdienen und konzentrieren sich deshalb ganz auf aktive Portfoliomanagement-Strategien, obwohl sie zu einer dauerhaft erfolgreichen Verwirklichung dieses Ansatzes nicht in der Lage sind. Mittel- bis langfristig wirkt sich diese Haltung ertragsmindernd aus. Der Großteil der vermögenden Privatkunden dürfte über kurz oder lang zur Kenntnis nehmen, daß der Vermögensverwalter sein zentrales Leistungsversprechen, nämlich mit aktiven Portfoliomanagement-Strategien systematische Überrenditen zu erzielen, nicht einhält. Wenn der Kern des Leistungsversprechens nicht erfüllt wird, resultiert daraus beinahe zwangsläufig die Unzufriedenheit des Kunden.[881] Die Geschäftsbeziehung wird destabilisiert. Die Abwanderung des Kunden ist unter diesen Umständen kaum zu verhindern. Deshalb kann es auch nicht verwundern, daß die Kundenbindungsrate im Private Banking auf außerordentlich niedrigem Niveau liegt.[882]

Die Neukundenakquisition in diesem Kundensegment ist aufwendig und teuer.[883] Außerdem verursachen neue Kunden zunächst sehr viel höhere Kosten in der laufenden Betreuung als alteingesessene Kunden.[884] Die Erträge pro Kunde pro Zeitabschnitt steigen im Laufe der Jahre stetig an.[885] Ein alter Kunde, der dem Verwalter verlorengeht, kann daher nicht ohne weiteres durch einen neuen Kunden ersetzt werden. Es können Jahre vergehen, bis der Neukunde ähnliche Ertragspotentiale aufweist wie der alte Kunde. Eine hohe Kundenfluktuation ist dementsprechend schädlich für die mittel- bis langfristige Ertragsentwicklung. Die Ent-

---

879 Dabei wird häufig übersehen, daß einer niedrigeren Management-Fee im Falle des Passiv-Managements auch deutlich geringere Kosten der Leistungserstellung gegenüberstehen, so daß eine Ausrichtung auf passive Portfoliomanagement-Strategien durchaus zu einer vergleichbaren oder sogar zu einer höheren Nettomarge führen kann.

880 Vgl. BREIG, H., *Informationsgehalt von Finanzmarktprognosen* (Finanzmarkt und Portfolio Management 1/1991), S. 71. HEMKER erklärt die vorherrschende Stellung von aktiven Portfoliomanagement-Strategien so: „Die in der Ertragsverantwortung stehenden Mitarbeiter wissen, daß sie die erwarteten und notwendigen Beträge ihrers ‚Profit Centers' zu einem großen Teil nur durch Umschichtungen in den Kundendepots erreichen können." HEMKER, W., *Freie Vermögensverwalter* (1995), S. 729.

881 Vgl. Kapitel 2.2.

882 Vgl. Abschnitt 2.1.3. Auch die zunehmende Klage über sog. vagabundierendes Finanzverhalten kann vor diesem Hintergrund nicht überraschen. Vgl. bspw. SZALLIES, R., *Vagabundierendes Finanzverhalten* (1998), S. 275-286; EPPLE, M. H., *Kundenbindung wird schwächer* (Die Bank 10/1991), S. 550.

883 Vgl. Abschnitt 2.1.3.

884 Vgl. Abschnitt 2.1.4.

885 Vgl. Abschnitt 2.1.4.

scheidung, trotz mangelnder Prognosekompetenz ganz auf aktive Portfoliomanagement-Strategien zu setzen, mag vordergründig betrachtet zu einer Erhöhung der Ertragspotentiale beitragen. Auf mittlere Sicht hingegen führt diese Entscheidung zu einer substantiellen Auszehrung des wichtigsten Rückhaltes jedes auf dauerhafte Geschäftsbeziehungen ausgelegten Unternehmens, nämlich des Kundenstammes. Angesichts des sich zunehmend verschärfenden Wettbewerbs im Vermögensverwaltungsgeschäft[886] erscheint dieses Vorgehen wenig zukunftsträchtig.

In den USA und Großbritannien zeigen sich bereits deutliche Tendenzen der Umorientierung von Vermögensverwaltern.[887] Insbesondere bei der Betreuung der als kritisch und kostenbewußt geltenden institutionellen Kunden werden seit einigen Jahren verstärkt passive Portfoliomanagement-Strategien umgesetzt.[888] Aber auch Privatanleger vertrauen zunehmend auf passive Portfoliomanagement-Strategien.[889] In Deutschland hingegen wird dieser Trend bisher kaum nachvollzo-

---

886 Vgl. BRANDENBERGER, S., *Investment Engineering* (1995), S. 2; AICHINGER, C., *Stellenwert der Portfoliomanager-Klienten-Beziehung* (1995), S. 101; PECHLANER, H., *Private Banking* (1993), S. 3; PLATZEK, H.-J., *Private Banking als strategisches Geschäftsfeld* (Die Bank 11/1998), S. 650; HEITMÜLLER, H.-M., *Methoden der Finanzmarktforschung* (1998), S. 264; HOCKMANN, H. J., *Leistungsgestaltung im Asset Management* (1998), S. 134-135; MERL, G., *Back-Office* (1995), S. 433; MÜNCH, J., *Privatbanken erwarten einschneidende Konsolidierung* (Finanz und Wirtschaft 17.02.1999), S. 17; SELLERBERG, G., *Vermögensverwaltung in Zürich* (1995), S. 781; EISELIN, S. / ZULAUF-POLI, D., *In der Vermögensverwaltungsbranche wird's eng* (Finanz und Wirtschaft 13.09.1997), S. 17; SCHADE, G. F., *Finanzdienstleister* (Handelsblatt 21.09.2000), S. B16; NEUE ZÜRCHER ZEITUNG, *Ein Honigtopf namens Private Banking* (Neue Zürcher Zeitung 21.11.1997), S. 13. Eine Umfrage unter deutschen Vermögensverwaltungsunternehmen zeigt, daß die zunehmende Verschärfung der Konkurrenzsituation von den Instituten sehr deutlich wahrgenommen wird. Vgl. WICKE, J. M., *Perspektiven der individuellen Vermögensverwaltung* (Die Bank 9/1996), S. 538. Die Neue Zürcher Zeitung erwartet insbesondere ab dem Jahr 2010 eine wesentliche weitere Verschärfung der Wettbewerbssituation. Ab dann nämlich werden aus demographischen Gründen mehr Ersparnisse aufgezehrt als gebildet. Vgl. NEUE ZÜRCHER ZEITUNG, *Vermögensverwaltung nicht ohne Gefahren* (Neue Zürcher Zeitung 02.04.1998), S. 9.

887 Anfang 1998 wurden in den USA bereits rund eine Billion US-Dollar passiv verwaltet. Vgl. HÜBSCHER, M., *Indexfonds* (Finanz und Wirtschaft 18.04.1998), S. 27. Anfang 1999 flossen in den USA bereits rund 20% neuer Anlagebeträge in passive Anlageinstrumente. Vgl. PFEIFFER, H., *Markt schlägt Mensch* (Die Zeit 29.04.1999), S. 34.

888 MARTIN GRUBER weist darauf hin, daß die größten US-Pensionsfonds rund die Hälfte ihrer Mittel passiv verwalten. Vgl. NARAT, I., *Der Professor liebt den Index* (Handelsblatt 26.05.1998), S. 53.

889 LUTTMER schätzt, daß inzwischen rund 20 bis 30 Prozent der US-amerikanischen und britischen Investment-Beträge in Index-Produkte fließen. Vgl. LUTTMER, M., *Indexanteile übertreffen Durchschnitt der Aktienfonds* (Financial Times Deutschland 06.03.2000), S. 33. MÜLLER sieht bei US-amerikanischen Privatinvestoren eine „rasch ansteigende Tendenz", Mittel passiv zu investieren. Vgl. MÜLLER, MARIO, *Besser als die meisten Profis* (Die Zeit 24.09.1998), S. 46. ZEPPENFELD schätzt daß 30% aller Kapitalanlagen in den USA passiv investiert werden. Vgl. ZEPPENFELD, R., *Passive Performance* (FAZ 08.05.2001), S. B15.

gen.[890] Ende 1998 wurde lediglich etwa ein Prozent der Gelder institutioneller Anleger passiv investiert.[891] Der Anteil privater Vermögen, die mit Hilfe passiver Portfoliomanagement-Strategien angelegt werden, dürfte eher noch dahinter zurückbleiben.

Von Praktikern werden häufig folgende Argumente vorgebracht, um zu erklären, warum die auf Dauer wenig erfolgversprechende Ausrichtung auf aktive Portfoliomanagement-Strategien dennoch aufrechterhalten wird:

- Da die Bewertung einer aktiven Portfoliomanagement-Strategie als erfolgreich bzw. erfolglos nicht ohne weiteres möglich ist,[892] wird der Kunde die Nicht-Einhaltung des Leistungsversprechens in der Regel gar nicht wahrnehmen.
- Der Kunde ist so fasziniert von dem Versuch, „den Markt zu schlagen", daß er wohlwollend darüber hinwegsieht, daß dieses Unterfangen zumindest auf mittlere und lange Sicht nicht gelingt.[893]
- Da nach Ablauf einiger Jahre die Abwanderung des Kunden ohnehin nicht zu verhindern ist, soll bis dahin – ohne Rücksicht auf das Zufriedenheitsurteil des Kunden - ein möglichst hoher Ertrag generiert werden.

Derartige Einschätzungen ignorieren die in den Kapiteln 2.1. und 2.2. dargelegten Zusammenhänge. Es muß bezweifelt werden, ob mit einer so unkritischen Haltung gegenüber den eigenen Grundsatzentscheidungen der Wettbewerb der kommenden Jahre und Jahrzehnte erfolgreich bestanden werden kann.

Zusammenfassend läßt sich also feststellen, daß das Problembewußtsein der Vermögensverwalter bezüglich der mangelnden Werthaltigkeit aktiver Portfoliomanagement-Strategien und den daraus resultierenden Konsequenzen für den langfristigen Unternehmenserfolg bisher offenbar nicht hinreichend ausgeprägt ist.

---

890 HÜBSCHER stellt fest: „In Europa hingegen vermochte sich der passive Anlagestil erst in Großbritannien durchzusetzen. In Kontinentaleuropa steckt die Entwicklung noch in den Kinderschuhen." HÜBSCHER, M., *Indexfonds* (Finanz und Wirtschaft 18.04.1998), S. 27.

891 Vgl. NARAT, I., *Der Index-Lockruf für Spezialfonds* (Handelsblatt 11.11.1998), S. 37. Zwar gibt die Deutsche Bank an, rund ein Drittel der für institutionelle Anleger verwalteten Mittel passiv zu managen (vgl. Abschnitt 3.3.1.1.), doch bezieht sich diese Zahl auf die weltweiten Aktivitäten der Deutschen Bank. In Deutschland für deutsche Institutionelle verwaltete Vermögen dürften ebenfalls nur zu einem geringen Bruchteil passiv gemanaget werden.

892 Vgl. Abschnitt 2.4.1.

893 Zu dieser Rechtfertigung aktiver Portfoliomanagement-Strategie paßt der Befund von BRUHN, daß die Mitarbeiter von Kreditinstituten die Kundenzufriedenheit insbesondere in Fragen der Vermögensanlage wesentlich positiver einschätzen, als sie tatsächlich ist. Vgl. BRUHN, M., *Dienstleistungsqualität im Kreditgewerbe II* (KuK 4/1997), S. 610.

4.2. Ableitung von Empfehlungen für Unternehmen der Vermögensverwaltungsbranche

Aus den vorliegenden Untersuchungsergebnissen lassen sich zwei Empfehlungen für Unternehmen der Vermögensverwaltungsbranche ableiten: Die tatsächlichen Verhältnisse im betreffenden Unternehmen sollten genau analysiert werden. Vor dem Hintergrund dieser Ergebnisse sollte die Schwerpunktsetzung und das Leistungsversprechen des betreffenden Unternehmens kritisch überprüft werden.

Ein Unternehmen der Vermögensverwaltungsbranche sollte seine tatsächliche Prognosekompetenz ermitteln. Das dazu erforderliche statistische Instrumentarium liegt vor.[894] Die zu bewältigende Aufgabe besteht also in erster Linie darin, die Ergebnisse der Prognosegütemessung wirklich zur Kenntnis zu nehmen.[895]

Sofern Zweifel an den Ergebnissen des Kapitels 2.1. gehegt werden, empfiehlt es sich, den Zusammenhang von Kundenbindungsdauer und Profitabilität im eigenen Unternehmen zu überprüfen.[896] Sofern sich der postulierte positive Zusammenhang bestätigt, ist es sinnvoll, die aktuelle Kundenbindungsrate zu ermitteln, um mögliche Potentiale einer verstärkten Kundenbindung besser abschätzen zu können.

Sofern Zweifel an den Ergebnissen des Kapitels 2.2. gehegt werden, bietet es sich an, eine Abwanderungsanalyse durchzuführen. Dabei ist es von besonderer Bedeutung zu ermitteln, welche Gründe ehemalige Kunden für den Wechsel des Vermögensverwalters nennen.

Ferner ist es erforderlich, die eigene Schwerpunktsetzung und das kommunizierte Leistungsversprechen klar zu analysieren.

Stellt sich heraus, daß ein bestimmtes Unternehmen

- über eine unzureichende Prognosekompetenz verfügt[897]

---

894 Vgl. Kapitel 3.2.

895 Das dürfte im Einzelfall nicht ganz leicht fallen. Wenn ein Unternehmen jahrelang erhebliche Ressourcen in den Aufbau und die Unterhaltung eines Research-Teams investiert hat, ist die Einsicht, daß es sich weitgehend um Fehlinvestitionen gehandelt hat, schmerzhaft. Es ist deshalb zu empfehlen, es nicht bei einer Selbstkontrolle des Research-Teams zu belassen. Die ständige Überprüfung der Research-Leistungen sollte von unabhängiger Seite vorgenommen werden und daher im Unternehmens-Controlling angesiedelt sein.

896 Als Anregung für derartige Erhebungen seien die Analysen von Bain & Company genannt, die von REICHHELD recht detailliert dargelegt wurden. Vgl. Kapitel 2.1.

897 In Kapitel 3.3. wurden deutliche Hinweise darauf gefunden, daß dieser Umstand bei der Deutschen Bank, der Dresdner Bank, der Commerzbank, der HypoVereinsbank, der BfG, der Invesco Bank, der Bankgesellschaft Berlin, dem Bankhaus Delbrück, dem Bankhaus Sal. Oppenheim, dem Bankhaus Trinkaus & Burkhardt, dem Bankhaus M. M. Warburg, dem Bankhaus Schröder Münchmeyer Hengst, der WestLB, der BayernLB, der Helaba, der DGZ/Deka-Bank, der WGZ-Bank und der DG-Bank konstatiert werden muß. Vgl. dazu Kapitel 3.3.

- eine klare inhaltliche Schwerpunktsetzung zugunsten der Umsetzung aktiver Portfoliomanagement-Strategien vorgenommen hat[898]
- sich diese Schwerpunktsetzung im Leistungsversprechen widerspiegelt[899]
- die Nicht-Erfüllung des Leistungsversprechens ein Gutteil der Kundenfluktuation erklärt[900] und
- die Kundenfluktuation das Unternehmensergebnis schmälert[901]

dann sollte die bisherige Unternehmenspolitik dringend überdacht werden.

Dabei sind insbesondere zwei mögliche Stoßrichtungen zu unterscheiden, die jedoch auch ohne weiteres kombiniert werden können: Zum einen kann über einen Wechsel von aktiven zu passiven Portfoliomanagement-Strategien nachgedacht werden.[902] Zum anderen können außer dem Portfoliomanagement auch andere Bereiche des vielschichtigen Vermögensverwaltungsgeschäftes[903] in den Mittelpunkt der Aktivitäten und des Leistungsversprechens gerückt werden.

Leitlinie der Gestaltung des Leistungsversprechens sollte dabei stets sein, daß niemals mehr versprochen wird, als tatsächlich auch gehalten werden kann.[904]

---

898 In Kapitel 3.3. wurden deutliche Hinweise darauf gefunden, daß dieser Umstand bei der Deutschen Bank, der Dresdner Bank, der Commerzbank, der HypoVereinsbank, der BfG, der Invesco Bank, der Bankgesellschaft Berlin, dem Bankhaus Delbrück, dem Bankhaus Sal. Oppenheim, dem Bankhaus Trinkaus & Burkhardt, dem Bankhaus M. M. Warburg, der WestLB, der BayernLB, der Helaba, der DGZ/Deka-Bank, der WGZ-Bank und der DG-Bank konstatiert werden muß. Vgl. dazu die Kapitel 2.3. und 3.3.

899 In den Kapiteln 2.3. und 3.3. wurden deutliche Hinweise darauf gefunden, daß dieser Umstand bei der Deutschen Bank, der Dresdner Bank, der Commerzbank, der HypoVereinsbank, der Invesco Bank, der Bankgesellschaft Berlin, dem Bankhaus Delbrück, dem Bankhaus Sal. Oppenheim, dem Bankhaus Trinkaus & Burkhardt, dem Bankhaus M. M. Warburg, der WestLB, der BayernLB, der Helaba, der DGZ/Deka-Bank, der WGZ-Bank und der DG-Bank konstatiert werden muß. Vgl. dazu die Kapitel 2.3. und 3.3.

900 Es gibt gute Gründe, dies als grundsätzlich gegeben anzusehen. Vgl. dazu Kapitel 2.2.

901 Es gibt gute Gründe, dies als grundsätzlich gegeben anzusehen. Vgl. dazu Kapitel 2.1.

902 Damit würden Entwicklungen nachvollzogen, die sich bereits seit Jahren im angelsächsischen Raum zeigen. Vgl. Kapitel 4.1.

903 Was außer dem Portfoliomanagement heute zum Aufgabenbereich des Vermögensverwalters zu zählen ist, wird im Kapitel 1.3. und im Abschnitt 2.3.2.3. (Frage 3) erörtert.

904 Es erscheint ratsam, insbesondere bei der Gestaltung des Leistungsversprechens eine konsequente Potentialorientierung vorzunehmen. Eine Potentialorientierung wird von MEYER und BLÜMELHUBER wie folgt charakterisiert: „Ausgangspunkt eines ressourcenbasierten oder potentialorientierten Ansatzes ist die Orientierung an der Ausstattung des Dienstleistungsanbieters mit Leistungsfähigkeiten und –bereitschaften." „Strategische, programmatische und operative Aspekte des Managements orientieren sich an der Potentialausstattung des Dienstleistungsanbieters." MEYER, A. / BLÜMELHUBER, C., *Wettbewerbsorientierte Strategien im Dienstleistungsbereich* (1998), S. 381.

Ein Vermögensverwalter, der beispielsweise die Schwerpunkte Vermögensstruktursteuerung, Steueroptimierung und passives Portfoliomanagement setzt und dem Kunden gegenüber kommuniziert, kann, sofern er die erforderlichen Ressourcen zur Verfügung stellt und gewissenhaft an der Verwirklichung dieser Aufgaben arbeitet, sein Leistungsversprechen vollständig erfüllen. Eine systematische Enttäuschung der Kunden kann auf diese Weise vermieden werden. Der Weg zu einem hohen Maß an Kundenbindung ist damit frei.

Ein Vermögensverwalter dagegen, der in erster Linie die erfolgreiche Umsetzung aktiver Portfoliomanagement-Strategien zusagt, ohne über die dafür erforderliche Prognosekompetenz zu verfügen, kann nicht halten, was er versprochen hat. Die Enttäuschung des Kunden ist zumindest auf mittlere Sicht kaum zu vermeiden. Der Weg zu einer dauerhaften Aufrechterhaltung der Geschäftsbeziehung ist damit in aller Regel versperrt.

5. Zusammenfassung

Die vorliegende Arbeit wendet sich dem Vermögensverwaltungsgeschäft zu. Es wird die Frage aufgeworfen, ob die zu beobachtende klare Ausrichtung der weitaus meisten Vermögensverwalter in Deutschland auf aktive Portfoliomanagement-Strategien durch die vorhandene Prognosekompetenz gerechtfertigt wird.

Die Betrachtung der Rahmenbedingungen legt zunächst den Verdacht nahe, daß die meisten Vermögensverwalter in der Lage sind, Kapitalmarktprognosen zu generieren, die die erfolgreiche Realisierung aktiver Portfoliomanagement-Strategien ermöglichen. Der Betrachtung dieser Rahmenbedingungen ist das zweite Kapitel gewidmet. Darin wird zunächst gezeigt, daß die Verstärkung der Kundenbindung (im Sinne der Erhöhung der Kundenbindungsrate) wesentliche Beiträge zur Verwirklichung des Unternehmensoberzieles leisten kann (2.1.). Weiterhin wird herausgearbeitet, daß im Vermögensverwaltungsgeschäft Kundenbindung nur auf der Grundlage von Kundenzufriedenheit erreicht werden kann (2.2.). Mit Hilfe einer explorativen Befragung konnte ermittelt werden, daß beinahe alle befragten, im Vermögensverwaltungsgeschäft tätigen Unternehmen die Umsetzung aktiver Portfoliomanagement-Strategien in den Mittelpunkt ihrer Tätigkeit rücken und diese Schwerpunktsetzung auch in ihrem Leistungsversprechen zum Ausdruck bringen (2.3.). Zum Abschluß des zweiten Kapitels wird gezeigt, daß eine erfolgreiche Umsetzung aktiver Portfoliomanagement-Strategien nur dann möglich ist, wenn hinreichende Erkenntnisse über die künftige Entwicklung der betreffenden Kapitalmarktsegmente vorliegen (2.4.). Diese vier Randbedingungen führen unmittelbar zu der später zu überprüfenden Hypothese:

Wenn es so ist, daß (1) Vermögensverwalter im Sinne ihres Unternehmensoberzieles auf ein hohes Maß an Kundenbindung hinarbeiten müssen, daß (2) Kundenbindung Kundenzufriedenheit voraussetzt, daß (3) Kundenzufriedenheit die Erfüllung des Leistungsversprechens erfordert, daß (4) Kern des Leistungsversprechens der meisten Vermögensverwalter die erfolgreiche Umsetzung aktiver Portfoliomanagement-Strategien ist und daß (5) die erfolgreiche Umsetzung aktiver Portfoliomanagement-Strategien nur mit einer ausreichenden Prognosekompetenz erzielbar ist, dann muß vermutet werden, daß die meisten Vermögensverwalter über die angesprochene Prognosekompetenz verfügen. Denn ein Vermögensverwalter, der die erfolgreiche Umsetzung aktiver Portfoliomanagement-Strategien in den Mittelpunkt seines Leistungsversprechens rückt, ohne über die dafür notwendige Prognosekompetenz zu verfügen, fordert die Unzufriedenheit seiner Kunden und ihren frühzeitigen Wechsel zu einem Konkurrenzunternehmen geradezu heraus. Als Konsequenz droht die Schmälerung des Unternehmenserfolges.

Das dritte Kapitel wendet sich der empirischen Überprüfung der eingangs explizit dargelegten Hypothese (1.2.1.) zu. Vor einer Analyse des Datenmaterials sind jedoch zwei wesentliche Vorarbeiten zu leisten:

Zunächst muß die Diskussion um die Hypothese informationseffizienter Kapitalmärkte nachgezeichnet werden. Stellt sich nämlich heraus, daß robuste Forschungsergebnisse vorliegen, die zumindest die halbstrenge Form der Effizienzhypothese bestätigen, könnte die Hypothese der vorliegenden Untersuchung sofort verworfen werden. In diesem Fall können aktive Portfoliomanagement-Strategien nämlich grundsätzlich nicht (zumindest nicht dauerhaft) zum Erfolg führen. Die sorgfältige Auswertung des umfangreichen internationalen Fachschrifttums zeigt jedoch, daß bisher kein eindeutiges und endgültiges Ergebnis in der Debatte um die Effizienzhypothese erzielt werden konnte (3.1.). Somit ist eine gezielte Analyse der Prognosekompetenz deutscher Vermögensverwalter weiterhin notwendig.

Außerdem ist es vor Beginn der Datenanalyse erforderlich, einen exakten Maßstab für die Beurteilung der Prognosekompetenz herzuleiten, der es erlaubt einzuschätzen, ob auf der Grundlage bestimmter Prognosezeitreihen die erfolgreiche Umsetzung aktiver Portfoliomanagement-Strategien möglich war oder nicht. Im Zuge einer kriteriengestützten Beurteilung statistischer Prognosegütemaße wird schließlich die Prognosequalitätsmatrix, die ihrerseits auf dem Theilschen Ungleichheitskoeffizienten „neuer Art“ sowie auf dem GOVA-Koeffizienten beruht, als Beurteilungsmaßstab ausgewählt (3.2.).

Mit diesem Instrumentarium werden zunächst 22 Zinsprognose-Zeitreihen mit 12-monatigem und 22 Zinsprognose-Zeitreihen mit 3-monatigem Prognosehorizont untersucht (3.3.). Später werden ergänzend auch eine Aktienindex-Prognose und eine Währungsprognose jeweils mit 6-monatigem Prognosehorizont überprüft (3.4.).

Die Prognosen stammen zum überwiegenden Teil von deutschen Kreditinstituten. Darunter befinden sich unter anderem Großbanken, renommierte Privatbanken sowie Spitzeninstitute des Sparkassen- und des Genossenschaftssektors. Es handelt sich also um einen Querschnitt durch die deutsche Bankenlandschaft. Alle Kreditinstitute, deren Zinsprognosen untersucht werden, sind unter anderem im Geschäftsbereich Vermögensverwaltung tätig. Ohne Ausnahme präferieren diese Institute aktive Portfoliomanagement-Strategien. In einigen Fällen heben sie ihre besondere Kompetenz im Bereich Investment-Research explizit hervor. Auch die Prognosen einiger Forschungseinrichtungen werden in die Untersuchung einbezogen.

Das Ergebnis der statistischen Ex-post-Beurteilung der Prognosezeitreihen fällt überraschend übereinstimmend aus: Alle 46 untersuchten Prognosezeitreihen fallen in die Kategorie der quasi-naiven Prognose. Die Prognostiker haben in allen 46 Fällen offenbar keine Vorstellung von der künftigen Marktentwicklung gewonnen. Sie haben sich statt dessen stark an der jeweils aktuellen Marktlage zum Zeitpunkt der Prognoseerstellung orientiert.

Es ist als besonders schwerwiegend zu betrachten, daß das Untersuchungsergebnis keine Ausnahme aufweist. Nicht eine einzige der 46 betrachteten Prognosezeitreihen war auch nur annähernd geeignet, um darauf aktive Portfoliomanagement-Strategien aufzubauen. Unter diesem Gesichtspunkt erscheint es ausgeschlossen, daß die betreffenden Institute systematische Überrenditen generieren konnten.

Als wichtigstes Ergebnis des dritten Kapitels muß dementsprechend festgestellt werden: Es konnten keinerlei Hinweise darauf gefunden werden, daß die erforderliche Prognosekompetenz für die erfolgreiche Realisierung aktiver Portfoliomanagement-Strategien bei deutschen Vermögensverwaltern vorliegt. Die eingangs aufgestellte Hypothese muß also verworfen werden.

Im vierten Kapitel wird zum einen die Frage aufgeworfen, warum Vermögensverwalter die Umsetzung aktiver Portfoliomanagement-Strategien in den Mittelpunkt ihres Leistungsversprechens rücken, obwohl sie offensichtlich nicht in der Lage sind, die dafür notwendige Prognoseleistung zu erbringen (4.1.). Zum anderen werden aus den Untersuchungsergebnissen einige Empfehlungen für Unternehmen der Vermögensverwaltungsbranche abgeleitet (4.2.).

Anhang I: Fragebogen der explorativen Befragung

Begrüßungsformel:

Guten Tag. Mein Name ist Markus Spiwoks. Im Rahmen meiner Promotion am wirtschaftswissenschaftlichen Fachbereich der Universität Bayreuth führe ich eine Befragung zu einigen Aspekten des Vermögensverwaltungsgeschäftes durch. Ich wäre Ihnen sehr dankbar, wenn Sie mir ein paar Fragen beantworten würden. Die Befragung wird nicht länger als drei bis vier Minuten in Anspruch nehmen.

Frage 1:

Ist Ihre Firma unter anderem als Vermögensverwalter tätig?

Ja	O	→	weiter mit Frage 2
Nein	O	→	Interview beenden!

Frage 2:

Gehören zu Ihren Vermögensverwaltungskunden auch Privatkunden?

Ja	O	→	weiter mit Frage 3
Nein	O	→	Interview beenden!

Frage 3:

Ich lese Ihnen eine Liste mit Teilbereichen der Vermögensverwaltung vor. Bitte sagen sie jeweils, ob der betreffende Teilbereich auch von Ihrem Unternehmen angeboten wird!

	Ja	Nein	Weiß nicht
Vermögensstrukturanalyse	O	O	O
Portfoliomanagement (Investment Research / Asset Allocation / Stock Picking etc.)	O	O	O
Nachlaßverwaltung / Erbschaftsplanung	O	O	O
Stiftungsgründung und -betreuung	O	O	O
Steueroptimierung der Gesamtportfolios	O	O	O
Betreuung von Immobiliendirektinvestitionen	O	O	O
Betreuung von Unternehmensdirektinvestitionen bzw. Venture Capital-Investitionen	O	O	O
Beratung bei Investments in Kunstgegenstände	O	O	O
Andere (ggf. welche?)	O	O	O

....

Frage 4:

Folgende Teilbereiche des Vermögensverwaltungsgeschäftes werden von Ihnen angeboten: → Verlesen des Ergebnisses von Frage 3!

Welcher dieser Aufgabenbereiche erfordert von Ihnen und Ihren Mitarbeitern das stärkste Engagement beziehungsweise den höchsten Arbeitseinsatz?

....

Frage 5:

Weisen Sie in der Regel Ihre Kundschaft vor Übertragung des Verwaltungsmandates auf diese inhaltliche Schwerpunktsetzung ausdrücklich hin?

Ja O

Nein O

Frage 6:

Welchen Stellenwert nimmt bei Ihnen der Aufgabenbereich Portfoliomanagement (Investment Research / Asset Allocation / Stock Picking etc.) im Vergleich zu den übrigen Aufgabenbereichen ein?

Einen hohen Stellenwert O

Einen durchschnittlichen Stellenwert O

Einen geringen Stellenwert O

Weiß nicht O

Frage 7:

Wie gehen Sie in der Regel bei Anlageentscheidungen vor? Realisieren Sie aktive Anlagestrategien (Timing-Entscheidungen, Einzeltitelauswahl etc.)?

Ja O

Nein O

Schlußformel:

Ich bedanke mich sehr herzlich für Ihre Teilnahme an dieser Befragung!

Datum: Gesprächspartner:

Uhrzeit: Dauer des Interviews:

Firma: Interviewer:

Anhang II: Teilnehmerliste der explorativen Befragung

- Bankgesellschaft Berlin AG, Frankfurt/M
- Bayerische Landesbank, München
- Bethmann Vermögensbetreuung GmbH, Frankfurt/M
- Büttner, Kolberg & Partner Vermögensverwalter GmbH, Frankfurt/M
- CDV-AG Vermögensmanagement und Unternehmensberatung, Bielefeld
- Commerzbank AG, Frankfurt/M
- Concept Gesellschaft für Vermögensberatung & Verwaltung, Bielefeld
- Consulting Team Vermögensverwaltung GmbH, Hildesheim
- Deka Swiss Privatbank AG, Zürich
- Delbrück & Co. Privatbankiers, Köln
- Deutsche Bank AG, Frankfurt/M
- Dr. Kohlhase Vermögensverwaltungsgesellschaft mbH, München
- Dr. Thilenius Management GmbH, Stuttgart
- Dresdner Bank AG, Frankfurt/M.
- Fonds Direkt AG für Investmentberatung, Oberursel
- Franzen & Gerber Asset Management GmbH, Kronberg/Ts
- Hein & Cie. Venture Management GmbH, Kronberg/Ts
- Helaba Trust Beratungs- und Management-GmbH, Frankfurt/M
- HSBC Trinkaus & Burkhardt KGaA, Düsseldorf
- JRS AG, Stadtbergen
- Kneip Finance Consult GmbH, Frankfurt/M
- M. M. Warburg & Co. KGaA, Hamburg
- Mronz Schwind Anlage Management GmbH, Köln
- Münchner Bank e.G., München
- PSM Vermögensverwaltung GmbH, München
- RBV GmbH, Gronau
- Reichmuth & Co. Integrale Vermögensverwaltung AG, München
- Ringelstein & Partner Vermögensbetreuungs-GmbH, Essen

- Sal. Oppenheim jr. & Cie. KGaA, Köln
- Schmidt-Bank KGaA, Hof
- Schwäbische Bank AG, Stuttgart
- Schwer & Partner Vermögensbetreuungs-GmbH, Frankfurt/M
- SGZ-Bank AG, Frankfurt/M
- Sparda-Bank Hannover e.G., Hannover
- SVA Vermögensverwaltung Stuttgart GmbH, Stuttgart
- Vinke Vermögensverwaltung GmbH, Düsseldorf
- Westdeutsche Landesbank, Düsseldorf
- Westfalenbank AG, Bochum
- WGZ-Bank e.G., Düsseldorf
- WK Vermögensverwaltungs AG, Wiesbaden

Teilnahme verweigert:

- Concerta Gesellschaft für Vermögensverwaltung und Wirtschaftsberatung mbH, Krefeld
- DG Capital Management GmbH, Frankfurt/M

Anhang III: Ergänzende Ergebnisübersichten

Tabelle 8: Ergebnisübersicht mittlerer Prognosefehler (*MP*) und mittlerer relativer Prognosefehler (*MRP*).

Prognoseerstellende Einheit	*MP* 3-M-Prognose	*MP* 12-M-Prognose	*MRP* 3-M-Prognose	*MRP* 12-M-Prognose
Deutsche Bank	0,045	0,560	0,016	0,118
Commerzbank	0,098	0,490	0,024	0,106
Dresdner Bank	0,075	0,503	0,020	0,109
Bayerische Vereinsbank	0,033	0,433	0,008	0,085
Hypo-Bank	0,139	0,642	0,026	0,123
BfG	0,183	0,714	0,036	0,140
BiL/Invesco	0,171	0,571	0,036	0,125
Delbrück	0,139	0,660	0,027	0,136
Sal. Oppenheim	0,069	0,470	0,016	0,105
Trinkaus & Burkhardt	0,093	0,586	0,020	0,118
SMH	0,129	0,646	0,026	0,130
M. M. Warburg	0,146	0,757	0,033	0,168
Bankgesellschaft Berlin	0,177	0,572	0,031	0,112
Helaba	0,159	0,797	0,030	0,145
BayernLB	0,054	0,487	0,016	0,102
WestLB	0,095	0,617	0,020	0,126
DGZ/Deka	0,095	0,461	0,019	0,102
DG-Bank	0,132	0,585	0,028	0,125
WGZ-Bank	0,056	0,493	0,018	0,110
IfW Kiel	0,134	0,631	0,027	0,126
FAZ-Institut	0,135	0,671	0,030	0,141
Consensus Forecast	0,104	0,576	0,022	0,118

Tabelle 9: Ergebnisübersicht mittlerer absoluter Prognosefehler (*MAP*) und mittlerer relativer absoluter Prognosefehler (*MRAP*).

Prognoseerstellende Einheit	*MAP* 3-Mon.-Prognose	*MAP* 12-Mon.-Prognose	*MRAP* 3-Mon.-Prognose	*MRAP* 12-Mon.-Prognose
Deutsche Bank	0,488	1,017	0,077	0,181
Commerzbank	0,548	1,000	0,087	0,176
Dresdner Bank	0,513	1,001	0,082	0,175
Bayerische Vereinsbank	0,491	0,888	0,077	0,085
Hypo-Bank	0,516	1,030	0,082	0,178
BfG	0,514	1,093	0,083	0,191
BiL/Invesco	0,554	1,067	0,089	0,191
Delbrück	0,568	1,116	0,093	0,199
Sal. Oppenheim	0,481	1,037	0,078	0,183
Trinkaus & Burkhardt	0,495	1,005	0,079	0,175
SMH	0,551	1,136	0,081	0,195
M. M. Warburg	0,635	1,357	0,113	0,254
Bankgesellschaft Berlin	0,529	1,003	0,084	0,173
Helaba	0,505	1,077	0,080	0,184
BayernLB	0,436	0,921	0,070	0,162
WestLB	0,540	1,099	0,087	0,191
DGZ/Deka	0,529	1,101	0,084	0,192
DG-Bank	0,558	1,087	0,090	0,192
WGZ-Bank	0,506	1,016	0,080	0,181
IfW Kiel	0,484	1,018	0,078	0,179
FAZ-Institut	0,475	1,066	0,084	0,198
Consensus Forecast	0,498	1,008	0,080	0,178

Tabelle 10: Ergebnisübersicht mittlerer quadratischer Prognosefehler (*MPQ*) und mittlerer relativer quadratischer Prognosefehler (*MRPQ*).

Prognoseerstellende Einheit	*MPQ* 3-Mon.-Prognose	*MPQ* 12-Mon.-Prognose	*MRPQ* 3-Mon.-Prognose	*MRPQ* 12-Mon.-Prognose
Deutsche Bank	0,373	1,381	0,010	0,053
Commerzbank	0,445	1,332	0,011	0,049
Dresdner Bank	0,401	1,319	0,010	0,048
Bayerische Vereinsbank	0,369	1,061	0,009	0,085
Hypo-Bank	0,401	1,355	0,010	0,048
BfG	0,389	1,516	0,010	0,055
BiL/Invesco	0,440	1,567	0,012	0,061
Delbrück	0,454	1,661	0,013	0,062
Sal. Oppenheim	0,363	1,448	0,010	0,052
Trinkaus & Burkhardt	0,360	1,307	0,009	0,048
SMH	0,455	1,634	0,010	0,059
M. M. Warburg	0,529	2,163	0,017	0,086
Bankgesellschaft Berlin	0,385	1,327	0,010	0,046
Helaba	0,397	1,463	0,010	0,048
BayernLB	0,292	1,143	0,008	0,043
WestLB	0,409	1,526	0,011	0,056
DGZ/Deka	0,422	1,536	0,011	0,055
DG-Bank	0,482	1,585	0,013	0,061
WGZ-Bank	0,410	1,422	0,010	0,055
IfW Kiel	0,331	1,361	0,009	0,051
FAZ-Institut	0,316	1,433	0,011	0,057
Consensus Forecast	0,366	1,321	0,010	0,050

Anhang IV: Zusammenhang von Aktien- und Rentenmarkt

Abbildung 130: Rendite von DM-Staatsanleihen mit zehn Jahren Restlaufzeit in % (dicke Linie, linke Skala) und (durch ungewogenen gleitenden Durchschnitt über acht Quartale) geglättete Veränderung des DAX gegenüber Vorjahr in % (dünne Linie, rechte Skala) vom 1. Quartal 1990 bis zum 4. Quartal 1999.

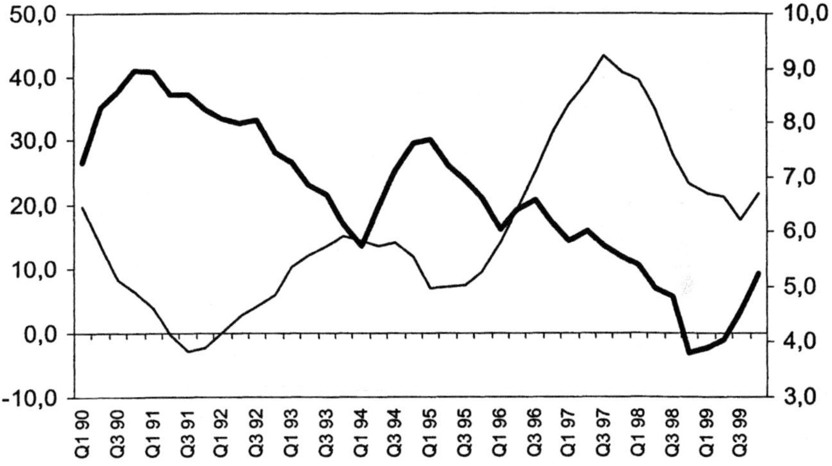

Quelle: Eigene Darstellung basierend auf Data Stream, REXA10Y(RY) und DAXINDX.

Die geglättete Entwicklung des DAX (Veränderung ggü. Vorjahr in %, ungewogener gleitender Durchschnitt über 8 Quartale) und die Zinsentwicklung (Rendite 10jähriger Staatsanleihen) vom 1. Quartal 1990 bis zum 4. Quartal 1999 weisen einen Korrelationskoeffizienten in Höhe von –0,7038 auf. Das entspricht einem Bestimmtheitsmaß in Höhe von etwa 0,495.

Literaturverzeichnis

ABARBANELL, J. / BERNARD, V. (Analysts' Overreaction/Underreaction), Tests of Analysts' Overreaction/Underreaction to Earnings Information as an Explanation for Anomalous Stock Price Behavior, in: JoF – Journal of Finance, 1992, S. 1181-1207.

ABRAHAM, A. / IKENBERRY, D. L. (The Individual Investor and the Weekend Effect), The Individual Investor and the Weekend Effect, in: Journal of Financial and Quantitative Analysis, 1994, S. 263-277.

ACKERMANN, H. (Wende), Die überraschende Wende, in: Fakten und Meinungen, 07.07.1994, S. 3-7.

ACKERSCHOTT, H. (Strategische Vertriebssteuerung), Strategische Vertriebssteuerung, Instrumente zur Absatzförderung und Kundenbindung, 2. erw. Aufl., Wiesbaden 2000.

AGNEW, C. E. (Bayesian consensus forecasts), Bayesian consensus forecasts of macroeconomic variables, in: Journal of Forecasting, 1985, S. 363-376.

AICHINGER, C. (Stellenwert der Portfoliomanager-Klienten-Beziehung), Stellenwert der Portfoliomanager-Klienten-Beziehung bei Privat- und Firmenkunden, in: CRAMER, J. / RUDOLPH, B. (Hrsg.), Handbuch für Anlageberatung und Vermögensverwaltung, Methoden und Instrumente des Portfoliomanagements, Frankfurt/M 1995, S. 100-113.

ALBERT, H. (Probleme der Theorienbildung), Probleme der Theorienbildung, Entwicklung, Struktur und Anwendung sozialwissenschaftlicher Theorien, in: ALBERT, H. (Hrsg.), Theorie und Realität, Ausgewählte Aufsätze zur Wissenschaftslehre der Sozialwissenschaften, Tübingen 1964, S. 3-70.

ALBERT, H. (Theorie und Prognose), Theorie und Prognose in den Sozialwissenschaften, in: TOPITSCH, E. (Hrsg.), Logik der Sozialwissenschaften, 6. Aufl., Köln/Berlin 1965, S. 126-143.

ALBERT, H. (Wertfreiheit als methodisches Prinzip), Wertfreiheit als methodisches Prinzip, in: TOPITSCH, E. (Hrsg.), Logik der Sozialwissenschaften, 6. Aufl., Köln/Berlin 1965, S. 181-210.

ALBERT, H. (Probleme der Wissenschaftslehre), Probleme der Wissenschaftslehre in der Sozialforschung, in: König, R. (Hrsg.), Handbuch der Empirischen Sozialforschung, Bd. I, 2. Aufl., Stuttgart 1967, S. 38-63.

ALBERT, H. (Plädoyer für kritischen Rationalismus), Plädoyer für kritischen Rationalismus, München 1971.

ALBRECHT, T. (Die Wahl der Zinsbindungsdauer), Die Wahl der Zinsbindungsdauer, Ein Entscheidungsproblem, Dissertationsschrift, Universität Bayreuth, Hamburg 1999.

ALBRECHT, T. (Asset Allocation und Zeithorizont), Asset Allocation und Zeithorizont, Bad Soden/Ts. 1999.

ALBRECHT, T. (Zur Eignung professioneller Zinsprognosen), Zur Eignung professioneller Zinsprognosen als Entscheidungsgrundlage, Ein Vergleich der Zinsprognosen deutscher Banken mit der Zinserwartung „des Marktes", Sofia-Diskussionsbeiträge, Bd. 00-7, Darmstadt 2000.

ALEMANN, H. VON (Der Forschungsprozeß), Der Forschungsprozeß, Eine Einführung in die Praxis der empirischen Sozialforschung, Stuttgart 1984.

ALEXAKIS, P. / MANOLIS, X. (Day of the Week Effect on the Greek Stock Market), Day of the Week Effect on the Greek Stock Market, in: Applied Financial Economics, 1995, S. 43-50.

ALLEN, F. / GORTON, G. (Churning Bubbles), Churning Bubbles, in: Review of Economic Studies, 1993, S. 813-836.

ALLERBECK, K. (Die Entscheidung über Erhebungsmethoden), Die Entscheidung über Erhebungsmethoden und Methodenmix in der Wirtschafts- und Sozialforschung, München 1981.

ALLERBECK, K. (Telefonische Befragungen), Mündliche, schriftliche, telefonische Befragungen – Ein Überblick, in: KAASE, M. / KÜCHLER, M., Herausforderungen der Empirischen Sozialforschung, Beiträge aus Anlaß des zehnjährigen Bestehens des Zentrums für Umfragen, Methoden und Analysen, Mannheim 1985, S. 56-65.

ALTMANN, J. (Internationale Wirtschaftsbeziehungen), Internationale Wirtschaftsbeziehungen, Eine praxisorientierte Einführung, 2. Aufl., Opladen 1983.

AMBACHTHEER, K. / CAPELLE, R. / SCHEIBELHUT, T. (Improving Pension Fund Performance), Improving Pension Fund Performance, in: Financial Analysts Journal, 11-12/1998, S. 15-21.

ANANDALINGAM, G. / CHEN, L. (Linear combination of forecasts), Linear combination of forecasts: a general Bayesian model, in: Journal of Forecasting 1989, S. 199-204.

ANANDALINGAM, G. / CHEN, L. (Bayesian forecast combination), Bayesian forecast combination and Kalman filtering, in: International Journal of Systems Science, 1989, S. 1499-1507.

ANDERS, U. (Konstruktion eines Stimmungsbarometers), G-Mind, German Market Indicator, Konstruktion eines Stimmungsbarometers für den deutschen Finanzmarkt, ZEW-Dokumentation, Nr. 95-04, Mannheim 1995.

ANDERSON, E. / SULLIVAN, M. (Customer Satisfaction), The Antecedents and Consequences of Customer Satisfaction for Firms, in: Marketing Science, H. 2, 1993, S. 125-143.

ANDERSON, E. W. / FORNELL, C. / LEHMANN, D. R. (Customer Satisfaction), Customer Satisfaction, Market Share and Profitability: Findings from Sweden, in: Journal of Marketing, H. 7, 1994, S. 53-66.

ANDERSON, N. H. / JACOBSON, A. (Effect of Stimulation Inconsistency), Effect of Stimulation Inconsistency, in: Journal of Personality and Social Psychology, 1965, S. 531-539.

ANDERSON, R. (Consumer Dissatisfaction), Consumer Dissatisfaction, The Effect of Disconfirmed Expectancy on Perceived Product Performance, in : Journal of Marketing Research, H. 2, 1973, S. 52-59.

ANDREASSEN, P. B. (Market Overreaction: On the Use and Disuse of News), Judgmental Extrapolation and Market Overreaction: On the Use and Disuse of News, in: Journal of Behavioral Decision Making, 1990, S. 153-174.

ANDRES, P. / SPIWOKS, M. (Prognosequalitätsmatrix), Prognosequalitätsmatrix, Ein methodologischer Beitrag zur Beurteilung der Güte von Kapitalmarktprognosen, in: Jahrbücher für Nationalökonomie und Statistik, Bd. 219/5+6, 1999, S. 513-542.

ANDRES, P. / SPIWOKS, M. (Prognosegütemaße), Prognosegütemaße, State of the Art der statistischen Ex-post-Beurteilung von Prognosen, Sofia-Studien zur Institutionenanalyse, Bd. 00-1, Darmstadt 2000.

ARBEL, A. / STREBEL, P. (The Neglected and Small Firm Effects), The Neglected and Small Firm Effects, in: Financial Review, 1982, S. 201-218.

ARIEL, R. (A Monthly Effect in Stock Returns), A Monthly Effect in Stock Returns, in: Journal of Financial Economics, 1987, S. 161-174.

ARIEL, R. (High Stock Returns Before Holidays), High Stock Returns Before Holidays: Existence and Evidence on Possible Causes, in: JoF – Journal of Finance, 1990, S. 1611-1626.

ARMSTRONG, J. S. (Combining Forecasts), Combining Forecasts, The End of the Beginning or the Beginning of the End?, in: International Journal of Forecasting, 1990, S. 585-588.

ARORA, H. A. / SMYTH, D. J. (Forecasting the developing world), Forecasting the developing world, An accuracy analysis of the IMF's forecasts, in: International Journal of Forecasting, Bd. 6, 1990, S. 393-400.

ASCHINGER, G. (Theorie der spekulativen Blasen), Theorie der spekulativen Blasen, in: WiSt – Wirtschaftswissenschaftliches Studium, 1991, S. 270-274.

ASH, J. C. K. / SMYTH, D. J. / HERAVI, S. M. (Accuracy of OECD Forecasts), The accuracy of OECD Forecasts of the international economy, in: International Journal of Forecasting, Bd. 6, 1990, S. 379-392.

ASHTON, A. H. / ASHTON, R. H. (Aggregating subjective forecasts), Aggregating subjective forecasts: some empirical results, in: Management Science, 1985, S. 1499-1508.

AUCKENTHALER, C. (Theorie und Praxis des modernen Portfolio-Managements), Theorie und Praxis des modernen Portfolio-Managements, 2. vollst. überarb. u. erg. Aufl., Bern u.a. 1994.

AUGUST, R. / SCHIERECK, D. / WEBER, M. (Momentumstrategien am deutschen Aktienmarkt), Momentumstrategien am deutschen Aktienmarkt: Neue empirische Evidenz zur Erklärung des Erfolgs, in: KuK – Kredit und Kapital, 2000, S. 198-234.

AUTHERS, J. (mutual funds underperform), Most US mutual funds underperform S&P 500, in: Financial Times, 05.01.1998, S. 26.

BACHELIER, L. (Théorie de la Spéculation), Théorie de la Spéculation, Dissertation an der Ecole Normale Supérieure, Paris 1900.

BACHER, M. (Prognosemodell zur Devisenkurssicherung), Prognosemodell zur Devisenkurssicherung, München 1975.

BACKHAUS, K. / BAUMEISTER, C. (Kundenbindung im Industriegütermarketing), Kundenbindung im Industriegütermarketing, in: BRUHN, M. / HOMBURG, C. (Hrsg.), Handbuch Kundenbindungsmanagement, Grundlagen – Konzepte – Erfahrungen, 2. akt. u. erw. Aufl., Wiesbaden 1999, S. 301-325.

BADEN, K. (Die Pleiten der Profis), Die Pleiten der Profis, in: Manager Magazin, 4/1992, S. 106-126.

BADEN, K. (Strategiedefizit), Strategiedefizit, in: Manager Magazin, 4/1993, S. 148-161.

BADEN, K. (Himmel und Hölle), Himmel und Hölle, in: Manager Magazin, 2/1994, S. 106-113.

BADEN, K. (Heiße Luft), Heiße Luft, in: Manager Magazin, 6/1994, S. 128-137.

BADEN, K. (Frohe Kunde), Frohe Kunde, in: Manager Magazin, 1/1995, S. 100-104.

BADEN, K. (Glücksspirale), Glücksspirale, in: Manager Magazin, 2/1995, S. 130-136.

BADEN, K. (Fehlspekulation), Fehlspekulation, in: Manager Magazin, 4/1995, S. 263-273.

BADEN, K. (Ohne Gewähr), Ohne Gewähr, in: Manager Magazin, 2/1996, S. 94-98.

BADEN, K. (Außer Spesen nichts gewesen), Außer Spesen nichts gewesen, in: Manager Magazin, 5/1996, S. 130-134.

BADEN, K. (Glücksspirale), Glücksspirale, in: Manager Magazin, 2/1997, S. 90-95.

BADEN, K. / TEICHERT, W. (Blaue Briefe), Blaue Briefe, in: Manager Magazin, 2/1993, S. 110-123.

BALLOCCHI, G. (Die statistische Evaluation von Finanzmarktprognosen), Die statistische Evaluation von Finanzmarktprognosen, in: KUTSCHER, C. / SCHWARZ, G. (Hrsg.), Aktives Portfolio Management, Der Anlageentscheidungsprozeß von der Prognose bis zum Portfolio, Zürich 1998, S. 23-49.

BALVERS, R. J. / COSIMANO, T. F. / MCDONALD, B. (Predicting Stock Returns), Predicting Stock Returns in an Efficient Market, in: JoF – Journal of Finance, 1990, S. 1109-1128.

BALZER, P. (Vermögensverwaltung durch Kreditinstitute), Vermögensverwaltung durch Kreditinstitute, eine Untersuchung der Rechtsbeziehung zwischen Kreditinstitut und Anleger bei der Verwaltung von Wertpapiervermögen, Bank- und kapitalmarktrechtliche Schriften des Instituts für Bankrecht Köln, Bd. 13, München 1999.

BANK-VERLAG (Basisinformationen über Vermögensanlagen in Wertpapieren), Basisinformationen über Vermögensanlagen in Wertpapieren, Köln 1994.

BANKGESELLSCHAFT BERLIN (Geschäftsbericht 1993), Geschäftsbericht 1993, Berlin 1994.

BANKGESELLSCHAFT BERLIN (Geschäftsbericht 1994), Geschäftsbericht 1994, Berlin 1995.

BANKGESELLSCHAFT BERLIN (Geschäftsbericht 1995), Geschäftsbericht 1995, Berlin 1996.

BANKGESELLSCHAFT BERLIN (Geschäftsbericht 1996), Geschäftsbericht 1996, Berlin 1997.

BANKGESELLSCHAFT BERLIN (Geschäftsbericht 1997), Geschäftsbericht 1997, Berlin 1998.

BANKGESELLSCHAFT BERLIN (Geschäftsbericht 1998), Geschäftsbericht 1998, Berlin 1999.

BANKGESELLSCHAFT BERLIN (Gesellschafterstruktur der Bankgesellschaft Berlin), Gesellschafterstruktur der Bankgesellschaft Berlin, in: Investor Relations, H. 3, 1998, 2. Auflage, 1999, S. 1.

BANKGESELLSCHAFT BERLIN (Geschäftsbericht 1999), Geschäftsbericht 1999, Berlin 2000.

BANKGESELLSCHAFT BERLIN (Private Banking), Private Banking, Präsentation der Individuellen Vermögensverwaltung, Berlin 2000.

BANKGESELLSCHAFT BERLIN (Mehr Nähe zum Kunden), Mehr Nähe zum Kunden, mehr Druck auf die Kosten und 0,60 Euro Dividende, in: FAZ – Frankfurter Allgemeine Zeitung, 11.04.2000, S. 26.

BANKGESELLSCHAFT BERLIN (Gute Perspektiven), Gute Perspektiven, Eine Kurzinformation zum Konzern Bankgesellschaft Berlin, Berlin, ohne Jahresangabe.

BANKGESELLSCHAFT BERLIN (Private Banking), Private Banking, Berlin, ohne Jahresangabe.

BANKGESELLSCHAFT BERLIN (Die Bankgesellschaft Berlin), Die Bankgesellschaft Berlin, in: Web-Site der Bankgesellschaft Berlin, www. bankgesellschaft. de/bgb/struktur /auswahl.html vom 18.03.2000, S. 1-2.

BANKGESELLSCHAFT BERLIN (Gesellschafterstruktur), Gesellschafterstruktur, in: Web-Site der Bankgesellschaft Berlin, www. bankgesellschaft.de/ir/fakten/ gesellschafter-struktur.html, S. 1.

BANKHOFER, U. / RENNHAK, C. (Ansätze zur Prognose von Wechselkursen), Ansätze zur Prognose von Wechselkursen, Ein empirischer Vergleich, Arbeitspapiere zur mathematischen Wirtschaftsforschung, H. 152/1997, Institut für Statistik und Mathematische Wirtschaftstheorie der Universität Augsburg, Augsburg 1997.

BANZ, R. (Anlage-Strategie), Wenn Fondsmanager über die richtige Anlage-Strategie streiten, in: Financial Times Deutschland, 21.02.2000, S. 42.

BANZ, R. W. (Return and Market Value), The Relationship Between Return and Market Value of Common Stocks, in: Journal of Financial Economics, 1981, S. 3-18.

BARLAGE, T. (Die Risikoprämie am deutschen Aktienmarkt), Die Risikoprämie am deutschen Aktienmarkt, Eine empirische Untersuchung, Berlin 1980.

BARRY, C. / BROWN, S. (Differential Information and Small Firm Effect), Differential Information and Small Firm Effect, in: Journal of Financial Economics, 1984, S. 283-294.

BASU, S. (Investment Performance of Common Stocks in Relative to Their Price-Earning-Ratios), Investment Performance of Common Stocks in Relative to Their Price-Earning-Ratios, in: JoF – Journal of Finance, 1977, S. 663-682.

BASU, S. (Earnings' Yield, Market Value and Return), The Relationship Between Earnings' Yield, Market Value and the Return for NYSE Common Stocks: Further Evidence, in: Journal of Financial Economics, 1983, S. 129-156.

BATES, J. M. / GRANGER, C. W. J. (The combination of forecasts), The combination of forecasts, in: Operational Research Quarterly, 1969, S. 451-468.

BAUM, A. / SINGER, J. E. (Applications of Personal Control), Applications of Personal Control, Advances in Environmental Psychology, Bd. 2, New Jersey 1985.

BAUMANN, M. (Nutzung neuronaler Netze zur Prognose von Aktienkursen), Nutzung neuronaler Netze zur Prognose von Aktienkursen, Report der Technischen Universität Ilmenau, Fakultät für Informatik und Automatisierung, Nr. 2/96, Ilmenau 1996.

BAXMANN, U. G. (Bankloyalität), Bankloyalität im Wandel?, in: bank und markt, H. 2, 1987, S. 12-14.

BAYERISCHE LANDESBANK (Geschäftsbericht 1991), Geschäftsbericht 1991, München 1992.

BAYERISCHE LANDESBANK (Geschäftsbericht 1993), Geschäftsbericht 1993, München 1994.

BAYERISCHE LANDESBANK (Geschäftsbericht 1995), Geschäftsbericht 1995, München 1996.

BAYERISCHE LANDESBANK (Geschäftsbericht 1996), Geschäftsbericht 1996, München 1997.

BAYERISCHE LANDESBANK (Geschäftsbericht 1998), Geschäftsbericht 1998, München 1999.

BAYERISCHE LANDESBANK (Geschäftsbericht 1999), Geschäftsbericht 1999, München 2000.

BAYERISCHE LANDESBANK (Portfoliomanagement), Portfoliomanagement, Ein Spezialservice für Wertpapieranleger, München, ohne Jahresangabe.

BAYERISCHE LANDESBANK (Individual), Individual, München, ohne Jahresangabe.

BAYERISCHE VEREINSBANK (Geschäftsbericht 1991), Geschäftsbericht 1991, München 1992.

BAYERISCHE VEREINSBANK (Geschäftsbericht 1993), Geschäftsbericht 1993, München 1994.

BAYERISCHE VEREINSBANK (Geschäftsbericht 1995), Geschäftsbericht 1995, München 1996.

BAYERISCHE VEREINSBANK (Geschäftsbericht 1996), Geschäftsbericht 1996, München 1997.

BAYERISCHE VEREINSBANK (Jahresabschluß und Gremien), Geschäftsbericht 1997, Jahresabschluß und Gremien, München 1998.

BAYERISCHE VEREINSBANK (Ergebnisse und Perspektiven), Geschäftsbericht 1997, Ergebnisse und Perspektiven, München 1998.

BEARD, C. / SIAS, R. (Is there a neglected firm effect?), Is there a neglected firm effect?, in: Financial Analysts Journal, 9-10/1997, S. 19-23.

BEAVER, W. H. (Zur Effizienz des Kapitalmarktes), Zur Effizienz des Kapitalmarktes: Gegenwärtiger Stand der Forschung, in: BFuP – Betriebswirtschaftliche Forschung und Praxis, 1983, S. 344-358.

BECK-TEXTE (Bankrecht), Bankrecht, 27. neubearb. Aufl., München 1998.

BECKER, H. P. / HERGES, P. / STEITZ, M. (Was erwarten Kunden von der Bank?), Was erwarten Kunden von der Bank?, in: bank und markt, H. 2, 1991, S. 23-25.

BECKER, H. P. / PEPPMEIER, A. (Bankbetriebslehre), Bankbetriebslehre, 4. völlig neue Aufl., Ludwigshafen 2000.

BECKMANN, U. / PREUSCHL, M. (Exportboom in Gefahr?), Exportboom in Gefahr?, in: Perspektiven, 11-12/1997, S. 22-25.

BEIKE, R. / SCHLÜTZ, J. (Performance-Analyse), Performance-Analyse mit LoovMarks, in: Die Bank, H. 5, 1997, S. 276-279.

BEIKER, H. (Überrenditen und Risiken), Überrenditen und Risiken kleiner Aktiengesellschaften, Köln 1993.

BELLER, K. R. / KLING, J. L. / LEVINSON, M. J. (Are Industry Stock Returns Predictable?), Are Industry Stock Returns Predictable?, in: Financial Analysts Journal, 9-10/1998, S. 42-57.

BELONGIA, M. T. (Predicting Interest Rates), Predicting Interest Rates: A Comparison of Professional and Market-Based Forecasts, in: Review of the Federal Reserve Bank of St. Louis, H. 3, 1987, S. 9-13.

BELZ, C. (Strategisches Kundenmarketing), Strategisches Kundenmarketing – Ansätze und Erfolgsfaktoren, in: LEHMANN, A. / RUF, S. (Hrsg.), Kundenpflege mit Strategie – Perspektiven eines Kundenstamm-Marketing, Tagungsband zur 23. Schwerpunkttagung der I-VW Management-Information vom 14. Oktober 1992, St. Gallen 1993, S. 3-28.

BELZ, C. (Geschäftsbeziehungen gestalten), Geschäftsbeziehungen aufbauen und gestalten, in: Meffert, H. / Wagner, H. / Backhaus, K. (Hrsg.), Beziehungsmarketing – neue Wege zur Kundenbindung, Dokumentation des Workshops vom 24. Juni 1994, Dokumentationspapier der Wissenschaftlichen Gesellschaft für Marketing und Unternehmensführung Münster, Nr. 90, Münster 1994, S. 31-55.

BENEISH, M. D. (Analysts' Recommendations), Stock Prices and the Dissemination of Analysts' Recommendations, in: Journal of Business, 3/1991, S. 393-416.

BENISCHEK, E. (Technische Aktienanalyse), Technische Aktienanalyse, Eine Untersuchung ausgewählter Methoden der technischen Aktienanalyse, München 1974.

BENKNER, A.-G. (Bond Portfolio Management), Moderne Techniken im Bond Portfolio Management, in: CRAMER, J. / RUDOLPH, B. (Hrsg.), Handbuch für Anlageberatung und Vermögensverwaltung, Methoden und Instrumente des Portfoliomanagements, Frankfurt/M 1995, S. 394-406.

BERGMANN, K. (Angewandtes Kundenbindungs-Management), Angewandtes Kundenbindungs-Management, Frankfurt/M u.a. 1998.

BERK, J. (Does Size Really Matter?), Does Size Really Matter?, in: Financial Analysts Journal, 9-10/1997, S. 12-18.

BERLINER BANK (Geschäftsbericht 1990), Geschäftsbericht 1990, Berlin 1991.

BERLINER BANK (Geschäftsbericht 1991), Geschäftsbericht 1991, Berlin 1992.

BERLINER BANK (Geschäftsbericht 1992), Geschäftsbericht 1992, Berlin 1993.

BERLINER BANK (Unsere Historie), Unsere Historie, in: Web-Site der Berliner Bank, www.berliner-bank.de/BB/BB_PUI....B20C503C4412565E0003F15 AF vom 18.03.2000, S. 1.

BERLINER BANK (Das Vermögensmanagement), BB-Bull – Das Vermögensmanagement, in: Web-Site der Berliner Bank, www. Berlinerbank.de/bb/bb-pui ....9C6607303 41256895003A2F23 vom 18.03.2000, S. 1-2.

BERLINER BANK (Individuelles Vermögens-Management), Individuelles Vermögens-Management, Berlin, ohne Jahresangabe.

BERNET, B. (Wettbewerbsstrategische Schlüsselfaktoren), Wettbewerbsstrategische Schlüsselfaktoren, in: Schweizer Bank, H. 9, 1993, S. 46-47.

BERNET, B. (Konzeptionelle Grundlagen des Relationship Banking), Konzeptionelle Grundlagen des modernen Relationship Banking, in: BERNET, B. / HELD, P. P., Relationship Banking, Kundenbeziehungen profitabler gestalten, Wiesbaden 1998, S. 3-36.

BERNSTEIN, P. L. (Risiko und Riskmanagement), Wider die Götter, Die Geschichte von Risiko und Riskmanagement von der Antike bis heute, 2. Aufl., München 1998.

BERRY, L. L. (Top-Service), Top-Service, Im Dienst am Kunden, Stuttgart 1996.

BERTOCCHI, G. (Bubbles and Inefficiencies), Bubbles and Inefficiencies, in: Economic Letters, 1991, S. 117-122.

BETGE, P. (Bankbetriebslehre), Bankbetriebslehre, Berlin u.a. 1996.

BETHMANN VERMÖGENSBETREUUNG (Bethmann Vermögensbetreuung), Bethmann Vermögensbetreuung GmbH, Ein Unternehmen der HypoVereinsbank, Franfurt/M, ohne Jahresangabe.

BFG (Geschäftsbericht 1990), Geschäftsbericht 1990, Frankfurt/M 1991.

BFG (Geschäftsbericht 1991), Geschäftsbericht 1991, Frankfurt/M 1992.

BFG (Geschäftsbericht 1992), Geschäftsbericht 1992, Frankfurt/M 1993.

BFG (Geschäftsbericht 1993), Geschäftsbericht 1993, Frankfurt/M 1994.

BFG (Geschäftsbericht 1994), Geschäftsbericht 1994, Frankfurt/M 1995.

BFG (Geschäftsbericht 1995), Geschäftsbericht 1995, Frankfurt/M 1996.

BFG (Geschäftsbericht 1996), Geschäftsbericht 1996, Frankfurt/M 1997.

BFG (Geschäftsbericht 1997), Geschäftsbericht 1997, Frankfurt/M 1998.

BFG (Geschäftsbericht 1998), Geschäftsbericht 1998, Frankfurt/M 1999.

BFG (Geschäftsbericht 1999), Geschäftsbericht 1999, Frankfurt/M 2000.

BFG (BfG Vermögensmanagement), BfG Vermögensmanagement, Frankfurt/M 1998.

BHARDWAJ, R. / BROOKS, L. (The January Anomaly), The January Anomaly: Effects of Low Share Price, Transaction Costs, and Bid-Ask Bias, in: JoF - Journal of Finance, 1992, S. 553-575.

BHF-BANK (Deutsche Banken), Deutsche Banken, Licht am Ende des Tunnels, Branchenstudie, Frankfurt/M 1995.

BIDLINGMAIER, J. (Marketing), Marketing, Bd. 1, Reinbek 1973.

BIONG, H. (Satisfaction and Loyalty), Satisfaction and Loyalty to Suppliers within the Grocery Trade, in: European Journal of Marketing, H. 7, 1993, S. 21-38.

BISCHOFF, C. W. (The combination of macroeconomic forecasts), The combination of macroeconomic forecasts, in: Journal of Forecasting, 1989, S. 293-314.

BITNER, M. (Evaluating Service Encounters), Evaluating Service Encounters, The Effects of Physical Surroundings and Employee Responses, in: Journal of Marketing, H. 4, 1990, S. 69-82.

BITZ, M. / OEHLER, A. (Verhaltenswissenschaftlich fundierte Kapitalmarktforschung II), Überlegungen zu einer verhaltenswissenschaftlich fundierten Kapitalmarktforschung, Teil II, Ein Erklärungsansatz zum Anlegerverhalten, in: KuK – Kredit und Kapital, 1993, S. 375-416.

BIZER, K. (Individuelles Verhalten), Individuelles Verhalten, Institutionen und responsives Recht, Sofia-Diskussionsbeiträge zur Institutionenanalyse, Nr. 98-3, Darmstadt 1998.

BJERRING, J. H. / LAKONISHOK, J. / VERMAELEN, T. (Stock Prices and Financial Analysts' Recommendations), Stock Prices and Financial Analysts' Recommendations, in: JoF – Journal of Finance, 1983, S. 187-204.

BLACK, F. (Implications of the Random Walk Hypothesis), Implications of the Random Walk Hypothesis for Portfolio Management, in: Financial Analysts Journal, 3-4/1971, S. 16-22.

BLACK, F. (Noise), Noise, in: JoF – Journal of Finance, 1986, S. 529-543.

BLACK, F. / JENSEN, M. C. / SCHOLES, M. (The Capital Asset Pricing Modell), The Capital Asset Pricing Modell: Some Empirical Tests, in: JENSEN, M. C. (Hrsg.), Studies in the Theory of Capital Markets, New York u.a. 1972, S. 79-121.

BLANCHARD, O. J. (Speculative Bubbles, Crashes and Rational Expectations), Speculative Bubbles, Crashes and Rational Expectations, in: Economics Letters, 1979, S. 387-389.

BLANCHARD, O. J. / WATSON, M. W. (Bubbles), Bubbles, Rational Expectations, and Financial Markets, in: WACHTEL, P. (Hrsg.), Crises in the Economic and Financial Structure, Lexington u.a. 1982, S. 295-315.

BLATTBERG, R. C. / DEIGHTON, J. (Rentable Kunden), Aus rentablen Kunden vollen Nutzen ziehen, in: Harvard Business Manager, H. 1, 1997, S. 24-32.

BLATTNER, N. / GRATZL, B. / KAUFMANN, T. (Das Vermögensverwaltungsgeschäft), Das Vermögensverwaltungsgeschäft der Banken in der Schweiz, Bern u.a. 1996.

BLIEMEL, W. / EGGERT, A. (Kundenbindung), Kundenbindung – eine neue Sollstrategie?, Arbeitspapiere des Lehrstuhls für Marketing der Universität Kaiserslautern, Nr. 2/97, Kaiserslautern 1997.

BLÜMEL, R. (Passives Portfolio-Management), Aktienindizes als Basisinstrumente für das passive Portfolio-Management, 2. Aufl., Stuttgart 1999.

BOCK, R. / DIETL, W. (Analyse der Zuverlässigkeit), Eine Analyse der Zuverlässigkeit des Saisonverfahrens von Winters im Zusammenhang mit klassischen Maßen der Prognosegüte, in: GfK – Jahrbuch der Absatz- und Verbrauchsforschung, H. 2, 1996, S. 184-196.

BODE, M. / SCHWENDNER, P. (Die neue Anschaulichkeit in der Chartanalyse), Die neue Anschaulichkeit in der Chartanalyse, in: Die Bank, H. 9, 1998, S. 573-575.

BOEHM-BEZING, C. L. (Wettbewerb um den vermögenden Privatkunden), Erfolgsfaktoren im Wettbewerb um den vermögenden Privatkunden, in: CRAMER, J. / RUDOLPH, B. (Hrsg.), Handbuch für Anlageberatung und Vermögensverwaltung, Methoden und Instrumente des Portfoliomanagements, Frankfurt/M 1995, S. 45-56.

BÖER, B. P. (Der diskrete Charme), Der diskrete Charme der Schweizer Bankiers, in: FAZ – Frankfurter Allgemeine Zeitung, 27.04.1998, S. 36.

BOHARA, A. / MCNOWN, R. / BATTS, J. T. (The combination and adjustment of forecasts), A re-evaluation of the combination and adjustment of forecasts, Applied Economics, 1987, S. 437-445.

BÖHLER, H. (Marktsegmentierung), Methoden und Modelle der Marktsegmentierung, Stuttgart 1977.

BÖHLER, H. (Marktforschung), Marktforschung, 2. überarb. Aufl., Stuttgart 1992.

BÖHLER, H. (Marktforschung), Marktforschung, in: TIETZ, B. / KÖHLER, R. / ZENTES, J. (Hrsg.), Handwörterbuch des Marketing, 2. völlig neu gestaltete Aufl., Stuttgart 1995, Sp. 1768-1781.

BÖHLER, H. / HEMPE, S. (Marktforschung für das Dienstleistungsmanagement), Marktforschung für das Dienstleistungsmanagement, in: BRUHN, M. / MEFFERT, H. (Hrsg.), Handbuch Dienstleistungsmanagement, Von der strategischen Konzeption zur praktischen Umsetzung, Wiesbaden 1998, S. 213-227.

BÖHLER, H. / RIEDL, J. (Handlungsspielräume), Handlungsspielräume schaffen, in: Absatzwirtschaft, H. 10, 1997, S. 44-50.

BOHN, S. / HEISTER, W. (Strategie), Strategie, in: Deutscher Aktienmarkt, 9/1998, S. 8-9.

BOHN, S. / SCHNITZER, H. / BORGHOFF, V. (Strategie), Strategie, in: Deutscher Aktienmarkt, 11/1998, S. 8-9.

BOHN, S. / SCHNITZER, H. / BORGHOFF, V. (Strategie), Strategie, in: Deutscher Aktienmarkt, 12/1998, S. 8-9.

BOLLINGER, G. (Nicht jede Empfehlung ist eine Anlage wert), Nicht jede Empfehlung ist eine Anlage wert, in: Invest, Magazin der Finanz und Wirtschaft, H. 12, 1997, S. 42-43.

BOPP, A. E. (On combining forecasts), On combining forecasts: some extensions and results, in: Management Science, 1985, S. 1492-1498.

BORDLEY, R. F. (The combination of Forecasts), The combination of Forecasts: a Bayesian approach, in: Journal of the Operational Research Society, 1982, S. 171-174.

BORDLEY, R. F. (Linear combination of forecasts), Linear combination of forecasts with an intercept: a Bayesian approach, in: Journal of Forecasting, 1986, S. 243-249.

BÖRSEN-ZEITUNG (Buy and Hold genügt nicht), „Buy and Hold“ genügt nicht, in: Börsen-Zeitung, 19.07.1994, S. 6.

BÖRSEN-ZEITUNG (Erstes Produkt von Deka und LOC), Erstes Produkt von Deka und LOC, in: Börsen-Zeitung, 14.11.1997, S. 19.

BÖRSEN-ZEITUNG (Helaba gedeiht prächtig), Helaba Invest gedeiht in ihren Nischen prächtig, in: Börsen-Zeitung, 04.12.1997, S. 9.

BÖRSEN-ZEITUNG (Deka-Gruppe wächst), Deka-Gruppe wächst im Branchendurchschnitt, in: Börsen-Zeitung, 11.12.1997, S. 3.

BÖRSEN-ZEITUNG (Fusion Deka / DGZ), Fusion Deka / DGZ bis April 1998?, in: Börsen-Zeitung, 11.12.1997, S. 3.

BÖRSEN-ZEITUNG (Hypo-Invest in Fusionsvorbereitungen), Hypo-Invest in Fusionsvorbereitungen, in: Börsen-Zeitung, 24.01.1998, S. 12.

BÖRSEN-ZEITUNG (Dividende für den Fürsten), Mehr Dividende für den Fürsten, in: Börsen-Zeitung, 27.07.1998, S. 11.

BÖRSEN-ZEITUNG (M. M. Warburg plant neue Übernahme), M. M. Warburg plant neue Übernahme, in: Börsen-Zeitung, 06.03.1998, S. 12.

BÖRSEN-ZEITUNG (LGT reformiert an Haupt und Gliedern), LGT reformiert an Haupt und Gliedern, in: Börsen-Zeitung, 13.03.1998, S. 10.

BÖRSEN-ZEITUNG (Hohe Resonanz für Schweiz PrivatPortfolio), Deka: Hohe Resonanz für Schweiz PrivatPortfolio, in: Börsen-Zeitung, 17.03.1998, S. 19.

BÖRSEN-ZEITUNG (DG-Bank will Wachstumsrakete zünden), DG-Bank will Wachstumsrakete zünden, in: Börsen-Zeitung, 19.03.1998, S. 5.

BÖRSEN-ZEITUNG (SMH legt Spitzenergebnis vor), SMH legt Spitzenergebnis vor, in: Börsen-Zeitung, 08.04.1998, S. 6.

BÖRSEN-ZEITUNG (UBS positioniert sich in Deutschland), Die neue UBS positioniert sich in Deutschland, in: Börsen-Zeitung, 08.04.1998, S. 6.

BÖRSEN-ZEITUNG (Deka verwaltet über 150 Mrd. DM), Deka verwaltet über 150 Mrd. DM, in: Börsen-Zeitung, 10./11.04.1998, S. 5.

BÖRSEN-ZEITUNG (M. M. Warburg in neuer Dimension), M. M. Warburg in neuer Dimension, in: Börsen-Zeitung, 14.05.1998, S. 5.

BÖRSEN-ZEITUNG (LGT-Umbau), LGT-Umbau ist in vollem Gange, in: Börsen-Zeitung, 17.07.1998, S. 13.

BÖRSEN-ZEITUNG (Die Immobilienfinanzierung ausbauen), Die Immobilienfinanzierung ausbauen, in: Börsen-Zeitung, 28.08.1998, S. 6.

BÖRSEN-ZEITUNG (Asset Management als Eckpfeiler), Asset Management als Eckpfeiler, in: Börsen-Zeitung, 18.09.1998, S. 5.

BÖRSEN-ZEITUNG (Oppenheim baut auf wachstumsstarke Nischen), Oppenheim baut auf wachstumsstarke Nischen, in: Börsen-Zeitung, 29.04.1998, S. 5.

BOUTELLIER, R. / SCHNECKENBURGER, T. (Prognosen), Prognosen, Praxiserprobte Konzepte aus der Logistik, München/Wien 2000.

BOUTHEVILLAIN, K. / MATHIS, A. (Prévisions), Prévisions: mesures, erreurs et principaux résultats, in: Économie et Statistique, No. 285-286, H. 5/6, 1995, S. 89-100.

BRANDENBERGER, S. (Investment Engineering), Investment Engineering, Intermediation und Produktgestaltung in der Vermögensverwaltung, Bern u.a. 1995.

BRAUER, G. / CHANG, E. (Return Seasonality in Stocks), Return Seasonality in Stocks and Their Underlaying Assets: Tax Loss Selling Versus Information Explanation, in: Review of Financial Studies, 1990, S. 255-280.

BRAUN, R. (Internationales Indexmanagement), Internationales Indexmanagement für Aktien, in: Österreichisches Bankarchiv, H. 7, 1990, S. 528-535.

BREALEY, R. A. / MYERS, S. C. (Principles of Corporate Finance), Principles of Corporate Finance, 3. Aufl., New York u.a. 1988.

BRECKLING, J. / HILLMER, M. (Verfahren zur Zinsprognose), Verschiedene Verfahren zur Zinsprognose: Ein methodischer Prognosegütevergleich, in: BOL, G. / NAKHAEIZADEH, G. / VOLLMER, K.-H. (Hrsg.), Finanzmarktanalyse und –prognose mit innovativen quantitativen Verfahren, Ergebnisse des 5. Karlsruher Ökonometrie-Workshops, Heidelberg 1996, S. 299-307.

BREEDEN, D. / GIBBONS, M. / LITZENBERGER, R. (Empirical Tests of the Consumption-oriented CAPM), Empirical Tests of the Consumption-oriented CAPM, in: JoF – Journal of Finance, 1989, S. 231-262.

BREIG, H. (Informationsgehalt von Finanzmarktprognosen), Zum Informationsgehalt von Finanzmarkt- und Konjunkturprognosen, in: Finanzmarkt und Portfolio Management, H. 1, 1991, S. 62-75.

BRENNER, M. (The Effect of Model Misspecifications), The Effect of Model Misspecifications on Tests of the Efficient Market Hypothesis, in: JoF – Journal of Finance, 1977, S. 57-66.

BRENNER, M. (The Sensitivity of the Efficient Market Hypothesis), The Sensitivity of the Efficient Market Hypothesis to Alternative Specifications of the Market Model, in: JoF – Journal of Finance, 1979, S. 915-929.

BRESTEL, H. (Was sind Prognosen wert?), Was sind Prognosen wert?, in: BRESTEL, H. (Hrsg.), Was sind Prognosen wert?, 10 Jahre Umgang mit Geld, Eine Jubiläumsschrift des Hirt Institutes Zürich, Nachdruck 1992, S. 17-39.

BRETZKE, W.-R. (Das Prognoseproblem bei der Unternehmensbewertung), Das Prognoseproblem bei der Unternehmensbewertung, Ansätze zu einer risikoorientierten Bewertung ganzer Unternehmen auf der Grundlage modellgestützter Erfolgsprognosen, Schriftenreihe des Seminars für Allgemeine Betriebswirtschaftslehre und Wirtschaftsprüfung der Universität zu Köln, Bd. 1, Düsseldorf 1975.

BREYER, M. (Zufriedenheit mit Finanzdienstleistungen), Analyse des Nachkaufverhaltens als Folge der Zufriedenheit mit Finanzdienstleistungen, Frankfurt/M 1998.

BRINKMANN, T. / PEILL, E. (Kundenbindung durch Servicegarantien), Kundenbindung durch Servicegarantien, in: Die Bank, H. 5, 1996, S. 284-287.

BROCK, W. / LAKONISHOK, J. / LEBARON, B. (Simple Technical Trading Rules), Simple Technical Trading Rules and the Stochastic Properties of Stock Returns, in: JoF - Journal of Finance, 1992, S. 1731-1763.

BROCKHOFF, K. (Prognoseverfahren), Prognoseverfahren für die Unternehmensplanung, Wiesbaden 1977.

BROMANN, O. / SCHIERECK, D. / WEBER, M. (Reichtum durch [anti-]zyklische Handelsstrategien), Reichtum durch [anti-]zyklische Handelsstrategien am deutschen Aktienmarkt?, in: ZfbF – Zeitschrift für betriebswirtschaftliche Forschung, 1997, S. 1-13.

BROOKS, C. (Forecastability), Linear and Non-linear (Non-)Forecastability of High-frequency Exchange Rates, in: Journal of Forecasting, Bd. 16, 1997, S. 125-145.

BROWN / HARLOW (Market Overreaction), Market Overreaction: Magnitude and Intensity, in: Journal of Portfolio Management, Winter 1988, S. 6-13.

BROWN, P. / KLEIDON, A. / MARSH, T. (The Nature of Size-Related Anomalies in Stock Prices), New Evidence on the Nature of Size-Related Anomalies in Stock Prices, in: Journal of Financial Economics, 1983, S. 33-56.

BRÜCKNER, E. (Telefonische Umfragen), Telefonische Umfragen – Methodischer Fortschritt oder erhebungsökonomische Ersatzstrategie?, in: KAASE, M. / KÜCHLER, M., Herausforderungen der Empirischen Sozialforschung, Beiträge aus Anlaß des zehnjährigen Bestehens des Zentrums für Umfragen, Methoden und Analysen, Mannheim 1985, S. 66-70.

BRUHN, M. (Dienstleistungsqualität im Kreditgewerbe I), Messung und Sicherstellung der Dienstleistungsqualität im Kreditgewerbe, Ansatzpunkte eines umfassenden Qualitätsmanagements im Finanzdienstleistungssektor, Teil I, in: KuK – Kredit und Kapital, H. 3, 1997, S. 412-444.

BRUHN, M. (Dienstleistungsqualität im Kreditgewerbe II), Messung und Sicherstellung der Dienstleistungsqualität im Kreditgewerbe, Ansatzpunkte eines umfassenden Qualitätsmanagements im Finanzdienstleistungssektor, Teil II, in: KuK – Kredit und Kapital, H. 4, 1997, S. 605-629.

BRUHN, M. (Kommunikationspolitik von Dienstleistungsunternehmen), Kommunikationspolitik von Dienstleistungsunternehmen, in: BRUHN, M. / MEFFERT, H. (Hrsg.), Handbuch Dienstleistungsmanagement, Von der strategischen Konzeption zur praktischen Umsetzung, Wiesbaden 1998, S. 581-612.

BRUHN, M. / GEORGI, D. (Wirtschaftlichkeit des Kundenbindungsmanagement), Wirtschaftlichkeit des Kundenbindungsmanagement, in: BRUHN, M. / HOMBURG, C. (Hrsg.), Handbuch Kundenbindungsmanagement, Grundlagen – Konzepte – Erfahrungen, 2. akt. u. erw. Aufl., Wiesbaden 1999, S. 411-430.

BRUHN, M. / HENNIG, K. (Qualitätsmanagement für Kreditinstitute 1), Selektion und Strukturierung von Qualitätsmerkmalen – auf dem Weg zu einem umfassenden Qualitätsmanagement für Kreditinstitute, Teil 1, in: GfK Jahrbuch der Absatz- und Verbrauchsforschung, H. 3, 1993, S. 214-238.

BRUHN, M. / HENNIG, K. (Qualitätsmanagement für Kreditinstitute 2), Selektion und Strukturierung von Qualitätsmerkmalen – auf dem Weg zu einem umfassenden Qualitätsmanagement für Kreditinstitute, Teil 2, in: GfK Jahrbuch der Absatz- und Verbrauchsforschung, H. 4, 1993, S. 314-337.

BRUHN, M. / MEFFERT, H. (Dienstleistungsmanagement), Dienstleistungsmanagement als unternehmerische Herausforderung, Eine Einführung in das Handbuch, in: BRUHN, M. / MEFFERT, H. (Hrsg.), Handbuch Dienstleistungsmanagement, Von der strategischen Konzeption zur praktischen Umsetzung, Wiesbaden 1998, S. 1-25.

BRUNER, J. S. / POSTMAN, L. (Perception, Cognition and Behavior), Perception, Cognition and Behavior, in: Journal of Personality, 1949, S. 14-31.

BRUNNER, G. F. (Vermögensverwaltung deutscher Kreditinstitute), Die Vermögensverwaltung deutscher Kreditinstitute im Privatkundengeschäft, Frankfurt/M 1987.

BRUNS, C. (Bubbles und Excess Volatility auf dem deutschen Aktienmarkt), Bubbles und Excess Volatility auf dem deutschen Aktienmarkt, Wiesbaden 1994.

BRUNS, C. / MEYER-BULLERDIEK, F. (Professionelles Portfolio-Management), Professionelles Portfolio-Management, Aufbau, Umsetzung und Erfolgskontrolle strukturierter Anlagestrategien, Stuttgart 1996.

BÜDEL, O. (Personalmanagement), Personalmanagement und leistungsorientierte Vergütung, in: BERNET, B. / HELD, P. P., Relationship Banking, Kundenbeziehungen profitabler gestalten, Wiesbaden 1998, S. 135-158.

BÜHLER, W. (Erfolgsanalyse), Grundprobleme der Erfolgsanalyse im Portfolio-Management, in: GEBAUER, W. / RUDOLPH, B. (Hrsg.), Erfolgsmessung und Erfolgsanalyse im Portfolio-Management, Schriftenreihe des Instituts für Kapitalmarktforschung an der J. W. Goethe-Universität Frankfurt, Kolloquien-Beiträge, Bd. 36, Frankfurt/M 1994, S. 15-48.

BÜHLER, W. (Quality Banking), Zufriedene Kunden durch Quality Banking, in: Die Bank, H. 2, 1995, S. 68-73.

BÜHLER, W. (Value-added-Services), Qualitätsdifferenzierung durch Value-added-Services, in: Die Bank, H. 1, 1999, S. 25-31.

BÜHNER, R. (Rendite-Risiko-Effekte), Rendite-Risiko-Effekte der Trennung von Eigentum und Leitung im diversifizierten Großunternehmen, in: ZfbF – Zeitschrift für betriebswirtschaftliche Forschung, 1984, S. 812-824.

BUNDESAUFSICHTSAMT FÜR DAS KREDITWESEN (Liste der Finanzdienstleistungsunternehmen), Liste der Finanzdienstleistungsunternehmen, in: Web-Site des Bundesaufsichtsamtes für das Kreditwesen, www. bakred.de/liste/fdi. htm, vom 30.09.2000, S. 1-8.

BUNGARD, W. / SCHULTZ-GAMBARD, J. (Verhalten von Börsenakteuren), Überlegungen zum Verhalten von Börsenakteuren, in: MAAS, P. / WEIBLER, J. (Hrsg.), Börse und Psychologie, Köln 1990, S. 140-161.

BUNK, B. (Fluktuation minimieren), Fluktuation minimieren, Was Kunden bindet, in: Absatzwirtschaft, H. 4, 1992, S. 36-47.

BUNN, D. W. (The linear combination of forecasts), A Bayesian approach to the linear combination of forecasts, in: Operational Research Quarterly, 1975, S. 325-329.

BUNN, D. W. (The linear synthesis of forecasts), A comparative evaluation of the outperformance and minimum variance procedures for the linear synthesis of forecasts, in: Operational Research Quarterly, 1977, S. 653-662.

BUNN, D. W. (The synthesis of forecasting models in decision analysis), The synthesis of forecasting models in decision analysis, Basel/Stuttgart 1978.

BUNN, D. W. (Two methodologies for the linear combination of forecasts), Two methodologies for the linear combination of forecasts, in: Journal of Operational Research, 1981, S. 213-222.

BUNN, D. W. (Statistical efficiency in the linear combination of forecasts), Statistical efficiency in the linear combination of forecasts, in: Journal of Forecasting, 1985, S. 151-163.

BUNN, D. W. (Combining forecasts), Combining forecasts, in: European Journal of Operational Research, 1988, S. 223-229.

BUNN, D. W. / TOPPING, I. (Independence assumption in the combination of forecasts), Efficiency of the independence assumption in the combination of forecasts, in: Operations Research Letters, 1984, S. 173-178.

BURCHARD, U. (Erhöhung der Servicequalität), Management by objectives: Erhöhung der Servicequalität im Privatkundengeschäft durch Zielvereinbarungen, in: MÜLLER, STEFAN / STROTHMANN, H. (Hrsg.), Kundenzufriedenheit und Kundenbindung, Strategien und Instrumente von Finanzdienstleistern, München 1998, S. 219-238.

BURGMAIER, S. / LEBERT, R. (BfG Bank hält Klassifizierung von Kunden für falsch), BfG Bank hält Klassifizierung von Kunden für falsch und gefährlich, in: Financial Times Deutschland, 29.03.2000, S. 20.

BURMANN, C. (Konsumentenzufriedenheit), Konsumentenzufriedenheit als Determinante der Marken- und Händlerloyalität – Das Beispiel der Automobilindustrie, in: Marketing – Zeitschrift für Forschung und Praxis, 1991, S. 249-258.

BÜSCHGEN, H. E. (Banklexikon), Das kleine Banklexikon, Düsseldorf 1992.

BÜSCHGEN, H. E. (Bankmarketing), Bankmarketing, in: TIETZ, B. (Hrsg.), Handwörterbuch des Marketing, 2. vollst. überarb. Aufl., Stuttgart 1995, Sp. 167-179.

BÜSCHGEN, H. E. (Bankbetriebslehre), Bankbetriebslehre, 5. vollst. überarb. u. erw. Aufl., Wiesbaden 1998.

BUßMANN, J. (Zinsänderungsrisikomaße), Tests verschiedener Zinsänderungsrisikomaße mit Daten des deutschen Rentenmarktes, in: ZfB – Zeitschrift für Betriebswirtschaft, 1989, S. 747-765.

BUTSCHER, S. A. / MÜLLER, L. R. (Kundenbindung durch Kundenclubs), Kundenbindung durch Kundenclubs, in: HINTERHUBER, H. H. / MATZLER, K. (Hrsg.), Kundenorientierte Unternehmensführung, Kundenorientierung - Kundenzufriedenheit – Kundenbindung, Wiesbaden 1999, S. 321-335.

BUTTLER, G. / HEINLEIN, W. (Zur empirischen Evidenz ökonomischer Spekulationstheorien), Untersuchungen zur empirischen Evidenz ökonomischer Spekulationstheorien, in: Jahrbücher für Nationalökonomie und Statistik, 1985, Bd. 200, H. 5, S. 486-507.

CAMERER, C. (Bubbles and Fads), Bubbles and Fads in Asset Prices, in: Journal of Economic Surveys, 1989, S. 3-41.

CAMPBELL, J. Y. / KYLE, A. S. (Smart Money, Noise Trading and Stock Price Behaviour), Smart Money, Noise Trading and Stock Price Behaviour, in: Review of Economic Studies, 1993, S. 1-34.

CAMPBELL, J. Y. / LO, A. W. / MACKINLAY, A. C. (The Econometrics of Financial Markets), The Econometrics of Financial Markets, Princeton 1997.

CAPSTAFF, J. / PAUDYAL, K. / REES, W. (Forecasts of German Firms' Earnings), Analysts' Forecasts of German Firms' Earnings: a Comparative Analysis, in: Journal of International Financial Management and Accounting, 2/1998, S. 83-116.

CARDOZO, R. (Customer Effort), An Experimental Study of Customer Effort, Expectation, and Satisfaction, in: Journal of Marketing Research, H. 8, 1965, S. 244-249.

CARLETON, W. / LAKONISHOK, J. (The Size Anomaly), The Size Anomaly: Does Industry Group Matter?, in: Journal of Portfolio Management, Spring 1986, S. 36-40.

CESAR, G. (Aktienanalyse), Aktienanalyse heute, Gewinnmaximierung an der Börse, Wiesbaden 1996.

CHALMERS, A. F. (Wege der Wissenschaft), Wege der Wissenschaft, Einführung in die Wissenschaftstheorie, Berlin/Heidelberg 1986.

CHAN, K. (Explain the January Seasonal in Stock Returns), Can Tax Loss Explain the January Seasonal in Stock Returns?, in: JoF – Journal of Finance, 1986, S. 1126-1147.

CHAN, K. / CHEN, N. (The Role of Firm Size as an Instrumental Variable for Risk), An Unconditional Asset-Pricing Test and the Role of Firm Size as an Instrumental Variable for Risk, in: JoF – Journal of Finance, 1988, S. 309-325.

CHAN, K. / CHEN, N. (Structural and Return Characteristics of Small and Large Firms), Structural and Return Characteristics of Small and Large Firms, in: JoF – Journal of Finance, 1991, S. 1467-1484.

CHAN, K. / CHEN, N. / HSIEH, D. (An Exploratory Investigation of the Firm Size Effect), An Exploratory Investigation of the Firm Size Effect, in: Journal of Financial Economics, 1985, S. 451-471.

CHANG, E. C. / LEWELLEN, W. G. (Mutual Fund Investment Performance), Market Timing and Mutual Fund Investment Performance, in: Journal of Business, 1984, S. 57-72.

CHANG, E. C. / PINEGAR, J. M. (Return Seasonality and Tax Loss Selling), Return Seasonality and Tax Loss Selling in the Market for Long-Term Government and Corporate Bonds, in: Journal of Financial Economics, 1986, S. 391-415.

CHAREMZA, W. W. / DEADMAN, D. F. (Rational and Intrinsic Bubbles), Rational and Intrinsic Bubbles: A Reinterpretation of Empirical Results, in: Applied Financial Economics, 1995, S. 199-202.

CHARI, V. / JAGANNATHAN, R. / OFER, A. (Seasonalities in Security Returns), Seasonalities in Security Returns, The Case of Earnings Announcements, in: Journal of Financial Economics, 1988, S. 101-121.

CHEN, N. (Some Empirical Test of the Theory of Arbitrage Pricing), Some Empirical Test of the Theory of Arbitrage Pricing, in: JoF – Journal of Finance, 1983, S. 1393-1413.

CHEN, S. / JORDAN, B. (Some Empirical Tests of the Arbitrage Pricing Theory), Some Empirical Tests of the Arbitrage Pricing Theory: Macrovariables vs. Derived Factors, in: Journal of Banking and Finance, 1993, S. 65-89.

CHMIELEWICZ, K. (Forschungskonzeptionen), Forschungskonzeptionen der Wirtschaftswissenschaft, 3. unveränd. Aufl., Stuttgart 1994.

CHO, D. C. (On Testing the Arbitrage Pricing Theory), On Testing the Arbitrage Pricing Theory, Inter-Battery Factor Analysis, in: JoF – Journal of Finance, 1984, S. 1485-1502.

CHOPRA, V. K. (Error in Analysts' Earning Forecasts), Why so much Error in Analysts' Earning Forecasts?, in: Financial Analysts Journal, 11-12/1998, S. 35-42.

CHOPRA, N. / LAKONISHOK, J. / RITTER, J. (Do Stocks Overreact?), Measuring Abnormal Performance, Do Stocks Overreact?, in: Journal of Financial Economics, 1992, S. 235-268.

CHRISTIANUS, D. (Kundenzufriedenheit und Kundenbindung), Management von Kundenzufriedenheit und Kundenbindung, So steigern Sie den Gewinn und den Unternehmenswert, Renningen-Malmsheim 1999.

CHURCHILL, G. / SURPRENANT, C. (Determinants of Customer Satisfaction), An Investigation into the Determinants of Customer Satisfaction, in: Journal of Marketing Research, H. 11, 1982, S. 491-504.

CLEMEN, R. T. (Linear constraints and combined forecasts), Linear constraints and the efficiency of combined forecasts, Journal of Forecasting, 1986, S. 31-38.

CLEMEN, R. T. (Combining forecasts), Combining forecasts: a review and annotated bibliography, in: International Journal of Forecasting, 1989, S. 559-583.

CLEMEN, R T. / WINKLER, R. L. (Combining economic forecasts), Combining economic forecasts, in: Journal of Business & Economic Statistics, 1986, S. 39-46.

COCHE, J. (Kapitalmarkteffizienz), Kapitalmarkteffizienz aus der Perspektive evolutorischer Ökonomik, Frankfurt/M u.a. 1999.

COCHRANE, J. H. (Volatility Tests and Efficient Markets), Volatility Tests and Efficient Markets, in: Journal of Monetary Economics, 1991, S. 463-485.

COMMERZBANK (Geschäftsbericht 1990), Geschäftsbericht 1990, Frankfurt/M 1991.

COMMERZBANK (Geschäftsbericht 1991), Geschäftsbericht 1991, Frankfurt/M 1992.

COMMERZBANK (Geschäftsbericht 1992), Geschäftsbericht 1992, Frankfurt/M 1993.

COMMERZBANK (Geschäftsbericht 1993), Geschäftsbericht 1993, Frankfurt/M 1994.

COMMERZBANK (Geschäftsbericht 1994), Geschäftsbericht 1994, Frankfurt/M 1995.

COMMERZBANK (Geschäftsbericht 1995), Geschäftsbericht 1995, Frankfurt/M 1996.

COMMERZBANK (Geschäftsbericht 1996), Geschäftsbericht 1996, Frankfurt/M 1997.

COMMERZBANK (Geschäftsbericht 1997), Geschäftsbericht 1997, Frankfurt/M 1998.

COMMERZBANK (Geschäftsbericht 1998), Bericht über das Geschäftsjahr 1998, Frankfurt/M 1999.

COMMERZBANK (Geschäftsbericht 1999), Bericht über das Geschäftsjahr 1999, Frankfurt/M 2000.

COMMERZBANK (Bank des Erfolgs), Bank des Erfolgs, Anzeige der Commerzbank, in: Frankfurter Allgemeine Zeitung, 10.04.2000, S. 22-23.

COMMERZBANK (Die Stärke von COMPACT), Die Stärke von COMPACT, in: Web-Site der Commerzbank, www. commerzbank.de/privat/immob /c_staerke.htm, vom 18.03.2000, S. 1-2.

COMMERZBANK (Vermögensverwaltung), Commerzbank Vermögensverwaltung, Ihre Handschrift Unser Know-how, ohne Orts- und Jahresangabe.

COMPTER, W. (Bankbetriebslehre), Bankbetriebslehre, 27. neubearb. u. erw. Aufl., Darmstadt 1984.

CONNOLLY, R. A. (The Robustness of the Weekend Effect), An Examination of the Robustness of the Weekend Effect, in: Journal of Financial and Quantitative Analysis, 1989, S. 133-169.

CONNOR, G. (Arbitrage Pricing Theory), Notes on the Arbitrage Pricing Theory, in: BHATTACHARYA, S. / CONSTANTINIDES, G. (Hrsg.), Theory of Valuation, New Jersey 1989, S. 298-308.

CONNOR, O. (Kundenbindung), Kundenbindung durch Serviceorientierung stärken, LBS – Das Beispiel Club DomiZiel, in: Deutsche Sparkassenzeitung, 21.05.1999, S. XIX.

CONRAD, J. / KAUL, G. (Mean Reversion in Short-Horizon Expected Returns?), Mean Reversion in Short-Horizon Expected Returns?, in: Review of Financial Studies, 1989, S. 225-240.

CONRAD, J. / KAUL, G. (Long-Term Market Overreaction), Long-Term Market Overreaction or Biases in Computed Returns?, in: JoF – Journal of Finance, 1993, S. 39-63.

CONRAD, K. / JÜTTNER, D. (Recent Behavior of Stock Market Prices in Germany), Recent Behavior of Stock Market Prices in Germany and the Random-Walk Hypothesis, in: Kyklos, 1973, S. 576-599.

CONSENSUS FORECAST, Jg. 1989-1999.

COOK, T. / ROZEFF, M. (Size and Earnings/Price Ratio Anomalies), Size and Earnings/Price Ratio Anomalies: One Effect or Two?, in: Journal of Financial and Quantitative Analysis, 1984, S. 449-466.

COOTNER, P. H. [Hrsg.] (The Random Character of Stock Market Prices), The Random Character of Stock Market Prices, Cambridge 1964.

COPELAND, T. E. / FRIEDMAN, D. (The Effect of Sequential Information Arrival on Asset Prices), The Effect of Sequential Information Arrival on Asset Prices, An Experimental Study, in: JoF – Journal of Finance, 1987, S. 763-797.

COPELAND, T. E. / MAYERS, D. (The Value Line Enigma), The Value Line Enigma, in: Journal of Financial Economics, 1982, S. 289-321.

COPELAND, T. E. / WESTON, J. F. (Financial Theory and Corporate Policy), Financial Theory and Corporate Policy, 3. Aufl., Reading 1988.

CORHAY, A. / HAWAWINI, G. / MICHEL, P. (Seasonality in the Risk Return Relationship), Seasonality in the Risk Return Relationship, in: JoF – Journal of Finance, 1987, S. 49-68.

CORHAY, A. / HAWAWINI, G. / MICHEL, P. (Seasonality and Size Premium), The Pricing of Equity on the London Stock Exchange: Seasonality and Size Premium, in: DIMSON, E. (Hrsg.), Stock Market Anomalies, Cambridge 1988, S. 197-212.

CORNIOLEY, C. (Die Kunst des Market Timing), Längst nicht alle Fondsmanager beherrschen die Kunst des Market Timing, in: Invest, Magazin der Finanz und Wirtschaft, H. 4, 1999, S. 23-24.

COWLES, A. (Can Stock Market Forecasters Forecast?), Can Stock Market Forecasters Forecast?, in: Econometrica, 1933, S. 309-324.

CRAMER, J. (Leistungsangebot für vermögende Private), Umfang und Qualität des Leistungsangebotes für vermögende Private, in: bank und markt, H. 1, 1992, S. 8-15.

CRAMER, J. E. (Professionelle Vermögensverwaltung), Anforderungen an eine professionelle Anlageberatung und Vermögensverwaltung, in: CRAMER, J. / RUDOLPH, B. (Hrsg.), Handbuch für Anlageberatung und Vermögensverwaltung, Methoden und Instrumente des Portfoliomanagements, Frankfurt/M 1995, S. 3-24.

CRAMER, J. E. (Anlageberatung – Domäne für Privatbankiers), Anlageberatung für Unternehmer – Domäne für Privatbankiers, in: Kreditwesen – Zeitschrift für das gesamte Kreditwesen, H. 1, 1999, S. 33-34.

CROSS, F. (Stock Prices on Fridays and Mondays), The Behaviour of Stock Prices on Fridays and Mondays, in: Financial Analysts Journal, 11-12/1973, S. 67-69.

CUTLER, D. M. / POTERBA, J. M. / SUMMERS, L. H. (Speculative Dynamics and the Role of Feedback Traders), Speculative Dynamics and the Role of Feedback Traders, in: American Economic Review, 2/1990, S. 63-68.

CUTLER, D. M. / POTERBA, J. M. / SUMMERS, L. H. (Speculative Dynamics), Speculative Dynamics, in: Review of Economic Studies, 1991, S. 529-546.

CZEPLIEWICZ, M. / ZANCHI, M. (Strategie überdenken), Selbst die Größten müssen ihre Strategie überdenken, in: Finanz und Wirtschaft, 10.12.1997, S. 27.

DAHMANN, K. (Währungsmanagement), Währungsanlagen und Währungsmanagement, in: CRAMER, J. / RUDOLPH, B. (Hrsg.), Handbuch für Anlageberatung und Vermögensverwaltung, Methoden und Instrumente des Portfoliomanagements, Frankfurt/M 1995, S. 171-198.

DANIEL, K. / HIRSHLEIFER, D. / SUBRAHMANYAM, A. (Market Under- and Overreactions), Investor Psychology and Security Market Under- and Overreactions, in: JoF – Journal of Finance, 1998, S. 1839-1885.

DAS WERTPAPIER (2500 Prognosen von 14 Banken im Test), 2500 Prognosen von 14 Banken im Test, in: Das Wertpapier, H. 16, 31.07.1997, S. 9.

DAS WERTPAPIER (Investmentfonds), Anlage-Flop: Nur 12 Prozent der Investmentfonds sind echt gut, in: Das Wertpapier, H. 12, 04.06.1998, S. 68-69.

DAVIDSON, W. N. / DUTIA, D. (Test of Stock Market Overreaction), A Note on the Behavior of Security Returns: A Test of Stock Market Overreaction and Efficiency, in: Journal of Financial Research, 1989, S. 245-252.

DE BONDT, W. F. M. / BANGE, M. M. (Inflation Forecast Errors), Inflation Forecast Errors and Time Variation in Term Premia, in: Journal of Financial and Quantitative Analysis, Bd. 27, H. 4, 1992, S. 479-496.

DE BONDT, W. F. M. / THALER, R. H. (Does the Stock Market Overreact?), Does the Stock Market Overreact?, in: JoF - Journal of Finance, 1985, S. 793-805.

DE BONDT, W. F. M. / THALER, R. H. (Further Evidence of Investor Overreaction), Further Evidence of Investor Overreaction and Stock Market Seasonality, in: JoF - Journal of Finance, 1987, S. 557-581.

DE BONDT, W. F. M. / THALER, R. H. (A Mean-Reverting Walk Down Wall Street), Anomalies, A Mean-Reverting Walk Down Wall Street, in: Journal of Economic Perspectives, 1989, S. 189-202.

DE BONDT, W. F. M. / THALER, R. H. (Do Security Analysts Overreact?), Do Security Analysts Overreact?, in: American Economic Review, 2/1990, S. 52-57.

DE BONDT, W. F. M. / THALER, R. H. (Financial Decision-Making), Financial Decision-Making in Markets and Firms: A Behavioral Perspective, in: Jarrow, R. A. / Maksimovic, V. / Ziemba, W. T. (Hrsg.), Finance, Amsterdam 1995, S. 385-410.

DE LONG, J. B. (Noise Trading), Noise Trading, in: The New Palgrave Dictionary of Money and Finance, Bd. 3, 1992, S. 34-36.

DE LONG, J. B. / SHLEIFER, A. / SUMMERS, L. H. / WALDMANN, R. J. (The Size and Incidence of the Losses from Noise Trading), The Size and Incidence of the Losses from Noise Trading, in: JoF – Journal of Finance, 1989, S. 681-695.

DE LONG, J. B. / SHLEIFER, A. / SUMMERS, L. H. / WALDMANN, R. J. (Noise Trader Risk in Financial Markets), Noise Trader Risk in Financial Markets, in: Journal of Political Economy, 1990, S. 734-735.

DE LONG, J. B. / SHLEIFER, A. / SUMMERS, L. H. / WALDMANN, R. J. (Positive Feedback Investment Strategies), Positive Feedback Investment Strategies and Destabilizing Rational Speculation, in: JoF - Journal of Finance, 1990, S. 379-395.

DEARBORN, D. C. / SIMON, H. A. (Selective Perception), Selective Perception, in: Sociometry, 1958, S. 140-144.

DEKASWISS (Schweiz PrivatPortfolio Vermögensverwaltung mit Fonds), Schweiz PrivatPortfolio, Vermögensverwaltung mit Fonds auf der Basis Schweizerischer Tradition und Erfahrung, Zürich 1999.

DEKASWISS (Schweizer Tradition und Erfahrung), Schweiz PrivatPortfolio, Schweizer Tradition und Erfahrung, Zürich 1999.

DEKASWISS (Schweiz PrivatPortfolio), Schweiz PrivatPortfolio, Schweizerische Tradition und Erfahrung, Zürich 1999.

DEKASWISS (Profitieren), Profitieren, Die Leistungen der DekaSwiss Privatbank AG, Zürich 1999.
DELBRÜCK (Jahresbilanz 1990), Jahresbilanz 1990, Köln 1991.
DELBRÜCK (Jahresbilanz 1991), Jahresbilanz 1991, Köln 1992.
DELBRÜCK (Jahresbilanz 1992), Jahresbilanz 1992, Köln 1993.
DELBRÜCK (Annual Report 1993), Annual Report 1993, Köln 1994.
DELBRÜCK (Geschäftsbericht 1994), Geschäftsbericht 1994, Köln 1995.
DELBRÜCK (Geschäftsbericht 1995), Geschäftsbericht 1995, Köln 1996.
DELBRÜCK (Geschäftsbericht 1996), Geschäftsbericht 1996, Köln 1997.
DELBRÜCK (Geschäftsbericht 1997), Geschäftsbericht 1997, Köln 1998.
DELBRÜCK (Geschäftsbericht 1998), Geschäftsbericht 1998, Köln 1999.
DELBRÜCK (Geschäftsbericht 1999), Geschäftsbericht 1999, Köln 2000.
DELBRÜCK (Unabhängigkeit – Leistung – Tradition), Unabhängigkeit – Leistung – Tradition, Köln, ohne Jahresangabe.
DELBRÜCK (Pressemitteilung zur Bilanzpressekonferenz), Pressemitteilung zur Bilanzpressekonferenz am 03.05.2000, in: Web-Site des Bankhauses Delbrück, www. delbrueck.de/bilanzprkonferenz.html, vom 06.07.2000, S. 1-3.
DENNIS, P. / PERFECT, S. / SNOW, K. / WILES, K. (Size and Book-to-Market Ratio), The Effects of Rebalancing on Size and Book-to-Market Ratio Portfolio Returns, in: Financial Analysts Journal, 5-6/1995, S. 47-57.
DEUTSCHE BANK (Geschäftsbericht 1991), Geschäftsbericht 1991, Frankfurt/M 1992.
DEUTSCHE BANK (Geschäftsbericht 1993), Geschäftsbericht 1993, Frankfurt/M 1994.
DEUTSCHE BANK (Geschäftsbericht 1994), Geschäftsbericht 1994, Frankfurt/M 1995.
DEUTSCHE BANK (Geschäftsbericht 1995), Geschäftsbericht 1995, Frankfurt/M 1996.
DEUTSCHE BANK (Geschäftsbericht 1996), Geschäftsbericht 1996, Frankfurt/M 1997.
DEUTSCHE BANK (Geschäftsbericht 1997), Geschäftsbericht 1997, Frankfurt/M 1998.
DEUTSCHE BANK (Vermögen in guten Händen), Ihr Vermögen in guten Händen, Frankfurt/M 1999.
DEUTSCHE BANK (Geschäftsbericht 1998), Geschäftsbericht 1998, Vorauflage, Frankfurt/M 1999.
DEUTSCHE BANK (Geschäftsbericht 1999), Results 1999, Geschäftsbericht, Frankfurt/M 2000.
DEUTSCHE BANK (Vermögensverwaltung), Vermögensverwaltung, Made by Deutsche Bank, Frankfurt/M, ohne Jahresangabe.
DEUTSCHE BANK (Private Banking), Bei der Vermögensanlage sprechen gute Argumente für das Private Banking der Deutschen Bank, in: Web-Site der Deutschen Bank, www. deutsche-bank.de/pb/anle...legen.nsf/doc/BSPS-4A2P?OpenDocument, vom 18.03.2000, S. 1.
DEUTSCHE BANK (Vermögensverwaltung und professionelle Geldanlage), Vermögensverwaltung, Der Weg der professionell gemanageten Geldanlage, in: Web-Site der Deutschen Bank, www.deutsche-bank.de/pb/anle...legen.nsf/ doc/BSPS-4A2M62? OpenDocument, vom 18.03.2000, S. 1.
DEUTSCHE BUNDESBANK (Erläuterungen), Erläuterungen, in: Bankenstatistik, H. 12, 1999, S. 109-112.
DEUTSCHE BUNDESBANK (Zahl der Kreditinstitute), Zahl der Kreditinstitute und ihrer Zweigstellen, in: Bankenstatistik, H. 9, 2000, S. 104.

DEUTSCHE BUNDESBANK (Verzeichnis der Kreditinstitute), Verzeichnis der Kreditinstitute und ihrer Verbände sowie der Treuhänder für Kreditinstitute in der Bundesrepublik Deutschland, Frankfurt/M 2000.

DEUTSCHER SPARKASSEN- UND GIROVERBAND (Computergestützte Zinsbestimmung), Computergestützte Zinsbestimmung, Stuttgart 1992.

DEZHBAKHSH, H. / DEMIRGUC-KUNT, A. (Presence of Speculative Bubbles) Presence of Speculative Bubbles in stock Prices, in: Journal of Finance and Quantitative Analysis, 1990, S. 101-112.

DG-BANK (Geschäftsbericht 1990), Geschäftsbericht 1990, Frankfurt/M 1991.

DG-BANK (Geschäftsbericht 1991), Geschäftsbericht 1991, Frankfurt/M 1992.

DG-BANK (Geschäftsbericht 1992), Geschäftsbericht 1992, Frankfurt/M 1993.

DG-BANK (Geschäftsbericht 1993), Geschäftsbericht 1993, Frankfurt/M 1994.

DG-BANK (Geschäftsbericht 1994), Geschäftsbericht 1994, Frankfurt/M 1995.

DG-BANK (Geschäftsbericht 1995), Geschäftsbericht 1995, Frankfurt/M 1996.

DG-BANK (Geschäftsbericht 1996), Geschäftsbericht 1996, Frankfurt/M 1997.

DG-BANK (Geschäftsbericht 1997), Geschäftsbericht 1997, Frankfurt/M 1998.

DG-BANK (DG-Bank Kurzportrait), DG-Bank Kurzportrait, Frankfurt/M 1998.

DG-BANK (Satzung), DG-Bank-Umwandlungsgesetz und Satzung der DG-Bank AG, Frankfurt/M 1998.

DG-BANK (Geschäftsbericht 1998), Geschäftsbericht 1998, Frankfurt/M 1999.

DG-BANK (Die DG-Bank), Die DG-Bank, Das Unternehmen, Frankfurt/M 1999.

DG-BANK (Stützpunkte 1999), Stützpunkte 1999, Frankfurt/M 1999.

DG-BANK (Geschäftsbericht 1999), Geschäftsbericht 1999, Frankfurt/M 2000.

DG-BANK (Die DG-Bank ist Aktiengesellschaft), Die DG-Bank ist Aktiengesellschaft, in: Web-Site der DG-Bank, www. dg-bank.de/profil/dgag/dgag_b. htm, vom 19.03.2000, S. 1-2.

DG-BANK (Management-Report), Management-Report, in: Web-Site der DG-Bank, www. dg-bank.de/hjb1-99/halbj_99/01_05.html, vom 19.03.2000, S. 5.

DG-BANK (Angaben zur Gewinn- und Verlustrechnung), Angaben zur Gewinn- und Verlustrechnung, in: Web-Site der DG-Bank, www. dg-bank.de/hjb1-99/halbj_99/01_12.html, vom 19.03.2000, S. 1.

DG CAPITAL (Individuelle Vermögensverwaltung), Individuelle Vermögensverwaltung, Frankfurt/M 2000.

DG CAPITAL (Ganzheitliche Vermögensbetreuung), Ganzheitliche Vermögensbetreuung, Frankfurt/M, ohne Jahresangabe.

DG CAPITAL (Aktien-Modul Neuer Markt), Aktien-Modul Neuer Markt, ohne Orts- und Jahresangabe.

DGZ (Geschäftsbericht 1992), Geschäftsbericht 1992, Frankfurt/M 1993.

DGZ (Geschäftsbericht 1993), Geschäftsbericht 1993, Frankfurt/M 1994.

DGZ (Geschäftsbericht 1994), Geschäftsbericht 1994, Frankfurt/M 1995.

DGZ (Geschäftsbericht 1995), Geschäftsbericht 1995, Frankfurt/M 1996.

DGZ (Geschäftsbericht 1997), Geschäftsbericht 1997, Frankfurt/M 1998.

DGZ (Geschäftsbericht 1998), Geschäftsbericht 1998, Deka-Gruppe Leistungsbericht 1998, Frankfurt/M 1999.

DGZ (Wichtige Fondsdaten), Wichtige Fondsdaten der zentralen SparkassenFonds im Überblick, Frankfurt/M 1999.

DGZ (Geschäftsbericht 1999), Geschäftsbericht 1999, Frankfurt/M 2000.

DGZ (Dynamisches Management für Ihre Vermögensziele), DynamikDepot, Dynamisches Management für Ihre Vermögensziele, Frankfurt/Luxemburg 1999.

DGZ (Vermögensmanagement), Sie managen Ihr Leben, wir Ihr Vermögen, Vermögensmanagement mit dem DynamikDepot, Frankfurt/Luxemburg 1999.

DGZ (DynamikDepot Managen), DynamikDepot, Managen, Vermögensmanagement mit Fonds, Luxemburg/Frankfurt 1999.

DGZ (DynamikDepot Chance Halbjahresbericht 1999), DynamikDepot, Chance, Halbjahresbericht zum 30. Juni 1999, Luxemburg/Frankfurt 1999.

DGZ (DynamikDepot Chance Jahresbericht 1999), DynamikDepot, Chance, Jahresbericht zum 31. Dezember 1999, Luxemburg/Frankfurt 1999.

DGZ (DynamikDepot ChancePlus Jahresbericht 1999), DynamikDepot, ChancePlus, Jahresbericht zum 31. Dezember 1999, Luxemburg/Frankfurt 1999.

DGZ (DynamikDepot ErtragPlus Jahresbericht 1999), DynamikDepot, ErtragPlus, Jahresbericht zum 31. Dezember 1999, Luxemburg/Frankfurt 1999.

DGZ (DynamikDepot Wachstum Jahresbericht 1999), DynamikDepot, Wachstum, Jahresbericht zum 31. Dezember 1999, Luxemburg/Frankfurt 1999.

DGZ (Deka Investmentfonds), Deka Investmentfonds auf einen Blick: Die wichtigsten Fondsdaten, Frankfurt/M 2000.

DGZ (Die Unternehmensgruppe), Die Unternehmensgruppe, in: Web-Site der DGZ / Deka-Bank, www. deka.de/inside/karriere/dgz.htm, 11.08.2000, S. 1-2.

DGZ (Deka Presseinfos), Deka Presseinfos, in: Web-Site der DGZ / Deka-Bank, www. deka.de/presse/index.htm, 11.08.2000, S. 1-6.

DHRYMES, P. J. / FRIEND, I. / GULTEKIN, N. (Empirical Evidence on the Arbitrage Pricing Theory), A Critical Re-Examination of the Empirical Evidence on the Arbitrage Pricing Theory, in: JoF – Journal of Finance, 1984, S. 323-346.

DHRYMES, P. J. / FRIEND, I. / GULTEKIN, M. / GULTEKIN, N. (New Tests of the APT), New Tests of the APT and Their Implications, in: JoF – Journal of Finance, 1985, S. 659-674.

DHRYMES, P. J. / FRIEND, I. / GULTEKIN, M. / GULTEKIN, N. (An Empirical Examination of the Arbitrage Pricing Theory), An Empirical Examination of the Implications of the Arbitrage Pricing Theory, in: Journal of Banking and Finance, 1985, S. 73-99.

DIBA, B. T. (Bubbles and Stock Price Volatility), Bubbles and Stock Price Volatility, in: DWYER, G. P. / HAFER, R. W. (Hrsg.), The Stock Market: Bubbles, Volatility, and Chaos, Norwell 1990, S. 9-26.

DIBA, B. T. / GROSSMAN, H. I. (On the Inception of Rational Bubbles), On the Inception of Rational Bubbles, in: Quarterly Journal of Economics, 1987, S. 697-700.

DICHTL, E. / ISSING, O. [Hrsg.] (Wirtschaftslexikon), Vahlens Großes Wirtschaftslexikon, 2. überarb. u. erw. Aufl., München 1993.

DICHTL, E. / SCHNEIDER, W. (Kundenzufriedenheit), Kundenzufriedenheit im Zeitalter des Beziehungsmanagement, in: Thexis, H. 2, 1994, S. 6-12.

DICHTL, H. (Zur Prognose des DAX), Zur Prognose des Deutschen Aktienindex DAX mit Hilfe von Neuro-Fuzzy-Systemen, Institut für Kapitalmarktforschung an der Johann-Wolfgang-Goethe-Universität Frankfurt/M, Beiträge zur Theorie der Finanzmärkte, Nr. 12, Frankfurt/M 1995.

DICHTL, H. (Neuro-Fuzzy), Mit dem „Neuro-Fuzzy“ die Dax-Entwicklung voraussagen, in: Handelsblatt, 30.07.1997, S. 31.

DICKINSON, J. P. (Some statistical results in the combination of forecasts), Some statistical results in the combination of forecasts, in: Operational research Quarterly, 1973, S. 253-260.

DICKINSON, J. P. (Some comments on the combination of forecasts), Some comments on the combination of forecasts, in: Operational Research Quarterly, 1975, S. 205-210.

DICKSON, G. W. / SENN, J. A. / CHERVANY, N. L. (Research in Management Information Systems), Research in Management Information Systems, in: Management Science, 1977, S. 913-923.

DIE ZEIT (Heinz von Foerster), Heinz von Foerster, in: Die Zeit, 15.01.1998, S. 41.

DIEBOLD, F. X. (Serial correlation and the combination of forecasts), Serial correlation and the combination of forecasts, in: Journal of Business & Economic Statistics, 1988, S. 105-111.

DIEBOLD, F. X. (Forecast combination), Forecast combination and encompassing: reconciling two divergent literatures, in: International Journal of Forecasting, 1989, S. 589-592.

DIEBOLD, F. X. / PAULY, P. (Structural change and the combination of forecasts), Structural change and the combination of forecasts, in: Journal of Forecasting, 1987, S. 21-40.

DIEBOLD, F. X. / PAULY, P. (The use of prior information in forecast combination), The use of prior information in forecast combination, in: International Journal of Forecasting, 1990, S. 503-508.

DIEKMANN, A. (Empirische Sozialforschung), Empirische Sozialforschung, Grundlagen, Methoden, Anwendungen, 5. durchges. Aufl., Reinbek 1999.

DIEKMANN, M. (Albtraum für Fondsmanager), Albtraum für Fondsmanager, in: Financial Times Deutschland, 13.07.2001, S. 9.

DILLER, H. (Beziehungsmanagement), Bestandsaufnahme und Entwicklungsperspektiven des Beziehungsmanagement, in: MEFFERT, H. / WAGNER, H. / BACKHAUS, K. (Hrsg.), Beziehungsmarketing – neue Wege zur Kundenbindung, Dokumentation des Workshops vom 24. Juni 1994, Dokumentationspapier der Wissenschaftlichen Gesellschaft für Marketing und Unternehmensführung e.V., Nr. 90, Münster 1994, S. 6-30.

DILLER, H. [Hrsg.] (Vahlens großes Marketing-Lexikon), Vahlens großes Marketing-Lexikon, ungekürzte Ausg., München 1994.

DILLER, H. (Kundenmanagement), Kundenmanagement, in: TIETZ, B. (Hrsg.), Handwörterbuch des Marketing, 2. vollst. überarb. Aufl., Stuttgart 1995, Sp. 1363-1376.

DILLER, H. (Beziehungsmanagement), Beziehungsmanagement, in: TIETZ, B. (Hrsg.), Handwörterbuch des Marketing, 2. vollst. überarb. Aufl., Stuttgart 1995, Sp. 285-300.

DILLER, H. (Kundenbindung als Marketingziel), Kundenbindung als Marketingziel, in: Marketing, Zeitschrift für Forschung und Praxis, H. 2, 1996, S. 81-94.

DILLER, H. (Customer Loyalty), Customer Loyalty: Fata Morgana or Realistic Goal?, Managing Relationships with Customers, in: HENNIG-THURAU, T. / HANSEN, U. (Hrsg.), Relationship Marketing, Gaining Competitive Advantage Through Customer Satisfaction and Customer Retention, Berlin/Heidelberg 2000, S. 29-48.

DILLER, H. / KUSTERER, M. (Beziehungsmanagement), Beziehungsmanagement, Theoretische Grundlagen und explorative Befunde, in: Marketing, Zeitschrift für Forschung und Praxis, H. 3, 1988, S. 211-220.

DIMSON, E. / FRALETTI, P. (Brokers' Recommendations), Brokers' Recommendations: the Value of Telephone Tip, in: The Economic Journal, 3/1986, S. 139-159.

DIMSON, E. / MARSH, P. (Forecasts of UK Stock Returns), An Analysis of Brokers' and Analysts' Unpublished Forecasts of UK Stock Returns, in: JoF – Journal of Finance, 12/1984, S. 1257-1292.

DIMSON, E. / MARSH, P. (Murphy's Law and Market Anomalies), Murphy's Law and Market Anomalies, The Size Premium May Have Gone into Reverse, But the Size Effect Lives on, in: Journal of Portfolio Management, Winter 1999, S. 53-69.

DOHMEN, C. (Bank auf neuen Wegen), Alte Bank auf neuen Wegen – Sal. Oppenheim mit Neuorientierung, in: Handelsblatt, 07.11.2000, S. 28.

DOHMEN, C. (Finanzprofis schießen oft am Ziel vorbei), Die Finanzprofis schiessen oft am Ziel vorbei, in: Handelsblatt, 29./30.12.2000, S. 46.

DOMIZLAFF, H. (Die Gewinnung des öffentlichen Vertrauens), Die Gewinnung des öffentlichen Vertrauens, Ein Lehrbuch der Markentechnik, Hamburg 1939.

DOMIZLAFF, H. (Die Gewinnung des öffentlichen Vertrauens), Die Gewinnung des öffentlichen Vertrauens, Ein Lehrbuch der Markentechnik, Neu zusammengestellte Ausgabe, Hamburg 1982.

DOMKE, H.-M. (Rendite kleiner Börsengesellschaften), Rendite und Risiko von Aktien kleiner Börsengesellschaften, Eine empirische Untersuchung der Performance deutscher Nebenwerte in den Jahren 1971 bis 1980, Frankfurt/M u.a. 1987.

DONALDSON, G. (Psychological Barriers in Asset Prices), International Evidence of Psychological Barriers in Asset Prices and the Efficient Market Hypothesis, Financial Research Center Memorandum, Nr. 116, Princeton University, New York 1990.

DOWEN, R. J. (What are Analysts' Forecasts Worth?), What are Analysts' Forecasts Worth?, One-Period Growth Expectations and Subsequent Stock Returns, in: Financial Analysts Journal, H. 7-8, 1989, S. 71-74.

DOWEN, R. / BAUMANN, W. (Size, P/E, and Neglect), The Relative Importance of Size, P/E, and Neglect, in: Journal of Portfolio Management, Spring 1986, S. 30-34.

DREMAN, D. / BERRY, M. (Analyst Forecasting Errors), Analyst Forecasting Errors and Their Implications for Security Analysis, in: Financial Analysts Journal, 5-6/1995, S. 30-41.

DREMAN, D. / BERRY, M. (Overreaction, Underreaction), Overreaction, Underreaction, and the Low-P/E Effect, in: Financial Analysts Journal, 7-8/1995, S. 21-30.

DRESDNER BANK (Geschäftsbericht 1990), Geschäftsbericht 1990, Frankfurt/M 1991.

DRESDNER BANK (Geschäftsbericht 1991), Geschäftsbericht 1991, Frankfurt/M 1992.

DRESDNER BANK (Geschäftsbericht 1992), Geschäftsbericht 1992, Frankfurt/M 1993.

DRESDNER BANK (Geschäftsbericht 1993), Geschäftsbericht 1993, Frankfurt/M 1994.

DRESDNER BANK (Geschäftsbericht 1994), Geschäftsbericht 1994, Frankfurt/M 1995.

DRESDNER BANK (Geschäftsbericht 1995), Geschäftsbericht 1995, Frankfurt/M 1996.

DRESDNER BANK (Geschäftsbericht 1996), Geschäftsbericht 1996, Frankfurt/M 1997.

DRESDNER BANK (Geschäftsbericht 1997), Geschäftsbericht 1997, Frankfurt/M 1998.

DRESDNER BANK (Geschäftsbericht 1998), Geschäftsbericht 1998, Zukunft in unserer Bank, Frankfurt/M 1999.

DRESDNER BANK (Geschäftsbericht 1999), Geschäftsbericht 1999, Dresdner Bank im Fokus, Frankfurt/M 2000.

DRESDNER BANK (Formel für Rendite), Unsere Formel für mehr Rendite, Vermögensverwaltung mit Investmentfonds, Frankfurt/M 1999.

DUBOIS, M. / LOUVET, P. (The Day-of-the-Week Effect), The Day-of-the-Week Effect: The International Evidence, in: Journal of Banking and Finance, 1996, S. 1463-1484.

DUBS, P. (Strategisches Kundenmanagement), Strategisches Kundenmanagement und Retention Marketing im Retail Banking, in: BERNET, B. / HELD, P. P., Relationship Banking, Kundenbeziehungen profitabler gestalten, Wiesbaden 1998, S. 69-89.

DÜREN, H. (Tradition bewahren und Zukunft bewältigen), Tradition bewahren und Zukunft bewältigen, in: Handelsblatt, 03.03.1998, S. 23.

DYBVIG, P. / ROSS, S. (The APT is Testable), Yes, the APT ist Testable, in: JoF - Journal of Finance, 1985, S. 1173-1188.

EASTON, S. A. / FAFF, R. W. (Robustness of the Day-of-the-Week Effect), An Investigation of the Robustness of the Day-of-the-Week Effect in Australia, in: Applied Financial Economics, 1994, S. 99-110.

EBERHARDT, K. (Alternative zur Benchmark), Alternative zur Benchmark, in: Börsen-Zeitung, 23.04.1994, S. 18.

ECKERT, S. (Rentabilitätssteigerung durch Kundenbindung), Rentabilitätssteigerung durch Kundenbindung am Beispiel eines Buchclubs, St. Gallen 1994.

ECKERT, S. (Kundenbindung), Kundenbindung – Konzeptionelle Grundlagen und Praxisbeispiele aus Dienstleistungsunternehmen, in: TOMCZAK, T. / BELZ, C. (Hrsg.), Kundennähe realisieren, Ideen – Konzepte – Methoden – Erfahrungen, St. Gallen 1994, S. 367-385.

ECKEY, H.-F. / KOSFELD, R. / DREGER, C. (Ökonometrie), Ökonometrie, Grundlagen – Methoden – Beispiele, Wiesbaden 1995.

EHREN, H. (Glücks-Rat), Glücks-Rat, in: Manager Magazin, 5/1997, S. 144-150.

EHREN, H. (Auf dem Sprung), Auf dem Sprung, in: Manager Magazin, 7/1998, S. 140-150.

EHREN, H. / NÖLTING, A. (Neue Macht), Neue Macht, in: Manager Magazin, 5/1997, S. 138-142.

EICHENBERGER, R. / FREY, B. S. (Entscheidungsanomalien), Entscheidungsanomalien, Beispiele, Bedeutung, Reaktionen, in: WiSt – Wirtschaftswissenschaftliches Studium, 1990, S. 270-274.

EICHHORN, F.-J. (Märkte für Privatbankiers), Märkte für Privatbankiers, in: Die Bank, H. 8, 1996, S. 462-466.

EINHORN, H. J. (A Model of Conjunction Fallacy), A Model of Conjunction Fallacy, Working Paper, Center of Decision Research, University of Chicago, Chicago 1985.

EISELIN, S. (Zurück zu seinen Wurzeln), Der Liechtenstein Global Trust geht zurück zu seinen Wurzeln, in: Finanz und Wirtschaft, 19.11.1997, S. 17.

EISELIN, S. (Banktitel und Fondsanteil), LGT sind nun Banktitel und Fondsanteil in einem, in: Finanz und Wirtschaft, 18.07.1998, S. 19.

EISELIN, S. / ZULAUF-POLI, D. (In der Vermögensverwaltungsbranche wird's eng), In der Vermögensverwaltungsbranche wird's eng, in: Finanz und Wirtschaft, 13.09.1997, S. 17.

ELTON, E. J. / GRUBER, M. J. (Modern Portfolio Theory), Modern Portfolio Theory and Investment Analysis, 5. Aufl., New York u.a. 1995.

ENGLE, R. F. / GRANGER, C. W. J. / KRAFT, D. (Combining competing forecasts), Combining competing forecasts of inflation using a bivariate ARCH model, in: Journal of Economic Dynamics and Control, 1984, S. 151-165.

ENGLE, R. F. / KANE, A. / NOH, J. (Index-Option Pricing), Index-Option Pricing with Stochastic Volatility and the Value of Accurate Variance Forecasts, Discussion Paper der University California, Nr. 93-43, San Diego 1993.

ENGLE, R. F. / KANE, A. / NOH, J. (Forecasting Volatility and Option Prices), Forecasting Volatility and Option Prices of the S&P 500 Index, in: The Journal of Derivatives, Fall 1994, S. 17-30.

EPPLE, M. (Marketing der Kreditinstitute), Die Kundenselbstbedienung im Marketing der Kreditinstitute, Frankfurt/M 1987.

EPPLE, M. H. (Kundenbindung wird schwächer), Die Kundenbindung wird schwächer: Vertrieb von Bankprodukten, in: Die Bank, H. 10, 1991, S. 544-550.

ERBSLÖH, E. (Interview), Techniken der Datensammlung 1, Interview, Stuttgart 1972.

ERDMANN, R. (Finanzplatz Schweiz), Euro als Chance für den Finanzplatz Schweiz, in: Börsen-Zeitung, 29.08.1998, S. B 10.

EREVELLES, S. / LEAVITT, C. (Current Models of Consumer Satisfaction), A Comparison of Current Models of Consumer Satisfaction/Dissatisfaction, in: Journal of Consumer Satisfaction, Dissatisfaction and Complaining Behavior, H. 5, 1992, S. 104-114.

EVANS, G. W. (A Test for Speculative Bubbles), A Test for Speculative Bubbles in the Sterling-Dollar Exchange Rate, in: American Economic Review, 1986, S. 621-636.

EVANS, G. W. (The Fragility of Sunspots and Bubbles), The Fragility of Sunspots and Bubbles, in: Journal of Monetary Economics, 1989, S. 297-317.

EVANS, G. W. (Pitfalls in Testing for Explosive Bubbles in Asset Prices), Pitfalls in Testing for Explosive Bubbles in Asset Prices, in: American Economic Review, 1991, S. 922-930.

EYETT, D. (Kundenbefragungen), Kundenbefragungen, Schritt für Schritt zum zufriedenen Kunden, in: Bank Magazin, H. 3, 1999, S. 58-60.

FAMA, E. F. (The Behavior of Stock-Market Prices), The Behavior of Stock-Market Prices, in: Journal of Business, 1965, S. 34-105.

FAMA, E. F. (Efficient Capital Markets), Efficient Capital Markets: A Review of Theory and Empirical Work, in: JoF - Journal of Finance, 1970, S. 383-417.

FAMA, E. F. (Foundations of Finance), Foundations of Finance, New York 1976.

FAMA, E. F. (Stock Returns and Real Activity), Stock Returns, Expected Returns, and Real Activity, in: JoF – Journal of Finance, 1990, S. 1089-1108.

FAMA, E. F. (Efficient Capital Markets II), Efficient Capital Markets II, in: JoF - Journal of Finance, 1991, 1575-1617.

FAMA, E. F. (Market efficiency and behavioral finance), Market efficiency, long term returns, and behavioral finance, in: Journal of Financial Economics, 1998, S. 283-306.

FAMA, E. F. / FRENCH, K. R. (Temporary Components of Stock Prices), Permanent and Temporary Components of Stock Prices, in: Journal of Political Economy, 1988, S. 246-273.

FAMA, E. F. / FRENCH, K. R. (Common Risk Factors), Common Risk Factors in the Returns on Stocks and Bonds, in: Journal of Financial Economics, 1993, S. 3-56.

FAMA, E. F. / FRENCH, K. R. (Book-to-Market Factors), Size and Book-to-Market Factors in Earnings and Returns, in: JoF – Journal of Finance, 1995, S. 131-155.

FAMA, E. F. / FRENCH, K. R. (Asset Pricing Anomalies), Multifactor Explainations of Asset Pricing Anomalies, in: JoF – Journal of Finance, 1996, S. 55-84.

FAMA, E. F. / FRENCH, K. R. (Value versus Growth), Value versus Growth: The International Evidence, in: JoF – Journal of Finance, 1998, S. 1975-1999.

FASTRICH, H. / HEPP, S. (Währungsmanagement), Währungsmanagement international tätiger Unternehmen, Stuttgart 1991.

FAZ (Analysten verhalten sich opportunistisch) Die Analysten verhalten sich opportunistisch, in: FAZ – Frankfurter Allgemeine Zeitung, 30.06.1994, S. 19.

FAZ (Dresdner Bank erweitert Vermögensberatung), Dresdner Bank erweitert Vermögensberatung, in: FAZ – Frankfurter Allgemeine Zeitung, 22.07.1997, S. 21.

FAZ (Vermögende Privatkunden), Die Deutsche Bank setzt auf vermögende Privatkunden, in: FAZ – Frankfurter Allgemeine Zeitung, 05.09.1997, S. 23.

FAZ (Schweizer verwalten auch kleinere Vermögen), Schweizer verwalten auch kleinere Vermögen, in: FAZ – Frankfurter Allgemeine Zeitung, 19.11.1997, S. 33.

FAZ (LGT), Die LGT gibt die Vermögensverwaltung auf, in: FAZ – Frankfurter Allgemeine Zeitung, 19.11.1997, S. 33.

FAZ (Helaba erwartet Kursgewinne), Helaba Invest erwartet Kursgewinne für Aktien in Kontinentaleuropa, in: FAZ – Frankfurter Allgemeine Zeitung, 05.12.1997, S. 32.

FAZ (Index-Fonds schlagen Aktien-Picker), Index-Fonds schlagen Aktien-Picker, in: FAZ – Frankfurter Allgemeine Zeitung, 03.01.1998, S. 13.

FAZ (Eine Privatbank in ihrem dritten Jahrhundert), Eine Privatbank, die auch in ihrem dritten Jahrhundert bestehen will, in: FAZ – Frankfurter Allgemeine Zeitung, 21.01.1998, S. 23.

FAZ (DG-Bank verstärkt sich im Asset Management), DG-Bank verstärkt sich im Asset Management, in: FAZ – Frankfurter Allgemeine Zeitung, 23.01.1998, S. 21.

FAZ (Mißstände in der Investmentbranche), Kritik an Mißständen in der Investmentbranche, in: FAZ – Frankfurter Allgemeine Zeitung, 17.02.1998, S. 29.

FAZ (Mit einfachen Strategien den Index schlagen), Mit einfachen Strategien den Index schlagen, in: FAZ – Frankfurter Allgemeine Zeitung, 25.02.1998, S. 23.

FAZ (Dresdner Vermögensberatung wächst), Dresdner Vermögensberatung wächst, in: FAZ – Frankfurter Allgemeine Zeitung, 04.03.1998, S. 32.

FAZ (Für Abrundung gerüstet), Warburg fühlt sich für Abrundungen gerüstet, in: FAZ – Frankfurter Allgemeine Zeitung, 15.05.1998, S. 30.

FAZ (Indexfonds schlagen aktiv geführte Fonds), Indexfonds schlagen aktiv geführte Fonds, in: FAZ – Frankfurter Allgemeine Zeitung, 01.09.1999, S. 29.

FAZ (Beratung für vermögende Privatkunden), Beratung für „vermögende Privatkunden", in: FAZ – Frankfurter Allgemeine Zeitung, 14.02.2000, S. 22.

FAZ (Für den Erhalt alter Strukturen), Die WGZ-Bank plädiert für den Erhalt alter Strukturen, in: FAZ – Frankfurter Allgemeine Zeitung, 16.03.2000, S. 24.

FAZ (Bankgesellschaft Berlin), Bankgesellschaft Berlin lädt Sparkassen zum Anschluss ein, in: FAZ – Frankfurter Allgemeine Zeitung, 11.04.2000, S. 20.

FAZ (Trinkaus), Trinkaus mischt sich unter Firmengründer, in: FAZ – Frankfurter Allgemeine Zeitung, 14.04.2000, S. 20.

FAZ (Oppenheim erzielt Rekordergebnis), Sal. Oppenheim erzielt Rekordergebnis, in: FAZ – Frankfurter Allgemeine Zeitung, 14.04.2000, S. 20.
FAZ (DG-Bank hält an strategischer Allianz fest), DG-Bank hält an strategischer Allianz mit der Rabobank fest, in: FAZ – Frankfurter Allgemeine Zeitung, 17.05.2000, S. 22.
FAZ (DGZ Deka-Bank mit mehr Mitarbeitern), DGZ Deka-Bank mit mehr Mitarbeitern, in: FAZ – Frankfurter Allgemeine Zeitung, 18.05.2000, S. 20.
FAZ (Deutschlands größte Unternehmen in Zahlen), Deutschlands größte Unternehmen in Zahlen, in: FAZ – Frankfurter Allgemeine Zeitung, 04.07.2000, S. U2.
FAZ (Wall Street), Der Stimmungspegel an der Wall Street fällt weiter, in: FAZ – Frankfurter Allgemeine Zeitung, 03.08.2000, S. 27-28.
FAZ (Deka steigert ihren Marktanteil), Deka steigert ihren Marktanteil, in: FAZ – Frankfurter Allgemeine Zeitung, 07.08.2000, S. 29.
FAZ (Die Deutsche Bank will mehr reiche Kunden), Die Deutsche Bank will mehr reiche Kunden, in: FAZ – Frankfurter Allgemeine Zeitung, 23.08.2000, S. 22.
FAZ-INSTITUT (Erfolg durch Information), Erfolg durch Information, in: Web-Site des FAZ-Instituts, www. faz-institut.de/IN/Intemplates/FAZinst/default. asp vom 24.07.2000, S. 1.
FAZ-INSTITUT (Kapitalmarktdienste), Kapitalmarktdienste, in: Web-Site des FAZ-Instituts, www. faz-institut.de/IN/Intemplates/FAZinst/overview.asp, vom 24.07.2000, S. 1.
FAZ-INSTITUT (Kapitalmarktdienste), Kapitalmarktdienste, Frankfurt/M, ohne Jahresangabe.
FAZ-INSTITUT (Länderdienste Programm 1999), Länderdienste Programm 1999, Frankfurt/M, ohne Jahresangabe.
FEISLACHEN, H.-E. (Neue Impulse), Neue Impulse für den Standort Schweiz, in: Handelsblatt, 10.12.1997, S. 19.
FEISLACHEN, H.-E. (Private Banking das Zukunftsgeschäft), Private Banking das Zukunftsgeschäft, in: Handelsblatt, 11./12.06.1999, S. 30.
FELENBOK, J.-P. (Kundenbindungsmanagement), Strategisches Kunden- und Kundenbindungsmanagement, Erfolgsfaktoren in der Versicherungswirtschaft, in: LEHMANN, A. / RUF, S. (Hrsg.), Kundenpflege mit Strategie – Perspektiven eines Kundenstamm-Marketing, Tagungsband zur 23. Schwerpunkttagung der I-VW Management-Information vom 14. Oktober 1992, St. Gallen 1993, S. 55-65.
FERSON, W. / KORAJCZYK, R. (Do Arbitrage Pricing Models Explain the Predictability of Stock Returns?), Do Arbitrage Pricing Models Explain the Predictability of Stock Returns?, in: Journal of Business, 1995, S. 309-349.
FESTINGER, L. (Cognitive Dissonance), A Theory of Cognitive Dissonance, New York 1957.
FIGLEWSKI, S. / URICH, T. (Optimal aggregation of money supply forecasts), Optimal aggregation of money supply forecasts: accuracy, profitability and market efficiency, in: JoF - Journal of Finance, 1983, S. 695-710.
FILC, W. (Zinsarbitrage und Währungsspekulation), Zinsarbitrage und Währungsspekulation, Berlin 1975.
FILC, W. (Fundamentalanalyse der Wechselkursentwicklung), Fundamentalanalyse der Wechselkursentwicklung, in: REHM, H., Methoden und Instrumente der Zins- und

Wechselkursprognose, Berichte und Analysen des Verbandes öffentlicher Banken, Bd. 9, Bonn 1988, S. 82-102.

FILC, W. / BREDEMEIER, S. (Analyse und Prognose der Wechselkursentwicklung), EWS und US-Dollar: Analyse und Prognose der Wechselkursentwicklung, Stuttgart 1989.

FINANCIAL TIMES DEUTSCHLAND (SGZ-Bank baut Auslandspräsenz aus), SGZ-Bank baut Auslandspräsenz in Italien und Frankreich aus, in: Financial Times Deutschland, 03.04.2000, S. 18.

FINANCIAL TIMES DEUTSCHLAND (Fusionierte DGZ-DekaBank), Fusionierte DGZ-Deka-Bank hat 600 Stellen geschaffen, in: Financial Times Deutschland, 18.05.2000, S. 23.

FINANCIAL TIMES DEUTSCHLAND (Immer weniger Banken und Filialen in Deutschland), Immer weniger Banken und Filialen in Deutschland, in: Financial Times Deutschland, 16.08.2000, S. 18.

FINANZ UND WIRTSCHAFT (LGT verkauft Asset Management), LGT verkauft Asset Management, in: Finanz und Wirtschaft, 31.01.1998, S. 19.

FISCHER, L. / KOOP, J. / MÜLLER, H. (Der Privataktionär will sich selbst beweisen), Mit steigender Erfahrung will sich der Privataktionär auch „selbst beweisen", in: Handelsblatt, 22./23.04.1994, S. 15.

FISCHER, U. (Informatikplattformen als Voraussetzung des Relationship Banking), Fortschrittliche Informatikplattformen als Voraussetzung des Relationship Banking, in: BERNET, B. / HELD, P. P., Relationship Banking, Kundenbeziehungen profitabler gestalten, Wiesbaden 1998, S. 161-184.

FISK, R. / YOUNG, C. (Disconfirmation of Equity Expectations), Disconfirmation of Equity Expectations, Effects on Consumer Satisfaction with Services, in: HIRSCHMAN, E. / HOLBROOK, H. (Hrsg.), Advances in Consumer Research, Ann Arbor 1985, S. 340-345.

FLADE, A. (Wahrnehmung), Wahrnehmung, in: ASANGER, R. / WENNINGER, G. (Hrsg.), Handwörterbuch der Psychologie, München/Weinheim 1988, S. 833-838.

FLANAGAN, J. C. (The Critical Incident Technique), The Critical Incident Technique, in: Psychological Bulletin, H. 7, 1954, S. 327-358.

FLOOD, R. P. / GARBER, P. M. (Bubbles, Runs, and Gold Monetization), Bubbles, Runs, and Gold Monetization, in: WACHTEL, P. (Hrsg.), Crises in the Economic and Financial Structure, Lexington u.a. 1982, S. 275-293.

FLOOD, R. P. / HODRICK, R. J. (Asset Price Volatility, Bubbles, and Process Switching), Asset Price Volatility, Bubbles, and Process Switching, in: JoF – Journal of Finance, 1986, S. 831-842.

FLOOD, R. P. / HODRICK, R. J. (On Testing for Speculative Bubbles), On Testing for Speculative Bubbles, in: Journal of Economic Perspectives, Spring 1990, S. 85-101.

FLORES, B. E. / WHITE, E. M. (A framework for the combination of forecasts), A framework for the combination of forecasts, in: Journal of the Academy of Marketing Science, 1988, S. 95-103.

FLORES, B. E. / WHITE, E. M. (Subjective versus objectictive combining of forecasts), Subjective versus objectictive combining of forecasts: an experiment, in: Journal of Forecasting, 1989, S. 331-341.

FOLKES, V. (Recent Attribution Research), Recent Attribution Research in Consumer Behavior, A Review and New Directions, in: Journal of Consumer Research, H. 3, 1988, S. 548-565.

FORNELL, C. / JOHNSON, M. / ANDERSON, E. / CHA, J. / BRYANT, B. (American Customer Satisfaction Index), The American Customer Satisfaction Index, Nature, Purpose and Findings, in: Journal of Marketing, H. 10, 1996, S. 7-18.

FRAIKIN, M. (Top of the World), "Top of the World", in: Risk & Reward, H. 3, 1998, S. 43-44.

FRANKE, G. (On Tests of the Arbitrage Pricing Theory), On Tests of the Arbitrage Pricing Theory, in: OR Spektrum, 1984, S. 109-117.

FRANKE, G. (Performancemessung auf der Basis von Mehr-Faktoren-Modellen), Performancemessung auf der Basis von Mehr-Faktoren-Modellen, in: GEBAUER, W. / RUDOLPH, B. (Hrsg.), Erfolgsmessung und Erfolgsanalyse im Portfolio-Management, Schriftenreihe des Instituts für Kapitalmarktforschung an der J. W. Goethe-Universität Frankfurt, Kolloquien-Beiträge, Bd. 36, Frankfurt/M 1994, S. 125-143.

FRANKE, G. / HAX, H. (Finanzwirtschaft), Finanzwirtschaft des Unternehmens und Kapitalmarkt, 3. neu bearb. Aufl., Berlin u.a. 1995.

FRANKE, J. (Kundenbindung), Kundenbindung, Mehrwert statt kostenlose Konten, in: Bank Magazin, H. 6, 1999, S. 50-52.

FRANTZMANN, H.-J. (Saisonalitäten bei Anleihenrenditen), Saisonalitäten bei Anleihenrenditen am deutschen Kapitalmarkt, in: REHM, H., Methoden und Instrumente der Zins- und Wechselkursprognose, Berichte und Analysen des Verbandes öffentlicher Banken, Bd. 9, Bonn 1988, S. 57-80.

FRANTZMANN, H.-J. (Saisonalitäten und Bewertung), Saisonalitäten und Bewertung am deutschen Aktien- und Rentenmarkt, Frankfurt/M 1989.

FREIMANN, E. (Zinsdifferenz und Wechselkurserwartung), Zinsdifferenz und Wechselkurserwartung, Eine empirische Untersuchung der Devisenmarkteffizienz unter besonderer Berücksichtigung des Einflusses der EWS-Leitkurse, Bayreuth 1994.

FRENCH, K. R. (Stock Returns and the Weekend Effect), Stock Returns and the Weekend Effect, in: Journal of Financial Economics, 1980, S. 55-69.

FRENCH, K. R. / ROLL, R. (Stock Return Variances), Stock Return Variances, The Arrival of Information and the Reaction of Traders, in: Journal of Financial Economics, 1986, S. 5-26.

FRENCH, S. / BUNN, D. W. (Outranking probabilities and the synthesis of forecasts), Outranking probabilities and the synthesis of forecasts, in: Journal of the Operational Research Society, 1980, S. 545-551.

FRERICHS, W. / KÜBLER, K. (Gesamtwirtschaftliche Prognoseverfahren), Gesamtwirtschaftliche Prognoseverfahren, München 1980.

FRIEDMAN, B. M. (Interest Rate Expectations), Interest Rate Expectations versus Forward Rates: Evidence from an Expectations Survey, in: JoF – Journal of Finance, H. 9, 1979, S. 965-973.

FRIEDMAN, D. (Monty Hall's Three Doors), Monty Hall's Three Doors: Construction and Deconstruction of a Choice Anomaly, in: American Economic Review, 1998, 933-946.

FRIEDRICHS, J. (Methoden empirischer Sozialforschung), Methoden empirischer Sozialforschung, 14. Aufl., Opladen 1980.

FRIEDRICHS, S. (Markenstrategien im Privatkundengeschäft), Markenstrategien im Privatkundengeschäft von Kreditinstituten, Sofia-Studien zur Institutionenanalyse, Bd. 00-2, Darmstadt 2000.

FRIEND, I. J. / WESTERFIELD, R. / GRANITO, M. (New Evidence on the Capital Asset Pricing Model), New Evidence on the Capital Asset Pricing Model, in: Handbook of Financial Economics, 1979, S. 55-77.

FRITZ, W. (Produktqualität), Die Produktqualität – ein Schlüsselfaktor des Unternehmenserfolgs?, in: ZfB – Zeitschrift für Betriebswirtschaft, H. 8, 1994, S. 1045-1062.

FROHN, J. (Grundausbildung in Ökonometrie), Grundausbildung in Ökonometrie, 2. neubearb. Aufl., Berlin u.a. 1995.

FÜSER, K. (Prognosequalität eines synergetischen Kapitalmarktmodells), Untersuchung der Prognosequalität eines synergetischen Kapitalmarktmodells, unter besonderer Berücksichtigung von neuronalen Netzen zur Präferenz-Pattern-Bestimmung und der Parallelverarbeitung auf Transputer-Basis zur allgemeinen Performance-Verbesserung, Ludwigsburg/Berlin 1994.

GABLER VERLAG [Hrsg.] (Gabler Lexikon Wirtschaft), Gabler Lexikon Wirtschaft, 6. überarb. u. erw. Aufl., Wiesbaden 1995.

GABLER VERLAG [Hrsg.] (Gabler Wirtschaftslexikon), Gabler Wirtschaftslexikon, 14. Aufl., Wiesbaden 1997.

GALASSO, G. (Retention Marketing im Private Banking), Retention Marketing im Private Banking, Bern u.a. 1999.

GALLER, H. P. (Maße der Prognosegüte), Maße der Prognosegüte zum Vergleich von Modellen mit unterschiedlichem Variablensatz, in: Allgemeines Statistisches Archiv, Bd. 61, 1977, S. 178-189.

GAMMA, W. (Hypovereinsbank startet in schwierigem Umfeld), Hypovereinsbank startet in schwierigem Umfeld, in: Finanz und Wirtschaft, 02.09.1998, S. 35.

GARCIA, C. B. / GOULD, F. J. (Some Observations on Active Manager Performance), Some Observations on Active Manager Performance, in: Financial Analysts Journal, 1991, H. 11-12, S. 11-13.

GARLAND, H. / NEWPORT, S. (Effects of Absolute and Relative Sunk Costs), Effects of Absolute and Relative Sunk Costs on the Decision to Persist with a Course of Action, in: Organizational Behavior and Human Decision Processes, 1991, S. 55-69.

GARZ, H. (Prognostizierbarkeit von Aktienrenditen), Prognostizierbarkeit von Aktienrenditen, Die Ursachen von Bewertungsanomalien am deutschen Aktienmarkt, Wiesbaden 2000.

GARZA-GÓMEZ, X. / HODOSHIMA, J. / KUNIMURA, M. (Does Size Really Matter in Japan?), Does Size Really Matter in Japan?, in: Financial Analysts Journal, 11-12/1998, S. 22-34.

GEBSER, L. (Betrieb einer Vermögensverwaltungsgesellschaft), Die rechtlichen und organisatorischen Voraussetzungen zum Betrieb einer Vermögensverwaltungsgesellschaft in Deutschland, in: KONRAD, R. (Hrsg.), Vermögensverwaltung 2001, Das Jahrbuch der sicheren und rentablen Kapitalanlage, 9. Aufl., Frankfurt/M 2001, S. 67-79.

GEML, R. / GEISBÜSCH, H.-G. / LAUER, H. (Marketing-Lexikon), Das kleine Marketing-Lexikon, 2. akt. u. erw. Aufl., Düsseldorf 1999.

GERKE, W. (Börsenpsychologie), Börsenpsychologie und die sechs Schritte zur Schaffung eines psychologischen Börsenindikators, in: DBW - Die Betriebswirtschaft, H. 4, 1997, S. 455-458.

GERKE, W. (Private Bereicherung), Private Bereicherung in spektakulärer Dimension, in: Handelsblatt, 29.06.1998, S. 39.

GERKE, W. / ÖCHSNER, T. (Bei Wetterprognosen gibt es mehr Treffer), „Bei Wetterprognosen gibt es mehr Treffer“, in: SZ – Süddeutsche Zeitung, 30./31.01.1999, S. 25.

GIBBONS, M. / HESS, P. (Day of the Week Effect), Day of the Week Effect and Asset Returns, in: Journal of Business, 1981, S. 579-596.

GIERING, A. (Kundenzufriedenheit und Kundenloyalität), Der Zusammenhang von Kundenzufriedenheit und Kundenloyalität, Eine Untersuchung moderierender Effekte, Wiesbaden 2000.

GILLES, M. (LGT-Makro-Aktienmodell), LGT-Makro-Aktienmodell: Integration von gesamtwirtschaftlichen Indikatoren bei der Prognose von fundamentaler Tendenz und Marktdynamik, in: Risk & Reward, H. 2, 1996, S. 25-33.

GILLES, M. / GARZ, H. / HÜRKAMP, A. / VOLK, C. (Blase oder Fundamental?), Blase oder Fundamental?, in: Pan-Europäische Aktienstrategie, 3/2000, S. 3-6.

GINSBERG, R. (Aktienkursprognose), Möglichkeiten der Aktienkursprognose, Dargestellt am Beispiel des japanischen Aktienmarktes, Frankfurt/Zürich 1975.

GIVOLY, D. / PALMON, D. (Insider Trading), Insider Trading and the Exploitation of Inside Information: Some Empirical Evidence, in: Journal of Business, 1985, S. 69-87.

GLOYSTEIN, P. (Wertpapiergeschäft), Das Wertpapiergeschäft als Schlüssel zum Privatkunden, in: BETSCH, O. / HOOVEN, E. VAN / KRUPP, G. (Hrsg.), Handbuch Privatkundengeschäft, Entwicklung, State of the art, Zukunftsperspektiven, Frankfurt/M 1998, S. 333-349.

GODFREY, M. D. / GRANGER, C. W. J. / MORGENSTERN, O. (The Random Walk Hypothesis of Stock Market Behavior), The Random Walk Hypothesis of Stock Market Behavior, in: Kyklos, 1964, S. 1-30.

GOEDE, G. W. (Marketing-Lexikon), Marketing-Lexikon, englisch-deutsch, deutsch-englisch, München/Wien 1998.

GOLDBERG, J. (Technische Analyse), Behavioral Finance begründet technische Analyse, in: Börsen-Zeitung, 28.11.1997, S. 21.

GOODMAN, D. (Firm Size and Price-Earning Ratio), The Interaction of Firm Size and Price-Earning Ratio on Portfolio Performance, in: Financial Analysts Journal, 1-2/1986, S. 9-12.

GOODWIN, P. / WRIGHT, G. (Time Series Forecasting), Improving judgmental time series forecasting: A review of the guidance provided by research, in: Journal of Forecasting, Vol. 9, No. 2, 1993, S. 147-161.

GÖPPL, H. (Finanzmittlertätigkeit von Banken), Einige empirische Ergebnisse zur Finanzmittlertätigkeit von Banken, in: BECKMANN, M. J. / EICHHORN, W. / KRELLE, W., Mathematische Systeme in der Ökonomie, Königstein/Ts. 1983.

GÖPPL, H. (Finanzintermediation und Bankaktienbewertung), Finanzintermediation und Bankaktienbewertung, Konzept und empirische Überprüfung, in: ZfB – Zeitschrift für Betriebswirtschaft, 1983, S. 610-631.

GÖTZ, E. (Technische Aktienanalyse), Technische Aktienanalyse und Effizienz des deutschen Kapitalmarktes, Heidelberg 1990.

GRANGER, C. W. J. / MORGENSTERN, O. (Spectral Analysis of New York Stock Market Prices), Spectral Analysis of New York Stock Market Prices, in: Kyklos – Internationale Zeitschrift für Sozialwissenschaften, 1963, S. 1-27.

GRANGER, C. W. J. / MORGENSTERN, O. (Predictability), Predictability of Stock Market Prices, 3. Aufl., Lexington 1974.

GRANGER, C. W. J. / NEWBOLD, P. (Forecasting Economic Time Series), Forecasting Economic Time Series, New York 1977.

GRANGER, C. W. J. / RAMANATHAN, R. (Improved methods of combining forecasts), Improved methods of combining forecasts, in: Journal of Forecasting, 1984, S. 197-204.

GRAW, E. (Informationseffizienz), Informationseffizienz von Terminkontraktmärkten für Währungen, Eine empirische Untersuchung, Frankfurt/M 1984.

GRIMM, G. (Fundamentale Wechselkursprognose), Fundamentale Wechselkursprognose mit Neuronalen Netzen, Traditionelle versus neuere Ansätze zur Wechselkursbestimmung, Wiesbaden 1997.

GRINBLATT, M. / TITMAN, S. (Mutual Fund Performance), Mutual Fund Performance, in: Journal of Business, 1989, S. 394-415.

GRINOLD, R. C. / KAHN, R. N. (Active Portfolio Management), Active Portfolio Management, Chicago 1995.

GRONTZKI, W. (Neues Konzept mit gutem Image), Neues Konzept mit gutem Image, in: Bank Magazin, H. 3, 1999, S. 76-77.

GROßE-OETRINGHAUS, W. F. (Value Marketing), Value Marketing – Steigerung des Geschäftserfolges durch Erhöhung von Kundenwerten, in: TOMCZAK, T. / BELZ, C. (Hrsg.), Kundennähe realisieren, Ideen – Konzepte – Methoden – Erfahrungen, St. Gallen 1994, S. 55-79.

GROSSMAN, S. J. / STIGLITZ J. E. (On the Impossibility of Informationally Efficient Markets), On the Impossibility of Informationally Efficient Markets, in: American Economic Rewiew, 1980, S. 393-408.

GROTH, J. C. / LEWELLEN, W. G. / SCHLARBAUM, G. G. / LEASE, R. C. (Securities Recommendations), An Analysis of Brokerage House Securities Recommendations, in: Financial Analysts Journal, 1-2/1979, S. 32-40.

GRÜBEL, B. / SCHUBERT, E. (Fachwissen Wertpapiergeschäft), Fachwissen Wertpapiergeschäft, Vermögensberatung, Stuttgart 1993.

GRUBER, A. (Bubbles und rationale Anlagestrategien), Signale, Bubbles und rationale Anlagestrategien auf Kapitalmärkten, Wiesbaden 1988.

GRUNDMANN, T. (Prognose einer Kapitalgesellschaft), Prognose der voraussichtlichen Entwicklung einer Kapitalgesellschaft, Berlin 1989.

GRÜNENFELDER, T. (Aktienmärkte und Zinsstruktur), Aktienmärkte, Zinsen und Zinsstruktur, Systematische Zusammenhänge unter besonderer Berücksichtigung von Style-Investment, Bern u.a. 1998.

GRÜNER, J. (Zinsen und Wechselkurse), Zinsen, Wechselkurse und internationaler Portfoliozusammenhang, Analyse der nationalen und internationalen Finanzverflechtungen im Rahmen eines ökonometrischen Mehrländermodells für die Bundesrepublik Deutschland, Köln 1996.

GRÜNWALD, L. (Kapitalmarkteffizienz), Optionsmarkt und Kapitalmarkteffizienz, Eine Analyse der Organisations- und Informationseffizienz des börsenmäßigen Optionshandels in der Bundesrepublik Deutschland und den USA, München 1980.

GULTEKIN, M. / GULTEKIN, N. (Stock Market Seasonality), Stock Market Seasonality: International Evidence, in: Journal of Financial Economics, 1984, S. 469-481.

GULTEKIN, M. / GULTEKIN, N. (Stock Return Anomalies and the Tests of the APT), Stock Return Anomalies and the Tests of the APT, in: JoF – Journal of Finance, 1987, S. 1213-1224.

GUPTA, S. / WILTON, P. C. (Combination of forecasts), Combination of forecasts: an extension, in: Management Science, 1987, S. 356-372.

GUPTA, S. / WILTON, P. C. (Combination of economic forecasts), Combination of economic forecasts: an odds-matrix approach, in: Journal of Business & Economic Statistics, 1988, S. 373-379.

GUY, J. R. F. (The Behavior of Equity Securities), The Behavior of Equity Securities on the German Stock Exchange, in: Journal of Banking and Finance, 1977, S. 71-93.

HAAS, F. (Trittbrettfahrer), Trittbrettfahrer, in: FAZ – Frankfurter Allgemeine Zeitung, 08.05.2001, S. B15.

HAFER, R. W. / HEIN, S. E. (Comparing Futures and Survey Forecasts), Comparing Futures and Survey Forecasts of Near-Term Treasury Bill Rates, in: Review of the Federal Reserve Bank of St. Louis, H. 5-6, 1989, S. 33-42.

HAFER, R. W. / HEIN, S. E. / MACDONALD, S. S. (Market and Survey Forecasts), Market and Survey Forecasts of the Three-Month Treasury-Bill Rate, in: Journal of Business, H. 1, 1992, S. 123-138.

HAGEN, H. VON DER (Wenn jeder denkt, daß jeder denkt ...), Wenn jeder denkt, daß jeder denkt ..., in: SZ – Süddeutsche Zeitung, 14.05.1999, S. V2/7

HAHN, L. A. (Die Propheten des Unprophezeibaren), Die Propheten des Unprophezeibaren, in: Kreditwesen – Zeitschrift für das gesamte Kreditwesen, H. 13, 1952, S. 341-342.

HALSTEAD, D. / PAGE, J. (Effects of Satisfaction), The Effects of Satisfaction and Complaining Behavior on Consumer Repurchase Intentions, in: Journal of Consumer Satisfaction, Dissatisfaction and Complaining Behavior, 1992, S. 1-11.

HAMM, R. M. (The Preference Reversal Phenomenon), The Conditions of Occurence and the Preference Reversal Phenomenon, Technical Report, Center for Research on Judgment and Policy, University of Colorado 1984.

HANDA, P. / KOTHARI, S. / WASLEY, C. (The Relation Between the Return Intervall and Betas), The Relation Between the Return Intervall and Betas, Implications for the Size Effect, in: Journal of Financial Economics, 1989, S. 79-100.

HANDELSBLATT (Schweizer Renommee soll Kunden locken), Schweizer Renommee soll Kunden locken, in: Handelsblatt, 14./15.11.1997, S. 29.

HANDELSBLATT (Spätstarter als Spezialist), Spätstarter will als Spezialist vorn stehen, in: Handelsblatt, 04.12.1997, S. 21.

HANDELSBLATT (Erfolg mit Vermögensverwaltung), Erfolg mit spezialisierten Produkten und Vermögensverwaltung, in: Handelsblatt, 12./13.12.1997, S. 29.

HANDELSBLATT (Zwischen Tradition und Wettbewerb), Eine Privatbank zwischen Tradition und Wettbewerb, in: Handelsblatt, 22.01.1998, S. 19.

HANDELSBLATT (Bald 190 Milliarden DM unter Verwaltung), Bald 190 Milliarden DM unter Verwaltung, in: Handelsblatt, 27.01.1998, S. 43.

HANDELSBLATT (Mobile Banker sind erfolgreich), „Mobile Banker" sind erfolgreich, in: Handelsblatt, 05.03.1998, S. 20.

HANDELSBLATT (Das Fonds-Pfund der Hypobank), Das Fonds-Pfund der Hypobank, in: Handelsblatt, 09.04.1998, S. 37.

HANDELSBLATT (Deka mit Schweizer Hilfe auf Erfolgsweg), Deka mit Schweizer Hilfe auf Erfolgsweg, in: Handelsblatt, 23.04.1998, S. 55.

HANDELSBLATT (Oppenheim sieht Nischen), Oppenheim sieht größere Nischen durch die Fusionen der Branche, in: Handelsblatt, 29.04.1998, S. 22.

HANDELSBLATT (Privatbankiers wollen unabhängig bleiben), Privatbankiers wollen unabhängig bleiben, in: Handelsblatt, 06.05.1998, S. 22.

HANDELSBLATT (Vermögensbetreuung steht im Vordergrund), Die Vermögensbetreuung steht im Vordergrund, in: Handelsblatt, 15./16.05.1998, S. 21.

HANDELSBLATT (Häufiges Umschichten schmälert Rendite), Häufiges Umschichten schmälert Rendite, in: Handelsblatt, 16.06.1998, S. 49.

HANDELSBLATT (Spitzeninstitut demonstriert wieder Stärke), Spitzeninstitut demonstriert wieder Stärke, in: Handelsblatt, 20.08.1998, S. 17.

HANDELSBLATT (Schmidt sucht noch Asset Manager), Schmidt sucht noch Asset Manager, in: Handelsblatt, 01.09.1998, S. 22.

HANDELSBLATT (Invesco strebt an die Spitze), Invesco strebt an die Spitze, in: Handelsblatt, 10.09.1998, S. 37.

HANDELSBLATT (Vertrauen in Index-Fonds wächst), Vertrauen in Index-Fonds wächst, Passives Management ist kostengünstiger, in: Handelsblatt, 17.09.1998, S. 49.

HANDELSBLATT (Im sicheren Hafen), Vor Anker im sicheren Hafen, in: Handelsblatt, 23.09.1998, S. 49.

HANDELSBLATT (Anlagebedarf für gehobene Kunden bleibt), Anlagebedarf für gehobene Kunden bleibt, in: Handelsblatt, 05./06.03.1999, S. 22.

HANDELSBLATT (Bankhaus Oppenheim erfolgreich), Bankhaus Oppenheim so erfolgreich wie noch nie, in: Handelsblatt, 14./15.04.2000, S. 25.

HANDELSBLATT (DGZ-Dekabank und Swissca besiegeln Fondskooperation), DGZ-Dekabank und Swissca besiegeln Fondskooperation, in: Handelsblatt, 26.10.2000, S. 47.

HANDELSBLATT (Neuer Ansatz im Anleihenmanagement), Neuer Ansatz im Anleihenmanagement, in: Handelsblatt, 10./11.11.2000, S. 39.

HANDELSBLATT (Oppenheim erhöht Wachstumsziel), Oppenheim erhöht Wachstumsziel, in: Handelsblatt, 13.11.2000, S. 47.

HANDELSBLATT (Deutsche Bank baut Private Banking global aus), Deutsche Bank baut Private Banking global aus, in: Handelsblatt, 12.12.2000, S. 21.

HANDELSBLATT (Chartanalyse trifft nicht selten daneben), Auch die Chartanalyse trifft nicht selten daneben, in: Handelsblatt Investor, 05./06.01.2001, S. 2.

HANSMANN, K.-W. (Dynamische Aktienanlage-Planung), Dynamische Aktienanlage-Planung, Wiesbaden 1980.

HANSMANN, K.-W. (Kurzlehrbuch Prognoseverfahren), Kurzlehrbuch Prognoseverfahren, Mit Aufgaben und Lösungen, Wiesbaden 1983.

HANSMANN, K.-W. (Prognoseverfahren), Prognose und Prognoseverfahren, in: BFuP – Betriebswirtschaftliche Forschung und Praxis, H. 3, 1995, S. 269-286.

HANZAL, A. (Relationship Banking), Einsatz von Data Base und Decision Support-Systemen im Relationship Banking, in: BERNET, B. / HELD, P. P., Relationship Banking, Kundenbeziehungen profitabler gestalten, Wiesbaden 1998, S. 185-203.

HARRIS, L. (Weekly and Intradaily Patterns in Stock Returns), A Transaction Data Study of Weekly and Intradaily Patterns in Stock Returns, in: Journal of Financial Economics, 1986, S. 99-117.

HARRIS, L. (Intra-Day Stock Return Patterns), Intra-Day Stock Return Patterns, in: DIMSON, E. (Hrsg.), Stock Market Anomalies, Cambridge 1989, S. 91-108.

HARTMANN-WENDELS, T. / PFINGSTEN, A. / WEBER, M. (Bankbetriebslehre), Bankbetriebslehre, Berlin u.a. 1998.

HAUGEN, R. / LAKONISHOK, J. (The Incredible January Effect), The Incredible January Effect, The Stock Market's Insolved Mystery, Homewood 1987.

HAUSCHILDT, J. (Zielsysteme), Zielsysteme, in: GROCHLA, E. (Hrsg.), Handwörterbuch der Organisation, 2. Aufl., Stuttgart, 1980, Sp. 2419-2430.

HAWANINI, G. / MICHEL, P. / CORHAY, A. (The Validity of the CAPM), A Look at the Validity of the CAPM in the Light of Equity Market Anomalies: The Case of Belgian Common Stocks, in: GUIMARAES, R. M. C. u.a. (Hrsg.), A Reappraisal of the Efficiency of Financial Markets, Berlin u.a. 1989, S. 143-164.

HECK, K. (Service und Nutzwert), Kundenbindung, Verbindung von Service und Nutzwert schaffen, in: Bank Magazin, H. 7, 1999, S. 46-48.

HECKER, G. (Aktienkursanalyse), Aktienkursanalyse zur Portfolio Selection, Meisenheim 1974.

HEIL, J. (Ökonometrie), Einführung in die Ökonometrie, 5. durchges. u. verb. Aufl., München/Wien 1996.

HEILEMANN, U. (Prognoseleistung ökonometrischer Konjunkturmodelle), Zur Prognoseleistung ökonometrischer Konjunkturmodelle für die Bundesrepublik Deutschland, Berlin 1981.

HEIN, M. (Bankbetriebslehre), Einführung in die Bankbetriebslehre, 2. überarb. Aufl., München 1993.

HEITMÜLLER, H.-M. (Methoden der Finanzmarktforschung), Neue Ansätze und Methoden der Finanzmarktforschung, in: BETSCH, O. / HOOVEN, E. VAN / KRUPP, G. (Hrsg.), Handbuch Privatkundengeschäft, Frankfurt/M 1998, S. 263-274.

HELABA (Geschäftsbericht 1990), Geschäftsbericht 1990, Frankfurt/Erfurt 1991.

HELABA (Geschäftsbericht 1991), Geschäftsbericht 1991, Frankfurt/Erfurt 1992.

HELABA (Geschäftsbericht 1992), Geschäftsbericht 1992, Frankfurt/Erfurt 1993.

HELABA (Geschäftsbericht 1994), Geschäftsbericht 1994, Frankfurt/Erfurt 1995.

HELABA (Geschäftsbericht 1995), Geschäftsbericht 1995, Frankfurt/Erfurt 1996.

HELABA (Geschäftsbericht 1996), Geschäftsbericht 1996, Frankfurt/Erfurt 1997.

HELABA (Geschäftsbericht 1997), Geschäftsbericht 1997, Frankfurt/Erfurt 1998.

HELABA (Helaba im Überblick), Helaba im Überblick, Geschäftsbereiche und Ansprechpartner, Frankfurt/Erfurt 1999.

HELABA (Geschäftsbericht 1998), Geschäftsbericht 1998, Frankfurt/Erfurt 1999.

HELABA (Geschäftsbericht 1999), Geschäftsbericht 1999, Frankfurt/Erfurt 2000.

HELABA (Vermögensverwaltung), Vermögensverwaltung, Frankfurt/M 2000.

HELABA (HT-Fondsportfolio), HT-Fondsportfolio, Ein Produkt der Sparkassen-Finanzgruppe Hessen Thüringen, Frankfurt/M, ohne Jahresangabe.

HELABA (Geschäftsfelder), Geschäftsfelder, in: Web-Site der Helaba, www. helaba. de/ de/kurzportrait/d_b_geschaeftsfelder.htm, vom 18.03.2000.

HELABA (Helaba für die Zukunft gut gerüstet), Helaba für die Zukunft gut gerüstet, in: Web-Site der Helaba, www.helaba.de/de/aktuell/d_b_presse _bilanz98.htm, S. 1-5.

HELABA (Helaba mit Ertragssprung), Helaba mit Ertragssprung von knapp 30 Prozent, in: Web-Site der Helaba, www.helaba.de/de/aktuell/d_b_presse _ergeb98.htm, S. 1-4.

HELABA (Helaba erzielt erneut Rekordergebnis), Helaba erzielt erneut Rekordergebnis, in: Web-site der Helaba, www.helaba.de/de/aktuell/d_b_presse _ergeb97.htm, S. 1-5.

HELD, P. P. (Relationship Banking), Relationship Banking als strategische Erfolgsposition, in: BERNET, B. / HELD, P. P., Relationship Banking, Kundenbeziehungen profitabler gestalten, Wiesbaden 1998, S. 37-66.

HELLWIG, M. (Zur Informationseffizienz des Kapitalmarktes), Zur Informationseffizienz des Kapitalmarktes, in: ZWS – Zeitschrift für Wirtschafts- und Sozialwissenschaften, 1982, S. 1-27.

HELSON, H. (Adaptation-Level Theory), Adaptation-Level Theory, New York 1964.

HEMKER, W. (Freie Vermögensverwalter), Freie Vermögensverwalter, in: CRAMER, J. / RUDOLPH, B. (Hrsg.), Handbuch für Anlageberatung und Vermögensverwaltung, Methoden und Instrumente des Portfoliomanagements, Frankfurt/M 1995, S. 727-733.

HENRIKSSON, R. D. (Market Timing and Mutual Fund Performance), Market Timing and Mutual Fund Performance: An Empirical Investigation, in: Journal of Business, 1984, S. 73-96.

HENSCHE, C. (Ansprüche an die Bank), Ansprüche an die Bank, in: Die Bank, H. 6, 1996, S. 368-372.

HENSCHEL, H. (Wirtschaftsprognosen), Wirtschaftsprognosen, München 1979.

HERBERT, T. / STAHLHACKE, M. (Prognose des deutschen Kapitalmarktzinses), Prognose des deutschen Kapitalmarktzinses, Eine empirische Studie zur prognostischen Güte von ARIMA-, Fehlerkorrektur- und vektorautoregressiven Modellen, Frankfurter Volkswirtschaftliche Diskussionsbeiträge, H. 66, Frankfurt/M 1995.

HERDT, H. K. (Erinnerung an einen Crash), Erinnerung an einen Crash, in: Börsen-Zeitung, 17.10.1997, S. 1.

HERI, E. W. (Theorie der Bubbles), Irrationales rational gesehen: Eine Übersicht über die Theorie der „Bubbles“, in: Schweizerische Zeitschrift für Volkswirtschaft und Statistik, 2/1986, S. 163-186.

HERI, E. W. (Moderne Finanz- und Anlagetheorien), Was Anleger eigentlich wissen sollten, Ein Querschnitt durch die Grundlagen moderner Finanz- und Anlagetheorien, Basel/Frankfurt 1991.

HERRMANN, A. / HUBER, F. / BRAUNSTEIN, C. (Kundenzufriedenheit garantiert nicht immer mehr Gewinn), Kundenzufriedenheit garantiert nicht immer mehr Gewinn, in: Harvard Business Manager, H. 1, 2000, S. 45-55.

HERRMANN, A. / HUBER, F. / WRICKE, M. (Herausbildung von Zufriedenheitsurteilen), Die Herausbildung von Zufriedenheitsurteilen bei Alternativenbetrachtung, in: ZfbF – Zeitschrift für betriebswirtschaftliche Forschung, H. 7-8, 1999, S. 677-692.

HERRMANN, A. / JOHNSON, M. D. (Kundenzufriedenheit als Bestimmungsfaktor der Kundenbindung), Die Kundenzufriedenheit als Bestimmungsfaktor der Kundenbindung, in: ZfbF – Zeitschrift für betriebswirtschaftliche Forschung, H. 6, 1999, S. 579-598.

HERRMANN, A. / NITZSCH, R. VON / HUBER, F. (Kundenzufriedenheitsurteile), Referenzpunktbezogenheit, Verlustaversion und abnehmende Sensitivität bei Kundenzufriedenheitsurteilen, in: ZfB – Zeitschrift für Betriebswirtschaft, H. 11, 1998, S. 1225-1244.

HERRMANN, A. / VETTER, I. (Finanzdienstleistungen), Finanzdienstleistungen – die Präferenzen der Kunden, in: Die Bank, H. 5, 1999, S. 336-340.

HERZBERG, F. (Work and the Nature of Man), Work and the Nature of Man, Cleveland 1966.

HERZBERG, F. / MAUSNER, B. / SNYDERMAN, B. (The Motivation to Work), The Motivation to Work, New York 1959.

HEUSSER-BACHMANN, C. (Sind SPI-Prognosen Glückssache?), Sind SPI-Prognosen Glückssache?, in: Finanz und Wirtschaft, 01.11.1997, S. 18.

HEUSSER-BACHMANN, C. (SPI-Prognosen nur beschränkt nützlich), SPI-Prognosen nur beschränkt nützlich, in: Finanz und Wirtschaft, 20.01.1999, S. 21.

HIELSCHER, U. (Technische Aktienanalyse versus Random-Walk-Hypothese), Technische Aktienanalyse versus Random-Walk-Hypothese, in: Kreditwesen – Zeitschrift für das gesamte Kreditwesen, H. 24, 1975, S. 1137-1140.

HIELSCHER, U. (Technische Aktienanalyse), Technische Aktienanalyse, in: GERKE, W. / STEINER, M. (Hrsg.), Handwörterbuch des Bank- und Börsenwesens, 2. überarb. u. erw. Aufl., Stuttgart 1995, Sp. 1817-1830.

HIELSCHER, U. (Fundamentale Aktienanalyse), Fundamentale Aktienanalyse, in: CRAMER, J. / RUDOLPH, B. (Hrsg.), Handbuch für Anlageberatung und Vermögensverwaltung, Methoden und Instrumente des Portfoliomanagements, Frankfurt/M 1995, S. 353-364.

HIELSCHER, U. (Investmentanalyse), Investmentanalyse, 2. überarb. u. erw. Aufl., München/Wien 1996.

HIELSCHER, U. / HEINTZELMANN, H. (Beta-Faktoren), Beta-Faktoren, in: Beiträge zur Aktienanalyse, 1975, S. 5-25.

HINTERHUBER, H. H. (Strategische Unternehmensführung), Die Rolle der Unzufriedenheit in der strategischen Unternehmensführung, in: HINTERHUBER, H. H. / MATZLER, K. (Hrsg.), Kundenorientierte Unternehmensführung, Kundenorientierung - Kundenzufriedenheit – Kundenbindung, Wiesbaden 1999, S. 3-23.

HINTERHUBER, H. H. / MATZLER, K. (Kundenorientierung – Kundenzufriedenheit – Kundenbindung), Kundenorientierung – Kundenzufriedenheit – Kundenbindung, Vorwort der Herausgeber, in: HINTERHUBER, H. H. / MATZLER, K. (Hrsg.), Kundenorientierte Unternehmensführung, Kundenorientierung - Kundenzufriedenheit – Kundenbindung, Wiesbaden 1999, S. V-XIII.

HIRSCH, J. / STÖTTNER, R. (Über Wert in der Ökonomie), Über Wert, Rationalität und Irrationalität, Realität und Fiktion in der Ökonomie, in: Jahrbücher für Nationalökonomie und Statistik, 1993, Bd. 212, S. 537-552.

HIRSHLEIFER, J. / RILEY, J. (The Analytics of Uncertainty and Information), The Analytics of Uncertainty and Information – An Expository Survey, in: Journal of Economic Literature, 1979, S. 1375-1421.

HOCKMANN, H. (Prognose von Aktienkursen), Prognose von Aktienkursen durch point and figure Analyse, Wiesbaden 1979.

HOCKMANN, H. J. (Leistungsgestaltung im Asset Management), Individuelle und standardisierte Elemente der Leistungsgestaltung im Asset Management, in: SÜCHTING, J.

/ HEITMÜLLER, H.-M. (Hrsg.), Handbuch des Bankmarketing, 3. vollst. neu bearb. Aufl., Wiesbaden 1998, S. 121-144.

HOFFJAN, A. / SIEMES, A. (Erwartungsbildung), Erwartungsbildung und Aktienkursentwicklung, in: WISU – Das Wirtschaftsstudium, 1999, S. 452-458.

HOFMANN, H. (Empirische Untersuchung verschiedener Anlagestrategien der technischen Aktienanalyse), Empirische Untersuchung verschiedener Anlagestrategien der technischen Aktienanalyse anhand von 100 deutschen Standard-Aktien über einen Zeitraum von 5 Jahren (1967-1972) und Vergleich mit einer durch Simulation ermittelten Zufallsauswahl bzw. einer Kauf- und Haltestrategie, München 1973.

HOFMANN, M. / KAACK, J. / KAISER, N. / LANDMANN, C. E. (Kundenorientierung), Kundenorientierung – Ertragsreserven für turbulente Märkte, Erfolgsbeispiele für Kundenbindung, Eschborn 1996.

HÖFNER, K. / SCHUSTER, H.-W. (Steigerung der Kundenloyalität), Strategien zur Steigerung der Kundenloyalität, in: Marktforschung & Management, H. 3, 1992, S. 123-126.

HOLDEN, K. / PEEL, D. A. (An empirical investigation of combinations of economic forecasts), An empirical investigation of combinations of economic forecasts, in: Journal of Forecasting, 1986, S. 229-242.

HOLDEN, K. / PEEL, D. A. (Combining economic forecasts), Combining economic forecasts, in: Journal of the Operational Research Society, 1988, S. 1005-1010.

HOLDEN, K. / PEEL, D. A. (Unbiasedness, efficiency and the combination of economic forecasts), Unbiasedness, efficiency and the combination of economic forecasts, in: Journal of Forecasting, 1989, S. 175-188.

HOLLAND, H. / HEEG, S. (Strategien für die Kundenbindung), Erfolgreiche Strategien für die Kundenbindung, Von der Automobilbranche lernen, Wiesbaden 1998.

HOMBURG, C. / BRUHN, M. (Kundenbindungsmanagement), Kundenbindungsmanagement – Eine Einführung in die theoretischen und praktischen Problemstellungen, in: BRUHN, M. / HOMBURG, C. (Hrsg.), Handbuch Kundenbindungsmanagement, Grundlagen – Konzepte – Erfahrungen, 2. akt. u. erw. Aufl., Wiesbaden 1999, S. 3-35.

HOMBURG, C. / FAßNACHT, M. (Kundenbindung bei Dienstleistungsunternehmen), Kundennähe, Kundenzufriedenheit und Kundenbindung bei Dienstleistungsunternehmen, in: BRUHN, M. / MEFFERT, H. (Hrsg.), Handbuch Dienstleistungsmanagement, Von der strategischen Konzeption zur praktischen Umsetzung, Wiesbaden 1998, S. 405-428.

HOMBURG, C. / FAßNACHT, M. / WERNER, H. (Kundenzufriedenheit und Kundenbindung), Operationalisierung von Kundenzufriedenheit und Kundenbindung, in: BRUHN, M. / HOMBURG, C. (Hrsg.), Handbuch Kundenbindungsmanagement, Grundlagen – Konzepte – Erfahrungen, 2. akt. u. erw. Aufl., Wiesbaden 1999, S. 389-410.

HOMBURG, C. / GIERING, A. / HENTSCHEL, F. (Der Zusammenhang von Kundenzufriedenheit und Kundenbindung), Der Zusammenhang von Kundenzufriedenheit und Kundenbindung, in: DBW – Die Betriebswirtschaft, H. 2, 1999, S. 174-195.

HOMBURG, C. / GIERING, A. / HENTSCHEL, F. (Kundenzufriedenheit und Kundenbindung), Der Zusammenhang von Kundenzufriedenheit und Kundenbindung, in: BRUHN, M. / HOMBURG, C. (Hrsg.), Handbuch Kundenbindungsmanagement, Grundlagen – Konzepte – Erfahrungen, 2. akt. u. erw. Aufl., Wiesbaden 1999, S. 81-112.

HOMBURG, C. / RUDOLPH, B. (Theoretische Perspektiven zur Kundenzufriedenheit), Theoretische Perspektiven zur Kundenzufriedenheit, in: SIMON, H. / HOMBURG, C.

(Hrsg.), Kundenzufriedenheit, Konzepte – Methoden – Erfahrungen, 2. akt. u. erw. Aufl., Wiesbaden 1997, S. 31-51.

HOMBURG, C. / WERNER, H. (Kundenzufriedenheit und Kundenbindung), Messung und Management von Kundenzufriedenheit und Kundenbindung im Finanzdienstleistungsbereich, in: MÜLLER, STEFAN / STROTHMANN, H. (Hrsg.), Kundenzufriedenheit und Kundenbindung, Strategien und Instrumente von Finanzdienstleistern, München 1998, S. 163-178.

HOMBURG, C. / WERNER, H. (Kundenorientierung mit System), Kundenorientierung mit System, Mit Customer Orientation Management zu profitablem Wachstum, Frankfurt/New York 1998.

HOTZ, P. (Das Capital Asset Pricing Model und die Markteffizienzhypothese), Das Capital Asset Pricing Model und die Markteffizienzhypothese unter besonderer Berücksichtigung der empirisch beobachtbaren „Anomalien" in den amerikanischen und anderen internationalen Aktienmärkten, St. Gallen/Zug 1989.

HOWE, J. S. (Evidence on Stock Market Overreaction), Evidence on Stock Market Overreaction, in: Financial Analysts Journal, 7-8/1986, S. 74-77.

HUBERMAN, G. (A Simple Approach to Arbitrage Pricing Theory), A Simple Approach to Arbitrage Pricing Theory, in: Journal of Economic Theory, 1982, S. 183-191.

HÜBLER, O. (Ökonometrie), Ökonometrie, Stuttgart/New York 1989.

HÜBSCHER, M. (Indexfonds), Die Vorurteile gegen die Indexfonds sind nicht gerechtfertigt, in: Finanz und Wirtschaft, 18.04.1998, S. 27.

HUG, E. (Zyklische Analyse), Zyklische Analyse der Wechselkursentwicklung, in: REHM, H., Methoden und Instrumente der Zins- und Wechselkursprognose, Berichte und Analysen des Verbandes öffentlicher Banken, Bd. 9, Bonn 1988, S. 113-117.

HUJER, R. / CREMER, R. (Empirische Wirtschaftsforschung), Methoden der empirischen Wirtschaftsforschung, München 1978.

HUTMANN, W. / SCHMIDT, R. H. / SCHMIDT, R. (Zwist um die Aktientips), Zwist um die Aktientips, in: Manager Magazin, 8/1992, S. 128-131.

HÜTTINGER, S. (Total Quality Management bei Kreditinstituten), Total Quality Management bei Kreditinstituten, Probleme, Konzepte, empirische Ergebnisse, München 1995.

HÜTTNER, M. (Markt- und Absatzprognosen), Markt- und Absatzprognosen, Stuttgart 1982.

HÜTTNER, M. (Prognoseverfahren und ihre Anwendung), Prognoseverfahren und ihre Anwendung, Berlin/New York 1986.

HÜTTNER, M. (Vergleich und Auswahl von Prognoseverfahren), Vergleich und Auswahl von Prognoseverfahren für betriebswirtschaftliche Zwecke, in: MERTENS, P. (Hrsg), Prognoserechnung, 5. neu bearb. u. erw. Aufl., Heidelberg 1994, S. 349-363.

HYPO-BANK (Geschäftsbericht 1990), Geschäftsbericht 1990, München 1991.

HYPO-BANK (Geschäftsbericht 1991), Geschäftsbericht 1991, München 1992.

HYPO-BANK (Geschäftsbericht 1992), Geschäftsbericht 1992, München 1993.

HYPO-BANK (Geschäftsbericht 1993), Geschäftsbericht 1993, München 1994.

HYPO-BANK (Geschäftsbericht 1994), Geschäftsbericht 1994, München 1995.

HYPO-BANK (Geschäftsbericht 1995), Geschäftsbericht 1995, München 1996.

HYPO-BANK (Geschäftsbericht 1996), Geschäftsbericht 1996, München 1997.

HYPO-BANK (Geschäftsbericht 1997), Geschäftsbericht 1997, München 1998.

HYPOVEREINSBANK (Eine neue Bank entsteht), Eine neue Bank entsteht, München 1998.
HYPOVEREINSBANK (Geschäftsbericht 1998), Geschäftsbericht 1998, Ergebnisse und Perspektiven, München 1999.
HYPOVEREINSBANK (Portfolio-Management), Portfolio-Management, Die professionelle Art, mit Wertpapieren Geld zu verdienen, München 1999.
HYPOVEREINSBANK (Private Banking), Private Banking, München 1999.
HYPOVEREINSBANK (Geschäftsbericht 1999), Geschäftsbericht 1999, Konzernabschluss und Perspektiven, München 2000.
HYPOVEREINSBANK (Die Kunst der langen Sicht), Die Kunst der langen Sicht, in: Anleger, H. 1, 2000, S. 6-13.
HYPOVEREINSBANK (Wir zeichnen Landkarten der Zukunft), Wir zeichnen Landkarten der Zukunft, in: Anleger, H. 1, 2000, S. 14-15.
HYPOVEREINSBANK (Gute Daten), Gute Daten, gute Gewinne, in: Anleger, H. 1, 2000, S. 20-21.
HYPOVEREINSBANK (Geschäftsbereich Privat- und Geschäftskunden), Geschäftsbereich Privat- und Geschäftskunden, in: Web-Site der HypoVereinsbank, www. hypovereinsbank.de/?Categor...iche&Page=PrivatkundenGeschaeftskunden, S. 1.
HYPOVEREINSBANK (Vermögensverwaltung), Vermögensverwaltung, in: Web-Site der HypoVereinsbank, www. hypovereinsbank.de/?Categor ...vateBanking&Page= PortfolioManagement_3, S. 1.
HYPOVEREINSBANK (Leistungen), Leistungen, in: Web-Site der HypoVereinsbank, www. hypovereinsbank.de/?Categor.../Vermoegen/Kombianlage& Page=Leistungen, S. 1.
INSTITUT FÜR WELTWIRTSCHAFT (Jahresbericht 1998), Jahresbericht 1998, Kiel 1999.
INSTITUT FÜR WELTWIRTSCHAFT (Jahresbericht 1999), Jahresbericht 1999, Kiel 2000.
INSTITUT FÜR WELTWIRTSCHAFT (Institut für Weltwirtschaft), Institut für Weltwirtschaft an der Universität Kiel, in: Web-Site der Universität Kiel, www. uni-kiel.de/ IfW/ ifwinfod.htm, S. 1-5.
INSTITUT FÜR WELTWIRTSCHAFT (Organisationsplan), Organisationsplan, in: Web-Site der Universität Kiel, www. uni-kiel.de/IfW/organetz.htm, S. 1-8.
INVESCO (Geschäftsbericht 1998), Geschäftsbericht 1998, Frankfurt/M 1999.
INVESCO (Committed to your success), Invesco, Committed to your success, Frankfurt/M 1998.
INVESCO (Geschäftsbericht 1999), Geschäftsbericht 1999, Frankfurt/M 2000.
INVESTOR'S GUIDE (Indexfonds), Im Blickpunkt: Indexfonds, in: Investor's Guide, Der Consors Fonds-Markt, H. 9, 1998, S. 5.
IPPOLITO, R. (Efficiency with Costly Information), Efficiency with Costly Information, A Study of Mutual Fund Performance, in: Quarterly Journal of Economics, 1989, S. 1-23.
IRLE, M. (Umfrageforschung), Umfrageforschung – Auch in Zukunft der "Königsweg" der empirischen Sozialforschung?, in: KAASE, M. / OTT, W. / SCHEUCH, E. K., Empirische Sozialforschung in der modernen Gesellschaft, Beiträge und Referate anläßlich und in Zusammenhang mit der gemeinsam wissenschaftlichen Jahrestagung des Arbeitskreises Deutscher Marktforschungsinstitute (ADM) und der Arbeitsgemeinschaft Sozialwissenschaftlicher Institute (ASI) am 1. und 2. Oktober 1981 in Heidelberg, Frankfurt/New York 1983, S. 55-67.

ISKE, J. / NOTZ, T. (Der UBS KeyClub), Der UBS KeyClub, in: BERNET, B. / HELD, P. P., Relationship Banking, Kundenbeziehungen profitabler gestalten, Wiesbaden 1998, S. 207-219.

JACOB, H.-R. / DACHTLER, C. / DELNEF, A. (Kundennutzen), Geschäftsprozeßgestaltung: Kundennutzen im Visier, in: Die Bank, H. 5, 1998, S. 264-269.

JACOBS, B. / LEVY, K. (Abnormal Returns at Calendar Turning Points), Calendar Anomalies: Abnormal Returns at Calendar Turning Points, in: Financial Analysts Journal, 11-12/1988, S. 29-39.

JACOBY, J. / KEYNER, D. (Repeat Purchasing Behavior), Brand Loyalty vs. Repeat Purchaising Behavior, in: Journal of Marketing, H. 10, 1973, S. 1-9.

JAFFE, J. / WESTERFIELD, R. (Day of the Week and Turn of the Year Effects), Paterns in Japanese Common Stock Returns: Day of the Week and Turn of the Year Effects, in: Journal of Financial and Quantitative Analysis, 1985, S. 261-272.

JAFFE, J. / WESTERFIELD, R. (The Weekend Effect in Common Stock Returns), The Weekend Effect in Common Stock Returns: The International Evidence, in: JoF – Journal of Finance, 1985, S. 433-454.

JAFFE, J. / WESTERFIELD, R. (Monthly Effect in Stock Market Returns), Is There a Monthly Effect in Stock Market Returns?, Evidence from Foreign Countries, in: Journal of Banking and Finance, 1989, S. 237-244.

JAFFE, J. / WESTERFIELD, R. / MA, C. (A Twist on the Monday Effect in Stock Prices), A Twist on the Monday Effect in Stock Prices, in: Journal of Banking and Finance, 1989, S. 641-650.

JÄGER, U. (Prognosemodell für europäische Branchenindizes), Prognosemodell für europäische Branchenindizes, in: Risk & Reward, H. 2, 1998, S. 25-32.

JAHN, T. (Neuronale Netze), Glaubenskrieg, Neuronale Netze, in: Capital, H. 5, 1997, S. 131-133.

JARCHOW, H.-J. / RÜHMANN, P. (Monetäre Außenwirtschaftstheorie), Monetäre Außenwirtschaft, I. Monetäre Außenwirtschaftstheorie, 2. neubearb. u. erw. Aufl., Göttingen 1988.

JARVIK, M. E. (Probability Learning and a Negative Recency Effect), Probability Learning and a Negative Recency Effect, in: Journal of Experimental Psychology, 1951, S. 291-297.

JEGADEESH, N. (Predictable Behavior of Security Returns), Evidence of Predictable Behavior of Security Returns, in: JoF – Journal of Finance, 1990, S. 881-898.

JEGADEESH, N. (Seasonality in Stock Price Mean Reversion), Seasonality in Stock Price Mean Reversion, Evidence from the U.S. and the U.K., in: JoF – Journal of Finance, 1991, S. 1427-1444.

JEGADEESH, N. (Does Market Risk Really Explain the Size Effect?), Does Market Risk Really Explain the Size Effect?, in: Journal of Financial and Quantitative Analysis, 1992, S. 337-351.

JEGADEESH, N. / TITMAN, S. (Buying Winners and Selling Losers), Returns to Buying Winners and Selling Losers: Implications for Stock Market Efficiency, in: JoF – Journal of Finance, 1993, S. 65-91.

JENDRALSKI, M. / OEHLENSCHLÄGER, D. (Vermögensverwaltung), Vermögensverwaltung und –betreuung, Frankfurt/M 1992.

JENSEN, G. / JOHNSON, R. / MERCER, J. (Small-Firm and Value Stock Premiums), The Inconsistency of Small-Firm and Value Stock Premiums, in: Journal of Portfolio Management, Winter 1998, S. 27-36.

JENSEN, M. C. (The Performance of Mutual Funds in the Period 1945-1964), The Performance of Mutual Funds in the Period 1945-1964, in: JoF – Journal of Finance, 1968, S. 389-416.

JENSEN, M. C. (Some Anomalous Evidence Regarding Market Efficiency), Some Anomalous Evidence Regarding Market Efficiency, in: Journal of Financial Economics, 1978, S. 95-101.

JENSEN, M. C. (The Nature of Man), The Nature of Man, in: Journal of Applied Corporate Finance, Summer 1994, H. 7, Nr. 2, S. 4-19.

JENSEN, M. C. / MECKLING, W. H. (Self-Interest, Altruism, Incentives), Self-Interest, Altruism, Incentives, and Agency Theory, in: Journal of Applied Corporate Finance, Summer 1994.

JESCHKE, K. (Nachkaufmarketing), Nachkaufmarketing – Begründung, Konzeption und Implikationen eines nachkauforientierten Marketing von Konsumgüterunternehmen, in: GfK – Jahrbuch der Absatz- und Verbrauchsforschung, H. 2, 1996, S. 108-133.

JOBELIUS, H. (Performanceanalysen), Reporting und Performanceanalysen, in: CRAMER, J. / RUDOLPH, B. (Hrsg.), Handbuch für Anlageberatung und Vermögensverwaltung, Methoden und Instrumente des Portfoliomanagements, Frankfurt/M 1995, S. 337-350.

JOERDING, W. (Are Stock Prices Excessively Sensitive to Current Information?), Are Stock Prices Excessively Sensitive to Current Information?, in: Journal of Economic Behavior and Organization, 1988, S. 71-85.

JOHNSON, E. J. / PAYNE, J. W. / BETTMAN, J. R. (Information Displays and Preference Reversals), Information Displays and Preference Reversals, in: Organizational Behavior and Human Decision Processes, 1988, S. 1-21.

JOHO, C. (Kundenbindungs-Management), Ein Ansatz zum Kundenbindungs-Management für Versicherer, Bern u.a. 1996.

JONES, C. / PEARCE, D. / WILSON, J. (Explain the January Effect), Can Tax Loss Selling Explain the January Effect?, A Note, in: JoF – Journal of Finance, 1987, S. 453-461.

JÜNEMANN, B. / SCHELLENBERGER, D. (Investmentpsychologie), Investmentpsychologie – ein modernes Anlagekonzept, in: Die Bank, H. 9, 1997, S. 562-565.

JUROWSKY, R. / TERHÜRNE, M. (Die Performance von Wertpapierdepots), Die Performance von Wertpapierdepots – Berechnung und Beurteilung unter Risikogesichtspunkten, in: WARTH & KLEIN (Hrsg.), Professionelle Vermögensverwaltung, Finanzplanung – Steuergestaltung – EDV-Lösungen, Stuttgart 1999, S. 329-342.

JÜTTNER, J. (Spekulation), Spekulation – immer segensreich?, in: Jahrbücher für Nationalökonomie und Statistik, 1987, S. 1-11.

JÜTTNER, J. (Fundamentals, Bubbles, Trading Strategies), Fundamentals, Bubbles, Trading Strategies: Are They the Causes of Black Monday?, in: KuK – Kredit und Kapital, 1989, S. 470-486.

KAASE, M. [Hrsg.] (Qualitätskriterien der Umfrageforschung), Qualitätskriterien der Umfrageforschung, Denkschrift der Deutschen Forschungsgemeinschaft, Berlin 1999.

KAHN, R. N. / RUDD, A. (Does Historical Performance Predict Future Performance?), Does Historical Performance Predict Future Performance?, in: Financial Analysts Journal, H. 11-12, 1995, S. 43-52.

KAHNEMAN, D. / KNETSCH, J. L. / THALER, R. H. (The Endowment Effect), Experimental Tests of the Endowment Effect and the Coase Theorem, Working Paper, University of California, Berkeley 1990.

KARMASIN, F. / KARMASIN, H. (Methoden und Probleme der Umfrageforschung), Einführung in Methoden und Probleme der Umfrageforschung, Wien u.a. 1977.

KASERER, C. / PFAU, S. (Performance deutscher Aktienfonds), Performance deutscher Aktienfonds, in: Die Bank, 10/1993, S. 596-600.

KASPER, H. (Dissatisfaction and Loyalty), On Problem Perception, Dissatisfaction and Brand Loyalty, in: Journal of Economic Psychology, H. 9, 1988, S. 387-397.

KATO, K. / SCHALLHEIM, J. (Seasonal and Size Anomalies), Seasonal and Size Anomalies in the Japanese Stock Market, in: Journal of Financial and Quantitative Analysis, 1985, S. 243-260.

KAUFMANN, R. S. (Zusammenspiel von Preisen, Zinsen und Wechselkursen), Das Zusammenspiel von Preisen, Zinsen und Wechselkursen: Eine dogmengeschichtliche Darstellung und empirische Überprüfung des Kaufkraftparitäten- und des Zinsparitätentheorems im Rahmen der monetären Wechselkurstheorieansätze, Frankfurt/M u.a. 1996.

KEIM, D. B. (Stock Return Seasonality), Size-Related Anomalies and Stock Return Seasonality, in: Journal of Financial Economics, 1983, S. 13-32.

KEIM, D. B. (Dividend Yields and Stock Returns), Dividend Yields and Stock Returns, Implications of Abnormal January Returns, in: Journal of Financial Economics, 1985, S. 473-489.

KEIM, D. B. (The CAPM and Equity Return Regularities), The CAPM and Equity Return Regularities, in: Financial Analysts Journal, 5-6/1986, S. 19-34.

KEIM, D. B. (The Effects of Firm Size and E/P Ratio), A New Look at the Effects of Firm Size and E/P Ratio on Stock Returns, in: Financial Analysts Journal, 3-4/1990, S. 56-67.

KEIM, D. B. / STAMBAUGH, R. F. (Predicting Returns), Predicting Returns in the Stock and Bond Markets, in: Journal of Financial Economics, 1986, S. 357-390.

KELLER, B. / LERCH, S. / MATZKE, S. (Kundenbindung und Wechselbereitschaft), Umfrage: Kundenbindung und Wechselbereitschaft, in: Die Bank, H. 6, 2000, S. 376-381.

KELLER, H. U. (Retention-Marketing), Retention-Marketing, in: TOMCZAK, T. / BELZ, C. (Hrsg.), Kundennähe realisieren, Ideen – Konzepte – Methoden – Erfahrungen, St. Gallen 1994, S. 329-342.

KEYNES, J. M. (The General Theory of Employment, Interest and Money), The General Theory of Employment, Interest and Money, London 1936.

KHOSRAWI-RAD, M. D. (Prognose), Probleme und Möglichkeiten bei der Definition, Klassifikation, Interpretation und Operationalisierung von Prognose, Prognosemodell, Prognosefehler und Prognosefehlermaße, Hamburg 1991.

KIELKOPF, K. (Performance von Anleihenportefeuilles), Performance von Anleihenportefeuilles, Konzepte – Vergleichsmaßstäbe – Leistung von deutschen Rentenfonds, Wiesbaden 1995.

KIM, M. J. / NELSON, C. R. / STARTZ, R. (Mean Reversion in Stock Prices?), Mean Reversion in Stock Prices?, A Reappraisal of the Empirical Evidence, in: Review of Economic Studies, 1991, S. 515-528.

KIRSCHHOFER-BOZENHARDT, A. VON / KAPLITZA, G. (Der Fragebogen), Der Fragebogen, in: HOLM, K. (Hrsg.), Die Befragung 1, Der Fragebogen – Die Stichprobe, 4. Aufl., Tübingen 1991, S. 92-126.

KLEEBERG, J. M. / SCHLENGER, C. (Aktienportfoliomanagement), Unterstützung des Aktienportfoliomanagements durch den Einsatz von Computersoftware, in: CRAMER, J. / RUDOLPH, B. (Hrsg.), Handbuch für Anlageberatung und Vermögensverwaltung, Methoden und Instrumente des Portfoliomanagements, Frankfurt/M 1995, S. 441-458.

KLEIN, M. (Ist die Theorie effizienter Märkte empirisch widerlegt?), Ist die Theorie effizienter Märkte empirisch widerlegt?, in: KuK – Kredit und Kapital, 1983, S. 126-140.

KLEIN, M. (USA), USA, in: Renten- und Devisenmärkte, 1/1999, S. 14-17.

KLEIN, M. (USA), USA, in: Renten- und Devisenmärkte, 1-2/2000, S. 10-13.

KLEINALTENKAMP, M. (Kundenbindung durch Kundenintegration), Kundenbindung durch Kundenintegration, in: BRUHN, M. / HOMBURG, C. (Hrsg.), Handbuch Kundenbindungsmanagement, Grundlagen – Konzepte – Erfahrungen, 2. akt. u. erw. Aufl., Wiesbaden 1999, S. 255-272.

KLEINE-DEPENBROCK, S. (Entwicklung eines leistungsfähigen Prognosesystems), Entwicklung eines leistungsfähigen Prognosesystems unter Einsatz künstlicher Intelligenz am Beispiel des DAX-Future, Passauer Reihe zu Risiko, Versicherung und Finanzierung, Bd. 6, Karlsruhe 1997.

KNESCHAUREK, F. / GRAF, H. G. (Wirtschafts- und Marktprognosen), Wirtschafts- und Marktprognosen als Grundlage der Unternehmungspolitik, 2. Aufl., St. Gallen 1986.

KNÖBEL, U. (Kundenwertmanagement), Kundenwertmanagement im Retail Banking, Kundenprofitabilitätsanalyse und Customer-Life-Cycle Costing am Beispiel einer Universalbank, St. Gallen/Scheßlitz 1997.

KOGGE, A. E. (Vermögensverwaltung), Vermögensverwaltung – Outsourcing bei Volks- und Raiffeisenbanken, in: Kreditwesen – Zeitschrift für das gesamte Kreditwesen, H. 22, 1999, S. 1264-1271.

KOLB, R. W. (Investments), Investments, 3. Aufl., Miami 1992.

KÖLLING, M. (Mizuho verdrängt Deutsche Bank), Mizuho verdrängt Deutsche Bank von Platz eins, in: Financial Times Deutschland, 27.09.2000, S. 21.

KOPP, H. J. (Erwerb eigener Aktien), Erwerb eigener Aktien, Ökonomische Analyse vor dem Hintergrund von Unternehmensverfassung und Informationseffizienz des Kapitalmarktes, Wiesbaden 1996.

KÖRNDL, P. (Methoden der Aktienanalyse), Methoden der Aktienanalyse auf Basis der Jahresabschlußinformationen, Diplomarbeit an der Universität Bayreuth, Lehrstuhl Prof. Dr. Sigloch, 1994.

KOTLER, P. (Marketing-Management), Marketing-Management, 2. Aufl., Stuttgart 1977.

KRAG, J. (Sind Aktienkurse prognostizierbar?), Sind Aktienkurse prognostizierbar?, Jenaer Vorträge, Bd. 8, Baden-Baden 1995.

KRAMER, C. (Macroeconomic Seasonality and the January Effect), Macroeconomic Seasonality and the January Effect, in: JoF – Journal of Finance, 1994, S. 1883-1891.

KRÄMER, J. (Das erweiterte Rentenmarkt-Prognosemodell), Das erweiterte Rentenmarkt-Prognosemodell, in: Risk & Reward, H. 1, 1999, S. 37-44.

KRÄMER, J. (Prognosemodell für den Credit-Markt), Ein makroökonomisches Prognosemodell für den Credit-Markt im Euroraum, in: Risk & Reward, H. 3, 1999, S. 26-32.

KRÄMER, W. / RUNDE, R. (Wochentagseffekte am deutschen Aktienmarkt), Wochentagseffekte am deutschen Aktienmarkt, Forschungsbericht 91/5, Universität Dortmund, Dortmund 1991.

KREDITWESEN (Bankgesellschaft Berlin), Bankgesellschaft Berlin AG, in: Kreditwesen – Zeitschrift für das gesamte Kreditwesen, H. 10, 1993, S. 458.

KREDITWESEN (Berliner Bank firmiert unter Bankgesellschaft Berlin), Berliner Bank firmiert unter Bankgesellschaft Berlin, in: Kreditwesen – Zeitschrift für das gesamte Kreditwesen, H. 1, 1994, S. 30.

KREDITWESEN (Berliner Bank), Zweimonatsbilanzen, Berliner Bank, in: Kreditwesen – Zeitschrift für das gesamte Kreditwesen, H. 12, 1994, S. 579-580.

KREDITWESEN (Eine große Bank im Europa der Regionen), Bankenfusion, Eine große Bank im Europa der Regionen, in: Kreditwesen – Zeitschrift für das gesamte Kreditwesen, H. 19, 1997, S. 914.

KREDITWESEN (Amvescap übernimmt deutsche LGT-Töchter), Amvescap übernimmt deutsche LGT-Töchter, in: Kreditwesen – Zeitschrift für das gesamte Kreditwesen, H. 9, 1998, S. 523.

KREDITWESEN (Privatbankiers sind unvergleichbar), Privatbankiers: Meistens sind sie unvergleichbar, in: Kreditwesen – Zeitschrift für das gesamte Kreditwesen, H. 23, 1998, S. 1319.

KREDITWESEN (Konzern Trinkaus & Burkhardt), Privatbankiers: Konzern Trinkaus & Burkhardt, in: Kreditwesen – Zeitschrift für das gesamte Kreditwesen, H. 23, 1998, S. 1320-1322.

KREDITWESEN (Konzern M. M. Warburg & Co), Konzern M. M. Warburg & Co, in: Kreditwesen – Zeitschrift für das gesamte Kreditwesen, H. 23, 1998, S. 1328-1329.

KREDITWESEN (Schröder Münchmeyer Hengst), Schröder Münchmeyer Hengst & Co, in: Kreditwesen – Zeitschrift für das gesamte Kreditwesen, H. 23, 1998, S. 1340-1341.

KREDITWESEN (Neustrukturierung der Bankgesellschaft Berlin), Neustrukturierung der Bankgesellschaft Berlin, in: Kreditwesen – Zeitschrift für das gesamte Kreditwesen, H. 28, 1998, S. 1389.

KREDITWESEN (Deka), Deka Deutsche Kapitalanlagegesellschaft mbH, in: Kreditwesen - Zeitschrift für das gesamte Kreditwesen, H. 5, 1999, S. 252-255.

KREDITWESEN (Neue Asset Management-Aktivitäten), WestLB: neue Asset Management-Aktivitäten, in: Kreditwesen – Zeitschrift für das gesamte Kreditwesen, H. 10, 1999, S. 513.

KREDITWESEN (Bankgesellschaft), Bankgesellschaft Berlin, in: Kreditwesen – Zeitschrift für das gesamte Kreditwesen, H. 11, 1999, S. 575-580.

KREDITWESEN (Privatbankiers), Privatbankiers, Angenehmer Überlebenskampf dank Provisionsüberschuß, in: Kreditwesen – Zeitschrift für das gesamte Kreditwesen, H. 12, 1999, S. 597.

KREDITWESEN (Privatbankiers), Privatbankiers: Angenehme Zahlen dank üppiger Provisionen, in: Kreditwesen – Zeitschrift für das gesamte Kreditwesen, H. 23, 1999, S. 1335.

KREDITWESEN (Schröder Münchmeyer Hengst), Schröder Münchmeyer Hengst AG, in: Kreditwesen – Zeitschrift für das gesamte Kreditwesen, H. 23, 1999, S. 1353-1356.

KREDITWESEN (Konzern Sal. Oppenheim), Konzern Sal. Oppenheim jr. & Cie., in: Kreditwesen – Zeitschrift für das gesamte Kreditwesen, H. 23, 1999, S. 1338-1340.

KREDITWESEN (Konzern M. M. Warburg), Konzern M. M. Warburg, in: Kreditwesen – Zeitschrift für das gesamte Kreditwesen, H. 23, 1999, S. 1342-1343.

KREDITWESEN (Delbrück), Delbrück & Co., in: Kreditwesen – Zeitschrift für das gesamte Kreditwesen, H. 23, 1999, S. 1357-1358.

KREDITWESEN (Neue Bank), BfG, Schon wieder eine neue Bank, in: Kreditwesen – Zeitschrift für das gesamte Kreditwesen, H. 5, 2000, S. 215-216.

KREDITWESEN (Deka), Deka Deutsche Kapitalanlagegesellschaft mbH, in: Kreditwesen – Zeitschrift für das gesamte Kreditwesen, H. 7, 2000, S. 383-386.

KREDITWESEN (Großbankenbilanzen), Großbankenbilanzen: Wahrlich kein leichter Vergleich, in: Kreditwesen – Zeitschrift für das gesamte Kreditwesen, H. 9, 2000, S. 485-491.

KREDITWESEN (Trinkaus), HSBC Trinkaus & Burkhardt, in: Kreditwesen - Zeitschrift für das gesamte Kreditwesen, H. 9, 2000, S. 455-456.

KREDITWESEN (Trinkaus & Burkhardt), HSBC Trinkaus & Burkhardt, in: Kreditwesen - Zeitschrift für das gesamte Kreditwesen, H. 11, 2000, S. 612-614.

KREDITWESEN (Bankgesellschaft Berlin), Bankgesellschaft Berlin, in: Kreditwesen - Zeitschrift für das gesamte Kreditwesen, H. 11, 2000, S. 606-608.

KREDITWESEN (Kundenbereinigung), Delbrück & Co., Sortiments- und Kundenbereinigung, in: Kreditwesen - Zeitschrift für das gesamte Kreditwesen, H. 12, 2000, S. 625.

KREISELMAIER, J. / PORST, R. (Methodische Probleme bei der Durchführung telefonischer Befragungen), Methodische Probleme bei der Durchführung telefonischer Befragungen: Stichprobenziehung und Ermittlung von Zielpersonen, Ausschöpfung und Non-Response, Qualität der Daten, ZUMA-Arbeitsbericht, Nr. 89/12, Mannheim 1989.

KREYSZIG, E. (Statistische Methoden), Statistische Methoden und ihre Anwendung, Göttingen 1965.

KRISHNAN, S. / VALLE, V. (Dissatisfaction Attributions), Dissatisfaction Attributions and Consumer Complaint Behavior, in: Wilkie, W. (Hrsg.), Advances in Consumer Research, Ann Arbor 1979, S. 445-449.

KROLL, Y. / LEVY, H. / RAPOPORT, A. (Separation Theorem and Capital Asset Pricing Model), Experimental Tests of the Separation Theorem and the Capital Asset Pricing Model, in: American Economic Review, 1988, S. 500-519.

KROMREY, H. (Empirische Sozialforschung), Empirische Sozialforschung, Modelle und Methoden der Datenerhebung und der Datenauswertung, 8. durchgreifend überarb. u. erw. Aufl., Opladen 1998.

KROMSCHRÖDER, B. (Schlägt Dummheit Mittelmäßigkeit?), Schlägt Dummheit Mittelmäßigkeit?, in: ZfbF – Zeitschrift für betriebswirtschaftliche Forschung, 1984, S. 732-747.

KROSS, W. (The Size-Effect is Primarily a Price Effect), The Size-Effect is Primarily a Price Effect, in: Journal of Financial Research, 1985, S. 169-179.

KRÜGER, S. M. (Kundenbindung durch Zufriedenheitsmanagement), Profitabilitätsorientierte Kundenbindung durch Zufriedenheitsmanagement, Kundenzufriedenheit und Kundenwert als Steuerungsgröße für die Kundenbindung in marktorientierten Dienstleistungsunternehmen, München 1997.

KRÜGER, U. (Kundenorientierung und Kundenbindung), Kundenorientierung und Kundenbindung aus Sicht einer Sparkasse, in: MÜLLER, STEFAN / STROTHMANN, H.

(Hrsg.), Kundenzufriedenheit und Kundenbindung, Strategien und Instrumente von Finanzdienstleistern, München 1998, S. 115-130.

KUCKELHORN, D. (Kundenbindung erhöhen), Durch Dienstleistung Kundenbindung erhöhen, in: bank und markt, H. 11, 1994, S. 34-35.

KUHNIGK, B. (Prognosefunktionen), Bestimmung optimaler rekursiver Prognosefunktionen, Kiel 1984.

KUNZ, H. (Beziehungsmanagement), Beziehungsmanagement, Kunden binden, nicht nur finden, Zürich 1996.

KUNZE, K. (Kundenbindungsmanagement), Kundenbindungsmanagement in verschiedenen Marktphasen, Wiesbaden 2000.

KUPILAS, B. (Schnell raus, schnell rein), Schnell raus, schnell rein, in: Handelsblatt Investor, 08./09.09.2000, S. 2.

LABARBERA, P. / MAZURSKY, D. (Consumer Satisfaction), A Longitudinal Assessment of Consumer Satisfaction, Dissatisfaction: The Dynamic Aspect of the Cognitive Process, in: Journal of Marketing Research, H. 11, 1983, S. 393-404.

LACHMANN, G. (Membership Rewards), Membership Rewards, das Bonusprogramm von American Express, in: BERNET, B. / HELD, P. P., Relationship Banking, Kundenbeziehungen profitabler gestalten, Wiesbaden 1998, S. 221-226.

LAKONISHOK, J. / MABERLY, E. (The Weekend Effect), The Weekend Effect, Trading Patterns of Individual and Institutional Investors, in: JoF – Journal of Finance, 1990, S. 231-243.

LAKONISHOK, J. / SHAPIRO, A. (Risk and Size as Determinants of Stock Market Returns), Systematic Risk, Total Risk and Size as Determinants of Stock Market Returns, in: Journal of Banking and Finance, 1986, S. 115-132.

LAKONISHOK, J. / SHLEIFER, A. / VISHNY, R. W. (Do Institutional Investors destabilize Stock Prices?), Do Institutional Investors destabilize Stock Prices?, in: National Bureau of Economic Research, Working Paper, Nr. 3846, 1991.

LAMOUREUX, C. / SANGER, G. (Firm Size and Turn-Over-the-Year Effects), Firm Size and Turn-Over-the-Year Effects in the OTC/NASDAQ Market, in: JoF - Journal of Finance, 1989, S. 1219-1245.

LANDMANN, O. / GUTMANN, M. (Anlageempfehlungen von Schweizer Banken), Anlageempfehlungen von Schweizer Banken: eine weitere Fallstudie, in: Finanzmarkt und Portfolio Management, 1990, S. 199-210.

LANGE, H. J. (Beziehungsmarketing), Beziehungsmarketing im Privatkundengeschäft, in: BETSCH, O. / HOOVEN, E. VAN / KRUPP, G. (Hrsg.), Handbuch Privatkundengeschäft, Frankfurt/M 1998, S. 967-977.

LANGE, H. J. (Kundenbindung im Bankbereich), Kundenbindung im Bankbereich: Das Beispiel der Deutschen Bank, in: BRUHN, M. / HOMBURG, C. (Hrsg.), Handbuch Kundenbindungsmanagement, Grundlagen – Konzepte – Erfahrungen, 2. akt. u. erw. Aufl., Wiesbaden 1999, S. 443-463.

LAULE, G. (Vermögensverwaltung), Gesellschaftsrechtliche Lösungen bei der Vermgensverwaltung, in: CRAMER, J. / RUDOLPH, B. (Hrsg.), Handbuch für Anlageberatung und Vermögensverwaltung, Methoden und Instrumente des Portfoliomanagements, Frankfurt/M 1995, S. 606-617.

LAYCOCK, E. / SCHLEGELMILCH, T. / HEIDENREICH, M. (Aktienmarkt), Aktienmarkt, in: Aktienfocus, 24.07.1998, S. 3-6.

LE ROY, S. F. (Efficient Capital Markets and Martingales), Efficient Capital Markets and Martingales, in: Journal of Economic Literature, 1989, S. 1583-1621.

LEBERT, R. (Deutsche Private Banking), Deutsche Private Banking forciert E-Commerce, in: Financial Times Deutschland, 14.04.2000, S. 23.

LECHLER, J. (Empfehlungen deutscher Börseninformationsdienste), Qualität der Empfehlungen deutscher Börseninformationsdienste, Eine Analyse der Treffsicherheit der Prognose, Wendepunkte bei deutschen Standardwerten und dem Gesamtmarkt vom 01.01.1988 bis zum 31.12.1990, Würzburg 1991.

LEE, C. F. / RAHMAN, S. (Mutual Fund Performance), Market Timing, Selectivity, and Mutual Fund Performance, An empirical Investigation, in: Journal of Business, 1990, S. 261-278.

LEE, C. F. / RAHMAN, S. (Skill of Mutual Fund Managers), New Evidence on Timing and Security Selection Skill of Mutual Fund Managers, in: Journal of Portfolio Management, Winter 1991, S. 80-83.

LEHMANN, A. / RUF, S. (Editorial), Editorial, in: LEHMANN, A. / RUF, S. (Hrsg.), Kundenpflege mit Strategie – Perspektiven eines Kundenstamm-Marketing, Tagungsband zur 23. Schwerpunkttagung der I-VW Management-Information vom 14. Oktober 1992, St. Gallen 1993, S. 1.

LEHMANN, A. / RUF, S. (Von der Neukundenakquisition zur Bestandskundenpflege), Neuorientierung im Versicherungsmarketing: Von der Neukundenakquisition zur Bestandskundenpflege, in: LEHMANN, A. / RUF, S. (Hrsg.), Kundenpflege mit Strategie – Perspektiven eines Kundenstamm-Marketing, Tagungsband zur 23. Schwerpunkttagung der I-VW Management-Information vom 14. Oktober 1992, St. Gallen 1993, S. 29-41.

LEHMANN, B. (Fads, Martingales, and Market Efficiency), Fads, Martingales, and Market Efficiency, in: Quarterly Journal of Economics, 1990, S. 1-15.

LEHMANN, B. / MODEST, D. (The Empirical Foundations of the Arbitrage Pricing Theory), The Empirical Foundations of the Arbitrage Pricing Theory, in: Journal of Financial Economics, 1988, S. 213-254.

LEINER, B. (Grundlagen der Zeitreihenanalyse), Grundlagen der Zeitreihenanalyse, 4. völlig neu bearb. Aufl., München/Wien 1998.

LEONI, W. (Wechselkursprognose), Möglichkeiten der Wechselkursprognose, Empirische Untersuchungen zur Informationseffizienz des Devisenmarktes, Gießen 1990.

LERBINGER, P. (Die Leistungsfähigkeit deutscher Aktieninvestmentfonds), Die Leistungsfähigkeit deutscher Aktieninvestmentfonds, Eine empirische Untersuchung zur Informationseffizienz des deutschen Aktienmarktes, in: ZfbF – Zeitschrift für betriebswirtschaftliche Forschung, 1984, S. 60-73.

LEVIN, F. (Zinsprognosemodelle), Zinsprognosemodelle auf dem Prüfstand, in: Die Bank, H. 11, 1993, S. 651-657.

LEVIS, M. (Are Small Firms Big Performers?), Are Small Firms Big Performers?, in: The Investment Analyst, 1985, S. 21-26.

LEVIS, M. (Stock Market Anomalies), Stock Market Anomalies, A Re-assessment Based on the UK Evidence, in: Journal of Banking and Finance, 1989, S. 675-696.

LEVY, H. (Small Firm Effect), Small Firm Effect: Are there abnormal Returns in the Market?, in: Journal of Accounting, Auditing and Finance, 1990, S. 235-270.

LEVY, R. A. (Relative Strength), Relative Strength as a Criterion for Investment Selection, in: JoF - Journal of Finance, 1967, S. 595-610.

LEY, E. / HALL, R. V. (psychological barriers in the Dow Jones index), Are there psychological barriers in the Dow Jones index?, in: Applied Financial Economics, 1994, S. 217-227.

LGT BANK IN LIECHTENSTEIN (Geschäftsbericht 1993), Geschäftsbericht 1993, Vaduz 1994.

LGT BANK IN LIECHTENSTEIN (Geschäftsbericht 1994), Geschäftsbericht 1994, Vaduz 1995.

LGT BANK IN LIECHTENSTEIN (Geschäftsbericht 1995), Geschäftsbericht 1995, Vaduz 1996.

LGT BANK IN LIECHTENSTEIN (Geschäftsbericht 1997), Geschäftsbericht 1997, Vaduz 1998.

LIANG, B. (Evidence from the „Dartboard" Column), Price Pressure: Evidence from the „Dartboard" Column, in: Journal of Business, 1/1999, S. 119-134.

LILLA, J. / REINHART, H.-J. (Performance-Präsentation), Composites: Qualitätsmerkmale in der Performance-Präsentation, in: Die Bank, H. 2, 1996, S. 94-96.

LINGENFELDER, M. / SCHNEIDER, W. (Kundenzufriedenheit), Die Kundenzufriedenheit, Bedeutung, Meßkonzept und empirische Befunde, in: Marketing, Zeitschrift für Forschung und Praxis, H. 2, 1991, S. 109-119.

LINHART, H. / ZUCCHINI, W. (Statistik Zwei), Statistik Zwei, Basel u.a. 1982.

LIU, P. / SMITH, S. D. / SYED, A. A. (Securities Recommendations), Stock Price Reactions to The Wall Street Journal's Securities Recommendations, in: Journal of Financial and Quantitative Analysis, 9/1990, S. 399-410.

LO, A. / MACKINLAY, A. C. (Stock Market Prices Do Not Follow Random Walks), Stock Market Prices Do Not Follow Random Walks: Evidence from a Simple Specification Test, in: Review of Financial Studies, 1988, S. 41-66.

LO, A. / MACKINLAY, A. C. (Stock Market Overreaction), When are Contrarian Profits Due to Stock Market Overreaction?, in: Review of Financial Studies, 1990, S. 175-205.

LÖFFLER, G. (Der Beitrag von Finanzanalysten), Der Beitrag von Finanzanalysten zur Informationsverarbeitung, Eine empirische Untersuchung für den deutschen Aktienmarkt, Wiesbaden 1998.

LÖFFLER, G. (Verarbeitung von Gewinnprognosen), Die Verarbeitung von Gewinnprognosen am deutschen Aktienmarkt, in: ZfbF – Zeitschrift für betriebswirtschaftliche Forschung, H. 2, 1999, S. 128-147.

LOHMANN, F. (Loyalität von Bankkunden), Loyalität von Bankkunden, Bestimmungsgrößen und Gestaltungsmöglichkeiten, Wiesbaden 1997.

LOHMANN, F. (Ursachen von Kundenloyalität), Ursachen von Kundenloyalität: Ein umfassendes Erklärungsmodell, in: MÜLLER, STEFAN / STROTHMANN, H. (Hrsg.), Kundenzufriedenheit und Kundenbindung, Strategien und Instrumente von Finanzdienstleistern, München 1998, S. 179-198.

LOISTL, O. (Computergestütztes Wertpapiermanagement), Computergestütztes Wertpapiermanagement, 4. Aufl., München/Wien 1992.

LOISTL, O. (Kapitalmarkttheorie), Kapitalmarkttheorie, München/Wien 1994.

LOOMES, G. (Preference Reversal), Preference Reversal: Explanations, Evidence and Implications, in: Annals of Operations Research, 1990, S. 65-90.

LOOMES, G. / STARMER, C. / SUGDEN, R. (Preference Reversal), Preference Reversal: Information-Processing Effect or Rational Non-Transitive Choice?, in: The Economic Journal, 1989, S. 140-151.

LOOMES, G. / SUGDEN, R. (A Rational for Preference Reversal), A Rational for Preference Reversal, in: American Economic Review, 1983, S. 428-432.

LUDWIG, C. (Random Walk Hypothese), Überprüfung der Random Walk Hypothese am österreichischen Aktienmarkt unter besonderer Berücksichtigung der Verteilungshypothese, Wien 1992.

LÜNEBORG, K. (Performancemessung), Performancemessung, Analyse und Reporting, in: Börsen-Zeitung, 23.04.1994, S. 18.

LUTTMER, M. (Indexanteile übertreffen Durchschnitt der Aktienfonds), Indexanteile übertreffen Durchschnitt der Aktienfonds, in: Financial Times Deutschland, 06.03.2000, S. 33.

M. M. WARBURG (Geschäftsbericht 1990), Geschäftsbericht 1990, Hamburg 1991.

M. M. WARBURG (Geschäftsbericht 1991), Geschäftsbericht 1991, Hamburg 1992.

M. M. WARBURG (Geschäftsbericht 1992), Geschäftsbericht 1992, Hamburg 1993.

M. M. WARBURG (Geschäftsbericht 1993), Geschäftsbericht 1993, Hamburg 1994.

M. M. WARBURG (Geschäftsbericht 1994), Geschäftsbericht 1994, Hamburg 1995.

M. M. WARBURG (Geschäftsbericht 1995), Geschäftsbericht 1995, Hamburg 1996.

M. M. WARBURG (Geschäftsbericht 1996), Geschäftsbericht 1996, Hamburg 1997.

M. M. WARBURG (Geschäftsbericht 1997), Geschäftsbericht 1997, Hamburg 1998.

M. M. WARBURG (Geschäftsbericht 1998), Geschäftsbericht 1998, Hamburg 1999.

M. M. WARBURG (Geschäftsbericht 1999), Geschäftsbericht 1999, Hamburg 2000.

M. M. WARBURG (Asset Management für Privatkunden), Asset Management für Privatkunden, Hamburg 2000.

M. M. WARBURG (Fakten), Fakten, in: Web-Site des Bankhauses M. M. Warburg, www.mmwarburg.de/mm_db_fakten_a.html, vom 19.03.2000, S. 1.

M. M. WARBURG (M. M. Warburg verstärkt Vermögensverwaltung), M. M. Warburg & Co verstärkt Vermögensverwaltung, in: Web-Site des Bankhauses M. M. Warburg, www.mmwarburg.de/news.asp?fmLang=&fmFlokkur =&fmID=51, vom 19.03.2000, S. 1.

M. M. WARBURG (Die Wertpapierberatung), Engagement zahlt sich aus: Die Wertpapierberatung, in: Web-Site des Bankhauses M. M. Warburg, www. mmwarburg. de/pk_ wertpapierberatung.html, vom 19.03.2000, S. 1.

M. M. WARBURG (Die Vermögensverwaltung), Unsere vornehmste Aufgabe: Die Vermögensverwaltung, in: Web-Site des Bankhauses M. M. Warburg, www. mmwarburg. de/pk_vermoegensverwaltung.html, vom 19.03.2000, S. 1.

MAAS, P. / WEIBLER, J. (Wahrnehmungs- und Informationsverarbeitungsprozesse), Wahrnehmungs- und Informationsverarbeitungsprozesse, in: MAAS, P. / WEIBLER, J. (Hrsg.), Börse und Psychologie, Köln 1990, S. 72-101.

MAHMOUD, E. (Combining forecasts), Combining forecasts: some managerial issues, in: International Journal of Forecasting, 1989, S. 599-600.

MAIER, GERHARD (Heimlich abgezweigt), Heimlich abgezweigt, in: Die Zeit, 31.10.1997, S. 31.

MAITAL, S. / FILER, R. / SIMON, J. (What do People Bring to the Stock Market?), What do People Bring to the Stock Market (besides money)?, in: GILAD, B. / KAISH, S. (Hrsg.), Handbook of Behavioral Economics, Bd. B, London u.a. 1986, S. 273-308.

MAKRIDAKIS, S. / ANDERSEN, A. / CARBONE, R. / FILDES, R. / HIBON, M. / LEWANDOWSKI, R. / NEWTON, J. / PARZAN, E. / WINKLER, R. (The Forecasting Accuracy of Major Time Series Methods), The Forecasting Accuracy of Major Time Series Methods, Chichester 1984.

MALKIEL, B. G. (Returns from Investing in Equity Mutual Funds), Returns from Investing in Equity Mutual Funds 1971 to 1991, in: JoF – Journal of Finance, 1995, S. 549-572.

MALKIEL, B. G. (Börsenerfolg), Börsenerfolg ist kein Zufall, Die besten Investmentstrategien für das neue Jahrtausend, München 2000.

MALTZAN, B.-A. VON (Private Banking), Private Banking, in: BETSCH, O. / HOOVEN, E. VAN / KRUPP, G. (Hrsg.), Handbuch Privatkundengeschäft, Frankfurt/M 1998, S. 905-917.

MALTZAN, B.-A. VON (Strategisches Vermögensmanagement), Strategisches Vermögensmanagement – Herausforderungen für ein modernes Private Banking, in: WARTH & KLEIN (Hrsg.), Professionelle Vermögensverwaltung, Finanzplanung – Steuergestaltung – EDV-Lösungen, Stuttgart 1999, S. 1-19.

MALTZAN, B.-A. VON / VÄTH, H. (Private Banking), Relationship Marketing im internationalen Private Banking – am Beispiel der Deutschen Bank AG, in: PAYNE, A. / RAPP, R. (Hrsg.), Handbuch Relationship Marketing, Konzeption und erfolgreiche Umsetzung, München 1999, S. 165-183.

MANKIW, N. G. / ROMER, D. / SHAPIRO, M. D. (Stock Market Forecastability), Stock Market Forecastability and Volatility: A Statistical Apppraisal, in: Review of Economic Studies, 1991, S. 455-477.

MARLIÈRE, A. (Kundenzufriedenheit im Finanzdienstleistungsbereich), Kundenzufriedenheit im Finanzdienstleistungsbereich, in: MEFFERT, H. / BACKHAUS, K. (Hrsg.), Kundenzufriedenheit, Dokumentation des Workshops vom 26./27. Juni 1997, Dokumentationspapier der Wissenschaftlichen Gesellschaft für Marketing und Unternehmensführung Münster, Nr. 113, Münster 1997, S. 24-32.

MARNET, V. (Der ZEW-Finanzmarkttest), Der ZEW-Finanzmarkttest: Möglichkeiten der Verwendung von Tendenzbefragungen in der Finanzmarktanalyse, ZEW-Wirtschaftsanalysen, Nr. 3, Mannheim 1993.

MARNET, V. (Finanzmarkterwartungen), Eigenschaften und Bestimmungsfaktoren von Finanzmarkterwartungen, Eine theoretische und empirische Analyse unter Verwendung der ZEW-Finanzmarkttestdaten, Baden-Baden 1996.

MASTERS, T. (Optimizing), Just what we are optimizing, anyway?, in: International Journal of Forecasting, Bd. 14, 1998, S. 277-290.

MATHEWS, B. P. / DIAMANTOPOULOS, A. (Forecast Error Measures): Towards a Taxonomy of Forecast Error Measures, in: Journal of Forecasting, Vol. 13, No. 4, 1994, S. 409-416.

MATZLER, K. (Faktorstruktur der Kundenzufriedenheit), Die Faktorstruktur der Kundenzufriedenheit, in: HINTERHUBER, H. H. / MATZLER, K. (Hrsg.), Kundenorientierte Unternehmensführung, Kundenorientierung - Kundenzufriedenheit – Kundenbindung, Wiesbaden 1999, S. 99-128.

MAY, A. (Informationsverarbeitung am Aktienmarkt), Zum Stand der empirischen Forschung über Informationsverarbeitung am Aktienmarkt – Ein Überblick, in: ZfbF – Zeitschrift für betriebswirtschaftliche Forschung, 1991, S. 313-335.

MAYERS, D. / RICE, E. (The Empirical Content of Asset Pricing Models), Measuring Portfolio Performance and the Empirical Content of Asset Pricing Models, in: Journal of Financial Economics, 1979, S. 3-28.

MCELROY, M. / BURMEISTER, K. (Arbitrage Pricing Theory), Arbitrage Pricing Theory as a Restricted Non-Linear Multivariate Regression Model, in: Journal of Business & Economic Studies, 1988, S. 29-42.

MCQUEEN, G. (Mean-Reverting Stock Prices), Long-Horizon Mean-Reverting Stock Prices Revisited, in: Journal of Financial and Quantitative Analysis, 1992, S. 1-18.

MEFFERT, H. (Marketing), Marketing, Grundlagen der Absatzpolitik, mit Fallstudien, 7. Aufl., Wiesbaden 1986.

MEFFERT, H. (Kundenbindung als Element moderner Wettbewerbsstrategien), Kundenbindung als Element moderner Wettbewerbsstrategien, in: BRUHN, M. / HOMBURG, C. (Hrsg.), Handbuch Kundenbindungsmanagement, Grundlagen – Konzepte – Erfahrungen, 2. akt. u. erw. Aufl., Wiesbaden 1999, S. 115-133.

MEFFERT, H. / BRUHN, M. (Dienstleistungsmarketing), Dienstleistungsmarketing, Grundlagen – Konzepte – Methoden, Mit Fallbeispielen, 2. überarb. u. erw. Aufl., Wiesbaden 1997.

MEHNER, G. (M. M. Warburg besteht 200 Jahre), M. M. Warburg & Co besteht 200 Jahre, in: Börsen-Zeitung, 21.01.1998, S. 11.

MEI, J. (A Semi Autoregression Approach to the Arbitrage Pricing Theory), A Semi Autoregression Approach to the Arbitrage Pricing Theory, in: JoF – Journal of Finance, 1993, S. 599-620.

MEI, J. (A Multi-Factor APT Model), Explaining the Cross-Section of Returns via a Multi-Factor APT Model, in: Journal of Financial and Quantitative Analysis, 1993, S. 331-345.

MEILI, A. (Verwaltung von Vermögenswerten), Anlage und Verwaltung von Vermögenswerten, 2. Aufl., Uesslingen 1983.

MENKHOFF, L. (Feedback Trading auf Devisenmärkten), Feedback Trading auf Devisenmärkten, in: Jahrbücher für Nationalökonomie und Statistik, 1992, S. 127-144.

MENKHOFF, L. („Trading Rules" contra „Buy & Hold"), „Trading Rules" contra „Buy & Hold", Überzeugt der Vergleich?, in: Jahrbücher für Nationalökonomie und Statistik, 1994, Bd. 213, S. 478-485.

MENKHOFF, L. / RÖCKMANN, C. (Noise Trading auf Aktienmärkten), Noise Trading auf Aktienmärkten, in: ZfB – Zeitschrift für Betriebswirtschaft, 1994, S. 277-295.

MERL, G. (Back-Office), Anforderungen an die EDV im Back-Office-Bereich, in: CRAMER, J. / RUDOLPH, B. (Hrsg.), Handbuch für Anlageberatung und Vermögensverwaltung, Methoden und Instrumente des Portfoliomanagements, Frankfurt/M 1995, S. 428-440.

METCALF, G. E. / MALKIEL, B. G. (The Wall Street Journal Contests), The Wall Street Journal Contests: The Experts, the Darts, and the Efficient Market Hypothesis, in: Applied Financial Economics, 1994, S. 371-374.

METZLER, F. VON (Asset-Allocation-Entscheidungen), Asset-Allocation-Entscheidungen, in: CRAMER, J. / RUDOLPH, B. (Hrsg.), Handbuch für Anlageberatung und Vermögensverwaltung, Methoden und Instrumente des Portfoliomanagements, Frankfurt/M 1995, S. 325-336.

MEYER, A. / BLÜMELHUBER, C. (Wettbewerbsorientierte Strategien im Dienstleistungsbereich), Wettbewerbsorientierte Strategien im Dienstleistungsbereich, in: BRUHN, M. / MEFFERT, H. (Hrsg.), Handbuch Dienstleistungsmanagement, Von der strategischen Konzeption zur praktischen Umsetzung, Wiesbaden 1998, S. 375-404.

MEYER, A. / BLÜMELHUBER, C. (Kundenbindung durch Services), Kundenbindung durch Services, in: BRUHN, M. / HOMBURG, C. (Hrsg.), Handbuch Kundenbindungsmanagement, Grundlagen – Konzepte – Erfahrungen, 2. akt. u. erw. Aufl., Wiesbaden 1999, S. 189-212.

MEYER, A. / DORNACH, F. (Kundenbarometer 1995), Das Deutsche Kundenbarometer 1995, Qualität und Zufriedenheit, Jahrbuch der Kundenzufriedenheit in Deutschland 1995, München 1995.

MEYER, A. / DORNACH, F. (Kundenbarometer 1997), Das Deutsche Kundenbarometer 1997, Qualität und Zufriedenheit, Jahrbuch der Kundenzufriedenheit in Deutschland 1997, München 1997.

MEYER, A. / ERTL, R. (Kundenorientierung als Wettbewerbsvorteil), Kundenorientierung als Wettbewerbsvorteil, in: BETSCH, O. / HOOVEN, E. VAN / KRUPP, G. (Hrsg.), Handbuch Privatkundengeschäft, Frankfurt/M 1998, S. 171-188.

MEYER, A. / OEVERMANN, D. (Kundenbindung), Kundenbindung, in: TIETZ, B. (Hrsg.), Handwörterbuch des Marketing, 2. vollst. überarb. Aufl., Stuttgart 1995, Sp. 1340-1351.

MEYER, BERND (Der Overreaction-Effekt), Der Overreaction-Effekt am deutschen Aktienmarkt, Einordnung und empirische Untersuchung der langfristigen Überreaktion, Schriftenreihe der SGZ-Bank, Bd. 8, Frankfurt/M 1994.

MEYER, G. / ROOS, U. (Kundenorientierung und Kundenbindung), Kundenorientierung und Kundenbindung aus Sicht einer Versicherung, in: MÜLLER, STEFAN / STROTHMANN, H. (Hrsg.), Kundenzufriedenheit und Kundenbindung, Strategien und Instrumente von Finanzdienstleistern, München 1998, S. 131-143.

MILLER, E. M. (Why a Weekend Effect?), Why a Weekend Effect?, in: Journal of Portfolio Management, Summer 1988, S. 43-48.

MILLS, T. C.; PEPPER, G. P. (Assessing the Forecasters), Assessing the Forecasters: An analysis of the forecasting records of the Treasury, the LBS and the National Institute, Economic Research Paper Loughborough University, No. 97/9, 1997.

MOERSCHEN, T. (Analysten sind notorische Optimisten), Analysten sind notorische Optimisten, in: Handelsblatt, 02.11.2000, S. 37.

MOERSCHEN, T. (Analysten reagieren zu spät auf Trendwende an den Börsen), Analysten reagieren zu spät auf Trendwende an den Börsen, in: Handelsblatt, 20.12.2000, S. 35.

MÖHLMANN, J. (Performancemessung von Investmentfonds), Theoretische Grundlagen und Methoden zweidimensionaler Performancemessung von Investmentfonds, Stuttgart 1993.

MÖLLER, H. (Weltwährungsordnung), Das Ende einer Weltwährungsordnung? München 1972.

MÖLLER, H. P. (Die Informationseffizienz des deutschen Aktienmarktes), Die Informationseffizienz des deutschen Aktienmarktes, eine Zusammenfassung und Analyse empirischer Untersuchungen, in: ZfbF – Zeitschrift für betriebswirtschaftliche Forschung, 1985, S. 500-518.

MÖLLER, H. P. (Bilanzkennzahlen und Ertragsrisiken), Bilanzkennzahlen und Ertragsrisiken des Kapitalmarktes, Stuttgart 1986.

MÖLLER, H. P. (Das Capital-Asset-Pricing-Modell), Das Capital-Asset-Pricing-Modell, Separationstheorien oder auch Erklärung der Preisbildung auf realen Kapitalmärkten, in: DBW – Die Betriebswirtschaft, 1986, S. 707-719.

MÖLLER, H. P. (Bewertung risikobehafteter Anlagen), Die Bewertung risikobehafteter Anlagen an deutschen Wertpapierbörsen, in: ZfbF – Zeitschrift für betriebswirtschaftliche Forschung, 1988, S. 779-797.

MÖLLER, H. P. (Empirische Kapitalmarktforschung), Empirische Kapitalmarktforschung, in: GERKE, W. / STEINER, M. (Hrsg.), Handwörterbuch des Bank- und Börsenwesens, 2. überarb. u. erw. Aufl., Stuttgart 1995, Sp. 1148-1149.

MÖLLER, H. P. / HÜFNER, B. (Zur Verläßlichkeit von DVFA-Ergebnissen), Erfolge börsennotierter Unternehmen aus der Sicht von Finanzanalysten: Zur Verläßlichkeit von DVFA-Ergebnissen und deren Prognosen, in: Zeitschrift für Bankrecht und Bankwirtschaft, 1997, S. 1-14.

MORGENSTERN, O. (Descriptive, Predictive and Normative Theory), Descriptive, Predictive and Normative Theory, in: Kyklos, 1972, S. 699-714.

MOSER, H. (Berliner Banken-Holding), Was erwarten Sie von der Berliner Bankenholding?, in: Kreditwesen - Zeitschrift für das gesamte Kreditwesen, H. 4, 1994, S. 166.

MOWEN, J. / GROVE (Equity Theory Analysis), Search Behavior, Price Paid, and the „Comparison Other" – An Equity Theory Analysis of Post Purchase Satisfaction, in: DAY, R. / HUNT, H. (Hrsg.), International Fare in Consumer Satisfaction and Complaining Behavior, Bloomington, 1983, S. 17-19.

MÜHLBRADT, F. W. (Chancen und Risiken der Aktienanlage), Chancen und Risiken der Aktienanlage, Untersuchungen zur „efficient market" Theorie in Deutschland, Köln 1978.

MÜHLBRADT, F. W. / NAGLER, F. (Formalanlageplanung), Formalanlageplanung in Deutschland, Chancen und Risiken, in: Das Wertpapier, 1978, S. 882-885 u. 913-916.

MÜLHAUPT, L. (Betriebswirtschaftslehre der Banken), Einführung in die Betriebswirtschaftslehre der Banken, 3. Aufl., Wiesbaden 1980.

MULHERN, F. J. / CAPRARA, R. J. (Forecasting Market Response), A nearest neighbor model for forecasting market response, in: International Journal of Forecasting, H. 10, 1994, S. 191-207.

MÜLLER, GERHARD (Statistische Prognosemodelle zur Optimierung von Wertpapierportefeuilles), Statistische Prognosemodelle zur Optimierung von Wertpapierportefeuilles, Eine empirische Überprüfung am deutschen Aktienmarkt, Neuried 1996.

MÜLLER, MARIO (Besser als die meisten Profis), Besser als die meisten Profis, in: Die Zeit, 24.09.1998, S. 46.

MÜLLER, WOLFGANG (Kundenzufriedenheit), Kundenzufriedenheit ist oberstes Ziel, in: Gablers Magazin, H. 9, 1990, S. 41-46.

MÜLLER, WOLFGANG / RIESENBECK, H.-J. (Anhängliche Kunden), Wie aus zufriedenen auch anhängliche Kunden werden, in: Harvard-Manager, H. 3, 1991, S. 67-79.

MUMMENDEY, H. D. (Die Fragebogen-Methode), Die Fragebogen-Methode, Grundlagen und Anwendung in Persönlichkeits-, Einstellungs- und Selbstkonzeptforschung, 2. korrig. Aufl., Göttingen u.a. 1995.

MÜNCH, J. (Privatbanken erwarten einschneidende Konsolidierung), Privatbanken erwarten einschneidende Konsolidierung, in: Finanz und Wirtschaft, 17.02.1999, S. 17.

MÜNSTERMANN, J. (Der Anlageerfolg von Spezialfonds), Der Anlageerfolg von Spezialfonds, Eine theoretische und empirische Analyse, Frankfurt/M 2000.

MURPHY, J. J. (Technische Analyse der Finanzmärkte), Technische Analyse der Finanzmärkte, Grundlagen, Methoden, Strategien, Anwendungen, München 2000.

NADER, G. (Zufriedenheit mit Finanzdienstleistungen), Zufriedenheit mit Finanzdienstleistungen, Erfolgswirksamkeit, Messung und Modellierung, Wien/New York 1995.

NADER, G. / JOHNSON, M. D. / BÜHLER, W. (Kundenzufriedenheit und Unternehmenserfolg), Kundenzufriedenheit und Unternehmenserfolg, Eine kausalanalytische Betrachtung am Beispiel des Privatkundengeschäftes von Universalbanken, in: Österreichisches Bankarchiv, H. 9, 1996, S. 702-710.

NAGLER, F. (Timing Strategien am Aktienmarkt), Timing Strategien am Aktienmarkt, Köln 1979.

NARAT, I. (Langweilig, aber erfolgreich), Langweilig, aber erfolgreich, in: Handelsblatt, 16.07.1997, S. 25.

NARAT, I. (Anti-Helden), Die Anti-Helden, in: Handelsblatt, 16.07.1997, S. 25.

NARAT, I. (Index ist für viele Profis eine zu hohe Hürde), Index ist für viele Profis eine zu hohe Hürde, in: Handelsblatt, 22./23.08.1997, S. 27.

NARAT, I. (Der Professor liebt den Index), Der Professor liebt den Index, in: Handelsblatt, 26.05.1998, S. 53.

NARAT, I. (Der Index-Lockruf für Spezialfonds), Der Index-Lockruf für Spezialfonds, in: Handelsblatt, 11.11.1998, S. 37.

NARAT, I. (Der Computer als Fondsmanager), Der Computer als Fondsmanager, in: Handelsblatt, 06.09.2000, S. 47.

NARAT, I. (Superinvestor bricht Rekorde), Der Superinvestor bricht alle Rekorde, in: Handelsblatt, 08.01.2001, S. 35.

NAUTZ, D. / WOLTERS, J. (Entwicklung langfristiger Kreditzinssätze), Die Entwicklung langfristiger Kreditzinssätze, Eine empirische Analyse, in: KuK – Kredit und Kapital, 1996, S. 481-510.

NEINHAUS, A. (Wer Prognosen traut ist selber Schuld), Wer Prognosen traut ist selber Schuld, in: Finanz und Wirtschaft, 17.02.1999, S. 35.

NEUE ZÜRCHER ZEITUNG (Ein Honigtopf namens Private Banking), Ein Honigtopf namens Private Banking, Herausforderungen für die Schweizer Banken, in: Neue Zürcher Zeitung, Internationale Ausgabe, 21.11.1997, S. 13.

NEUE ZÜRCHER ZEITUNG (Vollständige Verschmelzung), Vollständige Verschmelzung des Bankvereins mit der UBS, in: Neue Zürcher Zeitung, Internationale Ausgabe, 09.12.1997, S. 9.

NEUE ZÜRCHER ZEITUNG (Vermögensverwaltung nicht ohne Gefahren), Vermögensverwaltung nicht ohne Gefahren, in: Neue Zürcher Zeitung, Internationale Ausgabe, 02.04.1998, S. 9.

NEUE ZÜRCHER ZEITUNG (Vernachlässigte Index-Fonds), Zu Unrecht vernachlässigte Index-Fonds, in: Neue Zürcher Zeitung, Internationale Ausgabe, 13.07.1998, S. 8.

NEUE ZÜRCHER ZEITUNG (Enttäuschende Entwicklung), Enttäuschende Entwicklung, in: Neue Zürcher Zeitung, Internationale Ausgabe, 24.08.1998, S. 10.

NEUE ZÜRCHER ZEITUNG (Aktive und passive Anlagestrategien), Eine erfolgversprechende Mixtur, Aktive und passive Anlagestrategien richtig kombinieren, in: Neue Zürcher Zeitung, Internationale Ausgabe, 21.09.1998, S. 10.

NEUFFER, M. (Testen von Verteilungshypothesen), Testen von Verteilungshypothesen bei Banken, Karlsruhe 1981.

NEUMANN, M. J. M. / KLEIN, M. (Probleme der Theorie effizienter Märkte und ihrer empirischen Überprüfung), Probleme der Theorie effizienter Märkte und ihrer empirischen Überprüfung, in: KuK – Kredit und Kapital, 1982, S. 165-187.

NEWBOLD, P. / GRANGER, C. W. J. (Experience with the combination of forecasts), Experience with forecasting univariate time series and the combination of forecasts, in: Journal of the Royal Statistical Society, 1974, S. 131-165.

NG, L. (Tests of the CAPM), Tests of the CAPM with Time Varying Covariances: a Multivariate GARCH Approach, in: JoF – Journal of Finance, 1991, S. 1507-1521.

NG, T. (Forecasting Performance), What techniques should we use to evaluate our out-of-sample forecasting performance? In: Research Note Series 95, Research Note N95/12, 1996, S. 14-23.

NIEDERHÜBNER, N. (Indikatorprognosen), Indikatorprognosen, in: MERTENS, P. (Hrsg.), Prognoserechnung, 5. neu bearb. u. erw. Aufl., Heidelberg 1994, S. 205-212.

NIESCHLAG, R. / DICHTL, E. / HÖRSCHGEN, H. (Marketing), Marketing, 17. neu bearb. Aufl., Berlin 1994

NIESCHLAG, R. / DICHTL, E. / HÖRSCHGEN, H. (Marketing), Marketing, 18. durchgesehene Aufl., Berlin 1997.

NIKLOWITZ, M. (Aktiv oder passiv), Aktiv oder passiv – Fondsexperten streiten um des Kaisers Bart, in: Financial Times Deutschland, 15.08.2000, S. 25.

NOELLE-NEUMANN, E. / PETERSEN, T. (Einführung in die Methoden der Demoskopie), Alle, nicht jeder, Einführung in die Methoden der Demoskopie, München 1996.

NÖLTING, A. (Ruf in Gefahr), Ruf in Gefahr, in: Manager Magazin, 6/1999, S. 149-155.

OEHLER, A. (Anomalien im Anlegerverhalten), Anomalien im Anlegerverhalten, in: Die Bank, 1991, S. 600-607.

OEHLER, A. (Anomalien und Irrationalitäten), „Anomalien", „Irrationalitäten" oder „Biases" der Erwartungsnutzentheorie und ihre Relevanz für Finanzmärkte, in: Zeitschrift für Bankrecht und Bankwirtschaft, 1992, S. 97-124.

OEHLER, A. (Die Erklärung des Verhaltens privater Anleger), Die Erklärung des Verhaltens privater Anleger, Theoretischer Ansatz und empirische Analysen, Stuttgart 1995.

OEHLER, A. (Do Institutional Investors Herd?), Do Institutional Investors Herd? An Empirical Analysis with Mutual Funds Specializing in German Stocks, Working Paper der Universität Bamberg, Bamberg 1995.

OEHLER, A. (Relationship-Management), Betreuung durch Relationship-Management, in: Die Bank, H. 3, 1995, S. 137-142.

OERTMANN, P. (Firm-Size-Effekt am deutschen Aktienmarkt), Firm-Size-Effekt am deutschen Aktienmarkt, in: ZfbF – Zeitschrift für betriebswirtschaftliche Forschung, 1994, S. 229-259.

OERTMANN, P. (Über die psychologische Wirkung eines Indexstandes), Über die psychologische Wirkung eines Indexstandes, in: Finanzmarkt und Portfolio Management, 1996, S. 357-362.

OERTMANN, P. (Neue Ergebnisse zu einer alten Streitfrage), Lassen sich Aktienkurse prognostizieren?, Neue Ergebnisse zu einer alten Streitfrage, Tagungsunterlagen zur Tagung „fit for finance“ am 17.04.1996 in Frankfurt/M.

OERTMANN, P. (Neue Modelle), Neue Modelle, Statistische Methoden für die taktische Asset Allocation, in: Finanz und Wirtschaft, 26.08.1998, S. 23.

OERTMANN, P. (Lassen sich Aktienkurse prognostizieren?), Lassen sich Aktienkurse prognostizieren?, in: GEHRIG, B. / ZIMMERMANN, H., Fit for Finance, Theorie und Praxis der Kapitalanlage, Frankfurt/M 1999, S. 23-38.

OERTMANN, P. / ZIMMERMANN, H. (Prognosemodell für die taktische Asset Allocation), Wieviel Noise erträgt ein Prognosemodell für die taktische Asset Allocation?, in: Finanzmarkt und Portfolio Management, 1997, S. 127-133.

OEVERMANN, D. (Kundenbindungsmanagement von Kreditinstituten), Kundenbindungsmanagement von Kreditinstituten, München 1996.

OGGENFUSS, C. W. (Customer Retention), Customer Retention – das neue Kundenbindungsmarketing bei einer schweizerischen Großbank, in: LEHMANN, A. / RUF, S. (Hrsg.), Kundenpflege mit Strategie – Perspektiven eines Kundenstamm-Marketing, Tagungsband zur 23. Schwerpunkttagung der I-VW Management-Information vom 14. Oktober 1992, St. Gallen 1993, S. 43-46.

OLIVER, R. (Consequences of Satisfaction), A Cognitive Model of the Antecedents and Consequences of Satisfaction Decisions, in: Journal of Marketing Research, H. 9, 1980, S. 460-469.

OLIVER, R. (Satisfaction Process), Measurement and Evaluation of Satisfaction Process in Retail Setting, in: Journal of Retailing, H. 3, 1981, S. 25-48.

OLIVER, R. / DESARBO, W. (Response Determinants in Satisfaction Judgements), Response Determinants in Satisfaction Judgements, in: Journal of Consumer Research, H. 3, 1988, S. 495-507.

OLIVER, R. / SWAN, J. (Consumer Perceptions), Consumer Perceptions of Interpersonal Equity and Satisfaction in Transaction, A Field Survey Approach, in: Journal of Marketing, H. 4, 1989, S. 21-35.

OLIVER, R. / SWAN, J. (Equity and Disconfirmation Perceptions), Equity and Disconfirmation Perceptions as Influences on Merchant and Product Satisfaction, in: Journal of Consumer Research, H. 12, 1989, S. 372-383.

OLSEN, R. (Implications of Herding Behavior), Implications of Herding Behavior for Earnings Estimation, Risk Assessment and Stock Returns, in: Financial Analysts Journal, 7-8/1996, S. 37-41.

OPPENHEIM, C. (Relationship Banking), Relationship Banking bei Profitline – Kundenbindung durch individuelle Mehrwerte, in: BERNET, B. / HELD, P. P., Relationship Banking, Kundenbeziehungen profitabler gestalten, Wiesbaden 1998, S. 91-107.

OSHIKAWA, S. (Cognitive Dissonance), The Theory of Cognitive Dissonance and Experimental Research, in: Journal of Marketing Research, H. 11, 1968, S. 429-430.

OTTO, M. / SPIWOKS, M. (Initialzündung aus den USA), Initialzündung aus den USA, in: Anlage-Perspektiven, 10.02.1995, S. 3.

OTTO, M. / SPIWOKS, M. (Flucht in Qualität), Ungebrochene „Flucht in Qualität“, in: Anlage-Perspektiven, 24.03.1995, S. 3.

OTTO, M. / SPIWOKS, M. (US-Dollar unter Beschuß), US-Dollar noch immer unter Beschuß, in: Anlage-Perspektiven, 28.04.1995, S. 3.

PARI, R. / CHEN, S. (An Empirical Test of Arbitrage Pricing Theory), An Empirical Test of Arbitrage Pricing Theory, in: Journal of Financial Research, 1984, S. 121-130.

PATTERSON, P. / JOHNSON, L. / SPRENG, R. (Determinants of Customer Satisfaction), Modeling the Determinants of Customer Satisfaction for Business-to-Business Professional Services, Journal of the Academy of Marketing Science, H. 1, 1997, S. 4-17.

PAULUS, H. (Style-Investing), Style-Investing auf europäischen Aktienmärkten, Eine empirische Analyse bewertungsrelevanter Fundamentalfaktoren, Bad Soden/Ts. 1997.

PEAVY, J. / GOODMAN, D. (The Significance of P/Es for Portfolio Returns), The Significance of P/Es for Portfolio Returns, in: Journal of Portfolio Management, Spring 1983, S. 43-47.

PECHLANER, H. (Private Banking), Private Banking, Eine Wettbewerbsanalyse des Vermögensverwaltungs- und Anlageberatungsmarktes in Deutschland, Österreich und der Schweiz, Chur/Zürich 1993.

PENMAN, S. (Seasonalities in Aggregate Stock Returns), The Distribution of Earnings News Over the Time and Seasonalities in Aggregate Stock Returns, in: Journal of Financial Economics, 1987, S. 199-228.

PERRIDON, L. / STEINER, M. (Finanzwirtschaft der Unternehmung), Finanzwirtschaft der Unternehmung, 9. überarb. u. erw. Aufl., München 1997.

PESARAN, M. H. / TIMMERMANN, A. (Predictability of Stock Returns), Predictability of Stock Returns: Robustness and Economic Significance, in: JoF – Journal of Finance, 1995, S. 1201-1228.

PETER, S. I. (Kundenbindung), Kundenbindung als Marketingziel, Identifikation und Analyse zentraler Determinanten, Wiesbaden 1997.

PETERS, E. E. (Chaos and Order), Chaos and Order in Capital Markets, A New View of Cycles, Prices, and Market Volatility, New York u.a. 1991.

PETERSEN, R. (Beziehungsmarketing), Beziehungsmarketing und Clubmarketing im Business-to-Business-Bereich, in: LÜBCKE, D. / PETERSEN, R. (Hrsg.), Business-to-Business-Marketing, Relationship in der Praxis: Fallbeispiele, Gebrauchsanleitungen, Erfahrungsberichte, Stuttgart 1996, S. 27-40.

PETERSON, D. R. (Stock Return Seasonalities), Stock Return Seasonalities and Earnings Information, in: Journal of Financial and Quantitative Analysis, 1990, S. 187-201.

PETTENGILL, G. / JORDAN, B. (The Overreaction Hypothesis), The Overreaction Hypothesis, Firm Size, and Stock Market Seasonality, in: Journal of Portfolio Management, Spring 1990, S. 60-64.

PFEIFFER, H. (Markt schlägt Mensch), Markt schlägt Mensch, in: Die Zeit, 29.04.1999, S. 34.

PFLAUMER, P. (Wie gut sind Prognosen?), Wie gut sind die Prognosen des Sachverständigenrates?, Universität Dortmund, Abteilung Statistik, Forschungsbericht Nr. 84/14, Dortmund 1984.

PICHLER, S. (Size Effect und Settlement Effect), Size Effect und Settlement Effect am österreichischen Aktienmarkt, in: Österreichisches Bankarchiv, 3/1993, S. 195-201.

PIEPER, U. / SCHIERECK, D. / WEBER, M. (Die Kaufempfehlungen des „Effecten-Spiegel“), Die Kaufempfehlungen des „Effecten-Spiegel“, Eine empirische Untersuchung im Lichte der Effizienzthese des Kapitalmarktes, in: ZfbF – Zeitschrift für betriebswirtschaftliche Forschung, 1993, S. 487-509.

PINNEKAMP, H.-J. / SIEGMANN, F. (Deskriptive Statistik), Deskriptive Statistik, Einführung in die statistische Methodenlehre, 2. erw. Aufl., München/ Wien 1990.

PLATZEK, H.-J. (Private Banking als strategisches Geschäftsfeld), Private Banking als strategisches Geschäftsfeld einer deutschen Großbank, in: Die Bank, H. 11, 1998, S. 648-653.

PLEISTER, C. (Zur Zukunftsfähigkeit der genossenschaftlichen Bankengruppe), Zur Zukunftsfähigkeit der genossenschaftlichen Bankengruppe, Zweifel und Unzufriedenheit sind die Quellen des Fortschritts, in: Kreditwesen – Zeitschrift für das gesamte Kreditwesen, H. 5, 2000, S. 224-225.

PLINKE, W. (Die Geschäftsbeziehung als Investition), Die Geschäftsbeziehung als Investition, in: SPECHT, G. / SILBERER, G. / ENGELHARDT, W. H. (Hrsg.), Marketing-Schnittstellen, Herausforderungen für das Management, Stuttgart 1989, S. 305-325.

PLINKE, W. / SÖLLNER, A. (Kundenbindung), Kundenbindung und Abhängigkeitsbeziehungen, in: BRUHN, M. / HOMBURG, C. (Hrsg.), Handbuch Kundenbindungsmanagement, Grundlagen – Konzepte – Erfahrungen, 2. akt. u. erw. Aufl., Wiesbaden 1999, S. 55-79.

PODDIG, T. (Analyse und Prognose von Finanzmärkten), Analyse und Prognose von Finanzmärkten, Bad Soden/Ts. 1996.

PODDIG, T. (Kursprognose), Handbuch Kursprognose, Quantitative Methoden im Asset Management, Bad Soden/Ts. 1999.

PODDIG, T. / DICHTL, H. / PETERSMEIER, K. (Statistik), Statistik, Ökonometrie, Optimierung, Methoden und ihre praktische Anwendung in Finanzanalyse und Portfoliomanagement, Bad Soden/Ts. 2000.

POGUE, G. A. / SOLNIK B. (The Market Model), The Market Model Applied to European Common Stocks, Some Empirical Results, in: Journal of Financial and Quantitative Analysis, 1974, S. 917-943.

POHL, A. / DAHLHOFF, D. (Auch zufriedene Kunden werden untreu), Auch zufriedene Kunden werden untreu, in: FAZ – Frankfurter Allgemeine Zeitung, 14.09.1998, S. 37.

POMMEREHNE, W. W. / SCHNEIDER, F. / ZWEIFEL, P. (The Preference Reversal Phenomenon), Economic Theory of Choice and the Preference Reversal Phenomenon: A Reexamination, in: American Economic Review, 1982, S. 569-574.

POPPER, K. R. (Logik der Sozialwissenschaften), Die Logik der Sozialwissenschaften, in: Kölner Zeitschrift für Soziologie und Sozialpsychologie, 1962, S. 233-248.

POPPER, K. R. (Prognose und Prophetie), Prognose und Prophetie in den Sozialwissenschaften, in: TOPITSCH, E. (Hrsg.), Logik der Sozialwissenschaften, 6. Aufl., Köln/Berlin 1965, S. 113-125.

POPPER, K. R. (Logik der Forschung), Logik der Forschung, Tübingen 1971.

POPPER, K. R. (Grundprobleme der Erkenntnistheorie), Die beiden Grundprobleme der Erkenntnistheorie, 2. verb. Aufl., Tübingen 1994.

POPPER, K. R. (Objektive Erkenntnis), Objektive Erkenntnis, Ein evolutionärer Entwurf, 3. Aufl., Hamburg 1995.

POPPER, K. R. (Vermutungen und Widerlegungen), Vermutungen und Widerlegungen, Das Wachstum der wissenschaftlichen Erkenntnis, unveränd. Aufl. in einem Bd., Tübingen 2000.

PORST, R. (Im Vorfeld der Befragung), Im Vorfeld der Befragung: Planung, Fragebogenentwicklung, Pretesting, ZUMA-Arbeitsbericht 98/02, Mannheim 1998.

PORST, R. (Umfrageforschung), Umfrageforschung und Sekundäranalyse von Umfragedaten, Hagen 1999.

PORST, R. (Praxis der Umfrageforschung), Praxis der Umfrageforschung, 2. überarb. Aufl., Stuttgart u.a. 2000.

POTERBA, J. M. / SUMMERS, L. H. (Mean Reversion in Stock Prices), Mean Reversion in Stock Prices, in: Journal of Financial Economics, 1988, S. 27-59.

PRECHTER, R. R. / FROST, A. J. (Elliott-Wellen-Prognose) Gezeitenwechsel, Die Elliott-Wellen-Prognose für die 90er Jahre, Haar 1990.

PREIß, H. (Gesamtmarktstrategie), Gesamtmarktstrategie, in: Private Wertpapieranlage, 6/2000, S. 6-7.

PREIßNER, A. / ENGEL, S. (Marketing), Marketing, 4. unwesentlich veränd. Aufl., München/Wien 1999.

PREUSCHL, M. / BECKMANN, U. (Im Bann des Dollars), Im Bann des Dollars, in: Perspektiven, 8/1997, S. 22-25.

PREUSCHL, M. / BECKMANN, U. (Exportboom), Trotz Exportboom anhaltend hohe Arbeitslosigkeit, in: Perspektiven, 9/1997, S. 22-25.

PREUSCHL, M. / BECKMANN, U. (Präventiver Schritt), Bundesbank: Präventiver Schritt, in: Perspektiven, 10/1997, S. 22-25.

PREUSCHL, M. / BECKMANN, U. (Konjunktur beginnt zu wirken), Arbeitsmarkt: Konjunktur beginnt zu wirken, in: Wirtschaftstrends, 4/1998, S. 6-9.

PRIEWASSER, E. (Die Priewasser-Prognose), Die Priewasser-Prognose, Bankstrategien und Bankmanagement 2009, Frankfurt/M 1994.

PRIEWASSER, E. (Bankbetriebslehre), Bankbetriebslehre, 6. erw. Aufl., München/Wien 1998.

QUANDT, K. (Auf neuen Wegen), Auf neuen Wegen, in: Handelsblatt Investor, 20./21.10.2000, S. 10.

QUANDT, K. / SCHWARZ, P. / WIEBE, F. (Durch die Verkäuferbrille), Durch die Verkäuferbrille, in: Handelsblatt Investor, 10./11.11.2000, S. 11.

QUATTRONE, G. A. / TVERSKY, A. (Contrasting Rational and Psychological Analysis), Contrasting Rational and Psychological Analysis of Political Choice, in: American Political Science Review, 1988, S. 719-736.

RAMM, U. (Kapitalmarktprognosen), Zins 2000 – Instrument und Ergebnis von Kapitalmarktprognosen für die Euro-Zeit, in: Der Langfristige Kredit, H. 6, 1998, S. 194-198.

RAPP, H.-W. (Der Markt für Aktien-Neuemissionen), Der Markt für Aktien-Neuemissionen, Preisbildung, Preisentwicklung und Marktverhalten bei eingeschränkter Informationseffizienz, Mannheim 1996.

REGIER, H. J. (Devisenmarkt und Kausalität), Devisenmarkt und Kausalität, Eine Zeitreihenuntersuchung des Zins-Wechselkurs-Zusammenhangs auf dem Euro-Geldmarkt für DM und Dollar Anlagen unterschiedlicher Fristigkeiten, Institut für Volkswirtschaftslehre und Statistik der Universität Mannheim, Beiträge zur angewandten Wirtschaftsforschung, Discussion Paper Nr. 198-81, Mannheim 1981.

REHKUGLER, H. (Kurs- und Renditeprognosesysteme), Kurs- und Renditeprognosesysteme, in: CRAMER, J. / RUDOLPH, B. (Hrsg.), Handbuch für Anlageberatung und Vermögensverwaltung, Methoden und Instrumente des Portfoliomanagements, Frankfurt/M 1995, S. 384-393.

REHKUGLER, H. / PODDIG, T. (Entwicklung leistungsfähiger Prognosesysteme), Entwicklung leistungsfähiger Prognosesysteme auf Basis Künstlicher Neuronaler Netzwerke am Beispiel des Dollars, Eine Fallstudie, Bamberger betriebswirtschaftliche Beiträge, Nr. 76/1990, Bamberg 1990.

REHKUGLER, H. / PODDIG, T. (Kursprognose), Kursprognose, in: GERKE, W. / STEINER, M. (Hrsg.), Handwörterbuch des Bank- und Finanzwesens, 2. überarb. u. erw. Aufl., Stuttgart 1995, Sp. 1336-1348.

REHKUGLER, H. / PODDIG, T. (Künstliche Neuronale Netze in der Finanzanalyse), Künstliche Neuronale Netze in der Finanzanalyse, Eine neue Ära der Kursprognosen?, in: CORSTEN, H. / MAY, C. (Hrsg.), Neuronale Netze in der Betriebswirtschaft, Anwendung in Prognose, Klassifikation und Optimierung, Wiesbaden 1996, S. 17-35.

REHKUGLER, H. / VOIGT, M. / KRAUS, B. / OTTERBACH, A. (Die Qualität der Anlageberater), Die Qualität der Anlageberater, in: Die Bank, H. 6, 1992, S. 316-322.

REICHERT, E. (Kundenbindung), Kundenbindung im Computergeschäft – Veränderungen und Chancen in einer zunehmend offenen Systemwelt, in: MEFFERT, H. / WAGNER, H. / BACKHAUS, K. (Hrsg.), Beziehungsmarketing – neue Wege der Kundenbindung, Dokumentation des Workshops vom 24. Juni 1994, Dokumentationspapier der Wissenschaftlichen Gesellschaft für Marketing und Unternehmensführung Münster, Nr. 90, Münster 1994, S. 70-85.

REICHHELD, F. F. (Treue Kunden), Treue Kunden müssen auch rentabel sein, in: Harvard Business Manager, H. 3, 1993, S. 106-114.

REICHHELD, F. F. (Der Loyalitäts-Effekt), Der Loyalitäts-Effekt, Die verborgene Kraft hinter Wachstum, Gewinnen und Unternehmenswert, Frankfurt/New York 1997.

REICHHELD, F. F. (Die Renaissance des Marketing), Loyalität und die Renaissance des Marketing, in: PAYNE, A. / RAPP, R. (Hrsg.), Handbuch Relationship Marketing, Konzeption und erfolgreiche Umsetzung, München 1999, S. 49-67.

REICHHELD, F. F. / SASSER, W. E. (Zero Defections), Zero Defections: Quality Comes to Services, in: Harvard Business Review, H. 5, 1990, S. 105-111.

REICHHELD, F. F. / SASSER, W. E. (Zero-Migration), Zero-Migration: Dienstleister im Sog der Qualitätsrevolution, in: Harvard-Manager, H. 4, 1991, S. 108-116.

REICHHELD, F. F. / SASSER, W. E. (Dienstleister im Sog der Qualitätsrevolution), Zero-Migration: Dienstleister im Sog der Qualitätsrevolution, in: BRUHN, M. / HOMBURG, C. (Hrsg.), Handbuch Kundenbindungsmanagement, Grundlagen – Konzepte – Erfahrungen, 2. akt. u. erw. Aufl., Wiesbaden 1999, S. 135-150.

REIM, M. (Analysten), Die Analysten sind besser geworden, in: SZ – Süddeutsche Zeitung, 09.01.2001, S. 23.

REIMANN, E. (Kunden binden), Daten bündeln – Kunden binden, in: Bank Magazin, H. 3, 1996, S. 8-11.

REINARTZ, W. J. / KRAFFT, M. (Kundenbindung und Kundenertragswert), Überprüfung des Zusammenhangs von Kundenbindung und Kundenertragswert, Wissenschaftliche Schriftenreihe des Zentrums für Marktorientierte Unternehmensforschung (ZMU), Nr. 18, Koblenz 2000.

REINGANUM, M. R. (Misspecification of Capital Asset Pricing), Misspecification of Capital Asset Pricing: Empirical Anomalies Based on Earnings Yields and Market Values, in: Journal of Financial Economics, 1981, S. 19-46.

REINGANUM, M. R. (Abnormal Returns in Small Firms Portfolios), Abnormal Returns in Small Firms Portfolios, in: Financial Analysts Journal, 3-4/1981, S. 52-56.

REINGANUM, M. R. (Test of Roll's Conjecture on the Firm Size Effect), A Direct Test of Roll's Conjecture on the Firm Size Effect, in: JoF – Journal of Finance), S. 27-35.

REINGANUM, M. R. (The Anomalous Stock Market Behavior), The Anomalous Stock Market Behavior of Small Firms in January, in: Journal of Financial Economics, 1983, S. 89-104.

REINGANUM, M. R. / SMITH, J. (Investor Preference for Large Firms), Investor Preference for Large Firms: New Evidence on Economics of Size, in: Journal of Industrial Economics, 1983, S. 213-227.

REINHARDT, W. A. (Kundenbindung), Kundenbindung im Servicebereich eines Automobilherstellers, in: MEFFERT, H. / WAGNER, H. / BACKHAUS, K. (Hrsg.), Beziehungsmarketing – neue Wege der Kundenbindung, Dokumentation des Workshops vom 24. Juni 1994, Dokumentationspapier der Wissenschaftlichen Gesellschaft für Marketing und Unternehmensführung Münster, Nr. 90, Münster 1994, S. 64-69.

REIß, W. (Random-Walk Hypothese und deutscher Aktienmarkt), Random-Walk Hypothese und deutscher Aktienmarkt, Eine empirische Untersuchung, Berlin 1974.

REIß, W. (Historische Wechselkurse), Historische Wechselkurse, Random-Walk oder Chaos?, Arbeitspapiere des Fachbereichs Wirtschaftswissenschaften der Universität Paderborn, Neue Folge, Nr. 24, Paderborn 1990.

REIß, W. / MÜHLBRADT, F. (Validität des „market"- und des „capital asset pricing"-Modells), Eine empirische Überprüfung der Validität des „market"- und des „capital asset pricing"-Modells für den deutschen Aktienmarkt, in: Zeitschrift für die gesamte Staatswissenschaft, 1979, S. 41-68.

RICHTER, R. / FURUBOTN, E. G. (Neue Institutionenökonomik), Neue Institutionenökonomik, Eine Einführung und kritische Würdigung, 2. durchgesehene und erg. Aufl., Tübingen 1999.

RICHTER-MUNDANI, S. (Kundenbindungssysteme für Kreditinstitute), Kundenbindungssysteme für Kreditinstitute, Der Zusammenhang von Kundenorientierung, Dienstleistungsqualität und Beschwerdemanagement, Wiesbaden 1999.

RIEGER, B. (Integration des Mikro- und des Makromodells), Die Integration des Mikro- und des Makromodells zu einem Fundamentalmodell, in: Risk & Reward, H. 3, 1998, S. 28-35.

RIEGER, B. (Performance des Makro-Aktienmodells), Die Performance des neuen Makro-Aktienmodells, in: Risk & Reward, H. 1, 1999, S. 45-48.

RIEGER, B. (Ein europäisches Branchenmodell), Ein europäisches Branchenmodell, in: Risk & Reward, H. 3, 1999, S. 33-37.

RIESS, M. (Eignung Neuronaler Netze zur Prognose), Die Eignung Neuronaler Netze zur Prognose in der Ökonomie, in: CORSTEN, H. / MAY, C. (Hrsg.), Neuronale Netze in der Betriebswirtschaft, Anwendung in Prognose, Klassifikation und Optimierung, Wiesbaden 1996, S. 57-99.

RIESS, M. (Vergleich von Vermögensverwaltern), GIPS – Standards für den globalen Vergleich von Vermögensverwaltern, in: FAZ – Frankfurter Allgemeine Zeitung, 14.08.2000, S. 34.

RITTER, J. / CHOPRA, N. (The Turn-of-the-Year-Effect), Portfolio Rebalancing and the Turn-of-the-Year-Effect, in: JoF – Journal of Finance, 1989, S. 149-166.

RÖCKEMANN, C. (Anlageempfehlungen von Börseninformationsdiensten), Anlageempfehlungen von Börseninformationsdiensten und Anlegerverhalten, in: ZfbF – Zeitschrift für betriebswirtschaftliche Forschung, 1994, S. 819-851.

RÖCKEMANN, C. (Börsendienste und Anlegerverhalten), Börsendienste und Anlegerverhalten, Ein empirischer Beitrag zum Noise Trading, Wiesbaden 1995.

RODEWALD, B. (Die Portfolio Selection Theorie), Die Portfolio Selection Theorie als Entscheidungshilfe für die Wertpapierdepotplanung, Frankfurt/M 1974.

RODEWALD, B. (Die Karte als Medium zur Kundenbindung), Karte, Konto, Kunde - Die Karte als Medium zur Kundengewinnung und Kundenbindung im Wettbewerb, in: SÜCHTING, J. / HEITMÜLLER, H. M. (Hrsg.), Handbuch des Bankmarketing, 3. vollständig neu berarb. Aufl., Wiesbaden 1998, S. 147-169.

RODEWALD, B. (Volksbanken und Raiffeisenbanken), Volksbanken und Raiffeisenbanken: für den stärkeren Wettbewerb in Europa gerüstet, in: Kreditwesen – Zeitschrift für das gesamte Kreditwesen, H. 1, 2000, S. 40-41.

ROGALSKI, R. (Day-of-the-Week Returns), New Findings Regarding Day-of-the-Week Returns over Trading and Non-Trading Periods: A Note, in: JoF – Journal of Finance, 1984, S. 1603-1614.

ROGALSKI, R. / TINIC, S. (The January Size Effect), The January Size Effect: Anomalie or Risk Mismeasurement, in: Financial Analysts Journal, 11-12/1986, S. 63-70.

ROGGE, H. J. (Methoden und Modelle der Prognose), Methoden und Modelle der Prognose aus absatzwirtschaftlicher Sicht, Ein Beitrag zur Prognoseforschung im Unternehmensbereich, Berlin 1972.

ROLL, R. (A Critique of the Asset Pricing Theory's Tests), A Critique of the Asset Pricing Theory's Tests, Part I: On Past and Potential Testabililty of the Theory, in: Journal of Financial Economics, 1977, S. 129-176.

ROLL, R. (A Possible Explanation of the Small Firm Effect), A Possible Explanation of the Small Firm Effect, in: JoF – Journal of Finance, 1981, S. 879-888.

ROLL, R. (The Turn-of-the-Year-Effect), Vas ist das? The Turn-of-the-Year-Effect and the Return Premia of Small Firms, in: Journal of Portfolio Management, Winter 1983, S. 18-28.

ROLL, R. (The Small Firm Premium), On Computing Mean Returns and the Small Firm Premium, in: Journal of Financial Economics, 1983, S. 371-386.

ROLL, R. (Volatility in U.S. and Japanese Stock Markets), Volatility in U.S. and Japanese Stock Markets: A Symposium, in: Journal of Applied Corporate Finance, 1992, S. 29-33.

ROLL, R. / ROSS, S. (Empirical Investigation of the Arbitrage Pricing Theory), An Empirical Investigation of the Arbitrage Pricing Theory, in: JoF – Journal of Finance, 1980, S. 1073-1103.

ROMETSCH, S. (Geschäft mit vermögenden Privatkunden I), Die Zukunft des Geschäfts mit dem vermögenden Privatkunden I, in: Die Bank, 1/1999, S. 12-19.

ROMETSCH, S. (Geschäft mit vermögenden Privatkunden II), Die Zukunft des Geschäfts mit dem vermögenden Privatkunden II, in: Die Bank, 2/1999, S. 95-101.

ROMMEL, G., u.a. (Qualität gewinnt), Qualität gewinnt, Mit Hochleistungskultur und Kundennutzen an die Weltspitze, Stuttgart 1995.

RONNING, G. (Das Verhalten von Aktienkursveränderungen), Das Verhalten von Aktienkursveränderungen, Eine Überprüfung von Unabhängigkeits- und Verteilungshypothesen anhand von nichtparametrischen Testverfahren, in: Allgemeines Statistisches Archiv, 1974, S. 272-302.

ROSS, S. (The Arbitrage Theory of Capital Asset Pricing), The Arbitrage Theory of Capital Asset Pricing, in: Journal of Economic Theory, 1976, S. 341-360.

ROßBACH, P. (Performance Messung von Aktienportefeuilles), Methoden und Probleme der Performance Messung von Aktienportefeuilles, Frankfurt/M 1991.

ROTH, M. T. (Quadratur des Anteilseignerkreises), Allianz und Cobra – die Quadratur des Anteilseignerkreises, in: FAZ – Frankfurter Allgemeine Zeitung, 08.07.2000, S. 24.

ROTHAUGE, F. A. / SPIWOKS, M. (US-Währung), Kapriolen der US-Währung, in: Anlage-Perspektiven, 02.06.1995, S. 3.

ROUWENHORST, G. K. (Momentum Strategies), International Momentum Strategies, in: JoF – Journal of Finance, 1998, S. 267-284.

ROZEFF, M. S. / KINNEY, W. R. (Capital Market Seasonality), Capital Market Seasonality: the Case of Stock Returns, in: Journal of Financial Economics, 1976, S. 379-402.

RÜCKLE, D. (Prognosen und Prognoseprüfung), Externe Prognosen und Prognoseprüfung, in: Der Betrieb, 1984, S. 57-69.

RUDA, W. (Ziele privater Kapitalanleger), Ziele privater Kapitalanleger, Wiesbaden 1988.

RUDOLPH, A. (Prognoseverfahren), Prognoseverfahren in der Praxis, Heidelberg 1998.

RUDOLPH, B. (Kapitalmarkttheorie), Kapitalmarkttheorie, in: WITTMANN, W., u.a. (Hrsg.), Handwörterbuch der Betriebswirtschaft, Bd. 2, 5. völlig neu gestaltete Aufl., Stuttgart 1993, Sp. 2113-2125.

RUDOLPH, B. (Wahl zwischen aktivem und passivem Management), Wahl zwischen aktivem und passivem Management, in: Handelsblatt, 12.08.1993, S. 23.

RUDOLPH, B. (Performancemessung im Portfolio-Management), Performancemessung im Portfolio-Management, in: GEBAUER, W. / RUDOLPH, B. (Hrsg.), Erfolgsmessung und Erfolgsanalyse im Portfolio-Management, Schriftenreihe des Instituts für Kapitalmarktforschung an der J. W. Goethe-Universität Frankfurt, Kolloquien-Beiträge, Bd. 36, Frankfurt/M 1994, S. 7-13.

RUDOLPH, B. (Anlageplanung), Theoretische Ansätze und Umsetung der Anlageplanung, in: CRAMER, J. / RUDOLPH, B. (Hrsg.), Handbuch für Anlageberatung und Vermögensverwaltung, Methoden und Instrumente des Portfoliomanagements, Frankfurt/M 1995, S. 25-42.

RULAND, H. / BOHN, S. / SCHNITZER, H. (Strategie), Strategie, in: Deutscher Aktienmarkt, 6/1998, S. 10.

RUPF, W. (Gesamthafter Vermögensberatungsansatz), Anforderungen an einen gesamthaften Vermögensberatungsansatz, in: CRAMER, J. / RUDOLPH, B. (Hrsg.), Handbuch für Anlageberatung und Vermögensverwaltung, Methoden und Instrumente des Portfoliomanagements, Frankfurt/M 1995, S. 291-296.

SACHENBACHER, H.-U. (Lebensdauerkalkulation von Kundenverbindungen), Prospektive Lebensdauerkalkulation von Kundenverbindungen in Kreditinstituten, Ein anwendungsorientiertes, empirisch fundiertes Konzept für das Privatkundengeschäft unter Berücksichtigung der Konsequenzen im Marketing und Controlling, München 1991.

SAL. OPPENHEIM (Geschäftsbericht 1990), Bericht über das 202. Geschäftsjahr, Köln 1991.

SAL. OPPENHEIM (Geschäftsbericht 1991), Bericht über das 203. Geschäftsjahr, Köln 1992.

SAL. OPPENHEIM (Geschäftsbericht 1992), Geschäftsbericht 1992, Köln 1993.

SAL. OPPENHEIM (Geschäftsbericht 1993), Geschäftsbericht 1993, Köln 1994.

SAL. OPPENHEIM (Geschäftsbericht 1994), Geschäftsbericht 1994, Köln 1995.

SAL. OPPENHEIM (Geschäftsbericht 1995), Geschäftsbericht 1995, Köln 1996.

SAL. OPPENHEIM (Geschäftsbericht 1996), Geschäftsbericht 1996, Köln 1997.

SAL. OPPENHEIM (Annual Report 1997), Annual Report 1997, Köln 1998.

SAL. OPPENHEIM (Geschäftsbericht 1998), Geschäftsbericht 1998, Köln 1999.

SAL. OPPENHEIM (Geschäftsbericht 1999), Geschäftsbericht 1999, Köln 2000.

SAL. OPPENHEIM (Asset Management), Asset Management im Überblick, in: Web-Site von Sal. Oppenheim, www.oppenheim.de/fonds/am_ub.phtml vom 18.03.2000, S. 1.

SAL. OPPENHEIM (Private Vermögen), Private Vermögen, Köln, ohne Jahresangabe.

SAMUELSON, W. / ZECKHAUSER, R. (Status Quo Bias in Decision Making), Status Quo Bias in Decision Making, in: Journal of Risk and Uncertainty, 1988, S. 7-59.

SAPUSEK, A. (Informationseffizienz auf Kapitalmärkten), Informationseffizienz auf Kapitalmärkten, Konzepte und empirische Ergebnisse, Wiesbaden 1998.

SATTLER, R. R. (Renditeanomalien), Renditeanomalien am deutschen Aktienmarkt, Augsburg 1994.

SAUER, A. / MURPHY, A. (Models of Capital Asset Pricing), An Empirical Comparison of Alternative Models of Capital Asset Pricing in Germany, in: Journal of Banking and Finance, 1992, S. 183-196.

SAUER, E. (Aktienindexprognosen mit Fehlerkorrekturmodellen), Aktienindexprognosen mit Fehlerkorrekturmodellen und dem ökonomisch relevanten Zins, Frankfurt/M 1996.

SAUER, E. (Kointegration von Renten- und Aktienmarkt), Kointegration von Renten- und Aktienmarkt, in: BOL, G. / NAKHAEIZADEH, G. / VOLLMER, K.-H., Finanzmarktanalyse und –prognose mit innovativen quantitativen Verfahren, Ergebnisse des 5. Karlsruher Ökonometrie-Workshops, Heidelberg 1996, S. 173-205.

SAUERWEIN, E. (Kano-Modell der Kundenzufriedenheit), Das Kano-Modell der Kundenzufriedenheit, Reliabilität und Validität einer Methode zur Klassifizierung von Produkteigenschaften, Wiesbaden 2000.

SCHADE, G. F. (Finanzdienstleister), Finanzdienstleister sollten sich für Fremdprodukte öffnen, in: Handelsblatt, 21.09.2000, S. B16.

SCHADE, G. F. (Bank-Marketing), Bank-Marketing muß sich stärker nach Kundenbedürfnissen richten, in: Börsen-Zeitung, 27.09.2000, S. 23.

SCHÄFER, H. (Beziehungsmanagement durch Dialogmarketing), Beziehungsmanagement durch Dialogmarketing, Bankloyalität aus institutionenökonomischer Sicht, in: KAAS, K. P. (Hrsg.), Kontrakte, Geschäftsbeziehungen, Netzwerke – Marketing und Neue Institutionenökonomik, Zeitschrift für betriebswirtschaftliche Forschung, Sonderheft 35, Düsseldorf/Frankfurt 1995, S. 119-137.

SCHAICH, E. / BRACHINGER, H. W. (Ökonometrie), Studienbuch Ökonometrie, Berlin u.a. 1990.

SCHANZ, G. (Zwei Arten des Empirismus), Zwei Arten des Empirismus, in: ZfbF – Zeitschrift für betriebswirtschaftliche Forschung, 1975, S. 307-331.

SCHANZ, G. (Wissenschaftstheorie und Betriebswirtschaftslehre), Zum gegenwärtigen Verhältnis von Wissenschaftstheorie und Betriebswirtschaftslehre, in: ZfbF – Zeitschrift für betriebswirtschaftliche Forschung, 1977, S. 279-296.

SCHAPERJAHN, F. / WEBER, M. (Vermögensverwaltung), Vermögensverwaltung mit Investmentfonds, in: CRAMER, J. / RUDOLPH, B. (Hrsg.), Handbuch für Anlageberatung und Vermögensverwaltung, Methoden und Instrumente des Portfoliomanagements, Frankfurt/M 1995, S. 734-745.

SCHARNBACHER, K. / KIEFER, G. (Kundenzufriedenheit), Kundenzufriedenheit, Analyse, Meßbarkeit und Zertifizierung, 2. unwesentl. veränderte Aufl., München/Wien 1998.

SCHELD, G. A. / DEMMING, C. (Fundamentale Aktienanalyse), Fundamentale Aktienanalyse, in: WISU – Das Wirtschaftsstudium, 1993, S. 298-306.

SCHEUCH, E. K. (Das Interview in der Sozialforschung), Das Interview in der Sozialforschung, in: KÖNIG, R. (Hrsg.), Handbuch der empirischen Sozialforschung, Bd. 2, Grundlegende Methoden und Techniken, Erster Teil, 3. Aufl., Stuttgart 1973, S. 66-190.

SCHIERECK, D. / WEBER, M. (Zyklische und antizyklische Handelsstrategien), Zyklische und antizyklische Handelsstrategien am deutschen Aktienmarkt, in: ZfbF – Zeitschrift für betriebswirtschaftliche Forschung, 1995, S. 3-24.

SCHIERENBECK, H. (Institutionelle Bankbetriebslehre), Institutionelle Bankbetriebslehre, Eine Einführung in die institutionellen Grundlagen des Geld-, Finanz- und Bankwesens, Stuttgart 1987.

SCHIERENBECK, H. (Controlling), Controlling, in: KLOTEN, N. / STEIN, J. H. VON (Hrsg.), Geld-, Bank- und Börsenwesen, Ein Handbuch, 39. völlig neu bearb. Aufl., Stuttgart 1993, S. 911-939.

SCHIERENBECK, H. / HÖLSCHER, R. (Bank Assurance), Bank Assurance: institutionelle Grundlagen der Bank- und Versicherungslehre, 3. unveränd. Auflage, Stuttgart 1993.

SCHIPS, B. (Empirische Wirtschaftsforschung), Empirische Wirtschaftsforschung, Methoden, Probleme und Praxisbeispiele, Wiesbaden 1990.

SCHLECHTHAUPT, W.-D. / GYGAX, M. (Kundenbindung mit Bonus-Banking), Kundenbindung mit Bonus-Banking, in: BETSCH, O. / HOOVEN, E. VAN / KRUPP, G. (Hrsg.), Handbuch Privatkundengeschäft, Entwicklung, State of the Art, Zukunftsperspektiven, Frankfurt/M 1998, S. 493-503.

SCHLEIS, K. (Aktienkurs-Prognose), Börsengewinne dank besserer Aktienkurs-Prognosen, Niederglatt 1984.

SCHLENGER, C. (Aktives Management von Aktienportfolios), Aktives Management von Aktienportfolios, Information, Entscheidung und Erfolg auf der Basis von Aktienalphas, Bad Soden/Ts. 1998.

SCHLOTE, K. / SCHWARZ, D. / TUSZYNSKI, F. (Fundamental), Fundamental: Ausblick 2. Halbjahr, in: Stock Market Update, 13.07.2000, S. 2-3.

SCHMIDT, REINHARD H. (Grundprobleme der Wertpapieranalyse), Grundprobleme der Wertpapieranalyse und der Anlageplanung, in: Beiträge zur Aktienanalyse, H. 17, 1978, S. 5-23.

SCHMIDT, REINHARD H. (Eine Widerlegung der Effizienzthese?), Eine Widerlegung der Effizienzthese?, in: ZfbF – Zeitschrift für betriebswirtschaftliche Forschung, 1981, S. 36-46.

SCHMIDT, REINHART (Fundamentalanalyse), Fundamentalanalyse, in: GERKE, W. / STEINER, M. (Hrsg.), Handwörterbuch des Bank- und Börsenwesens, 2. überarb. u. erw. Aufl., Stuttgart 1995, Sp. 829-839.

SCHMIDT, ULRICH (Zum Prognoseproblem in der Wirtschaftswissenschaft), Zum Prognoseproblem in der Wirtschaftswissenschaft, Eine Untersuchung auf wissenschaftstheoretischer Grundlage, Dagersheim/Breitenstein 1971.

SCHMIDT-MOHR, U. (Fundamentalanalyse deutscher Kapitalmarktzinsen), Fundamentalanalyse deutscher Kapitalmarktzinsen: Eine Illusion?, in: Risk & Reward, H. IV, 1995, S. 27-30.

SCHMIDT-MOHR, U. (Prognose kurzfristiger Wechselkursdynamik), Ein Modell zur Erklärung und Prognose kurzfristiger Wechselkursdynamik in Zielzonen, in: Risk & Reward, H. 2, 1996, S. 34-38.

SCHMIDT-VON RHEIN, A. / ROTH, H. (Performancemessung), Der Einfluß der Anlegerpräferenzen auf die Performancemessung, in: KuK – Kredit und Kapital, H. 4, 1997, S. 573-604.

SCHMITTLEIN, D. C. / KIM, J. / MORRISON, D. G. (Combining forecasts), Combining forecasts: operational adjustments to theoretically optimal rules, in: Management Science, 1990, S. 1044-1056.

SCHNECK, O. [Hrsg.] (Lexikon der Betriebswirtschaft), Lexikon der Betriebswirtschaft, 3. völlig überarb. u. erw. Aufl., München 1998.

SCHNEIDER, D. (Investition, Finanzierung und Besteuerung), Investition, Finanzierung und Besteuerung, 6. vollst. neu bearb. Aufl., Wiesbaden 1991.

SCHNEIDER, E. (Propheten des Unprophezeibaren?), Propheten des Unprophezeibaren?, in: Kreditwesen – Zeitschrift für das gesamte Kreditwesen, H. 17, 1952, S. 442-443.

SCHNELL, R. / HILL, P. B. / ESSER, E. (Methoden der empirischen Sozialforschung), Methoden der empirischen Sozialforschung, 6. völlig überarb. u. erw. Aufl., München/Wien 1999.

SCHNITTKE, J. (Überrenditeeffekte am deutschen Aktienmarkt), Überrenditeeffekte am deutschen Aktienmarkt, Eine theoretische und empirische Analyse, Köln 1989.

SCHNORBUS, A. (Privatbankier heute), Privatbankier heute, in: FAZ – Frankfurter Allgemeine Zeitung, 24.01.1998, S. 15.

SCHOBER, J. (Zinsprognose mit Hilfe eines ökonometrischen Modells), Zinsprognose mit Hilfe eines ökonometrischen Modells, in: REHM, H., Methoden und Instrumente der Zins- und Wechselkursprognose, Berichte und Analysen des Verbandes öffentlicher Banken, Bd. 9, Bonn 1988, S. 24-36.

SCHOLZ, G. (Prognosen und Empfehlungen alles Rohrkrepierer), Prognosen und Empfehlungen alles Rohrkrepierer, in: Handelsblatt, 28./29.08.1998, S. 44.

SCHÖPF, A. (Das Prognoseproblem), Das Prognoseproblem in der Nationalökonomie, Berlin 1966.

SCHREDELSEKER, K. (Informationsnutzen am Aktienmarkt), Anlagestrategie und Informationsnutzen am Aktienmarkt, in: ZfbF – Zeitschrift für betriebswirtschaftliche Forschung, 1984, S. 44-59.

SCHRÖDER, D. (Empirischer Vergleich), Ein empirischer Vergleich von 2 Verfahren zur Prognose der Kosten und Erlösgrößen eines Dienstleistungsunternehmens, Münster 1997.

SCHRÖDER, M. (Prognose von Rentenmarkt-Renditen), Prognose von Rentenmarkt-Renditen aus makroökonomischer Sicht, in: Risk & Reward – Methodik, Frankfurt/M 1994, S. 46-50.

SCHROEDER-WILDBERG, U. (Entscheidungsverhalten), Entscheidungs- und Lernverhalten an Wertpapiermärkten, Psychologische Aspekte von Börsenentscheidungen, Wiesbaden 1998.

SCHROTH, M. (Informationsinstrumente im Privatkundengeschäft), Informationsinstrumente im Privatkundengeschäft, in: Die Bank, H. 10, 1997, S. 586-592.

SCHULTE, J. (Rechnungslegung und Aktienkursentwicklung), Rechnungslegung und Aktienkursentwicklung, Erklärung und Prognose von Aktienrenditen durch Einzel- und Konzernabschlußdaten, Bochumer Beiträge zur Unternehmensführung und Unternehmensforschung, Bd. 49, Wiesbaden 1996.

SCHULTZ, P. (Small Firm Effect), Transaction Costs and Small Firm Effect – A Comment, in: Journal of Financial Economics, 1983, S. 81-88.

SCHULTZ, P. (Personal Income Taxes and the January Effect), Personal Income Taxes and the January Effect: Small Firm Stock Returns Before the War Revenue Act of 1917, in: JoF – Journal of Finance, 1985, S. 333-343.

SCHULTZE-KIMMLE, H.-D. (Marktplatz des Wissens), Auf dem Marktplatz des Wissens in das 21. Jahrhundert – Kundenbeziehungsmanagement für die Bank der Zukunft, in: BERNET, B. / HELD, P. P., Relationship Banking, Kundenbeziehungen profitabler gestalten, Wiesbaden 1998, S. 227-256.

SCHUSTER, L. (Theorie und Politik der Banken im Wandel), Theorie und Politik der Banken im Wandel, München 1996

SCHÜTZ, A. (Privatbanken), Privatbanken – der andere Stand, in: Kreditwesen – Zeitschrift für das gesamte Kreditwesen, H. 23, 1998, S. 1287.

SCHWAIGER, A. (Vermögensverwaltung), Vermögensverwaltung inkl. Vermögensverwaltungsgesellschaft, in: GERKE, W. / STEINER, M. (Hrsg.), Handwörterbuch des Bank- und Finanzwesens, 2. überarb. u. erw. Aufl., Stuttgart 1995, Sp. 1891-1899.

SCHWARTZKOPFF, E. (Zyklische Analyse der Zinsentwicklung), Zyklische Analyse der Zinsentwicklung, in: REHM, H., Methoden und Instrumente der Zins- und Wechselkursprognose, Berichte und Analysen des Verbandes öffentlicher Banken, Bd. 9, Bonn 1988, S. 47-56.

SCHWARZ, N. (In welcher Reihenfolge fragen?), In welcher Reihenfolge fragen?, Kontexteffekte in standardisierten Befragungen, ZUMA-Arbeitsbericht, Nr. 91/16, Mannheim 1991.

SCHWARZ, N. / BOHNER, G. (Denken und Entscheiden), Stimmungseinflüsse auf Denken und Entscheiden, in: MAAS, P. / WEIBLER, J. (Hrsg.), Börse und Psychologie, Köln 1990, S. 162-189.

SCHWARZ, P. / QUANDT, K. (Verengter Blickwinkel), Verengter Blickwinkel, in: Handelsblatt Investor, 10./11.11.2000, S. 10.

SCHWARZE, J. (Probleme der Fehlermessung), Probleme der Fehlermessung bei quantitativen ökonomischen Prognosen, in: Zeitschrift für die gesamte Staatswissenschaft, Bd. 129, H. 3, 1973, S. 535-558.

SCHWARZE, J. (Ex-post-Beurteilung von Prognosen), Statistische Kenngrößen zur Ex-post-Beurteilung von Prognosen, in: SCHWARZE, J. (Hrsg.), Angewandte Prognoseverfahren, Herne/Berlin 1980, S. 317-344.

SCHWERT, G. W. (Size and Stock Returns), Size and Stock Returns and Other Empirical Regularities, in: Journal of Financial Economics, 1983, S. 3-12.

SCHWERT, G. W. / SEGUIN, P. J. (Heteroskedasticity in Stock Returns), Heteroskedasticity in Stock Returns, in: JoF – Journal of Finance, 1990, S. 1129-1155.

SEEGER, C. (Masse und Klasse), Masse und Klasse, in: Manager Magazin, 8/1999, S. 158-166.

SEITZ, J. (Bankwahl und Bankloyalität), Die Determinanten der Bankwahl und der Bankloyalität, Münster 1976.

SELLERBERG, G. (Vermögensverwaltung in Zürich), Anlageberatung und Vermögensverwaltung in Zürich, in: CRAMER, J. / RUDOLPH, B. (Hrsg.), Handbuch für Anlageberatung und Vermögensverwaltung, Methoden und Instrumente des Portfoliomanagements, Frankfurt/M 1995, S. 774-782.

SENCHACK, A. J. / MARTIN, J. D. (PER Investment Strategies), The Relative Performance of the PSR and PER Investment Strategies, in: Financial Analysts Journal, 3-4/1987, S. 46-56.

SEVERIN, P. A. (Performance von österreichischen Aktienfonds), Performance von österreichischen Aktienfonds, in: UHLIR, H. (Hrsg.), Beiträge zu Kapitalmarktfragen, Tagungsband des 3. Workshops Austrian Working Group on Banking and Finance, Wien 1994, S. 1-21.

SEYFRIED, M. (Kundenwertmanagement), Lebensphasenmodell – Kundenwertmanagement in erster Näherung, in: BETSCH, O. / HOOVEN, E. VAN / KRUPP, G. (Hrsg.), Handbuch Privatkundengeschäft, Entwicklung, State of the Art, Zukunftsperspektiven, Frankfurt/M 1998, S. 351-367.

SHANKEN, J. (The Arbitrage Pricing Theory), The Arbitrage Pricing Theory: is it Testable?, in: JoF - Journal of Finance, 1982, S. 1129-1140.

SHANKEN, J. (Multivariate Tests of the Zero-Beta CAPM), Multivariate Tests of the Zero-Beta CAPM, in: Journal of Financial Economics, 1985, S. 327-348.

SHANKEN, J. (Multi-Beta CAPM or Equilibrium APT?) Multi-Beta CAPM or Equilibrium APT?, A Reply, in: JoF – Journal of Finance, 1985, S. 1189-1196.

SHANKEN, J. (The Current State of the Arbitrage Pricing Theory), The Current State of the Arbitrage Pricing Theory, in: JoF – Journal of Finance, 1992, S. 1569-1574.

SHARPE, W. F. (Mutual Fund Performance), Mutual Fund Performance, in: Journal of Business, 1966, S. 119-137.

SHARPE, W. F. (Factors Models, CAPMs, and the APT), Factors Models, CAPMs, and the APT, in: Journal of Portfolio Management, 1984, S. 21-25.

SHARPE, W. F. / ALEXANDER, G. J. / BAILEY, J. V. (Investments), Investments, 5. Aufl., Englewood Cliffs 1995.

SHEFRIN, H. / STATMAN, M. (The Disposition to Sell Winners Too Early), The Disposition to Sell Winners Too Early and Ride Losers Too long, in: JoF – Journal of Finance, 1985, S. 777-790.

SHERIF, M. / HOVLAND, C. (Social Judgements), Social Judgements, Assimilation and Contrast Effects in Communication and Attitude Change, New Haven 1961.

SHILLER, R. J. (Theories of Aggregate Stock Price Movements), Theories of Aggregate Stock Price Movements, in: Journal of Portfolio Management, 1984, S. 28-37.

SHILLER, R. J. (Fashions, Fads, and Bubbles in Financial Markets), Fashions, Fads, and Bubbles in Financial Markets, in: COFFEE, J. C. / LOWENSTEIN, L. / ROSE-ACKERMAN, S., (Hrsg.), Knights, Raiders and Targets, New York u.a. 1988, S. 56-68.

SHILLER, R. J. (Market Volatility), Market Volatility, Cambridge/London 1989.

SHILLER, R. J. (Speculative Prices and Popular Models), Speculative Prices and Popular Models, in: Journal of Economic Perspectives, 2/1990, S. 55-65.

SHILLER, R. J. / POUND, J. (Diffusion of Interest and Information), Survey Evidence on Diffusion of Interest and Information among Investors, in: Journal of Economic Behavior and Organization, 1989, S. 47-66.

SHLEIFER, A. / SUMMERS, L. H. (The Noise Trader Approach to Finance), The Noise Trader Approach to Finance, in: Journal of Economic Perspectives, Spring 1990, S. 19-33.

SIAS, R. W. / STARKS, L. T. (Institutions and Individuals at the Turn-of-the-Year), Institutions and Individuals at the Turn-of-the-Year, in: JoF – Journal of Finance, 1997, S. 1543-1562.

SIEBERT, H. (Außenwirtschaft), Außenwirtschaft, 4. völlig neubearb. u. wesentlich erw. Aufl., Stuttgart 1989.

SIEGRIST, M. (Auch Bankkunden punkten), Auch Bankkunden punkten, Bonusprogramme sollen Loyalität der Klienten sichern, in: Finanz und Wirtschaft, 13.03.1999, S. 17.

SIEKMANN, S. (Fusion von Expertenwissen), Fusion von Expertenwissen und Daten mit Neuro-Fuzzy-Methoden zur Prognose von Finanzzeitreihen, München 1999.

SIMON, H. A. (Models of Man), Models of Man, New York 1957.

SIMON, H. / HOMBURG, C. (Kundenzufriedenheit als strategischer Erfolgsfaktor), Kundenzufriedenheit als strategischer Erfolgsfaktor – Einführende Überlegungen, in: SIMON, H. / HOMBURG, C. (Hrsg.), Kundenzufriedenheit, Konzepte – Methoden – Erfahrungen, 2. akt. u. erw. Aufl., Wiesbaden 1997, S. 17-29.

SIMON, H. / HOMBURG, C. (Kundenzufriedenheit), Kundenzufriedenheit als strategischer Erfolgsfaktor – Einführende Überlegungen, in: SIMON, H. / HOMBURG, C. (Hrsg.), Kundenzufriedenheit, Konzepte – Methoden – Erfahrungen, 3. akt. u. erw. Aufl., Wiesbaden 1998, S. 17-31.

SIMON, H. / TACKE, G. / WOSCIDLO, B. / LAKER, M. (Kundenbindung durch Preispolitik), Kundenbindung durch Preispolitik, in: BRUHN, M. / HOMBURG, C. (Hrsg.), Handbuch Kundenbindungsmanagement, Grundlagen – Konzepte – Erfahrungen, 2. akt. u. erw. Aufl., Wiesbaden 1999, S. 237-253.

SINGER, H. (Finanzmarktökonometrie), Finanzmarktökonometrie, Zeitstetige Systeme und ihre Anwendung in Ökonometrie und empirischer Kapitalmarktforschung, Berlin u.a. 1999.

SINGH, J. (Consumer Complaint Intentions), Consumer Complaint Intentions and Behavior, Definitional and Taxonomical Issues, in: Journal of Marketing, H. 1, 1988, S. 93-107.

SLOVIC, P. (Choice Between Equally Valued Alternatives), Choice Between Equally Valued Alternatives, in: Journal of Experimental Psychology, 1975, S. 280-287.

SMH (Geschäftsbericht 1991), Geschäftsbericht 1991, Hamburg 1992.
SMH (Geschäftsbericht 1993), Geschäftsbericht 1993, Hamburg 1994.
SMH (Geschäftsbericht 1994), Geschäftsbericht 1994, Hamburg 1995.
SMH (Geschäftsbericht 1995), Geschäftsbericht 1995, Hamburg 1996.
SMH (Geschäftsbericht 1996), Geschäftsbericht 1996, Hamburg 1997.
SMH (Geschäftsbericht 1997), Geschäftsbericht 1997, Hamburg 1998.
SMH (Geschäftsbericht 1998), Geschäftsbericht 1998, Hamburg 1999.
SMH (Geschäftsbericht 1999), Geschäftsbericht 1999, Hamburg 2000.

SMITH, R. / HOUSTON, M. (Evaluations of Satisfaction), Script-Based Evaluations of Satisfaction with Services, in: BERRY, L. / SHOSTACK, L. / UPAH, G. (Hrsg.), Emerging Perspectives on Services Marketing, Chicago 1983, S. 59-62.

SMITH, V. L. / SUCHANEK, G. L. / WILLIAMS, A. W. (Bubbles, Crashes, and Endogenous Expectations), Bubbles, Crashes, and Endogenous Expectations in Experimental Spot Asset Markets, in: Econometrica, 1988, S. 1119-1151.

SORENSEN, E. H. / MILLER, K. L. / SAMAK, V. (Active and Passive Management), Allocating between Active and Passive Management, in: Financial Analysts Journal, H. 9-10, 1998, S. 18-31.

SÖRRIES, B. (Konzepte zur Performancemessung), Konzepte zur Performancemessung, in: Die Bank, H. 11, 1992, S. 652-655.

SPAHN, H.-P. (Zinsparität), Zinsparität und Geldpolitik, Der Euro im Sog der Dollar-Zinsen, Diskussionsbeiträge aus dem Institut für Volkswirtschaftslehre der Universität Hohenheim, Nr. 187/2000, Stuttgart 2000.

SPANN, O. (Die Haupttheorien der Volkswirtschaftslehre), Die Haupttheorien der Volkswirtschaftslehre auf lehrgeschichtlicher Grundlage, Mit einem Anhang: Wie studiert man Volkswirtschaftslehre?, 21. Aufl., Leipzig 1931.

SPILKER, M. (Kundenbindung), Kundenbindung durch Dienstleistung, in: FAZ – Frankfurter Allgemeine Zeitung, 06.10.1999, S. B8.

SPIWOKS, M. (Kapitalmarktzinsentwicklung), Bestimmungsgründe der Kapitalmarktzinsentwicklung in der Bundesrepublik Deutschland von 1973 bis 1989, Eine theoretische und empirische Untersuchung, Schriften zur monetären Ökonomie, Bd. 35, Baden-Baden 1993.

SPIWOKS, M. (Bondmärkte), Aufatmen der Bondmärkte, in: Anlage–Perspektiven, 21.10.1994, S. 3.

SPIWOKS, M. (Kapitalmärkte im Wechselbad), Kapitalmärkte im Wechselbad, in: Anlage-Perspektiven, 04.11.1994, S. 3.

SPIWOKS, M. (Intermediationstheorie der Vermögensverwaltung), Intermediationstheorie der Vermögensverwaltung, Verstärkte Kundenbindung durch Berücksichtigung individueller Transaktionskosten, Sofia-Diskussionsbeiträge zur Institutionenanalyse, Nr. 98-4, 2. überarb. Aufl., Darmstadt 1998.

SPIWOKS, M. (Aktives versus passives Portfoliomanagement), Aktives versus passives Portfoliomanagement, Prognosekompetenz als wichtigste Determinante des Auswahlprozesses, Sofia-Diskussionsbeiträge zur Institutionenanalyse, Nr. 01-2, Darmstadt 2001.

SPREMANN, K. (Performancemessung), Performancemessung und langfristige Asset Allocation, in: GEBAUER, W. / RUDOLPH, B. (Hrsg.), Erfolgsmessung und Erfolgsanalyse im Portfolio-Management, Schriftenreihe des Instituts für Kapitalmarktforschung an der J. W. Goethe-Universität Frankfurt, Kolloquien-Beiträge, Bd. 36, Frankfurt/M 1994, S. 89-100.

STAHL, H. K. (Kundenloyalität kritisch betrachtet), Kundenloyalität kritisch betrachtet, in: HINTERHUBER, H. H. / MATZLER, K. (Hrsg.), Kundenorientierte Unternehmensführung, Kundenorientierung - Kundenzufriedenheit – Kundenbindung, Wiesbaden 1999, S. 41-59.

STAHLHUT, B. (Performance von Aktienportfolios), Messung und Analyse der Performance von Aktienportfolios, Theoretische Grundlagen ausgewählter Konzepte und deren praktische Bedeutung, Frankfurt/M 1997.

STAPPEL, M. / HENNINGSEN, E. (Die deutschen Genossenschaften), Die deutschen Genossenschaften, Präsentation, Frankfurt/M 1998.

STAUBLI, M. / PALIT, O. (Schweizer Pensionskassen), Gründe für Schweizer Pensionskassen in deutsche Anlagen zu investieren, in: CRAMER, J. / RUDOLPH, B. (Hrsg.), Handbuch für Anlageberatung und Vermögensverwaltung, Methoden und Instrumente des Portfoliomanagements, Frankfurt/M 1995, S. 83-99.

STAUSS, B. (Critical Incident Technique), Der Einsatz der „Critical Incident Technique" im Dienstleistungsmarketing, in: TOMCZAK, T. / BELZ, C. (Hrsg.), Kundennähe realisieren, St. Gallen 1994, S. 233-250.

STAUSS, B. (Kundenbindung durch Beschwerdemanagement), Kundenbindung durch Beschwerdemanagement, in: BRUHN, M. / HOMBURG, C. (Hrsg.), Handbuch Kundenbindungsmanagement, Grundlagen – Konzepte – Erfahrungen, 2. akt. u. erw. Aufl., Wiesbaden 1999, S. 213-235.

STAUSS, B. (Beschwerdemanagement), Beschwerdemanagement als Instrument der Kundenbindung, in: HINTERHUBER, H. H. / MATZLER, K. (Hrsg.), Kundenorientierte Unternehmensführung, Kundenorientierung - Kundenzufriedenheit – Kundenbindung, Wiesbaden 1999, S. 219-238.

STAUSS, B. / NEUHAUS, P. (Das Qualitative Zufriedenheitsmodell), Das Qualitative Zufriedenheitsmodell (QZM), in: HINTERHUBER, H. H. / MATZLER, K. (Hrsg.), Kundenorientierte Unternehmensführung, Kundenorientierung - Kundenzufriedenheit – Kundenbindung, Wiesbaden 1999, S. 25-39.

STEGE, C. (Zur Beurteilung der Prognosetätigkeit), Zur Beurteilung der Prognosetätigkeit der „führenden wirtschaftswissenschaftlichen Forschungsinstitute" in der Bundesrepublik Deutschland, Ist Politik via Prognosen möglich?, Eine empirische Analyse, Hamburg 1989.

STEHLE, R. (The Size Effect in German Stock Market), The Size Effect in German Stock Market, Working Paper der Universität Augsburg, Augsburg 1991.

STEHLE, R. (Der Size-Effekt am deutschen Aktienmarkt), Der Size-Effekt am deutschen Aktienmarkt, in: Zeitschrift für Bankrecht und Bankwirtschaft, 1997, S. 237-260.

STEIN, J. H. VON / KERSTIEN, H. / GÄRTNER, U. (Bankunternehmenspolitik), Bankunternehmenspolitik, in: KLOTEN, N. / STEIN, J. H. VON (Hrsg.), Geld-, Bank- und Börsenwesen, Ein Handbuch, 39. völlig neu bearb. Aufl., Stuttgart 1993; S. 761-781.

STEINER, M. / BRUNS, C. (Wertpapiermanagement), Wertpapiermanagement, 2. Aufl., Stuttgart 1994.

STEINER, M. / BRUNS, C. (Wertpapiermanagement), Wertpapiermanagement, 7. Aufl., Stuttgart 2000.

STEINER, M. / TEBROKE, H.-J. (Entwicklung von Anlagestrategien), Entwicklung von Anlagestrategien, in: CRAMER, J. / RUDOLPH, B. (Hrsg.), Handbuch für Anlageberatung und Vermögensverwaltung, Methoden und Instrumente des Portfoliomanagements, Frankfurt/M 1995, S. 306-324.

STEINER, M. / WITTKEMPER, H.-G. (Aktienrendite-Schätzungen), Aktienrendite-Schätzungen mit Hilfe künstlicher neuronaler Netze, in: Finanzmarkt und Portfolio Management, 1993, 443-458.

STEINER, M. / WITTROCK, C. (Timing-Aktivitäten von Aktieninvestmentfonds), Timing-Aktivitäten von Aktieninvestmentfonds und ihre Identifikation im Rahmen der externen Performance-Messung, Eine theoretische und empirische Untersuchung der Leistungen von Investmentfonds, in: ZfB – Zeitschrift für Betriebswirtschaft, 1994, S. 593-618.

STEINER, M. / WITTROCK, C. (Performance-Messung von Wertpapierportfolios), Performance-Messung von Wertpapierportfolios, in: GERKE, W. / STEINER, M. (Hrsg.), Handwörterbuch des Bank- und Finanzwesens, 2. überarb. u. erw. Aufl., Stuttgart 1995, Sp. 1514-1526.

STEMANN, H. J. (Formalanlageplanung), Formalanlageplanung am deutschen Aktienmarkt, Wiesbaden 1978.

STEPHAN, U. (Informationseffizienz von Aktienindexoptionen), Informationseffizienz von Aktienindexoptionen, Wiesbaden 1998.

STEURER, E. (Maschinelle Lernverfahren zur Wechselkursprognose), Ökonometrische Methoden und maschinelle Lernverfahren zur Wechselkursprognose, Theoretische Analyse und empirischer Vergleich, Heidelberg 1997.

STEWART, T. R. / LUSK, C. M. (Judgmental Forecasting Skill): Seven Components of Judgmental Forecasting Skill: Implications for Research and the Improvement of Forecasts, in: Journal of Forecasting, Vol. 13, No. 7, 1994, S. 579-599.

STICKEL, S. E. (The Effect of Value Line Investment Survey), The Effect of Value Line Investment Survey Rank Changes on Common Stock Prices, in: Journal of Financial Economics, 1985, S. 121-143.

STIGLITZ, J. E. (Symposium on Bubbles), Symposium on Bubbles, in: Journal of Economic Perspectives, Spring 1990, S. 13-18.

STOCK, D. (Winner and Loser Anomalies), Winner and Loser Anomalies in the German Stock Market, in: Journal of Institutional and Theoretical Economics, 1990, S. 518-529.

STOLL, H. / WHALEY, R. (Transaction Costs and Small Firm Effect), Transaction Costs and Small Firm Effect, in: Journal of Financial Economics, 1983, S. 57-79.

STOLZKE, U. A. (Neuronale Netze zur Prognose von Warenterminpreisen), Neuronale Netze zur Prognose von Warenterminpreisen, Frankfurt/M u.a. 2000.

STORBACKA, K. / STRANDVIK, T. / GRÖNROOS, C. (Gewinn durch Relationship Management), Gewinn durch Relationship Management, in: PAYNE, A. / RAPP, R. (Hrsg.), Handbuch Relationship Marketing, Konzeption und erfolgreiche Umsetzung, München 1999, S. 69-89.

STÖTTNER, R. (P&F-Filteranalyse), P&F-Filteranalyse, Averaging-Strategie und Buy& Hold-Anlageregel, in: Jahrbücher für Nationalökonomie und Statistik, 1990, Bd. 207, S. 374-390.

STÖTTNER, R. (Preisblasen), Preisblasen, Zur Typologie von Preisbildungsphasen und deren anlagestrategische Nutzung, Tübinger Diskussionsbeitrag, Nr. 23, Tübingen 1992.

STÖTTNER, R. (Markttechnische „Trading Rules"), Markttechnische „Trading Rules" kontra Buy&Hold-Strategien, in: Jahrbücher für Nationalökonomie und Statistik, 1992, Bd. 209, S. 266-282.

STÖTTNER, R. (Finanzmarktanalyse), Finanzmarktanalyse, internationaler Handel und Politikkoordination, in: Jahrbücher für Nationalökonomie und Statistik, Bd. 213, H. 3, 1994, S. 361-375.

STÖTTNER, R. (Preisbildung und Preisdynamik auf unvollkommenen Finanzmärkten), Preisbildung und Preisdynamik auf unvollkommenen Finanzmärkten, in: OTT, A. E. (Hrsg.), Probleme der unvollkommenen Konkurrenz, Tübinger volkswirtschaftliche Schriften, Bd. 7, Tübingen/Basel 1994.

STÖTTNER, R. („Trading Rules" contra „Buy&Hold"),„Trading Rules" contra „Buy&Hold": Überzeugt der Vergleich?, Replik, in: Jahrbücher für Nationalökonomie und Statistik, 1995, Bd. 214, S. 358-373.

STÖTTNER, R. (Investitions- und Finanzierungslehre), Investitions- und Finanzierungslehre, Eine praxisorientierte Einführung mit Fallbeispielen, Frankfurt/New York 1998.

STREICHERT, O. (Herstellung und Verbesserung der Kundenbindung), Maßnahmen zur Herstellung und Verbesserung der Kundenbindung, Dargestellt am Beispiel des EDV-Marktes, München 1995.

STREIT, M. E. (Information Processing), Information Processing in Future Markets, An Essay on Adequate Abstraction, in: Jahrbücher für Nationalökonomie und Statistik, 1984, Bd. 199, S. 385-400.

STRICH, M. / HOSSFELD, P. (Wissenschaft), Wissenschaft im Zitat, 2. unveränderte Aufl., Leipzig 1987.

STROBEL, K. (Telefonumfrage), Die Anwendbarkeit der Telefonumfrage in der Marktforschung, Eine Analyse unter besonderer Berücksichtigung des Kommunikations- und des Repräsentanzproblems, Frankfurt/M u.a. 1983.

SÜCHTING, J. (Bankloyalität), Die Bankloyalität als Grundlage zum Verständnis der Absatzbeziehungen von Kreditinstituten, in: KuK - Kredit und Kapital, H. 5, 1972, S. 269-300.

SÜCHTING, J. (Theorie der Bankloyalität), Die Theorie der Bankloyalität – (*immer noch*) eine Basis zum Verständnis der Absatzbeziehungen von Kreditinstituten?, in: SÜCHTING, J. / HEITMÜLLER, H. M. (Hrsg.), Handbuch des Bankmarketing, 3. vollständig neu bearb. Aufl., Wiesbaden 1998, S. 2-25.

SÜCHTING, J. (Bankmanagement), Bankmanagement, 3. vollst. überarb. Aufl., Stuttgart 1992.

SÜCHTING, J. (Relationship Banking), Strategische Positionierung von privaten Banken: Relationship-Banking als Marketingansatz, in: Kreditwesen – Zeitschrift für das gesamte Kreditwesen, H. 6, 1996, S. 263-267.

SUTHERLAND, A. (Intrinsic Bubbles and Mean-Reverting Fundamentals), Intrinsic Bubbles and Mean-Reverting Fundamentals, Journal of Monetary Economics, 1996, S. 163-173.

SWOBODA, U. (Privatkundengeschäft), Privatkundengeschäft der Kreditinstitute, Frankfurt/M 1996.

SZ (Fast jeder zweite Experten-Tip für 1998 lag daneben), Fast jeder zweite Experten-Tip für 1998 lag daneben, in: SZ – Süddeutsche Zeitung, 05./06.01.1999, S. 28.

SZ (Fondsverwalter Adig geht an Commerzbank), Fondsverwalter Adig geht an Commerzbank, in: SZ – Süddeutsche Zeitung, 23.02.1999, S. 25.

SZ (Stars enttäuschen Anleger), Stars enttäuschen Anleger, in: SZ – Süddeutsche Zeitung, 11.03.1999, S. 31.

SZ (Oppenheim will unabhängig sein), Oppenheim will unabhängig sein, in: SZ – Süddeutsche Zeitung, 21.04.1999, S. 30.

SZALLIES, R. (Vagabundierendes Finanzverhalten), Vagabundierendes Finanzverhalten – die wachsende Herausforderung für das Marketing im Privatkundengeschäft, in: BETSCH, O. / HOOVEN, E. VAN / KRUPP, G. (Hrsg.), Handbuch Privatkundengeschäft, Frankfurt/M 1998, S. 275-286.

SZCZESNY, A. / DORNAU, R. / ANDERS, U. (German Market Indicator), G-Mind, German Market Indicator, Analyse des Stimmungsindikators und seiner Subkomponenten, ZEW-Dokumentation, Nr. 97-04, Mannheim 1997.

TAIBER, W. (Index-Zertifikate), Index-Zertifikate – die alternative Anlageform, in: Börsen-Zeitung, 05.09.1998, S. B4.

TEICHERT, W. / ULRICH, S. (Börsendienste im Test), Börsendienste im Test, Kommissar Zufall ermittelt, in: Manager Magazin, 2/1992, S. 92-104.

TEICHERT, W. / WILHELM, W. (Börsendienste im Test), Börsendienste im Test, Heiße Luft, kalte Füße, in: Manager Magazin, 2/1991, S. 68-93.

TERLAU, W. (Strukturelle Sensitivitätsanalyse), Strukturelle Sensitivitätsanalyse dynamischer ökonometrischer Modelle, Dargestellt am Beispiel der westdeutschen Textilwirtschaft, Berlin 1992.

THALER, R. H. (The January Effect), Anomalies: The January Effect, in: Journal of Economic Perspectives, Summer 1987, S. 197-201.

THALER, R. H. (Weekend, Holiday, Turn of the Month, and Intraday Effects), Anomalies: Seasonal Movement in Security Prices II: Weekend, Holiday, Turn of the Month, and Intraday Effects, in: Journal of Economic Perspectives, Fall 1987, S. 169-177.

THALER, R. H. / JOHNSON, E. J. (Gambling with the House Money and Trying to Break Even), Gambling with the House Money and Trying to Break Even, The Effects of Prior Outcomes on Risky Choice, in: Management Science, 1990, S. 643-660.

THEIL, H. (Who forecasts best?), "Who forecasts best?", International Economic Papers, No. 5., 1955.

THEIL, H. (Economic Forecasting), Applied Economic Forecasting, Amsterdam 1966.

THEIL, H. (Econometrics), Principles of Econometrics, New York 1971.

THEIL, H. / BOOT, J. C. G. / KLOEK, T. (Prognosen und Entscheidungen), Prognosen und Entscheidungen, Opladen 1971.

THIELE, J. (Kombination von Prognosen), Kombination von Prognosen, Heidelberg 1993.

THIEMANN, B. (Kundenorientierung), Kundenorientierung: Anforderungen an das Bankmanagement, in: HÖRTER, S. / WAGNER, A. (Hrsg.), Visionen im Bankmanagement, Festschrift für Professor Leo Schuster, München 1997, S. 261-270.

THIEMANN, W. (Entwicklungen im Wertpapiergeschäft der WGZ-Bank), Entwicklungen im Wertpapiergeschäft der WGZ-Bank, in: Kreditwesen – Zeitschrift für das gesamte Kreditwesen, H. 22, 1993, S. 1030-1032.

THIESING, F. M. (Analyse und Prognose von Zeitreihen), Analyse und Prognose von Zeitreihen mit Neuronalen Netzen, Osnabrück 1998.

THOMA, B. (Neuronale Netze und Finanzmärkte), Vorausbestimmung, neuronale Netze, Chaos und die Finanzmärkte, in: Invest, Magazin der Finanz und Wirtschaft, H. 12, 1996, S. 101-102.

THOMA, B. (Chaostheorie), Chaostheorie, Wirtschaft und Börse, 2. Aufl., München/Wien 1997.

THOMPSON, P. A. (Comparing Forecast Accuracy), An MSE statistic for comparing accuracy across series, in: International Journal of Forecasting, Bd. 6, 1990, S. 219-227.

THROOP, A. W. (Interest Rate Forecasts), Interest Rate Forecasts and Market Efficiency, in: Economic Review of the Federal Reserve Bank of San Francisco, H. 1, 1981, S. 29-43.

TICHY, G. (Prognose), Prognose, in: ALBERS, W. u.a. (Hrsg.), Handwörterbuch der Wirtschaftwissenschaften (HdWW), Stuttgart 1981, S. 334-341.

TICHY, G. (Konjunktur), Konjunktur, Stilisierte Fakten, Theorie, Prognose, 2. völlig neu bearb. Aufl., Berlin/Heidelberg 1994.

TIETZEL, M. (Prognoselogik), Prognoselogik, Warum Prognostiker irren dürfen, Diskussionsbeiträge des Fachbereiches Wirtschaftswissenschaft der Universität Duisburg, Nr. 118, Duisburg 1989.

TINIC, S. / BARONE-ADESI, G. (Stock Return Seasonality), Stock Return Seasonality and the Tests of Asset Pricing Models: Canadian Evidence, in: DIMSON, E. (Hrsg.), Stock Market Anomalies, Cambridge 1988, S. 129-146.

TINIC, S. / WEST, R. (January vs. the Rest of the Year), Risk and Return - January vs. the Rest of the Year, in: Journal of Financial Economics, 1984, S. 561-574.

TIPPL, T. (Strategische Geschäftsfeldanalyse), Strategische Geschäftsfeldanalyse für den österreichischen Vermögensverwaltungsmarkt, Wien 1991.

TIROLE, J. (Asset Bubbles and Overlapping Generations), Asset Bubbles and Overlapping Generations, in: Econometrica, 1985, S. 1499-1528.

TOBLER, J. (Prognoserisiko), Wie sich das Prognoserisiko minimieren läßt, in: Finanz und Wirtschaft, 13.05.1998, S. 4.

TOMCZAK, T. (Management von Kundenbeziehungen), Relationship-Marketing – Grundzüge eines Modells zum Management von Kundenbeziehungen, in: TOMCZAK, T. / BELZ, C. (Hrsg.), Kundennähe realisieren, Ideen – Konzepte – Methoden – Erfahrungen, St. Gallen 1994, S. 193-215.

TOMCZAK, T. / DITTRICH, S. (Kundenpotentiale langfristig nutzen), Kundenbindung – bestehende Kundenpotentiale langfristig nutzen, in: HINTERHUBER, H. H. / MATZLER, K. (Hrsg.), Kundenorientierte Unternehmensführung, Kundenorientierung - Kundenzufriedenheit – Kundenbindung, Wiesbaden 1999, S. 61-83.

TOMCZAK, T. / DITTRICH, S. (Kundenclubs), Kundenclubs als Kundenbindungsinstrument, in: BRUHN, M. / HOMBURG, C. (Hrsg.), Handbuch Kundenbindungsmanagement, Grundlagen – Konzepte – Erfahrungen, 2. akt. u. erw. Aufl., Wiesbaden 1999, S. 171-187.

TRENKLER, G. / LISKI, E. P. (The efficiency of combined forecasts), Linear constraints and the efficiency of combined forecasts, in: Journal of Forecasting 1986, S. 197-202.

TREYNOR, J. (Zero Sum), Zero Sum, in: Financial Analysts Journal, H. 1-2, 1999, S. 8-12.

TREYNOR, J. L. (How to Rate Management of Investment Funds), How to Rate Management of Investment Funds, in: Harvard Business Review, 1965, S. 63-75.

TREYNOR, J. L. / BLACK, F. (How to Use Security Analysis), How to Use Security Analysis to Improve Portfolio Selection, in: Journal of Business, 1973, S. 66-86.

TREYNOR, J. L. / MAZUY, K. (Can Mutual Funds Outguess the Market?), Can Mutual Funds Outguess the Market?, in: Harvard Business Review, 7-8/1966, S. 130-136.

TRINKAUS & BURKHARDT (Geschäftsbericht 1990), Geschäftsbericht 1990, Düsseldorf 1991.

TRINKAUS & BURKHARDT (Geschäftsbericht 1991), Geschäftsbericht 1991, Düsseldorf 1992.

TRINKAUS & BURKHARDT (Geschäftsbericht 1992), Geschäftsbericht 1992, Düsseldorf 1993.

TRINKAUS & BURKHARDT (Annual Report 1993), Annual Report 1993, Düsseldorf 1994.

TRINKAUS & BURKHARDT (Geschäftsbericht 1994), Geschäftsbericht 1994, Düsseldorf 1995.

TRINKAUS & BURKHARDT (Annual Report 1995), Annual Report 1995, Düsseldorf 1996.

TRINKAUS & BURKHARDT (Geschäftsbericht 1996), Geschäftsbericht 1996, Düsseldorf 1997.

TRINKAUS & BURKHARDT (Geschäftsbericht 1997), Geschäftsbericht 1997, Düsseldorf 1998.

TRINKAUS & BURKHARDT (Geschäftsbericht 1998), Geschäftsbericht 1998, Düsseldorf 1999.

TRINKAUS & BURKHARDT (Von den Stärken einer Privatbank), Tradition, Kompetenz, Innovation, Von den Stärken einer international operierenden Privatbank, Düsseldorf 1999.

TRINKAUS & BURKHARDT (Geschäftsbericht 1999), Geschäftsbericht 1999, Düsseldorf 2000.

TRINKAUS & BURKHARDT (Kreativität und Technik im Vermögensmanagement), Kreativität und Technik im Vermögensmanagement, Düsseldorf, ohne Jahresangabe.

TRINKAUS & BURKHARDT (Firmenportrait), Firmenportrait, Web-Site von Trinkaus & Burkhardt, www.hsbctrinkaus.de/tub/port/port_i.htm vom 18.03.2000, S. 1.

TRUEMAN, B. (Noise Trading in Securities Markets), A Theory of Noise Trading in Securities Markets, in: JoF – Journal of Finance, 1988, S. 83-95.

TURNBULL, S. M. (Market Imperfections and the Capital Asset Pricing Model), Market Imperfections and the Capital Asset Pricing Model, in: Journal of Business, Finance and Accounting, 1977, S. 327-337.

TVERSKY, A. (Elimination of Aspects), Elimination of Aspects: A Theory of Choice, in: Psychological Review, 1972, S. 281-299.

TVERSKY, A. / KAHNEMAN, D. (Extensional Versus Intuitive Reasoning), Extensional Versus Intuitive Reasoning, The Conjunction Fallacy in Probability Judgment, in: Psychological Review, 1983, S. 293-315.

TVERSKY, A. / KAHNEMAN, D. (Rational Choice and the Framing of Decisions), Rational Choice and the Framing of Decisions, in: HOGARTH, R. M. / REDER, M. W. (Hrsg.), Rational Choice, The Contrast between Economics and Psychology, Chicago/London 1986, S. 67-94.

TVERSKY, A. / KAHNEMAN, D. (Loss Aversion and Risky Choice), Loss Aversion and Risky Choice, Working Paper, Stanford University 1989.

TVERSKY, A. / SLOVIC, P. / KAHNEMAN, D. (The Causes of Preference Reversal), The Causes of Preference Reversal, in: American Economic Review, 1990, S. 204-217.

TVERSKY, A. / THALER, R. H. (Preference Reversals), Anomalies: Preference Reversals, in: Journal of Economic Perspectives, Spring 1990, S. 201-211.

TWICKEL, J. FREIHERR VON (Vermögensstrukturanalyse), Die Vermögensstrukturanalyse, in: : CRAMER, J. / RUDOLPH, B. (Hrsg.), Handbuch für Anlageberatung und Vermögensverwaltung, Methoden und Instrumente des Portfoliomanagements, Frankfurt/M 1995, S. 297-305.

UBS (Vermögensverwaltung), Vermögensverwaltung, Wie Sie die richtige Anlagestrategie finden, Zürich/Basel 1998.

UHLIR, H. (Überprüfung der Random-Walk-Hypothese), Überprüfung der Random-Walk-Hypothese auf dem Österreichischen Aktienmarkt, Veröffentlichungen der Kommission für Sozial- und Wirtschaftswissenschaften der Österreichischen Akademie der Wissenschaften, Nr. 15, Wien 1979.

UHLIR, H. (The German Equity Market), The German Equity Market: A Review of Efficiency Literature, in: HAWAWINI, G. A. / MICHEL, P. A. (Hrsg.), European Equity Markets, Risk, Return and Efficiency, New York/London 1984, S. 317-332.

UHLIR, H. (Performancemessung), Grundsätze ordnungsmäßiger Performancemessung, in: GEBAUER, W. / RUDOLPH, B. (Hrsg.), Erfolgsmessung und Erfolgsanalyse im Portfolio-Management, Schriftenreihe des Instituts für Kapitalmarktforschung an der J. W. Goethe-Universität Frankfurt, Kolloquien-Beiträge, Bd. 36, Frankfurt/M 1994, S. 65-74.

UHLIR, H. / STEINER, P. (Wertpapieranalyse), Wertpapieranalyse, 3. durchges. Aufl., Heidelberg 1994.

UNSER, M. (Behavioral Finance), Behavioral Finance am Aktienmarkt, Empirische Analysen zum Risikoverhalten individueller Anleger, Bad Soden/Ts. 1999.

VALDER, W. (Performance-Messung), Performance-Messung für Spezialfonds, in: Die Bank, H. 2, 1993, S. 99-101.

VENOHR, B. / ZINKE, C. (Kundenbindung als strategisches Unternehmensziel), Kundenbindung als strategisches Unternehmensziel: Vom Konzept zur Umsetzung, in: BRUHN, M. / HOMBURG, C. (Hrsg.), Handbuch Kundenbindungsmanagement, Grundlagen – Konzepte – Erfahrungen, 2. akt. u. erw. Aufl., Wiesbaden 1999, S. 151-168.

VIEKER, M. (Indikatorprognosen), Indikatorprognosen, Ökonometrische Untersuchungen zur Aktienindexprognose durch technische Börsenindikatoren, 2. Aufl., Rosenheim 1996.

VÖLKEL, S. (Empfehlungen deutscher Börseninformationsdienste), Qualität der Empfehlungen deutscher Börseninformationsdienste, Eine Analyse der Treffsicherheit der Prognose, Wendepunkte bei deutschen Standardwerten und dem Gesamtmarkt im Zeitraum vom 01.01.1991 bis zum 31.12.1994, Würzburg 1994.

WAGENAAR, W. A. (Appreciation of Conditional Probabilities in Binary Sequences), Appreciation of Conditional Probabilities in Binary Sequences, in: Acta Psychologica, 1970, S. 348-356.

WAGNER, N. F. (Tracking des DAX), Optimale Portfolios zum Tracking des DAX, in: Die Bank, H. 11, 1996, S. 684-688.

WAHL, J. (Informationsbewertung), Informationsbewertung und –effizienz auf dem Kapitalmarkt, Würzburg/Wien 1983.

WALL, K. D. / CORREIA, C. (A preference-based method for forecast combination), A preference-based method for forecast combination, in: Journal of Forecasting, 1989, S. 269-292.

WALLMEIER, M. (Prognose von Aktienrenditen), Prognose von Aktienrenditen und –risiken mit Mehrfaktorenmodellen, Eine empirische Untersuchung von erwarteten Renditen und Renditekorrelationen in Deutschland unter besonderer Berücksichtigung von Bilanzinformationen und Renditeanomalien, Bad Soden/Ts. 1997.

WALTER, H. / LERBINGER, P. (Zur Leistung deutscher Aktienfonds), Zur Leistung deutscher Aktienfonds – ein Versuch, in: bank und markt, H. 2, 1981, S. 28-30.

WALZ, D. T. / WALZ, D. B. (Combining Forecasts), Combining Forecasts, Multiple Regression versus a Bayesian Approach, in: Decision Science Journal, H. 1, 1989, S. 77-89.

WARFSMANN, J. (Tests des Capital Asset Pricing Model), Univariate und multivariate Tests des Capital Asset Pricing Model, Wiesbaden 1993.

WASCHKOWSKI, H. (Prognose von Aktienkursen), Prognose von Aktienkursen, Eine Untersuchung der verschiedenen Analysemethoden, Frankfurt/M 1971.

WEBER, H. (Statistische Prognoseverfahren), Statistische Prognoseverfahren, München 1983.

WEBER, M. (Markenpolitik des Bankbetriebs), Markenpolitik des Bankbetriebs, Grundlagen und empirische Studien, Wiesbaden 1992.

WEBER, M. / CAMERER, C. (Ein Experiment zum Anlegerverhalten), Ein Experiment zum Anlegerverhalten, in: ZfbF – Zeitschrift für betriebswirtschaftliche Forschung, 1992, S. 131-148.

WEIGEL, E. J. (Einsatz von Querschnittsdaten), Die Performance von alternativen Anlagestrategien in internationalen Aktien- und Rentenmärkten unter Einsatz von Querschnittsdaten, in: Risk & Reward, H. 4, 1997, S. 28-39.

WEIL, C. (Überblick), Das Wichtigste im Überblick, in: Konjunktur, Zinsen und Wechselkurse international, 10/1999, S. 3-4.

WEILER, S. (Kundenbindung), Kundenbindung, Nur zufriedene Kunden kommen wieder, in: Bank Magazin, H. 2, 2000, S. 20-21.

WEINBERG, P. (Verhaltenswissenschaftliche Aspekte der Kundenbindung), Verhaltenswissenschaftliche Aspekte der Kundenbindung, in: BRUHN, M. / HOMBURG, C. (Hrsg.), Handbuch Kundenbindungsmanagement, Grundlagen – Konzepte – Erfahrungen, 2. akt. u. erw. Aufl., Wiesbaden 1999, S. 39-53.

WEINGARTH, W. (Kundenbeziehungsmanagement), Kundenbeziehungsmanagement, Neues Denken im Vertrieb, in: Bank Magazin, H. 9, 1999, S. 10-14.

WEINHOLD-STÜNZI, H. (Kundennähe), Kundennähe, in: TOMCZAK, T. / BELZ, C. (Hrsg.), Kundennähe realisieren, St. Gallen 1994, S. 31-51.

WEINKAUF, W. (Akquisitionskosten einer Kundenbeziehung), Akquisitionskosten einer Kundenbeziehung – welchen Preis ist die Kundenbeziehung wert?, in: BETSCH, O. / HOOVEN, E. VAN / KRUPP, G. (Hrsg.), Handbuch Privatkundengeschäft, Frankfurt/M 1998, S. 431-438.

WEIZSÄCKER, C.-F. FREIHERR VON (Über die Kunst der Prognose), Über die Kunst der Prognose, Vortrag anläßlich der Jahresversammlung 1968 des Stiftungsverbandes für die Deutsche Wissenschaft, Frankfurt/M 1968.

WELCKER, J. (Technische Analyse durch Computertest bestätigt – Random Walk Theorie widerlegt), Technische Analyse durch Computertest bestätigt – Random Walk Theorie widerlegt, in: KuK – Kredit und Kapital, 1981, S. 136-146.

WELCKER, J. (Point and Figure Analyse), Point and Figure Analyse der Zinsentwicklung, in: REHM, H., Methoden und Instrumente der Zins- und Wechselkursprognose, Berichte und Analysen des Verbandes öffentlicher Banken, Bd. 9, Bonn 1988, S. 37-46.

WELCKER, J. (Technische Aktienanalyse), Technische Aktienanalyse, 6. Aufl., Zürich 1991.

WERTSCHULTE, J. F. / SCHALK, M. (Meßlatte für deutsche Rentenportfolios), Meßlatte für deutsche Rentenportfolios, in: Die Bank, H. 6, 1992, S. 323-326.

WEST, K. D. (Test for Speculative Bubbles), A Specification Test for Speculative Bubbles, in: Quarterly Journal of Economics, 1987, S. 553-580.

WEST, K. D. (Bubbles), Bubbles, Fads and Stock Price Volatility Tests: A Partial Evaluation, in: JoF – Journal of Finance, 1988, S. 639-660.

WESTLB (Geschäftsbericht 1990), Geschäftsbericht 1990, Düsseldorf 1991.

WESTLB (Geschäftsbericht 1991), Geschäftsbericht 1991, Düsseldorf 1992.

WESTLB (Geschäftsbericht 1993), Geschäftsbericht 1993, Düsseldorf 1994.

WESTLB (Geschäftsbericht 1995), Geschäftsbericht 1995, Düsseldorf 1996.

WESTLB (Geschäftsbericht 1996), Geschäftsbericht 1996, Düsseldorf 1997.

WESTLB (Geschäftsbericht 1997), Geschäftsbericht 1997, Düsseldorf 1998.

WESTLB (Kundennah handeln – global agieren), Kundennah handeln – global agieren, Düsseldorf 1999.

WESTLB (Geschäftsbericht 1998), Geschäftsbericht 1998, Düsseldorf 1999.

WESTLB (Geschäftsbericht 1999), Geschäftsbericht 1999, Düsseldorf 2000.

WESTLB (WestLB steigert Ergebnis), WestLB steigerte 1999 das Ergebnis deutlich, in: Märkte, H. 3, 2000, S. 8.

WESTLB (WestLB Private Banking Portfoliomanagement), WestLB Private Banking Portfoliomanagement, Düsseldorf 2000.

WESTLB (WestLB Private Banking Fonds Selection Service), WestLB Private Banking Fonds Selection Service, Düsseldorf 2000.

WESTLB (WestLB Fonds Selection Service), WestLB Fonds Selection Service, Düsseldorf, ohne Jahresangabe.

WESTLB (WestLB Portfolio-Management), WestLB Portfolio-Management, Düsseldorf, ohne Jahresangabe.

WESTLB (WestLB Private Banking), WestLB Private Banking, Düsseldorf, ohne Jahresangabe.

WESTLB (WestLB-Kurzporträt), WestLB-Kurzporträt, in: Web-Site der WestLB, www.westlb.de/overview/ueber10.htm, vom 18.03.2000, S. 1.

WESTLB (Leistungsfähige Geschäftsbank), WestLB: Eine leistungsfähige Geschäftsbank, in: Web-Site der WestLB, www.westlb.de/overview/ueber 20.htm, vom 18.03.2000, S. 1-2.

WESTLB (Partner der Sparkassen), WestLB: Partner der Sparkassen, in: Web-Site der WestLB, www.westlb.de/overview/ueber30.htm, vom 18.03.2000, S. 1.

WESTLB (Bank für Land und Kommunen), WestLB: Bank für Land und Kommunen, in: Web-Site der WestLB, www.westlb.de/overview/ueber40.htm, vom 18.03.2000, S. 1.
WGZ-BANK (Geschäftsbericht 1990), Geschäftsbericht 1990, Düsseldorf 1991.
WGZ-BANK (Geschäftsbericht 1991), Geschäftsbericht 1991, Düsseldorf 1992.
WGZ-BANK (Geschäftsbericht 1993), Geschäftsbericht 1993, Düsseldorf 1994.
WGZ-BANK (Annual Report 1994), Annual Report 1994, Düsseldorf 1995.
WGZ-BANK (Geschäftsbericht 1995), Geschäftsbericht 1995, Düsseldorf 1996.
WGZ-BANK (Geschäftsbericht 1996), Geschäftsbericht 1996, Düsseldorf 1997.
WGZ-BANK (Geschäftsbericht 1997), Geschäftsbericht 1997, Düsseldorf 1998.
WGZ-BANK (Geschäftsbericht 1998), Geschäftsbericht 1998, Düsseldorf 1999.
WGZ-BANK (Auf allen Märkten zu Hause), Auf allen Märkten zu Hause, Düsseldorf 1999.
WGZ-BANK (Geschäftsbericht 1999), Geschäftsbericht 1999, Düsseldorf 2000.
WGZ-BANK (Musterportfolio), Musterportfolio der WGZ-Bank, in: Portfoliomanagement der WGZ-Bank, H. 1, 2000, S. 4-6.
WGZ-BANK (Aktive Vermögensverwaltung), Die aktive Vermögensverwaltung in 1999, in: Portfoliomanagement der WGZ-Bank, H. 1, 2000, S. 10-12.
WGZ-BANK (Vorzüge des professionellen Portfoliomanagements), Vorzüge des professionellen Portfoliomanagements, in: Portfoliomanagement der WGZ-Bank, H. 1, 2000, S. 13.
WGZ-BANK (Portfoliomanagement), Portfoliomanagement, Erst wächst das Vertrauen – dann Ihr Vermögen, Düsseldorf 2000.
WGZ-BANK (Check auf Herz und Nieren), Check auf Herz und Nieren, in: Initiativbanking, H. 1, 2000, S. 10-11.
WGZ-BANK (WGZ-Bank), WGZ-Bank, Westdeutsche Genossenschafts-Zentralbank eG, in: Web-Site der WGZ-Bank, www. wgz-bank.de/ch1/ p11.htm vom 19.03.2000, S. 1-2.
WGZ-BANK (WGZ-Bank-Konzern Kurzbericht 1999), WGZ-Bank-Konzern Kurzbericht 1999, in: Web-Site der WGZ-Bank, www. wgz-bank.de/ch1/ p14.htm vom 19.03.2000, S. 1-2.
WGZ-BANK (Partner in allen Fragen der Vermögensanlage), WGZ-Bank – Der richtige Partner in allen Fragen der Vermögensanlage, in: Web-Site der WGZ-Bank, www. wgz-bank.de/ch3/p31.htm vom 19.03.2000, S. 1-2.
WGZ-BANK (Portfoliomanagement), Portfoliomanagement, in: Web-Site der WGZ-Bank, www. wgz-bank.de/ch3/p312.htm vom 19.03.2000, S. 1-2.
WICKE, J. M. (Individuelle Vermögensverwaltung), Individuelle Vermögensverwaltung für Privatkunden, Konzepte für das Management von Vermögensverwaltungsgesellschaften, Wiesbaden 1997.
WICKE, J. M. (Perspektiven der individuellen Vermögensverwaltung), Perspektiven der individuellen Vermögensverwaltung, in: Die Bank, H. 9, 1996, S. 534-538.
WIEDEMANN, R. (Prognoseerstellung), EDV-gestützte Prognoseerstellung für univariate Zeitreihen, Frankfurt/M u.a. 1990.
WIEDERIN, E. (Bestandskundenpflege), Bestandskundenpflege in der Assekuranz – Umsetzungsschritte, in: LEHMANN, A. / RUF, S. (Hrsg.), Kundenpflege mit Strategie – Perspektiven eines Kundenstamm-Marketing, Tagungsband zur 23. Schwerpunktta-

gung der I-VW Management-Information vom 14. Oktober 1992, St. Gallen 1993, S. 67-74.

WIENDIECK, G. (Wirtschaftspsychologie), Börse als vernachlässigter Bereich der Wirtschaftspsychologie, in: MAAS, P. / WEIBLER, J. (Hrsg.), Börse und Psychologie, Köln 1990, S. 38-57.

WILD, K.-D. (Zinsprognose und Rentenmanagement), Zinsprognose und Rentenmanagement, in: Sparkasse, 1994, S. 127-130.

WINKELMANN, M. (Aktienbewertung in Deutschland), Aktienbewertung in Deutschland, Eine empirische Überprüfung des Capital-Asset-Pricing Modells und der Arbitrage-Pricing Theorie für den deutschen Aktienmarkt, Königstein 1984.

WINKLER, R. L. (Combining forecasts), Combining forecasts: a philosophical basis and some current issues, in: International Journal of Forecasting, 1989, S. 605-609.

WINKLER, R. L. / MAKRIDAKIS, S. (The combination of forecasts), The combination of forecasts, in: Journal of the Royal Statistical Society, 1983, S. 150-157.

WIRTSCHAFTSWOCHE (Intensiv kooperieren), „Intensiv kooperieren", Commerzbank-Chef Martin Kohlhaussen über die neue Strategie seines Hauses, in: Wirtschaftswoche, 9/1996, 22.02.1996, S. 52.

WITT, F.-J. (Bankloyalität), Bankloyalität – eine empirische Untersuchung, in: bank und markt, H. 1, 1986, S. 20-23.

WITTE, E. (Zur Bestimmung der Liquiditätsreserve), Zur Bestimmung der Liquiditätsreserve, in: ZfB – Zeitschrift für Betriebswirtschaft, 1964, S. 763-775.

WITTE, E. (Lehrgeld für empirische Forschung), Lehrgeld für empirische Forschung, Notizen während einer Diskussion, in: KÖHLER, R. (Hrsg.), Empirische und handlungstheoretische Forschungskonzeptionen in der Betriebswirtschaftslehre, Kommission Wissenschaftstheorie im Verband der Hochschullehrer für Betriebswirtschaft e. V., Bericht über die Tagung in Aachen, März 1976, Stuttgart 1977, S. 269-281.

WITTE, E. (Finanzplanung der Unternehmung), Finanzplanung der Unternehmung, Prognose und Disposition, 3. Aufl., Opladen 1983.

WITTE, E. (Gegenstand und Methoden), Gegenstand und Methoden des Forschungsprojektes, in: WITTE, E. / HAUSCHILDT, J. / GRÜN, O. (Hrsg.), Innovative Entscheidungsprozesse, Die Ergebnisse der Projektes „Columbus", Tübingen 1988, S. 19-35.

WITTE, E. / GRÜN, O. / BRONNER, R. (Pluralismus in der betriebswirtschaftlichen Forschung), Pluralismus in der betriebswirtschaftlichen Forschung, in: ZfbF – Zeitschrift für betriebswirtschaftliche Forschung, H. 12, 1975, S. 796-800.

WITTE, P. (Die technische Analyse), Die technische Analyse in der Praxis des Devisenhandels, in: REHM, H., Methoden und Instrumente der Zins- und Wechselkursprognose, Berichte und Analysen des Verbandes öffentlicher Banken, Bd. 9, Bonn 1988, S. 103-112.

WITTMANN, W. u.a. [Hrsg.] (Handwörterbuch der Betriebswirtschaft), Handwörterbuch der Betriebswirtschaft, 5. völlig neu gestaltete Aufl., Stuttgart 1993.

WITTROCK, C. / FISCHER, B. / LILLA, J. (DVFA Performance Standards), Neue DVFA Performance Standards (I), in: Die Bank, H. 9, 1998, S. 540-542.

WITTROCK, C. / STEINER, M. (Analyse des Anlageerfolges deutscher Aktieninvestmentfonds), Performance-Messung ohne Rückgriff auf kapitalmarkttheoretische Renditeerwartungsmodelle, Eine Analyse des Anlageerfolges deutscher Aktieninvestmentfonds, in: KuK – Kredit und Kapital, 1995, S. 1-45.

WOERNLE, G. (Bastion der Vermögensverwaltung), Die Privatbankiers in der Schweiz, Bastion der Vermögensverwaltung, Genf 1978.

WÖHE, G. (Allgemeine Betriebswirtschaftslehre), Einführung in die Allgemeine Betriebswirtschaftslehre, 15. überarb. Aufl., München 1984.

WOLL, A. [Hrsg.] (Wirtschaftslexikon), Wirtschaftslexikon, 8. überarb. Aufl., München/Wien 1996.

WOMACK, K. L. (Analysts' Recommendations), Do Brokerage Analysts' Recommendations Have Investment Value?, in: JoF – Journal of Finance, 3/1996, S. 137-167.

WOSSIDLO, P. R. (Unternehmenswirtschaftliche Reservierung), Unternehmenswirtschaftliche Reservierung, Eine realtheoretische und praxeologische Untersuchung, Berlin 1970.

WOSSIDLO, P. R. (Sequenzanalyse), Sequenzanalyse – Methoden zur empirischen Untersuchung von Reihenfolgen, Habilitationsschrift, München 1975.

WOSSIDLO, P. R. (Pluralitätskonzeption und axiomatisierte Theorie), Pluralitätskonzeption und axiomatisierte Theorie – Grundfragen der betriebswirtschaftlichen Forschung, München 1975.

WOSSIDLO, P. R. (Empirische Entscheidungstheorie), Zum gegenwärtigen Stand der empirischen Entscheidungstheorie aus mikroökonomischer Sicht, in: BRANDSTÄTTER, H. / GAHLEN, B. (Hrsg.), Entscheidungsforschung, Bericht über ein interdisziplinäres Symposium in Ottobeuren 1974, Tübingen 1975, S. 98-133.

WOSSIDLO, P. R. (Realtheorien in der Betriebswirtschaftslehre), Realtheorien in der Betriebswirtschaftslehre – gegen die Helotistischen Symptome in erkenntnistheoretischen Diskussionen unseres Faches, in: ZfbF – Zeitschrift für betriebswirtschaftliche Forschung, 1976, S. 465-484.

WOSSIDLO, P. R. (Zur empirischen Theorie der Unternehmung), Zur empirischen Theorie der Unternehmung, Einige Thesen und Einwendungen, in: KÖHLER, R. (Hrsg.), Empirische und handlungstheoretische Forschungskonzeptionen in der Betriebswirtschaftslehre, Stuttgart 1977, S. 117-127.

WOSSIDLO, P. R. (Finanzierungssituation mittelständischer Unternehmungen), Finanzierungssituation mittelständischer Unternehmungen in Deutschland, in: WOSSIDLO, P. R. (Hrsg.), Die Finanzierung mittelständischer Unternehmungen in Deutschland, Berlin 1985, S. 13-62.

WOSSIDLO, P. R. (Ausgangslage für das Projekt Columbus), Die wissenschaftliche Ausgangslage für das Projekt Columbus, in: WITTE, E. / HAUSCHILDT, J. / GRÜN, O. (Hrsg.), Innovative Entscheidungsprozesse, Die Ergebnisse der Projektes „Columbus", Tübingen 1988, S. 9-18.

WOSSIDLO, P. R. (Finanzierungssituation der wachsenden Kleinunternehmung), Zur Finanzierungssituation der wachsenden Kleinunternehmung, in: KÜCK, M. (Hrsg.), Aspekte der Finanzierung des Kleinbetriebssektors, Berlin 1990, S. 30-52.

WOSSIDLO, P. R. (Finanzielle Führung), Finanzielle Führung, in: HAUSCHILDT, J. / GRÜN, O. (Hrsg.), Ergebnisse empirischer betriebswirtschaftlicher Forschung, Zu einer Realtheorie der Unternehmung, Festschrift für Eberhard Witte, Stuttgart 1993, S. 445-528.

YOON, Y. (Anwendung des Markov Switching Modells), Taktische Allokation des Investment Styles, Anwendung des Markov Switching Modells, in: KUTSCHER, C. /

SCHWARZ, G. (Hrsg.), Aktives Portfolio Management, Der Anlageentscheidungsprozeß von der Prognose bis zum Portfolio, Zürich 1998, S. 51-70.

ZAROWIN, P. (Size, Seasonality, and Stock Market Overreaction), Size, Seasonality, and Stock Market Overreaction, in: Journal of Financial and Quantitative Analysis, 1990, S. 113-125.

ZAß, M. / DUNSCH, J. (Deka auf dem Sprung zur Marktführerschaft), Fondsgesellschaft Deka auf dem Sprung zur Marktführerschaft, in: FAZ – Frankfurter Allgemeine Zeitung, 29.08.2000, S. 24.

ZENTES, J. (Taschenlexikon Marketing), Taschenlexikon Marketing, Stuttgart 1997.

ZENTES, J. / SWOBODA, B. (Kundenbindung im vertikalen Marketing), Kundenbindung im vertikalen Marketing, in: BRUHN, M. / HOMBURG, C. (Hrsg.), Handbuch Kundenbindungsmanagement, Grundlagen – Konzepte – Erfahrungen, 2. akt. u. erw. Aufl., Wiesbaden 1999, S. 273-299.

ZEPPENFELD, R. (Passive Performance), Passive Performance, in: FAZ – Frankfurter Allgemeine Zeitung, 08.05.2001, S. B15.

ZEW (Jahresbericht 1998/99), Jahresbericht 1998/99, Mannheim 1999.

ZEW (Willkommenseite), Willkommenseite, in: Web-Site des Zentrums für Europäische Wirtschaftsforschung, www. zew.de/welcome.html vom 31.10.2000, S. 1.

ZEW (ZEW im Überblick), ZEW im Überblick, in: Web-Site des Zentrums für Europäische Wirtschaftsforschung, www. zew.de/main2.html vom 31.10.2000, S. 1.

ZEW (Kooperationspartner des ZEW), Kooperationspartner des ZEW, in: Web-Site des Zentrums für Europäische Wirtschaftsforschung, www. zew.de/service/bibl/links/koop/koop.html vom 31.10.2000, S. 1-3.

ZEW (Forschungsbereiche), Forschungsbereiche, in: Web-Site des Zentrums für Europäische Wirtschaftsforschung, www. zew.de/fber.html vom 31.10.2000, S. 1.

ZEW (Mitarbeiter), Mitarbeiter, in: Web-Site des Zentrums für Europäische Wirtschaftsforschung, www. zew.de/intro_mita.html vom 31.10.2000, S. 1.

ZEW-FINANZMARKTREPORT, Jg. 1994-1999.

ZEYER, F. (Strategien der Vermögensverwaltung mit Fonds), Strategien der Vermögensverwaltung mit Fonds, in: FAZ – Frankfurter Allgemeine Zeitung, 02.03.1998, S. 36.

ZIMMERMANN, H. (Die moderne ‚Finance'), Die moderne ‚Finance', in: GEHRIG, B. / ZIMMERMANN, H., Fit for Finance, Theorie und Praxis der Kapitalanlage, Frankfurt/M 1999, S. 1-21.

ZIMMERMANN, H. / EBERLE, A. / RAMPINI, A. (Europa und die Schweizer Banken), Europa und die Schweizer Banken, Chur/Zürich 1991.

ZIMMERMANN, P. (Prognose von Betawerten), Schätzung und Prognose von Betawerten, Eine Untersuchung am deutschen Aktienmarkt, Bad Soden/Ts. 1997.

ZOLLNER, G. (Kundennähe in Dienstleistungsunternehmen), Kundennähe in Dienstleistungsunternehmen, Empirische Analyse von Banken, mit einem Geleitwort von Prof. Dr. dres. h.c. Eberhard Witte, Wiesbaden 1995.

Bank- und Finanzwirtschaft

Herausgegeben von Frieder Meyer-Bullerdiek und Markus Spiwoks

Band 1 Markus Spiwoks: Vermögensverwaltung und Kapitalmarktprognose. Überprüfung der Prognosekompetenz ausgewählter deutscher Vermögensverwalter. 2002.